THE AGE OF NOTHING
How We Have Sought to Live Since the Death of God

Peter Watson

[英]彼得·沃森 著　　高礼杰 译

虚无时代
上帝死后我们如何生活

上海译文出版社

献给

吉斯莱恩·文森特·莫兰

以及

尼古拉斯·皮尔森

从经验中制造意义，赋予经验形式和秩序，这种动机显然同人们更加熟稔的生理需要一样真实且紧迫。

——克利福德·格尔茨

即便所有可能的科学问题都已经得到解决，此时我们仍然会感到，对于有关生活的问题，人们尚未初窥门径。

——路德维希·维特根斯坦

思考如何生活，这是一个比任何事实发现都还要根本和紧迫的人类智力的投入。

——玛丽·米奇利

人类无法容忍没有意义的生活。

——卡尔·荣格

生活本身并不能等待各个学科业已能够对宇宙进行科学解释的那一天。我们无法在准备好之后才开始生活。

——奥特加·伊·加塞特

我们不得不打赌意义的确存在。

——詹姆斯·伍德（转述自乔治·斯坦纳）

意义并非安全的留白。

——谢默斯·希尼（转述自威斯坦·休·奥登）

被追求心灵平静的欲求所支配，为何如此令人艳羡？

——约翰·格雷

宗教被治疗所取代，"救世主基督"变成了"顾问基督"。

——乔治·凯里（时任坎特伯雷大主教）

存在或许没有任何意义，不过活着的渴望仍然比生活的理由更有力。

——约翰·帕特里克·迪金斯

有意义的世界是让个体不完善的人生得以在未来拓展的世界；因此，在恰当时间牺牲的人生是值得的人生，而过于谨小慎微，过于苟延残喘的人生则绝对是被浪费的人生。

——刘易斯·芒福德

生活意义问题之所以出现……是因为我们有能力占据一种立场，一种会使我们最扣人心弦的自我关心也显得毫无意义的立场。

——托马斯·内格尔

如果上帝并不存在，那么所有一切都将被允许。

——费奥多尔·陀思妥耶夫斯基

所有宗教都有相同的牢骚。

——奥利弗·罗伊

但是又有哪个地方曾有上帝驻留呢？

——艾丽丝·默多克

没有什么可说的，没有什么能用来表达，没有什么想要被表达，没有表达的欲望——这一切与表达的责任有关。

——萨缪尔·贝克特

我们以一种科学无法度量的方式，演进到神学也不敢思虑的诸多境地。

——爱德华·摩根·福斯特

我们身处地球，为的是造福他人。而他人在此的目的是什么，我并不知晓。

——威斯坦·休·奥登

所得最多的人才是人生赢家。

——物质主义者的口号

与其说人类是在追求快乐，毋宁说是在寻找快乐的缘由。

——维克多·弗兰克尔

不单单是因为我不笃信上帝，所以自然而然地不希望上帝存在！我希望表明，我之所以不希望上帝存在，是因为我不想让上帝存在，我不想让宇宙成为那个样子。

——托马斯·内格尔

红和圆的概念同上帝、正电子、宪政民主一样，都是想象的发明。

——理查德·罗蒂

如果生活中没有什么值得尚未准备好死亡的人追求，那么这样的人生并不成功。

——特里·伊格尔顿

我们生活的最终价值是副词性的，而不是形容词性的。它是生活的践行，而不是当践行的过程被排除之后所遗留下的任何东西。

——罗纳德·德沃金

幸福能被我们所想象，但不能被我们所经验。

——莱谢克·科瓦柯夫斯基

另外一个世界的确存在，但它不存在于当下这个世界中。

——保罗·艾吕雅

人们不该在对上帝的恐惧中，或在理性的光照下前行，而应当像未来的预言者那样前行。

——理查德·罗蒂

哲学家习惯于沉思他们所谓的生活的意义。（而现在这是神秘主义者和喜剧演员的工作了。）

——罗纳德·德沃金

目录

导论　我们的生活缺失了什么？该指责尼采吗？ ……… 001

第一部分
战前：当艺术尚且重要之时

1　尼采的时代：狂喜、性爱和放纵 ……………………… 037
2　生活不止一条道路 ……………………………………… 061
3　物的享受 ………………………………………………… 080
4　天堂：并非处所，而是方向 …………………………… 102
5　伊甸园的景象：对颜色、金属、速度和瞬间的崇拜 … 126
6　对欲望的强调 …………………………………………… 145
7　我们脸颊上的天使 ……………………………………… 168
8　"错误的超自然世界" …………………………………… 192

第二部分
无尽的深渊

9　　战争的救赎 …………………………………………… 215
10　布尔什维克对科学无神论的捍卫 …………………… 231
11　生活中的秘而不显与存在法则 ……………………… 254

12	不完美的天堂	275
13	面向事实而活	298
14	不可能的形而上学，对心理玄学的尊重	317
15	哲学家的信念	342
16	纳粹的血统宗教	359

第三部分
关键时刻及其后的人性

17	余波之后的余波	379
18	行动的温暖	382
19	战争，美国道路与原罪的式微	404
20	奥斯威辛，大灾变，不在场	427
21	"停止思考！"	444
22	有远见的联邦和生活的规模	471
23	幸福的享受与局限	497
24	细节中的信仰	516
25	"我们的精神目标在于丰富进化叙事"	541
26	"好生活就是用来寻找好生活的那种生活"	572

结论	核心的理智活动	611
致谢		641

导论　我们的生活缺失了什么？该指责尼采吗？

到 1990 年夏天，作家萨尔曼·拉什迪（Salman Rushdie）已经避世隐居一年有余。事情要从 1989 年 2 月 14 日伊朗精神领袖阿亚图拉·霍梅尼（Ayatollah Khomeini）宣布伊斯兰教法庭判决的宗教追杀令算起。他说："我公告全世界骄傲的穆斯林人民，针对伊斯兰教，反先知反《古兰经》的《撒旦诗篇》(Satanic Verses)一书的作者，以及明知此书内容，但仍然和此书出版有关的出版商，被判处极刑。我号召所有的穆斯林，一旦发现他们，随时处决。"

这个事件无论用哪个标准来衡量都是怪诞的，霍梅尼将其权威施加于所有穆斯林，这令此事件更加恐怖。虽然错误显而易见，但对生命的威胁总需要进行处理。警方为拉什迪提供保护，还出动了防弹捷豹车，不过他还需要为自己寻找庇护所。那一年 7 月，警方为了他的安全着想，曾建议他把伪装做得更细致一些——戴一顶假发。警察告诉他，"这样你上街将不会引起注意"。伦敦警察厅派遣最好的便衣警察保护他，还提取了一份他头发的样本。假发装在"一个褐色的纸板盒子里，像是一只在睡觉的小动物"。当他戴上这顶假发的时候，警察还说它"看上去很不错"，并且决定让他"戴上它出门兜一圈"。他们驱车到伦敦骑士桥的斯隆街，在时尚购物广场哈维·尼克斯（Harvey Nichols）附近泊好。当他走出捷豹车的时候，"每个人都转过来盯着他，一些人朝着他微笑，还有一些人甚至爆笑不止。'看哪!',他听到一个男人的声音,'混蛋拉什迪戴着一顶假发'"①。

这是一个有趣的故事,尽管它发生的情境是残酷的,并由拉什迪本人在他的回忆录《约瑟夫·安东》(Joseph Anton)中自嘲地讲述过。这本书的标题是他自己取的,直到 2012 年他感觉安全之后才出版,此时距离追杀令已经过去了近四分之一个世纪。

当然,在那段忧心忡忡的岁月当中,必然有些东西从他生命当中溜走了,其中最为宝贵的正是他的自由。但这还并不是德国哲学家尤尔根·哈贝马斯(Jürgen Habermas)在撰写《对于缺失的意识:后世俗时代的信念与理性》(An Awareness of What Is Missing: Faith and Reason in a Post-secular Age, 2008)这篇知名文章的时候心中所想的问题。他同样关心宗教对我们生活的影响,显然它所具有的价值或许不比其他任何东西少,但也更加难以约束。

没有"祷告":我们存在的条件以及道德整体的理念

1991 年 4 月 9 日,在苏黎士圣彼得教堂参加瑞士作家、剧作家马克斯·弗里施(Max Frisch)的悼念仪式后,这样的念头才第一次出现在哈贝马斯脑海之中。悼念仪式伊始,弗里施的伴侣卡琳·比利奥德(Karin Pilliod)便宣读了逝者的一篇简短声明。其中有一段话这样说:"我们让自己最亲密的人说话,但不进行'祷告'。我感激苏黎士圣彼得教堂的牧师们,感谢他们允许我们在悼念仪式期间,在教堂中停放灵柩。骨灰将撒在别处。"其后他的两位朋友发言,流程中没有安排牧师也没有祷告仪式。参加仪式的大多数人几乎都没有时间参与宗教仪式和教堂礼拜。弗里施自己拟定了仪式之后的餐会菜单。

---

① 萨尔曼·拉什迪:《约瑟夫·安东》,伦敦:乔纳森·凯普出版社,2012 年,第 235—237 页。

在很长一段时间之后（2008年），哈贝马斯写道，在当时那个悼念仪式并没有特别触动到他，但是几年之后，他回头发现仪式的形式、地点以及程序都很奇特。"马克斯·弗里施是一位不可知论者，拒绝一切特定信仰，而他也显然了解非宗教的葬礼有多么怪异。然而他挑选的仪式地点却公然地表明，人们无法在眼下这个祛魅的时代，找到一种替代宗教的、履行人生之谢幕这个最后仪式的恰当方式。"

而这发生在尼采（Nietzsche）宣布上帝之死的100多年以后。

哈贝马斯利用弗里施的悼念仪式事件，作为《对于缺失的意识：后世俗时代的信念与理性》的讨论基础。在这篇文章当中，他将轴心时代到现代的思想发展进行了梳理，主张由于"世俗知识与天启知识之间的鸿沟无法弥合"，宗教传统已经（或者说到2008年时）"耗尽了能量"。这一事实必然意味着宗教传统更多地建立在理性基础上，而非世俗批评者的许可上。而且他认为，这种"理性"存在于诉诸其所谓"团结"的那种宗教，在于"道德整体"的理念——具有集体共同理想的世界，在于"地球上的上帝王国理念"。他说，正是这种理性构成了同世俗理性的鲜明对比，并且让人产生某种东西缺失掉了的"怪异"感觉。他有力地指出，主要的一神教都从希腊古典时代汲取了一些思想，受益于雅典不少于耶路撒冷，而且这些一神教将自身诉诸希腊理性，就像诉诸信仰一般无二：这就是它们能够持续如此长时间的一个原因。

哈贝马斯是二战之后最富有成果、最优雅、最能激发人们思考的思想家之一。他在这个领域的观点也被他的美国同行托马斯·内格尔（Thomas Nagel）、罗纳德·德沃金（Ronald Dworkin）的类似观点所印证。内格尔在最近的一本书《世俗哲学与宗教气质》（*Secular Philosophy and the Religious Temperamen*）中这样讲道："存在是某种宏伟的事物，而日常生活虽说必不可少，但似乎还不足以回应存在，似乎无法觉察到存在。尽管听起来难以令人接受，但宗教气质把单纯之人的生活视为不充分的生活，视为对我们存在方式的片面认识或者拒斥。它寻求某种具有更大内涵的东西,但是却不要求知道它是什么。"

内格尔说,对大多数人而言最重要的问题是:"在人们同作为整体的宇宙的关系当中,个人生活如何才能得到完全承认呢?"他说,在无神论者看来,物理科学是我们将宇宙理解为一个整体的主要手段,"但它(作为一种手段)似乎无法解释人们的共同生活有何意义……我们承认自己是世界及其历史的产物,并且以一种我们几乎无法理解的方式在存在中产生、传承。所以在某种意义上,每个个体的生活都不仅仅只代表其本身。"同时他也赞同英国哲学家伯纳德·威廉斯(Bernard Williams)的观点,认为我们必须拒斥那种至少从柏拉图开始就与人类如影随形的"超验的冲动(transcendent impulse)"。哲学反思的真正对象应该是对于世界的更加准确的"独立视角"。他还认为:"哲学的标签是反思和对自我意识的强调,而不是关于人类视角的最大限度的超验性……宇宙性的观点并不存在,因此我们也无法通过或者通不过那种不存在的宇宙性意义测试。"[1]

他在其后一本著作《心灵与宇宙:对唯物论的新达尔文主义自然观的诘问》(Mind & Cosmos, 2012)中走得更远,认为新达尔文主义对自然、人生、意识、理性乃至道德价值所主张的进化观——这样一种当代科学的正统说法,"几乎必然是错误的"。即便他作为一个无神论者,也感到唯物主义和有神论作为"超验的概念"都存在不足。但同时,我们明知无法抛弃对"我们在宇宙中所处地位的超验的概念"的探求。因此他考虑到如下可能性(他也承认事实上自己没有证据证明这一点),即"生活不仅是一种物理现象",也包含了"目的性要素"。他写道,根据自然目的论的假设,或许会有一种"宇宙性的预先安排,生活、意识以及价值的形成同这种安排具有不可割裂的紧密联系"。他承认:"在当下的智识潮流当中,人们不太可

---

[1] 托马斯·内格尔:《世俗哲学与宗教气质:论文集》,纽约、牛津:牛津大学出版社,2010 年,第 8—9 页。

能认真地对待这种可能性。"事实上,他已然因为这一主张而饱受批评。

我们将在第 26 章更充分地讨论内格尔的这个观点。这里提到它的原因在于,通过它我们可以看到,在尼采"上帝之死"这个著名论断过去 130 多年后,许多人(虽然绝不是所有人)仍然尝试在传统宗教世界观之外,寻找审视我们世界的路径。

几乎同时,内格尔的美国哲学家朋友罗纳德·德沃金凭借著作《没有上帝的宗教》(*Religion without God*, 2013)加入了他的阵营。第 26 章会讨论该作品中引人入胜的一个主要观点。不过德沃金的主要立场在于,"宗教性的无神论"并不是(也可以说不再是)一种自相矛盾的说法。在他或者与他意见相似的人看来,宗教"并不必然意味着笃信上帝"。更准确地说,宗教"关心人类生活的意义以及所谓好生活意味着什么",生活内在意义与自然内在美感是对生活保有完整宗教态度的核心要素。这些信念不能与一个人生活的其他部分割裂开来——它们渗入存在,令人产生骄傲、悔恨和震颤,而神秘性则构成了这种震颤的重要部分。他还举例说,当面对空间让人无法想象的广袤性,原子微粒那令人无法相信的复杂性的时候,很多科学家都产生了一种情感上的反应,类似于传统宗教话语中的"敬畏感"。

这似乎很新鲜,虽然我们将会在 15 章看到,至少在两次世界大战之间,约翰·杜威(John Dewey)就已经预言过这种观点了,而且迈克尔·波兰尼(Michael Polanyi)在 20 世纪 50 年代后期和 60 年代初期也曾经暗示过。[①] 现在最为重要的一点在于,这三位分别位于大西洋的两岸,并都处

---

① 托马斯·内格尔:《心灵与宇宙:对唯物论的新达尔文主义自然观的诘问》,纽约、牛津:牛津大学出版社,2012 年。罗纳德·德沃金:《没有上帝的宗教》,载《纽约书评》,2013 年 4 月 4 日。也可参见德沃金 2011 年 12 月 12 日至 14 日在伯尔尼大学爱因斯坦讲座上的三次演讲。地址:http://www.law.nyu.edu/news; Ronald Dworkin。还可以参考例如玛丽·乔·奈(Mary Jo Nye)的《波兰尼和他那一代人:科学社会建构的起源》,芝加哥、伦敦:芝加哥大学出版社,2011 年,第 289—294 页。

于他们各自职业生涯顶峰的哲学家,他们都说出大致相同的话,尽管方式并不一致。他们都认为,科学试图铲除基督教和其他主要信仰的许多基本观念已经有 500 多年的历史,然而就像哈贝马斯指出的那样,人们仍然还保有笨拙性和盲目性,或者用内格尔的话来说,人们仍然是"谦卑"的。神秘、恐惧、神奇,德沃金这样来形容宗教与世俗世界的关联。这三位哲学家都同意伯纳德·威廉斯的观点,"超验"的冲动应当被制止,但讽刺的是,他们都清楚我们无法摆脱对超验性的追求,所以许多人感到"某种东西"遗失了。这就是他们后来所说的现代世俗社会的困境。

这三位人士都享有盛誉,在很多方面独树一帜,但是他们在几个月之内不约而同地得出了相似的结论:从伽利略和哥白尼算起四五百年间,或者从尼采算起 130 年间,世俗化的进程仍然无法让人满意,仍然严重缺失了……某种东西。

加拿大哲学家查尔斯·泰勒(Charles Taylor)非常确定此缺失之物到底是什么。他在《自我的根源:现代认同的形成》(*Sources of the Self*,1989)和《世俗时代》(*A Secular Age*,2007)这两本篇幅很长的著作中反复指出,当今栖息于世俗世界且缺乏信仰的人已然迷失,他们遗失了重要且关键的东西,一种甚或是人们最为重要的东西。按照他的说法,那是一种完整的感觉,充实的感觉,充满意义的感觉,一种对超越之物的感觉。人存在不完整性,他们对现代世界中"超越功利性的生活目的"具有"一种巨大的盲目性"。[①]

泰勒认为,人生机勃勃充实丰盈的生活,只有凭借宗教(在他看来就是基督教)才可以获得。否则,世界就被"祛魅",生活重要的部分遗失了,沦为一段"被阉割的故事"。由于不具有"超验性"的感觉,不具有"伟大的神圣"感,我们仅有的便只是"人类自身的价值"。而这种价值在他看来不

[①] 查尔斯·泰勒:《世俗时代》,麻省剑桥:贝尔纳普出版社、哈佛大学出版社,2007 年,第 20、第 44 页。

过是"可怜的残缺"。他说,那种"超越的时代"已然褪色了,我们被"一种不舒服、空虚的感觉,一种对意义的渴求"所萦绕。日常生活充斥着一种可怖的单调感;琐碎的空虚感以及对意义的需求只有通过"对超验性的恢复"才能够解决。①

通透的自我对比被包裹的自我

查尔斯·泰勒相比起其他人更深入地讨论了这一主张。他说人本主义已经失败了,比起"充实丰盈"、"生机勃勃"以及超验性的理想或观念来说,现在人们对"追寻幸福"的关心则显得那么单薄。他认为这种关心使用的是"不那么精妙的语言",造成一种不那么微妙的经验。他说,由于缺乏"精神上的洞见"、自发性和及时性,导致这种关心也欠缺"和谐"与"平衡",并最终导致不健康。

他说,现代的个体是"被包裹"起来的自我,而不是"通透"的自我。通透的自我对所有"外在"世界的感觉和经验敞开,而现代被包裹的自我却拒绝这些经验。因为我们的科学教育只教会我们概念,我们的经验可以是理智的,情感的,感性的,诸如此类,但它并不是"整体的"。现代个体在"主人叙事"(master narrative)②中可能会找到他们的位置,但他们已然拒斥了这种叙事,而在此叙事之外他们的"缺失感或许永远都不会得到平复"。他继续谈道,如果除开这些因素,则没有任何一种人类生活可以从"超越性"观点中获取"崇高感",而这恰恰就是生活充实丰盈的来源。我们感受到"某种更加丰富的东西"充盈着内心,因此,我们不可能在丧失信仰的情况下,仍能体会到"安详平静"。

---

① 查尔斯·泰勒:《世俗时代》,麻省剑桥:贝尔纳普出版社、哈佛大学出版社,2007年,第20、第44页。
② 除了"主人叙事"之外也译作"主叙事"、"主导叙事"、"主流叙事",指与"宏大叙事"(Grandnarrative)相对的,强调个人身份和主观性的一种叙事。——译者

的确,怀疑论者或许会对这样的观点翻翻白眼,但毫无疑问,他们也具有同大多数人一样的感觉和想法。和泰勒观点相同的人从统计数据当中找到了证据。世俗化在20世纪六七十年代达到顶点,而在21世纪伊始,越来越多的人转向(或者说返回到)宗教。理查德·卡尼(Richard Kearney)把这种现象命名为"复归的有神论"(Anatheism)。[1] 我们还会谈到最近这些数据所显示的(暧昧不明的)意义,但以下事实显然是真实的,即在2014年的当下,宗教思想家和无神论者之间的论战仍然同以往多年一样惨烈。

　　对于激进的无神论者而言,他们按自己的说法大致是站在一种达尔文主义立场上来为其观点辩护。其中最为有名的人物包括理查德·道金斯(Richard Dawkins)、丹尼尔·丹尼特(Daniel Dennett)、萨姆·哈里斯(Sam Harris)、克里斯托夫·希钦斯(Christopher Hitchens)。他们追随查尔斯·达尔文,将人类视为一种自然的、纯粹偶然的生物物种,从"低级"动物缓慢进化而来,处于同样从"奇点"(singularity)或者"大爆炸"(Big Bang)经过135亿年演变而来的宇宙当中。这本身是一个自然的、偶然的过程(尽管这样一来自然法则的观念就崩溃了),我们终将有一天会理解这一点。这个过程不需要任何超自然的实体。

　　这场论战的最近一个回合,是道金斯和哈里斯利用达尔文主义的科学原理去解释我们栖居世界的道德图景;希钦斯把这种道德习惯描绘为图书馆,或者"同朋友共进午餐",因为这种小插曲在现代生活中就如同祈祷和教堂礼拜,或者去清真寺参加宗教集会一样能够让人感觉到充实。

　　一般读者,特别是一般青年读者如果认为争论的问题仅仅在于,人们是选择拥护宗教,还是选择拥护达尔文主义及其隐含后果,这种看法是可以被理解的。史蒂夫·斯图尔特-威廉斯(Steve Stewart-Williams)推导出

---

[1] 理查德·卡尼:《复归的有神论:在上帝时代过去之后返回上帝》,纽约:哥伦比亚大学出版社,2010年。

这种看法的逻辑结论,他在《达尔文,上帝与生活的意义》(*Darwin, God and the Meaning of Life*, 2010)一书中说,如果上帝不存在,宇宙完全是自然的,并在这种意义上是偶然的,那么生活的目的就成为不可能,除了我们努力作为一个个体存在之外,不存在任何最终意义。

虽然在无神论者当中,达尔文主义者声音最为响亮(由于过去几十年生物学研究积累了大量的材料,使得他们具有恰当的理由),但他们的主张也并非一枝独秀。事实上,自宗教怀疑在17、18世纪兴起之后,特别是尼采1882年宣布"上帝已死"(补充一点,是我们人类杀死了上帝)后,许多人开始拷问这个困难的问题:当我们可依赖的那个超自然实体不复存在的时候,我们应当如何生活。

我们只需提那些以"P"打头的职业,如哲学家、诗人、剧作家、画家、心理学家,他们都试图思考在只有人类自身可以依靠时——不论依靠个人还是集体,我们应该如何生活。许多作家,如陀思妥耶夫斯基(Dostoevsky)、托马斯·艾略特(T. S. Eliot)、萨缪尔·贝克特(Samuel Beckett),都表达过对于荒凉世界的恐惧。在他们看来,荒凉世界正是由于人们抛弃上帝观念才得以形成。或许正是由恐惧所唤起的优美乐章,令这些先知们捕捉到时代的幻念。不过《虚无时代》一书将把注意力集中于另外的主题上,从某种角度说这是一个更为大胆的主题——灵魂。灵魂拒绝在冰冷、黑暗的众神遗弃之地等待和沉沦,相反,它怀揣着自我信念、创造力、希望、智慧以及热情,使用自己开拓性的能量去探索生活的全新方式。用华兹华斯的话来说,灵魂"并不懊丧,反而找寻;找寻冥冥之中的力量"。

一旦人们开始思考如何在没有上帝的状况中生活,如何在世俗社会中找寻意义,那么对问题答案的渴望就会成为一个宏大的人生主题。更大胆的现代主义作家、艺术家以及科学家已经触及问题的答案,然而据我所知,在此之前这个问题却从未进入过主流叙事。我想表明当这项工作完成的时候,对此问题的回答呈现为一个丰富多彩的故事,呈现为一系列原创但也存在部分重叠的观念。我确信这些内容会让读者感到有趣,受到激励,体会到共通感甚至得到慰藉。

近年来,关于信仰和人类生活的缺失的论战已经堕落为荒谬和罪恶的奇怪混合,因此一些慰藉是非常有必要的。

我们处于灵性倒退的时代吗,还是说我们和曾经一样陷入了宗教狂热?

宗教人士近来曾两次预言世界会在 2011 年 5 月 21 日和 2012 年 11 月 21 日终结。这两天都没有发生任何事,然而没有哪位宗教人士感到有必要承认他们的预言,怎么说呢,显而易见发生了错误。巴基斯坦发生了多起针对个人的暗杀,受害者似乎违背了相对较新的伊斯兰亵渎神明法,从而被其他成员暗杀。突尼斯发生了两起杰出的世俗政治家被暗杀的事件。在英国和荷兰,有穆斯林实施性暴力和虐待儿童的案件被曝光,而世界上很多国家的天主教神父其实也一样,但人们对此似乎已经习以为常;在英国,一些穆斯林男人对白人年轻女孩的虐待被形容为"一股犯罪浪潮"。[①]

这些接连发生的事件,乃至更为耸人听闻的暴行(毁灭性的"9·11"事件,巴厘岛、马德里以及伦敦的爆炸案,都是由一些穆斯林犯下的罪行),或许从受害人数量上看不如大屠杀那样血腥。但这些事件的确标志着由宗教动机驱动的犯罪在增长,人类不宽容的领域也在拓展。这是横亘在年轻的 21 世纪面前的,智识上、政治上,甚至存在意义上,重要性无可争议的困境。

---

① 伦敦《泰晤士报》,2011 年 1 月 5 日,第 1 版。关于印度的李·恩菲尔德摩托车崇拜,参见《旅行者趋之若鹜地涌向供奉神圣恩菲尔德的神庙寻求旅程上的慰藉》一文,载 2011 年 2 月 5 日的《泰晤士报》。

从某种无神论视角来看,这一系列荒谬和致命性行为之所以可以得到谅解,因为他们被惩罚带来的满足所扭曲了。在几个世纪的宗教冲突之后,在《圣经》历史史实基础遭到解构的200多年之后,在数量众多的新神以最为不可能的、现世的、平淡的方式出现之后[爱丁堡公爵在太平洋的瓦努阿图岛上被尊崇为神,一台李·恩菲尔德(Lee Enfield)摩托车在印度的一些地方被推崇为神明。目前有一家网站,godchecker.com,列出了3 000多"终极"存在],世界各地的人们似乎什么也没有学会。人们仍然被禁锢在远古的仇恨中,仍然遵行过时的、无根据的原则,仍然为花招所蒙蔽,容许自己被宗教表演者和鼓吹者所操纵。

可是,直白(从很大程度上讲也是令人迷惑的)的真相似乎是这样的,尽管宗教在很多方面具有显而易见的恐怖性和荒谬性,尽管所有大众和小众的信仰都有矛盾性、模糊性以及明显的虚假性,但是根据很多权威机构的统计数字,当下无神主义的阵营似乎是在败退。

最先一批提出这一点的人中包括了社会学家彼得·伯格(Peter Berger)。他的观点似乎让人感到不适,因为其中蕴含了一种转折的特质。伯格是一位奥地利难民,他被波士顿大学聘为社会学和神学教授。在20世纪50到60年代,他是"世俗化理论"的热情鼓吹者。这种在20世纪中叶臻至顶峰的理论可以追溯到启蒙运动,主张现代化"必然"导致宗教的衰退,不论是在社会层面上还是在个人心灵的层面上。按照他的分析,世俗化曾经是并且未来也会是一件好事,因为它废除了那种"落后""迷信""反动"的宗教现象。

这是当时的情况。不过在21世纪伊始的十几年当中,情况就已经完全不同了,至少对于一些人而言情况完全不同了。正如之前所提到的,彼得·伯格是最先注意到这种变化的人之一。这种变化让他对自己的观点做出著名的修正。在1996年,他承认现代性"出于完全可以理解的缘故",消解了所有传统的确定性,但是他坚持认为,不确定性"是许多人认为很难容忍的一种处境"。因此他指出,"任何运动(不仅仅是宗教运动)只要允诺提供或者重建确定性,它就会拥有市场"。① 他断言今日的世界"和往昔一样是一种狂热宗教……这种宗教不是别的什么,而恰恰就是已经被预言了的世俗化世界(不论这种预言是乐观的还是悲观的)",无论人们具有何种宗教背景,他们都同意"那种试图摆脱所有超验维度的文化是一种浅薄的文化"。②

伯格并不是唯一一持这种观点的人。具有宗教灵性的作者毫无疑问正在增加。2006 年,诺丁汉大学的宗教学教授约翰·米尔班克(John Millbank)试图解释神学何以能引导我们"超越世俗理性"。领导美国政府破译人类染色体的遗传学家弗朗西斯·柯林斯(Francis S. Collins)在《上帝之语》(*The Language of God*, 2006)中描述了自己从无神论者到"皈依基督教"的心路历程。哈佛大学天文学名誉退休教授欧文·金格里奇(Owen Gingerich)在《上帝的宇宙》(*God's Universe*, 2006)中,解释了自己如何被说服,开始相信"在宇宙之内和之上存在一个全知的创造者"。斯坦福大学的演化生物学家琼·拉夫加登(Joan Roughgarden)在同年出版的《进化与基督信仰》(*Evolution and Christian Faith*)中,详细讲述了她在把个人纳入进化论图景的过程中,内心产生的冲突和挣扎。情况的特殊之处在于她自己是一位变性者,在性别身份认同问题上,她和一些传统的达尔文主义者持不同的看法。

2007 年,担任英国和加拿大多所大学哲学教授的安东尼·弗卢(Antony Flew)在其《上帝存在》(*There Is a God*)一书中,对"这个世界中最为声名狼藉的无神论者(即他本人)为何改变了自己的看法"做出了解释。同样在 2007 年,戈登·格雷厄姆(Gordon Graham)考查艺术是否真的可

---

① 彼得·伯格(编):《世界的去世俗化,复活的宗教以及世界政治》,华盛顿:伦理与公共政策中心,密歇根:威廉·厄尔德曼出版社,1999 年,第 2 页。
② 同上。

以凭借其长处，令整个世界"复魅"，如从前宗教所做的那样，其结论是不可能。2008年，伊本·亚历山大（Eben Alexander）医生罹患细菌性脑膜炎，陷入深度昏迷长达一周。在病愈之后，他撰写了一本畅销回忆录叫做《天堂的证据：一位神经外科医生的来世之旅》（*Proof of Heaven: A Neurologist's Journey to the Afterlife*）。在这本书当中，他将天堂形容为遍布蝴蝶、鲜花、无忧无虑的灵魂以及天使的地方。①

作为社会学而非神学的宗教

还有一个令人费解的现象，即在过去的几十年中，为了把宗教当作一种自然现象来理解，出现了一些新颖且吊诡的观点。不仅如此，其中一些观点是新科学发现导致的结果，此类发现已然改变了论辩的性质。无神论占据了更有利的位置，无神论的证据包含了新要素，引入了新观点；而宗教尽管表现出恐怖性和荒谬性，但依然拥有大量的信徒以及声援者，我们能够从这样的事态当中得出什么结论呢？

我所知的最具有说服力的一种观点，当然它得具有最实质性、最系统性的证据来支撑——是由皮帕·诺里斯（Pippa Norris）以及罗纳德·英格哈特（Ronald Inglehart）在《神圣与世俗：世界性的宗教和政治》（*Sacred and Secular: Religion and Politics Worldwide*，2004）当中提出来的。他们的著作建立在大量经验证据的基础之上，它来源于1981年至2001年间的四次世界价值调查。此调查在近80个共同体当中进行，得到具有代表性的成熟国际报告，涵盖了世界上所有的主要信仰。诺里斯和英格哈特使用了盖洛普世界民意调查（Gallup International Polls）、国际社会调查项目（International Social Survey Program）以及欧盟民调机构（Eurobarometer）的

---

① 伊本·亚历山大：《天堂的证据：一位神经外科医生的来世之旅》，纽约：皮阿特库斯出版社，2012年，全文各处。

调研报告。他们说,"宗教很显然并没有从世界上消失殆尽,而且似乎将来也不会",同时他们还坚持世俗化的观念"在当代世界中仍然占据了一个很重要的地位"。

他们的研究确证了一个社会学的核心事实,即他们所谓的"存在的保证"。根据他们的说法,这一事实依赖两个简单自明的公理,并且"对世界范围内各种宗教活动的变化具有极强的解释力"。①

他们理论的第一块基石是假定在世界范围内,富裕国家和贫穷国家在人类发展的可持续水平和社会经济的不平等程度上,存在非常明显的差异,而正是由于这个原因,保证人类安全、以免脆弱地暴露于风险之中的那种基本生存条件差异也很巨大。他们认为,作为国际发展的重要目标,人类安全(human security)的观念已于近期出现。简单地说,人类安全的核心观念在于拒绝使用军事力量来确保领土完整的行为,而用规避各种风险和危机的手段来取代它,这些风险包括从环境恶化到自然或人为灾难,从洪水、地震、飓风和干旱,到传染病、侵犯人权、人道主义危机以及贫困的风险和危机。

在过去的 30 年中,我们在一些发展中国家已经看到实实在在的进步。然而,联合国开发计划署(UNPD)报告表明,世界范围的发展在最近的 10 年里变得不稳定,甚至发生了一些倒退:有 54 个国家(其中非洲占 20 席)相比 1990 年更为贫穷;有 34 个国家人们的预期寿命出现下降;有 21 个国家人类发展指数下降。在非洲,艾滋病和饥饿问题越发严重。富裕国家和贫穷国家之间的鸿沟正在加深。②

对世界范围内各共同体数据的分析显示,强调宗教重要性并且践行宗教活动的人口之多寡,事实上能够从一个社会的经济水平以及其他发

---

① 皮帕·诺里斯、罗纳德·英格哈特:《神圣与世俗:世界性的宗教和政治》,英国剑桥:剑桥大学出版社,2004 年,第 3 页。
② 同上,第 13 页。

展水平作出非常准确的预测。多重变量分析(一种数学方法)已经证明，一些基本的发展指标，譬如人均 GNP，艾滋病发病率，每 10 万人共享的可利用洁净水源和医生数量，能够"准确性惊人"地预测特定社会成员礼拜或祷告的频率。最关键的解释性变量是那些能把脆弱社会同其他社会形态区分开来的变量。在后者的社会形态中，人们对存活下来极有把握，其成员在社会性格形成过程中自然也把这视为理所当然。①

诺里斯和英格哈特专门假定在其他所有条件相同的情况下，如果人们在较少安全保证的社会中成长，这种经历将会强化宗教价值的重要性；相反，如果人们在更加安全的社会中成长，这种经历将会削弱宗教价值的重要性。他们认为主要原因在于，"在社会具有更好保障的条件下，对于宗教安慰的需求就变得不那么紧迫了"。由此推出，居住于发达工业社会的人们在成长的时候会更容易漠视传统宗教领袖和传统宗教规范，并且会更不愿意参加精神性的活动。"人们在相对安全的社会条件下成长，就能够更加容忍模糊性，并且也不那么需要宗教规训所提供的，绝对严格可预测的规范。"

提升人类生存条件的安全性将会削弱宗教价值的重要性，这一点似乎很清楚。然而问题在于，在提升人类生存条件的同时，后工业社会的人口增长率却处于下降状态。富裕社会在价值观上变得更加世俗化了，但人口却在减少。相反，贫穷国家仍然保持着在价值观上的深厚宗教性，此外还有更高的生育率，创造了更多的人口(为此他们可能仍然无法摆脱贫困)。② 事实上，所有传统宗教的一个核心目的就在于维持家庭的力量，"鼓励人们生育小孩，鼓励妇女在家育儿，禁止堕胎、离婚，鼓励任何提高生育率的措施"。毫不意外，这两种相互联系的倾向意味着富裕国家变得更加世俗，而世界作为一个整体则变得更具宗教性。

---

① 诺里斯、英格哈特：《神圣与世俗：世界性的宗教和政治》，第 14 页。
② 同上，第 221 页。

超验性对阵贫穷

　　这种分析将产生一系列后果。首先,我们可以说最初的世俗化理论一直是正确的,但很多社会没有跟进(或者失败了)类似西方的工业化城镇化进程。我们相信第二点更为重要,即我们现在可以发现,对宗教的最好理解是"社会现象而不是神学现象"。① 彼得·伯格等人声称,"超验性"远非与信仰相关的基本要素或经验,贫穷和存续的不安全性才是最为重要的解释因素。考虑到问题的这些方面,并结合联合国开发计划署的发现——富裕国家和贫穷国家之间的断裂持续扩大,"同时,超过50个国家的个人生存不安全性也在增长",所以,宗教的"成功"其实是一些国家现代化和公民世俗化进程失败后的副产品。按照这种解读方式,宗教拓展成为相互帮助的世界社群,宗教的这种扩张并不值得我们骄傲。所以在此意义上,宗教复兴的必胜信念显得并不恰当。

　　问题的最后一个方面更难以被人察觉。我们现实地审视当下甚为繁荣的宗教"韵味",审视其神学、智识乃至情感特质的时候,我们发现了什么?首先,我们发现教会制度的确立导致信徒的流失——那些生产最精巧制度的神学往往与超验性无关。福音派、五旬节派(Pentecostals)、"健康与财富"(health-and-wealth)神赐派,以及各种基要主义者取代了它的地位。1900年,世界上80%的基督徒居住在欧洲和美国,到今天,60%的基督徒居住在发展中国家。②

　　我们认为福音的治愈力和预言有什么用呢?如果它们经常起作用,那么它们显然能够关照到世界上更多的领域,比方说,相比任何来自科学的观点,它能更好地解释疾病。《圣经》中有"灵言"(speaking in tongues)的

---

① 诺里斯、英格哈特:《神圣与世俗:世界性的宗教和政治》,第16页。
② 同上,第23页。

说法,它将可能的高贵性授予一种近乎心理疾病的现象,我们如何在任何一种理性的光照下理解这种说法呢？2011 年 2 月,美国一位记者在做现场直播的时候突然说了几分钟的胡言乱语,这广泛引起了其他电视台和网络的兴趣。猥琐的、同情的评论都有,但没有人认为这时候她正处于宗教体验之中(她本人也并没有这样讲)。讨论主要集中在到底她大脑的哪个部分引发了这样一种"癫痫症状"。

我们如何看待健康与财富派呢？在他们的意识形态当中,"超验性"扮演了什么样的角色？健康和财富直接消除了存在的不安。

对于神学家而言,无法容忍的激进主义者的暴力,美国特定地区内的创世论者故意的无知,福音派的灵言,神赐派的"治疗",印度的拜摩托教——宗教的这些发展仅仅说明历史的倒退。对这些事件进行简单明了的社会学理性解释仅仅凸显了它们的野蛮性。

与社会学对宗教复兴的解释相比,心理学对宗教复兴的解释从某种程度上讲似乎并没有抓到重点。约翰·米克尔斯威特(John Micklethwait)和艾德里安·伍德里奇(Adrian Wooldridge)在《上帝复生》(*God Is Back*)一书中认为,有"大量证据表明,如果不考虑财富的话,基督徒比他们世俗的兄弟们更健康、更幸福"。大卫·霍尔(David Hall)是匹兹堡大学医学中心的医生,他坚持每周参加礼拜能够增加两到三年寿命的看法。1997 年,杜克大学医学中心开展了一项约有 7 000 名老年人参与的研究项目,发现宗教仪式"或许"能够提升免疫系统,并且降低血压。1992 年,美国只有 3 家医学院开展了灵性和健康之间关系的研究项目,到了 2006 年,这一数字上升到 141 家。[1]

米克尔斯威特和伍德里奇谈道:"皮尤研究中心(Pew Forum)在对幸

---

[1] 约翰·米克尔斯威特、艾德里安·伍德里奇:《上帝复生:全球信仰的复兴如何改变世界》,伦敦:艾伦·莱恩出版社,2009 年。罗德尼·斯塔克、罗杰尔·芬克:《信仰行为》,洛杉矶、伯克利、伦敦:加利福尼亚大学出版社,2000 年,第 4、第 79 页。伦敦《泰晤士报》,2009 年 5 月 2 日,第 58—59 页。

福的长期调查中得出的最激动人心的结论之一,是认为一周参与一次以上宗教活动的美国人(其中43%感到非常幸福)比那些一个月或一个月以上参与一次(31%感到非常幸福),甚至不参与(26%感到非常幸福)宗教活动的人要更加幸福……自皮尤中心在70年代开展调查以来,幸福与参与教会活动的关系一直很稳定,它也比幸福和财富之间的关系更为牢靠。"[1]

他们说,研究除了表明宗教能够提升幸福之外,还能够对抗坏的行为习惯。"20年前,哈佛大学经济学家理查德·弗里曼(Richard Freeman)发现,参加教会活动的黑人小孩更愿意去学校,犯罪和吸毒的可能性也更低。"从那时起,包括国家儿童委员会(National Commission on Children)1991年报告在内的大量更加深入的研究得出结论,认为参与宗教活动对降低犯罪和吸毒率有帮助。詹姆斯·威尔逊(James Q. Wilson,1931—2012)也许是美国最为杰出的犯罪学家,他简明扼要地总结了"大量(社会科学的)证据":"宗教减少每个阶级的异常行动。"最后,麻省理工的"世俗经济学家"乔纳森·格鲁伯(Jonathan Gruber)"在大量证据的基础之上"主张,教会活动能够增加收入。

对此有两条中肯的意见。第一,这些例证都来自美国,并且越来越清楚的是,这个国家在方方面面都是例外的,同样的事件在其他地方则不那么典型。第二条意见也许和我们的主观更加接近:即便这些调查所显示的信仰的好处部分为真,那么我们在此讨论的问题到底是什么呢?是上帝回报那些定期并且经常去教堂的人,令他们更幸福、更健康,或者从某种意义上讲,更富裕?然而如果情况真是这样,如果上帝是全能的、仁慈的,那么为什么还有57%定期去教堂的人并不感觉幸福呢?他们也去教堂,那么为什么(全能仁慈的)上帝要歧视他们呢?同样的道理,为什么不去教堂的人也会感到幸福呢?调查显示26%的不去教堂或者很少去教

---

[1] 米克尔斯威特、伍德里奇:《上帝复生:全球信仰的复兴如何改变世界》,第58页,转引自伦敦《泰晤士报》,2009年5月2日。

堂的人确实感到幸福。首先,我们如何得知这些人的幸福或不幸同参加教会活动的行为无关呢？无论如何,这些数字都表明,即使对参与教会活动的人而言,不幸福的人相较于幸福的人也明显是多数。那么我们就要问,上帝这是在玩什么呢？

关于这个问题我们再多说两句。坦率地讲,这些论点关乎信仰在心理学上的好处,而不是神学上的好处。有人可能会像神学在过去曾宣称的那样,说幸福并不是宗教子民的目的,当然也不是虔诚基督徒的目的。信仰体系的关键在于宗教子民仅能希望在彼岸,在下一世获得拯救,于是宗教实践中就出现了尝试在所有层面上都证明信仰好处的某种企图。这意味着根据最想要证明的结论,来改变和形塑证据。乔纳森·海特(Jonathan Haidt)在《正义之心》(*The Righteous Mind*)一书当中进一步主张,"人类的繁荣需要社会秩序和融入感(embeddedness)",而这一点在宗教中得到了最好的承认。它是"社群关系(groupishness)、部落制度以及民族主义的女仆"。但他也补充说,研究显示宗教人士是更好的邻居和市民,这并非由于他们祈祷、阅读《圣经》或者相信地狱存在("结果显示这些信念和实践造成的影响非常小"),而是因为他们受到相似宗教人士的"牵绊"。他在这里仍然把宗教构想为心理现象,而不是神学现象。

然而,诺里斯和英格哈特描绘的更加宽广的一幅社会学图景,遮蔽了心理学的证据。他们的结论值得以下方式展示出来:"对(世俗化理论)的批判太过依赖挑选出的特例(并且忽视了一些引人注目的怪异现象)。而且这些特例过多地集中在美国(而这恰好是非常不正常的情况),而不是在更广的范围内,比较富裕社会和贫穷社会得出的系统证据……自历史翻开第一页那天起,哲学家和神学家就已经在寻找生活的意义和目的了。但对于绝大多数挣扎在生存边缘的人来说,宗教的主要功能在于满足人们对慰藉和某种确定性的需求。"[①]

[①] 诺里斯、英格哈特:《神圣与世俗:世界性的宗教和政治》,第231页。乔纳森·海特:《正义之心:为什么政治和宗教划分出好人》,纽约、伦敦,2013年,第311—313页。

那么本书所主张的一个观点是,虽然在 21 世纪初期一些人认为"上帝回来了",但现实的情况比这个简单的口号更为复杂,也更值得思考。许多宗教人士期望无神论的阵地正在败退,至少在发达国家正在败退,但这也并不是真实的情况。

同时,查尔斯·泰勒在 2007 年的著作《世俗时代》中写道,现代性在某种意义上是"减法故事"(subtraction story),是一种失落的或者正在变狭隘的经验,一种在世的"清醒",给我们留下一个"愚蠢、低俗、平庸、受规则驱动而非思想驱动"的宇宙。这个过程在"缺乏灵性的专家和没有内心的快乐主义者"操纵的官僚体制下达到顶峰。无神论者导致了生活的贫乏,它不像信仰者的生活那样"充盈"。无神论者"渴望"超越自足理性能力所提供的东西,在但丁、巴赫作品,或沙特尔大教堂(Chartres Cathedral)这些"上帝显灵"的奇迹面前,他们成了瞎子和聋子。①

很多无神论者可能马上会把泰勒从无神论阵营中开除出去,但他并不是唯一表达这样观点的人。还有大量千禧年之后出版的著作持类似观点:吕克·费里(Luc Ferry)的《人造上帝:生活的意义》(*Man Made God: The Meaning of Life*,2002)、约翰·科廷厄姆(John Cottingham)的《论生活的意义》(*On the Meaning of Life*,2003)、朱利安·巴吉尼(Julian Baggini)的《哲学和生活的意义》(*What's It All About? Philosophy and the Meaning of Life*,2004)、理查德·霍洛韦(Richard Holloway)的《雾里看花:人类对意义的探寻》(*Looking in the Distance: The Human Search for Meaning*,2004)、罗伊·鲍迈斯特(Roy F. Baumeister)的《文化动物:人的本性、意义和社会生活》(*The Cultural Animal: Human Nature, Meaning and Social Life*,2005)、约翰·豪特(John Haught)的《自然是充分的吗?——科学时代的意义和真理》(*Is Nature Enough? Meaning and Truth in the Age of Science*,2006)、特里·伊

---

① 诺里斯、英格哈特:《神圣与世俗:世界性的宗教和政治》,第 231 页。

格尔顿(Terry Eagleton)的《生活的意义》(*The Meaning of Life*, 2007)、欧文·弗拉纳根(Owen J. Flanagan)的《真正的难题：物质世界的意义》(*The Really Hard Problem: Meaning in a Material World*, 2007)、克莱尔·科尔布鲁克(Claire Colebrook)的《德勒兹与生活的意义》(*Deleuze and the Meaning of Life*, 2010)。

类似"生活意义"的这种短语在某段时期内只能被用在讽刺或者玩笑当中。其严肃的用法会让人觉得窘迫。1983年巨蟒剧团(Monty Python)的电影《生命的意义》对此有几个回答，包括"对鱼友善"、"戴更多的帽子"以及"避免吃太胖"。但是"生命的意义"在21世纪似乎不再是一个令人窘迫的主题了。

何以如此呢？泰勒至少给出了答案的一部分，他认为过去130年所产生的多种思想已经被证明无法完整地回答这个问题。情况是这样吗？诚然，当今世界很多意识形态和"主义"不是崩溃了就是陷入困境，包括帝国主义、国家主义、法西斯主义、唯物主义、行为主义以及种族主义。最近由于2008年的信贷危机及其冲击波，导致资本主义也被放置在聚光灯下接受拷问。

"我们已经拥有的东西被我们接下来欲求的东西所贬低"

信贷危机的影响远不止经济领域。珍妮特·温特森(Jeanette Winterson)在一篇刊登在《泰晤士报》的文章当中认为，"所谓开化的西方，在其最为擅长的物质领域内也没有实现善……我们处于可怖的混乱中"。她总结说，"脱离困境的方法"是艺术。她在后来同样发表在《泰晤士报》的一篇文章中说，"我们创造了一个没有价值的社会，这个社会什么都不信"。《泰晤士报》还强调了危机的其他方面，据称，"信仰之书"(脸书上关于多信仰的新网页)举办了一项调查，71%的受访者认为我们正处于"精神凋敝"的时代,而这比物质上的减少更值得焦虑。(另外一份调查显示,从信贷危机开始,祈祷人数增加了27%,还有更多的证据显示宗教行为同存在的不安全感相关。)2008年11月的报道显示,在英国人们更相信外星人和鬼魂,而不是上帝。在3 000名受访者当中(并不算小样本了),58%相信超验实体存在,54%相信上帝存在。① "信仰之书"的订阅者认为,"有信仰总比没信仰好"。

尽管资本主义国家的一些大教堂在国有化或者政府紧急救助下运行,直至2014年都还没有关闭,但教堂显然遭到了冷遇,并仍然处于被强化保护的状态下,教堂的关闭也没有公之于众。更重要的是,这已经激起并且将持续激起人们在态度和观点上的变化:作为经济衰退的结果,我们现在似乎进入了一个更为严肃、更具有反思性的时代。人们严肃地重估我们生活的价值和观念。牛津皇家道德和牧灵神学教授奈吉尔·比格(Nigel Biggar)告诉《金融时报》记者,他的很多学生进入市政厅和大律所工作,他注意到他们最近发生的一些变化。"我和他们中的一些人保持联系。当他们年轻的时候,7×24小时的工作是具有刺激性的。不过当他们成家之后这就变成了负担,但到那个时候他们已经因为经济原因而无法自拔了。我现在看到一种远离这种生活方式的风潮:对教育或者其他公共服务更加感兴趣。"②

这里好几样东西被合并到一起了。宗教信仰与无信仰是其中之二。科学没有激起众人的热情算是其一。心理学维度的主要关注目标变成幸福和孤独,一种与心理满足一体两面的东西,这也算被合并到一起的事物之一。

2008年英国公布的一份调查报告显示,全国上下的人都感到"不断加深的孤独",而这种困境在过去的几十年加速恶化。这份报告指出,孤

---

① 让人回想起切斯特顿(G. K. Chesterton)的观察,"当人们不再信仰上帝的时候,他们就什么都不相信了,也可以说他们什么都相信"。
② 奈吉尔·比格:《这都是为了什么?》,载《金融时报》,2019年6月6日。

独感的增长发轫于 20 世纪 60 年代,此时离婚率的增长,移民、工作原因导致的迁徙以及短期学生数量的增加(自 1963 年开始,英国大学的数量从 23 所增加到超过 100 所),这些都导致了邻里关系的逐步削弱。托马斯·达姆(Thomas Dumm)的《孤独是一种生活方式》(*Loneliness as a Way of Life*,2008)把美国描绘为未来孤独社会的范例,其特征是"占有性个人主义"。在孤独社会中,"个人选择"是一种掩饰而不是机会。①

回头接着谈幸福。幸福受到了更多的关注,这或许是不可避免的。仅把我们的目光放在 21 世纪,就已经有一大批著作探索幸福问题了。如何获得幸福,幸福同最新脑科学的联系,什么是幸福道路上的阻碍,幸福在世界各地都是什么样的,以及为什么女人(概括地讲)不如男人幸福。

一个广为人知的发现是,虽然西方发达国家在经济和物质层面境况更好了,但他们并没有比几十年前更为幸福。事实上在《荒谬时代:为什么现代生活难以获得幸福》(*The Age of Absurdity: Why Modern Life Makes It Hard to Be Happy*,2010)一书当中,迈克尔·弗利(Michael Foley)就主张,现代生活让情况变坏了,"它加深我们的渴望,但同时又放大了我们个体重要性的错觉。不仅让我们一头扎入对于美食、永葆青春、名誉以及花式性爱的无法持久满足的欲求,还通过 20 世纪 70 年代后对任何可见的不平等、蔑视和抱怨零容忍的'权利'文化,鼓励我们相信欲求某物就等同于值得拥有某物"。② 不仅如此,"我们所拥有的东西被接下来所欲求的东西贬低",这是资本主义的另一个恶果。

另一方面,公布于 2008 年 8 月的最新世界价值观调查发现,在过去

---

① 《上帝被幽灵信徒所遮蔽》,载伦敦《每日邮报》,2008 年 11 月 24 日。托马斯·达姆:《孤独是一种生活方式》,麻省剑桥:哈佛大学出版社,2010 年。
② 迈克尔·弗利:《荒谬时代:为什么现代生活难以获得幸福》,纽约:西蒙与舒斯特出版公司,2011 年。本·奥克瑞:《我们的错误神谕已经失败。我们需要借新愿景来生活》,载伦敦《泰晤士报》,2009 年 10 月 30 日。珍妮特·温特森:《在危机中,艺术仍然单纯地要求我们重新命名重要的事物》,载伦敦《泰晤士报》,2008 年 11 月 1 日。

的 25 年中,52 个接受民意测验国家中的 45 个国家幸福感有所提升。但是研究同时也表明,仅在人均 GDP 低于 12 000 美元的国家,经济增长才能够显著提升幸福感。幸福感在印度、澳大利亚、白俄罗斯、匈牙利、智利、瑞士(请注意,还包括瑞士!)、塞尔维亚都有所降低。幸福似乎与民主、更多工作机会、更便捷的出行旅行以及更能表达自己有关。另一项研究表明,个人化国家特别是西方国家,"特别容易为消极情绪触动",而亚洲和拉丁美洲国家则更少如此,因为"较之个人感受,他们认为集体的利益更为重要"。[1]

让我们开诚布公地讨论。以上都是一些令人神往的发现,其中许多都是有益的,也同样令人忧心。但它们充满矛盾似是而非。在美国,最为幸福的人是那些经常去教堂的人,但是就世界范围而言,正是那些最缺乏存在意义层面上的安全感的人才去教堂(因此他们显然不可能是幸福的)。在美国,宗教能够同犯罪的减少相关,但就世界范围来看,宗教带来更多的犯罪。在美国,参加教会活动能够带来收入的提升,而就世界范围来看,收入的提高并未带来幸福感的提升,而且也正是最贫穷的人才最频繁地去教堂。彼得·伯格说,我们像以往一样具有强烈的宗教性,但"信仰之书"的粉丝却认为我们正处于灵性的消退之中。彼得·伯格认为超验性的缺乏使人们迷失,但世界价值观调查则表明是面包、水源、有效医疗以及工作机会的缺失才使得人们迷失,而这也是他们走向宗教的原因。

尽管这些发现中存在矛盾,许多当代宗教现象中夹杂着原始、暴力与愚蠢的混乱本性,虽然社会学对宗教和非宗教起源合理且具有说服力的解释,似乎比神学解释更为重要,但清楚的是,许多宗教信徒拒绝接受这一事实。

查尔斯·泰勒以及上文提到的其他一些作者鼓吹这样的观点,他们

---

[1] 伦敦《泰晤士报》,2009 年 9 月 4 日第 15 版。贝特西·斯蒂文森、奥斯汀·沃尔夫斯:《女性幸福感下降的困境》,载《美国经济期刊》,2009 年 8 月,卷 1(2),第 190—225 页。

认为无神论者将承受一种贫乏的生活。但是诺里斯和英格哈特的调查显示，一旦存在的不安全感得到缓解，信仰就消失了。这种社会学的变化现在仍然发生着，甚至开始在美国出现。皮尤研究中心在2012年公布的一份民调显示，在美国，没有加入任何宗教团体的人，在2008年占人口总数的16%，4年之后这一比例上升到20%。参加教会活动的人数从1965年的40%左右，下降到现在的不足30%。①

当一本著作与当下宗教故事的荒诞、悲惨和可怖对立时，我们不能够指望它能够造成多大的影响。但本书的目的在于，至少做一些就我所知尚未被做过的事。本书的目的是对那些具有天赋的人，包括艺术家、小说家、剧作家、诗人、科学家、心理学家以及哲学家，对他们的作品做一次广泛的调查研究。他们拥抱无神论，欢歌上帝之死，并且探寻其他的生活方式；他们已经发现世界意义的其他形式或者已经掀起了克服巨大"剥离感"的（subtraction）别种风潮。他们许多人都似乎认为，那种可怕的凋敝是超自然的超验性观念的缺失所导致的必然结果。

我希望能够表明，这种状况并非不可避免。事实上，当考察我们最近历史的时候，你会发现那些你自认为熟悉的名人，其著作可能会令你感到非常吃惊。你会做出一些不同寻常的划分，并且会发现对生活其他途径的探索是当代文化的核心组成部分，或者用流行的比喻来说，是我们当今文化DNA的一部分。你还会明白，无神论者所导向的绝不是完满的生活，上帝和魔鬼的声音也并非天籁。因此，这本书本来可以不用叫《虚无时代》，而可以叫做《万物时代》（*The Age of Everything*）。

还有一点，并且这一点更为重要。应该怪尼采导致我们当下的困境吗？为什么他比其他人更能引起我们的关注呢？这一点又说明了什么呢？

---

① 《纽约时报》，2013年1月20日，A3版。

尼采现象

  39 岁的弗里德里希·尼采 1883 年 3 月底居住在热那亚,身体抱恙。他刚从瑞士返回到他位于巴迪斯尼内的旧寓所,但这次旅行并没有马上减轻他偏头痛、胃痛和失眠的毛病。几个月前,昔日好友作曲家理查德·瓦格纳(Richard Wagner)的离世令他感到哀伤(但同时也感到解脱,因为后来与之决裂),加之感染了严重的伤寒,热那亚的医生每天的处方都包含大量奎宁。与往常不同,一场大雪将整个城市包裹起来,同时又伴有"不协调的雷声和闪电",这似乎也影响了他的心境并阻碍了他的康复。由于没有办法继续快走这一习惯,这本能对他的思考有所帮助,因此直到 3 月 22 日之前,他还是无精打采,卧床不起。①

  是什么加剧了他"黑色的忧郁"呢?用他的话来说,原因就在于他刚完成的手稿在 4 周前寄给了开姆尼茨的出版商恩斯特·施梅茨(Ernst Schmeitzner),而这位出版商似乎并不着急出版这本名为《查拉图斯特拉如是说》(Thus Spake Zarathustra)的新书。他给施梅茨写了一封言辞激烈的谴责信,结果收到一封道歉的回信。一个月之后尼采才知道延迟出版的真正原因。正如他在一封信当中所写的那样:"莱比锡的托伊布纳出版社将《查拉图斯特拉如是说》手稿置之不顾,乃是为了赶制 50 万本赞美诗,以便及时在复活节交付。"当然这个巨大的讽刺并没有给尼采带去什么损失。"那个有勇气向周围的梦游者喊出'上帝已死!'的'疯子',意识到自己对查拉图斯特拉的恐惧,他或许已经被 50 万份将尼采说成'小丑'的基督教赞美诗的重量,给压到短暂窒息了。"②

  这本书首批读者的反馈则有些复杂。尼采的朋友海因里希·科塞利

---

① 柯蒂斯·凯特:《尼采》,伦敦:哈钦森出版社,2002 年,第 395 页。
② 同上。

兹(Heinrich Köselitz)长期收到他寄来的校对手稿。他对这本书很着迷,并且表示说希望"这本非同凡响的书"将来能同《圣经》一样广为传播。莱比锡出版社的排字工人对这本书的反应则截然不同。他们惊恐于自己所看到的文字,并考虑拒绝印刷这本书。

世人从未忘记尼采,甚至有的人从未原谅尼采,因为他说"上帝已死",并且还补充说"是我们杀死了他"。事实上他在之前一年发表的《快乐的科学》(*The Gay Science*)中就已经这样讲过,不过《查拉图斯特拉如是说》强有力的风格引起了更多的注意。

尼采这句话到底是什么意思?为什么是这句话而不是其他主张被人牢记于心,并且被抓住不放?毕竟,对上帝的信仰已经持续衰退了一段时间。对有的人来说,也许是对多数人来说,对上帝的信仰,或者说对众神,对任何超越性实体的信仰,从来都不被视为正当。在大多数非信仰或者怀疑论者的历史中,这种观点由 18 世纪爱德华·吉本(Edward Gibbon)和大卫·休谟(David Hume)所开创,经过伏尔泰和法国大革命的发展,再被康德(Kant)、黑格尔(Hegel)和浪漫派、德国《圣经》批判学、奥古斯特·孔德(Auguste Comte)以及"实证主义的萌芽"所继承。在 19 世纪中期,路德维希·费尔巴哈(Ludwig Feuerbach)和卡尔·马克思(Karl Marx)、索伦·克尔恺郭尔(Sren Kierkegaard)、亚瑟·叔本华(Arthur Schopenhauer)登上历史舞台;此外查尔斯·莱尔(Charles Lyell)、罗伯特·欧文(Robert Owen)、罗伯特·钱伯斯(Robert Chambers)、赫伯特·斯宾塞(Herbert Spencer)以及查尔斯·达尔文(Charles Darwin)的地质学和生物学也对宗教造成了巨大破坏。

此类观点往往给那些丧失个人信仰的名人好评,比如乔治·艾略特(George Eliot)、莱斯利·史蒂芬(Leslie Stephen)、埃德蒙·高斯(Edmund Gosse)。此外还有那些并未丧失信仰,但接受类似信号的人,比如马修·阿诺德(Matthew Arnold)。在达尔文《物种起源》出版 10 年后,他在《多佛尔海滩》(Dover Beach)一诗当中哀叹：信仰之海"忧郁、漫长，潮声渐息"。这一观念史以外的其他无神论观点则强调古代纯粹的无信仰，这份名单就包括伊壁鸠鲁(Epicurus)、卢克莱修(Lucretius)、苏格拉底(Socrates)、西塞罗(Cicero)、阿尔-拉万迪(Al-Rawandi)以及拉伯雷(Rabelais)。这里并不是要罗列他们言论。我们主要关注尼采这种露骨宣言所产生的时机和环境（尽管我们永远会记得这是一个疯子的宣言）。

危险的风潮和生活的负担

我们思考的情境之一就是尼采自己。他完全不是一个普通人——妄想而矛盾，他是一颗用炙热的笔触发光发热的流星，但也因此迅速燃尽了自己，在45岁的年纪陷入疯癫。他格言式的语言风格让其观点很容易为公众乃至其他哲学家同化吸收。这种语言被设计得具有挑拨性和煽动性，作为莱比锡出版社排字工想要按下不发的一部作品，它成功得太快了。他的疯癫也为他的一生添加了一抹传奇色彩。正因为这样，他在1900年去世之后，其观点也具有了传奇的味道。他的极端观点是"不间断思考的结果"吗，还是说为他的疾病所影响（或者说扭曲）？尼采死于梅毒，这是否让他陷入更窘迫（而不是相反）的境地？

尼采去世之后，其观点的用途，或据说的用途也变成了一个丑闻不断的泉源。尼采的虚无主义观抓住了世界的幻想。其结果之一就像史蒂芬·阿施海姆(Steven Aschheim)指出的那样，使他成了唯一要为两次世界大战负责的人。这是一个沉重而持久的负担。

他最核心、最危险的洞见在于，任何外在的、高于生活的视角都不存在，人们无法通过这种视角来透视生活本身、超越生活本身。任何为人们所知的那种具有特权的观点，以及外在于世界的抽象或力量都不存在。没有什么事物是在现实之上、生活之上存在着的，也不存在什么"天国"。

没有超验性,也没有形而上。其结果就是,我们无法凭借普遍有效或"客观性"来判断现实的存在:"生活的价值不能被预估。"正如尼采著名的论断:"不存在什么事实,它们仅仅是解释。"①

他的这一说法必然会导致特定的后果:我们只是历史性力量的产物,世界是多种力量和驱动力形成的一片混乱,这与科学家的说法相反。世界的"有限性和混乱的多样性无法被还原为整体"。② 我们必须让自己适应多样性和混乱,其途径在于"权力意志"。通过权力意志我们便能设法掌控没有生机的自然。我们的历史,尤其是庞大宗教的历史,特别是基督教历史,给我们一种"隐秘的偏见",让我们偏好"天国",然而代价却是"此处和当下"。这是必须改变的,意味着我们要改变几乎所有的行动方式。由于我们的自然状态蕴含着内在多种竞争性力量的冲撞,所以这项任务变得复杂,它要求我们追寻灵性,为混杂的冲撞赋予意义。③

重要的是,尼采告诉我们这种在自身之内和之外的混乱中取得统治权的斗争,这种"生活的负担",将导致一种更为紧张的存在形式。而这也是我们能从生活中,能从现世和当下的生活中获得的唯一目标。我们的伦理立足点应当是不惜任何代价达到这种张力:我们对自身负有唯一的义务。④

在生活当中,我们理性扮演的角色是使我们意识到,许多冲动是非理性的,但它们却并不因此缺少力量和价值,因此我们必须驯化它们,也必须聪明地解放它们,以便使它们不再继续相互龃龉。他把我们生活中激情的理性化定义为存在的精神特质。我们应当谋求和谐,但我们也应该意识到有些激情并不为传统宗教认可。比如说憎恨是我们的激情之一,

---

① 吕克·费里:《人造上帝:生活的意义》,巴黎:格拉塞出版社,1996 年;英译本,大卫·佩劳尔译,芝加哥:芝加哥大学出版社,1995 年;也可参见费里:《什么是好生活?》,芝加哥:芝加哥大学出版社,2009 年。
② 费里:《人造上帝:生活的意义》,第 153 页。
③ 同上,第 180 页。
④ 同上,第 183 页。

它应该同许多其他激情一样被接受被采纳。①

这些观点自然而然地影响到了尼采的拯救观。他主张,拯救不能被视为超越现世和当下的"天国"。"上帝一词变成了对'现世和当下'的种种例行诋毁,以及关于'彼岸'的种种模式化谎言。"他还力图将他所谓的"永恒轮回原则"置于"形而上学"和"宗教"领域之中。他认为拯救必然彻底是世俗的,"在生活所编织的力量之网中缝补"。永恒轮回原则的含义在于,你希望生活如何重现,那么你就必须按照这种方式过你当下的生活。他说"所有欢愉都渴望永恒",而这也是决定生活中的哪一时刻值得过,哪一时刻不值得过的标准。"好生活是一种成功地存在于当下的生活,它无关于过去和未来,无关于非议和选择。好生活自身处于绝对的光亮中,处于笃信转瞬即逝的当下和永恒没有差别的信念中。"

我们必须作出"狄奥尼索斯式的宣言","站在狄奥尼索斯式的存在立场","在有限的轮回中选择过一种我们愿意不断重复的生活"。我们通过这种方式获得了拯救,在恐惧中获得了拯救。

尼采的新世界图景并不包含天国和彼岸。除了以壮丽的方式生活,除了用权力意志去获得我们愿意不断重复的那种强烈经验外,生活本身也不具有什么目的。

所有这些主张具有同其恣意性相称的危险性,并且在翻译的过程当中有很多东西遗失了,因为尼采是一位极具风格的德语大师。他的语言和风格在某些程度上解释了整个世界何以在1882年如此迅速、彻底甚至热情地采纳了他"上帝已死"的箴言。但这还并非故事的全部。

为更好世界贴上怀疑标签

威尔逊(A. N. Wilson)把怀疑称为"维多利亚时代的疾病"。詹妮

---

① 费里:《人造上帝:生活的意义》,第167、第181页。

弗·迈克尔·赫克特（Jennifer Michael Hecht）在其《怀疑史》（*Doubt as History*）中讲道，1800年至1900年"可能是人类历史当中对广泛传播的怀疑记录得最为详细"的时期。她说，那是一个"为更好世界贴上怀疑标签"的世纪。"受到最好教育的怀疑者们认为，怀疑宗教的时代已经结束了，现在是建构人们能够真正信任的、美好新世界的时代。他们猜测未来将会是更好的世界，因为过去金钱和能源对宗教的倾斜，现在则被用于生产食物、衣服、药品和思想。他们还认为自己或许能比以往任何时候看得更远，现在他们的想象力得到了提升。"①

欧文·查德维克（Owen Chadwick）曾任剑桥大学当代历史皇家教授，英国国家学术院主席，他在吉福德讲座②和随后《19世纪欧洲的世俗化》（*The Secularization of Europe in the Nineteenth Century*, 1975）一书中谈道，对更好世界的怀疑与两条平行的进程有关，一条是社会的，一条是知识分子的。按照他的说法，19世纪存在两种"不确定"，"一是社会的不确定，主要因为新机器，大城市的扩张，大量的移民。二是心灵的不确定，起源于

---

① 詹妮弗·迈克尔·赫克特：《怀疑史：伟大的怀疑者及其创造性的遗产，从苏格拉底、耶稣到杰斐逊以及艾米莉·狄金森》，旧金山：哈珀出版社，2004年，第371页。
② 吉福德讲座是世界上最著名的系列讲座之一。它是于1887年去世的苏格兰法官亚当·吉福德的遗产。讲座致力于鼓励科学讨论的永久活力，致力于"与人的上帝或无限概念有关的所有问题"。讲座每年在苏格兰四所历史悠久的大学举办，包括阿伯丁大学、爱丁堡大学、格拉斯哥大学，以及圣安德鲁斯大学。系列讲座自1888年开始促成了超过200部著作的诞生，其作者在神学、哲学和各个科学领域都非常重要。这些作者中有8位诺贝尔奖得主，还包括威廉·詹姆斯、詹姆斯·弗雷泽、迪安·英格、亚瑟·爱丁顿、阿尔弗雷德·怀特海、约翰·杜威、阿尔贝特·施魏策尔、卡尔·巴特、理查德·尼布尔、尼尔斯·玻尔、阿诺德·汤因比、保罗·蒂利希、鲁道夫·布尔特曼、沃纳·海森堡、雷蒙·阿隆、汉娜·阿伦特、阿尔弗雷德·艾耶尔、艾丽丝·默多克、弗里曼·戴森、查尔斯·泰勒、阿拉斯代尔·麦金太尔、玛丽·米奇利、乔治·斯坦纳、希拉里·普特南、玛莎·纽斯鲍姆以及罗杰·斯克鲁顿。拉里·威瑟姆在讨论吉福德讲座的书中将系列讲座形容成"世纪之窗，自然科学以全力以赴的姿态面对圣经宗教"。他说，吉福德讲座见证了这个世纪的四个阶段：大哲学体系与科学唯物主义之间的冲突，包括人类学、心理学、物理学、社会学和历史批判主义在内的物质科学的出现；以及这些科学对宗教的影响不断增大；西方对科学和理性的大反叛——把上帝视为"完全的他者"；以及近年来主宰性的信仰体系走向末路（至少在西方世界如此）后，对上帝的理性探索的复兴。上述许多人物的名字和主题都会在本书中再次出现。

科学和历史的大量新知识,以及随之而来的新主张"。或许更加重要的一点是,这两种不确定很轻易地就混杂在一起了。他指出,这种"混杂"最为关键的 20 年是从 1860 年到 1880 年,刚好是尼采《查拉图斯特拉如是说》出版前夕。

信仰与科学的格格不入

这篇导言可以总结为四点,这非常重要。第一,如果我们进行社会调查并且翻阅漫长 20 世纪历史就会发现,按照陀思妥耶夫斯基的概括,每个人都会断然拒绝或已经拒绝对上帝之死的毁灭性恐惧。1980 年詹姆斯·斯鲁尔(James Thrower)发表了他所谓的"另一种传统"言论,这是拒斥宗教的一种古代解释。德国社会学家威廉·狄尔泰(Wilhelm Dilthey)讲,每个人都具有一种"形而上学的冲动"。在此冲动中,我们对世界,对个人在世界中所处的位置,对何种形而上学的存在与否,都有一套自己的理论,即便这套理论可能幼稚,也可能自相矛盾。但如果说每个人为困扰陀思妥耶夫斯基和尼采的问题所累,这却是错误的。很多人被这些主题深深困扰,但绝不是每一个人皆是如此。[①]

第二,卡勒姆·布朗(Callum Brown)最近给我们提供了一种世俗化的新叙事。在《基督教英国之死:理解世俗化 1800—2000》(*The Death of Christian Britain , Understanding Secularisation 1800‐2000*, 2001)中,他引入了"松散的基督教"概念。这是一种宗教认同形式,它并没有被通常的社会学分类所涵盖。松散的基督教塑造了个体的个人认同,以及私人甚至私密的自我,而这将影响口述历史中的道德、个人行为(比如在就餐之前祷

[①] 欧文·查德维克:《19 世纪欧洲的世俗化》,英国剑桥:剑桥大学出版社,1975 年,第 89 页,以及全文各处。同时也可参见詹姆斯·斯鲁尔:《另一种传统:古代世界中的宗教与反宗教》,海牙、纽约:穆顿出版社,1980 年。

告）、言论、着装、愿景和细微行为的种类。布朗认为，在20世纪60年代之前英国还是一个基督教国家，之后它轰然倒塌变成彻底的非宗教国家。人们并没有转向其他形式的信仰，相反，他们不再认为自己具有宗教性。

布朗的统计数据令人印象深刻，但也可以提出大量意见。首先，美国皮尤报告之前就已经提到过类似的情况：在美国，较之过去的宗教信仰，当下的宗教信仰被描述为更具有"糊状"的特性。两个进路共同得出的结论，与那些声称"上帝重新降临"的人截然相反。虽然他们的观点对本书来说同样很重要，但并没有影响本书的主张。不论世俗化的轨迹确切的样子是什么，不论上帝信仰到底是如何崩溃的，我们在之前几页当中提到的这些人物确实曾感觉到，也正在感觉到上帝事实上已经死亡。

再次，布朗的主张同法国分析家奥利弗·罗伊（Olivier Roy）在《神圣的无知：当宗教和文化分道扬镳》（*Holy Ignorance: When Religion and Culture Part Ways*）一书中的观点存在一定程度上的重合。罗伊认为，近来沿着世俗化进程产生了另外一种平行的进程。感谢全球化，宗教已经同他们文化的母国脱离关系，开始了"去领土化"（deterritorialized）。基督教不再为欧洲独占，中东、印度的印度教、沙漠腹地的伊斯兰教，这些宗教现在或多或少都是世界性的。

结果，曾经促成一种整体性宗教认同和宗教实践的文化，其所占的地位越来越小。比如说，阿拉伯人提到"穆斯林文化"，他们的意思是指与家庭相关的态度和实践，性别隔离、谦虚、饮食习惯，等等。而"伊斯兰文化"则是指艺术、建筑、城市生活活动。为了在全球化背景下流传，宗教实体必须看上去是普遍性的。因为信息是被充分掌握的，它必须同一种被理解为传统的特定文化断裂开来。"宗教的传播于是乎外在于知识了。拯救不需要人们了解，只需要人们相信。"其结果就是，由于宗教变得"去种族化"（de-ethnicized），它们变得更加"纯粹"了，同时也因此更具有意识形态性,更基础。罗伊讲,在非常现实的意义上,宗教更依赖无知而不是知识。在此意义上他也回应了查尔斯·泰勒所谈的世俗生活,这些宗教变得更加稀薄了。①

这许多的线索汇集在一起,表明尼采现象何以会是这般样貌,何以他关于上帝之死的主张会对世界特别是欧洲产生轰动性影响,何以他所讲的东西至今仍然那样有力。虽然总是有一些人不相信上帝,虽然大写的"怀疑"(Doubt)自 18 世纪中叶伊始便处于不断成长的状态,但正如欧文·查德维克所言,只有到 1880 年,"人类智识的伟大历史性革命"才令每个对这个问题感兴趣的人豁然开朗。信仰活动看上去才不再"契合人类经验"。从那个时候开始,无论"上帝重临"论调的拥护者如何喧嚣,人们也继续保持着信仰沦丧的状态,而宗教的演进也越来越像负隅顽抗。

而这让我们走向第四点,一个同样重要的问题。由于科学能容纳所有种类的真理,科学就获得了巨大声望。但即便如此,科学和它无可争议的成功仍留下一个巨大的遗憾,"它无法为道德的存在提供真理,因此……或许道德存在的真理就无法获得了"。②

然而许多人都不得不面对如下事实:我们生活在没有上帝的世界,并深受困扰。同时许多人已然发现,科学正在谋求充当生活意义的泉源。这两种元素相互扭曲的本质被普遍地忽视了。不过正如我们反复所见,这种关联是无法回避的。在尼采写下上帝已死的宣言后,这种关联对于我们决定该如何生活具有至关重要的意义。

---

① 卡勒姆·布朗:《基督教英国之死:理解世俗化 1800—2000》第二版,伦敦、纽约:劳特利奇出版社,2009 年;尤其值得参考的是第 6 章。以及奥利弗·罗伊:《神圣的无知:当宗教和文化分道扬镳》,罗伊·施瓦茨译,伦敦:赫斯特出版社,2010 年,特别参考第 4、第 7 章。
② 查德维克:《19 世纪欧洲的世俗化》,第 133 页。

第一部分
战前：当艺术尚且重要之时

1 尼采的时代：狂喜、性爱和放纵

尼采一生的巨大讽刺性远远超过 50 万本赞美诗导致《查拉图斯特拉如是说》延后出版。这种讽刺性的原因当然源自他在已经疯癫、患上癔症，完全不知道正在发生什么的状态下，在知识和文化界掀起滔天巨浪。到了 19 世纪 90 年代，他的读者数量才明显增加。[1] 在此之前，他都没有多少影响力。史蒂芬·阿施海姆告诉我们，或许早在 1875 年至 1878 年，古斯塔夫·马勒（Gustav Mahler）和维克多·阿德勒（Viktor Adler）就已经受到尼采启发。但类似影响是零星的，直到 19 世纪 90 年代，"面对"尼采才事实上成为不得不考虑的事情。

尼采很快就在国际上名声大噪，但在德国本土对他的研究则更为热烈，这一点是理所当然的。每一个未来的学者或者知识分子都希望在讨论尼采的领域，或者说与之相关的"尼采问题"领域获得一席之地。而在德国的中产阶级中，尼采之夜变得再普通不过——人们聚集在一起享受音乐，谈论书中的章节。[2]

导论中已经提到过，尼采的部分观点附着在其辞藻的抒情力量之上。但事实还远不止如此。多数德国人为尼采而感到自豪：他有德国人的根，并且致力于许多人所认为的德国专属问题。他的反对者强调他思考的"斯拉夫"方式贬低了他的德国气质（Deutschtum），他的德国性（Germanness）。

艰苦的智慧

整个 19 世纪都充斥着关于德国是什么不是什么的争论(其边境线的确一直在变化)。尼采也被卷入了这场争论。在 19 世纪 90 年代以及之后的一段时间,越来越多的人开始接受他的德国性,而"尼采—德国"这种联系也成为了一种意识形态。根据这种观点,德国性就是真正理解他以及他的作品的唯一前提。比如以下这一段奥斯瓦尔德·斯宾格勒(Oswald Spengler)对尼采的评价:"歌德的生命是完整的生命,而这意味着将某物完成。无数的德国人将会以歌德为荣,与他共存,在他那里寻找给养。但是歌德却无法改变他们。尼采的影响就是一种改变,他洞见的优雅隽永并不会随着他的离世而消亡……他的作品并非我们享受的历史的一部分,而是一项令我们所有人为之献身的事业……在并不容忍彼岸理想的岁月当中……当唯一可被认识的价值是尼采以切萨雷·博尔贾(Cesare Borgia)之名洗礼的某种残酷行动时,在这样一个时代,除非我们学会按照真实历史所要求的那样行动,否则我们就无法像真正的人那样生活。我们必须以这样一种方式生活,不仅能够在困境当中获得抚慰,更能够帮助我们摆脱困境。这种艰苦的智慧在尼采的德国思想当中第一次出现。"[3]

卡尔·荣格(Carl Jung)同样深受震撼。他把尼采视为超越新教的进步,正如新教本身是对天主教的突破一样。在他看来,尼采的超人观是"人类取代上帝地位的关键"。[4]

尽管这些杰出人物对尼采保有热情,但青年和 19 世纪 90 年代的先

---

[1] 史蒂芬·阿施海姆:《尼采的德国遗产》,加利福尼亚、牛津:加利福尼亚大学出版社,1992 年,第 17 页。
[2] 同上,第 19 页。
[3] 同上,第 20 页。
[4] 同上,第 22 页。

锋派才是尼采追随者中的主力军,这同帝制国家具有千丝万缕的联系。帝制国家在当时被认为具有精神和政治上的中立性。对于这些人而言,尼采是世纪之交的关键人物,"他的重要性仅有佛陀、查拉图斯特拉或耶稣基督能够媲美"。① 甚至于他的癫狂都能被其追随者视为一种精神特质。他们认为尼采就像是他故事中的疯子一样,被自己看到的景象逼疯,被不能理解他的社会所孤立。德国表现派对疯癫感到着迷,因为据说它与自由的性质相关,所以他们践行形式极端的一切生活方式,并把尼采推举为他们的代言人和榜样。反对者轻视他,认为他是一个"胡言乱语一段时间,然后归于寂静"的"堕落者"。② 结果表明他们的观点大错特错。

尽管对他的理解各有不同,但他的流行程度有增无减。小说和戏剧试图捕获,试图戏剧化其本身就已经很戏剧化的观念。全欧洲的人开始体验查拉图斯特拉"迷醉"。勒·科比西耶(Le Corbusier)在 1908 年获得了一次查拉图斯特拉式的体验("经验"或"洞见")。尼采式的概念,比如权力意志以及超人也被写进了词典。③ 理查德·施特劳斯(Richard Strauss)的交响诗《查拉图斯特拉如是说》(*Also Sprach Zarathustra*)1896 年 11 月在美茵河畔的法兰克福首演。另一部灵感来源于尼采的著名艺术作品(但绝非唯一的重要艺术作品)是马勒的《第三交响曲》(*Third Symphony*),其原名是《快乐的科学》。

插图精美的杂志《潘》(*Pan*)为了表示对其的尊重而以尼采式的诗歌作为特色,同时他们也似乎一有机会便发表以他为原型的绘画和雕塑作品。在 1890 年至 1914 年间,尼采的肖像画随处可见,他灌木一样的八字胡变成了一个广为流传的视觉符号,让他的脸变得和他的箴言一样有名。

---

① 阿施海姆:《尼采的德国遗产》,第 25 页。
② 塞思·泰勒:《左翼尼采主义:德国表现主义政治》,柏林:沃尔特·德·格里特出版社,1990 年。理查德·沙赫特(编):《尼采,谱系和道德:尼采"道德的谱系"研究论文集》,伯克利、伦敦:加利福尼亚大学出版社,1994 年,第 460 页。
③ 阿施海姆:《尼采的德国遗产》,第 31 页。

从19世纪90年代中期开始,受尼采档案馆的支持(受尼采妹妹控制),大量"尼采崇拜的周边产品"被制造出来,一股必然会令他发疯的风潮承载了这种流行感。赫尔曼·黑塞(Hermann Hesse)在图宾根的工作室墙上就挂着两幅尼采的画像,而他并不是唯一如此的知名作家。尼采的脸同时还是书签上的流行图案。其中有一幅图把他描绘为后世的基督,戴着一顶带刺的王冠。工人阶级的出版社则把他的画像视为一种常见且简明的方式,以嘲笑资本家对文化的商业化。[1]

一些人甚至采取了一种他们所谓的尼采式的"生活方式"。最具震撼性的典范是建筑师、设计师彼得·贝伦斯(Peter Behrens)。贝伦斯为他自己设计了"查拉图斯特拉式"的别墅,作为实验性的达姆施塔特艺术家聚居区的核心建筑。这栋房子被装饰上老鹰的标志,以及查拉图斯特拉式的菱形,这些都表达出"一个尚未到来的世界所具有的美德"。贝伦斯甚至在1902年都灵博览会德国馆的设计当中推进了这一风格。在一种超现实主义的洞穴之光掩映下,德意志第二帝国的工业力量从内部显示出来。一个人朝着这束光前进,他的名字清楚地显示出来,叫做查拉图斯特拉。[2]

表现主义建筑师布鲁诺·陶特(Bruno Taut)是高山崇拜的杰出典型。高山崇拜也由尼采提出,同尼采联系紧密。陶特的"阿尔卑斯风格建筑"(Alpine Architecture)试图让人把连绵的山脉想象成"圣杯祭坛和水晶洞穴的形状"。这样一来,整个大陆最终将会被"玻璃和宝石组成的'流光穹顶'以及'闪烁的宫殿'所覆盖"。[3]

尼采式的庸俗作品

还有一种脉络相似的查拉图斯特拉式的崇拜叫作"山中孤寂"

---

[1] 阿施海姆:《尼采的德国遗产》,第33页。
[2] 同上,第39页。
[3] 同上。

(Bergeinsamkeit),即"渴望逃离拥挤的城市,感受山中原始的空气"。画家乔凡尼·塞冈第尼(Giovanni Segantini)也是一位狂热的尼采信徒,他专攻恩加丁河谷地区的各种风貌。这是尼采在撰写《查拉图斯特拉如是说》时,激发他灵感的一片山区。塞冈第尼的作品非常受欢迎,这一点可以由涌向这里的大量朝圣者和游客证明。"孤寂感(einsamkeitserlebnis),也就是独自一人的体验,变成了一项巨大的商业活动!"尼采式庸俗产品工业的繁荣,或许会吓到尼采本尊。而这也是他在"俗人"(philistines)中流行的另外一种讽刺体现。保罗·弗里德里希(Paul Friedrich)的《德意志第三帝国》(*The Third Reich*)是把查拉图斯特拉搬上舞台的几部戏剧之一。在这部戏中,查拉图斯特拉披上金银相间的内搭和紫色外套,在亚麻色头发上系一根金色绸带,还在肩头上漫不经心地搭一条皮草。人们不时担心尼采崇拜走得太远,超出了尼采本身。1893年,马克斯·诺尔道(Max Nordau)写道:"尼采的男孩们——尼采的青年近卫军们,好像一个统一组织似的。"[①]

随着时间流逝而越渐明朗的是,德国(或欧洲其他一些地方)现在已经被尼采一代(数量上不只一代)所把持。托马斯·曼(Thomas Mann)就是认识到这一点的人:"我们这一代出生在1870年左右的人离尼采太近了。我们太过于直接地参与了他的悲剧,他的个人命运(可能是知识分子历史当中最为可怖,最为令人生畏的命运)。我们是尼采的近卫军。尼采的胜利属于那些比我们晚出生15年的一代。我们从他那里获得的是心理上的敏感性,抒情的批判主义,瓦格纳的体验,基督教的体验,'现代性'的体验,这些体验我们永远也无法彻底勘破……它们太过于宝贵,过于深奥,过于丰富。"[②]

[①] 有一种怪异观点可供参考,萧伯纳:《艺术的清新:揭露当下有关艺术家堕落无稽之谈》,伦敦:新时代出版社,1908年。
[②] 尤阿希姆·科勒:《尼采与瓦格纳:一种从属关系的研究》,罗纳德·泰勒译,纽黑文、纽约:耶鲁大学出版社,1998年,第4、第9章。

尼采专门被视为一种新型挑战,一个现代的"教唆者",似是而非地类似于社会主义的力量。社会主义所倡导的东西甚至比"社会民主可憎的平等化"还具有说服力。格奥尔格·塔兹赫(Georg Tantzscher)认为,尼采主义巧妙地迎合了知识分子阶层无拘无束的需要,说他们处于"孤独和使命感之间,逃离社会和引领社会之间",以此来引诱他们。社会学家费迪南德·滕尼斯(Ferdinand Tönnies)在1897年讨论尼采崇拜的书中谴责尼采主义成了一种"伪自由"。他说,"对解放创新力量的允诺,对克服封闭权威和传统意见,以及自由表达的诉求,人们被这些主张俘虏了"。但他谴责尼采主义的肤浅,谴责其精英主义、保守主义,谴责其为"自由放任活动"代言,谴责尼采主义的这些观点与同时代的社会民主精神大相径庭。

稍晚一些时候,哲学家沃尔夫冈·贝克(Wolfgang Becker)在1908年的《尼采崇拜:人类精神失常史中的一篇》(*The Nietzsche Cult: A Chapter in the History of Aberrations of the Human Spirit*)当中也似乎疑惑,为何如此众多"有教养的杰出人物"受到尼采主义所传达的信息的吸引。但他同意曼的观点,认为尼采崇拜对不同的人具有的意义也不尽相同。对年轻人而言,尼采的分析显得"深奥"了,但德国非洲殖民地官方将他的主人道德观作为日常实践,因为他们认为这种主张完美地契合了"殖民地的统治模式"。[1]

社会学家哲学家格奥尔格·西美尔(Georg Simmel)的基本立场同样源自尼采。他的核心概念——高贵,那种"超脱"的理想,正出自尼采。西美尔把高贵视为确定的性质,凭借这种性质,个人"可以从拥挤的人群中脱离出来,并借此获得'高贵性'"。对于西美尔而言,这是一种新的理想,它起源于如何在货币经济背景下创造个人价值这一困境。尼采鼓励追求特别的价值,比如高贵、美丽、强壮,他谈到的每种价值都能提升生活,"他

---

[1] 阿施海姆:《尼采的德国遗产》,第40页。

不是鼓励人们追求自我中心主义,而是要求更强的自我控制力"。①

马克思主义者认为尼采主义赤裸裸地服务于资本主义、帝国主义,并且随后又服务于法西斯主义。他们还认为尼采主义最终同中产阶级的伪激进主义无甚区别,从不触及具有根本性的剥削,社会经济阶级的结构也原封未动。

人们愿意去注意尼采比上帝先死这一讽刺性的事实,但阿施海姆坚持认为他单纯就是"不可被埋葬"的。弗朗兹·瑟维斯(Franz Servis)在1895年写道:"尼采主义并不是一种学问,而是生活的一个部分,'是我们时代最为鲜红的血液'。他并没有死去:'噢,我们将不得不继续啜饮他的血液!没有人能够为此得到宽恕。'"②正如本书将表明的那样,他的观点是正确的。

甚至尼采档案馆选择落址魏玛的原因,也在于意图效仿(即便不是为了超越)德国其他具有自我风格的灵性人物,效仿他们在拜罗伊特设立祭坛。尼采的妹妹伊丽莎白·福斯特-尼采(Elizabeth Förster-Nietzsche)及其同事有意识地对哲学家进行不朽化和神化,在此过程中他们发挥了重要作用,使那里"不再是档案馆,而是充满创造能力的屋宇"。比如,他的妹妹试图打造一个"具有权威的"尼采,其主要目的是对尼采进行"去病态化"。她认为这样一来,尼采观点之中那些有损其"可敬可佩"的危险因素便被驱除了。

那些远比档案馆更为宏伟和不朽的计划则来自更加文明、更具有世界性的追随者。比如在1911年,英国德国艺术品收藏家、《光亮中的柏林》(Berlin in Lights)一书的作者哈利·凯斯勒伯爵(Harry Graf Kessler)设想建立一个大型的节日区域(festival area),作为对尼采的纪念。其中包含

---

① 阿施海姆:《尼采的德国遗产》,第43页。
② 同上,第45页。

一座庙宇,大型露天运动场,以及巨型阿波罗塑像。这个地区能够容纳上千人,将囊括艺术、舞蹈、剧院以及体育竞赛,成为一种"尼采主义的整体"。阿里斯蒂德·马约尔(Aristide Maillol)赞同修建雕像,而模特必须是瓦斯拉夫·尼金斯基(Vaslav Nijinsky)。安德烈·纪德(André Gide)、阿纳托尔·弗朗士(Anatole France)、瓦尔特·拉特瑙(Walther Rathenau)、加布里埃尔·邓南遮(Gabriele d'annunzio)、吉尔伯特·默雷(Gilbert Murray)以及赫伯特·乔治·威尔斯(H. G. Wells)都加入了这个筹备委员会。只是当伊丽莎白·福斯特-尼采在1913年放弃对这个项目进行支持的时候,才宣告失败。①

直到第一次世界大战前,尼采对艺术产生了广泛的影响。然而正如我们将要看到的那样,世界大战彻底改变了公众对于尼采及其观念影响所持有的态度。

尼采最轰动和最持续的影响大概发生在知识、艺术和文学先锋派那里。他的诱惑力在于"做某种新的东西,呈现某种新的意义,代表新的价值"。这就是史蒂芬·阿施海姆所谓的"尼采一代"的象征。尼采为战前疏离高等的确定性文化给出了意义。② 他偏爱两种力量,一种是根本的世俗性自我创造,一种是自我沉醉的狄奥尼索斯式命令。这导致将个人化冲动融合进对新型救赎性"整体"社群的几种尝试。而这也是本书中反复出现的一个主题。③

尼采对虚无主义困境的确认只是一个起点,而人们则快速过渡到下一阶段。他们寻找一种经过转化的文明,它能够支持和反映超人的新形式,能创造刺激性、可靠性和强烈性,并且在所有方面超越过去。表现主义诗人恩斯特·布拉斯(Ernst Blass)在提及柏林咖啡馆生活时说:"那时

---

① 阿施海姆:《尼采的德国遗产》,第49页。
② 保罗·毕肖普(编):《尼采一本通:生活和工作》,纽约罗切斯特:卡姆登书局,2012年,第51—57页。
③ 阿施海姆:《尼采的德国遗产》,第51页。

我深陷对扑面而来的庸俗主义的讨伐……当时空气中是什么氛围？全是凡·高（Van Gogh）、尼采，还有弗洛伊德（Freud）以及魏德金德（Wedekind）。人们追求的是一种后理性的狄奥尼索斯状态。"①

弗洛伊德和尼采的共同之处在于，他们都想要去除经验上的形而上学解释，都想强调"自我创造"，并把它视为具有核心意义的生活活动。弗洛伊德拒绝体面，而尼采主义则酷爱恶名，但大体上讲他们是相互协调一致的，都是强硬的反科学主义者、反理性主义者。尼采主义的艺术作品借着狄奥尼索斯式的修辞，企图解放野性的无意识领域。加布里埃尔·邓南遮和赫尔曼·康拉迪（Hermann Conradi）的小说显著地呈现了超人的强力人格特征。在他们的笔下，诸多角色经常狂野地追求天真和诚实，并且通常来说他们不进行破坏就无法创造。②

本能面前人人平等

不止一位批评家认为，人们追随尼采时的普遍心态类似于20世纪60年代和70年代的"反主流文化"。马丁·格林（Martin Green）在讨论尼采时代的著作中，专门考察了坐落于瑞士阿斯科纳小村庄中一个令人瞩目的家庭。在阿斯科纳，大量女性主义者、和平主义者、文学人士、无政府主义者、现代舞者以及超现实主义者聚集在一起，他们巩固强化自己基本观念，交流特定的"生活体验"。格林认为阿斯科纳的生活某些部分是托尔斯泰式的，某些部分是无政府主义的，但都具有明显的自然主义倾向，偶尔具有超自然主义倾向。具有类似倾向的已过世杰出人士还包括戴维·赫伯特·劳伦斯（D. H. Lawrence）、弗兰兹·卡夫卡（Franz Kafka）、卡尔·古斯塔夫·荣格以及赫尔曼·黑塞。

---

① 阿施海姆：《尼采的德国遗产》，第52页。
② 同上，第57页。

尼采主义过去拥有一张朴素的脸,它不是以"权力意志"形式表现出来的尼采主义,而是狄奥尼索斯式的尼采主义,其目标是狂放的活力。"他们试图在运动中创造美,确立创造生命的那种价值,尤其是性爱的价值。这构建了它在观念中最具活力的身体表达,并发展了现代舞蹈。"①

阿斯科纳具备后来主要在美国发展的反主流文化的一切要素。追随者们通过性爱的自由找到那种张力。它时而裸露,时而纵欲,时而又包含着阳具崇拜。那里有素食主义、太阳崇拜、神秘主义、黑魔法、神秘教和撒旦教,以及祭祀崇拜。把这些组织整合起来的是对非理性和本能的信仰,他们的一致观点之一便在于"本能面前人人平等"。同样的道理,自然崇拜之所以在阿斯科纳异常流行,其原因是自然崇拜被认为具有如下这般意义:"崇拜能在人们当中发现,同样也能在动物、植物、大地、海洋和太阳中发现的自然本性。"格林说,这是阿斯科纳式的虔诚,它"或许是和平的,或许是狂热的"。②

然而,阿斯科纳理念中最重要同时也最稳固的原则,倡导远离城市生活以便努力缔造一种"新人类",包括表现完整人性的后基督教世俗人类,以及"流浪者"和舞者。

新人类:流浪者和舞者

人们在世纪之交开始移居阿斯科纳。此时,以流浪者的形象留名青史的葛斯托·格雷泽尔(Gusto Gräser)参加了在慕尼黑举办的一个集会。聚会上,7名和他志同道合的年轻人决定远离城市和国家,去寻找一个属于他们自己的社群。1900年,西方世界刚刚取得技术上的巨大胜利,彰

---

① 马丁·格林:《真理之山:反主流文化的开端——阿斯科纳,1900—1920》,汉诺威、伦敦:塔夫茨大学出版社,1986年,第185页。
② 同上,第186页。

显出19世纪的成功。然而格雷泽尔以及其他几位都厌恶被科学、技术以及现代医学所充斥的世界。他们其中的几位是手艺人,熟悉木材、金属和皮具,他们想在1900年的最后几个月内穿越瑞士,寻找合适安置下来的地方,并且组建他们自己的社会。他们在阿斯科纳找到了想要的东西。

那时,阿斯科纳是一个有着约1 000人口的落后农业村庄,位于提契诺州,马焦雷湖靠瑞士的一侧。这个地区从来没有在瑞士波澜壮阔的历史中扮演任何角色。相反,它的吸引力来自适宜菠萝和棕榈树生长的气候,来自附近高山的积雪和湖畔的玫瑰,来自橡树、桦树、酸橙树(菩提)以及橄榄树组成的独一无二的树林。在赶来阿斯科纳的艺术家和知识分子看来,在这个时候幸福生活着的本地农夫完全是现代城市人的对照。人们说着意大利语,信奉罗马天主教,耕种葡萄园,捕鱼,贩点私货(这里靠近边境)。这片土地贫瘠、廉价,人们不断往城市或者往美国移民。

之后的20年中,格雷泽尔就定居在这片风景如画的土地上。他总是在室外活动,不断迁徙。他靠种地谋生,其生活方式就是他的作品,他的创造。通过土地上的劳作,他让自己的需求和欲望适应了气候和洞穴,适应了果实与可食用的树叶。他是一个崇敬生命,拒绝食用被杀动物的素食主义者。他的信条是坚持自由,而不是弃世;是人道,而不是宗教;是诚恳,而不是虔诚。[①] 格雷泽尔因为他的信仰(无政府主义、激进的和平主义、"理论裸体主义")而多次进入监狱,但他获得赫尔曼·黑塞的支持。黑塞在1918年撰写了一篇基于荣格观点的文章,叫做《艺术家与精神分析》(Artists and Psychoanalysis)。他在文章中声称,像格雷泽尔这样的艺术家,他们能用一种特殊的方式,一种具有社会优越性的方式来表明自己的信仰:他们被豁免了日常义务。[②]

[①] 阿施海姆:《尼采的德国遗产》,第56页。
[②] 同上,第68页。

为了满足那些不满于工厂批量商品的人,人们建立起作坊,制造从珠宝到家具的一系列手工产品。① 在阿斯科纳,所有行动都被假定具有非经济的动机和非特定的目的,因为这些经济动机和特定目的可能会煽起人们的野心。人们行动的理由仅仅是为了快乐,为了尽可能地维持一种节日精神。人们只要获得最低限度的给养也就足够了,这样一来就可以避免陷入社会体系,而这是不和谐的最初来源。② 他们热情地拥护"完整人性"这样的概念,并且追随尼采的查拉图斯特拉:"世界和人的存在并不是为了获得改良,而是为了成就他们自身。"比如,黑塞和文化政治杂志《事实》(Die Tat)的出版商奥伊根·迪德里希斯(Eugen Diederichs)就认为,"人类发展的第三阶段,也就是最新阶段"也许即将到来。这一阶段不仅将带来更大的自由,更将重新带来高贵(一种西美尔多次强调过的品质)。③ 可以看到,格雷泽尔"据说"创造了一种主要影响年轻人活动的新人类形式。④ 在鲁道夫·拉班(Rudolf Laban)看来,"生活的全部意义在于促进人、促进人类(同机器人相对)的成长"。⑤

流浪为生的理念似乎被格雷泽尔所明确下来了(当然,在东方至少从佛陀开始就已经出现了)。这种理念深深地影响了黑塞,他也投身于这种流浪的生活方式。一个相关证据是,在《德米安》(Demian)一书出版之前,他最受欢迎的书是《漂泊的灵魂》(Knulp)。故事开始于19世纪90年代。克努尔普是和蔼的流浪者,他栖身于沉湎玩乐和享受的世界之中。一次情欲的冒险开始让他走上街头,女人总是对他着迷。但黑塞的着重点在于克努尔普的优雅、礼貌、快乐以及轻快。他拒绝将自己拴死在任何条

---

① 阿施海姆:《尼采的德国遗产》,第71页。
② 尤阿希姆·科勒:《查拉图斯特拉的秘密:弗里德里希·尼采的内心生活》,罗纳德·泰勒译,纽黑文、伦敦:耶鲁大学出版社,2002年,重点参阅第10章。
③ 阿施海姆:《尼采的德国遗产》,第221页。
④ 同上,第70页。
⑤ 同上,第102页。

框、地点以及个人之上。①

阿斯科纳是格雷泽尔的家园。村民认为他可能会招来其他流浪者,因此向他提供了一小块土地。但他拒绝了这份馈赠,不想占有任何财物。他有很多实践技巧,在阿斯科纳附近被认为是"水管工人"或万能修理匠。他早期的"家"由两块平坦厚实的岩石构成,除此之外仅有几块木板供人躺下来。他自己设计的头巾以及流浪者穿着的雨衣获得了很多赞誉;他还自己制造了束腰的外衣以及用绳子绑成的拖鞋。通常他靠拾荒维生,后来搬到了一个用各种"零碎物件"装饰的洞穴中。他用树枝来制造鱼钩,挖空原木当作容器。有时他则住在大篷车队中,与8个小孩还有一些女人一同旅行。1912年,他受邀参加莱比锡的一个候鸟(Wandervögel)小组,它由想要加入德国青年运动(Jugendbewegung)的年轻流浪者组成。他的一些诗歌也发表在《候鸟》杂志上。1913年,惠特曼和托尔斯泰的热情拥趸、法学家阿尔弗雷德·丹尼尔(Alfred Daniel)在斯图加特见到格雷泽尔,说他看起来像施洗者约翰。据他讲,人们分成50人至60人,分批拜访格雷泽尔以及他所居住的大篷车中的大家庭。② 1922年,当席卷现代世界的信用危机造成的大量失业者返回德国时,人们便开始重拾流浪者的生活方式。要做一个流浪者并不容易,尤其是要挨过冬天的夜晚。而且在那个年代,很多人试图把流浪者等同于混混、怪人以及革命者。

拉班的舞池

格雷泽尔的重要性在于,他用英勇的方式,成为第一个帮助现代阿斯科纳成就其现状的人。由于他后宗教观念的本质同他生活方式之间存在

---

① 尤金·施特尔齐希:《赫尔曼·黑塞的自我虚构:自传与忏悔性想象》,普林斯顿、牛津:普林斯顿大学出版社,1988年,第117—118页。
② 阿施海姆:《尼采的德国遗产》,第64页。

差异,所以事实上是鲁道夫·拉班的作用才让阿斯科纳的潜在影响力真正得到传播。在拉班的现代伦理观中,后基督文明时代的人们可以找到同格雷泽尔相同的原则。拉班在阿斯科纳劳作到1919年,随后生活在德国不同的几座城市,他将其阿斯科纳的经历转化为一种舞蹈艺术,并且在欧洲高级文化当中取得一席之地。他把生活视为一场永恒的盛典,并认为舞蹈能够重新把生活塑造成一个整体。其目的是"集体的迷醉",是"一种将尼采纳入实践的模式"。①

他的父亲是一名军人,但同时也是一个杀猪匠,"顶多算中产阶级"。但拉班则对此生活方式颇为不满,他在1913年夏天决定把他的舞蹈学生送往阿斯科纳。在随后那个夏天,他再一次来到那里并且创建了一个"舞池"。其目的是让他的学生在排练和表演的时候,同湖光山色中的自然产生联系。他认为这些舞者需要自然,以便发现深埋于内心之中的自我,那种"真实的舞者精神"。他发现实践这个计划的完美地点在蒙特维赫塔(Monte Verità)。从1913年开始,人们就能够在夏天的几个月里看到他和他的剧团出现在那些山坡上。他带着自己的烟斗和鼓,在他的周围,女人们(也有少数男人)跳跃、翻滚、奔袭,每个人都"唤起"自己掩藏最深的冲动。他们最渴望、最满足的事情便是顺应自然、释放野性。

拉班在阿斯科纳创建了一种女性现代舞,其意图的另一个方面也显现出来——他集合了一支重要的团队。正是拉班发展了我们所谓的现代舞,依靠苏珊娜·佩罗蒂提(Suzanne Perrottet)和玛丽·薇格曼(Mary Wigman)的帮助,他在那里完成了这项工作。② 拉班的工作在阿斯科纳游客中激起很大热情,其中包括乔治·萧伯纳(George Bernard Shaw)。

在加入拉班剧团之前,苏珊娜·佩罗蒂提同瑞士作曲家爱弥尔·雅克·达克罗兹(Émile Jaques-Dalcroze)一起工作。后者在德累斯顿外的海

---

① 阿施海姆:《尼采的德国遗产》,第60页。
② 格林:《真理之山:反主流文化的开端——阿斯科纳,1900—1920》,第95页。

勒劳发展了他所谓的"节奏教学法"(eurhythmics),一种音乐教育和通过身体律动进行鉴赏的方法。他关注一种舞蹈或舞蹈艺术。他认为这种艺术对人性的另一面具有吸引力,其采用的是节庆剧或者戏剧节(Festspiele)的形式——这是一种面向公众的戏剧,流行于瑞士法语区,内容基于公共主题,并在适逢公众和国家历史性活动时表演。佩罗蒂提讲,她在雅克·达克罗兹那里学到了很多,尤其是学会了如何"准确地听"。"但那时为了表达自身的特点,我便不断寻找不和谐之处,而他的所有东西结合在一起形成和谐的结构,因此在他那里不可能找到不和谐。"对她而言,雅克·达克罗兹不够现代。她不得不投靠拉班,寻找那种不和谐,"以便找到表达我内心桀骜不驯和否定性意志的途径,这是他来自本能的最出色的工作"。他告诉每一位学生去寻找自己的中央 C 音,因此,她们"在一起演唱的时候,就像森林中的鸟鸣一样不和谐"。对于她们的身体律动来讲,这一点同样是正确的:每个人都必须在她自己身体中找到自己的方式,找到情感的自我。"根据拉班这一套观点,个人就重生了,从身体的角度来讲亦是如此。"[①]

佩罗蒂提对新舞蹈的态度很直率:"每个人都能创造一切,这太美妙了,太令人神往了,这种新艺术对我而言就是宗教。"正如拉班在一封信中解释的那样,他的主要观点有两个:"首先赋予舞蹈以及舞者作为艺术和艺术家的恰当价值,其次要强调舞蹈教育对我们这个时代被扭曲的精神造成的影响。"他并不认为舞者在此时获得了与其他艺术家相同的尊重:"他们获得的总是该死的暧昧微笑(verdammte zweideutiger Lächeln)。"(他是一个好斗的人。)但他认为从根本上讲,"每个艺术家都是一名舞者,他用自己身体或者灵魂的某种姿态来谈论至高存在,一种在哲学家、神学家、梦想家、科学家乃至社会学家看来,已经被他们参透的那种至高存在"。[②]

---

① 格林:《真理之山:反主流文化的开端——阿斯科纳,1900—1920》,第 96 页。
② 同上,第 99—100 页。

另一些人也感谢拉班的努力。玛丽·薇格曼在《我的老师,拉班》(*My Teacher , Laban* , 1954)中把他形容成一位"魔术师,未知宗教的牧师……为舞蹈而生的大师,还是真正的国王"。和尼采一样言过其实了?这些说法可能与如下事实有关,即薇格曼和拉班一样,都对自然风光十分敏感。她也爱上了阿斯科纳,经常回到这里为自己的身心充电。她喜欢说"现代舞者并不属于剧院,而属于户外"。①

马丁·格林走得更远,他说拉班是"现代舞的一个化身",就像尼采《悲剧的诞生》中的角色一样:"对酒神的最早想象是一个带胡子的半羊人,相比于文化中的形象,他的存在将其自身表现得更真实、更实在、更完整……在庆祝半羊人狄奥尼索斯的节日里,自然将其肢解为碎片。"② 拉班革新生活的宏大计划把舞蹈放在了最首要的位置。他的想法具有多重的维度,既是科学的又是艺术的(他为其新的舞蹈形式发明了一整套符号)。他自然地认为舞蹈是想象性的、有机的,同时也是物理的和遗传的。"重心在最深处活跃着。水晶堆积的骨架围绕在重心周围,它们之间由肌肉相连和接引。"③ 阿斯科纳想要取代宗教的野心路人皆知。

节奏教学法与伦理:舞者的精神

拉班也支持节奏教学法。因为节奏教学法是音乐与速度的联姻,他认为人们不仅仅用大脑思考,而是借由整个身体来思考,人是"意志、感觉以及智慧的一种平衡"。因此,对身体性意识的强化将"防止大脑或道德良知的任何独裁企图"。"美,美学,良好风度,良知,伦理的平衡,善,对我而言它们都是同义词。"

---

① 苏珊·曼宁:《狂喜与恶魔:玛丽·薇格曼舞蹈中的女性主义与民族主义》,洛杉矶、伯克利、伦敦:加利福尼亚大学出版社,1993年,第127页。
② 阿施海姆:《尼采的德国遗产》,第102页。
③ 同上,第103页。

对拉班而言,节奏教学法扮演了一种新的社会功能:"一种特殊的职业,它采用艺术方法来达成伦理目的。"然而,节奏教学法的目的毕竟不是建立教堂,它还差一个步骤;"它唤起了一种非宗教非法律的良知,这本身就将导致一种新的社会形式。"① 拉班认为舞蹈是先验的,是思维、感觉以及意志的混合。"人们必须反抗抽象观念的主宰,并且用身体—灵魂—精神的舞蹈来填充整个世界。在任何一个时代,人类最重要的发明都诞生于'舞蹈精神'(Tänzergeist)。"②

1913 年,拉班在其影响力的巅峰时期,曾宣称在阿斯科纳地区大概有 60 个主要由其学生构成的家庭。③ 这正是玛丽·薇格曼抵达阿斯科纳的时候。薇格曼 1886 年出生于汉诺威,在相对较晚的时候才接触舞蹈。她认为拉班"是一个为她打开梦想世界大门的向导"。她给我们留下了其在阿斯科纳遇见的诸多灵性人物的记载。一名舞者居住在簧风琴包装箱里;并且他们经常在洞穴或者旅店当中,对着一台留声机通宵达旦地舞蹈。④

灵性人物不断到来。到 1914 年,舞蹈运动已经遍布欧洲。譬如,约 7 000 名学生涌入不下 120 所雅克·达克罗兹学校。这些学校的主张雄心勃勃——它们不仅允许学生学习节奏,学生还可以在学校体验到"肉体和精神在和谐当中的双双消解"。蒙特维赫塔生活艺术学校许诺每一位学生"复兴他或她生命力"。⑤

根据格林的说法,薇格曼代表了生活—肉体—姿态—表达的阿斯科纳价值,在这一点上她甚至强于拉班。另外一些人则"把她视为尼采式的

---

① 阿施海姆:《尼采的德国遗产》,第 106 页。
② 同上,第 107 页。
③ 鲁道夫·拉班:《对运动的控制》,普利茅斯:诺思科特出版社,1988 年。约翰·霍奇森:《控制运动:鲁道夫·拉班的生活和工作》,伦敦:梅休因出版社,2001 年,第 72、第 82—83 页。
④ 阿施海姆:《尼采的德国遗产》,第 143 页。
⑤ 同上,第 143—144 页。

自主实现的女性代表"。她学习自然和动物身上的运动,她自己的编舞也努力反情色,意图超越那种"美丽女孩取悦男人"的舞蹈。出于对精神分析的痴迷以及对尼采持久不退的兴趣,她同早期精神分析医师有过好几段风流韵事,赫伯特·宾斯瓦格(Herbert Binswanger)是其中最为有名的。她编排了一版查拉图斯特拉,并在达达主义的兴起当中起到了作用。她还是苏菲·托伊伯(Sophie Taeuber)的好朋友,后者是雨果·巴尔(Hugo Ball)和特里斯唐·查拉(Tristan Tzara)小组中的一员。在一篇比较薇格曼和伊莎多拉·邓肯(Isadora Duncan)的著名文章中,作者玛格丽特·罗伊斯(Margaret Lloys)讲述了薇格曼在舞蹈结束的时候会跪下、爬行、蜷缩甚至躺在地面上的原因。"她和伊莎多拉·邓肯都很'女人',都宗教性地跳出了她们内在的信仰,一种对高贵性和个体性价值的信仰,这一点她们很相似。"罗伊斯说,薇格曼的舞蹈、现代舞,是一种角力和斗争,是混杂的而非线性的,是一种动态的、酒神狂喜式的斗争。①

伊莎多拉·邓肯被文化历史学家卡尔·费德恩(Karl Federn)描绘为"尼采直觉的化身",她也是阿斯科纳的常客。她在自己的回忆录中承认"尼采哲学的诱惑使我在存在中沉醉",她还称尼采是"第一位舞蹈哲学家"。从她1903年的演讲"未来的舞蹈"便可窥见其受尼采影响之深:"噢,她来了,未来的舞者,比从前的任何女性都更具荣耀,比埃及人、希腊人、早期意大利人,比以往世纪的所有女人都要美——最自由的肉体承载着最高贵的智慧!"②

然而反映以上理念的极端典型是瓦伦蒂娜·德·圣-普恩特(Valentine de Saint-Point, 1875—1953),1913年《欲望的未来主义宣言》(*Futurist Manifesto of Lust*)的作者。她那时因为在巴黎香榭丽舍剧院、纽约大都会上

---

① 汤姆·桑奎斯特:《达达东:伏尔泰酒馆的罗马尼亚人》,麻省剑桥:麻省理工学院出版社,2006年,第87、第188页。
② 阿施海姆:《尼采的德国遗产》,第61页。

演原创作品而备受尊敬,她的宣言是为部分女性提出来的,"她们只思考那些自己敢说的东西"。《宣言》中有一部分这样写道:"若摒除道德偏见来看待欲望,并把它视为生命动机的根本组成部分,此时欲望就是力量。和荣耀相比,欲望并非强大种族的罪过……欲望是知觉和肉体的综合,这会带来精神最伟大的解放……基督教道德本身也像异教道德一样,受到将欲望看作弱点的强烈诱惑……我们必须把欲望纳入艺术工作中。"对她而言,欧洲乃至现代世界正在经历一个女性历史时期——男人和女人都缺乏阳刚之气。为了"超人的人性纪元"到来,人们需要一种酒神力量的新原则。就像她在其他场合所说的那样,"残忍的人必须成为典范"。①

拉班讲,历史上意义最重大的人类发明都"诞生于舞者精神"。他指出我们能够发现"舞蹈的智慧"(choreosophy)这一舞蹈原则,比如柏拉图的《蒂迈欧篇》以及苏非派②的典籍中对此都有所记载。对他而言,舞蹈本能由对变化的需要而形成,这就是运动之所是。在他看来,没有什么宗教和语言能够一直遵循其原本的形式。"我们都是多神论者,我们已知的所有神灵都是运动力量的恶魔式自我变化。一旦满屋子的人都把注意力集中在舞者身上,那么恶魔就诞生了(或者说被释放出来了)。"[格林提到,阿斯科纳作家黑塞和布鲁诺·格茨(Bruno Goetz)的小说,它们都包含"观看舞蹈的众人当中产生一个目无法纪的灵魂"这样一个场景。]拉班把心灵和行为的个人主义看作对现代文化的一种威胁:这就是聚集在一起舞蹈何以如此重要的原因。在拉班60岁生日的时候,德国编舞家库特·约斯(Kurt Jooss)撰写了一篇颂词以褒扬他的舞蹈概念:"超越了美学的局限上升到伦理和形而上学,并为我们提供了多种生活样式不断相互影响的一幅图景。"③

---

① 阿施海姆:《尼采的德国遗产》,第62—63页。
② 伊斯兰教的神秘主义派别,主张通过隐居、沉思与禁欲达到人神合一。——译者
③ 曼宁:《狂喜与恶魔:玛丽·薇格曼舞蹈中的女性主义与民族主义》,第160—161页。

舞蹈是最短暂的艺术形式之一（当舞蹈大师的意图是建立一种短暂形式的艺术时尤其如此）。很难设想回到那个电影刚刚产生的时代，我们会是什么样子。但剧院表演、舞蹈剧团、舞蹈节、舞蹈集会以及舞蹈联盟，德国拉班舞蹈学校合在一起形成了一种强大的系列活动和社会现象。在20世纪10、20和30年代，一直到之后的第三帝国时期，他们用广泛且持续的努力，意图让"生活的哲学"发挥作用。不仅如此，阿斯科纳的理想和理念继续存在，形成了诸多现象的要素，譬如纳粹主义，以及1960年之后的北美反主流文化实验。拉班同我们一起经历了诸如律动的快乐，即当下我们对身体的崇拜。[①] 阿斯科纳影响了很多从来没有听说过这个地方的人。

羊群永远不懂的事

我们也不能忘记，从阿斯科纳直到第一次世界大战，尼采的观点清晰地与表现主义联系在一起。史蒂芬·阿施海姆谈道："事实上，就它的每一种表现形式而言——绘画、雕塑、建筑、文学、戏剧以及政治，表现主义和尼采都有关联。"戈特弗里德·贝恩（Gottfried Benn）可以说是最具天赋的德国表现主义作家，他说过："事实上，我们这一代人所讨论、研究的所有东西……人们可以讲出来的所有遭遇……在尼采那里便已经能找到确定形式了。其后的所有精神分析和存在主义都在注解……他……为何将本能行为的心理学设定为一种辩证——'知识就是情感'。这都是他取得的成就。"贝恩认为，尼采最根本的观点是用表达取代了内容；这一观点认为，力量或生命力同他们的实体一样重要。[②] 生活就是感受，同事实一样。

[①] 曼宁：《狂喜与恶魔：玛丽·薇格曼舞蹈中的女性主义与民族主义》，第115页。
[②] 尼尔·多诺霍（编）：《德国表现主义文学一本通》，纽约罗切斯特，伍德布里奇：卡姆登书局，2005年，第175—176页。

最重要的是,一战前德国表现主义反映了尼采的观点,他认为精英是一些"把痛苦视为崇高"的角色,孤独的超人艺术家"正在创造羊群永远无法弄懂的事物"。表现主义艺术家尤其典型地被视为精英,被视为尼采式的道德虚无主义者。阿施海姆还说过:"在寂静的查拉图斯特拉高地这一比喻景象中,在上帝之死的阴影中,矗立着超越传统善恶观点的艺术家:一个尼采式的自我立法的人。当表现主义作家格奥尔格·凯泽(Georg Kaiser)因为债务被起诉的时候,他宣称'法律面前人人平等'这一假定毫无意义。"按照他的理解,天才的创造能够制造新的意义,这种活动至高无上,"他的妻子和小孩甚至可以为此而死"。① 德国表现主义的一个确定方面在于,其狄奥尼索斯式的反大脑中心主义注定将会不受限制。在戈特弗里德·贝恩的戏剧《伊萨卡》(Ithaka)中,他的代言人热内谋杀了一位坚持认为科学知识具有无可比拟价值的教授。热内在演说中煽动追随他的学生承认罪行,这段演说无可争辩地采用了尼采式的语言。"我们是年轻人。我们的血液是为了天堂和地面,而不为细胞和蠕虫而沸腾……我们想要做梦,我们想要迷醉。我们呼唤狄奥尼索斯和伊萨卡。"②

"戈特弗里德·贝恩比其他任何表现主义者更为突出……他正是那个抓住上帝死亡结果的人。"史蒂芬·阿施海姆认为,贝恩的整个职业生涯,包括他短暂但热情地投靠纳粹的经历,都是试图应对尼采式困境的一种尝试。③ 迈克尔·汉布格尔(Michael Hamburger)评论道:"他接受了尼采的虚无主义,像一个人接受天气一样。"直到1933年,贝恩都在所谓的"理论虚无主义"阵营中占据一定地位,拒斥任何形而上真理的可能性。他偏好其所说的"前意识、前逻辑、原始和惰性状态"的复归。这是一种尝试,尝试去探索语言和自我意识在人的本性上制造"裂隙"之前,生活到底

---

① 阿施海姆:《尼采的德国遗产》,第65页。
② J.M.里奇:《戈特弗里德·贝恩:守旧的表现主义者》,伦敦:沃尔夫出版社,1972年,第67页。
③ 阿施海姆:《尼采的德国遗产》,第68页。

是什么样子的[其他一些人,比如保罗·塞尚(Paul Cézanne),也追求类似的目标]。这就是表现主义同作为尼采崇拜的流浪生活之间的联系。

表现主义者同许多其他尼采主义者一样,在非政治的个人立场与加入社群的救赎渴望之间踌躇。作家和早期人权活动家库尔特·希勒(Kurt Hiller)就是一个典型例子(他是一个同性恋者),他在1909年3月建立了"新俱乐部",灵感来自尼采。俱乐部的追求是一种"灵魂温度的提高以及普遍的欢愉",一种狄奥尼索斯式的放纵之夜。希勒说,现在正需要"一种新的后有神论以及新的希腊式英雄主义",正如尼采所讲的那样。有什么俱乐部把自己看得这么重呢?

这些发展变化以及一般表现主义中的线索,都来自尼采自我立法的观点。具有创造力的超人艺术家摆脱了俗世的纷扰,在绝妙的孤独(言下之意是超越)之中工作。野心在那里成为高贵的原则,但与此同时,野心对我们的现代情感而言却不具有丝毫吸引力。

超人伦理

围绕和潜在于德国表现主义之下的是多种多样的生活改造运动。它们或许比诗歌、戏剧、哲学更具野心,在第一次世界大战之前的德国蓬勃发展。这些生活改造运动或多或少地分享了尼采的观点。毫无疑问,那些团体同样反映了由于当时快速的工业化而带来的张力,这在德国尤为明显。"自然主义者"的观点曾经是这样呈现出来的:素食主义,裸体主义以及"身体文化",而且他们严禁烟酒。强有力的再造主义者为这些观点赋予活力,事实上成为优生、冲动和反思的多种无政府主义者、社会主义者、民族主义以及新种族主义者的革新观。[①] 这是尼采主义的核心:

---

① 阿施海姆:《尼采的德国遗产》,第112页。

革新。

这些运动当中对当时和后世造成更重要影响的是德国青年运动。这场运动的先知之一,以老师和学生之间吸引力概念闻名的哲学家、教育改革家古斯塔夫·维内肯(Gustav Wyneken),他的口号"为了年轻本身"就是这场运动的标语。德国青年运动并不只是童子军的变种,它更有力得多。比如,它拒斥家长、上学以及中产阶级的习惯,因为它谋求"年轻精神的自由发展"。奥伊根·迪德里希斯也认为青年运动以及"其自我救赎的冲动"来自尼采超人个性预言,不过他补充了一点,认为"未来的种族"不可能存在于"孤立的自我中心";它需要被合并成为一个社群。这是将尼采主义的个人实现同国家整合在一起的第一步。① 其结果是致命性的发展——随后,两次世界大战都将归咎于尼采。

另外一条平行的发展过程发生在亚历山大·蒂勒(Alexander Tille)那里,他被视为激进的尼采主义者、社会达尔文主义者。自 1898 年开始,蒂勒就是德意志联盟运动的先驱,早期的尼采主义政治评论家。(巧合的是,他还帮忙把尼采介绍到了英国,在格拉斯哥大学教授了 10 年的德语,并且在 1895 年被任命为尼采文集的英文版编辑。)作为柏林德国实业家联盟的副主任,以及随后作为萨尔布吕肯雇主协会代表,他的影响力一直存在。蒂勒本人对尼采主义的解释,强调哲学家对平等、基督教伦理、社会主义以及民主的消解。而这一切都在蒂勒异常残忍的社会达尔文主义体系当中,被整合在一起了。蒂勒直白地提出,通过消除社会中"没有建设性的成分"(残疾、疯子以及智力低下),与此同时偏向那些"有效率、有天赋"的社会成员,自然便得到了"帮助"。他甚至认为目前贫民窟是有益的,因为它们收容了"一无所用的公民"从而"净化"了国家。

其《从达尔文到尼采》(*From Darwin to Nietzsche*,1895)一书将这种观点

---

① 阿施海姆:《尼采的德国遗产》,第 117 页。

表述得非常明白。他认为关键事实在于,尼采和达尔文不同,尼采认为新的统治会把社会带出"基督教的人性民主伦理",并且超越它。对于蒂勒来说,尼采最为根本的洞见在于人们"并不拥有平等的价值"。强大者建立一种"向上的发展",而弱小者则受到腐败衰退的威胁。"人类在生理上的优越形态是人的道德目的。"①

有点神秘倾向的哲学家卡尔·乔尔或许最清楚地道出了受尼采影响的一代人,他们所响应的尼采根本性主张。在《尼采和浪漫主义》(*Nietzsche and Romanticism*,1905)中,他说:"人们看到尼采通过拒斥社会主义、达尔文主义以及悲观主义的黑暗背景,从而解放了自己。如果他不对那种黑暗背景进行拒斥,那么尼采看起来就像个傻瓜,像个罪犯。相反,通过这种拒斥,尼采看起来则像个英雄。"只有超人思想才能够让未来比过去更有魅力,更具有意义。②

---

① 阿施海姆:《尼采的德国遗产》,第 124 页。
② 阿德里安·德尔·卡罗:《尼采反尼采:创新性与反浪漫》,巴吞鲁日:路易斯安那州立大学出版社,1989 年。

2　生活不止一条道路

对美国来说,南北战争在各方面都是分水岭,虽说当时没有太多人意识到奴隶制的困境已经拖累了国家,而战争最终允许资本主义和工业化全力施为。只有在战争结束之后,这个国家才能够自由兑现她之前的承诺。

按照欧洲的标准来讲,美国当时的人口数量仍然很少,但边境开放,具有很大的不确定性。移民模式正在转变,种族、部落、民族以及民族联系,尤其是宗教认同的问题也曾出现。智识生活也同其他生活一样处于形成的过程中。在此情况下,美国不得不让自己变得时髦一些,发明他们需要的新观念,并且利用旧世界中可用且相关的观念。但美国不缺乏自信。

美国对欧洲观念的同化吸收是通过19世纪的一小批人完成的。他们都是新英格兰人,彼此之间都有私交。他们建立了一种我们所谓的美国典型现代思想传统,包括拉尔夫·沃尔多·爱默生(Ralph Waldo Emerson)、奥利弗·温德尔·霍姆斯(Oliver Wendell Holmes)、威廉·詹姆斯(William James)、本杰明·皮尔斯(Benjamin Peirce)以及查尔斯·皮尔斯(Charles Peirce)、约翰·杜威。他们的观念改变了美国(以及我们所有人)的思考方式,而且他们还继续思考教育、民主、自由、正义、容忍,当然还有上帝。

幸福的局限

我们可以讲,这些思想家的相似之处并不在于一系列观点,在某种意义上,他们的相似之处只在于一个简单的观念,一个关于众多观念的观念。"他们都认为,观念并不是'在外面'等着人们去发现的,而是类似于小刀、叉子以及芯片的工具。人们发明它们来应对他们栖身的整个世界。他们还认为,鉴于观念是针对特定和不可复制环境的权宜之计,它们的存续就不依赖于它们的永恒不变,而是依赖于它们的适应性……他们的作品也暗示,承认思想在提升人类幸福的斗争中所起到的作用是有限的。"[1]

霍姆斯礼貌地道出了那种可以被称为"实用主义"的哲学的第一次出现,以及它如何与南北战争相关联。霍姆斯是爱默生的一位杰出仰慕者,他的父亲见过爱默生,并且还与其成为了朋友。1858年,作为哈佛大学的新生,年轻的霍姆斯发现,正如他之后所讲的那样,爱默生将他"置于难堪的境地"。他并没有别的意思,指的就是爱默生1838年进入哈佛神学院时,形容自己已经对近期的说教"感到很无聊",并且对比了当时在教堂外肆虐的自然暴风雪与人造物之间的差异。据他所讲,这一次思考加上其他时候的冥想导致他放弃了对于超验基督以及有组织的基督教的信仰,转向了更具有个人性的启示。霍姆斯长着一张长脸,脸上还有特色的八字胡。他同意爱默生的观点,认为相比于加入有组织的宗教,在不加入宗教的情况下与自己的后代能更好地相处,这是有可能的。

南北战争1861年爆发时,战争使他有机会怀揣此观点进行一些实践。他出于"一种道德义务精神"而接受了一项任务——他憎恨奴隶制,甚至觉得《匹克威克外传》也令人作呕,原因在于它对待西印度群岛人的

---

[1] 路易斯·梅南:《形而上学俱乐部》,英国剑桥:剑桥大学出版社,2001年,第x—xii页。

方式。霍姆斯在那场血腥的战斗当中受伤不下 3 次,也正是在这场战争中很多美国人丢掉了自己的性命。他说屠杀让他懂得了一件事,让他一生都不曾忘却。他在审视自己后注意到,虽然 1850 年的废奴论者在很多北方人看来都是些危险分子,然而在战争结束的时候"他们却都成为了爱国者"。由此他提出著名的论断:"生活不止一条道路。"这一洞见指引着他,并且让他成为一名智慧的法官,他的智慧凝结在其伟大著作《普通法》(The Common Law)上。这令他站上了哈佛洛厄尔讲座(Lowell Lectures)的讲台,全部 12 次演讲都座无虚席,其演讲全程都没有任何提示。①

霍姆斯的哲学智慧是他主张法律并没有一种超越性的目的或者观念。(这是他从南北战争灾难当中学会的。)此主张通过实用性演化而来,在任何情况下都存在"一整套天气模式"发挥着作用——优先因素、阻碍因素、社会福利,这里并没有不可违背的界限,它把各个成分和要素整合起来,以便针对个别情况下判断。他并不确定经验能否被简化为一般的抽象,即便人类花了如此多的时间想要达到这一目的。"生活的全部快乐都蕴含在一般观念中,"他在 1899 年写道,"不过在生活中起作用的都是特殊的办法——这种办法不能通过概括得到,就像是人们了解一些作画的方法规则,却不能画出一幅画一样。这些特殊的办法是通过洞见、机智以及特别的知识达到的。"[参见第 15 章维特根斯坦(Ludwig Wittgenstein)的相似论述。]

他提到洞见、机智以及特定知识。我们将看到这些词汇在接下来讲的故事当中扮演了多么重要的角色。不仅如此,我们还将会看到这些词汇如何把美国和欧洲的思想联系起来,如何成为试图摆脱上帝生活的人们优先选择的观念;以及另一个通常被忽视的问题,它们如何联合起具有不同科学世界观的人们。很少有人会欣赏那些试图甩掉超自然或超验之

---

① 彼得·沃森:《思想史:从火到弗洛伊德》,伦敦:韦登菲尔德与尼科尔森出版社,2005 年,第 936 页。

维,建立可行生活方式的人,人们同样也承认科学的进路也完不成这一目标,这是事实。

霍姆斯的父亲是一名医生,他发现了产褥热的致病原因,这种疾病是医生接生所导致的感染。他担任哈佛医学院院长时,职业生涯到达了顶峰,虽说他广为人知的原因是他被视为有史以来最为伟大的演说家。这也是他担任所谓的形而上学俱乐部,也就是星期六俱乐部创始人的部分原因。在俱乐部里,人们用晚餐的时间讨论文学,其成员还包括爱默生、霍桑(Hawthorne)、朗费罗(Longfellow)、洛威尔(James Russell Lowell)、查尔斯·艾略特·诺顿(Charles Eliot Norton),以及后来的霍姆斯二世,哲学家心理学家威廉·詹姆斯,以及本杰明·皮尔斯和查尔斯·皮尔斯。[1]

"去它的绝对!"

稍晚些的这一批人物,他们中每一位都能让人信服。威廉·詹姆斯的祖父是一名干货富商,除了约翰·雅各布·阿斯特(John Jacob Astor)外,他是当时纽约州最富有的人。威廉和他的家族游历了整个欧洲,其中还有他的弟弟作家亨利,他们没有选择接受正规教育。虽然威廉从未在某个特定的学校停留很长时间,但这次旅行给他提供了经验。他选择了以科学为业。1861年,他在哈佛加入了路易斯·阿加西(Louis Agassiz)的圈子。阿加西是自然神论者、冰河时代的发现者,也是该时代查尔斯·达尔文最活跃的批评者。虽然阿加西是星期六俱乐部的成员(它也经常被称为阿加西俱乐部),但詹姆斯并不太赞同他的老师和朋友阿加西对达尔文的反对。他特别怀疑阿加西的教条主义,认为进化理论点燃了所有的新鲜观念,而这是他最为欣赏的;而且进化论还表明,生物学按照非常实

---

[1] 彼得·沃森:《思想史:从火到弗洛伊德》,第935页。

践性,甚至实用性的原则进行。像霍姆斯一样,詹姆斯对确定性表示怀疑,他的一句名言就是:"去它的绝对!"①

大致同一时期,所谓的新心理学或实验心理学取得了重大进展。伯克利的爱德华·桑代克(Edward Thorndike)将小鸡放到盒子里。盒子有一扇门,如果小鸡啄杠杆,门就会打开。通过这种方式,它们就能够得到小圆球食物。桑代克观察到,"虽然最初的时候小鸡尝试了很多动作,但显然它并没有什么章法,也就是说动作都是随机的。只有饥饿的小鸡的动作成功后,它们才会学习这种动作"。詹姆斯对此并不感到惊讶,但这个实验坚定了他自己的观点,尽管是以一种通俗的方式:小鸡已经知道,如果它们啄杠杆,门就将会打开,就会有食物,有回报。詹姆斯往前更进了一步。他说,小鸡实际上相信,如果它们啄杠杆,门就会开。正如他所讲,"它们的信念是行动的规则"。他认为这些规则的应用是更为普遍的。"如果假装我们具有自由意志,或者上帝存在,这样的行动能够给我们带来想要的结果,我们就将不仅相信那些东西,从实用的角度讲,它们还会成为真理……'真理'是这样一些事物的名称——只要能够证明相信它们能够有好处。"换句话说,真理并不是"在外面"等着被发现的,它同"事物真正的样子"没有任何关系。

詹姆斯将此论证应用于直觉和天赋观念,而这是最具争议的。大体上讲,他采纳了康德的方法,认为很多观念都是先天的,然而他并不认为其中存在什么神秘或神圣的地方。用达尔文主义的表述方式来讲,显然"先天"观念是多种多样的,它们有待于被擢升,被自然选择。"拥有它们的心灵相比缺乏它们的心灵,更容易受到自然选择青睐。"但是这并不是因为那些观念在抽象、形而上学或神学的意义上更"真",而是因为它有助于生物接纳。我们信仰上帝(我们的确相信上帝)的原因在于,经验显示

---

① 爱德华·卢里:《路易斯·阿加西:投身科学的生活》,芝加哥:芝加哥大学出版社,1960年,第346—347页。

信仰上帝具有回报。人们不再相信上帝(正如詹姆斯在世时许多人所做的那样),其原因在于信仰不再具有回报。①

我们心中重要的不安

詹姆斯在这个领域最重要,最著名,或许还是最受欢迎的书叫做《宗教经验种种》(The Varieties of Religious Experience)。即使今天来看,这本书在很多方面仍然非常出色。首先,它发轫于吉福德系列讲座。

《宗教经验种种》另一个与众不同的地方在于,它遵循恰当线索(这本书是面向听众的一次演讲),在讲述詹姆斯所认为的严酷真相同时,也试图对宗教表示尊重。这本书把他认为的宗教经验中最核心的心理状况和动机作为首要主题。他思考的是,过去的宗教领袖的宗教理念和关怀是否实际上是某种病态。他注意到"怪人"经常具有牢固的观念;他审视宗教信仰当中的恐惧所扮演的角色,审视投降和消极,审视生活的失败(用他的话来说,这是一种"关键的人类经验")。虽然他承认自己对东方哲学了解并不深,但还是谈到瑜伽、佛教、道教、吠檀多;他审视转化、慈爱、神秘主义以及殉教,审视宇宙意识现象。他说宗教从根源上讲关乎"情绪",宗教是人类自我中心主义的"宏大篇章",诞生于我们心中的不安。我们产生某种不对劲的感觉,而宗教则提供了解决这种不安的途径。他认为,宗教总是存在某种或紧或松的严肃性,这能满足我们的一种需求,让我们能感觉到自我扩张的那种庄重性,由此便产生了"愉悦",一种内在的完整性。②

同时,詹姆斯也注意到很多人经历了相同的心路历程,但却没有转向宗教。所以宗教对那些具有宗教性的人"起作用",但不能表明任何宗教信仰为"真"。他认为神秘主义者并没有权利把他们的观点植入其余人头

---

① 彼得·沃森:《思想史:从火到弗洛伊德》,第944页。
② 理查德·罗蒂:《哲学和社会希望》,伦敦:企鹅出版社,1999年,第77页。

脑之中。事实上他走得更远，提出"我们必须对教条神学说再见"。[1] 他只稍稍提到了约瑟夫·布洛伊尔（Josef Breuer）、皮埃尔·雅内（Pierre Janet）以及弗洛伊德[《梦的解析》(*The Interpretation of Dreams*)1900 年才在德国出版]，但他详细讨论了其所谓的"潜意识"。詹姆斯觉得，人们朦胧地意识到潜意识对他们生活造成影响，用他的话来说，自我总有某些部分"隐而不显"。他主张正是这种隐而不显产生了那种想要"扩张"，想要更加完善、更加完整的冲动。

所以，詹姆斯提倡的首先是一种实用主张。对那些相信上帝的人而言，上帝就是真的，因为上帝能产生实实在在的效果。信仰上帝的人们由于宗教的原因而获得更为丰满的生活（他研究了很多以第一人称讲述的宗教体验细节，他认为大多数都值得相信。）。另一方面，出于建立"宗教科学"的目的，他把宗教主要看成是一种心理现象，一种在面对晦暗不明的生活和恐惧时，在面对生活进退两难的内在矛盾时，人们完全自然而然地产生出的情绪反应。对生活中极为现实的窘境进行回应，通常的做法是用一系列观念否定另一系列观念。他认为很多人为他所谓的那种"过度信仰"所累，而"过度信仰"是一种信仰过于强烈的状态。宗教生活通常会使人处在自我沉溺的危险中，使证明宗教信仰真理性的任何企图变得"毫无希望"。

他在吉福德讲座中指出，宗教是一种自然现象，根植于我们分裂的自我。但他同时也间接地说，对潜意识理解的进展也许会让我们更好地理解内心的不安。

"成长是唯一的道德目的"

美国哲学家理查德·罗蒂（Richard Rorty）提出一种更概括的观点，他

---

[1] 路易斯·梅南：《形而上学俱乐部》，第 357—358 页。

指出詹姆斯的主要成就同约翰·杜威重合。虽然约翰·杜威自夸为"佛蒙特之声",但他却并不是形而上学俱乐部,或者说星期六、阿加西俱乐部的成员,因为他的生活圈子位于700多英里外的芝加哥,在那里他是一名教授。由于无框眼镜和完全缺乏时尚感的原因,他并不像其他实用主义者那样气场强大。但从某些方面来说,他又是最成功的,或者至少也是最高产的。通过报纸文章、畅销书,以及同其他哲学家的大量论战——比如伯特兰·罗素(Bertrand Russell),杜威逐渐为一般公众所知,而很少有哲学家做到这一点。同詹姆斯一样,杜威是一个坚定的达尔文主义者,对他来说,刚刚开头的20世纪是一个"民主、科学和工业化"的时代。他认为这一时代将会产生深远的影响。

和詹姆斯一样,杜威帮我们甩掉了从柏拉图主义那里继承下来的许多误入歧途的知识包袱,特别是亚里士多德主义和柏拉图传统,这一传统认为人类最为"特别和值得褒奖"的能力是"发现事物的本性——穿过表象看实在"。正是这种观念引领了过去两千多年的传统哲学,让它沉溺于寻找某种可以作为标准的稳定物,以便"判断我们短暂的需求和兴趣下的短暂造物"。按照罗蒂简洁有力的结论,詹姆斯和杜威这些人的洞见,以及据此洞见作出的判断会导致的结果之一,是我们现在不得不"放弃"如下观念,即存在无条件的道德义务,这些义务在任何时候任何地方都被应用,原因在于它们扎根于非历史的不变人类本性。相反,实用主义颠覆了实在和表象的二元对立,认为它们之间的那种戏剧性差异微不足道,差异本身只在于有用性的多寡。他们的观点反映出一个事实,即希腊形而上学和基督教神学话语有助于我们祖先的目的,然而我们有着不同的目的,因此我们需要一套不同的话语。[①]

理性真理亦是如此。启蒙运动用被罗蒂标记为"具有准神圣能力的

---

① 理查德·罗蒂:《哲学和社会希望》,第 xviii 页。

'理性'"取代了超自然的向导。但杜威和詹姆斯认为,这里的"理性"是一种保持特殊能力的企图,它类似于上帝,活跃于世俗文化中。相当于说,必有一种监督规范的理性"不可见法庭",每个人在内心深处承认受到它的束缚。实用主义者认为,这样的一个法庭是不存在的,也是不可能存在的。

爱默生主张历史的演化意义,他意识到"民主既不是政府的一种形式也不是社会的权宜之计",而是人和其自然经验之间关系的形而上学,他称之为"私人的无限性"。詹姆斯和杜威都受到爱默生这种观点的影响。当爱默生回溯历史并且审视人的时候,他考虑到自然的雄伟课程是多样且自由的。他说,正是由于这个原因,所有终极证明问题都由未来所决定,它不可以被准确地预言,但却可以被期待。最终,实用主义用一个"人类更加美好的未来"取代了"实在"、"理性"以及"自然"的观念。"当实用主义者被问及'你们的好是基于什么标准?'这一问题的时候,他们并没有答案,就像是第一个哺乳动物并不能具体说明在哪些方面它们好于灭绝的恐龙一样。更好在这个意义上包含了更多的我们所认为的好,并且包含了较少我们所认为的坏。好在他们看来则意味着'多样性和自由'……杜威说,'成长本身是唯一的道德目的'。"

先锋派和实用主义目标有时存在平行关系。它们的研究都使用了实证的进路,而不是用某种特殊的期望来关注新事物、令人惊异的事物。在杜威看来,欧洲大陆哲学已经衰退,因为它无法摆脱这样一幅世界图景:它从不平等社会的需求中产生出来,又特别地被用于不平等社会的需求。这已经导致了在他看来"有害的"二元论思维方式,并造成"沉思者和行动者"之间根本的社会区分。他实际上主张哲学本身开始于"调和两种心灵产品"的尝试——其中之一是牧师和诗人的产品,另一种则是艺术家的产品。杜威认为直到达尔文为止,西方哲学的要旨典型地反映了有闲阶级的兴趣,他们偏好稳定而非变化。这导致的后果之一就是,哲学偏好"永恒"的观念,其目的是让形而上学"取代习俗成为更高道德和社会价值的来源以及担保人"。他决定把注意力从永恒转移到未来,主张哲学必须成为变革的手段,而不是守旧的手段。①

这一主张是关键性的,按照杜威和其他实用主义者的观点,哲学研究事实上已经从超越事物表象的新柏拉图主义的"实在"(包括上帝的观念),转移到"我们如何令现在发展成为更丰富的未来"②。

照此思路,杜威想要用希望来替换对确定性的追寻。他没有时间在任何确定的意义上来讨论"真理",因为他认为哲学家应当把自己限定在"证成"领域内,或者用他的话说,限定在"保证性的断言"领域内——相当类似于科学家对其发现的表述。一旦我们像霍姆斯那样意识到世界不止一种存在方式,那么我们也会意识到准确呈现世界的方式也不止一种。相反,存在无数满足人类幸福希望的行动方式。③ 在其中,确定性似乎不再是目的了。詹姆斯和杜威认为对确定性的诉求,即便是作为长期目标,那也是在试图逃避世界。这种诉求必须被替换成对想象的需求。"人们不应该再去担忧自己是否有足够想象力,能够设计出他们不同于当下信仰的另一个有趣的选项。变化和波动的目的不单是为了控制,同时也是为了启发。"④

威廉·詹姆斯认为人们寻求值得尊重的信仰,其"重要途径"是宗教和科学,只要我们承认它们都是适合于不同目标的信仰。这一点他和杜威不同。"认识"并不是自然科学家特殊技能的特定对象。为受众证明信仰的方式有很多种。这些受众中没有谁受到更特殊的恩典,没有谁更接近自然,也没有谁是更好的非历史理性典范。⑤ 一个信上帝的人总能够

---

① 理查德·罗蒂:《哲学和社会希望》,第30页。
② 同上,第31页。
③ 同上,第33页。
④ 同上,第34页。
⑤ 同上,第36页。

（或者说其中的大部分人能够）为他或她自己的信仰找到证明，而他们本身将成为符合他或她群体需要的证明。与此同时，也没有理由因为那些信仰对个人及其所属社群而言是可以被证成的，就认为那些信仰很可能是真实的。不存在叫作"真理"的"更高"探索目标，也不存在在上帝、理性法庭前的最终证明这类事物，存在的仅仅是有限的人类受众。按照达尔文主义的世界图景，那样的法庭并不存在。如果达尔文主义的生物进化并没有目的，并且自然不断产生新的物种，而文化演进产生新的受众，那么"能够见证演进过程的物种便不会存在"。[1]

可能群体的新概念

与实用主义同源的另一种观点认为，我们生活在没有本质的世界。由于我们不可能走到语言之外，那么就不存在外在于语言媒介的"实在"。由于实用主义者主张认识事物和使用事物之间没有区别，于是在真正脱离人类意识或语言关联的情况下，符合物体客观存在方式的描述就不可能存在。[2]

柏拉图、亚里士多德以及主要的一神论者都坚持来源于非人类力量的奇迹和神秘感。他们认为"某种比人类更完美更伟大的存在"已经存在着。这种观点里的另一个要素也来源于希腊，它认为人性本身就是一个内在本质。我们"人类"的内在中存在着某种本质的、不变的东西，它与"在人之外"、存在于宇宙中的事物相对立。实用主义并不赞成这种观点，但却认为人性是一个目的开放的实体，不论它具体是什么，它都不是永恒不变的"本质"。因此实用主义者把奇迹和神秘感重塑为未来，而希腊人

---

[1] 杰弗里·霍奇森、索比约恩·努森：《达尔文的猜想：探索社会经济演化的一般原则》，芝加哥、伦敦：芝加哥大学出版社，2010年，第229—232页。
[2] 同上，第50页。

和一神论者则把奇迹和神秘感同超自然联系起来。也就是说,实用主义者的精神指向是未来的人性,虽然它来自我们所处的当下,即便它还仅处于想象,但从某些角度上说它还是具有超越性。①

数字、桌子、星星、电子、人类、学术规范、社会制度或其他东西,对实用主义者来说,它们之间没有区别。这些实体没有什么是本质性的,我们对它们的认识与我们对它们的可能表述没有区别。就一张坚固的、物质性的桌子而言,我们所知的无非是一些准确描述它的特定句子。我们无法绕到语言"背后"获得一种也许更直接的非语言形式的认识。② 对实用主义者来说,思考"本质",比方说天空中星空的本质,以及地球上道德价值的本质,完全是浪费自己的气力。概念本身或多或少有用,而这种有用性比起喋喋不休地争论其永恒(因此也就是本质的)性质,要重要得多。

在实用主义者看来,科学家关注电子,关注"基本"粒子,关注本质活动,仍然是企图从自然中寻找另一种永恒。他们认为这仅仅反映了人类的需要,所有此类企图的问题在于,"成为上帝的需要不过是人类的又一项需要"。关键是,自然可以用无数种方式来描述,但其中没有一种方式具有"内在性"。所以从永恒维度来理解神圣就是一种幻想,一种混淆。这不过是描述经验的一种方式罢了,它不比其他任何方式更具有"内在性"(或真理性)。

我们或许可以将这种观点称之为反本质主义(这是罗蒂的术语),它的优点在于同达尔文进化理论相结合,表明我们种族的显著特征是语言而不是"心灵",人们还保持着动物行为。以上观点促使我们超越先验的故事,而用经验的、实验的故事取代它们。我们渐渐不再试图站在外在时间和历史来看待自己,相反,我们试图为自己创造一个更加美好的未

---

① 约翰·斯图尔:《实用主义百年:威廉·詹姆斯的革命性哲学》,印第安纳州布卢明顿:印第安纳大学出版社,2010年,第1、第10章。
② 理查德·罗蒂:《哲学和社会希望》,第57页。

来。作为这种变化的一部分,哲学观念也发生了改变:我们现在把哲学视为自我创造(未来的自我)过程中的一种助力,而不是认识自身的工具。

但是反本质主义最关键的要素在于如下观念,即固定不变的人类本质并不存在,不论此本质是一般的还是外加于个体的。杜威把这种自我完备的自我观说成是"自我的固定性和简单性信念",他拒绝"神学家"主张灵魂完整和现成完满的教条。① 相反,依照他的观点,任何一个自我都包含了若干矛盾的自我,这些自我并不必然和谐行事。正如我们所见,这一观念贯穿了20世纪的所有领域。对许多人来说,这是一条最具有解放性的原则,尤其是在没有上帝的世界。

新三位一体:信任,道德野心,社会希望

夸大这一突破的重要性难度不小,而且它在某些方面将杜威和弗洛伊德结合起来。出于对教育的兴趣,杜威非常理解家庭在促进个体社会化过程中的重要性,尤其是母性关爱在避免精神疾病方面的重要性,以及在培育自我自发关心他人方面的重要性。从某种意义上讲,弗洛伊德的无意识概念是对各种分裂的不和谐自我(以及为其所困扰的人)的一种解释,其精神分析是对不和谐自我的一剂处方。历史学家在很多地方找到了心理学的起源,而不和谐的自我观点显然也是其中之一。居住在新西兰的女性主义道德哲学家安尼特·贝尔(Annette Baier)总结了实用主义者的观点,正如她所说的那样,"世俗世界同上帝信仰一样……是对于人类群体及其演化程序的信仰——是对不同认知野心和道德希望观点的信仰"。②

---

① 理查德·罗蒂:《哲学和社会希望》,第77页。
② 同上,第78页。

照此说法,信任、道德野心以及社会希望形成了新的三位一体。从某种意义上讲,这并非什么激进的主张,因为不止一位历史学家或者宗教社会学家已经总结出,宗教信仰的根源最终来自儿童得自其父母的信仰。正如罗蒂对杜威的总结那样:个体的道德发展以及人类族群的道德进程,是再造人类本身的事件,因为它扩张了人类用以建构自我的关系种类……用国家、种族或性别来划定道德群体界限,这并不是非理性或愚蠢的做法。不过最好是把道德进步想成关乎提升感受性的事情,想成是承担关乎人和物愈加扩张需求的责任。[1]

打破宗教组织促进了这一进程。

易言之,实用主义者的研究是为了内容的广度,而不是探索它的"深度",这一点同时适用于科学和道德领域。科学进步致力于把越来越多的材料整合为总体连贯的主张,但它并不是一项穿透表象直达内部实在的工作。同样,道德进步也是一项致力于寻找和博取更广泛同情同感的工作。"你不能指望道德的完美,但你可以期待,现在的你相比从前,能考虑到更多人的需求。"[2]

这一观点的推论是,我们不应当放弃对本质和不变实在的哲学探索。道德进步如果被看成是把不同人类族群拥有的,颜色各异的棉被缝合在一起的过程,那么它就会获得更好的理解。"希望就是用成千上万的针线,把那些族群缝合在一起。"

想象是附加于信任、道德野心以及社会希望之上的最后一把钥匙。这种混杂将会产生可能社群的新概念,并且通过这种方式,让人类的未来比过去更丰满。[3]

---

[1] 杰伊·马丁:《约翰·杜威的教育——生平传记》,纽约:哥伦比亚大学出版社,2002年,第439以下,第502页。
[2] 理查德·罗蒂:《哲学和社会希望》,第83页。
[3] 同上,第87页。

桑塔亚纳的喜剧信仰

乔治·桑塔亚纳(George Santayana)虽然不乐意被贴上"实用主义者"标签,但人们可以认为他影响了詹姆斯,同时也受到詹姆斯影响。很多人同詹姆斯保持友善关系,却持有不同意见,桑塔亚纳是其中的一员。桑塔亚纳的职业生涯殊为不凡。他出生在西班牙,作为哈佛大学教授在波士顿居住了几十年,之后离开美国,在牛津、巴黎以及罗马度过了随后的40多年。他看重自己的自由,晚年时期拒绝了来自大西洋两岸多所大学提供的教授职位。除了颇丰的著作外,他还是当代最具影响力的老师之一,他的学生包括了康拉德·艾肯(Conrad Aiken)、范·威克·布鲁克斯(Van Wyck Brooks)、詹姆斯·布莱恩·康纳德(James B. Conant)、托马斯·艾略特、费利克斯·弗兰克福特(Felix Frankfurter)、罗伯特·弗罗斯特(Robert Frost)、沃尔特·李普曼(Walter Lippmann)、塞缪尔·艾略特·莫里森(Samuel Eliot Morison)以及华莱士·史蒂文斯(Wallace Stevens)。

桑塔亚纳发现了一个事实,他认为生活中没有什么超自然的事物,也不存在德国人所讲的"超越性灵魂",或者威廉·詹姆斯所讲的"超自然的宏大"。用他自己早年的一首诗来说:"不期望天堂,令我们的干涸泪水,变得甘甜。"泪水"干涸"是因为他相信"从宇宙的观点来看,人类在地面上的存在和幸福康健是一种不重要的巧合",从世界全体的观点看,人性不过是"碎片的碎片"。[1]

他认为"生活存在一些我们无法回答的问题",这一点被悲剧所坐实了,而先验论则没有给出什么"根本性"的意见。他说,当各种宗教披上科学的外壳时,它们就误导了人们的希望——"幻想魔法能够完成工作,这

---

[1] 亨利·萨缪尔·莱文森:《桑塔亚纳、实用主义与精神生活》,教堂山、伦敦:北卡罗来纳大学出版社,1992年,第174页。

是一个极大的错觉……当宗教试图完成人类的工作时,那它不仅欺骗了希望,同时还消耗了精力,并且分散了对真正通向成功方法的注意力"。①"跨越所有界限的永恒灵魂"并不存在,人类的本性也并没有核心,这只是把"偶然在特定部落或动物中发现的一组性质"换了一种说法。这些性质被我们人为地摆放在核心位置,而自然当中本来没有这种核心存在。②至于绝对主义和神秘主义,"所有人类的观念都用来成就其中绝对实在的观念了"。神秘主义被他消解为"一种心灵的内战",这种内战"在所有参战者都被消灭的时候才会结束……比时绝对主义就会专断地宣称,超越人类的某种神圣精神将解决人类无法解决的不和谐"。但"绝对实在"不过是人类的一种意见。③ 他解释说,人类幸福或奴役依赖于人们无法干预也无法掌控的无理由的外在条件或外在环境,同时也依赖于人们自身的行为。普遍性同绝对性都像是赛狗场的机械兔一样,永远不会被抓到。④

桑塔亚纳承认,20 世纪初存在着"精神"危机,但他声称这不是一个超自然的问题。他认为我们想要让实在与宗教一致,宗教于是便成为这种一致性的理想典范。宗教应该得到"诗意"的理解,宗教存续的原因在于,"它比其他任何一种制度都更直白地为文化提供了'道德标记',它能在无意义的威胁下——包括物质上的窘迫和苦难,智识上的局限或者说混乱,以及道德理解或邪恶边界的模糊不清——为人们提供一种幸福生活的途径"。⑤ 宗教仪式创造了"另一个世界",并且在事物中确立了"一种快乐意义",用来松弛平凡乏味世界的复杂结构。他认为宗教作为一种

---

① 亨利·萨缪尔·莱文森:《桑塔亚纳、实用主义与精神生活》,第 155 页。
② 同上,第 148 页。
③ 同上,第 90 页。
④ 同上,第 248 页。
⑤ 玛丽安娜·沃凯克、马丁·科尔曼(合编):《理性的生活,抑或人类进步的阶段》,乔治·桑塔亚纳著,詹姆斯·古因洛克作序,麻省剑桥:麻省理工学院出版社,2011 年,第 81、第 118—119、第 183—184 页。

文化制度的典型特征在于"庆祝"而非社会工作;它是仪式,而不是帮助解决无意义恐惧的确信。宗教让人们摆脱社会限制,更重要的是,宗教实践强调了人类主张的局限。不过在他看来,为了让人们战胜罪恶,罪恶就应当存在,这是宗教"美好且良善"的一个观念,它给人们带来一种胜利的经验。[1]

像詹姆斯和杜威一样,他认为人类代表着"让事物变得更好的机会",而他对上帝之死的解决途径在于对"精神"和彼岸世界的一种新定义,它并不是先验的也不是后现代的,但涉及想象的探索。对桑塔亚纳而言,哲学不应该提供"偏执的第一原则",而应当提供一种对话,其目的在于用更加具想象力的准确辞藻重新描述世界。他把此过程称为"重述的矫正"。[2] 在他看来哲学是"欢庆的、抒情的、修辞的"。想象必须在一种宇宙意义上进行,而这尤其昭示着我们的有限感和无能感。生活的目的应当是在有限制的情况下,过着得意的生活。

另一方面,桑塔亚纳主张他所谓的生活"喜剧观"(而非宇宙观),这种看法"庆祝过去世界上的欢乐和胜利"。他还主张所谓的"激进喜剧",它包含"一种宣告,认为在很大程度上,联系人们的事物是他们所共享的无力性和道德性;这实际上接受了那些拒斥或击败自我确证的事物"。换句话说,激进喜剧产生于"当每个人都知道自己被打败,被欺骗,但仍然为事物未知的情况感到高兴的时候"。他说,哲学沉思以及哲学文化是让人们暂时克服"不体面的处境,让人们暂时大笑、暂时理解并诚服于愚蠢理性"的途径。桑塔亚纳表明,"当我们漠视对永恒生活和超验无限的追求时,公共和个人的福祉便依赖于'我们仁爱生活中自觉到的那种无能'"。[3]

他认为值得过的生活需要"与尘世脱离"。按照他的观点,与尘世脱

---

[1] 理查德·罗蒂:《哲学和社会希望》,第178页。
[2] 同上,第124、第131页。
[3] 同上,第51页。

虚无时代:上帝死后我们如何生活　077

离的生活是远离平凡无趣世界的生活。因此我们需要他所说的"假日生活",那是一个我们从平凡世界逃离出来玩耍游戏的地方。在他看来,"精神"是隐居者的文化落脚点,是个体复兴,是从美的意义上解决道德困境的文化空间。桑塔亚纳认为,强调新的自我实现以及技术理性,并不能"给予精神和道德生活足够重要性"。它没有为"自发的肯定"或对"美好可爱"事物的欣赏留下空间。作为生活目标的福祉产生于"回想赋予事物意义的至上快乐",赋予事物意义让人们"产生成就感,而不是产生挫败感,悲惨感或不真实感"。[1]

桑塔亚纳主张文化空间和精神的本质在于:它是欢愉的假日,在此人们远离充斥着程式化条款的工作世界,以便从事反思性的、有想象力的活动。这种活动能够让人们舒缓伸展,教会他们在人的有限性前提下,至少在一段时间内能欢庆生活,能活得潇潇洒洒。对美的欣赏属于我们的假日生活,属于"我们暂且获得救赎之时"。[2] 不论是自然之美还是人造之美,在他的字典当中都是神圣的。美的神圣性并不是超自然意义上的,它纯粹是因为产生于我们的内心。艺术本身表明,我们能经验到多种"有限的完美",它不必关乎于一种神性。观众同情不幸角色于是变得更加幸福,艺术家把苦难变成可容忍的,悲剧性角色通过让人认同他们已经取得但又失去的完美,从而使人们感到愉悦。不完美作为"最初的完美"从而具有价值。

桑塔亚纳说,想象让我们认识到,对经验而言可能性没有用处,而且从这个意义上讲,我们想象力具有的能量会令我们超越自身。世界上不存在绝对现实性或超越性的善,"对生活来讲,不连续才是本质",偏爱和有限性同样如此。但艺术允许我们想象卓越,他能向我们展示"整体"的各种形式以及恰当的结局。在他的世界中,精神救赎取决于"自我确信的

---

[1] 理查德·罗蒂:《哲学和社会希望》,第138页。
[2] 同上,第36页。

悬置"。"没有什么良药能医治生死,唯有通过鉴别善、表现善,而不是企图去掌控善,人们才能够享受生和死之间的过程。"①

他还认为,人类的自我确信虽必不可少,但却有所不足。我们的救赎在于即便意识到人的无能,仍然热爱生活。我们需要相信自己的智力,它能想象作为当下可欲计划的未来。我们还需要相信自己的智力,它能认识到这就是我们自我拯救的方式。审美经验开辟了一种秩序,"它让人们用一种和谐的方式,整合起许多碎片化的瞬间,并且为它注入完美、满足或幸福的情绪"。文化活动和制度让生活变得有意义,原因并非在于它们直接与某种超越文化、低于文化或外在于文化的"事物"相联系,而在于它们设定了那种想象性秩序。②

美、快乐、喜剧、游戏、高兴、幽默、大笑,这些都是我们应当追寻的目标,而不是永恒的赐福。这就是他所谓的"喜剧信念",相比无限永恒的幸福和受庇佑的不朽,它不那么宏大,但却更加合理。如果我们怀揣此信念来改变甚至提升未来人类世界,那这便成为唯一有用的不朽。于是,我们虽不能超越死亡,但却将超越死亡的痛苦。③

桑塔亚纳生活在诗的边缘,这也光明正大地体现在他的散文风格中。也许,他是 20 世纪最受低估的哲学家,是在失去上帝的世界中人类极佳的伙伴,是实用道路的顶峰。

---

① 理查德·罗蒂:《哲学和社会希望》,第 234 页。
② 玛丽安娜·沃凯克,马丁·科尔曼(合编):《理性的生活,抑或人类进步的阶段》,第 150—151、第 188 页。
③ 理查德·罗蒂:《哲学和社会希望》,第 177 页。

3　物的享受

上一章的主题实用主义,是美国学院派思想的主流。本章关注那些不把自己称为实用主义者的欧洲思想家。然而下文将会讲清楚,他们的观念不止有一种偶然的相似性。这里会涉及如下人物,包括夏尔·波德莱尔(Charles Baudelaire)、阿蒂尔·兰波(Arthur Rimbaud)、保罗·瓦莱里(Paul Valéry)、保罗·塞尚、安德烈·纪德,以及最为重要的一个人——埃德蒙德·胡塞尔(Edmund Husserl)。

胡塞尔是一个并没有被历史友善对待的人物。部分的原因在于如下事实,即他所构想的崭新哲学被赋予了一个大胆的名称——"现象学"。就像是詹姆斯·乔伊斯(James Joyce)所说的那样,这是一个很大的词汇,会"让我们害怕"。事实上,现象学的潜在前提非常直白,也极其重要。它是思想的另外一派,它过去现在都反科学,正如它过去现在都反宗教一样。

法国博学者(诗人、散文家、哲学家)保罗·瓦莱里(1871—1945)总结出这一派思想的一个基本原则,他在 19 世纪末写道:"我们感觉到新宗教的可能性,它把诗性的情感当作其基本性质。"事实上,胡塞尔比他走得更远。

有形事物的形而上学

胡塞尔出生在摩拉维亚的一个犹太人家庭，但却受洗为奥地利天主教路德教徒。胡塞尔那张长胡子戴眼镜的脸，加上高高的前额，使他看上去更像一个门外汉。他在成为哲学家以前是一位数学家，曾在柏林师从卡尔·魏尔施特拉斯（Karl Weierstrass）学习数学，随后在维也纳师从弗朗茨·布伦塔诺（Franz Brentano）。

胡塞尔认为，经验是知识的唯一形式，而存在至少有两种形式。日常事物存在于外在的真实世界，而观念则存在于我们的意识。但他说意识并不是一种物，意识是一种他所谓的"意向"（intention）。意向在此并不取其惯常用法，而是指"转向"世界，是一种遭遇世界，遭遇经验世界的方式。意识并不仅仅是对世界的体察，还是对这种体察的自觉。对此他说，正如实用主义者所言，我们不能去到意识"背后"，找到对世界或对实在的更为"内在"的洞察。"世界并不为我们所思考，而是为我们所生活。"

他还认为，对实在的知觉"完全发生在理性之外"，我们所认为的物第一性质和第二性质并不存在：物是它们的显现而不是心灵对诸多性质的综合。比如说，柠檬的黄并不是一种第二性质，并不是心灵对"柠檬属性"的添附，这种性质本身就是柠檬。意识及其对桌子的知觉并没有"距离"。我们不必计算桌子的第二性质，包括桌腿的数量，顶面的形状，材质是木头还是金属，我们立刻就能知道它是什么物。[1]

现象学家认为，我们不需要说明书来理解与我们相关的世界：事物就是它们显现出来的样子，而不是其他什么东西。意识并不是一台算计的机器，也不是一台照相机，事实上它是唯一的绝对，因为意识总是关于

---

[1] 埃弗雷特·奈特：《作为哲学的文学思考：以法国为例》，伦敦：劳特利奇与基根·保罗出版社，1957年，第19页。

事物的意识,我们无法感到嫉妒本身,我们必然是嫉妒某个人。意识中并不存在任何东西。[①]再举一例:我们凭借周遭的物与我们之间的联系,而同围绕我们周遭的物相关。"理解"器具的唯一途径是使用它们。纯粹的注视或者反思并不能帮助我们达到这一点。比如说,科学家通过分析构成锤子的木材和金属,不可能达成对于它的"理解"。

生活这种进路的重要性最初是由阿蒂尔·兰波(1854—1891)提出来的,他认为世界已经被概念"奴役"了。夏尔·波德莱尔著名的诗句"我有追逐幸福时光的技艺"[②]强化了此观点。在那个不再为上帝或者理性所点亮的世界,胡塞尔想要一种有形事物的新形而上学,而这正是现象学具有如此大影响力的原因。这意味着,所有把世界(或者宇宙、经验)的无限多样性化约为概念、观念、本质的尝试,不论是宗教的还是科学的,也不论它们表现成"灵魂""自然""粒子"还是"来世",都将消解世界事实上的多样性,而多样性恰恰是世界的部分意义,或者说绝大部分意义,甚至是其全部意义。

在兰波、瓦莱里、纪德等人看来,实在是无限的,因此将世界划分为可理解部分的方法也必然是无限的。"由于物质的总体性超越了我们的理解,那么就没有一种方法能称之为'好'的方法,包括科学。没有一种方法能够一次性回答我们的问题。"对瓦莱里等人而言,意识是"存在的完满性的'裂痕'",但却是他乐于看到的裂痕。"某些人具有某种优雅感,他们在物的个性中享受奢侈的欢愉。他们显示出对事物独一无二性质的愉快偏好,这种性质是所有事物都具备的。"[③]

这一进路有两层直接的含义,而它的间接含义将在合适的时候再进行讨论。它的第一层含义在于,现象学的观点支持了生活的艺术进路,而

[①] 埃弗雷特·奈特:《作为哲学的文学思考:以法国为例》,第21—24页。
[②] 同上,第36页。
[③] 同上,第43页。

不是科学或者宗教的进路。第二层含义则强调,生活由无数不同的体察和经验、顿悟和洞见构成,它们堆砌成了人的一生。完满性和整体性并不能突然之间凭某些宗教的或治疗的"超验的"片段而取得,完满性和整体性更贴近辛勤的工作和教育。

"物性"

埃弗雷特·奈特(Everett Knight)提醒我们注意塞尚的作品。他说塞尚带来了艺术的新纪元,塞尚的艺术试图用多种方式来审视对象,用他的话说,塞尚把对象看成是"完整的,与人无关的独立体"。在奈特(等人)看来,塞尚意图表明知觉并不由理智指导,"相反,知觉被理智扭曲……这就是塞尚的观点所依据的那种洞见。他的所有努力都为了抢在其理智之前把握对象,因为他的理智会把事物组织成一种和它们本来面目差距甚远的东西"。他还讲道:"就像瓦莱里的发现一样,大海是垂直的,它不像理智所认为的那样是平坦的。塞尚用几条轮廓线来勾画盘子,因为那正是它们在被心灵干涉之前实际的样子。"① 关于这种现象的另外一个好例子是照片与人类眼睛的差别。比如说在我们看来,从远处经验到一座高山的巍峨,它的高度与我们对它的经验一致。但在一张照片中,这座山就不那么显眼了。这不是一件多么不同寻常的事情。

剑桥哲学家、文学评论家伊凡·阿姆斯特朗·理查兹(I. A. Richards)认为,艺术(尤其是诗歌)具有"拯救我们的能力,它是克服混乱的一种可能的完美手段"。在塞尚之后持同样观点的还有立体派,他们观点鲜明地试图表明事物世界"与人毫不相称"。② 此观点使他们的艺术获得重要优

---

① 埃弗雷特·奈特:《作为哲学的文学思考:以法国为例》,第45页。
② 同上,第54页。

势:他们所创造的事物并不能被视为表象,那是对作品的传统理解;相反它们要被视为自为事物。它们的新颖性和高贵性是其意图和意义的一部分。纯粹的新颖性、惊奇性、"物性",听起来似乎并不太像是"拯救"的替代,但事实证明它在20世纪广泛流行。

胡塞尔同美国实用主义者的态度立场类似,他认为不变的人类本质并不存在。由于他相信个体等同于他或她的生活事件,其结论是他或她并没有"定义"。这个观点从几种角度来讲都是深刻的。它强调不仅世间的每个事物皆是独一无二,我们每个人也同样如此。人人对世界都有私人看法,这些看法不能被抹平。① 于是乎,我们能同世界达成协议的唯一方式便在于,不再认为存在绝对原则(比如说上帝)和绝对人类本性(上帝赋予的),不再认为这些绝对原则和本性能够让我们认识到一个"真理",必须抛弃任何类似的观念。此观点也深刻地揭示了,科学的成功虽无法被否认,但科学同宗教类似,不过是理解世界的一种方式,并且也不必然是最适合我们(或者我们当中的一部分)的一种方式。

瓦莱里和胡塞尔都敦促我们拒斥"特殊性在某种意义上不如普遍性重要"的观点。"如果把注意力放在特殊性上,我们将承担把自己放在规则之外的风险。艺术就其本质而言是存在性的,它关注特殊性,而理性主义则仅仅对特殊性之间的联系感兴趣。"按照萨特(Sartre)的说法,"胡塞尔给我们重新找回了艺术家和先知的世界"。不论我们如何生活,不论我们如何看待生活,生活将永远变化,生活永远超出我们对它的总体性理解。我们永远无法将我们的诉求和责任定为"追寻目的",尽管通过这种方式我们能够形成一种"彻底"的解释。

---

① 埃弗雷特·奈特:《作为哲学的文学思考:以法国为例》,第77页。

与世界和解

哲学家亨利·柏格森(Henri Bergson)同瓦莱里、塞尚大致是同一时代的人。他1859年出生在巴黎的一个波兰犹太家庭,其父是一名音乐家。他早年生活在伦敦,在家族搬回法国之后,他最初的兴趣是数学。之后他进入巴黎高等师范学院,在那里学习哲学。柏格森受到英国生物学哲学家赫伯特·斯宾塞的影响。1908年他在伦敦见到了威廉·詹姆斯,后者将其思想带到了美国并广为传播。与此同时,托马斯·厄恩斯特·休姆(T. E. Hulme)也将其思想带到了英国。

柏格森同詹姆斯以及其他实用主义者在很多问题上意见相同,虽然最终他走向了另外一个方向。同实用主义者以及现象学者一样,他相信生活由一股直接的经验流构成。"现实是直接给予心灵的",而且"生活超出理智",因此"现实能被认识,但是无法被彻底认识"。同实用主义者以及现象学者一样,他认为理性和逻辑通过分析的方式,把经验变成了分离的各种元素,这是对经验的扭曲。① 对柏格森而言,通过抽象方式表现出来的现实必然遭到扭曲——这正是科学和宗教所尝试的做法,"因为现实总是处于变化当中"。他坚持世界是一个复数,暗示绝对真理这样的东西并不存在。现实总在"逃离"系统,"有限和无限之间也不存在任何桥梁"。

以上都可以说是杜威、威廉·詹姆斯,甚至胡塞尔的论调。然而柏格森同他们区分开来的一点在于,他在心灵的作用上走得更远。维多利亚时代已经被所谓世界(或者说宇宙)等于机器的科学理念所迷惑。柏格森的回答是,世界之所以被认为是机器,那是因为心灵作用的方式,以及逻辑作用的方式。他说逻辑的作用是有限的,世界并非按我们所欣赏的科

---

① 迈克尔·罗伯茨:《托马斯·厄恩斯特·休姆》,伦敦:菲伯尔出版社,1938年,第83页。

学方式建立起来。科学仅仅是我们学会的、部分理解世界的一种方式,而我们(自认为)发现周遭显而易见的科学一致性,其根源在于这样一个事实,即"人类是一种孤独的分拣机器"。①

他接下来提出自认为具有先进性的两条意见,我们在此将进行讨论。其一是他的直觉观。他说,理智核心的周围是充斥着直觉的"边缘"地带。直觉可以获得理智无法把握的那种知识形式;直觉是一种不需要分析的认知形式,它甚至不需要道出我们所知道的内容。(伯特兰·罗素视之为"神秘的"东西,从而将其抛弃了。)直觉将其自身沉浸在生命之流,并且用一种非"具体化、透明化"(crystallization)的方式来领会经验。事实上,柏格森认为存在两种自我本性——一种是逻辑的自我本性,一种是直觉的自我本性。诗歌是自我本性的典型例证,而隐喻作为一种典型的直觉性知识,是"我们为原先没有名字的那种现实特征所赋予的崭新称谓"。②艺术家之所以能够担当起艺术家之名,必须能"避免使用枯燥乏味的话";诗歌高于世界上一切"受到认可的语法"。有人认为,柏格森的直觉观同我们随后就会谈到的弗洛伊德无意识理论具有交集。③

在柏格森以及许多20世纪早期具有影响力的人物看来,其第二条具有先进性的意见在于他的创造性进化观。由于19世纪人们沉溺于把世界视为机器的观点,柏格森觉得自己已经观察到了一条重要的进路。从这条进路来看,世界不是一部机器,这个世界的存在方式是进化,是新物种和各式不同新有机体的产生。他说,任何一部机器能够制造,或者说创造一种新类型的机器,这是难以想象的。所以在此存在着一条基础性的进路,其中鲜活的组织不同于机器,而这意味着这世界并不像许多科学家

---

① 迈克尔·罗伯茨:《托马斯·厄恩斯特·休姆》,第248页。
② 卡伦·森格里(编):《休姆作品选》,牛津:克拉伦登出版社,1994年,第140页。
③ 最近的心理学研究支持柏格森的区分。比如,在2011年出版的《思考,快与慢》中,诺贝尔奖获得者、行为经济学家丹尼尔·卡内曼(Daniel Kahneman)把行为划分为系统1和系统2,前者更加偏向本能和直觉,后者更加偏向反思和理性。

所暗示的那样，是一台机器。但是他并没有在这一事实状况当中推断一种神圣的干涉的存在。相反，他主张存在一种充满活力的冲动，一种生命活力（élan vital），它推动进化，并且从历史的进程上看，它已然不断提升了组织的活动性。对于柏格森而言，这种活动性就是自由的最终表达。比如各种动物族群都相当独立地进化出了眼睛，他在这一事实中寻找生命活力的证据。他说，这一事实来自同样的冲动。

这一独特的信念已经被进化论所取代了，但他的观念在当时所产生的影响仍然可观。在他1913年访问美国的时候，他比1909年访美的弗洛伊德更为人所知。造成此状况的原因，一部分在于他造访美国的发起人是一些实用主义者，一部分在于他演讲的风格，但主要还是因为他的体系看起来是反科学的，或者说是反科学决定论的，并且看起来在全然唯物主义的进化观念之外，提供了一种非宗教却仍然神秘的解释。尽管身披不同的外衣，它仍然类似于对18世纪中某个时刻的重复。那时候人们并没有明显地凭借一次跨越，就从基督教信仰转移到无神论，而是人们选择了自然神教这种中间状态。柏格森主张生命活力是科学概念，但是对很多人而言它具有神秘的元素，而正是这个神秘元素才具有重要意义。

灵性的精英主义

乔治·爱德华·摩尔（George Edward Moore）的几个主张引起了我们的注意。最初，作为大学生他被选举为剑桥议会社（Cambridge Conversazione Society）成员，剑桥议会社更为人所熟知的名字叫做剑桥使徒社。剑桥使徒社的其他成员包括阿尔弗雷德·怀特海（Alfred North Whitehead）、哈代（G. H. Hardy）和鲁伯特·布鲁克（Rupert Brooke）。如果说一个大学也许还能被说成是一个理想的共同体，它相比其他机构更致力于真理、学习，以及哲学探索，那么使徒社就是理想中的典型，为它诸多与众不同的成员,或者更加准确地说,为诸多将会变得与众不同的成员,提供了一种在其他地方很难找到的灵性生活形式。

当摩尔来到剑桥的时候,使徒会已经存在了超过 70 年,其规模一直限制在同一时刻不超过 12 人(由于其名称的缘故)。成员们在开学期间每周六晚上会面,宣读和讨论由其中一名成员所准备的一篇论文,随后进行投票(麻省剑桥也有这种类似的周六俱乐部)。罗素在他的《自传》当中承认,"他在剑桥生活的最大幸福"就是加入了这个社团;而摩尔本人在加入使徒社近 50 年之后的 1942 年,回忆起他与这批学生熟识带来的"激动和幸运",说:"他们交流对话中所蕴含的智慧,对于我来说闻所未闻、见所未见,甚至难以想象……直到我去剑桥,才明白了令人激动的生活应该是什么样的。"①

在剑桥时期和使徒社成员时期之后,摩尔同其他几位使徒社成员一样,成为了布鲁姆斯伯里团体(Bloomsbury Group)成员。在他 1911 年加入团体的时候(这种团体不存在"选举"一说),布鲁姆斯伯里已经被良好地确立起来了。这个团体开始于 1905 年,那时史蒂芬家的孩子包括弗吉尼亚(Virginia)、范奈沙(Vanessa)、托比(Thoby)、阿德里安(Adrian),在父亲莱斯利(Leslie)去世之后,他们从肯辛顿(Kensington)搬到伦敦的布鲁姆斯伯里区戈登广场 46 号,临近大英博物馆。期间托比在每个星期四的"家庭日"都把他剑桥的朋友介绍给他的妹妹。这种"家庭日"式的聚会持续到 1920 年。

以下是汤姆·里根(Tom Regan)对这一团体的总结:"布鲁姆斯伯里团体是后维多利亚时代英国,在艺术和先锋知识分子领域之中一股巨大的力量,开创了小说和传记新的表达形式,缔造了经济学和美学的新理论。他们是'新一代'(the new)的先驱,在各个领域都蔑视地看待'旧事

---

① 汤姆·里根:《布鲁姆斯伯里的预言家:乔治·摩尔及其道德哲学的发展》,费城:天普大学出版社,1986 年,第 35 页。

物'(the old),不仅在艺术和理论上,同时还表现在他们的日常生活方式上。经过慎重考虑,他们选择与赤贫者及富人脱离……作为一种最纯粹意义上的智识贵族……对他们共享的那种优越感以及精神上的精英主义,他们既不花心思隐藏也不感到愧疚。"

他们在爱情和忠贞这两个通常相互交织在一起的问题上也不同寻常:利顿·斯特雷奇(Lytton Strachey)失去了邓肯·格兰特(Duncan Grant),后者爱上梅纳德·凯恩斯(Maynard Keynes);克里夫·贝尔(Clive Bell)失去了范奈沙,她爱上罗杰·弗赖(Roger Fry);弗赖又失去了范奈沙,她爱上格兰特;范奈沙同大卫·加尼特(David Garnett)一同分享格兰特的爱。毫无疑问,像一位幽默人士的戏言一样,在布鲁姆斯伯里团体当中,"所有的情侣都是三角恋"。①

伦纳德·伍尔夫(Leonard Woolf)在他的自传《再次开始》(*Beginning Again*)中总结了布鲁姆斯伯里团体的意义,以及摩尔在其中扮演的角色。"剑桥的氛围和摩尔的哲学为我们心灵和思想赋予色彩,就像英国的天气赋予英国人同种颜色的面庞一样。"凯恩斯同意这种说法,并进一步指出摩尔哲学的影响"不仅势不可挡……而且恰恰与斯特雷奇曾经说的那种毁灭性(funeste)影响相反,它激动人心、令人振奋,是新文艺复兴的开端,是陆地上崭新天堂的揭幕;我们是新制度的先驱,我们不惧怕任何事物"。凯恩斯在别处也写道:"我们接受了摩尔的宗教……抛弃了他的道德规范。"②

那么,凯恩斯所强调的摩尔新教义和新制度究竟是什么呢?为什么这些教义和制度如此势不可挡呢?如果我们想彻底地把握摩尔的影响,就不得不再一次回到一个不同的时代来思考我们自身。伯特兰·罗素清楚这一点。"那10年(1904—1914)给心灵氛围带来的巨大变化非常令人

---

① 汤姆·里根:《布鲁姆斯伯里的预言家:乔治·摩尔及其道德哲学的发展》,第8页。
② 同上,第23页。

吃惊。"

起因在于,凯恩斯选择用"宗教"一词来描述摩尔教义的某些方面。凯恩斯小心翼翼地补充说,"摩尔的门徒"可能具有一种宗教,尽管他们在那时可能会对此说法感到"非常生气"。"我们认为这一切从性质上讲都是完全理性和科学的。"摩尔本人也会对任何暗示他宣扬了某种宗教的主张感到不满。他在自传中把自己描绘成了一个彻头彻尾的不可知论者,而事实上他的伦理箴言"是作为认知和情感满足而提出来的,用以取代已经被人们抛弃的对超自然神的信念。也就是说,这些箴言是被当成一种没有上帝的宗教而被提出来的"。①

摩尔的主要著作是出版于 1903 年的《伦理学原理》(*Principia Ethica*)。但他的一些观点在 1899 年出版的《虚荣行为中的虚荣》(*Vanity of Vanities*)中已经出现了。在其智识生涯的一段时期中,他曾经非常忧郁。对上帝的信仰需要一种他无法做到的信念的飞跃,这使他感到痛苦。他认为一个人不得不为了某种虚无的东西而活着。于是他开始了构建一种伦理体系的艰苦努力,以便栖居于这种伦理体系当中,摆脱忧郁的长夜。他认为虽然上帝已死,但这个世界上仍然有一些事物本身是优于其他事物的,我们不能认识所有的事物,但我们却能认识到比现存事物更加优越的某种事物。这个观点是他建构伦理体系的起点。华兹华斯(Wordsworth)笔下的"欢乐武士"致力于从更为艰苦的道德生活当中,积极地创造一个更好的自己。摩尔深受华兹华斯及其欢乐武士的影响,第一次把艺术视为突破口("艺术不是别的什么东西,它只是应当的表象")。

此原则构成了布鲁姆斯伯里团体大多数人追求的基础。摩尔认为,"人们无法区分与美好艺术的邂逅和通常被认为的那些与神的邂逅"。在

---

① 汤姆·里根:《布鲁姆斯伯里的预言家:乔治·摩尔及其道德哲学的发展》,第 28 页。

克里夫·贝尔看来,艺术"是对人们能够经验到的任何神圣的心灵状态的一种表达,也是触及各种神圣心灵状态的方法……当代的心灵转向艺术,不单是为了超验的情感的完美表达,也是为了人们能赖以生活的一种鼓舞和激励"。对摩尔来说,艺术就是"奋进女王"。"艺术的目的——美,是人们可以关心的事物,是某人能够为之奋斗或激励他人为之奋斗的事物。美,在摩尔所理解的那种道德善的意义上,也就是在使自身更好的意义上,是一种能够让世界变得更好的手段。"[①]

什么应当存在

这就是摩尔在《伦理学原理》中主要关注的问题,伦理学必须处理"属于且仅属于伦理学"的概念。这个概念就是大写的善,"它被理解为本身为善或具有内在价值的所有事物的共享性质,易言之,它被理解为应当存在的,或由于自身的缘故而值得为人拥有的所有事物的共享性质"。摩尔的核心概念观点在于,伦理学研究的对象并非任何其他科学的研究对象,在逻辑上也独立于其他任何活动。按汤姆·里根的诠释,摩尔认为"善"并非任何经验或自然科学的对象,包括心理学;有关什么事物本质上是善的命题"在逻辑上同自然科学可能发现的任何事实无关"。

这使他得出了"自然主义谬误"的概念。他把这个称谓给予把善同任何有别于善的事物等同起来的一切尝试。他一方面认为善不可被定义,一些事物其本身就是善;另一方面又认为伦理学的任务在于"把这种共享性质的本质固定下来"。[②]

[①] 汤姆·里根:《布鲁姆斯伯里的预言家:乔治·摩尔及其道德哲学的发展》,第169页。
[②] 托马斯·鲍德温:《乔治·摩尔》,伦敦:劳特利奇出版社,1990年,第3部。也可参考保罗·利维:《乔治·摩尔及其剑桥门徒》,伦敦:韦登菲尔德与尼科尔森出版社,1979年。

在摩尔看来,善有时是一种看法,有时是一个观念,有时是一个对象,有时又是一次实践,但善的看法或观念并不与任何有别于它的事物同一。他认为每个人都"意识到"了善,比如他们对什么是更好的生活都有自己的看法,他们对什么应该存在都有自己的观点。善作为一种有用的看法,它的存在类似于数字的存在,然而数字和善一样,都不能作为实体在这个世界上存在,不能像树木、岩石或公共汽车那样存在。善对摩尔而言是一个"非自然的"性质,它既不是自然的,也不是形而上的。正由于他用"非自然的"这种说法,取代了更为传统的"先验的"说法,于是很多人感到获得了解放。

"应当"是《伦理学原理》的主要焦点,摩尔主张,我们应当做的事情"是产生最佳结果的那些事情"。我们或许可以认为,"最佳结果"等同于"进化程度更高的事物",但这仅仅是一种答案。摩尔尽力表明,由于善不可被定义,所以关于什么是善的定义就不可能存在,于是优越的"道德专家"阶层也不存在,"不论这些道德专家身披科学的外衣还是宗教的圣服",他们都不能把自己的道德观点加诸别人。在伪善的维多利亚时代行将就木之时,这一观点显然非常具有解放性。[①]

摩尔坚持由个体自己来判断什么应当存在,什么事物出于它们自身的理由而值得为人们所有。"没有什么自然科学能够做到这一点。没有什么形而上学体系能够做到这一点。剥夺个人这种判断自由(判断责任)的任何企图,都源于同样的错误,即所谓的自然主义的谬误。伦理学存在的意义(raison d'être)是去证明的确有一些事物不能被任何科学证明,而这些事物是人类生活中最为重要的东西。"由于摩尔具有古典学的背景,私下里他的性情更贴近多神论。"存在诸多善,而非一种善。"据此观点,个体必须跳出信仰的一跃,信仰他或她所信任的内在为善的事物,不止跳

[①] 汤姆·里根:《布鲁姆斯伯里的预言家:乔治·摩尔及其道德哲学的发展》,第202页。

出一次，而是多次。个体必须从科学和宗教那里夺取这种自由，并把它赋予"其恰当的载体，也就是个体本身"。

"也就是说，只有徘徊在宇宙中的判断（经过充分思考的直觉）本身才存在，它不依靠本身以外的任何事物来支持它。"摩尔决意保证乐于传道的科学家不会窃取对道德自由的控制权，个体方才从已消亡的宗教传统那里获得这种控制权。①

摩尔的其他看法来自这种判断。例如，"没有道德法则是自证的"；我们永远无法绝对确定地了解（正如康德所谈的那样）我们的义务，即便如果特定规则似乎有用（对于多数人和常识来说有用），因而我们会遵从它。但在此问题上，我们的目标应当是以诸种善来影响个人以及"具有强烈自利之心的那些人"，而不是"祈望进一步的利益"。一般来说，我们应当仅仅根据实现善的可能性，从而设法保障"当下的"善，而不是某种遥远未来的善。摩尔觉得利己主义"毫无疑问优于利他主义"。我们在道德上应当去做的事情，和我们具有道德义务去做的事情，具有重要的区分，前者更加宽泛，而且包含了后者。

综上所述，只要我们不触犯对任何社会的稳定性都非常必要的少数几条规则（比方说不可杀人，不可偷窃，不可毁诺），那么他相信，"如果我们着眼于提升自我占有的世界之善，并与我们关心的人一起分享这些善，与我们的家人和朋友分享这些善，我们就是在做道德上应当去做的事情"。并不需要有什么"进一步的利益"。② 布鲁姆斯伯里团体恰恰诉诸这种严格限定的论证，它证明了进一步利益是不必要的。凯恩斯把对此观点的"信念"称为是他们的"宗教"。凯恩斯在1949年撰写的回忆录中追忆了那些岁月，他总结说，"这种宗教对我们的成长来说非常有益"。他

---

① 汤姆·里根：《布鲁姆斯伯里的预言家：乔治·摩尔及其道德哲学的发展》，第209—210页。
② 同上，第240页。

觉得美德在于人们的交往,在于对美的享受,但他知道这些事物只有在稳固社会中才能得到最大化。①

不得不说,摩尔的学说虽然深刻地影响了布鲁姆斯伯里团体的成员,但其影响力仍然被一些事件淹没了。布尔什维克和纳粹所认为的"善"和应存之物,同摩尔心中所想的东西全然不同。他的观点在大学环境中发生了变化,这是它的优点,同时也是它的不足。特瑞·平卡德(Terry Pinkard)注意到,英国哲学大多来自社会哲学家的工作(休谟、洛克、密尔、边沁),不像是德国哲学来自学院(康德、费希特、黑格尔、尼采、胡塞尔)。摩尔是这一规律的例外。他把稳固的社会当成理所当然的,但20世纪则违背了这一前提。

作为私人宗教的精神症

西格蒙德·弗洛伊德不需要介绍。当他1939年去世的时候,威斯坦·休·奥登(Wystan Hugh Auden)用一首诗吊唁。奥登在诗中写道,这位精神分析学家"不是个体,现在,他是整个思潮"。奥登还说,弗洛伊德就像天气一样,"安静地萦绕于我们的生长习性周围"。弗洛伊德在他去世前曾受到多方批评,甚至在他去世之后批评变得更为猛烈而无情,但没有人怀疑他对20世纪的各种观念造成了首屈一指的影响。尤为重要的是,弗洛伊德要为当代思想的一种重要变化负责,这种变化在于对人的心理学理解取代了对人的神学理解。

有人可能会说,当下世界从更宽泛的意义上看,实际上乃是对人性的生物学理解取代了对人性的神学理解。特别是在20世纪的最后几十年,人们拓展和深化了对人类本质的生物学理解,尤其是进化语境中的人类

---

① 汤姆·里根:《布鲁姆斯伯里的预言家:乔治·摩尔及其道德哲学的发展》,第265页。

本质理解。我们将在后面的章节中讨论这种生物学理解的发展及其对我们讨论的主题所产生的影响。然而由于对人性的心理学理解是生物学理解的一部分,心理学和精神病理学确实成功地侵入了以前由宗教独占的领域。我们将会看到,甚至对于神职人员来说这也是事实。

众所周知,精神分析发轫于 1900 年出版的《梦的解析》,并且在当时毁誉参半。精神分析为正统医学界所不满,但却受到一小撮忠实追随者的维护。这个小圈子本身就在不断地扩张,它在弗洛伊德及其追随者卡尔·荣格 1909 年造访美国之后进一步得到拓展。按照一位旁观者的说法,《梦的解析》的核心观点认为,保护我们无意识的防御机制在睡梦当中是不发挥作用的,通常被压抑的观念和情绪将得到释放,即便是以象征和隐蔽的形式得到了释放。

1912 年,国际精神分析协会解决了其早期的问题以及对精神分析的第一次背叛,也是在此时《意象》(Imago)期刊开始出版发行。期刊由弗洛伊德的密友、早期精神分析学家汉斯·萨克斯(Hanns Sachs)创办,并由弗洛伊德本人和深受易卜生、尼采影响的维也纳年轻精神分析学家奥托·兰克(Otto Rank)共同编辑。罗纳德·克拉克(Ronald Clark)告诉我们,期刊的名字取自于 1919 年诺贝尔文学奖得主、瑞士诗人卡尔·斯皮特勒(Carl Spitteler)的同名作品。在这部作品中,无意识既被认为对意识行动产生影响,又被认为刺激了创新能力。然而意味深长的是,"无意识意象"(imago)一词同样表示昆虫蜕变后的最终形态,而期刊也不仅意图处理精神分析的医学层面,还意图处理精神分析转变成一门学科之后将会遭遇的、可能产生于医学层面的非医学问题。①

弗洛伊德在《意象》第一期中强调,精神分析的研究范围有必要拓展到诸如语言、习惯、宗教法律、神话、美学、文学、艺术史以及哲学领域中

---

① 罗纳德·克拉克:《弗洛伊德:其人其事》,纽约:兰登书屋,1980 年,第 349 页。

去;除此之外还应包括民俗学、犯罪学以及道德理论。期刊的抱负日益远大,到 30 年代早期,弗洛伊德写道,精神分析可以"成为所有科学的必需,只要这些科学关乎人类文明及其制度演进,比方艺术、宗教乃至社会秩序"。

《意象》刊发了代表弗洛伊德将精神分析应用于社会和人类学问题的四篇文章中的第一篇。这篇文章完全概括了他对社会起源,特别是早期人类宗教信念起源的看法。① 《图腾与禁忌》(*Totem and Taboo*)在 1913 年以著作的形式出版,虽然弗洛伊德在几年之前便开始宣扬他的宗教观点了。1907 年,他的《强迫行为与宗教实践》(Obsessive Actions and Religious Practices)是这样开篇的:"来自神经折磨的所谓患者强迫行为,与信徒用以表达虔诚的仪式,这二者之间存在相似性。我肯定不是第一个对此感到震惊的人。"他说,在他看来这不单纯是表面上的相似,"所以审视神经症仪式的起源,可能会鼓励我们通过类比而对宗教生活的心理进程做出推断"。

尽管如此,弗洛伊德一方面强调神经症行为和宗教行为的类似性,一方面仍然小心谨慎地强调它们的差异,包括"强迫性神经症代表了对私人宗教的一种喜忧参半的拙劣模仿"。同时他继续谈到,正如许多病人不了解他们做出强迫行为的无意识原因一样,众多宗教信徒也并不了解驱动他们宗教行为的动机。他进一步对比后认为,强迫性神经症和宗教虔诚都由一种无意识的罪恶感驱动,这种罪恶感"源自早期的特定心理事件,然而当一个即时刺激出现时,就会重新产生一种诱惑,从而持续地唤醒罪恶感"。②

他说,宗教与强迫性神经症一样都基于对本能的压抑。在神经层面

---

① 罗纳德·克拉克:《弗洛伊德:其人其事》,第 350 页。
② 企鹅弗洛伊德藏书馆,西格蒙德·弗洛伊德:《宗教的起源》,伦敦,1985 年,第 40 页(《弗洛伊德选集》第 31 卷,第 13 页)。

上,性本能始终受到压抑,即便宗教上并不那么认同这一点,但本能"总包含性这个构成要素"。"可能是由于性这个构成要素混合在本能之中,也可能是由于各种本能的一些普遍特征,宗教生活也用不恰当且没完没了的方式来压抑本能。其实,彻底退回罪恶的信徒远比神经病人普遍……他们引导了一种新的宗教活动,即赎罪苦修,这是与之相对应的一种神经症活动。"接下来他得出结论:"鉴于他们的相似性和可比性,人们可以冒险地把强迫性神经症视为宗教形成过程的病理学参照体系,并把神经症视为一种个人宗教,把宗教视为一种普遍的强迫性神经症。"①

虽然弗洛伊德尝试为自己的诊断裹上糖衣,但在论文的结尾他的总结包含一个注定受争议并不受欢迎的信号,即宗教实际上是一种心理疾病的表现,它在情绪上等同于心理疾病。接下来的几年,他继续拓宽了攻击的范围。在 1910 年《精神分析治疗的未来展望》(Future Prospects of Psychoanalytic Therapy)一文中,他甚至把世俗化与神经症的增长联系起来,"不能夸大人们的内在决心和对权威的渴望程度。自宗教力量衰退起,神经病人数量的激增对这一点提供了证明",像他后来的说法一样,"虔诚的信徒具有非常高的对神经疾病的免疫性"。②

弗洛伊德的信仰理论扎根于他的心理学理论。我们像婴儿那样感觉到对无助的焦虑,它"是促使人们走向宗教信仰的关键感觉"。就像他在 1910 年讨论列奥纳多·达·芬奇(Leonardo da Vinci)的论文中所说的那样,"从生物学来讲,对宗教的虔诚可以追溯到人类儿童的持久无助和对援助的需求"。如果我们暂时搁置争议,那么可以认为弗洛伊德发现儿童时期的经历对成年人的情感生活影响深远。他接着论证说,"许多人都无

---

① 企鹅弗洛伊德藏书馆,西格蒙德·弗洛伊德:《宗教的起源》,第 40 页(《弗洛伊德选集》第 31 卷,第 13 页)。
② 引自亨利·艾德玛:《宗教和怒吼的 20 世纪:三位小说家关于世俗化的精神分析理论——安德森、海明威、菲茨杰拉德》,马里兰州萨维奇:罗曼与利特菲尔德出版社,1990 年,第 5—6 页。

法克服对丧失父母之爱的恐惧;人们从不曾完全独立于他人之爱,从这个意义上讲,他们的行为类似于婴儿"。弗洛伊德认为,有效的宗教"在其信徒的成年生活遭遇成长中的危险状况,并感受到痛苦时,帮助他们克服由此被重新激发的旧时焦虑","对宗教的需要根源于恋父恋母情结;万能且公正的上帝,友善的自然,对我们来说就像父亲和母亲的升华一样。"①

现代性独具的社会性因素再次强化了这种依赖性。由于禁止使用童工,人类的童年时期被拉长了,但同时工作和职业又使父亲长时间地远离家庭。不仅如此,大家庭的崩溃导致母子关系被孤立。这些因素都加大了前俄狄浦斯情结的儿童对母亲的依赖。很多人都在宗教中找到了自己曾经的童年。

弗洛伊德继续说,宗教其实有助于消解俄狄浦斯情结,由此保护宗教信徒免于神经疾病,这解释了何以如此众多的人都感到世俗化是个痛苦的过程。宗教并未意识到宗教忠诚的心理学起源。宗教部分地取代了父母,对信徒表达出怜爱,让信徒感到安全,然而宗教并不包含通常由对父母的强烈性欲而产生的焦虑。于是,宗教有助于限制性欲和侵略的本能,由此也有利于社会。

弗洛伊德在此把宗教感受和宗教行为等同于神经症行为和症状,并认为宗教起源于家庭生活的精神动力学(psychodynamics),起源于从儿童视角来看的那种所谓的"双亲家庭爱的三角"。从根本上讲,这种观点把宗教归属为心理学的一种子现象。在 1911 年春开始撰写的《图腾与禁忌》中,弗洛伊德拓展了自己的领域,探索宗教在进化论语境中的人类学起源。他告诉朋友自己被一些并不真正感兴趣的"大部头著作"所包围,"因为我已经知道了结论"。他在泰罗尔地区撰写这本著作,很清楚它可能会受到什么样的待遇:他告诉朋友说这是"我经历过的最大胆的事",

---

① 企鹅弗洛伊德藏书馆,西格蒙德·弗洛伊德:《宗教的起源》,第 40 页。

并告诉另一位朋友说这是一种"在民族心理学(ethnopsychology)中夹带精神分析"的尝试。①

这本书由四篇论文构成：《乱伦的畏惧》(The Horror of Incest)、《禁忌与矛盾情感》(Taboo and Emotional Ambivalence)、《泛灵论、巫术与思想的全能》(Animism, Magic and the Omnipotence of Thought)、《在孩童时期重现的图腾崇拜》(The Return of Totemism in Childhood)。这里我们感兴趣的是包含论证要点的第四篇论文。弗洛伊德的假说把达尔文的"原始部落"作为起点。达尔文所谓的"原始部落"指的是接近于在"父亲"控制下的自足小群落。在此群落当中，父亲具有凌驾于其他男性的绝对地位，并保证所有的女性都在他的"享用"之下。弗洛伊德论证，最终年轻男性将会造反，杀害并吞食"父亲"；为了赎罪，他们会禁止屠宰图腾动物（它是父亲的替代物）。然而，在弑父原罪发生时将又一次导致对女性的竞争，为了避免原罪的再次发生，群落内部的婚姻被禁止。对弗洛伊德而言，这恰好解释了他认为原始社会仅有的两种罪——谋杀和乱伦。

更晚一些的研究已经表明弗洛伊德理论所依据的那种人类学理论是错误的，并提出更替的观点，不过至少就目前来说，我们并不认为这一点是非常要紧，正如柏格森关于眼睛进化的观点已经被更替了一样。在当时，弗洛伊德试图把心理学、人类学以及诸如宗教和艺术这类社会制度嫁接在一起，这种尝试在知识的综合方面被认为是先进的。这种综合本身也被视为一种进步的证据。弗洛伊德的心理学—人类学理论招致一种意见，认为宗教是自然现象之一，任何"先验的"内容都不存在；认为宗教最终可以根据人类学语汇得到理解。再有，由于弗洛伊德留意神经症和宗教在实践中的类似性，结果他认为宗教并不完全代表社会病态的一面（因

---

① 罗纳德·克拉克：《弗洛伊德：其人其事》，第352页。

为它知道一些人受到了宗教的帮助),但宗教作为人类理解自身的一种方式,它的确从属于心理学。①

由《意象》第一期所预示,并由《图腾与禁忌》所确立的那种"沙发上的精神分析",其传播的确标志了我们所谓的当代"第一次心理学转向"。弗洛伊德提供了一种关于宗教的解释,他在心理学语汇下对宗教进行了重新思考,并用精神分析术语来描述宗教,借此来研究、理解乃至解决无意识的冲突和病理。他为那些因为丧失信仰而感到无法安身立命的人们建立了一个避难之所。

彼得·盖伊(Peter Gay)在1987年出版的《一个不信神的犹太人:弗洛伊德,无神论以及精神分析的诞生》(A Godless Jew: Freud, Atheism and the Making of Psychoanalysis)中考察了宗教和精神分析的早期关系。他在书中总结说,一个信徒不可能建立精神分析,它需要某人为破除偶像做好准备,需要某人把宗教看成是习惯养成的一种现象,"而不是人们祈望得到的承诺,或者人们膜拜的一个至高实在"。② 他有力地表明,弗洛伊德拒绝了所有把宗教和精神分析并列起来的尝试。但盖伊同样讲得很清楚,在很多人看来,无论是在精神分析的前期还是后期,它的吸引力都部分在于一个明显事实,即精神分析是确定的(尤其是在俄狄浦斯情结的状况下),而且它赋予后续行为"目的"、"意向"以及"目标"特征。弗洛伊德强调精神分析是基于"受约束的经验",且容易受批评影响的一门科学。无论他是否喜欢,这些额外要素,包括个体变量以及一种确定的目的论,赋予精神分析成为信仰替代品所需的诸多要素。

模糊不清的无意识,在某种神秘意义上成为灵魂在俗世的等价物。正如我们将反复看到的那样,在20世纪越来越多人似乎怀揣着宗教热忱

---

① 罗纳德·克拉克:《弗洛伊德:其人其事》,第355页。
② 彼得·盖伊:《一个不信神的犹太人:弗洛伊德,无神论以及精神分析的诞生》,纽黑文、伦敦:耶鲁大学出版社,1987年,第147页。

进入精神治疗领域。许多年过去后,他们越来越不把精神治疗看成一种神经疾病的治疗手段,而更多地把它看成是探寻生活意义的手段。尽管存在大量的批评者,但弗洛伊德仍然创造出了奥登所说的那种思潮,这就是他成为杰出人物的原因。

4 天堂：并非处所，而是方向

"1880年至1930年间，世界历史中最重要的文化实验在欧洲和美洲发生。"这是罗伯特·休斯（Robert Hughes）在《新时代的冲击：艺术与变化的世纪》(*The Shock of the New: Art and the Century of Change*)中的观点。对此他解释说，在我们祖父和曾祖父的时代（当然也是我们祖母的时代），"视觉艺术具有一种现在已经不复存在的社会重要性"。他认为这并非一件值得自豪的事情，他还列出了我们失去的东西："奔放，理想主义，自信，相信存在大量有待探索的位置领域，以及最为重要的一点，即对艺术的一种看法，认为艺术可以找到那种必然的象征之物，用来向处于某种文化剧变中的居民解释这种根本性变化。"[①]

机械天堂

对法国人甚至对欧洲人而言，埃菲尔铁塔都似乎是"集中了所有现代意义"的杰出意象和结构。1889年，为纪念法国大革命100周年举办了巴黎世博会，世博会的焦点便是埃菲尔铁塔，它被恰当地描述为"机器时代的大教堂"。[②] 费尔南德·莱热（Fernand Léger）是休斯所说的"机械天堂"中的一位主要神父。休斯把莱热的作品看成是"对现代主义者之希望的持续承认"。这种希望和记忆在美国实用主义者看来是现代生活的主要组成部分。莱热旨在让人们对机器时代产生一种能超越阶级和教育壁垒的印象，他的目标"清楚、确定而实用"。他最出色的画作之一《三个女人》(Three Women)便暗含了机器社会观念的主题：构图被几何简化了——女人的体态、周围的家具、沙发上的黑猫都由管柱形、圆锥形和圆筒形构成，即便女人们头发上的波浪都是金属性的。在莱热看来，机器社会是一种拯救的形式，它能在上帝死亡后为社会带来和谐，结束亘古的孤独："我们被给予有关人类关系的一种象征，人类关系像时钟一样平稳运作，所有的激情都被升华了，同时受到约束的欲望之力变成了形状的节奏。"③

就20世纪艺术的转向而言，此观念在某种意义上是重要的，但这种重要性已经不再可能重现了（我们将在后文探索为什么不再可能）。此观念还不是问题的全部。至少从本书的观点来看，还有一部分问题可以从瑞典剧作家奥古斯特·斯特林堡(August Strindberg)的作品中看到。有人精辟地说"他作品中的全部意义是个体灵魂直接(immediate)面临的危机"。④ 这里的关键词是"直接"。斯特林堡怀揣罪恶感"惶恐"度日，永远都想伸手触及生活之力所不允许的事物；对"形而上学的饥渴"使他在某种程度上徘徊在信徒与无神论者之间，如是反复。

如果我们完全认同尼采的宣言诞生之后的那种文化世界，就必须容许以下两点：第一，戏剧、诗歌、绘画、小说等艺术此时的确承诺做出改变，并表明了改变的方向；第二，许多人相信危机是崭新的、直接的、根本性的，文明的生活处在深渊边缘，那是一种或许在当下并未被人明确感受

---

① 罗伯特·休斯：《新时代的冲击：艺术与变化的世纪》，伦敦、纽约：泰晤士与哈迪逊出版社，1980年和1991年版，第9页。
② 同上，第10页。
③ 同上，第36页。
④ 奥托·赖纳特(编)：《斯特林堡：批判文集》，新泽西恩格尔伍德克利夫斯：普伦蒂斯·霍尔出版社，1971年，第16页。

到的深渊。赫伯特·乔治·威尔斯对此窘境进行了总结,他在1920年出版的《世界史纲》(*The Outline of History*)中,把历史描述为"教育与灾难之间的竞赛"。

19世纪中叶最主要的艺术载体是小说,而诗歌、戏剧以及短篇小说相对受到忽视。这三种艺术载体在19世纪80年代到90年代复兴,恰好与尼采横空出世同时。本章关注的是戏剧,那时的戏剧像绘画一样,都具有现在所没有的急迫性。[①]

肯尼斯·缪尔(Kenneth Muir)告诉我们,"现代戏剧史中最重要的事件便是易卜生在《培尔·金特》(*Peer Gynt*)之后放弃了诗歌体,以便用散文体来描写当代问题"。[②] 其实有人可能会提出,虽然易卜生确实着手讨论了他说自己曾"亲身经历"过的,给19世纪晚期涂上一层阴影,并且仍然伴随我们的那几个社会问题,包括妇女在社会中的角色[《玩偶之家》(*A Doll's House*)]、代际冲突[《建筑大师》(*The Master Builder*)]、个人自由与制度权威的冲撞[《罗斯默庄》(*Rosmersholm*)],以及充斥着物质和商业价值的世界面临堕落的威胁[《人民公敌》(*An Enemy of the People*)],但他所有后期戏剧都有一个显性的主题,即戏剧的主角在他(她)自身上寻找道德秩序,用来对抗"宇宙的虚无"以及他或她周遭的混乱。[③]

对易卜生而言,除了他诸多角色构想出的上帝外,任何秩序和神都不存在。"易卜生之所以聚焦19世纪末的道德智慧,原因是他受到了黑格尔的影响,即通过重新发现'当下环境中的总体人类精神',从而使人们在

---

① 马尔科姆·布拉德伯利、詹姆斯·麦克法兰(编):《现代主义:欧洲文学导论(1890—1930)》,伦敦:企鹅出版社,1976年,1991年,第499页。
② 同上。
③ 埃罗尔·杜巴赫:《浪漫主义者易卜生:后期戏剧中的天堂类比》,伦敦:麦克米伦出版社,1982年,第4—5页。

自身和自然的异化中得到救赎。"①他的后期戏剧都不可避免地充满"精神的不幸",描绘角色在死亡的阴影中寻找安慰,描绘他们渴望在此时此地建成某种形式的天堂。"从宇宙的虚无和无意义中得到救赎,这是易卜生笔下的人物同拜伦(Byron)以及司汤达(Stendhal)笔下的人物所共享的那种浪漫诉求的本质。"②

多年来,易卜生的作品只在斯堪的纳维亚具有知名度;不过在19世纪90年代,已经60多岁的易卜生突然凭借《群鬼》(Ghosts)的发表而获得了整个欧洲的关注。从那时起,易卜生的新戏剧便成为了国际事件。"从来没有一个剧作家能够如此这般地支配欧洲戏院,如此这般地独占公共论辩空间。"③

精神价值的闪光

易卜生后期戏剧中的主要人物基本上都成功地在一个隐蔽上帝(deusabsconditus)的基础上行事,或者说在没有意识到这一点的情况下生活。这些角色要不就是信仰狄奥尼索斯的异教徒,要不就公然声称自己是叛教者,是解除圣职的牧师和自由思想者。他们是无神论者,不可知论者。在《海达·加布勒》(Hedda Gabler)中,尽管海达周遭环绕着一个资产阶级存在者的各种零零碎碎,但她仍梦想拥有自由的精神,希望"为狂野的古希腊宗教所照亮",像女神本人那样生活。在《建筑大师》中,索尔尼斯挥出紧握的拳头,打向容忍幼儿夭折的神灵,于是索尔尼斯便沉溺在一种世俗人本主义的新宗教中了。在《小艾友夫》(Little Eyolf)中,"自封为

---

① 埃罗尔·杜巴赫:《浪漫主义者易卜生:后期戏剧中的天堂类比》,第6页。
② 同上,第7页。
③ 马尔科姆·布拉德伯利、詹姆斯·麦克法兰(编):《现代主义:欧洲文学导论(1890—1930)》,第501页。

无神论者"的艾尔富吕·沃尔茂,一开始投身于"关于存在的伟大事业",撰写一本名为《人类责任》的巨著。埃罗尔·杜巴赫(Errol Durbach)说:"从很多方面看,沃尔茂面临的困境似乎都是易卜生戏剧中典型的浪漫的两难挣扎。用最简单和最粗略的话来说,这种挣扎是由于身处缺乏一致价值的世界之中,人既会产生关于过程、变化和死亡的存在的创伤感,又会对已经逝去的静态等级世界产生渴望,因为在这个世界当中死亡并不具有统治力。为了消解这一困境,无神论者、不可知论者、叛教者将会利用未经加工的存在材料,制造属于他自己的失落伊甸园,它象征着承诺永恒生命的天堂。他们试图寻找的并不是作为隐喻的伊甸园,而是作为事实的伊甸园。"①

易卜生五部后期戏剧,包括《海达·加布勒》、《建筑大师》、《小艾友夫》、《约翰·盖布吕尔·博克曼》(John Gabriel Borkman)、《当我们死而复生时》(When We Dead Awaken),可以并在一起讨论,因为它们的共同主题是寻找人类存在的一种维度,能"永久地免于规则的变化"。② 他凸显和回应这一主题的方式,不仅在于戏剧中死亡的隐匿在场(通常以绝症的形式在场,包括梅毒、结核、癌症),更在于角色的死亡是他们的最后线索这一事实。这一线索不单表示死亡,更表示灭绝。③ 杰罗姆·巴克利(Jerome Buckley)在著名的文章《永恒的象征:对时间的维多利亚式逃离》(Symbols of Eternity: the Victorian Escape from Time)中,把易卜生同柯尔律治(Coleridge)、罗赛蒂(Rossetti)、华兹华斯、佩特(Peter)以及威廉·莫里斯(William Morris)列为一类,认为他们都试图"在变化的范围之外建造一个人造世界"。我们在易卜生那里可以看到这类"永恒的象征",比方说《建筑大师》中的"橘子王国"或"空中楼阁",海达的古希腊异教,博克曼的

---

① 杜巴赫:《浪漫主义者易卜生:后期戏剧中的天堂类比》,第15页。
② 同上,第9页。
③ 同上,第26页。

矿山,以及沃尔茂在他的伟大著作中探讨人类责任的不变之维。

易卜生戏剧试图探索,当人们尝试在永不停歇的变化之流中,在生活和实在的实验性本质中创造某种持续的价值时,他们所陷入的痛苦和不幸。即便如此,他的作品仍然谨慎乐观地意图建设性地回应尼采概括的新困境。"他的作品歌颂鬼门关前的欢愉,在变化的法则中看到的不是衰败,而是自我的不断转换。通过对自己行为和决定负责,他在虚无的世界中重新确立起了价值,在无物存在的虚空创立了意义。"①

《海达·加布勒》便提出了这个问题。海达拥有复杂的心灵生活,渴望"超越"她自己。她身处资本主义市侩氛围,而这并不能让她感到满足。她渴求具有美和无限神秘性的古典世界,一种具有更高追求的文化。在那里她才能感觉到"升华的势头"。她变成"怪人中的翘楚",这令她可以持续地感觉到自己是一个精神上出类拔萃的人。剧中她意图从乐务博格妻子那里把他抢回来。乐务博格此时已经从一个放荡不羁的浪子,变成了一个受人尊敬且有节制的学者。但当他在妓院中偶然与一卖淫女发生不体面的冲突而死时,海达意识到对她来讲,唯一的出路,能在困境中给她带来秩序和美好的唯一办法,便在于确保自己能以一种不同于乐务博格的方式死去。②

其他后期戏剧不像这出戏那样完全阴郁。在易卜生看来,拯救并未在任何宗教的意义上实现,也没有通过把我们引向任意神授的"终极原因",使人们获得拯救。相反,我们的各种理想借伦理行为而与"人类的可行现实"相协调,通过这种伦理行为,我们获得了拯救。生命渺小,它也的

---

① 托瑞尔·莫伊:《亨利克·易卜生与现代主义的诞生:艺术、剧场与哲学》,纽约、牛津:牛津大学出版社,2008年。约翰·诺瑟姆:《易卜生:一种文化的研究》,英国剑桥:剑桥大学出版社,1973年,第 222—223 页。
② 海达此前误以为乐务博格系自杀而死。但当她知道乐务博格是在冲突中受到误伤,并被击中肠子而死,她感到难以接受。因为在她看来肠子是个污秽之所。于是她选择的自杀方式是枪击太阳穴——一种在她看来灿烂的死亡手法。——译者

确由平常的要素构成，然而我们却必须在渺小平凡的芸芸众生之中探索我们能够发掘的崇高。我们必须清楚自己至多可以期望"精神价值的闪光"，而这些闪光中包含了生命更大的目标。

如果说精神价值闪光的这种观点与桑塔亚纳的哲学重叠了，那么当易卜生讲："缺乏和谐乃是因为我们并非整体。我们并非整体则是因为我们只知道可能重要关系中的一小部分。我们生活的时代认可对关系进行剥离。我们像剥洋葱一样把这些关系剥离，直到获得纯粹的、茫然的虚无为止。这是空虚。现在大多数人都对自己彻底的空虚性有所了解。他们如此渴望做回'他们自己'，以至于变成了虚无，或则接近于虚无"，此时易卜生的"二元宇宙学"（cosmologies of two）观念与稍后将会考察的劳伦斯的观念也有了重叠。

《小艾友夫》向我们提供了对劳伦斯孤独个人主义困境的早期看法和回答。艾友夫是父母勉强生下来的，而且还跛了腿。在艾友夫受鼠婆子（Rat-Wife）蛊惑下海溺水身亡后，艾尔富吕和他的妻子吕达决心为周围的贫苦孩子提供更多帮助。他们对这些贫苦孩子的帮助超越了给予体弱残疾的艾友夫的帮助，而对他人的帮助也使二人比之前更亲密了。如今他们认识到救助儿童是自己生活的价值，是围绕自己的那个渺小世界的绝对价值。他们决定去做的事情似乎很寻常，也可能不像艾尔富吕的巨著《人类责任》那样，享有或意图享有世界性"意义"，但他们决定去做的事情却可以实现，它是可操作的理想。从宇宙和彼岸世界的意义上看，它似乎也不是一种拯救，也不能赋予艾尔富吕和吕达以不朽。但它能让他们参与帮助他人这种有价值的事业，而这种事业本身可以被看成是不朽的。

最终，这项事业还挽救了他们的婚姻。因为易卜生让他们发生了改变，被挽救的婚姻在他看来并非一件小事。"为什么，噢，为什么，"艾尔富吕说，"我们希望彼此总是一成不变，就像一张永远不曾变化的菜单一样……生活本身在不断更新。让我们紧跟生活吧，我的爱人。我们太早地来到生活的终点了。"易卜生说生活是变化的,其观点以不同的方式呼应着美国实用主义者和亨利·柏格森。

《当我们死而复生时》同叶芝(Yeats)的观点有一定程度上的重叠。雕塑家鲁贝克对妻子感到厌倦,创造性的事业也陷入了瓶颈期。他偶然间遇见自己曾经的模特,重新唤起了他们彼此的情欲,也释放了他的创作能量。不过这让人想起叶芝《选择》(The Choice)一诗中"不可能的其他选择":

> 理智迫使人选择
> 人生的圆满抑或工作的完美,
> 挑选后者必然无缘
> 广厦美宅……

和其他人相比,鲁贝克并不能更好地协调彼此竞争的力量。《当我们死而复生时》中的核心是两个男人和两个女人的四角关系。这种关系在一系列结合之中形成、重组,作品不断利用这一系列调整变化,尝试解决个体对维持社会关系的无力。无法维系社会关系的后果是使他们感到孤独、缺失、空虚和绝望。① 在叶芝看来,易卜生迫使我们进行选择,不断提醒我们艺术带来的那种"绝对"慰藉并不是生活,或者说并不是生活的全部,艺术的慰藉本身尚不具有完满性或整全性。

在《罗斯默庄》中则可以找到与桑塔亚纳作品相似的地方。这出戏尽管显得阴郁绝望,但它探讨的是快乐,是快乐生活的标准。不是作为人的日常规范和状态的生活标准,而是人生目的(born for)意义上的标准。② 罗斯默是一名牧师,他试着接受变革,并影响挪威的政治改革,虽然这意味着支持进步的力量,与偏好传统的贵族对立;不过他本人又是传统贵族中

---

① 杜巴赫:《浪漫主义者易卜生:后期戏剧中的天堂类比》,第129页。
② 同上,第177—179页。

的一员。他把自己看成是一个无邪和纯洁的人,试图采用冷漠的方式来做善事。吕贝克是罗斯默妻子碧爱特的朋友。碧爱特一年前自杀了,而吕贝克仍然居住在罗斯默的庄园中,因为她爱上了罗斯默,认同他的政治态度和政治活动。随着剧情的展开而渐渐明朗的是,罗斯默不像自己想象的那样,或者说不像自己假装的那样纯洁。他爱吕贝克,或者说他早就爱上了吕贝克。当罗斯默的内兄克罗尔校长获悉罗斯默的政治计划时,他对罗斯默的阶级背叛感到愤懑,并通过在地方报纸上发表关于碧爱特之死真相的讽刺文章,破坏罗斯默的计划。他暗示,原本人们认为碧爱特自杀的原因是精神疾病,但事实并非如此,她自杀的原因是罗斯默和吕贝克的情事。吕贝克承认这种说法中有一部分是事实,她的坦白给两个人都带来了沉重的负担。

易卜生在此想要传递的信息是,体验"善"并把善放在个人幸福之上,这便是"体验快乐所具有的意义"。或许他是特意用逐渐接近的悲剧来强调这个事实的,即罗斯默和吕贝克都不能背负着已经被揭露的罪行生活下去,他们的关系将会因为碧爱特的自杀而受到谴责。他们效仿碧爱特,一同跳入水车沟结束了自己的生命。杜巴赫谈到,"他们的死具有正当的理由,能够恢复道德意志,把爱从罪中解放出来,并且能在平凡经验的世界中重新确立人类价值的首要性。他们在快乐中赴死,处于完全满足的状态,在彼此之爱中实现了自我。而这种快乐在早期的语言中就等同于天赐的幸福(blessedness)和恩泽……他们的死是自主精神力量的融合,是纯粹的意识,是真正的二元宇宙论。"吕贝克问:"究竟你跟着我走,还是我跟着你走?"[①]"我们一起走,吕贝克,我跟着你,你也跟着我……因为我们现在是一个人。"

易卜生看来快乐是人生的目标和追求,它来自道德知觉的力量。在

[①] 娜奥米·勒伯维茨:《易卜生与伟大世界》,巴吞鲁日:路易斯安那州立大学出版社,1990年,第82、第95、第100、第107页。

荒凉孤独的世界中,它才是唯一的永恒价值,"即便是以生命和幸福为代价"。① 易卜生的广泛影响使他的道德观也具有了巨大的权威。

欲望与残暴

有人说,"相比易卜生,在奥古斯特·斯特林堡那里,血与墨的距离更加接近"。的确,斯特林堡把他看作"人类悲惨境遇"的事物进行戏剧化改编,他的改编要比易卜生或契诃夫(Chekhov)来得更加激进。早先我们提到,斯特林堡身负罪恶感,惶恐度日。他个人把自己周遭的一切见闻都看成是道德的衰退,以至于激起他"对上帝的不满"。按奥托·赖纳特(Otto Reinert)的说法,相比易卜生,斯特林堡更模糊地表达了对上帝的不满。②他着迷于新超验心理学家弗洛伊德和荣格(斯特林堡和弗洛伊德几乎是同时被德国文坛所接受),其戏剧作品目标在于不断地揭示被异化的现代人的自我,"在天堂与地面之间蹒跚而行,绝望地试图从被遗忘的宇宙中抽取某种绝对真理"。他决心在寻找某种新事物的同时,向上帝开战,决心像尼采一样蔑视基督教。还认为自己和该隐、普罗米修斯、以实玛利一样,是上帝反对者中的一员。但他还指出一点,"我遍寻上帝,结果找到的却是魔鬼","我们最高的成就在于……掩盖我们的卑劣","我生命的延长是在告诫他人谋求进步"。③

他最有特点的论调可以在他的戏剧作品《复活节》(*Easter*)、《一出梦的戏剧》(*A Dream Play*)、《朱丽小姐》(*Miss Julie*)以及《鬼魂奏鸣曲》(*The Ghost Sonata*)中找到。以上每部作品都关注存在性的反叛,它直接针对人类存在的无意义和矛盾性。在斯特林堡看来,在令人难以捉摸的真理世

---

① 杜巴赫:《浪漫主义者易卜生:后期戏剧中的天堂类比》,第192页。
② 赖纳特(编):《斯特林堡:批判文集》,第8页。
③ 同上。

界,"唯有自我具有一些真实的有效性"。① 作为达尔文和尼采的忠实拥趸(他与哲学家尼采有过几次通信),斯特林堡承认"自己在生活的强烈和残忍挣扎中,找到了生活的快乐"。他在研究对自我的强烈崇拜后,向我们表明了一种观点,认为仅有狄奥尼索斯式的生命力鼓舞着我们。② 他本人便具有狄奥尼索斯式的生命力,曾一度在自己身上实施心理和药物实验;他研究植物学、化学和光学,此外还撰写了约 60 部戏剧,小说、自传、历史和政治著作约 30 篇;2005 年,伦敦泰特美术馆展出了他的 60 多幅画作。

他与实用主义者和现象学家共享了一些特定的观念。他相信"世界的进程"是不同流体之间令人头晕目眩的混乱。更重要的是其作品特色,他不能忍受作品中的角色具有稳固性。他觉得,经典戏剧的致命错误是它"致力于始终如一地刻画角色"。例如《朱丽小姐》展现的那样,那个男人从未停止发展和反驳自己,对他唯一正确的描述恰恰在于,这种描述显示他的灵魂存在"大量不一致和矛盾"。③ 斯特林堡的确认为自己过着"各种各样"的生活,就像他笔下描述的全部角色一样。他也承认自己的戏剧是"许多个自我"之间"未曾终结的对话"。

与此相反,他同时又有一种对于"形而上学的渴望"。虽说缺少神秘主义者的气质,但他具有神秘主义者的冲动,渴望某种实在的单一综合经验,具有关联彼岸世界的冲动。他对"终极"的需要是"荒唐的",但他也从未意识到要减少此类需求。而这也为他带来了意义深远的变化。斯特林堡"荒唐需求"的真正根源很可能是性欲和病态。这当然是理解他自己于 1894 年遭遇所谓"地狱危机"(Inferno crisis)的一种途径。危机期间,大量

---

① 赖纳特(编):《斯特林堡:批判文集》,第 33 页。
② 约翰·沃德:《斯特林堡的社会和宗教戏剧》,伦敦:阿斯隆出版社;新泽西:人文出版社,1980 年。
③ 赖纳特(编):《斯特林堡:批判文集》,第 81 页。

恐怖偏执幻想片段持续影响了他两年。此后,他便拒绝了早期的无神论立场,开始接受伊曼纽·斯韦登堡(Emanuel Swedenborg)等人的半神秘主义观点。斯韦登堡主张,人生由"诸多力量"或超自然行为人所控制,先验世界与现实世界之间存在着"关联";通过某种神秘的方式,一个"绝对者"将会统率所有经验。

然而,此时的斯特林堡相比易卜生更多地接受了近乎典型的尼采主义立场:我们具有多重的自我,这些自我构成了我们,所以狄奥尼索斯式的生命力尤为重要。只有依靠这种生命力,我们才能保持不断在现实中探索每一种自我的欲望,直到我们选中某个自我,在这个自我中找到满足。当然,我们也总是知道生活不可能保持静止,一旦找到使我们看上去完整的那个自我,生活可能在极短的时间内便再次发生改变了。

不过他同时也持一种弗洛伊德式的立场。他认为,表述能从无意识中被完整"回忆"起的事物,这是人们获得整体性的唯一方法,是"解放"欲望以及"完善"自我之所是的唯一方法。但当这种顿悟发生的时候,斯特林堡也不指望它们能够永远存续;生命之流绵延不断,达尔文主义的抗争从未停止过,就像这种抗争永远包含残酷的成分一样。

"目标是莫扎特式的快乐"

爱尔兰人乔治·萧伯纳是 60 多部戏剧的作者,伦敦经济学院的缔造者之一,费边社早期的著名成员,也是唯一同时获得诺贝尔文学奖和奥斯卡奖〔由于他的作品《皮格马利翁》(Pygmalion)〕的人。萧伯纳既信教又不信教,这取决于人们如何定义信教。他认为达尔文已经"给予基督教致命一击",但他却深受柏格森"创造进化论"的影响。他写了一本名为《易卜生主义的精华》(The Quintessence of Ibsenism)的书,书中阐明了他自己对易卜生的很多理解,认为易卜生试图把他那一代人从物质主义中拯救出来,

虚无时代:上帝死后我们如何生活   113

主张人生目的在于自我擢升,自我实现;道德并非固定不变,而是演化的,标准也并非永恒;当代欧洲文学在教导我们如何生活这方面,比《圣经》更为重要;"莫扎特式的快乐"是生活的目标。①

萧伯纳认为,生活和"实在"从本质上讲都是实验性的,每个个体本身就是实验。他认为传统宗教在智识上并不诚实,并且僵化保守,无法说明进化以及进化蕴含的诸多暗示。其中最重要的暗示曾经是,现在仍然是实在本身的不定性和易变性。假如不确定性经过进化而建构成了实在,那么建构生活的那种永恒不变的道德命令就不会存在了,对任何事物的任何一种超验有效性也将不复存在。与此同时,"如果我们打算去做任何值得去做的事情,那么我们就必须信仰一种宗教。如果做某件事情可以把我们的文明社会从它现在深陷的糟糕环境中拯救出来,那这件事情一定只能由具有宗教信仰的人来完成"。② 萧伯纳的部分成就恰恰是对这两种观点的调和。

萧伯纳对人生变化进步的可能与希望感到着迷,这解释了他为何像热衷戏剧一样,热衷政治。对他来说"黄金法则"是不存在的,我们过自己生活的方式必由这种方式对生活本身的影响,对我们和他人的影响来决定,而不是依照任何法则或理想来决定。"人生在于意志的实现,而意志在不断增长,昨天能够保证意志实现的条件在今天就不能够满足意志了。"③

对萧伯纳来说,此观点将得出人生不仅只有幸福的结论。"也许除了不幸之外,没有什么是比幸福更加难以忍受的了。"他认为,有闲心烦恼自己是否感到幸福,这必然会导致痛苦。"一个永无止境的假期是对地狱恰如其分的定义。"不过工作也像其他任何事物一样,并未被萧伯纳理想化,

---

① J. L. 威森塔尔(编):《萧伯纳与易卜生:萧伯纳的〈易卜生主义的精华〉及其相关著作》,多伦多:多伦多大学出版社,1979年,第30—51页。
② 罗伯特·惠特曼:《萧伯纳与观念戏剧》,纽约:康奈尔大学出版社,1977年,第23页。
③ 同上,第36页。

因为他信不过理想化本身。由于幸福对他而言意味着"自我中心、转瞬即逝、毫无活力、没有新意",于是他崇拜创新。他像《伤心之家》(*Heartbreak House*)中的邵特非船长一样,惧怕"被诅咒的幸福……它来自屈服和白日梦,而不是抵抗和实干,它的甜蜜来自正在腐烂的果实"。①

如果说他相信什么箴言或准则的话,那这条准则便会是"使用即生命"。他无数次强调,人们在追求个人幸福或个人美德的时候,"并不会发现宏伟目标"。但他经常谈及从"使用"中找到人们生活的意义;他甚至说他相信,有一种不明确的力量为了达到一种宏伟目标而"使用"他。他是柏格森的追随者,对他来说这也许就是生命冲动(élan vital)起作用的方式。一般来说,这种感觉也许原本便包含对某种神的尊敬,但萧伯纳主张,对基督教上帝的传统理解只是理念论的另一种形式而已。

借《人与超人》(*Man and Superman*)中唐璜之口,他更好地表述了这一观点:"对我来说,宗教已经退化成懒惰的借口,因为它设立了一个上帝来审视世界,发现世界的善,但这有悖于我心中的本能,它让我通过自己的双眼去审视世界,并发现它可以被改善的地方。"在萧伯纳看来,这个观点将自然地推导出未来生活并非"一种被耗尽的……处于极乐中的永恒,它会让活跃的个体感到无聊,像是经历了第二次死亡",相反,未来生活"是为了整个世界的更好生活"。② 在这一点上,很明显他的主张与实用主义者有所重叠。

1895 年,萧伯纳写信给他的朋友弗雷德里克·埃文斯(Frederick Evans)——伦敦的一位书商和业余摄影家,"我想为现代人撰写一本关于奉献的大书,把所有潜藏于旧宗教教条中的真理,同真实生活结合起来,事实上它就是萧伯纳福音书……别人说我站在一旁嘲笑讥讽他人。但如果你承认我是在谋划更好的事物,那么我的做法就是非常正确的。"所以

---

① 罗伯特·惠特曼:《萧伯纳与观念戏剧》,第 37 页。
② 同上,第 41 页。

说,萧伯纳的目标就是去创造"对某种更好事物的意识,以及将这种更好事物实现的意愿"。① 这恰恰也是柏格森发挥作用之处。萧伯纳在《千岁人》(*Back to Methuselah*)一书的前言中写道:"我一直都知道,文明需要关乎生死之事的宗教;而由于创造进化论概念的发展,我看到我们最终可以触及一种信仰。它遵循所有控制人性的宗教都具有的第一条件,即它首先必须是一种哲学生物学的宗教。我相信自己是创造进化论的仆人和工具。上帝就是意志……但要是没有双手和头脑,意志就毫无用处……对我而言,这种演化进程就是神。"②

萧伯纳展望未来时被超人理念吸引,但对实践的两方面考量冲淡了他的热情。经验表明,如果人们想在此世而非彼世获得拯救(他认为不论人们具有何种宗教情感),则这种拯救必须对所有人开放,而不仅仅只有尼采主义的少数人。而且他还避开了尼采主义关于拯救的末日式观点。达尔文教导说,人类无论向何种拯救的推进,都将会到达"增量无穷小"(infinitesimal increments)的阶段。在此,萧伯纳的哲学和政治观念汇合在一起了,在他的社会主义和费边主义观点中,他是一个渐进主义者,一个进化论者而不是一个革命者。

然而他也不完全拘泥于达尔文。他接受人类的生活只可能是"集体生活的一部分",但他觉得自然选择是间接且浪费的,同时政治代表了适应于我们环境的一种更直接的形式。用他的话来说,政治不啻人们设计用来实现黑格尔意义上的世界意志的一种机械装置。③ 萧伯纳剧中的大量角色,简单地列举其中一些名字:西赛丽·韦恩弗利特女士、安德谢福特、凯撒、圣女贞德,在他看来都具有"根本的生命力,并且这来自外在于他们的意志"。在萧伯纳看来,在生活中践行信仰的核心是自我付出,那

---

① 罗伯特·惠特曼:《萧伯纳与观念戏剧》,第42页。
② 萨利·彼得斯:《萧伯纳:超人的擢升》,纽黑文、伦敦:耶鲁大学出版社,1996年,第95页。
③ 罗伯特·惠特曼:《萧伯纳与观念戏剧》,第98页。

不是基督教所主张的那种自我克制或自我牺牲,而是一种创造性的义务。意志同样也居于中心地位,因为"知识和文明的进步并不能改变事物,进步仅仅带来新的需要,新的痛苦和自私的新形式。所以仍然需要意志"。①

他在别处曾说过,"这个世界正期待着有人能在诸神拙劣和晦涩的管理下,将它拯救出来"。②但萧伯纳也坦率承认,"超人的准确形态……尚未被发现。在这项伟大的发现研究事业中,每一个人的诞生都是生命之力探索超人形态而实施的一次实验"。但他坚持认为试图接近更高层面的"不可避免的冲动"仍然存在着,它是趋向完满性的欲望,"在天堂当中,我没有发现其他快乐,唯一的快乐是在生活奋力攀登的过程中付出努力"。③他在《唐璜》中写道:"我告诉你,只要我还可以知觉到比我自己还好的事物,我便不能够放轻松,除非我正在努力把它带到现实中来,或者为它扫清障碍……我告诉你,在我追求个人快乐的时候……我从来就不知道幸福是什么。"他在1910年与托尔斯泰的通信中也写道:"在我看来上帝并不存在……当下的理论认为上帝已经完美地存在着了,也相信上帝故意创造了某种低于其本身的事物……依我之见,除非想象上帝忙于不断地为超越自身而奋斗……否则我们所想象的上帝至多是一个全能的小人。"到1944年,萧伯纳在《千岁人》的跋中写道:"所以上帝不是一个人,而是一个无形体的目的,他没有办法直接去做任何事情。"④

同样,这一洞见也贯穿于他的戏剧和观点,乃至他的政治主张。"伦理和宗教的社会主义并不通过理想的个人来探寻理想的社会,相反,理想的个人经由理想社会来探寻自身。"在政治中,"发展的每个新阶段都同先

---

① 罗伯特·惠特曼:《萧伯纳与观念戏剧》,第109页。
② A. M. 吉布斯:《萧伯纳的艺术与心灵》,贝辛斯托克:麦克米伦出版社,1983年,第32页以下。
③ 罗伯特·惠特曼:《萧伯纳与观念戏剧》,第131页。
④ 同上,第139页。

虚无时代:上帝死后我们如何生活

前阶段的部分真理中最为必要且最'真'的部分结合起来,借此演进的过程,社会将不断拓展公民认同"。"善"是一个无止境的不断提升的过程,"它从不需要停下来,也永远不会完成"。①

这些观念包含在他的戏剧中。这些戏剧的根本形式是一种运动,它通常超越绝望进入一种综合,一种对现实更新更牢固地把握。它通过进化道路,通过行动与反馈之间的辩证,走向更完善的自觉意识。在《康蒂妲》(*Candida*)中,牧师妻子康蒂妲被要求在她"羸弱"的丈夫和她自诩的情人之间做出选择,她意识到自己已经学会在幸福之外生活了:"生活比幸福更加高贵。"正如萧伯纳的其他戏剧一样,他把这种选择描述为在真和更真之间的选择,而不是绝对真理之间的选择。②

萧伯纳的戏剧着眼于超人和具有知觉能力的典范(唐璜、凯撒、圣女贞德、安德谢福特、亨利·希金斯,以及《千岁人》中的早期长寿者),不论是在"世界的历史意义"(用黑格尔的话来说)上,还是在私人、世俗和家庭的层面上,他们的功能都在于鼓励一般人(克娄巴特拉、巴巴拉·安德谢福特、伊丽莎·杜利特尔、爱丽·邓恩)更多地参与到他们自己的命运中去。③

萧伯纳十分严肃地对待希望。罗伯特·惠特曼(Robert Whitman)指出,希望对萧伯纳来说是一种道德责任。"委身地狱意味着漂泊无根(没有目标);天堂在于引导……生活,它具有把大量实践结合起来形成生活本身的力量……使人们成为不断提升的个体。"萧伯纳的超人和尼采的超人不同,它不是一个目标,一个最终产品;它是一个过程,是发展进步的一个阶段:"天堂不是一个地点,而是一个方向。"④在 1905 年的《巴巴拉少校》(*Major Barbara*)中,安德谢福特是一个富有的军火商。他坦率地讲自

---

① 加勒什·格里夫斯:《社会主义与优秀的头脑:萧伯纳的政治思想》,伦敦:劳特利奇出版社,1993 年,第 159 页。
② 罗伯特·惠特曼:《萧伯纳与观念戏剧》,第 201 页。
③ 同上,第 208—209 页。
④ 同上,第 226 页。

己宁可当贼也不做穷人,宁可杀人也不做奴隶,因为这种做法可以让他采取行动,可以保留他的自尊。当救世军少校、巴巴拉的未婚夫科森斯天真地问是什么驱动着他生产军火时,安德谢福特高深莫测地回答说:"我本身就是这种意志的一部分。我是一个百万富翁,这是我的宗教。"

这符合萧伯纳的要求。因为他想知道,我们为一些理由而活,而不是为满足我们活下去的意志而活,这种观点会产生什么样的后果。然而剧中展现出来的是力量和某种目标的相互需要。如果人们欲求一个更好的世界,他说,那么人们就必须自己来创造它,而不是袖手旁观,等待上帝给予人们那个更好的世界。"人类存在的目的并不在于成为一个'好人',并在天堂中获得回报,而在于在地面上建立一个天堂。"就像他在致格雷戈里夫人(Lady Gregory)的信中写到的那样,"我的看法是,上帝依照'试错'的方法来进步……对我而言,人类拯救的唯一希望在于,让人们学会把自己看成是领会上帝这一过程中的一次实验"。[1]

在《安德罗克勒斯和狮子》(Androcles and the Lion)中,萧伯纳对宗教之有无进行了一番比较,他认为罪恶的首要形式就是现状,因为根据他在前言中的陈述(萧伯纳很喜欢为其剧本撰写阐述性的,甚至通常是说教性的前言),"进化的基本条件在于……包括人类生活在内的生活持续地进步着,于是生活必然会不断对其自身,对其当下和过去感到羞愧"。[2] 他相信基督教只是道德进化过程中的一个阶段。不仅如此,这种进化也只能通过生活的激情冲动才能实现。生活的激情冲动包含好奇、勇敢、抵抗,以及"探寻更好事物的努力"。激情的冲动恰恰与"死亡冲动"相反,后者包含对舒适和幸福的欲望、自我的玩世不恭,以及"对闲适的向往"。[3]

在萧伯纳看来,我们在更高层面上,把生命力、现实景象,以及"引导

---

[1] 萧伯纳:《英国佬的另一个岛;巴巴拉少校;他怎样对她的丈夫说谎》,伦敦:康斯特布尔出版社,1911年。
[2] 罗伯特·惠特曼:《萧伯纳与观念戏剧》,第236页。
[3] 同上,第242页。

生活的意志"组织起来,获得"更完善自我意识"的"三位一体"。生命力正在覆盖更广的生命跨度,这一事实意味着我们甚至可以取得更多成就。《千岁人》中的莉莉丝说,"有一个超越性的地方存在着,这本身便已经足够了"。① 不过在萧伯纳那里有很多值得注意的说法。"未来属于那些偏好惊奇与意外的人,而不是偏好安全的人。""与生活本身搏斗,因为生活从来不按我们期望的模样出现。""信仰生活而非人,信仰努力而非结果,信仰进步而非关于善的乌托邦式梦想。"②

在萧伯纳几乎所有的戏剧中,主角的变化都具有三个层次,并朝着"更……"(more)的方向发展。在第一个层次上,他们的变化表示范围更广,更加富裕,更完善,更能适应现实(用达尔文的话来说,更具有"适应性")。在第二个层次上,这种变化表示各个角色更清楚地意识到他们的完满和拯救,不在于他们自身之内,而在外部世界。第三层次与第二层次类似,变化意味着对等启蒙(reciprocal enlightenment)的发展,每个角色都在他或她的对立面中发现了自己。③ 同许多现代主义者一样,在上帝死去,极乐的彼岸世界不复存在之后,萧伯纳看到的唯一选择就是更加热烈地度过这一世的生活。当然,他的戏剧比大多数人,比易卜生的戏剧更具说教性。从好的方面来看他的动机,其意图在于通过助推大众一步一步地走上进化之路,走向更广阔的意识和更热烈的生活,从而使人们的生活更加丰盈精彩。

不要在意远处

乍一看,萧伯纳与同时代的俄国人安东·契诃夫(1860—1904)并没

---

① J. L. 威森塔尔:《萧伯纳的历史观》,牛津:克拉伦登出版社,1988年,第121页以下。
② 罗伯特·惠特曼:《萧伯纳与观念戏剧》,第278页。
③ 同上,第286页。

有太多的交集。契诃夫的戏剧和短篇小说,他的作品标题,都比萧伯纳的作品更为"静谧"。但这种差异是具有迷惑性的,这个俄国人彻底沉溺于俄国的文化和历史,但他关注的问题却并非与萧伯纳毫不相干。

契诃夫与同时代的许多作家不同,他不是贵族,这一点很重要。他的父亲在偏远小镇塔甘罗格经营一家很小的杂货店。关于他的年轻时代,契诃夫曾说:"我的童年时代并没有童年。"他必须在杂货店中经年累月地工作,并时常被他过分虔信宗教的父亲打骂。年轻的契诃夫被迫担任唱诗班歌手,他对此尤为抗拒。事情在好转之前就变得更糟了。1875年家里的生意事实上失败了,他的父亲带着大部分家人搬去了莫斯科,而留下仅有15岁的契诃夫负责打理塔甘罗格的事务。不过很快他就尝到了自由(以及不受打骂,不被迫参加唱诗班)的甜头。他发现自己喜欢被甩给他的责任,而且变化的环境也随之变成了一种解放。①

他所渴求的经历也并非教育。塔甘罗格有大量希腊社区,在他上过的学校,所有的科目都用希腊语教授。不过这一经历至少也使他成了一个勤恳的自学者。最终他进入莫斯科的医学院深造,他认为这一选择是一种满足其人道主义情感的途径,同时也能给予他个体尊严的感觉。②

他花费在科学文献上的时间基本同花在虚构写作上的时间一致,但从托尔斯泰、左拉(Zola)、福楼拜(Flaubert)、莫泊桑(Maupassant)这些人身上,他懂得了生活中道德维度的头等重要性,对市侩世界的厌恶,以及形成了尤其重要的一点,即对待苍白无趣的日常生活的态度。这是使他获得悲观主义坏名声的重要原因之一。

1885年契诃夫搬到圣彼得堡并与许多著名作家见面,他们都看到了他隐藏在当时那些粗制滥造作品之下的天赋。在此之后,他才开始坚持

---

① 乔·安德鲁:《19世纪后半叶的俄国作家和社会》,伦敦:麦克米伦出版社,1982年,第152页。
② 同上,第153页。

自己的品性。1886年,他第一次在名叫《安灵祭》(The Requiem)的小说中署了自己的真名。他的诸多观点渐渐融合起来,而《第六病室》(Ward 6)标志着某种转向。他开始认可,艺术或者说生活的总体并没有统一的核心观念和目的,从这个意义上讲,它根本就是琐碎而没有价值的。不过他也相信,面对客观真理,把这一真理写进自己的作品,这是激发读者或观众内心对更美好生活的向往的第一步。他认为艰苦工作和天赋对完成这项困难任务来说同等重要。① 在他看来,艺术家既不是先知也不是高阶牧师,而是掌握高超技能的人。人们经常指责他没能成功地刻画任何英雄人物,他反驳说他自己倒是愿意描写英雄人物,"只要英雄人物现实存在"。

从某种意义上看,契诃夫的风格和全部作品都可以理解成对陀思妥耶夫斯基的回应,回应后者关于无上帝生活的那种天启式观点。按照契诃夫的观点,我们不在"深渊"中;确切地说,我们或者至少那些乡下的俄国人,都面对着一个粗鄙(poshlost)的世界,它平凡、苍白、庸俗,大多数人都缺乏野心和英雄气概。契诃夫认为,托尔斯泰的基督教形式避开了正视其俄国追随者的问题,特别是许多人在工业氛围越发浓厚的背景下遭受的苦难。他的作品把这个问题凸显得十分清楚,比如1889年《没意思的故事》(A Boring Story)、1896年《第六病室》、1896年《我的一生》(My Life)以及1898年《出诊》(A Doctor's Visit)。契诃夫尤其意识到"普通生活距离理想生活多么遥远",这种平庸摧毁了艺术意图培养的那种希望;他意识到"没有人会因为已经发生之事而受到明确的谴责,除非人们都因为处于如此羸弱的状态而受到谴责"。这是他在最后两部戏剧,《三姊妹》(Three Sisters)和《樱桃园》(The Cherry Orchard)中表达的最终主题。②

---

① 乔·安德鲁:《19世纪后半叶的俄国作家和社会》,第163页。
② 同上,第168页。

契诃夫背离了陀思妥耶夫斯基"高烧"式的看法;其戏剧"呆板行文"的确切目的在于"复制日常生活的呆板行事";他显然执拗于生活的徒劳;有人批评在他那里"所有事件的结局都似乎相同",他的戏剧没有焦点——以上所有观点都强化了他的观点,认为生活找不到包含所有解决办法的宏大方案,相反我们应当寻找"一种小范围的答案,最重要的是,它还是一种实践性的答案"。重要的是人们的需求,但这些需求无法被伟大的抽象概念满足。契诃夫显然与陀思妥耶夫斯基、托尔斯泰不同,他认为上帝的缺席并不会导致道德退化或道德真空,因为每个个体都必须为他或她自己找到答案,并伴随他们的生活发展其道德。

事实上,契诃夫有助于开启在尼采身后发生的那种伟大变革,这一变革回响于整个20世纪。他对哲学的(包括宗教的)或社会学的问题并不是太感兴趣,他更关注的是道德与(个体)心理学之间的相互作用。[1]

作为一个自学者,他自然对自我提升和自我教育感兴趣。在自学的过程中,他产生了一种观点,认为不经过努力便几乎不能实现任何目标。然而这些观点却没能给他指明方向。契机产生于他参观了位于北太平洋上的库页岛流放地。在他看来,流放地不仅仅是与世隔绝的碍眼之物,它还象征着整个沙俄帝国的缺陷和腐朽。似乎在一瞬间,他的无目的性消失殆尽了,而他余生中的全部作品都致力于根除在那里所看到的恶劣条件。19世纪90年代早期,他拓展了活动范围,形成了一种观点,主张除艺术以外,实践性的革新哪怕范围再小,它也是改变俄国社会的唯一方法。他往库页岛寄送了超过2 000本书籍,同时还把批判的矛头对准了他那些知识分子友人,尽管他们口号不少,但却几乎没有做过改善问题的实事。[2]

他拒斥世纪之交发生在俄国的宗教复兴,这也是因为他相信,"人们

---

[1] 菲利普·卡洛:《契诃夫传:隐匿的基础》,伦敦:康斯特布尔出版社,1998年,第296页。
[2] 乔·安德鲁:《19世纪后半叶的俄国作家和社会》,第184页。

找不到任何伟大的解决方案",因为宗教和资本主义类似,导致人类潜能毫无意义的浪费。和他剧中的角色一样,处于宗教或资本主义支配下的人们"太过于弱小,也害怕去改善他们的命运"。"在他最后四部戏剧中,只有那些自鸣得意、自满自足的角色才是快乐的,而更理智的角色,例如万尼亚舅舅、索尼娅以及三姊妹,他们仍然保持着不完满性。"苏联记者、诗人科尔涅伊·丘科夫斯基(Korney Chukovsky)把契诃夫的信念总结为:"同情具体的人,这就是他的信仰。"

然而基尔大学俄国文学系教授乔·安德鲁(Joe Andrew)补充说,这种"信仰"不只是同情,"因为契诃夫尤其相信个人具有在自己生活里做出英雄事迹的潜能,而这种事迹又会反过来成为榜样"。他一直非常清楚周遭那些农夫很难同意这种观点,也几乎并不渴望达到这种高度。但他仍然坚持认为人们可以开始着手去做,"具体的个人"在自己生活中尚有很多能取得的成就。"第一步乃是抛弃幻想,了解生活的真相,这是绝对必要的。只有这样,人们甚至才会去思考什么是有价值的成就。"安德鲁指出,"即便《万尼亚舅舅》和《三姊妹》的结尾令人沮丧,但万尼亚、索尼娅以及三姊妹离开舞台的时候,至少迈出了这关键的第一步……对契诃夫而言,一种真正的英雄主义就在于看到世界的真实状况,但仍然热爱它",这与桑塔亚纳的说法非常相似。于是任务就在于转化人们的生活,要么通过争取内在自由的方式,要么通过服务于他人实践工作的方式。投降或放弃都不是备选项。①

契诃夫看来,生活并不存在先验意义。人们能做的全部事情在于,为了人性的缘故,通过人的工作和示范而让专断任意的生活意义达成一致。"人们必须始终怀揣良知去探寻自我",这是唯一可以获得的信仰。他觉得"拯救"这个概念不仅错误,而且有误导性,它使我们无心改善自己的物

---

① 乔·安德鲁:《19 世纪后半叶的俄国作家和社会》,第189 页。

质环境,这个概念尤其导致了俄国的落后。陀思妥耶夫斯基式的天启在他看来并不重要。重要的是,我们不应该在意远处,在意遥远的未来和来世,而应该关注迈出脱离平庸的第一步。英雄主义在于,为自己也为别人取得日常生活上的进步而付出的微小努力;这些行动很容易被理解为英雄主义。同时,一旦迈出了第一步,谁知道最终我们会被引向什么地方呢？他本人的生活就证明了这一点。但首先要做的仍然是迈出第一步。这是英雄主义的起点。

5 伊甸园的景象：对颜色、金属、速度和瞬间的崇拜

现代艺术家的典型代表巴勃罗·毕加索（Pablo Picasso）出生于1881年。他人生的第一个25年见证了人类历史上数量最为惊人的技术革新。这些技术革新对战争与和平都产生了影响。它们包括：1882年发明的反冲式机枪，1883年第一次合成纤维，1884年汽轮机，1885年涂层相纸，1888年交流电动机、柯达相机、邓禄普充气轮胎，1889年无烟火药，1892年柴油发动机，1893年福特汽车，1894年摄影机和留声机。在此之后，伦琴（Röntgen）发现了X射线，马可尼（Marconi）发明了无线电报，卢米埃尔兄弟（Lumière brothers）引入了电影院，弗洛伊德出版了他关于疯狂和无意识理论的第一本著作。再后来，发现镭和电子，使用磁来记录声音，声音和无线电的第一次转化，第一次动力飞行，提出狭义相对论和光量子理论，发现基因。这一切意味着自艾萨克·牛顿（Isaac Newton）以来，人类世界观发生了巨大变化。对此，1913年法国作家夏尔·佩吉（Charles Péguy）说："过去30年世界的变化比自基督诞生以来的变化还要大。"[①]

这些革命性变革主要发生在欧洲和美国，从1880年到1930年持续了半个世纪。与此同时，历史上一次重要的文化实验也正在进行。如果我们同意那时的艺术具有一种如今不再被需要的社会重要性，就不会惊讶于相当一部分艺术探讨如何生活、如何在新技术及其创造的新世界中生活、如何在没有上帝的世界中生活的问题。当时这些讨论暗藏在绘画

和雕塑作品中，而这些作品的数量非常庞大。

在最基本的层面上，现代主义艺术几乎都是世俗艺术，鲜有像查格尔（Chagall）、鲁奥（Rouault）这样的例外。宗教主题正因为稀缺反而显得突出。比如，罗伯特·休斯影响颇为深远的著作《新时代的冲击》涵盖了从1874年到1991年的268件作品，其中只有9件作品涉及宗教，包括蒙克（Munch）的《圣母像》(*Madonna*)、高迪（Gaudi）设计的位于巴塞罗那的大教堂，还有位于休斯敦梅尼尔收藏博物馆的罗斯科（Rothko）小教堂。现代艺术是世俗的庆典。

虽然世俗艺术很重要，甚至可以说非常关键，但它并不是崭新的。18世纪和19世纪都不缺少世俗画作。绘画中的创新和主要突破伴随着印象派的革新、塞尚的混合式构图、修拉（Seurat）的点画派以及布拉克（Braque）和毕加索的立体主义作品而诞生。现实的基础，或者说人们观看的基础，理解这种观看的基础，都被用于实验。这些实验与几乎同时发生的诸如X射线、无线电波以及电子实验等物理学实验一样，都带来了组成自然的新砖瓦。绘画被这些革新征服了，它们改变了艺术观念本身，改变了我们对自己的理解。

教堂和上帝在新的自我理解中没有任何位置。这种自我理解借鉴了新科学，它从方法上讲是实验性的。相反，这半个世纪的绘画探索了视觉经验的组成要素，包括颜色、光线以及形式。它不断地在创新上再次进行创新，但从本质上讲，此时创新的基础是对即将到来的新世界的乐观谄媚。并非每个人都同样乐观，有些人根本就不乐观，但总的来说，世纪之交的艺术家都对他们的新自由感到兴高采烈，都沉溺于刚刚才获得的舒适。

这一点很容易被忽视。印象派画家以及那些紧跟在他们后面的画

---

① 罗伯特·休斯：《新时代的冲击：艺术与变化的世纪》，第9页。

家,他们似乎完全没有为上帝之死而感到困扰。就其一切新颖性而言(这是种不恰当的说法,贬低了那些变革性的创新),这种生活完全是充实的。正像其作品所表明的那样,新生活的环境对他们来说丰足的,在很多人看来这就足够了。

一种并不困扰人的完整感

克劳德·莫奈(Claude Monet)对此最为直言不讳。1892 年,埃利斯岛(Ellis Island)成为移民进入美国的审查站,柴可夫斯基(Tchaikovsky)芭蕾舞剧《胡桃夹子》(Nutcracker)首演,莫奈在鲁昂大教堂西大门的对面租下了一个房间。在接下来的几周当中,他大概创作了 20 幅不同光线下的教堂大门。"当然,他摹画教堂并不是出于宗教的动机。莫奈不是一个信仰宗教的法国人。从来没有人用如此世俗的方式来描绘这种著名的宗教事物。"这是一个哥特式教堂,容易让人产生对于中世纪的阴郁联想。但莫奈笔下简单灿烂的色彩,通透明晰的技法,都暗示着意识比宗教更为重要。他的主题并不是一幅图景,而是观看这种图景的行动,"是正在主观地绽放的心灵的过程,它不会固定下来,永远处于流变之中"。宗教的那种固化的确定性,固定的美,在这种观看的行动中都被驱除出去了。意识和意志在此行动中发挥着作用。宗教和宗教的美都是人类心灵的一项功能。[①]

莫奈用同样的方式处理了巴黎火车站。他画笔下的火车站不是丑陋、肮脏的工业世界的怪兽,而是上演别离和重逢好戏的地方。画面流露出对火车头和蒸汽中力与美的热烈崇拜,这种崇拜连同乘坐火车旅行的新体验,使火车站成为了城市的中心。而城市的中心原本由与生活结合

[①] 罗伯特·休斯:《新时代的冲击:艺术与变化的世纪》,第 118—121 页。

在一起的教堂占据。

随后,莫奈搬到他位于小镇吉维尼的私宅,开始全身心地摹画他举世闻名的睡莲和池塘。正像一位批评家所说的那样,池塘就是"无限的一个部分"。"抓取无限,固化异变的事物,赋予景象以几乎不能被命名的短促且复杂的形式和位置,这是现代主义基本的野心。这种野心对立于唯物主义和实证主义所给出的,有关确定实在的自鸣得意的观点。"[1]莫奈看到了华莱士·史蒂文斯所说的,无限本身就是一个诗意的理念。

世俗的快乐世界——中产阶级的快乐,而非贵族的快乐,在印象派那里得到了最好的体现。1874年,印象派第一次出现在世人面前,比尼采惊世骇俗的宣告早了10年,虽说此时世俗世界的优势已经无处不在。阿尔弗莱德·西斯莱(Alfred Sisley)、古斯塔夫·卡耶博特(Gustave Caillebotte)、德加(Degas)、毕沙罗(Pissarro)以及雷诺阿(Renoir),他们的艺术风格各自不同,但他们也确有共通之处。"他们都感觉到,伊甸园的景象可以是城市和乡村生活,咖啡馆和树林,客厅和卧室,林荫大道,海滩和塞纳河岸,它可以是一个成熟而繁盛的世界,展现出不使人感到纷扰的完整感。"是的,完整感。在印象派的世界中,上帝并未被遗忘。不仅如此,印象派还向人们表明,快乐和真理皆短暂无常,并不比一瞬间更长久。在印象主义看来,瞬间和永恒之间不存在区别。

但修拉对印象主义难以捉摸的固有本性感到不满。他想要某种更具稳定性,甚至不朽的东西。作为出生在19世纪的人,在那个属于科学实证主义者的世纪,他想把科学,或者说科学的元素带入他的艺术。粒子物理学尚未出现,但此时(1869年)俄国人德米特里·门捷列夫(Dmitri Mendeleev)已经确立了元素周期表,人们把元素视为建构实在单位,建构自然大厦的要素。修拉基于已经发表的颜色知觉理论,以及眼睛将有组

---

[1] 罗伯特·休斯:《新时代的冲击:艺术与变化的世纪》,第124页。

织的纯色点转化成画面的理论,想要在他的点画法中找到某种类似的东西。点或颜色的微观单位太过细小了,不能包含任何一种形态的变化。点画法适合宁静的、抽象的、清晰的主题,不适合那些戏剧性的、剧烈的主题。①

罗伯特·休斯把修拉 1890 年创作的《格拉沃利纳航道港口》(*Ports of Gravelines Channel*)看成一幅"思想的风景画"。这幅风景画由于完全不包含事件而值得注意。它的主题是光,是法国北海岸的朦胧的光线。画面的三分之一都是天空,是天堂。对修拉而言,天堂本身就是格拉沃利纳的这样一个下午,此时没有任何事物运动,因为它们都位于恰当的地方。修拉告诉观看者,慢下来,慢下来,驻足观看。不要与天堂擦身而过。

《大碗岛上的一个星期日下午》(*A Sunday Afternoon on the Island of la Grande Jatte*,1884—1886)算得上他最伟大的作品了。《大碗岛上的一个星期日下午》将这种态度进一步发展了。画面上又是一个下午,一个星期天的下午。人们没有去教堂礼拜。他们在野餐、散步、游船、嬉戏、遛狗,享受美好的天气,自得其乐。这是城市和自然提供给他们的。在画面右侧最显著的地方,一对时尚男女身着灰色和黑色的衣服,驻足停留。他们是刚刚参加完礼拜吗?他们站在高处俯瞰风景,不计其数的人以俗世的方式怡然自得,大部分人都背对着他们。相比格拉沃利纳的风景,这幅画的背景更加复杂。这是一幅很大的画,在法国传统中,这种尺寸一般用于供公共参观的历史题材画卷。如果要说有什么问题的话,这幅画可能太过密集了,不过这正是为了强调所有人物——包括拿着手杖的时髦男子,蹦蹦跳跳的小女孩,草地上休憩的人们。他们都被画家用大尺寸,庄严体面地表现出来。而这种待遇从前是上帝和国王独享的。这是将要成为 20 世纪文学和绘画主要艺术主题的早期版本,即主张日常生活,特别是矛

---

① 罗伯特·休斯:《新时代的冲击:艺术与变化的世纪》,第 114 页。

盾、对立、残酷、肮脏的城市生活中的英雄气概。在《大碗岛上的一个星期日下午》中，没有矛盾，没有肮脏，也没有残酷。

但这种欢乐场面中也存在隐忧。"修拉已经了解到，现代主义者的意识具有某种碎片化的、分裂的、可以被分解的成分……在这种极端自我意识的状态中建构统一的意义，意味着主体必须被拆解成分子，而后在形式秩序的监督下重组起来。如果实在显现成由微小、清晰的静止性（stillness）构成的网，那么实在就变成了永恒。"[1]这预示了艾略特1930年在《灰色星期三》（*Ash Wednesdy*）的劝诫："教我们坐定（still）"。

作为意义的色彩

马蒂斯（Matisse）的目标同莫奈、修拉一致，并以他们为基础。他出生于卡蒂萨克号（Cutty Sark）扬帆起航的1869年，死于第一枚氢弹在比基尼环礁爆炸的1954年。他经历过最糟糕的政治创伤，但人们永远无法从他的艺术作品中读出这一点。人们在马蒂斯的作品中感觉不到现代世界在诸多领域激起的异化和冲突。他的工作室是一个"安宁的去处"。他在50多年间创造了一个世界中的世界，其作品刻画了"舒适、避难所，以及和谐的满足"。他深受莫奈和塞尚的影响（他早年买了一幅塞尚的画），同时也受到修拉的影响，是修拉最亲密的追随者保罗·西涅克（Paul Signac）的好友。西涅克创作过几幅关于圣特罗佩的作品，吸引马蒂斯去往法国南部，以及地中海。

他尤其喜爱西涅克的一幅大型作品——《和谐的时光》（*In the Time of Harmony*），表现了一座世外桃源，一派"在海边放松和劳作"的景象。它是西涅克无政府主义信念的具象化。这幅画似乎是马蒂斯1904—1905年

---

[1] 德尔默·施瓦茨：《修拉笔下塞纳河畔的星期天下午》（小册子），沃里克：格雷维尔出版社，2011年。

作品《豪华、宁静和享乐》(Luxe, Calme et Volupté)的灵感来源之一,其内容是裸体主义者在圣特罗佩海边的野餐。休斯认为,这是马蒂斯第一次尝试把地中海描绘为一种"心境"。随后不久,他创作了第一幅透过窗户望向大海,望向地中海的作品。其后这变成了他稔熟于心的主题。明亮但不和谐,甚至艳俗的色彩一开始就震住了许多人,就像马蒂斯在《夏末的伊甸园》(Eden before the Fall)中描绘的前文明世界中的个体一样,这种颜色表现了处于原始状态的人,他们在荒野之中像植物一样慵懒,像动物一样不受约束。在为俄国收藏家谢尔盖·休金(Sergey Shchukin)创作的两幅引人关注的作品《舞蹈》(The Dance)和《音乐》(Music)中,马蒂斯把我们带回远古,其时间甚至早于古希腊红色人物陶器的时代,回溯到洞穴时代。在《舞蹈》中,他向人们展示了古代人从原始崇拜活动中获得的狂喜;在《音乐》中,他向人们展示一队狩猎采集的人在音乐和歌声中配合的场面,这也许是生而具有宗教性的一种生活的基本快乐。他在这里自觉或不自觉地与拉班达成了共识。

这些作品带来的感官愉悦也体现在1911年的作品《红色画室》(The Red Studio)中。画面中是一个封闭的空间,马蒂斯自己散布在墙上的绘画作品被当成了一个个的"窗户"。这些作品全部都含有红色,伴随着画室墙上包裹着所有事物的单调红色,便形成了一种超越日常经验的红色。整体的美只是这幅画的一部分,它是独立自足的作品,欢庆着艺术提供的那个自足的世界,一个"快乐的共和国,现实世界中的闯入者———一个天堂"。[1]

战争期间马蒂斯搬到法国南部靠近地中海的地方。他在尼斯找了一间大画室继续创作,作品以"站在绝对安全的位置,凝视仁慈世界的那种行动"为共同主题。[2] 比如像1914年的《科利乌尔的落地窗》(Porte-Fenêtre à Collioure),他承认自己野心勃勃地用近乎抽象的方式,来描绘自己的情

---

[1] 罗伯特·休斯:《新时代的冲击:艺术与变化的世纪》,第139页。
[2] 同上,第141页。

绪。但紫色、黑色和灰色在表达效果上却也并不阴郁，这可能和平时人们的想象不大一样。相反，这种大胆的组合方式预言了几十年后的罗斯科，马蒂斯对这种组合也充满自信。这是极好的例子，表现了马蒂斯的目标。他整合起熟悉和崭新的事物，表明人们不需要对20世纪这个新世界的革新、观念以及发现感到担忧和混乱。其实混乱可以被掌控，混乱甚至可能很美。

许多画家都向往去到法国南部追寻能强化他们绘画作品的色彩和风景。这些艺术家都怀揣着类似想法，认为色彩是生命力的标志，是福宁的象征。色彩使艺术家和艺术作品欣赏者对能量和共享生活乐趣的感觉，变得更加宽广和敏锐。色彩是自然的馈赠，艺术家的工作就在于强化自然经验，提升生活价值。牧师穿戴的黑色长袍和四角帽在这里没有位置。马蒂斯的艺术从来不大声喧哗，但它能说服人。这里面存在着一种英雄气概。

金属的魔力，对机器的崇拜

正如我们所见，令19世纪与20世纪之交的许多艺术家站在一起的那种关于色彩的纯粹快乐，传播着一种关于新兴世界的乐观主义态度。未来主义者分享了这种传播广泛影响深远的乐观主义，并由意大利人菲力普·托马佐·马里内蒂（Filippo Tommaso Marinetti）领导。马里内蒂本人差不多就是一个机器，重复乏味，不知疲倦。他的影响力远远超出其母国范围，甚至传播到了俄国。"在俄国，未来主义者对机器的崇拜及其普罗米修斯式的技术观，认为所有社会问题都可以用技术来解决。这在1913年之后成为了建构主义者的核心问题。"马里内蒂设计出一种方法，可以把全部类型的人类行为皆视为"艺术"。于是生活价值便再次得到提升，而且借由这种方式，激发出了此后20世纪中的一系列即兴演出、艺术事件以及行为艺术作品的涌现。

马里内蒂笃信过去就是敌人，它包括传统宗教以及过去的任何事物。

他认为技术创造了一种新的个体,一种机器预言家,他们会重新划定文化版图,创造迄今为止人们都未曾意料到的经验和自由,以及意识转变。"机器就是力量。它是挣脱历史束缚的自由。"1909年,未来主义者在其宣言中昭告天下:"我们要歌颂对危险的热爱,习惯力量与无畏。勇气、放肆、反叛将会成为我们诗歌的根本要素。我们确信世界的瑰丽将会被一种新的美所充实,那就是速度之美……我们将歌颂被工作、快乐和混乱唤起的人群。"[1]

相反,他们传达的信息被第一次世界大战的残忍事实所挟持了。相比生活的提升,此时机枪的绝对速度(每分钟400发)显然更为致命。大炮、坦克和潜艇只会强化如下看法,即未来主义对机器的痴迷至少从某种意义上说是错位的。费尔南德·莱热对机器和金属的崇拜严格来说并不属于未来主义,但他也没有因为战争而改变看法。作为一个诺曼底农夫的儿子,他曾经在战壕里战斗过。对自己曾经的经历,他说那是一次重要的视觉上的顿悟:"阳光下75毫米口径火炮的后膛,是光线对白色金属施加的魔法。"

他首先把这种视觉应用到他在战壕中认识的士兵身上。他用管状金属来表现一排排重复的身体、头盔、奖牌和肩章。莱热对金属的兴趣并不在于金属的非人属性,实际情况几乎与此完全相反,他的兴趣在于金属的适用性。此前已经介绍过的《三个女人》(1921年),是他尺寸最大的作品之一。在此作品中所有身体和家具都被几何式地简化了,像是金属管的组合一样。"它是极佳的说教式绘画作品……体现着把社会当作机器的理念,给孤独赋予了和谐以及目的",换句话说,带来了世俗的救赎。"它把稳定发挥作用的人类关系比喻成时钟",所有事物都在自己的位置上,女人们(还有猫)都感到舒服,场面甚至可以说是宁静的。虽然表面是金

---

[1] 克里斯汀·波吉:《发明未来主义:虚假乐观主义下的艺术和政治》,普林斯顿、牛津:普林斯顿大学出版社,2009年,第1—16页。

属质地，但却和通常与钢铁联系在一起的工业梦魇毫无相似之处。从视觉上讲，这幅画与莫奈的火车站一点也不雷同，然而情感却保持一致。同样，这幅画表现了一个摒弃了教堂的世界。

同样也是在战争年代，人们见证了所谓达达主义（Dada）的运动。达达主义信赖，或者说试图信赖战前法国南部画家欢庆的那种快乐。达达主义含义之一是它源自"斯拉夫人对生活的愉快肯定"，"Dada"等同于"是的，是的"。第一次世界大战期间，与乔伊斯和列宁（Lenin）一样在苏黎世工作的抽象艺术家汉斯·阿尔普（Hans Arp）曾说，"我们探寻一种根本性的艺术，我们认为这种艺术将会把人类从那个时代的狂暴疯癫中拯救出来……我们需要一种匿名的集体艺术"，集体是一个关键点。[1] 先锋神话的核心是，通过改变艺术语言，经验秩序也会改变，由此提升社会生活的环境。达达主义者和未来主义者都认同这种观点。达达主义者关注战争的对立面，即作为人类最高级别活动的游戏，他们强调偶然性是实现欲求对象的一种途径。

游戏在西方哲学中的历史源远流长，至少可以追溯到席勒。他把游戏升格为人类可以追求的最客观，因此也最纯粹的行动。自弗洛伊德以降，人们把童年视为各种本能之间的主要战场，同时也是一种纯粹或原初的状态。如果人们能企及或模仿这种状态，那么对童年的这种新解释将会清楚地表达我们心理本性的简单构成要素。

过去的无意义

游戏和舞蹈的目标在于自发地行动，它是让无意识在不掺任何杂质的形式下"说话"的一种方法。偶然性至少在理论上，在对游戏的模仿中，

---

[1] 罗伯特·休斯：《新时代的冲击：艺术与变化的世纪》，第61页。

能容许无意识说话。比方说纸被撕扯成随机形状,在原本被随意丢弃的事物中发现材料,由随意挑选出来的词语组合成诗句。"每个词在此都被言说和歌唱,"雨果·巴尔说,"这至少代表了一件事,那就是这个耻辱的时代已经不再会赢得我们的尊重了。"

达达主义者中最为热情奔放的人要数库尔特·施维特斯(Kurt Schwitters),他在现代城市的瓦砾中发现美,或者至少可以说他用城市中的废品来创作艺术作品:旧报纸、各种木头、纸板箱的盖子、用过的牙签——因为一个充斥大量物品的世界必然会产生大量废品。就像印象派一样,这些表现手法强调在不断拓展(相对较新)的城市中,生活所具有的那种稍纵即逝但却热烈的本性。在这种城市中,彼此之间没有任何牵连的陌生人被抛到一起,不可预料地,偶尔不情不愿地相互毗邻。他最出色的作品之一,1923年的《莫斯堡教堂》(*The Cathedral of Erotic Misery*),它唤起人们的许多记忆,这些记忆连同事物本身一起被丢掉了。过去之中找不到任何意义,而新事物又太新了。

对于乐观主义者我们就谈这么多。可以看到,他们主要是法国人,因此至少在名义上他们都是天主教徒,或者说在天主教氛围中长大。新教国家体现出的乐观性则少很多,包括荷兰、斯堪的纳维亚、德国。

表现主义是这样一些人的艺术形式,不同于印象派和野兽派,他们对发生的诸多变化感到困惑和无助,包括上帝之死。与《格拉沃利纳航道港口》《大碗岛上的一个星期日下午》《红色画室》不同,表现主义是斗争的艺术,是焦虑的艺术,是关于在冷漠宇宙(而不是仁慈富足的宇宙)中生存意义的艺术。人们在表现主义者那里感觉到的是稍后贯穿整个世纪并影响整个大西洋世界的观念。人们在表现主义者那里感到他们与绘画作品遭遇,感到他们努力使艺术作品发挥作用,努力使艺术品表达艺术家意欲表达的意思。这些努力每个人都能看到。相比其他艺术形式,我们在表现主义艺术中所知所见的是上帝死后仅存的自我。表现主义者在某些方面被生活击溃了,生活冲向他们,淹没他们的心灵,使得保持思想澄明,不去胡思乱想,成为他或她所能做的唯一事情。表现主义艺术家感到作为艺术家,作为一个人,他有责任向世界上的其他人表明日复一日的生活中具有的挣扎。

荷兰人文森特·凡·高的画生动且卓越地表现了这种挣扎。他用厚颜料绘制的螺纹和漩涡,描绘出布满星星的夜空、扭动的山峦、华丽的柏树。这些螺纹想要描绘的那种能量几乎要把油画布炸裂了。他更多地感受到空气、岩石和植物中,由纯粹力量迸发出的爆裂,甚于法国南部色彩的冲击。似乎是为了回应费德里科·加西亚·洛尔迦(Federico García Lorca)的诗句"谁能讲出麦子的真谛",凡·高在1888年的作品《播种者》(*The Sower*)中做到了这一点。麦子的真谛在于其播种、成长和收割,这些都是人和自然之间的遭遇。在此,人是自然的一部分,在没有上帝的情况下,人和自然的遭遇被改变了:太阳无情地炙烤大地,画面中的所有事物都被重重油彩覆盖,表现或突出了对人类意志的肯定。凡·高式的意象跃然画布之上,也施加于观众。画面在言说,我在这里,我的色彩或许不是你的色彩,我的形状或许也不是你的形状,但构图却表现出色彩和形状在情绪爆发中所具有的力量。画面截取了一处景色,并把它推向极致。凡·高说,跟随我吧,我将向你展现出你在此世的狂喜极乐,不论它来自日光还是星光。

他的作品不把色彩视为意义,而是把光线和能量,把强烈的感情视为意义。人们能够获得狂喜和极乐,但唯有通过努力、身体的抗争,付出播种者那样的努力才能实现。我们必须对世界之中的能量保持敏感,利用它来达成自己的目的。而且如果想要活得好,体会到狂喜,那么我们也必须管理好自己的能量。①

---

① 罗伯特·休斯:《新时代的冲击:艺术与变化的世纪》,第273页。

然而强烈情感在呈现完满性的同时也伴随着风险。众所周知,1889年到1890年,凡·高在法国南部的精神病院住了一年多。他并不是唯一同不稳定性斗争的人。爱德华·蒙克在给友人的一封信中写道:"疾病和精神问题是守在我摇篮外的两尊黑天使。"[1]虽然凡·高和蒙克可能都没有读过最新的物理学理论(能量这一概念的出现始于19世纪50年代),但在他们的画中都可以看到自然的能量,看到它对人的自然观产生了影响,一种潜在的爆发性、破坏性影响。它邀请我们以一种新的方式来理解自然,提醒我们必须重新定义上帝死后人与自然的关系。

蒙克的画面同凡·高相比,更是一派阴暗的景象。在1895年的作品《病房中的死亡》(Death in the Sickroom)中,蒙克描绘了家人待在他姐姐去世房间的场景。他们的悲伤非常强烈,在画面中表现地非常明显,以至于我们不禁会询问他们是否全然相信来世的存在,不论这种来世是否是宗教意义上的。在《青春期》(Puberty)中,一位年轻的女性正带着恐惧和困惑的混合情绪,凝望着自己赤裸的身体,审视着自己正在萌发的性欲,即未来的成人生活。恐惧和困惑贯穿了蒙克的其他几幅作品,比如说1893年的作品《声音》(The Voice)。在这幅画中,一个女人身穿纯白色的衣服,但她棕色的头发围绕着头部,就像一轮死亡的光晕一样。她被湖畔(或峡湾)的树林困住了,所有的树木,甚至太阳在水面上的倒影都被画成粗壮、狰狞、幽闭的垂直线条。这就是现代环境,我们彼此孤立疏离,并被自然困住。画中的其他人站在水面的小船上,他们也一样被不同的牢房锁住,紧紧地卡在两棵树之间,卡在两条更狭窄的线条之间,没有丝毫移动的空间。

再比如同样在1893年完成的《呐喊》(The Scream),这是一幅被很多人点评过的主要代表作。较少被注意到的一点是,沿着峡湾或峡谷上的桥,远处的两个人似乎没有听到尖叫呐喊的声音。对于一个冷漠的世界

---

[1] 罗伯特·休斯:《新时代的冲击:艺术与变化的世纪》,第277页。

而言，他们是无足轻重的人。他们遥远且模糊，但身穿着暗色的披风或外套，他们可能是神职人员。

蒙克从许多角度对表现主义下定义：不安和忧虑变得如此强大，所以艺术家不得不选择退回自身，把自我当成一个安全点，否则宇宙只剩下冷漠。蒙克认为，"拯救将会从象征而来"。这句话表示，情绪和思想被放在其他任何事物之上，成为实在的根基。①

如果我们考察表现主义其他代表画家的作品，比如恩斯特·路德维希·凯尔希纳（Ernst Ludwig Kirchner）笔下锥形的呆板人物，埃里希·黑克尔（Erich Heckel）笔下公然赤裸着的消瘦受害者，马克斯·贝克曼（Max Beckmann）笔下僵硬的延伸和强烈的尴尬，柴姆·苏丁（Chaim Soutine）笔下血腥、肉质的厚重油彩，那么我们就会像一位评论家所指出的那样，看到人们理解为"表现个人主义"的那个进程中，被打开的"自我的泄水道"。也就是说，艺术家为实现自身而付出的努力，在某种程度上被定义为同他人的区别，而这只能通过花力气探索扭曲、暴力、病态才能实现。照瓦莱里的说法，艺术家这条与人们相反的道路并不能带来任何帮助，只会不可避免地带着失望，加快个体化和孤独的进程。在表现主义中，弗洛伊德式的内心深处取代了灵魂，成为我们寻找意义的终极实在。从根本上讲，我们努力教化自己的本能，而按尼采的预言，这些本能同时具有创造性与破坏性。因此，我们既乐于接受这种实在，也不得不对其保持警惕。强烈的感情会破坏这两条进路。

艺术之中"新精神"的四个特点

就我所知，罗杰·沙特克（Roger Shattuck）发明了"战前时期"

---

① 罗伯特·休斯：《新时代的冲击：艺术与变化的世纪》，第277页。

(the avant-guerre)这个用处很大的短语。他把1885年到1918年划分为"新精神"时期,尤其是在法国。他说那是个"盛宴的时代",它将包括视觉艺术在内的大量艺术带入"终极的现代异端之中,带入上帝不复存在的信念之中"。他接着说:"这个时代进一步暗示,在上帝'死'后,人本身就变成了至高的人,唯一的神……随着超自然的各种累赘消失,通达神圣的真正途径在于人们对自己内心最深处的探索。在这个世纪,从梦的解析到对相对性的知觉,任何事物都变成了自我知识,变成了自我假定的第一个阶段。当神圣力量不再外在于人的时候,所谓骄傲自大的那种古代罪孽,人们在宇宙面前的自负,都消失殆尽了。恶被限定为人们没有做到直面自身。"①

沙特克认为,先锋派起源于法国是因为早在大革命时期就确立起来的反抗传统。他主张艺术中的"新精神"具有四个特点,每个特点都不相同,并分别由四个著名人物集中代表。他们是演员和剧作家阿尔弗雷德·雅里(Alfred Jarry)、"原始主义"画家亨利·卢梭(Henri Rousseau)、作曲家埃里克·萨蒂(Erik Satie)以及画家和诗人纪尧姆·阿波利奈尔(Guillaume Apollinaire)(阿波利奈尔在一次讲座中第一次使用了"新精神"一词)。

沙特克认为四个特点中的第一个特点对新精神来说非常关键。他说,艺术中的新精神从对"成熟"观念的一场价值重估开始(用尼采式的说法来讲)。谁是完善的人?沙特克说,纵观整个历史,自律这种成年人的品质胜过了无秩序的儿童具有的品质。但在浪漫主义运动之后,尤其是在兰波之后,新的一种人出现了——"童真的人"。艺术家越来越希望获得儿童的"惊奇、自发性以及破坏性",而这恰恰是成年人没有的。②

---

① 罗杰·沙特克:《盛宴的时代:1885年到一战前法国先锋派的起源》,伦敦、纽约:兰登经典出版社,1968年,第40页。我也是从这本书当中借鉴了"先锋"(avant-guerre)一词作为第一部分的标题。
② 罗杰·沙特克:《盛宴的时代:1885年到一战前法国先锋派的起源》,第32页。

第二个特点在于越来越重视幽默。"幽默这种体裁得自喜剧中的直白,或者得自讽刺中的微妙氛围。这种体裁变成了一种方法和风格。"沙特克参照(并遵循)了柏格森对喜剧和讽刺的区分。"幽默详尽而科学地按照其实然面目来描述这个世界,就好像那就是事物的应然状态。讽刺则傲然地将这个世界描述成其应然状态,就好像那就是事物的实然面目。"这一区分把我们引向了荒诞手法,"世界上不存在任何先验价值,只有被给予的真理"。卢梭不关心其作品经常激发起的快乐,甚至根本没有察觉到这些快乐,然而萨蒂则不同,他利用作品产生的快乐。"为什么要攻击上帝呢?他同我们一样不快乐。由于儿子的死亡,他丧失了做任何事情的欲望,只对他的事物稍感兴趣。"[1]面对这种说法,我们不清楚如何反应,而这就是问题所在——价值的匮乏本身成为了一种价值。在雅里的作品中尤其明显,一定不能把生活的"卑鄙和不协调"理解成憎恶的来源,而应当理解成快乐的来源。

　　新精神的第三个特点是对梦赋予意义。梦总是具有一些玄奥的意义,不过战前艺术家们"沉溺于"梦中的"第二种生活"。在此背景下,梦的意义并不必然是弗洛伊德式的。事实上,正是关于梦的既有偏见帮助弗洛伊德的著作收获了巨大影响(虽然他这本书一开始只卖出了几本)。"把梦的技艺应用于艺术,这暗示一种超越清醒意识边界的努力,目的是为了获得一些能力,以便应付不受限制的直觉……柏格森、普鲁斯特(Proust)、雷东(Redon)和高更(Gauguin)利用某种接近宗教确信的方式,追寻意识和表现的那些新领域。梦不需要依赖某种'更高'的存在,不需要脱离我们内在的精神世界,就能将仪式的氛围与超自然的事物赋予普通经验。"[2]

　　梦和幽默共同参与了沙特克所主张的第四种特点——模糊性。"模

---

[1] 罗杰·沙特克:《盛宴的时代:1885年到一战前法国先锋派的起源》,第33页。
[2] 汉娜·西格尔:《梦,幻想与艺术》,霍夫:布伦纳-劳特利奇出版社,1991年,第86—87页。

糊性在此既不表示无意义,也不表示晦涩难懂,虽然这两种危险都有所体现。它单纯地表示两种表达方式,或者一个符号声音具有的多种意义。"在这种说明下,单一的正确意义无法将其他错误意义排除。作品可以既美又丑,所有意义都有可能,单独提取其中意义变得"并不可行"。

沙特克主张这四个特点是作为一个意义深远的整体显现出来的。"他们表现出无止境的欲望,想要从内心和潜意识中挖掘出新材料。为了达成这个目的,他们试图开创出非常重要的新思维方式,创造一种关于儿童、梦、幽默和模糊性的逻辑"。这种方式把艺术家解放出来,让他们不再需要赋予作品单一、清晰的意义。他说,对潜意识的深深执念是人信仰的病态表现。人们相信自己能超越自己,触及那个被教化,被社会遮蔽的自我。"艺术和生活的杂糅代表了一种在无神宇宙中保留精神意义的尝试。20世纪拒斥地面和天国两重秩序,但又试图兼顾鱼和熊掌,将这二者结合起来。"[1]

因此,20世纪的艺术并不太追求反映实在,而更愿意去与实在竞争,艺术试图充当它本身的主体。这一点适用于印象主义、立体主义、未来主义以及达达主义。边界和框架都被僭越了,艺术世界和非艺术世界之间"相互干涉"。这种主流手段的特征从未得到正确理解。"当艺术和现实之间的界限被瓦解时,我们本身便被归入到艺术作品的结构中去了。艺术的这种形式不断要求我们进入扩张了的创新社会,而这个社会现在包括艺术家和观众,艺术和现实。"[2]

共存的整体性

沙特克认为这深刻地暗示着"统一"观念,统一的整体性观念。在现

---

[1] 罗伯特·休斯:《新时代的冲击:艺术与变化的世纪》,第41页。
[2] 同上,第331页。

代主义之前的浪漫主义运动时期,唯有艺术家的特殊人格才能希冀整体性和统一的愿望实现。但现代的敏感性废黜了框架和边界,它通过错位的方式来寻找一种新的统一观念。结果发现,在新的美学,同时也是新的伦理学中,统一性或整体性是通过共存(juxtaposition)达成的。

"共存艺术呈现给人们诸多困苦、不安、碎片化的作品。这些作品中碎裂的片段既没有开端也没有结尾。它们的发生没有过渡,也藐视对称性。"埃兹拉·庞德(Ezra Pound)、温德姆·刘易斯(Wyndham Lewis)、弗吉尼亚·伍尔夫、詹姆斯·乔伊斯等人认为,世界实际上被记录在"依旧混乱的感觉秩序之上"。不存在融合或综合。例如,被建构的整体性就超出了逻辑的范围,代表了回应内心声音的一种欲望。沙特克说,这些作品已经抛弃了具有古典意义的可能性。[①]

共存的要点在于,"我们不能奢望到达传统意义上的静止和理解状态"。从根本上讲,荒谬表达了在体验世界的过程中缺少的那种联结。艺术的法则现在变成了游戏、意外和惊讶,而不是旧传统中对普遍真理的证明。"对于艺术,我们不会再期待它证明植根于我们自身的知识和价值。相反,我们会对这种唯一的证明感到惊讶或失望。"通过突然的飞跃,"就像火花跳过间隙一样"来探寻潜意识的功能,将会前所未有地使观众贴近创作过程的莽撞。观众现在似乎是在艺术家身侧,而不是坐在观众席上观看。现代艺术存在亲密和亲切的特性,它源自被所有人共享的对于无意识的渴望。不过这里的亲密性也暴露了我们心灵本性的"不安",暴露了我们内心深刻的"不稳定"。"很少有人拥有那种平衡心态。人们如果想凭仅有的资源获得充实的生活,这种平衡心态便是必需的。"

共存将经验碎片进行了重新整理,它们并不似纪念碑那样具有稳定性,而是容易毁灭。经验碎片中通常包含相互冲突的元素,它们同时被经

---

① 大卫·雷格:《温德姆·路易斯与早期英国现代主义者的哲学:创造一种政治美学》,纽约莱维斯顿、兰彼得:埃德温·梅伦出版社,2005年,第336页。

验和理解,而不是像传统观点认为的那样,前后相继地被经验被理解。"同存主义(simultanism)旨在抓住全部意义显现的瞬间,或者站在更野心勃勃的立场来讲,同存主义旨在产生出一个瞬间,它将超越我们通常知觉到的时空。"同存主义确立了意义的来源,而不是确立了一种因果的前后接续。对我们这些21世纪的人来说,它抓住了一种新的一致性,一种新的统一经验,它并不是连续发展的,而是突变的——在静止不动的条件下突变。①

共存需要同化而不需要综合,需要直接而不依赖习惯规则,需要心灵过程的压缩和聚合,它不受制于逻辑,潜在的瞬间统一体,以及恒定性的禁忌。"只有在获取宁静,受到驯化时,我们才能知觉到外部所发生的事情。"②本章出现的人物虽然各不相同,但他们在具备勇气方面是一致的。

---

① 罗伯特·休斯:《新时代的冲击:艺术与变化的世纪》,第345页。
② 同上,第348页。

6　对欲望的强调

安德烈·纪德的生活状态要归因于他来自法国浓厚天主教气氛中的一个新教家庭这个事实吗？还是说要归因于他年幼丧父，其家庭生活主要受家中女人们的影响（他出生在巴黎，但在诺曼底和朗格多克长大）？或者因为他是独生子？这些问题能得到令人满意的回答吗？不论什么诱因造成了纪德的性格，他都在自己最后一部主要创造性作品《忒修斯》(*Thésée*)的最后，以后来变成名言的一句话结尾："我活过，不枉此生。"[①]

可以认为，纪德和家里的瑞士女佣一起欣赏到的风景对他产生了最重要的影响。她是从山里来的女子，不仅和纪德一样热爱野花，甚至也可以说正是她培养了纪德对野花的热衷。后来，在朗格多克地区尼姆市不远处的于泽斯(Uzès)，他对那周围的乡村美景，河谷，尤其是灌木林感到"陶醉"。在那个地方，春天的野花使人目眩神迷。并不是周遭那些铺天盖地的葱郁促使他去欣赏单个花儿的英勇和高贵品质。他对自然之美的反应从来就不是消极的，这一态度极大地影响了他对生活的看法。

忘我的骚动

纪德十几岁时全身心地笃信宗教，但他20多岁时信仰崩坏了。他得出结论，认为宗教对文化而言是"致命的"。[②]几乎是在同一时刻，他继承的遗产足够让他不必工作,所以他搬回巴黎开始与先锋派交往,特别是与聚集在斯特凡·马拉美(Stéphane Mallarmé)周围的作家交往。纪德同马拉美一样秉持唯美主义,热衷于语言的音乐性。像许多独生子一样,他渴望同伴。他为圈子中人建立了一个据点,也就是他参与建立的文学杂志《法语新刊》(Nouvelle Revue Française)。

不过他也并不仅仅留意法国作家。他深受尼采、陀思妥耶夫斯基、勃朗宁(Browning)、叶芝和布莱克(Blake)的影响,并喜欢援引后者的诗句:

> 你是一个人,而上帝不是
> 学会崇拜你自己的人性。[3]

或许由于家教的缘故,纪德在气质上契合于现象学家的核心观念。那是一种对如下观点的反叛,即认为个别在某种程度上不如一般重要。胡塞尔说过(参见第3章),在把注意力转向个别的过程中,"我们害怕为自己提供例外规则而承担风险",但纪德从不担心这一点。[4] 他和萧伯纳一样,都认为生活不是死物,而是实验。因而他很快形成了一种看法,主张一个人最伟大的任务必然是"一次示范性的存在"。更具体地讲,他说拯救不可能依靠人类组织,他说人们最终都会成为自我规划的那种人,只是会受限于"不恰当的渴望",以致接受"允许自己用沉思取代行动"的那些既成定义。

纪德认为上帝便是一个既成定义。不仅如此,我们不应该为了任何

---

[1] 埃弗雷特·奈特:《被视为哲学的文学:以法国为例》,伦敦:劳特利奇与基根·保罗出版社,1957年,第97页。
[2] 哈罗德·玛驰:《纪德与天堂猎犬》,费城:宾夕法尼亚大学出版社,1952年,第312页。
[3] 同上,第231页。
[4] 埃弗雷特·奈特:《被视为哲学的文学:以法国为例》,第81页。

目标而"破坏"自己的生活。我们无法向任何人祷告,"必须打好手上的牌"。① 为了行动,我们迟早都必须做出选择,但一个选择并不必然决定另一个选择。我们必须意识到,除了为自己树立的目标之外,人类之上并不存在任何事物。②

纪德像瓦莱里、马拉美和桑塔亚纳一样,不把"灵性"(spiritual)当成某种涉及另一个王国,涉及别处神秘世界的词汇,而是把它视为此世生活的重要一部分。此观点来源于现象学对个别性的理解,来源于贴近个别性的诗性方法。他开始相信"超越"自我是人类的"义务",人类的奋斗并不指向任何特殊的目标,而仅仅是为了充实存在本身。他断言,生活本身就是意义;如果你能够在回望自己生活的时候说类似这样的一番话,"总的来看,我赢得了我自己正在玩的这场游戏",那么生活的意义就已经实现了。

纪德声称,个别本身就充满意义,据此"真理"便不能通过采取任何艺术的、科学的、哲学的步骤,而只能凭借直接向知觉和感觉开放的那些经验才能获得。他坚持认为,如果一个人说"我看见它了"或"我感觉到它了",这个时候没有任何事物能胜过他本人给出的理由。把经验系统化的所有尝试都只会导致"变质、扭曲和枯竭"。③

这些观点的其中一个后果在于,纪德有意识地尝试发展他的感官,并把这一尝试体现在他的作品中。他觉得旅行是很重要的组成部分(他是很早一批去北非观光旅行的人)。在陌生的土地上没有所谓的理所当然,外来者的生活方式和本地居民完全不同。④ 这正是纪德 1897 年著作《地粮》(Les Nourritures Terretres)的主题。在这本书中,他将心灵中的杂念一扫

---

① 哈罗德·玛驰:《纪德与天堂猎犬》,第 262、第 362 页。
② 同上,第 385 页。
③ 埃弗雷特·奈特:《被视为哲学的文学:以法国为例》,第 98 页。
④ 哈罗德·玛驰:《纪德与天堂猎犬》,第 298 页。

而光,于是"我们和事物之间便不再有任何阻碍"。"那里有许多香料商。我们从他们那里买来许多不同的树脂。一些用来闻,一些用来嚼,还有一些则用来烧……在我看来,它们完全长成了可以给人带来巨大享受的东西。"纪德认为触摸是最直接的一种感觉,他强调"唯有个别的事物存在着……事物本身就向每个人提供了生活必须提供的一切。客体既不是一些'记号',也不是比客体本身更为重要的'法则'的显现,而是独立的实体,它们已经成功地抵御住了人们把它们组合成不能被看到、听到或摸到的其他事物的全部企图"。①

他警告说,事物的独立可能很糟糕,但事物的独立也可能令人振奋,可能是一种机会。他谈到,我们应该提防那种"必要但不充分"的解释。"存在不是那种可以隔着一定距离去思考的东西,它必须突然地侵入你,把它自身同你捆绑在一起。"②在他看来,逻辑是一种心灵壁垒,阻止我们去了解"世界另一端"的混沌。他觉得混沌正是波德莱尔、塞尚及其朋友瓦莱里穷其心力试图展现出来的东西。对纪德来说,"对世界感到讶异"应当取代试图"解释"世界的哲学。各种哲学、意识形态,包括宗教,都妨碍了讶异。

不仅如此,纪德还相信一切有组织的体系,包括科学、宗教、哲学和艺术理论,它们都把一种自我中心的要求强加于生活这一混沌现实。他相信在瞬间的经验中,在做出决定和行动的时候,与讶异联系在一起的自我迷失(self-loss)或者说忘我(self-forgetting)其实就是拯救,它将我们与事物的差异消解了。

同理,他认为作为统一体的自我观念是错误的。事实上他的原话是,自我是一种"迷信"。"如果我们审视内心将会发现,那个固定不变所谓自我的东西并不存在,唯有毫无目标的记忆、知觉和情感片段存在着。"他觉

---

① 埃弗雷特·奈特:《被视为哲学的文学:以法国为例》,第99页。
② 同上,第105页。

得蒙田的伟大创新就在于承认人性的"不稳定","人性从来不是稳定的,只有当它不能被固定下来,不断发生变化的时候,它才会意识到自身"。恰如他常说,"我从未停止,我正在发生"。他同叶芝,以及世纪之交的许多人一样,都对人的本性持有一种与弗洛伊德不同的看法。他们认为单一的自我并不存在,相反,存在的是我们期望存在的许多个自我,每天一个新的自我。"我们的内心并不比外在更多地'决定着'我们。"①

纪德说我们"被判处"(condemned)自由,如果我们懂得在彻底没有指引,没有既成解决方案的情况下,自由是可怖的,那么他使用这个动词就完全恰当。用他更准确的话来说,"我们应当准备为另一个自我,一个更好的自我而改变自己",我们必须准备认可一个更好的自我(后文将考察如何来做到这一点)。埃弗雷特·奈特也说:"纪德的伟大在于,他自始至终认为存在本身的诱惑力,坚持进入到物性的'静谧'之中。"换句话说,他从未把自己想成有别于其他事物的一个个体,他从不抵制变化。他认为由于人们极端畏惧自己什么也不是,这才使他们干出可怖的事情来。②

这些说法都来自他著名的"无故行为"(gratuitous act)概念。纪德的"哲学"(虽然他回避这个词),他处理生活和经验的方式表明,如果一个人并不掌握任何内在原则,那么他只能通过行动来体现他的存在。而当他行动和工作的时候,最真挚可信的行动就是那些最突然的行动,因为在那个时候,人们的行动没为他留出思考的时间,他的行为也不会受到自利的玷污。"无故行为不受自利的支配。"多年以后,迪特里希·朋霍费尔(Dietrich Bonhoeffer)用行动有力地证实了这一点。鉴于永恒的目标和真理并不存在,"行动的诱因只能是可以把尊严和自主留给人类的那种理由"。这就是价值的由来,这事实上就是一种伦理,它可以被总结为:"你必须遵从自己的禀赋,并为其提供向上的引导。自愿承担磨砺,自我克

---

① 埃弗雷特·奈特:《被视为哲学的文学:以法国为例》,第112页。
② 罗杰·肯普夫:《与安德烈·纪德同行》,巴黎:格拉塞出版社,2000年,第45页。

制,这都是自我实现的最高形式。"①

纪德对个别的强调将他引向了一种观点,认为我们应当力求我们自身独一无二的"完满成就",应当通过我们自己的行动超越我们自己。也就是说,我们应当设法超过当初预想自己能够取得的成就。达成此目标的途径并不在于旧宗教的"冥想生活",而在于一直保有借由行动发现经验的兴致。忘我的行动就是最为充实和完善的经验。

谎言与共享的虚构

不止一位评论家曾注意到威廉·詹姆斯和他"更年幼、更浅薄、更虚荣"的弟弟亨利(Henry James)之间相互影响这条线索。1901年春天他们两兄弟待在一起,此时哥哥威廉正在撰写《宗教经验种种》,借用了亨利的打字员玛丽·韦尔德(Mary Weld)。② 亨利在1902年读了这本书的完稿,而此时他正在为自己的小说《鸽翼》(The Wings of Dove)收尾。他们之间的创作活动时常紧密地联系在一起(比如说他们都对心理疾病感兴趣),所以有好事之徒说威廉是个更好的作家,而亨利是个更好的心理学家。

我们更关心亨利如何看待和处理在现代世界可能被取代的宗教经验,关心他如何看待和处理人们对这种经验的理解。从某种层面上讲,他的小说突出地反映了威廉在《宗教经验种种》中做出的区分,认为路德宗和加尔文宗神学对"虚弱的灵魂"具有吸引力,相反,天主教则对那些"健康的心灵"具有吸引力。这种区分主要聚焦在恶的问题上。"心灵健康的个体倾向于多元性,他们不把恶看成是人类经验的核心,反而认为恶是一种'无用的元素……因为它非常肮脏'。虚弱的灵魂则恰恰相反,他们把

---

① 埃弗雷特·奈特:《被视为哲学的文学:以法国为例》,第123页。
② 伯里克利·刘易斯:《宗教经验与现代主义小说》,英国剑桥:剑桥大学出版社,2010年,第57页。

恶的问题当成是这个世界的根本事实,一种只有通过诉诸超自然力量才能克服的事物。"[1]当然,亨利的作品并不完全遵从这一区分:"在丧失直面超自然的可能性之后,詹姆斯的主人公们必须接受处于坍塌境地的世界。"[2]

在亨利的作品中,《金碗》(*The Golden Bowl*)最清楚地表达了他对宗教及其宗教以后的看法。从某种角度看,这部著作谈论的是恶,正如主人公玛姬·魏玮(Maggie Verver)形容的那样,一种大写的恶(Evil)。从另一种角度看,在詹姆斯看来这部著作讨论的是世俗世界中横亘在我们面前的更为根本的问题,即欲望。欲望是所有恶的根源,在他看来,除了被组织起来的宗教所提供的那些传统仪式之外,在此世中表达欲望和控制欲望的方式既是困境的核心,也是摆脱困境的主要机会。詹姆斯关心的是宗教制度,以及我们如何在这些制度之外生活。

《金碗》的故事效仿了神学中对堕落的特殊比喻,堕落伴随玛姬获得自我知识而发生。《金碗》中开始关注的问题也在詹姆斯后来的小说中出现,但主题已经不再仅限于宗教。伯里克利·刘易斯(Pericles Lewis)注意到,这种转变是因为"詹姆斯小说中的角色似乎很少留意到清晰的宗教信仰。事实上,他们似乎通常栖居于人们找不到绝对价值尺度(比如与上帝相联系的价值尺度)的道德世界"。[3] 他们反倒是试图调整以前的伦理观念,以适应人们生活在一起的新方式。因为由欲望所体现出来的"大写的恶",仍然困扰着这种新的生活方式。

亨利认识到自己生活在"崭新的精神状态"中,礼拜仪式体系在这里没有任何位置,宗教也日益变成了一种个人体验。[4] 路易斯·梅南(Louis

---

[1] 罗斯·博斯诺克:《好奇的试验:亨利·詹姆斯、威廉·詹姆斯与现代性的挑战》,纽约、牛津:牛津大学出版社,1991年,第29—34页。
[2] 伯里克利·刘易斯:《宗教经验与现代主义小说》,第55页。
[3] 同上,第57页。
[4] 同上,第60页。

Menand)注意到威廉在《宗教经验种种》中主张,"上帝是真实的,因为他产生了真实的影响"(更多讨论可见第2章)。更具体地讲:"在某种意义上,看不见的秩序是我们信仰的产物,它的真理性既不在于它可能被科学证明,也不在于它可能被人们直接获得。"刘易斯认为,威廉·詹姆斯其实把先验观念解释成了一种"共享的虚构",而亨利《金碗》之后的作品恰恰采纳了这种解释。

在那些作品中,他研究个体试图从他人那里获得各种特殊信仰的机制,研究一种特殊的现象,即为了归属某个特定群体,人们必须"接受特定信念,就像自己亲身经历一样全心全意地接受这种特定信念……对詹姆斯来说,共享的虚构取代了更为传统的宗教信仰。他总说它具有'神圣性'"。这些信仰可能会相信某人的善良意志,认为一个人真心地爱着另一个人,认为某个人具有德性。或者也可能是一些消极的共享信念,比方说怀疑某人疾病的本质,从最坏的角度去想象别人财富的来源。这种现象可能会无可避免地走到极端地步。詹姆斯认为在此情况下,如果"谎言有助于信仰",那么说谎可能也会成为一种道德义务。亨利在最后三部小说[1902年的《鸽翼》、1903年的《使节》(*The Ambassadors*)、1904年的《金碗》]的结尾,如同康拉德(Conrad)《黑暗之心》(*The Heart of Darkness*)最后一幕一样,都转向了这样一个问题:"主人公是否会撒一个'必要的谎',以便让社群成员继续居住在他们乐意选择的那个幻境之中。"[1]刘易斯进一步表明,"犹如"(as if)这个短语在最后三部著作中通篇可见,呼应了威廉·詹姆斯在《宗教经验种种》中对康德观念"我们去行事,犹如上帝存在一样"的重述。[2]

换句话说,在上帝不存在的世界中,道德基础表面上却又来自上帝。

---

[1] 伯里克利·刘易斯:《宗教经验与现代主义小说》,第61页。
[2] 威廉·詹姆斯:《宗教经验种种》,纽约:朗曼·格林出版社,1925年(第35次印刷)。同时参见迈克尔·法拉利(编):《宗教经验种种100周年纪念文集》,埃克塞特:学术文献出版社,2002年。

如果我们愿意生活在一起,那么面对这种情况,只要这些虚构在我们希望加入的那些团体之中发挥了润滑剂的作用,我们就必须维系共享的虚构,即便这些虚构偶尔会是谎言。维系团体具有最重要的优先性(这就是哈贝马斯的"团结")。更重要的是,我们必须认为这些共享的虚构具有神圣性。"在詹姆斯小说中的坍塌世界中,共享的虚构似乎是残留下来,容许詹姆斯笔下角色生活在一起的唯一信仰。但问题在于,对詹姆斯本人,对他笔下的角色以及他的读者而言,这些共享的虚构几乎不能与谎言区分开来。"

詹姆斯笔下的角色,尤其是《金碗》中的角色,都意识到了恶,意识到了现代世界中缺少超自然的干预力量。《金碗》窥探到了这一困境,并试图探索能让我们克服此困境的虚构。书中玛姬·魏玮作为美国富商艺术收藏家亚当的唯一女儿,在伦敦嫁给穷困潦倒但风度翩翩的意大利贵胄艾莫雷戈。在婚礼之前,艾莫雷戈巧遇玛姬的密友夏洛特·斯丹特。其实这是二人多年之后的重逢,玛姬并不知道夏洛特与艾莫雷戈在他的家乡罗马有过一段情史。婚礼之前,夏洛特和艾莫雷戈一起去给玛姬挑选结婚礼物,在一个古董店中看到了一个金碗。最终他们并没有买下来,因为艾莫雷戈怀疑这个碗有一处暗伤。婚礼之后(此时艾莫雷戈的负债已经被亚当还清了),玛姬担忧父亲寂寞,所以说服夏洛特嫁给他。这使得四个角色更加贴近,而就在此时玛姬似乎对父亲的兴趣超过了自己的新丈夫。艾莫雷戈与夏洛特重燃爱火,走到了一起。

玛姬在本书一开始完全是天真无邪的。婚后她也沾染了一些欧洲的世故和精明,开始怀疑艾莫雷戈和夏洛特之间的私情。她的怀疑很快得到了证实。她造访了艾莫雷戈与夏洛特发现金碗的那家古董店,看到店里正在展示那个艾莫雷戈与夏洛特并没有购买的金碗,于是便买下来送给自己的父亲。不过店家因为收了玛姬高价而感到懊悔,遂拜访她家意欲道歉。在玛姬家中,店家看到艾莫雷戈与夏洛特的照片,并告诉玛姬他

虚无时代:上帝死后我们如何生活

们之前来过自己的古董店。他们在店中说的是意大利语,却不知道店家本人听得懂他们所说的每一句话。

书中最后一部分在我们看来是非常关键的。玛姬开始着手拆散艾莫雷戈与夏洛特,但却不想让她的父亲知道发生了什么。她劝说他把夏洛特带回美国。有感于从玛姬身上看到的世故与狡猾,艾莫雷戈对他的妻子变得热情,并且开始配合她的计划。

有人指责金碗承载的象征非常拙劣、刻意,但它还是成功地实现了几个功能。它的暗伤使人们注意到角色的缺陷,他们每个人都要么是送出礼物的人,要么是接收礼物的人,虽然他们的缺陷从未在书中进行讨论。角色的所有缺陷都没有被讨论,特别是艾莫雷戈与夏洛特的婚外情,以及玛姬让父亲返回美国,以便把夏洛特从艾莫雷戈身边带走的诡计。关键在于,每个人都心照不宣地不去讨论这些问题。幸福的总体氛围流于事物的表面,这种氛围之下只有让人感到愉悦的东西,也就是说,事实上只有集体共享的虚构。"虽然角色们不断相互欺骗,但他们这样做的目的是为了能使他们容忍这种共同的生活。"

詹姆斯认为,我们需要感觉到有些事物是神圣的,在世俗世界当中这种需要仍然存在,只不过所需保持的神圣性事物本身是什么,这个观念已经变化了。由于带有超自然意义的超验性已经不再可能,那么在世俗世界中以群体的方式生活,这表示适应和接受"被抛入群体中的那个人"周围其他人的共享虚构。在威廉·詹姆斯看来,适合当今这个时代的任何一种恰当的神圣性,都会是因为人们的接受而有效的神圣性。[1]

亨利·詹姆斯的小说从根子上说是关于欲望彰显自身的那种不妥协和坚持,是关于欲望破坏社会凝聚纽带的能力。在传统中,凭借有组织的宗教经过演化的各种仪式(尤其是婚姻),社会凝聚的纽带才得以维系。

---

[1] 伯里克利·刘易斯:《宗教经验与现代主义小说》,第78页。

现代世界当中,超验性观念、来世生活、有组织的宗教的各种仪式提供的集体感,这些理念都不再向人们开放了。詹姆斯说,生活和加入社群的唯一方法在于,"犹如"欲望从未造成破坏那样去行事,"犹如"社会纽带从未被搅乱那样去行事。这向我们提供了一种获得社会纽带和集体感的最佳方法,同时也是保持它们的最佳方法。詹姆斯已然确定,在他和其他一些人看来最重大的威胁产生于上帝之死,这威胁到我们关于自己身份的社会感。他也意识到,传统宗教组织在很大程度上致力于处理欲望。

在他看来,信仰上帝已经被,或者将会被信仰共享虚构取代。共享的各种虚构不仅是一种形式上的谎言,还是共同生活的方式,是适应和容纳欲望的生活方式。因此这些虚构既是一种共享的缺陷,一种关于我们全体都已经堕落的默认知识,同时也是一种安慰。

集体心灵与普遍目标

如我们所见,赫伯特·乔治·威尔斯的思想中也有那种"犹如"成分。在同一时期,他认为谎言是"最为恶劣的犯罪"。威尔斯和亨利·詹姆斯之间并没有多少共识(事实上他们还曾有过激烈的争执),虽然威尔斯的一些看法和萧伯纳、瓦莱里以及华莱士·史蒂文斯相同。有种观点把美和艺术视为不证自明,把它们本身视为目的,对此威尔斯感到难以接受。他认为艺术家的头脑"瑰丽多彩,但却缺乏教养",他们的行为从根本上讲相当任性,不合群。在他看来,如果美学没有任何用处的话,那么它就毫无意义。"为了艺术而艺术"最终将会使艺术无视它最初的灵感来源。他的著作包括小说在内,都纯粹是功能性的,正如他自己所说,是专门用来促成社会和伦理改革的。①

---

① 罗萨琳·海恩斯:《赫伯特·乔治·威尔斯:未来的发现人》,伦敦、贝辛斯托克:麦克米伦出版社,1980年,第242页。

威尔斯 1874 年在摔断腿之后便决定成为一名作家,当时他被迫在床上待了数周。他的父亲是一名半职业的板球运动员(效力于肯特队),这期间给他带来大量书籍,点燃了他的热情。早年在布店当学徒的不愉快经历,以及后来担任老师的经历,都没能扑灭他这种热情。

不过,威尔斯真正想从事的事业是科学。他年轻的时候曾一度在米德赫斯特文法学校上学。在那里,因为坚定支持进化论而被世人称为"达尔文斗牛犬"的托马斯·赫胥黎(Thomas Henry Huxley)教授他科学。威尔斯受赫胥黎和进化论的特殊激励,同时也逐渐对科学产生了兴趣。他总结说,为了给科学让路,让科学在解决旧问题的时候启示新的可能性,我们应该时刻怀疑"终极实在"是否可能被认识。他认为正当和上帝的观念只是"人们为了简化行动,并引入对人类行动的规范所进行的尝试。除此之外,人们凭借自身之力就无法表达这种规范"。在写作的时候,在描写背景的时候,他意识到周遭环绕着文化、理智以及政治的演化进程。他认为科学和社会主义都属于这个进程,而此进程将会导致他所谓"人造集体心灵"的出现,它"来自我们个人的心灵,并且也利用和超越了我们个人的心灵"。时值 1900 年,一种广泛传播的情绪认为资本主义已经完成了它的使命,许多人,尤其是西方民主国家中的民众都认为某种形式的社会主义将在新的世纪中取得胜利,并传播到世界各地。[1]

这些观点出现在包括《现代乌托邦》(A Modern Utopia,1905)、《新世界》(New World for Old,1908),以及《制造人类》(Mankind in the Making,1903)在内的许多著作中。他在这些著作中提出,发明哲学王、武士阶级、"义务性贵族"(voluntary nobility)这些分层体系并将这一体系制度化,将会带来更具有科学性和社会主义性质的社会。所有政治力量都会集中在他们手中,他们将会成为专门的管理者、律师、医生、公务员,以及仅有的

---

[1] 罗萨琳·海恩斯:《赫伯特·乔治·威尔斯:未来的发现人》,第 86 页。

投票人。他们的特权相当大,但这些职位却向每一个人开放。威尔斯认为,通过这种划分等级的办法,社会便有望得到有序高效的管理。在他的展望中,武士将会是国际化和世界性的,他们具有开放的理智,最关键的一点,他们将在科学研究的基础上行动和创新。他坚持认为最好的科学提供了"普遍主义"的唯一形式,能够克服实然与应然之间的差异,或者说实际上它经常消解这种差异。①

武士这种说法取自于日本上层军人阶层,这是一种引人注意的策略。他用这个词来暗示,这一阶层首先应当具有科学教养,因此也知道如何从经验中习得知识,知道如何保持社会发展变化。事实上,这就是集体心灵在现实中起作用的方式。有科学领域的评论家在《自然》(Nature)期刊中谈到《现代乌托邦》:"他旨在制定这种秩序的原则,使其能逐步发展臻至完美。所以他的理想社会很可能意味着人们将不会像现在一样,不情愿从经验中去学习知识。"

威尔斯认为基督教和其他一些主要宗教都没能成功地"贬低个人",认为这些宗教其实都"经常地奖励"个体性,只惩罚真正离经叛道的人和"恶劣"的批评,即便此时宗教也会提供赦免。然而,"在我看来人类历史的根本性事实在于一种缓慢地显现过程,包括人类的一种群体意识,合作导向人们不曾想象过的集体权力的可能性,种族的融合,公共普遍观念的发展,从当下的混乱中产生出来的公共普遍目的"。威尔斯主张人在"生活的本能动机"上可以完善无缺,主张"为了达到这个目标,我们必须尽力奋斗,顺便改善我们的人种,减少为多数人轻易接受的各种扭曲和失真观念"。②

于是,他不采用神学的方式来构想"完美性",而是把它构想为三个方面的过程。这是一种个人的完美性,但包含在国家和人类种族这种更大

---

① 罗萨琳·海恩斯:《赫伯特·乔治·威尔斯:未来的发现人》,第 96 页。
② 同上,第 124 页。

的结构之中。"种族的延续,以及对此过程中连带义务的接受,必须被视为所有目的之上的最高目的。如果有人不把种族延续及其连带义务视为最高目的,原因就在于国家中的这一些人为了他们自己的目的贬低了这一目的……我们生活在实然的世界,而不是应然的世界中……现代世界中一个普通的已婚女人必须最大化地利用其不利地位,在旧环境中做出最大的努力,犹如她在新环境中那样尽力去生活,成为一个好公民,付出她最大限度的力量把个人事务带入更好的状态。就像私产所有者以及从事私人事务的公务人员一样,她最好的行动方式是把自己想成(犹如自己的确是)一个未经承认的公务人员,不定期地接受命令,也没有获得适当报酬。公开的不服从没有任何好处。她必须了解自己特殊的处境,并利用她能在此处境找到的一切,直面未来……我们一定要有智慧,同时也要保持忠诚。对未来的状况而言,慎重本身就是一种忠诚……我们为体验和种族而活;个别插曲只是为此目的提供帮助;彼此相爱的人在一间小酒馆碰面,或者重温美好时光,这里只是旅程中停留的小站。当相爱至深的时候,我们为彼此尽到最大的努力。让我们继续保持对小酒馆的想象,但却不能端着酒杯一直坐在火炉旁。我们必须体会新的经历,新的冒险。"[1]

威尔斯有神秘的一面,关于这一点我们后面将会谈到。不过他自己说"宗教对我不起作用"。在他看来一座教堂并不会比一座瑞士小屋更"真实"。相反,他相信社会和种族(他认定种族的完满性先于个体的完满性)的完满性在于科学和社会主义的结合。"社会主义所依据的根本观念恰恰是所有真正科学所依据的根本观念。拒斥偶然冲动以及个人意志以外事件,这成为控制世界上所有事物的唯一方法。它宣告事物就其本性而言是有序的;事物可以被推断,可以通过计算而被预见。此信念的精髓在于,科学追求物质的体系性知识……社会科学家对秩序和事物的可知

---

[1] 罗萨琳·海恩斯:《赫伯特·乔治·威尔斯:未来的发现人》,第125—127页。

性保有同样的信念,相信人们合作的力量能够克服偶然。"他喜欢说,科学就是人类种族的心灵。①

威尔斯赞同赫胥黎的观点,认为进化过程一般来说不属于道德范畴,也"不能指望通过这一过程本身产生出一种比智人更道德的物种,或者为具备伦理意识的社会提供诸多原则。因此,自然中并没有固有美德,人们必须努力校正和控制自己的,乃至于社会的进化过程,而不是单纯接受或盲目地认可达尔文式的进化过程"。他的确和许多社会主义者一样认为,科学和技术能够终结人类的苦难和缺陷。他认为优生学能够帮助完善人类,而此主张结果也同样产生了争议。

在如是科学和社会主义一般语境中,威尔斯认为未来的实现(首先是社会的实现,其次是社会中个体的实现)依赖于"自由的五项原则……缺乏这五项原则,文明就不可能实现"。② 这些原则包括隐私、自由迁徙、知识开放、谎言是"最恶劣的犯罪",以及自由讨论和批评。此外的第六种自由原则能够强化上述五种自由,即科学研究的自由。研究产生理性的结论,科学理性和不偏不倚性赋予它本身一种超越其他知识进路的权威。

威尔斯 1901 年发表了《对技术和科学进步结果的预言》(*Anticipations of the Results of Mechanical and Scientific Progress*),其中有一章讨论"20 世纪的信仰、道德和公共政策"。他预见到一种模糊的泛神论人本主义将得到广泛传播,成为"所有心智健全受过教育的人"的宗教。他们没有清晰的上帝观念,也很清楚地意识到"一种顽固的拟人神学具有一种自相矛盾的荒诞性"。这会使他们产生一种非拟人的模糊观念,一种"能被领会又不能被领会"的上帝。但威尔斯觉得这种上帝百无一用,因为上帝在社会的有

---

① 迈克尔·舍伯恩:《赫伯特·乔治·威尔斯:另一种人生》,伦敦:彼特·欧文出版社,2010 年,第 239 页。
② 罗萨琳·海恩斯:《赫伯特·乔治·威尔斯:未来的发现人》,第 95 页。

效运行方面起不到什么作用,也提供不了什么指引,因此威尔斯认为这种上帝在人类种族的发展进程当中没有任何地位。① 对这种上帝而言,"完美"是一种反常。

为他所承认的神秘性要素是,他相信"集体意识",这是包含人类全体的一种意识。"在我看来人类历史的根本事实在于,人类集体意识的缓慢展现……在我们与其他人之间存在某种事物,某种真实的事物;它通过我们而产生,但既不是你也不是我,它理解我们,它正在思考,并且利用你和我来相互制衡。"他在1914年版《对技术和科学进步结果的预言》前言中重申了这些观点,对"集体心灵"进行了再一次的讨论:"我在那时候(他在费边社期间)看到了我迄今为止都很少想到过的现象,我看到人类事务中存在某种无组织的东西,它比任何组织都还要庞大。这种无组织的力量是这个世界的终极统治者……它是某种超越人类个体之物……这种集体心灵本质上是科学精神向所有人类事务的拓展,它的方法是探寻、言说和服务真理,是使人们臣服于普遍目的……我们是大于我们自身的宏大经验中的一些片段……我信任不断增长的宏大种群的存在,我来源于它,也终将复归于它,我相信这种存在最终可能会超越种群的局限性,成长为囊括万事万物的具有意识的存在……我现在还不清楚它所具有的整体格局,这是我有限心灵所不能认识的。在此意义上,我成了一个神秘主义者。"②

他的一部分后期观念同他早年的观点并不相符。但他在自己的小说和非虚构作品中都主张,个人、国家和民族团体是他所谓"种族延续之流"中的不同方面。从某种层面上看,他计划撰写一部世界史,它能"尽可能地避免所有民族偏见,被所有地区的人们接受,如同接受一本普通历史手

---

① 沃伦·瓦加尔:《赫伯特·乔治·威尔斯:横贯时间》,康涅狄格州米德尔敦:维思大学,2004年,第3、第6、第9以及第11章。
② 罗萨琳·海恩斯:《赫伯特·乔治·威尔斯:未来的发现人》,第148—150页。

册一样"。这一未实现的计划反映了他的观点,认为"我们都是那个不断成长的种群意识的实验品",正如他 1914 年作品《获得自由的世界》(*The World Set Free*)中一个角色所说的那样,我们是"脱离生活的伟大开端"。同样也是在这部小说中,小说主角马库斯·卡里宁在历经两次手术之后濒临死亡,但他仍有精力大胆地喊出:"你,曾经的太阳……小心我……我自己将朝你发射过来,我会触摸到你,会把我的双脚放在你带斑点的脸上,不断拉扯你火热的头发。我会先踏上月亮,随后就朝你跳跃……曾经的太阳,我从维持我自身不散溢的个人容器当中把自己聚合起来。我把我成千上万的想法汇聚成科学,把我成千上万的意志汇聚成普遍的目标。"①

在 1904 年发表的《神的食物》(*The Food of the Gods*)中,威尔斯同样谈起一种"持续运行的神秘力量",谈起作为成长寓言的叙事,讲的是一种促进生长的物质脱离控制,并在乡下产生出巨型物种(巨型人类、巨型鸡、巨型害虫、巨型蚊子)。小说结束时,土木工程师科萨对那些被主角们当成实验品的巨型儿童说:"明天,不论我们是死是活,生长都会通过我们而取得胜利。这永远都是生长精神的法则。以上帝的意志生长!……大一点,再大一点,我的兄弟!……不断生长吧……直到地球不过是你的一张板凳。"②

威尔斯本人被指责缺乏"形而上学的维度",这种抱怨同样也直接针对他虚构的人物。"他的人物缺乏 19 世纪小说普遍具有的那种内心世界。"但这种批判忽略了一个事实,即这些角色仍然竭尽所能地深入分析了除形而上学之外的其他要素。这种批判通常也像威尔斯本人一样,忽略社会良知正在取代宗教,成为角色们道德的主宰。

---

① 罗萨琳·海恩斯:《赫伯特·乔治·威尔斯:未来的发现人》,第 151 页。
② 约翰·哈廷顿:《建构大都会:赫伯特·乔治·威尔斯的政治思想》,奥尔德肖特:阿什盖特出版社,2003 年,第 3 章。

威尔斯的进路背后的基本观念在于：科学，尤其是科学研究，将会产生出用"是"取代"应该"的知识。当这一切发生的时候，道德将会是理性的，而不是宗教的。他的一些观念令人惊异地被 20 世纪晚期的物理学家所重复（参见第 24 章）。

记忆与欲望

马塞尔·普鲁斯特最伟大的作品《追忆逝水年华》（À la recherche du temps perdu），其题目中"追忆"包含了"探寻"和"研究"的意思，即便它并不必然是科学意义上的研究。同时，从玛德莱娜小蛋糕勾起对天主教弥撒的部分回忆这一著名情节开始，整本书通篇都蕴含着宗教的弦外之音。叙述者此时品味着蛋糕和茶在味蕾上的融合，体验着先验的"全能快乐"带来的冲击："我感觉到这种快乐与茶和蛋糕的味道相关，但它无限地超越了这些味道，事实上它们之间也没有相同的本性。"

玛德莱娜小蛋糕的名称起源于玛丽·玛德莱娜（Mary Magdelene），对天主教神学的呼应持续地贯穿了整部著作。不少评论认为，普鲁斯特的"艺术宗教"达到了模仿忏悔这种基督教神学写作传统的程度。

伯里克利·刘易斯的看法与上述意见不同，而且也更具有原创性。他认为普鲁斯特着重利用了法国早期社会学家埃米尔·涂尔干（Émile Durkheim）的观点。此观点出现在 1912 年出版的《宗教生活的基本形式》（Elementary Forms of the Religious Life）中，它刚好比七卷本《追忆逝水年华》中的第一卷《去斯万家那边》（Swann's Way）早一年发表。[1] 涂尔干的大量理论都基于对澳大利亚土著"原始"宗教的研究。他主张图腾制度曾经是（现在仍然是）宗教的基本形式，包含着后世宗教的全部要素。图腾制度

---

[1] 参见罗杰·沙特克：《普鲁斯特的道路：〈追忆水年华〉指南》，伦敦：艾伦·莱恩出版社，2000 年，第 212 页。

指的是一个家族或一个部落对特定神圣动植物的崇拜,并且他们承认一种内在于自然世界的、非人的匿名力量。在图腾制中,原始家族或部落把图腾当成一种"权力"进行崇拜,它在同伴和成员当中发挥着道德力量,保证群体安然无恙,确认群体认同并使这种认同神圣化。

按照这种说法,普鲁斯特的小说本身就是一种社会学,它把家族看成所有价值的来源。比如维尔杜林夫人的沙龙被当成一个小型家族。普鲁斯特所有的故事通过一个个人物,表达了对俗世中被认为具有神圣性和图腾性的那些对象的兴趣;抑或它们具有一种"魔法"能力,可以把我们转移到另外的时空(就像原始家族中的萨满那样)。"那些神圣对象使叙述者回想起,即便在最亲密的关系中也不可能再获得的那种交融",① 玛德莱娜小蛋糕只不过是其中最为著名的情节。

刘易斯认为,涂尔干对普鲁斯特的深刻影响或多或少被忽视了,但他们之间的一些联系十分清楚。比方说,涂尔干是亨利·柏格森在巴黎高师的同学,而且涂尔干还娶了普鲁斯特的远房表姐。涂尔干在巴黎高师时主攻哲学,之后在索邦大学获得了博士学位。普鲁斯特同样在索邦学习哲学,他的两位导师审阅了他研究柏格森的博士论文。其中一位导师是埃米尔·布特鲁,他讨论威廉·詹姆斯的文章影响很大,也撰写过灵性方面的作品。普鲁斯特形容布特鲁是他的英雄之一,并且在《追忆逝水年华》中专门提到了布特鲁的作品。没有证据表明涂尔干和普鲁斯特曾经见过面,也没有证据表明普鲁斯特读过涂尔干的重要著作。但刘易斯说,他们的社会和理智生活毫无疑问存在交集。此外,普鲁斯特的高中老师阿方斯·达吕(Alphonse Darlu)创办了一份杂志,涂尔干《宗教生活的基本形式》一书的导言最先发表在这里。②

再有,普鲁斯特和涂尔干都来自阿尔萨斯的犹太家庭,那时犹太教信

---

① 伯里克利·刘易斯:《宗教经验与现代主义小说》,第86页。
② 同上。

仰还被认为是一种私人事务,没有政治或社会维度。但这种稳固性并没有持续下去,就像小说中那样,教会和国家间的冲突在法国爆发了,导火索是德雷福斯事件,即对一名犹太军官的错误判决引发的丑闻。普鲁斯特和涂尔干都在事件中发挥了积极的作用,支持德雷福斯。这次事件演变成公共事件,世俗主义者与传统宗教信仰者针锋相对。社会学家涂尔干看到,包括城镇化、工业化、物质主义、大众化,以及技术的进步在内的各种现代性巨力汇聚在一起,现在比以往任何时候都有必要主张个人的神圣性,因为个人是"一块试金石,它能甄别善和恶,它被视为神圣的……它具有历代教会赋予各自神灵的某种先验的庄严性"。[1] 个人生活也由此变成了社会各种力量的关注焦点。

而这也恰如其分地描述了普鲁斯特鸿篇巨制的目的。在这部作品中,叙述者正在寻找一种"真正的群体",一种能在早期教会(以及在他的童年时代)看到的群体,但这种群体"如今在制度化的宗教中,在把自己表象为另一种宗教的社会团体中,都已经找不到了。普鲁斯特也理解,技术性和社会性力量以类似宗教的方式控制着现代生活,不过却并不依赖无所不知的上帝,反而依赖各种扎根于原始民间宗教的力量、精神、灵性,以及小写的神。"[2]普鲁斯特用图腾制度、泛灵论、异教崇拜、魔法等人类学比喻或参照,来为自己的作品润色。甚至叙事模式也可以被视为一种后一神论的现象,一种对神圣性、魔法和先验瞬间的探索。书中叙述者一直在移动,贴近各式不同的家族,观察到他们流传在家族本身中的传奇故事。亨利·詹姆斯会认为他们之所以共享这些故事,是为了保证他们家族的统一。普鲁斯特不断感到失望,不过还是从他所谓的"极乐瞬间"(les moments bienheureux)中找到了拯救。他表明,不自主的回忆带来"极乐瞬

---

[1] 玛格丽特·托平:《普鲁斯特的神:马塞尔·普鲁斯特作品语言中的基督教和神秘形象》,牛津:牛津大学出版社,2000年。
[2] 伯里克利·刘易斯:《宗教经验与现代主义小说》,第83页。

间",这是通向过去,通向我们无意识的康庄大路。

在刘易斯看来,涂尔干和普鲁斯特的共通之处并不在于他们关心个人和上帝的关系,而在于"把个人与现代社会,以及现代社会的新神灵联系起来的那种神圣力量"。在涂尔干那里,新的神圣普遍原则是"祖国""自由""理性"这样一些事物(在启蒙运动和大革命之后,这些事物在法国尤其有力)。普鲁斯特并不否认这些事物的神圣性,但他也表明"极乐瞬间"总具有个体性,甚至孤独性,"每个个体都对作为整体的社会世界敞开大门"。普鲁斯特在书中关注"从无意识生活的纯粹冲动(欲望)中"细致地重构一个连贯的自我。西奥多·阿多诺(Theodor Adorno)强调,普鲁斯特着迷于"具体和独特,着迷于玛德莱娜小蛋糕的味道,或者派对中一位女士鞋子的颜色"。通过这些具体的事物,他表示我们内心最深处的自我也不是自然生长出来的,不是同社会割裂开来的,"相反它一开始就被先于自我并且控制自我的各种力量所形塑"。[①]

比如叙述者就表示,为了得到维尔杜林夫人"小家族"的承认,人们就必须同她的观点一致,认为她所发现的那位钢琴家是可及范围之内最好的钢琴家。她的家族表现出一个教派的各种要素,进入这个家族需要完全参与它的仪式,遵守它的信仰。维尔杜林夫人甚至被刻画成"一位'教会权威',她认为贝多芬《第九交响曲》和瓦格纳歌剧是'至高的祈祷',她丝毫不能允许任何人对其艺术宗教提出反对意见"。那些具有批评意向的人,那些异教徒就成为了替罪羊。

《追忆逝水年华》的另一特点在于叙述者对幻想破灭的反复体验,在于他发现自己群体的神圣仪式不出预料地并不具有超验的力量。这些仪式只具有社会性的力量,只是社会性的拯救,瞬间的极乐是唯一可供选择的超验性。

[①] 伯里克利·刘易斯:《宗教经验与现代主义小说》,第92页。

虽然批评家认为普鲁斯特建立了一种艺术宗教，但事实上他主张宗教和艺术都把社会凝聚当成是它们各自首要的社会功能。"当虔信者认为他们正在崇拜瓦格纳、贝多芬或梵泰蒂尔（Vinteuil），其实他们崇拜的是家族标准本身……特殊的艺术作品由此为小型家族提供了某种功能，类似于涂尔干笔下图腾为澳大利亚人所提供的那种功能。"[1]

普鲁斯特注意到，在上帝死去之后，确切地讲在基督教一神论的上帝死去之后，更加原始的宗教仪式，比如图腾制，可能会填补上帝留下的空缺。这是因为人们喜爱神圣体验，"现代神圣性仍旧是神圣的"。但他也说那些经验根本上是虚伪的，因为它们无法提供超验性，而只能确认我们在各个社群中的成员身份。这可能也不是一件小事，但同样也不是什么大事。在叙述者看来，这种神圣体验很令人失望。

在这一点上普鲁斯特与亨利·詹姆斯意见一致。书中不由自主的回忆建立在对叙述者欲望进行解释的基础上。而且他已经看到他人的欲望，并且对他人的欲望感到好奇。欲望正由无意识来解释，迷惑我们这个世界的也恰恰是欲望。欲望让我们感到自己是一个"整体"，或者让我们感到"完整"。在阿尔贝蒂娜死去之后，叙述者谨慎地思考起来世生活。"欲望事实上非常有力；它引起了信仰……我开始相信灵魂的不朽。但这也并没有使我感到满足。在我死之后，我希望能在她身上再次找到她，仿佛生活就是永恒一样。"这呼应了詹姆斯的说法："笃信来世实际上并不是信仰问题……从另一方面讲这是一个欲望问题。"[2]

我们由于欲望的力量而同他人捆绑在一起。由此，欲望就是神圣的。重要的是，欲望要成为群体的一部分，但另一方面，个体对他人的欲望却是非常不同的另一种经验。普鲁斯特说，从群体的立场上看，无论确立稳定性、身份认同乃至其他公共生活如何可欲，它都远不如欲望的私人

---

[1] 伯里克利·刘易斯：《宗教经验与现代主义小说》，第97—98页。
[2] 同上，第109页。

体验那样有趣、充实、使人着迷。欲望是特殊的,就像不由自主的回忆一样特殊。亨利·詹姆斯,普鲁斯特以及既成的教会,都清楚地看到,对欲望的执着是破坏性的、危险的。这就是欲望之所以成为神圣性基础的原因。

7 我们脸颊上的天使

"当一个人放弃上帝信仰后,诗歌便取代上帝的地位,成为救赎生活的根本。""世界上的主要诗歌观念是关于上帝的观念,一向如此。""诗人成为了'无形者的牧师'。"以上都是华莱士·史蒂文斯的话。"在我找到虚无之后,我便找到了美。"(斯特凡·马拉美)"我们感到新宗教的可能性,它的根本性质是一种诗性的情绪。"(保罗·瓦莱里)"诗……能够拯救我们,它是克服混乱的一种完美可行的手段。"(伊凡·阿姆斯特朗·理查兹)"你的脸上暗藏着哪位天使?谁能讲出麦子的真谛?"(费德里科·加西亚·洛尔迦)

正像我们已经讲过的那样,在尼采天启式的宣言后,艺术就被看成一条重要进路,而在我们这个时代这一进路不再被认为是真实的。不是说艺术如今不再重要了,而是说那时的艺术比现在重要得多。如果不通过回想而置身于那个时代,那么本书这个部分中的许多主张都将缺乏它们在那个时代所具有的力量。在历史的转换过程中,某些东西被遗失了。

诗歌尤其如此。在 21 世纪初期,诗歌如今已经差不多成为少数人的爱好了,虽然这些人都有强烈的激情。从某种意义上讲,它一直都是少数人从事的活动。但从维多利亚时代晚期以及爱德华七世时期开始,直到第一次世界大战结束,在这几十年间里有一批人热烈地追求诗歌,他们笃信诗歌是宗教的自然继承人。在法国有马拉美、瓦莱里这样的人物,在德国有斯特凡·格奥尔格（Stefan George）及其圈子，在英语国家有叶芝和华莱士·史蒂文斯。对他们来说，诗歌是"命运的实现"。它让人看到另外一个"更高"的自我，它提供了一个"被放大的世界"。史蒂文斯这样描述它：

> 诗
> 美妙的音乐必然取代
> 空荡的天堂及其颂歌。

上帝的遗孤

不过我们却要从马拉美开始谈起，因为他虽然没有在任何单一作品或诗当中，就如何在没有上帝的情况下生活给出任何特定的观点，但他的整个方法却塑造了大量后继者思考的方式。事实上，有些人把马拉美放在与弗洛伊德、马克思并列的地位，比如象征主义历史学家安娜·巴拉基安（Anna Balakian），因为他在重塑我们思想方式的过程中发挥了重要作用。毫无疑问，马拉美对瓦莱里、叶芝、莱内·马利亚·里尔克（Rainer Maria Rilke），以及华莱士·史蒂文斯的影响是决定性的。

萨特在《马拉美，抑或虚无的诗人》（*Mallarmé, or the Poet of Nothingness*，英文译本 1988 年出版，法文原版早两年出版）中把诗人放在上帝之死叙事的核心，认为至少在法国情况是如此的。他解释了在那个时代发挥作用的其他事物，以及它们如何同诗歌一起对 19 世纪中叶的情感产生影响。他认为 19 世纪中叶的所有诗人（法国诗人）都不是信仰者，虽然他们仍然对"上帝安排的井然有序的宇宙"怀有眷恋。很多人觉得诗歌的地位已经被降低了，因为在从前，一首诗是某种妙手偶得的东西："诗歌只是一个小喇叭,它传递的是上帝的声音。然而后浪漫主义者则倾向于认为他们自己是'效仿自然无序杂音'的古怪铁皮号角。"于是,他们带着理想主义的贵族矫饰,确立了一种堂·吉诃德式的精英主义,而马拉美则是这种更高级别文化的"神经中枢"。萨特写道,在人们仍然拥有信仰的时候,"诗歌赠予人的礼物就是自然中贵族的标记……神圣意志使一个人得以成为诗人。灵感是神的恩典在世俗中的对应词"。[1]

但科学毁掉了这一观点。科学表明所有形式的存在都是平等的,从而破坏了人类的分层。不仅如此,更糟糕的影响可能在于,鲁道夫·克劳修斯(Rudolf Clausius)在1894年发现了热力学第二定律,证明"无物创造或毁灭",宇宙会在热量的死亡中走向最终结局。这对很多人来说确证了完美上帝并不存在于自然,而且上帝也没有创造自然的力量。

萨特由此总结说,诗人比任何人都更像是"上帝的遗孤",即便在此意义下马拉美仍旧引人关注。因为他5岁时母亲去世,15岁时姐姐去世,她们的离世"融合"成一种单纯的缺席——缺席成了关键性词汇。正如萨特在别处所讲的那样,马拉美相比其他人,他的生活中更"缺少权威",或者"缺少摇摆不定"。[2] 萨特说,马拉美认为他的"母亲一直都处在濒死的状态",而这导致他的"在世存在"中有一道病态的沟壑。萨特认为这一点很重要,他把马拉美看成20世纪的先驱,认为他"比尼采还要深刻地体验到了上帝之死……在泰勒[3]思考着组织人的方式以便让工作更有效率的时候,马拉美正在组织语言,以便确保从语言中产生出最好的事物"。[4]

这有助于把马拉美的成就放入具体语境中考察。用安娜·巴拉基安

---

[1] 萨特:《马拉美,抑或虚无的诗人》,厄内斯特·斯特姆译,尤尼弗西蒂帕克、伦敦:宾夕法尼亚州立大学出版社,1988年,第4页。
[2] 同上,第94页。
[3] 泰勒制以弗雷德里克·泰勒(Frederick Winslow Taylor, 1856—1914)命名,指的是在工厂管理中引进科学计算过的人工流水线。其目的在于提高效率,有时也被称为福特主义。
[4] 萨特:《马拉美,抑或虚无的诗人》,第145页。

的话说,他谋求建构或取得一种"语义的先验论,以便补偿正在衰落的对形而上学的渴望"。① 如果正如马拉美生活的时代人们清楚认识到的那样,人们发现宗教无效,"那么语言就成为服务于想象的……依靠和支柱"。这就是他著名宣言的基础,他主张诗人不应当再叙事,叙事暗示了一种连续性,一种建构了实在的前后接续。马拉美寻找某种"不能预见任何事物,也不能在自然语境中决定任何事物的新宇宙"。里尔克曾在稍晚一些时候说,"被解释的世界"(这个世界,此时此刻)"篡夺了天堂的位置,成为艺术在更广范围中的幸存处"。实际上这段话表示,诗人并不以传统方式来追寻重复表象,相反,他们在"时间中的绝对瞬间"寻找不能被复制的"新鲜表象"。此外,在新诗歌意义上,语言"变成各种类比相会的地方,这些类比可以丰富人性,就像把一块衬布丰富成一件简单衣服一样"。意象、观念是隐含的,而不是清晰的。是以读者同诗人一样都享有了一种获得感。② 我们将看到,20 世纪思想的特征就在于含蓄性。

马拉美和他热心的追随者认为这是一种方法,能突出人类对精神性湮灭的拒斥,暗示"没有皱褶的各个词语"的同一,强调"意义之源"的诗性传播,因为意义之源取之不尽用之不竭,它并不是线性的,而是"处于永恒运动的一种环形漩涡"。③

此观点中的核心问题将会主导许多 20 世纪的诗歌,这个问题就是"命名"(naming),为我们周遭的世界命名,不是为内省世界命名,而是为"冷漠宇宙中那些救赎性的特征"命名。就像他的名言一样,为"在花束中都找不到"的花命名。马拉美的说法更加直白,命名"不会唤回任何个别事物的轮廓,虽然我们已经对这个事物具有经验性知识,而且也可以在它所处的自然环境中专门将它识别出来"。换句话说,"对不可知觉事物的

---

① 安娜·巴拉基安:《诗人的幻觉:从马拉美到后象征主义状态》,普林斯顿、牛津:普林斯顿大学出版社,1992 年,第 4 页。
② 同上,第 7 页。
③ 同上,第 16 页。

知觉,并不会产生于一种扭曲的透镜,而会产生于对语言意外结合的理性适应",用他的话来说,产生于一种语言的渗漏。其实这就是象征,是对"另外"一个世界,一种"中间地带"的创造。它只依赖于语言的力量,并且会带给我们真正此时此刻对瞬间的强烈感受。[1] 马拉美明确地说过,这一方法将会"以更具实践性的眼光来看待人们在此星球上的生活",从而取代神学目的论。[2] 对他和他的追随者来说,诗歌必须摆脱叙事和模仿传统,进而创造他自己的虚构,它自己的实在,"一种脱离神学观念的本体论"。[3]

这就是他在《埃罗提亚德》(Hérodiade)、《牧神的午后》(L'Après-midi d'un faune)等诗中所做的尝试。他把这些作品视为一种新的"一致思想"的一部分。这是一种命名的思想。考虑到这个世界没有穷尽,没有限定,又因为人性之中有着对"重生机会"的普遍欲求("重生机会"指的是既不浪费我们所继承遗产,又超越我们现在所过生活的机会),所以,这种思想不仅为新形态命名,也为新神话命名。他说,这个世界包含大量重生机会,自我的超越允许我们同命运搏斗,以便创造出"不可详细说明的空间知觉"或"不可确定的时间知觉",以便"去除自然的腐朽过程"。这些都是只有语言才能带来的具有想象力的命名形式。

马拉美通过这些手段来改造诗歌,重塑诗歌,重新为诗歌奠基,以便保卫这个世俗世界的追求和目标。20世纪第一流的诗人大多响应了他的号召。

赞颂和纵向维度

不过在我们讨论他们之前,需要考察一位能在对诗歌的追求上比肩

---

[1] 安娜·巴拉基安:《诗人的幻觉:从马拉美到后象征主义状态》,第17页。
[2] 萨特:《马拉美,抑或虚无的诗人》,第188页。
[3] 安娜·巴拉基安:《诗人的幻觉:从马拉美到后象征主义状态》,第42页。

马拉美的人,他几乎把诗人从"不被承认的世界立法者"——借用雪莱(Shelley)的著名说法,变成政治的煽动者。这个人就是德国人斯特凡·格奥尔格。"煽动者"这个词有些过强了。

> 双眼、紧闭着,只有当望向远方时
> 仿佛一团烛火从眸中升起
> 痛苦来自某种旧时的暴行。
> 刻在他的脸上。
>
> 脸部线条从暗色头发下陡峭地延伸出来
> 如同王子的廊柱
> 延伸到他、隐藏起来的颊
> 写满了暴力、在仇恨中致死
>
> 静止的唇边、驻留的痕迹
> 那是征服的诱惑
> 庄严的眉承载着
> 高贵的诅咒,像被选中的珍宝一样

这首诗经罗伯特·诺顿(Robert Norton)的翻译仍旧非常生动。它并非格奥尔格所作,而是描写格奥尔格的作品。恩斯特·贝尔特拉姆(Enrst Bertram)是一位诗人、文学教授,同时也是研究尼采的权威,他把这首诗叫做"大师素描",即便有时候他又把格奥尔格描述成一个"狼人"。[①] 这一说法可能有些过头了,但毫无疑问的是,格奥尔格的事业成就确实非常出

---

① 罗伯特·诺顿:《秘密的德国:斯特凡·格奥尔格及其圈子》,伊萨卡、伦敦:康奈尔大学出版社,2002年,第504页。

众,可以同诗歌历史上的任何人媲美。他把"为了艺术而艺术"的伦理推到了前所未有的高度,并且积极谋求用诗歌来取代宗教。

他的非凡事业开始于 19 世纪 90 年代早期,那时格奥尔格已经在巴黎与马拉美见过面,并被马拉美大师的小圈子接纳。格奥尔格此时顺着法国象征主义的进路,以抒情诗人的身份出现。照格奥尔格的传记作者诺顿的说法,当他的诗歌开始到达"非凡出众乃至令人惊异的程度时,格奥尔格设法使自己生活的每个方面都顺从于自己的意志……他想要掌控别人对他的看法,这种欲望只是他偏好彻底自我创造这一终身特质的另一种形式罢了"(这是他和叶芝的共同点,虽然他们二者的方式方法完全不同)。[1] 然而奇怪的是,虽然人们几乎都没有看到他脱离这大约 30 人的小圈子,但他的影响稳定地传播着,直到覆盖整个德国。

格奥尔格感到与象征主义者气味相投,尤其是他们也相信科学并不能改善世界,只会使世界变得贫瘠,会把世界还原成可测量、可计算的事物,甚至于消除先验意义的可能性。象征主义者认为自然只不过是一种假象,它掩盖着那个真实但却不可见的世界。不仅如此,诗人有进入这个真实世界的特权。诺顿也认为:"更确切地讲,诗的语言像一种导管,它并不把人们带向对被描述事物的领会,甚至也不带向事物可能唤起的情感;诗的语言反倒是通过根本无法被理解的一种联合,使诗人的视野与那种具有'理念'、'无限'或'绝对'等不同名称的事物形成一种精神上的协调,并最终使这两者相会。只有诗人,也唯有诗人,才能充当二者相会的中介。"[2]

从这个角度说,唯诗人有进入某种世界的特权这种观念在 21 世纪的第二个 10 年开始反对后现代、后殖民、民主世界的整体氛围。不过我们

---

[1] 罗伯特·诺顿:《秘密的德国:斯特凡·格奥尔格及其圈子》,第 xii 页。
[2] 同上,第 74 页。

如若想要全面理解格奥尔格的目标和影响,就必须置身于过去那个时代来思考。正如本章开头曾反复强调的那样,那个时代的人们比现在更重视艺术,而且也用跟现在不同的一种眼光来看待艺术家。比方说格奥尔格主要的四部诗集都以具有启示性的书名出版:《颂歌》(*Hymns*)、《朝圣之旅》(*Pilgrimages*)、《灵魂的时代》(*The Year of the Soul*)、《圣约之星》(*The Star of the Covenant*)。

格奥尔格毫不妥协地认为,艺术和艺术家在生活中具有优先性,甚至优先于生活本身。《颂歌》中关于弗拉·安杰利科(Fra Angelico)的一节诗最为清晰地表达了这种观点。在格奥尔格看来,弗拉·安杰利科从他栖居的世界中窃取了他创作的原材料:

> 他从圣杯上取来了金色
> 描绘金色的头发和成熟的麦秆
> 粉色源自以砖作画的稚童
> 溪边浣衣女身上那一抹靛蓝

自然在这里是为艺术服务的,至少他暗示了这一点。艺术家被放置在了与上帝同等的地位。整本诗集都在突出诗人的成就。在此他的部分目的同象征主义者一样,意图征服甚至推翻外部世界这个我们居住的物理空间,他们认为这个世界的"品质低劣、庸俗、恶毒,且无可挽回",认为具有特权的新集团应当创造一个新世界来取代它。

通过刊物《艺术之页》,格奥尔格身边也聚集起特权集团。《艺术之页》不仅是一本期刊,对格奥尔格的追随者来说,它也是一面旗帜,能汇集和拓展他所传达出来的信息。因为在格奥尔格早期以及随后的一段时间里,其诗集的发行量非常少(《灵魂的时代》只印了 206 本),而且只分配给精挑细选出来的追随者,所以这本刊物就显得尤为重要了。持这种特权观的人不仅限于格奥尔格。胡戈·冯·霍夫曼斯塔尔（Hugo von Hofmannsthal）在写给他的信中倾诉道："我完全赞同你的观点,也丝毫不关心'文章'以及宣传问题,我只关心与那个必然很小的圈子相接触,他们和我一样正在寻找,并且了解到以其他方式难以了解的关于艺术的相关工作。"为了强调其任务,刊物宣称它的中心目标在于,在"新的情感和态度基础上",在"一种为了艺术而艺术的基础上",推进一种"精神性的艺术"。①

格奥尔格最通俗易懂的诗大概是《灵魂的时代》。诺顿形容它是"一泓阴郁的水流,铺洒在诗人心灵的图景上"。

你走到炉膛旁边
余烬已经完全熄灭
地上唯一的光线
是月光死尸般的色彩

你把自己苍白的手指
深深地插进灰烬
探寻、感觉、摸索——
火光或许会再现！

瞥见月的建议
带着安慰的姿态：
离开炉膛吧
夜已经深了。

---

① 罗伯特·诺顿：《秘密的德国：斯特凡·格奥尔格及其圈子》,第135页。

书中的每种事物都沐浴在这种"暮色之光"中,就像古斯塔夫·克里木特(Gustav Klimt)一些绘画作品中那些可溶解的(deliquescent)、没有固定位置的、充满肉欲的女人一样,她们似乎无视观看者的存在,克里木特的作品具有纯粹的美,超过了所有其他意义形式。(这种特质对翻译者来说最具挑战性。)

格奥尔格最初想用诗歌来创造另一个可供选择的世界,但依靠《艺术之页》他仍旧发展出一个小型圈子,一个特权小组的观念,使他们围绕在自己周围。他们的观念中关于圈子新人的部分包含了等级制度。作为与资产阶级社会不同的另一种可行的生活方式,等级的重要性在不断增长。格奥尔格及其追随者把类似心灵组成的圈子看成供伟大观念、美好观念出现和联合的最佳路径。即便在此圈子中,也从未有过完全平等的主张。据说较低层成员的"较小"主张可能会参与到领袖(当然是格奥尔格本人,处于圈子的最高层)产生更大,更美主张的过程中。对较低层的成员来说,参与到领袖高层次生活中本身就是值得欣慰的事情。他们之中有人曾说过,低层成员收集花朵,以供他们领袖稍后"编织成花环"。这个圈子总是预设了一个核心,它为圈子全体提供稳定性、方向乃至目标。①

这种观点和设定,只有结合格奥尔格圈子的另一个特征才能发挥作用。这个特征在于,它坚定地攻击理性与合理性的价值。我们可以看到此特征的缘由。批判能力创造了怀疑,把事物都纳入到问题中,它不承认裁判的权威,因此倾向于被孤立。在没有批判氛围的情况下,信仰才能得到最好的保存。格奥尔格的小团体认为最重要的价值就在于,"抹平各个体存在的所有差异的狂欢"。②

圈子成员提出各式各样的理性替代品。建立德国笔迹学联盟的哲学

---

① 罗伯特·诺顿:《秘密的德国:斯特凡·格奥尔格及其圈子》,第225页。
② 梅丽莎·莱恩、马丁·鲁埃尔:《诗人的帝国:格奥尔格圈子中的政治与文化》,纽约罗切斯特,伍德布里奇:卡姆登书局,2001年,第91页以下。

家路德维希·克拉格斯(Ludwig Klages)认为,现代世界"退化了",他主张用"激情"来驱动艺术家。"对生活的深沉热爱勾勒出创新的本质。从这种本质中流淌出激情——那种自我牺牲的力量,融入崇拜对象的力量。信仰和崇拜位于创新个体的灵魂之中。艺术并非客观知识的造物,而是激情的产物,包含着幻想和梦境。"

同伦纳德·伍尔夫的说法一致,各式各样不计其数的"圈子"都或松或紧地由共同假定维系,但在格奥尔格的"秘密德国"中却不存在这样的假定,因为这个假定没有被提及的必要。①

《生活的多样》(*The Tapestry of Life*)并不像格奥尔格的其他诗集一样,拥有宗教式的标题,但即便如此它仍然具有神圣文本的属性。它的语言会让人想起《圣经》,并采用了一种天使福音的形式,传达着格奥尔格自己古怪的"美丽生活"原则。天使教会诗人最重要的一课,是"臣服一位超越存在的价值和重要性"。天使许可诗人站在类似天使的立场,去面对诗人自己的追随者。

> 一小群人默默地沿着这条道
> 骄傲地远离了工作的繁杂喧嚣
> 他们的旗帜上标语鲜明:
> 向古希腊致以我们永远的爱

格奥尔格认为,希腊理想最终将凝结为一条清晰的原则,他在这条原则中为意义和确定性提供了避难之所,并要求以绝对的忠诚作为回报。

> 我们行走在严厉的主身旁

---

① 罗伯特·诺顿:《秘密的德国:斯特凡·格奥尔格及其圈子》,第230页。

> 他仔细地检阅着自己的战士
> 泪水不能阻止我们追随自己那颗明星
> 朋友的臂膀和新娘的甜吻也不能

事实上,格奥尔格的追随者就是他的门徒。他采用了基督教的模式,但却服务于美,服务于只有他才能最贴近的那种美。在我们看来这似乎是落伍的观点,但它却至少相当直率。不过,这里仍然存在着难题。

莎士比亚,而非耶和华

格奥尔格的一些门徒是年轻人,甚至可以讲就是孩子。他们一开始被挑选出来,以寻找诗歌天赋为由,不过这种做法后来逐渐被放弃了。有两个人受到了特别的重视。第一个人是1898年加入的弗里德利希·贡德尔芬格(Friedrich Gundelfinger)。他长相英俊,常常收到女士送的鲜花,是令人着迷的健谈者,也是聪明的模仿者。贡德尔芬格醉心于格奥尔格,反之亦然。格奥尔格称他为"贡多夫"(Gundolf)。[①]

即便在这里我们也看到格奥尔格观点的演变,他个人的事务逐渐上升成为具有两个要素的教条。格奥尔格的原则关乎艺术,反对新教、普鲁士以及资产阶级。他圈子中的每个成员都谨守这些观点,其严格程度可能超过了当下的我们。贡多夫坦率地说:"我愿意为莎士比亚服务,而不愿为耶和华或巴力效力。"成员们认为自己是"更高的存在形式",认为艺术不是游戏,而是神圣的事物。毫不夸张地说,艺术在他们看来就是生死大事。[②]

第二位年轻人其实还是个孩子,他对格奥尔格产生了深刻的影响。

[①] 罗伯特·诺顿:《秘密的德国:斯特凡·格奥尔格及其圈子》,第267页。
[②] 同上,第286页。

虚无时代:上帝死后我们如何生活　　179

当格奥尔格 1903 年见到马克西米利安·克龙贝格尔（Maximilian Kronberger）的时候，格奥尔格 35 岁，马克西米利安刚刚才到 15 岁。马克西米利安（格奥尔格爱称为"马克西"）的早夭刺激了格奥尔格生命中的一个关键的新阶段，其部分原因在于马克西在 16 岁生日的第二天就出人意料地死于脑膜炎。直到那时，格奥尔格圈子中的杰出人物还尚未明显地超越他们共享的美学优越感。但马克西死后一切都变了。

此时，格奥尔格似乎得到了某种神秘的体验。正像他传记作家所讲的那样，"非理性、灵性的氛围总是与格奥尔格的诗歌相伴。如今他可以严肃地宣布马克西的神圣性，可以把自己说成是私人宗教中的一位世俗牧师"。有些人对这种说辞深信不疑，格奥尔格最忠实的追随者之一，诗人、翻译家弗里德利希·沃尔特斯（Friedrich Wolters）认同大师本人接触到一种神迹——"上帝决定以人的形象，以马克西的形象出现"。[1] 自此之后，格奥尔格不仅认为自己是一位诗人，还认为自己是耶稣的一种形象。他和历史上其他自认为耶稣的人（结果通常被看成神经病）相比，区别在于他的诸多追随者按照他希望的方式来对待他。

到了 1910 年，格奥尔格的追随者大约有 30 人，意味着至少在他们看来，这是一种有别于资产阶级（基督教）的另一种生活方式。他们很好地定义了自己的目标和集体，不像是资产阶级社会的松散集合，他们的集体提供了对抗社会的一种新的生活方式，共享了对现代性的深切仇恨。在《第七枚戒指》（The Seventh Ring）中，格奥尔格甚至勾勒了一种私人的末世学，表示人们生活在一起的旧方式将会终结，宣布门徒以导师为中心一起生活的新方式。圈子中的一些成员公开承认的那种门徒身份，似乎是一种非常陌生，甚至荒谬的观念。即便如此，门徒身份也将他们从"自我傲慢孤立的状态"中解放出来，让他们（几乎不可能是她们）可以在自己的

---

[1] 延斯·里克曼（编）：《斯特凡·格奥尔格作品一本通》，纽约罗切斯特：卡姆登书局，2005 年，第 145 页以下、第 189 页以下。

生活中引入崇拜和赞颂活动。这对于成员们来说就是目的和拯救。

贡多夫声称,"门徒的义务并不是模仿,他们的自豪在于其导师的独一无二。他们不应该给他立像,而应该成为导师的作品,不是立足于并显现出他令人惊异的特点和仪态,而应当把他的血液和呼吸,他的光和暖融入他们的存在"。贡多夫还说(以一种不幸的比喻),"领袖的门徒应当是被他加热的行走烤箱,是被他赋予生命的物质⋯⋯只有领袖或导师才可以说具有一种'人格'⋯⋯任何人只要知道自己并非导师,就应该要学会去做一名仆人或门徒,这也比做活跃的虚无要来得好。"①

秘密德国:精神的国度

所有这些主张都不符合欧洲启蒙和自由的一般传统,所以经常有人会问他们是否有某种人格异常,或许是格奥尔格,或许是他一众追随者(路德维希·克拉格斯确实表现出精神分裂的症状)。然而随着时间流逝,格奥尔格的影响并没有消失,反而逐渐扩大。那时他是一种准宗教文化改革的中心,"一众门徒在精神国度探寻此改革的完善,它将逐渐蔓延到偏远地区之外,传播到更远的地方"。②

格奥尔格之所以没有因为神神叨叨而被废黜,原因之一显然在于他对其他人的神秘影响。亚历山大·冯·伯努斯(Alexander von Bernus, 1880—1965)是一位诗人,也是期刊《避难所》(*Die Freistatt*)的编辑,刊发过弗兰克·魏德金德、莱内·马利亚·里尔克、斯蒂芬·茨威格(Stefan Zweig)、托马斯·曼、赫尔曼·黑塞等人的作品。很多投稿人都成了他的朋友,所以他并不是一个容易被慑服的人。不过在 1909 年夏天的时候,他和格奥尔格一起待在冯·伯努斯位于海德堡附近的施蒂弗特新堡

---

① 罗伯特·诺顿:《秘密的德国:斯特凡·格奥尔格及其圈子》,第 410 页。
② 同上,第 412—413 页。

(Stift Neuburg)旧居。此时他也承认"斯特凡·格奥尔格说服人和吸引人的地方,并不太在于他的诗歌……对伟大人格的幻想控制了他的激情……这种人格更像是罗马凯撒的人格,而不是诗人的人格……在第一次世界大战前的那些年,他的周遭似乎环绕着一种神秘的光环"。

贡多夫进一步发展了这种说法。他"像原始部落中的牧师那样,相信精神的灌注,相信学生通过导师的帮助而复活或重生,相信精神的移植"。当格奥尔格在1909年11月宣布创立一本名为《精神运动年鉴》(*Jahrbuch für die geistige Bewegung*)的新期刊时,贡多夫的这些信念获得了更进一步的力量。[①] 据格奥尔格的另一位追随者卡尔·沃尔夫斯凯尔(Karl Wolfskehl)说,"小组成员对生活本身持相同的观点"。由于反对"在我们这个时代已经过热的个性崇拜",一种依赖于"理性""自由"和"人性"这些空泛口号的崇拜,格奥尔格的门徒"认为人、工作以及欲望的唯一集合体已经有机地在过去20年里产生出来了"。沃尔夫斯凯尔写道,只有圈子成员才"不会产生个人嫉妒和愤懑,不会相互争斗,不会渴望窃取或诓骗别人拥有的地位"。他和其他一些人都觉得,"时间的真正动力"不应该在"现代世界这个贫瘠的垃圾场"当中找寻,而应该在别处,在"聚集在格奥尔格周围的那群人"中寻找。沃尔夫斯凯尔第一次称这群人为"秘密德国"。格奥尔格的门徒认为他是"避无可避"的精神战争的领袖。[②]

他们的主张仍旧没有就此停止。贡多夫还主张,"一个人表明信仰格奥尔格,这并不意味着信仰格奥尔格本人。斯特凡·格奥尔格是当代德国最重要的一个人……他通过创造未来精神和未成型灵魂的语言外壳,为即将到来的信仰发挥他的力量"。贡多夫甚至提出,德国人其实就是现代的天选之民,"有幸拥有坠入他们中间的那种潜在的奇迹拯救"。当然,

---

① 罗伯特·诺顿:《秘密的德国:斯特凡·格奥尔格及其圈子》,第429页。
② 梅丽莎·莱恩、马丁·鲁埃尔:《诗人的帝国:格奥尔格圈子中的政治与文化》,第56页以下,第91页以下。

并非所有人都是天选之民。拯救仅仅应许极少数人,即便对德国人也是如此。其他没有得救的人将会消亡。"那些尚能感受诗歌的德国人将和格奥尔格一起,开始接收新纪元的预兆,解除旧时代的悲怆。"①在沃尔夫斯凯尔看来,"相反我们应当尊重'伟大人物',遵循他对我们的指引,不论他要求我们做出什么样的牺牲。"那些即将被圈子接纳的幸运儿,应该"探寻能够为自己的意志提供意义和范例的那个人"。圈子成员自不必说,应当避免自己受到所有形式的自然或精神本性的玷污。"健康人不让苦难折磨污染他的眼睛,他为了对抗敌人而保持良好体魄。"②

1913年11月,格奥尔格出版《圣约之星》,这一版只印了10本。它包含上百首诗,每首诗都必须读数次才能理解。它是"秘密德国"的誓约书,其目的在于表明诗人其实是牧师,他能让追随者留意取代上帝的那种美;其目的在于确认当代世界的贫瘠与无价值,确认在新时代开始之前必须将其完全摧毁;其目的在于向他的追随者展示如何在新时代生活,如何在他们领袖的影子中生活。③ 格奥尔格这部作品的目的可谓惊心动魄。

玛丽安娜·韦伯(Marianne Weber)代表了多数人,她说:"对凡人的神化,以及在格奥尔格身上的宗教建构……在我们看来是那些完全不能适应现代世界的人的自我欺骗。"④但当第一次世界大战爆发的时候,许多人开始同意格奥尔格关于领袖和门徒的看法。格奥尔格·卢卡奇(Georg Lukács)认为这种诗人就是希特勒的雏形。许多士兵把《圣约之星》带上前线,把它当成"祷告书"。这个问题我们将在第9章进行考察。

于是格奥尔格作品的核心在于,它确立了一种建立在诗歌权力之上的新宗教。这种形式高于任何个别诗歌的内容,高于所有诗歌的外

---

① 梅丽莎·莱恩、马丁·鲁埃尔:《诗人的帝国:格奥尔格圈子中的政治与文化》,第437页。
② 同上,第486页。
③ 同上,第492页。
④ 同上,第480—481页。

壳——它是一种增强了感觉的诗歌形式。在德国的教化（Bildung）传统中可以看到这一点。教化传统是一种自我修养和完善的过程，在这个过程中，作为实践和体验的诗歌被认为具有极高的价值，它能批判地纠正由科学研究和冷漠学院派所逐渐控制的理智生活。按照这种解读，诗歌具有高于科学的理性特质，"因为它被注入了综合的力量"（回想弗洛伊德乃由于他的综合性而受到赞誉）。[①]

对格奥尔格来说，所有主张都汇集于赞颂观念的核心地位。他认为赞颂是崇拜最重要的方面；赞颂在伟人及其追随者之间，其实也就是在神及其崇拜者之间确立了一种关系。格奥尔格说，人们必须通过两个维度才能使其实现。他们需要一个纵向维度，以便人们可以在其中探索和学习；也需要一个水平维度，崇拜团体中的成员可以依据他们通过崇拜而获得的理念一起生活。"诗歌就是赞颂"，格奥尔格后期的作品采用了这个观念。1928 年，马克斯·科雷默尔（Max Kommerell）出版了《德国古典时期的领袖诗人》（The Poet as Leader in the Age of German Classicism）一书。

适应失望

法国诗人、文学家保罗·瓦莱里诞生于法国南部城市赛特。他说这是他自己中意的诞生地，"我的第一印象便来自大海和繁忙的海港"。瓦莱里智商很高，也很敏感，他在成长中一直对功课和竞争中犯下的错误感到焦虑，虽然他所在的班上只有 4 名学生。这极大地影响了他日后的生活。他总是过着自律的生活（早年间，尼采的著作是其枕旁书），十几岁还未服役的时候便开始写诗。1890 年 19 岁时，他在庆祝蒙彼利埃大学 600 周年的典礼上，遇见了诗人比埃尔·路易斯（Pierre Louÿs）。那时的路易

[①] 延斯·里克曼（编）：《斯特凡·格奥尔格作品一本通》，第 161 页以下。

斯是来自巴黎的学生代表,他们之间产生了友谊。路易斯作为巴黎人,时常混迹于以马拉美、保尔·魏尔伦(Paul Verlaine)以及安德烈·纪德为核心的圈子,他提出要向他们展示瓦莱里的诗。早早建立的友谊显然有助于促进瓦莱里的天赋。

他的天赋中包含对数学的终身兴趣,而从数学的兴趣当中又产生了对秩序的兴趣,这些兴趣反过来又激发了他对音乐和建筑学的兴趣,主要是关注与马拉美相关的音乐和建筑。在瓦莱里看来,音乐和建筑是最伟大的艺术形式,因为它们都是"纯粹的意向"。这种具有前后顺序的兴趣至少部分地塑造了他的哲学,他认为我们主要关注的问题应该是超越我们有机或生物本性的那种尝试。在他看来,我们并不希望用有机本性的演变来指导人类进化,他指出,病态和健康都同样自然。[1] 人类和动物之间的区别在于,我们能够挣脱自己的生理遗传本性。他坚持认为"我们是各自不同的事物",对此最好的理解是,我们彼此之间并不连续。这会使人怀疑"我们自己"这个观念,因为我们具有许多个连续的自我,而其中有一些则是同时存在的。

进化的适应性在他看来是一种障眼法。他觉得我们的最高使命是摆脱我们的生理冲动,或者置身于我们的生理冲动之外。他认为"灵魂的报偿外在于进化,进化和艺术完全两样"。进化通过长时间不可知觉的积累而实现,艺术则通过它的影响而实现,通常实现的方式是庄严的刺激或冲动。瓦莱里认为,不可知觉的进化步伐把我们带到通向结局的各个错误环节,其结果之一就是"宇宙丧失了整体性",部分性与整全性一样都是真实。这就是诗人和艺术家的切入点,是为了建立"诸多有序的小世界"。一件成功的艺术作品会激发"信仰的力量,而不会强制人们相信"。他认为一首成功的诗制造出"无限结果"的各个瞬间,它们是有别于生物世界

---

[1] 诺曼·萨科宁:《保罗·瓦莱里和开化的心灵》,牛津:牛津大学出版社,1954年,第161页以下。

虚无时代:上帝死后我们如何生活　　185

的独立现实,是精神性的但却不是神性的。在这里他的观点与桑塔亚纳产生了重叠。

瓦莱里尤其强调体现出生物价值和精神价值之间的"互不相关"。他认为,我们摆脱生物束缚是成为人的关键。正像他描述的那样,生物意义上的生活很"普通",虽说精神是身体的伙伴,但我们最珍贵的心理体验,比如对知识或无私之爱产生的愉悦,"都设想了一种从根本上不同于我们困顿生活的目标"。他以为浪漫派对无法企及之物的向往,使他们和我们中的许多人不能承认下列事实,即人们试图发现这种无法企及之物所经历的全部阶段,"都必然是临时性的"。① 他觉得人类是"地球上的陌生人",不能强迫这个世界去追求任何目的,因为我们不能修改事物的构成,但是我们可以修改它们彼此之间的关系。

瓦莱里觉得所有尘世经验都"不可避免地"令人失望,因为"它们与自我意欲从中获取的东西并不相称"。他同样也把此观点用于艺术作品:纪念碑无论如何显眼,它都不真正具有权威(这个观点可以从他著名论断中总结出来,即艺术作品从来不会结束,而只会在特定阶段被抛弃)。诗人应当可以轻易地被震撼,但不能轻易地被说服;心灵天然的活动,尤其是我们对不朽的"奇怪偏见",都必须由一个更加严格的第二自我予以证明和检验。

"艺术作品总在某种程度上令它的作者感到失望,原因并不在于艺术作品是某种已被彻底经验,但却没有被充分表达的事物,原因并不在于艺术作品不能表现甚至背叛了这种事物。真正的原因是,艺术作品表现的内容并未达到作者意图展现的那种程度。作品总是达不到的那种完美,完美的存在高于作品,而不在作品之后。我们关心作品与完美之间的差距,但完美的完整概念同具体事物的实现截然不同。它会自然而然地出

---

① 诺曼·萨科宁:《保罗·瓦莱里和开化的心灵》,第17页。

现，但不是因为人们不完美地描述了那些知其'深奥'却无法言传的事物。"此观点还同样适用于自我，"就像诗性现实是现实的一个方面一样"，本质的自我是从不停止的显现所发现的一类事物。"任意单个行动……产物，都会被视为这一发现过程的组成部分，而不会被视为一次不完美的宣告，宣告从人类更青睐的意识状态中所发现的事物。发现本身就是目的。"

这解释了为什么在瓦莱里看来，秩序或形式(比方说诗歌中的十四行诗)并不是限制，即形式是客观的，不局限于即时场合；形式决定了作者和旁观者都承认的那些关系。作者和旁观者都能接触现实化的成功或失败，他们对形式及其影响表达的方式都或多或少地达成一致。一件艺术作品向我们表明了自己的能力所在，并指向了除却艺术家和观看者的心灵之外，将无处存在的那种完美。完美无论大小，它总是一种理想；我们必须接受，在我们品尝完美观念的时候，艺术作品始终把失望摆放在我们面前。[1]

对瓦莱里乃至对斯特凡·格奥尔格而言，诗和语言的诗性用法，甚至诗的人造性(尤其是这种人造性)，至少在目的意义上都是精神性的："精神是一阵风，是有重量的思想。"[2]他说，我们最隐秘最深刻的思想，来自我们先辈的天真和困惑。能以诗为名的作品都不允许思想一直处于不精确状态。在此意义上，诗歌把进步表现为一种形式的澄清(类似托马斯·内格尔对哲学的定义)。理智是我们头脑中唯一的天使，它决定了灵魂是一种任意性构想；而艺术才是真正的精神性构想，它决定了精神生活在此意义上才是自然的恰当组成部分。他写道，我们正处于精神时代的边缘。

诗歌是一方"绝对的所在"，是穿过"存在的低洼地带"的一场旅程，是不同于他人的思考方式，是思想和语言显现的一条途径，是叔本华"意志"

---

[1] 诺曼·萨科宁:《保罗·瓦莱里和开化的心灵》，第19页。
[2] 同上，第31页。

产生的结果。瓦莱里把诗歌想成是"一种没有目标的涌现",可能也是宇宙中最没有意义的事物。诗歌不仅是释放诗人内心压力的方式,也不仅是使读者和旁观者产生出"被动愉悦"的方式,更是一种臻至美学意识独有状态的不可或缺的方法。它并不是某种神圣的事物,用马拉美的话来讲,它"暂时存放着我们对神的暗示……对诗人来说,诗歌既是对读者的邀请,也是实现诗人自身命运的一个阶段,而这两种功能也只不过是临时性的"。在诗歌创作的过程中,诗人超出他自身,成为更丰满的他自身,"宇宙的真正命运将由诗人来表达"。自我取之不尽用之不竭。[1]

瓦莱里认为,诗歌对人类心灵而言最重要的一点,在于逐渐接近迥异于物质现实的那种经验。即便远离物质现实,但那种经验仍然具有某种意义,即经验到精神性本身。很多人说过,宗教在现世中的大部分持续性力量源于苦难的持续存在。瓦莱里看到,人们具有的能力远超出他们一生的实际所得。他看到,来自诗歌阅读和分享的知识将会强化他们,帮助他们为苦难做好准备,对苦难做出反应。换句话说,我们的重要性超出了传统宗教所许可的程度。

恰恰是这种抱负使本章提到的那些人物站在一起。

短暂的秩序

叶芝形容自己被尼采"迷住"了。1902年,他写信给自己的美国收藏家朋友约翰·奎因(John Quinn),说"我从未读过如此激动人心的作品"。而他在别处也曾说过,自己发现尼采是一个"使人感到高兴的人"。[2] 奥托·博尔曼(Otto Bohlmann)发现叶芝和尼采的作品存在很多联系,而且

---

[1] 诺曼·萨科宁:《保罗·瓦莱里和开化的心灵》,第46、第94页。
[2] 奥托·博尔曼:《叶芝与尼采:威廉·巴特勒·叶芝作品对尼采的主要呼应》,伦敦、贝辛斯托克:麦克米伦出版社,1982年,第 xi 页。

叶芝还区分了"严厉的"尼采和"温和的"尼采,并着迷于哲学家"更为阴郁"的天性及其讨论人类"可怖"内在本质的观点。叶芝欣赏尼采"冷峻地"审视这个世界,欣赏尼采的主张,认为这个世界的"整体特征"在于它的"混乱"。他乐于接受世界是"充满矛盾"的"沃土"这一事实。他支持尼采的意见,认为爱是"对手之间的短暂宽恕"。①

在叶芝和尼采看来,人格"是不断更新的选择",它始终给予生活(达尔文式的生活)斗争的性质,不过即便如此,人们仍旧"欣然认为它是令人愉悦的事物"。一旦我们承认生活是一出悲剧,同时也理解我们自身的局限,那么他认为我们便接受了如下事实:"哪怕最短暂的瞬间可能也包含着某种神圣的东西,它在那个短暂的时间中能超越争斗和苦难。"

叶芝认为这就是诗的目的:创造出"狂喜肯定"(ecstatic affirmation)的短暂瞬间。按照现象学家的说法,世界是不合逻辑的,而理性、逻辑、诗性的类比和放纵,都允许我们"以相同的方式来看待那些仅仅具有相似性的事物",由此我们便创造了一种秩序,哪怕短暂的秩序也好于无秩序。

叶芝和他的爱尔兰同胞乔治·萧伯纳一样,既是信徒也不是信徒。他认为"终极的统一体"只能来自物理世界之上,但他也认为"如果意欲取得那种整体性",则主体性和客体性彼此相互需要,而这正好就是诗歌。它把主体性和客体性融入秩序之中。在他那里,"所有的艺术都是激情,都是生活的礼赞",而且他也和萧伯纳持相同的观点,认为"人们不可能有最终的幸福状态,而只能一步一步变得更好"。伟大的艺术总具有悲剧的弦外之音,它把我们"带到自我意识之上",进入"忘我"状态:这就是拯救。

他也受到马拉美和象征主义者的影响。当读到维利耶·德·利尔-

---

① 奥托·博尔曼:《叶芝与尼采:威廉·巴特勒·叶芝作品对尼采的主要呼应》,第26页。

阿达姆（Villiers de l'Isle-Adam）的超自然戏剧《阿克塞尔》（Axel）时，他说："我不用费多大力气就可以想象，这就是我长久以来渴望得到的圣书。"他对象征主义者的精炼技法以及没有固定边界的交流方式很感兴趣，认为它"挑战了试图从外部破解或解码模糊意义的分析方法"。他喜欢诗歌的那种妙处——"每天都具有新的意义"。在他看来，这就是"诗中含义的意义"。

叶芝并不反对艺术具有一种神圣功能的观点，他认为诗人是世俗的牧师。"沉思自身情感之迸发的那种艺术已经成为了一种宗教，它正在谋求……创造一本圣书。"在《肉体的秋天》（The Autumn of the Body）中叶芝写道："我相信艺术将肩负起从牧师肩上滑落的那些责任。"他还在别处写道："艺术如何才能克服所谓世界进步的那种人类心灵的缓慢死亡，艺术如何能在不披上旧宗教外衣的情况下，再次用它的语言触动人类的心弦。"

他的成就便在于他高明地融合了隐喻和凯尔特神话，摒弃了赋诗和宗教仪式诗，并主张诗是礼拜仪式的一种世俗替代品。

在他的许多作品中，主角都抨击了冷漠宇宙中的偶然因素。不过与马拉美不同，叶芝从未放弃精神超验性的可能，这解释了他何以认为更宽广的意义存在于别处。他仍然还像个孩子，是他父亲怀抱中的孩子。约翰·巴特勒·叶芝（John Bulter Yeats）是一位坚定的宗教怀疑者。他是一名律师，但放弃了都柏林的律所转而去伦敦学习绘画。后来他被说成是"一位对任何事物和信息都有自己主见，还能为自己意见进行辩护的人。即便是犯错误的时候，他也总是很诙谐，很有智慧。爱德华·道登（Edward Dowden）、吉尔伯特·基思·切斯特顿（G. K. Chesterton）、范·威克·布鲁克斯（Van Wyck Brooks）以及其他一些人都可以证明他的个人魅力"。由于受过法学训练，约翰·巴特勒·叶芝喜欢二分法，社会与个人对立，理智与情感对立，尤其是诗歌，它是"唯一精神的声音，却由具有社会性的语言谱写而成"。① 他认为莎士比亚时代是一个理想的时代,因为那时候"每个人都幸福"。不幸随着"带有现实主义"的法国大革命一起到来。他强调存在两类信仰,一种是诗性的,一种是宗教的,诗歌表达了绝对的自由,宗教则象征着对自由的拒斥。

威廉·巴特勒·叶芝有一个受过教育,充满反思精神的父亲,这是他的幸运。他早年反对老叶芝的很多观点,特别是他的怀疑主义。不过这些观点在一定程度上有助于解释诗歌,这也是那个时代普遍的理智氛围。由于在威廉成年并成为诗人的时候,欧洲和美国的发展正在影响像他这样的年轻人(更多具体说明参见后文),这些事件使叶芝反对他父亲的怀疑主义,但同时也并不接纳所谓"事物从前的状况"(status quo ante),即基督教。另一方面,他也像许多人一样抨击他所谓的"唯物主义者"。他求助于半神秘主义思想,这种思想拒绝接受由科学家和理性主义者所确定的宇宙。他同意各种各样的超自然理论,加入超自然社团,并且还系统阐明了一种神秘的民族主义,反映在一些华美的诗篇当中。但现在看来这些作品似乎显得很尴尬。

叶芝的问题在于,他试图采纳的那种体系远比萧伯纳或瓦莱里的体系更包罗万象,更野心勃勃,更怀揣解释所有事物的抱负。但叶芝最终还是失败了。回顾历史,他在当时最重要的意义就是这些观点,或许现在仍旧如此。不过这是下一章的主题了。

---

① 理查德·埃尔曼:《叶芝其人》,伦敦:麦克米伦出版社,1957年,第214、第231页以下。

8 "错误的超自然世界"

叶芝大概不会欣然求助于超自然科学,他并没有在已经准备就绪的超自然科学道路上前进一步。理查德·埃尔曼(Richard Ellmann)这样描述超自然科学:"欧洲和美国的年轻人都像他一样,经常不慎坠入半神秘思想的逆流中……由于基督教似乎已经被驳倒了,又因为科学只向西方人证明了他们的耻辱,因此一位奇怪的俄国夫人就演化出一条新原则,并声称它是一种古代的、非欧洲的原则。这场新运动自诩为神智学,提出'科学、宗教以及哲学的一种综合'。但神智学与当时科学、宗教以及哲学的发展方向截然相反。"①

所谓"奇怪的俄国夫人"实际就是1831年出生在叶卡捷琳诺斯拉夫的海伦·勃拉瓦茨基夫人(Madame Helen Blavatsky)。她"确定地"提出自己的理论,主张"人从来就不是猿",赫伯特·斯宾塞的理论根本就是错误的,而且特别谴责基督教神职人员的现代唯物主义。她坚持认为现代宗教不过是被扭曲了的古代思想。为了揭露这种古代思想,她诉诸在1860年左右已经充分发展的比较神学,其中包括在牛津大学任教的德国人马克斯·缪勒(Max Müller),以及作为比较神学顶峰的《金枝》(*The Golden Bough*, 1980)一书的作者詹姆斯·弗雷泽(James Frazer)。

勃拉瓦茨基夫人在她的一部早期作品中,注意到所有宗教的基本信念都存在一种相似性。她把这种相似性归因于"这些基本信念都存在共同的根源,它是一种隐秘的原则"。她主张利用口头传统,因为在她看来真正的原则是不能被记录下来的。她说,"一种古老的兄弟会现如今正在西藏山中的要塞里保持着神秘的智慧"。这些兄弟会成员对传播他们的智慧并不感兴趣,但她相信,如果他们选择传播他们的智慧,那么世界将会被他们"震惊"。无论如何,他们还是向勃拉瓦茨基夫人作出一些特定的展示,以便借"神智学会"来传达他们的秘密原则。"随着那些神秘事件的不断显现,世界将会缓慢地向预言世界进程的那种伟大灵性发展。"②

就像研究叶芝的学者玛格丽特·米尔斯·哈珀(Margaret Mill Harper)所说的那样,此运动得以流行的其中一个原因在于,对受过教育但又不满现状的公众成员而言,这是一种"有吸引力"的观点。它既反无神论,同时又反教权。它抨击科学,但又在适当的时候利用科学概念。它拥护宿命论,但又给出对进步的希望。"精神进化重新恢复了被自然进化丢弃的希望。"

勃拉瓦茨基夫人的主要著作《秘密教义》(*The Secret Doctrine*)把叶芝引向了神智学,书中最开始的几条超越性推理吸引了他。她的教义提出了三个观念。第一个观念主张存在一种"无处不在、永恒无垠的不变原则,人们根本不可能怀疑它",但神智论者却并不在意神。第二个观念主张,世界本质上是两极或矛盾双方之间的张力,生活缺乏这种张力就将无法存在。第三,她宣称所有灵魂与"宇宙超灵"在根本上同一,暗示所有灵魂在恰当的条件下都可以分有宇宙超灵的力量,那是一种任意的可能性。灵魂具有七种元素,或七种原则,灵魂一直通过这些元素来演进。天堂和地狱被认为是"状态",而不是真正的地点。

在此精神进化的过程中,人类从更偏好直觉思考的立场出发,朝更偏好理智思考的风格进化,产生了更为丰富的意识。她认为现在的世界正

---

① 理查德·埃尔曼:《叶芝其人》,第58页。
② 同上,第60页。

处于第四个阶段。在未来的第五、第六和第七阶段,直觉、理智和意识将融合成我们目前还无法理解的一种强烈的灵性。在恰当的时候,神智论者利用东方宗教的例子,比方说他们用涅槃观念,来强化自己的论证。

叶芝的几个同学开始对叶芝本人所理解的那种神智论感兴趣。1887年,叶芝在伦敦见到了勃拉瓦茨基夫人本尊,后者说服叶芝加入她的"分会"。令叶芝印象深刻的事实是,勃拉瓦茨基夫人"完完全全就是她自己"。叶芝并没有完全信服她的超越力量(他仍然是约翰·巴特勒·叶芝的儿子),但正如他所见,勃拉瓦茨基夫人"脑中记着世界上所有的民间故事及其智慧",这一事实令他印象深刻。[1]

勃拉瓦茨基夫人告诫她的追随者们要提防黑魔法。但并非所有追随者都遵照她的告诫,包括叶芝。他把自己的朋友凯瑟琳·泰南(Katharine Tynan)带到了一个灵修者的降神会,"他在那里对超自然现象感到非常失望,这让他无法控制自己,还用头撞桌子"。不过由于那时人们对"魔法教学"的需求仍然在增长,勃拉瓦茨基夫人同意组织社团的一个"秘密部门",以适应这种需求。叶芝充满热情地加入了这个部门。他希望这个部门甚至能够令人满意地向他父亲那样的怀疑主义者证明超自然现象确有可能。[2] 那时他们非常认真严肃地做了几次实验,虽然这些实验现在听起来非常荒诞。这些神秘教信徒尝试(结果失败了)唤起花朵的幽灵,试图通过在枕头下放置象征物从而使人们做特定的梦。勃拉瓦茨基夫人反对这些尝试,叶芝也被要求退出她的神智学团体,而他的确也这样做了。

叶芝现在见识到了一个体系,认识了同样反对科学和唯物主义的另一些人,他们都认为人们也许会获得一种秘密的古代智慧。他希望能从自己小时候听到的所有童话和民间故事中汲取这种古代智慧,因为他认为爱尔兰是一座神秘的岛屿。除了勃拉瓦茨基夫人的教义之外,叶芝也

---

[1] 理查德·埃尔曼:《叶芝其人》,第65页。
[2] 同上,第66页。

赞同雅各布·波墨（Jacob Boehme）和伊曼纽·斯韦登堡的教义，赞同他们历史循环的观点。他尤其着迷神智论运动固有的神秘性，着迷这一运动所主张的观念，认为现实不能"轻易地被解释"成五感的知觉。他笃定地相信，科学理性主义无视或"浅薄地拒斥"了很多重要的问题。

他在脱离神智论者的几个月之前，便加入了赫尔墨斯神智学的一个教派——"黄金黎明"。黄金黎明是具有根本相同信念的人组成的规模较小的组织，虽然他们更重视欧洲传统的卡巴拉教魔法，而不是东方的智慧。黄金黎明中许多成员的目标是展现出超越物质宇宙的力量。

法国对神秘团体尤为敏感，一个教派曾在法国授予过卡巴拉教的博士学位。黄金黎明由三个创始人负责，其中一位创始人娶了亨利·柏格森的妹妹。尽管有过几次派系之间的争论，但叶芝还是在 1890 年加入了教派，因为教派领袖的魔法技艺令他印象深刻，而其中一些魔法他自己也能施展。有一次他把象征死亡的标记放在一位教会成员前额上，这个人在不知道标记内容的情况下，立刻说他看到了灵柩的画面。叶芝后来曾说，这种影响一直作用在他身上，最少持续到他 40 岁。

一些朋友担心他"正在偏离生活"。他在第一本诗集中强调自己非常关注超越性，也相信存在超越性。他后来在 1901 年曾对佛罗伦斯·法尔（Florence Farr，演员，萧伯纳的情妇，黄金黎明的成员）说过："我们热切从事的一切事业，它们的起因蕴藏在那个隐蔽的世界中。"[1]他热爱黄金黎明的仪式及其核心神话，即魔法高手的神秘死亡与复生。如埃尔曼所说，这是异教与基督教的一种奇怪混合。可以说，由于叶芝一生都对自己感到不满，所以他渴望得到重生。

---

[1] 安·萨勒迈耶：《成为乔治：W. B. 叶芝夫人的生活》，牛津：牛津大学出版社，2002年。也可参考安·萨勒迈耶（编）：《W. B. 叶芝与乔治·叶芝：书信集》，牛津、纽约：牛津大学出版社，2011 年，第 400—401 页。

英雄的堡垒

这些行为使叶芝陷入了民族主义。他是一个浪漫派。和许多浪漫派一样,他对经济、历史、政治以及社会学几乎一无所知。但他向往着英雄式的生活,并把爱尔兰看成一座"神秘的岛屿"。他发现自己有机会建立一种爱尔兰文学,它有助于定义这个国家,定义这个国家的目标。于是他便为此扮演起最佳宣传员的角色。但现实比他的想象的困难得多,因为从爱尔兰民族主义自从自主权被侵占算起,仇恨已经积蓄了 700 多年。埃尔曼说得很好,那种根深蒂固的仇恨"很难被约束"。

叶芝特别关心"心灵的各种精致属性"可能会在暴民运动中被摧毁。那时几场战争正在酝酿,但他也逐渐看到自己的角色定位是在强化爱国主义和英雄主义的同时,确立标准,保证运动在理智上值得尊重。他甚至经常主张"存在一些在理智上错误的激情真理"。

他认为爱尔兰的未来在于重建过去的爱尔兰。"爱尔兰……将会成为这样一个国家:在这里,不但财富将得到很好的分配,而且人们将会分享到一种充满想象力的文化和力量,它让人们可以理解充满想象力和灵性的事物。我们想要保有一种古代的生活理想。在此理想流行的任何地方,你都可以找到来自古代文化的民间音乐、民间故事、俗语以及迷人的风俗……就我所知的所有国家而言(英国、美国、法国),只有在爱尔兰,你才能够在西海岸的破房子下看到一个绅士民族,他们保持着伟大时代的理想,他们利剑在手,歌唱英雄式的生活……我们也必须这样活着,才会使这种古老的高贵生活在我们的人民中间变得有力量。"

叶芝的做法是把神秘主义和民族主义融进他的艺术。他的父亲觉得他对超自然事物的兴趣是荒谬的,认为爱国主义无谓地浪费了他本该用在诗歌上的精力。当然,就像埃尔曼观察到的那样,叶芝在那个时代撰写的多数作品"明显既是爱尔兰的,也是神秘的"。他甚至发表演讲,表明自己相信小精灵的存在,虽然他后退了一小步,说它们是"我们情绪的编织者"。他考虑过要把德鲁伊教和基督教结合起来,类似于由玫瑰十字会和基督教组成的黄金黎明。他相信"所有可亲可爱的地方都充斥着不可见的存在,人们可以与这些存在进行交流"。①

"对爱尔兰宗教的一种模糊梦想逐渐占据了叶芝的心灵",而且他还想到了一种新的崇拜形式。在此背景下,他在西爱尔兰发现了一个建有城堡的无人小岛。他想把这个小岛变成新宗教的总部,"借此新宗教,精神的真理或许会传播到唯物主义的国度。教义也许与神智学会以及黄金黎明一致,但会特别地与爱尔兰联系起来。这些教义将'把基督教的基本真理与古老世界的真理结合起来'。爱尔兰最好的男人和女人将会来到'英雄的城堡'获得精神上的启迪和教导,他们返回时将会受爱尔兰神秘秩序所提炼的超自然力量激励。用佛罗伦斯·法尔(Florence Farr)的话说,他们的行动将会成为'天国本质和地面本质之间的联系'"。②

叶芝花了大量时间来研究和发展这种新秩序的特别仪式。最终他决定候选人应该通过"大锅、石头、剑以及长矛四种入会仪式",它们分别象征四种元素及其精神的对应物。③ 他骨子里认为爱尔兰的生活必须拥有一种信仰的基础,但既有的教会却无法提供这种信仰。

这种做法同他打造一个神秘剧院的计划并行不悖。建立艾比剧院(Abbey)的故事人尽皆知:一群剧作家和演员想要为爱尔兰这个小国家建立一座国家剧院,他们都取得了极大成功,其戏剧作品在世界各地演出。叶芝想要表明,爱尔兰是一片神圣的土地,充满着神圣的象征,"并非正统教会意义上的神圣,而是诗人意义上的神圣,同时也是神秘意义上的

---

① 理查德·埃尔曼:《叶芝其人》,第 107 页。
② 安·萨勒迈耶:《成为乔治:W. B. 叶芝夫人的生活》,第 125 页。
③ 同上,第 129 页。

神圣。在整个堕落的欧洲,只有爱尔兰才能理解那种灵性的现实"。① 他早期的许多戏剧,包括 1899 年的《凯瑟琳女伯爵:一出奇迹剧》(*Countess Catheleen: A Miracle Play*)、1902 年的《沙漏:一种道德》(*The Hour-Glass: A Morality*)和《虚无之境》(*Where There Is Nothing*),都来自融合神秘旨趣和民族旨趣的这些观念。

他在 20 世纪初期的头几年再次进行了转变。此时他在和友人的信中开始反思自己的诗歌和戏剧,其语言不再那么"精巧",变得更为"居家",更接近日常用语的风格。"在近来的分析中,所有艺术都试图把这个世界飘逸出来的气体,凝结成一种人类完美性的意象。其目的并不是艺术本身,而是这种完美的意象。"②在此他依赖的是其著名的面具概念,即我们呈现给世界的面孔被设计成隐藏自我的事物,也被设计成显示自我的事物。他仍然痴迷于精神上的奋斗,认为这是发现生活意义的最终方式。他也仍然意识到自己的分裂,以及普通人的分裂,这阻碍了任何意义上的统一体观念。而他恰恰对此又心向往之,认为统一就是生活的意义。

他在 1909 年,尤其是在 1911 年,开始严肃地对待灵性论,并参与了多次降神会。按照他自己的说法,他想要重新整合"心灵、灵魂以及肉体"。埃尔曼提出,叶芝的研究促使他去寻找所谓的奇迹,他比大多数人都更容易轻信"进行无意识书写的人,以及那些自由书写的人",他们可以超越自己心灵和知识的边界;轻信精神以及来世的本性。③〔他并没有不顾"不那么正式的目标",比如这样一个问题:"我应该娶茅德·冈(Maud Gonne)小姐为妻吗?"〕关于叶芝与进行无意识书写的人合作,或试图与他

---

① 特伦斯·布朗:《W. B. 叶芝的一生:批判性的传记》,牛津:布莱克威尔出版社,1999 年,第 134 页。
② 理查德·埃尔曼:《叶芝其人》,第 189 页。
③ 同上,第 197 页。

们合作,这些例子不计其数。但埃尔曼说,即便如此,他也不认为自己"特别迷信"。相反,"由于无法完全同意灵异研究的教义,叶芝越来越倾向于使用神话和隐喻来颠覆字面上的信念"。[①]

"我们在不确定中歌唱",叶芝在《恬静月色》(*Per Amica Silentia Lunae*)中这样写道。但埃尔曼好几次指责叶芝假装具有信仰,指责他利用诡计来避开正面问题,认为他被桎梏在"为逃离直接怀疑信仰而陷入的焦虑挣扎处境"。[②] 易言之,叶芝和很多人一样被束缚住了,因为他厌恶唯物主义,但又不能完全说服自己相信另一个世界的存在。

他父亲经常在信中和他讨论美学问题,同时用心理学话语表达了他的未来观。他父亲的行为以及对诗人的理解又强化了叶芝的这种态度。约翰·叶芝在某些方面同他的儿子站在对立立场,更重要的是,他的论点似乎更为有力,也显然更能使自己和谐统一。1914年至1915年,叶芝在给父亲的信中说他正在尝试把自己的观点整合成"一种宗教体系",而且他在日记中也写道:"一种对立的宗教在新爱尔兰中,将远不只是反对教权主义。"还是在这个时候,他通过厄内斯特·费诺罗萨(Ernest Fenollosa)的遗稿管理人,常年在日本研究能剧的学者埃兹拉·庞德,了解到日本戏剧中的精神和面具,发现日本戏剧的核心戏剧冲突通常都在于道德和精神之间的差异。

于是叶芝便致力于发展一种新式戏剧,采用日本戏剧的理念但包含欧洲的内容。这种新式戏剧的第一部作品是《鹰泉》(*Atthe Hawk's Well*),文笔精炼、生动,其内容是对智慧的探索(井里的水对应着智慧,但当英雄最终能够触及水面的时候,井已经干涸了)。这部戏剧似乎包含着叶芝对自己最深的畏惧。

[①] 理查德·埃尔曼:《叶芝其人》,第205页。
[②] 同上。也可参考基思·奥尔德利特:《W. B. 叶芝:其人及其圈子》,伦敦:约翰·默里出版社,1997年,第177页。

高贵的叶芝主义

这个时候叶芝也遇见了埃兹拉·庞德的朋友乔吉·海德-利斯（Georgie Hyde-Lees）[①]。她对灵异研究以及鲁道夫·斯坦纳（Rudolf Steiner）神智学很感兴趣，叶芝推荐她加入了黄金黎明。订婚后不久，他们便于1918年结婚。乔吉"无意识书写"的能力让她的丈夫叶芝感到好奇。他放下对降神会的痴迷，甚至一度放弃了诗歌，直到无意识书写传达出这样一条信息（也许有些过于现实）："我们已经赋予了你为诗歌而准备的隐喻。"[②]

叶芝夫人幸而拥有强健的体格。她会为了满足丈夫的要求而长时间地工作，她的全部努力促成了叶芝的怪书——《幻景》（A Vision）。叶芝在这本书中把人类的人格划分为28种类型或阶段，每个阶段都与月亮的28个阶段之一相联系，每个阶段都包含巨轮（Great Wheel）的一个轮辐。根据这个体系，任何人类"灵魂"（他实际上并不喜欢这个词，但又没有其他选择）都需要历经所有28个阶段。后来他更加关注"灵魂"包含的四种机能，在不同灵魂中这四种机能的比例各不相同。这四种机能是意志、面具、创新的心灵以及命运的肉身。前面两种机能和后面两种机能似乎分别对立。叶芝对历史和个性的样态持有各种几何学观点，这些观点加上28个阶段以及四种机能，构成了埃尔曼所说的那种"深奥的叶芝主义"。这些观点大多来自一些基于他妻子无意识书写的实验。埃尔曼说，叶芝主义的发展把诗人的地位抬高到前所未有的地步。[③]

叶芝意识到他的体系存在一些问题。"他清楚地看到，在把上帝从宇

[①] 婚后叶芝为其改名为乔治（George）。——编者
[②] 理查德·埃尔曼：《叶芝其人》，第225页。
[③] 同上，第239页。

宙中移除，并把全部生活变成循环之后，其体系便丧失了行动的目的论基础。除非人们过着一种和谐生活，而且期望未来的生活更加和谐，否则他就只能用自我表达的完善与不完善来定义善和恶，此外别无他法。""大约是从 1927 年他完成《幻景》(A Vision)之后开始……便必然产生了一种哲学……它在表达上是具体的，通过直接体验来确立自身。它并不需求一种普遍的同意，轻视上帝以及任何外部的统一。它把人们在反思之后仍容忍自己从事的事物称为善，呼应了尼采的'永恒轮回'……人们不能在任何形式上把上帝观念与人类天赋和创造性观念割裂开。"[1]

后来，叶芝表现出一种状态，埃尔曼把它描述为"有怨言地接受"，这是人们存活的基础。这时他也在诗歌中承认，生活不同于"未完成的人及其痛苦"，也不同于"在其敌人中间得以完成的人"。

他并没有放弃民族主义。此时的他想要把生活、工作以及国家融合成"一种不能分解的整体"。[2] 此后，他遇见了许多印度大师（这是他探索超自然的最后一个方向），但在这个阶段的诗《拜占庭》(Byzantium)中，他赞美了一件气势恢宏、富有想象力而不避艰难的作品中体现出的人类想象力：

> 星光或月光照亮的穹顶蔑视着
> 所有人的存在，
> 所有纯粹的复杂，
> 人性情中的怒火与污泥。

我们认为埃尔曼很好地总结了叶芝的意思："讨伐上帝的战争是最后的英雄事迹，而所有的英雄事迹在叶芝看来都以失败告终。"不过除此之外，叶芝还面临和他父亲之间的战争。其结果是"他的思想开始成熟，但

---

[1] 理查德·埃尔曼：《叶芝其人》，第 252 页。
[2] 同上，第 269 页。

其中并不包含宗教、伦理和政治成分。由于他反叛自己的父亲,反叛他的时代,这些成分被这种反叛的感觉整合起来了"。在他采纳其父几乎抛弃的那个观点,主张"诗人的知识形式不同于牧师或科学家"之前,①这种反叛就已经开始了。

有人认为叶芝最大的成就可能就在于他的民族主义。他觉得激昂的民族主义是件好事,甚至可能必需,不过前提是民族主义没有堕落成一种纯粹无用的仇英主义。迪安·英格(Dean Inge)在另外一个文本中谈到,叶芝生活在"怀疑和迷信之间"。他从来没放弃把神话与现实融入一种新宗教,或者按照他自己的说法,融入一种"神圣的戏剧"。然而真相却是,即便他老的时候,"也并不能比年轻的时候更容易地找到问题答案"。他最后一首诗《黑塔》(The Black Tower)所蕴含的情绪,是一种英雄式的绝望。② 去世之前两年,他在信中也写道:"我不能接受任何具有支配性的选项"。③

这就是叶芝对于我们的意义。他厌恶19世纪的物质世界,厌恶粒子物理的世界,厌恶《圣经》的演化和解体。不过他所尝试的办法,也找不到具有超越性的另一个国度,找不到要去往的地方。不管他使用什么灵异方法,超自然世界始终拒绝稳定地向他显现。威斯坦·休·奥登措辞严厉地批评了叶芝。"我们想要知道,一个具有叶芝那样天赋的人如何能在地面上严肃地对待那些无意义的行为呢?"托马斯·艾略特也谈不上宽容,他抱怨叶芝的超自然世界是"一个错误的超自然世界……它不是一个具有精神意义的世界……而是一个过于晦涩的低层次神话,他像医生一样,用短暂的兴奋剂来维持减弱的脉搏,以便让将死的病人说出他的遗言"。

---

① 理查德·埃尔曼:《叶芝其人》,第269页。关于他父亲对他的其他建议,可参考大卫·德万:《伟大的社群:爱尔兰的文化和民族主义》,都柏林:爱尔兰研究所,诺特丹大学出版社,2008年,第84页。
② 同上,第295页。
③ 同上,第278页。

由于他的父亲转向了心理学，所以他就在别处寻找其他洞见。他努力而英勇地尝试用他的诗歌来建立另一个世界，有时在他民族主义的诗歌中，这种尝试获得了巨大成功。但探索、描述并且沟通非物质性的另一个王国，叶芝的这个主要目标却失败了。不仅如此，照奥登的说法，叶芝的尝试在我们看来非常荒唐。《幻景》用了大量篇幅"作为铺垫，好让读者遭遇到它通过几何象征而对宇宙进行的奇怪解释"。[1]

叶芝与华莱士·史蒂文斯这类人不同，他自己的想象永远没有止境，他真实的行动总在别处，总在他没有发现的某个地方。他从来就没有逃出"人性情中的怒火与污泥"。

美国的阴影文化

有关叶芝的上述评论并没有什么不公允的地方，但在奥登看来非常荒谬的这种信仰，也远远不只叶芝一个信徒。其实只要把美国也纳入考察范围，那么我们就会看到哈佛大学精神病史学家尤金·泰勒（Eugene Taylor）指出的，所谓"阴影文化"的一套完整文化，包含了超过200年历史的其他宗教以及"流行心理学"运动。这些运动独立于主流精神病学以及主流教会，它们由生活在后基督世界的各种尝试所构成，且都活跃在尼采前后。泰勒既把它们说成是一种"空想的"传统，一种"奇妙的文学"，也把它们说成是一种"民间的心理学"，一种"精神心理传统"（psychospiritual tradition）。这种运动关注的核心是"对更高层次意识的经验性解释"。[2]他的研究清楚地说明了原本朦胧的那个世界。

泰勒说，这种阴影文化包含大量不能被归类在一起的个人，"他们的

---

[1] 玛乔丽·豪斯，约翰·凯利（编）：《剑桥叶芝指南》，英国剑桥：剑桥大学出版社，2006年，第147页。
[2] 尤金·泰勒：《阴影文化：美国的心理学和精神》，华盛顿：对立观点出版社，1999年，第 x 页。

生活方式以及思想与主流不同,但却参与了主流的日常活动"。① 他把这个传统追溯到18世纪上半叶美国第一次大觉醒运动,当时福音运动横扫美国东北部,并在加尔文派之外另外确立了约250种情感主义教派。例如康拉德·贝塞尔派、埃夫拉塔神秘会、震颤派以及其他空想派,斯韦登堡新教会会员。这些组织都主张"沟通"观念,认为上帝通过自然向人类言说。先验论者也认为理解可以通过对自然的沉思而获得。所有这些组织和团体共享了一个观点,认为直觉是比理性更高的一种能力。

顺势疗法、颅相学、麦斯麦催眠术、水疗法、萨满教以及东方学,这些时尚潮流都在19世纪登上历史舞台,又悄然逝去。其中有一些潮流造成的影响较大,不过都在历史上留下了各自的足迹。像爱默生、梭罗、玛格丽特·富勒(Margaret Fuller)这样的名流,也被看成具有精神性品质的激励榜样。此外还有1849年来到美国的苏格兰无业游民约翰·缪尔(John Muir),他值得赞誉的成就之一就是把内华达州的大峡谷和亚利桑那州的石化森林纳入国家公园,从而拯救了这两处自然遗址。

泰勒认为,尽管这些潮流起落不定,但19世纪的最后30年,"从全国范围甚至国际范围来看,都出现了致力于精神治疗的完备机构"。② 他说,导致此现象的原因之一是空想传统已经逐渐在美国高层次文化中失势,"因为实证科学大潮的兴起"。

泰勒介绍,乌托邦社会主义是空想传统中的另外一个部分。在此他把摩门教徒、基督复临安息日会、神恩教派归为一类,认为它们力求改变亲密经验以及意识的其他备选形式。按照他的说法,灵性论、神智论、新思想运动(New Thoughts)以及基督科学派,它们的力量汲取自人们对死后生活的兴趣,并相应地产生对于"自动言语"、乩板、"自动书写"(笔乩)、

---

① 尤金·泰勒:《阴影文化:美国的心理学和精神》,第9页。
② 同上,第113页。

"通灵敲击"(rapping and knocking)的兴趣。《治疗的神圣法则》《心灵剪影的完美意见》《神秘基督教与心灵疗法》之类标题的书籍数量激增。科学基督教会的创始人玛丽·贝克·埃迪(Mary Baker Eddy)在1881年组成了马萨诸塞玄学学会。玄学学会教授病理学、"治疗学"、道德科学以及形而上学。美国心灵研究会1885年创立。泰勒冷静地谈到,尽管进行过多次实验,"灵异研究者还是不能发现任何证据,能够证明死后生活现实存在"。但他们的确"确立了无意识的现实性"。

听上去让人印象深刻的波士顿精神病理学院,其成员包含一些非正式的研究员,比如威廉·詹姆斯、神经病学家詹姆斯·杰克逊·普特南(James Jackson Putnam)、理查德·克拉克·卡伯特(Richard Clarke Cabot)以及神经心理学家莫顿·普林斯(Morton Prince)。学院的许多成员"同有关性格构成的直觉心理学具有直接的联系。他们要么通过父母,要么通过抚养人,继承了爱默生和康拉德的那种先验论者心理学"。波士顿学院比它所有的前辈都更具有科学性,它更多地受到达尔文的影响。即便如此詹姆斯仍然认为灵异现象"注定将改变未来科学的面貌"。

泰勒接着说,美国在1900年以后出现了戏剧性的精神治疗大爆发,因为人们开始承认,"精神在个人的心理健康中扮演了重要角色"。他说,神秘状态在此就是关键,但这些状态同"日常清醒的普通状态"大为不同,所以"我们不知道如何处理这些状态"。1906年,以马内利运动发轫于麻省伍斯特的以马内利教会,以马内利运动"将现代科学精神治疗与基督教道德性格发展教育结合起来"。[①] 以马内利教会集会一周两次,最多能吸引500人参加,后来这些集会就被称为"道德诊所"。

再有,纪念新大陆发现400周年的哥伦比亚世界博览会于1893年举办,作为博览会组成部分的世界宗教议会也在美国召开。印度宗教导师、

---

① 尤金·泰勒:《阴影文化:美国的心理学和精神》,第177页。

日本禅宗大师以及白俄罗斯神秘主义者葛吉夫(G. I. Gurdjieff)等人游历了美国,并在大学发表演讲,引发轰动。这些事件导致了一系列后果,其中之一就是多个吠檀多社的确立。

尽管泰勒出身于盛产狂热实证主义者的哈佛大学,但他还是对空想传统给出了富有同情心的评价,认为它相比主流传统,在心灵上更加开放。他认为空想传统独立地发现了弗洛伊德的无意识理论,甚至可以说这一发现早于弗洛伊德本人。他认为从根本上讲,空想传统承认神秘主义是真正的经验组成部分,它并不是一种病态。如果我们想追求完满生活,就需要认真对待并尝试理解这一传统。从我们的立场来看,泰勒研究的主要洞见在于确认叶芝虽然接纳了"错误的超自然世界",但叶芝却绝不是唯一犯了这种错误的人。1900年前后二三十年,大西洋两岸的许多人都与叶芝想法相同。

神秘学的流行

在欧洲,许多灵性论者都是自由思想家,他们拒斥主流宗教实践和信仰,但在实证主义的确定性,以及行为法则的研究上则遭受冷遇。"当时有一股风潮,把灵性论看成是调和科学、自然神论以及社会主义的一种手段。这种不切实际的计划有许多种形式,从对意念移物的探索,到自动书写,再到降神会。"

为数众多的知名作家,公众人物,学者,甚至科学家都把这些东西当成严肃的尝试,比如维克多·雨果(Victor Hugo)、丁尼生(Tennyson)、阿尔弗雷德·拉塞尔·华莱士(Alfred Russel Wallace)、法拉第(Faraday)。罗马天主教会不断批评这一运动,灵性论作品被纳入禁书目录,并受到圣座的专门指责(比如1898年和1917年)。杰·温特(Jay Winter)对其他智性背景进行了解释:"在20世纪早期,那些至少暂时不去质疑灵性论的人,他们的理由各不相同。有人试着把传统神学,以及关于人类幸存的古代隐喻诗,转化成一种实验科学的语言。他们表明磁、电以及无线电波构成了虽然看不见,却仍然真实的远距离交流现象。人们可以想象,思想波或人们感觉以及表达的其他形式,也可能具有同样的功能。"[1]

温特说,这种灵性进路尽可能地远离了"基督教基要主义的心灵背景。智慧的来源是观察而非经文"。在法国、英国和美国,很多期刊都开始承认一种可能性,认为灵性现象值得研究。持这种观点的人包括利物浦大学物理学教授、后成为伯明翰大学校长和物理研究会常任主席的奥利弗·洛奇爵士(Sir Oliver Lodge)、物理学家威廉·巴雷特爵士(Sir William Barrett)、牛津、哈佛大学心理学家威廉·麦独孤(William McDougall)、牛津大学古典学家吉尔伯特·默雷、威廉·詹姆斯、剑桥大学卡文迪许物理学教授、1904年诺贝尔奖得主瑞利勋爵(Lord Rayleigh)。意大利犯罪学家龙勃罗梭(Cesare Lombroso)曾加入降神会,德皇曾涉猎灵性论,而此时托马斯·曼则在1924年发表的《魔山》(*The Magic Mountain*)表达了对于降神会的看法(诚然,是一种讽刺性看法)。俄国圣彼得堡大学动物学以及化学系教授加入神智学运动,他们中的一些人还发表了关于灵性论的文章。[2]

论艺术中的灵性

艺术家也一样受到这些发展的影响。比如说,许多艺术家都着迷于神智学:蒙德里安(Mondrian)在1909年加入了神智学会。作曲家斯克里亚宾(Scriabin)、斯特拉文斯基(Stravinsky)、勋伯格(Schoenberg)都对勃拉

---

[1] 杰·温特:《记忆和悲痛的位置:欧洲文化史中的第一次世界大战》,英国剑桥:剑桥大学出版社,1995年,1998年,第56页。
[2] 同上,第57页。

瓦茨基夫人的作品非常熟悉。虽然保罗·克利(Paul Klee)坚决否认自己是一名神智论者,但他也写道:"我的手完全是某种遥远力量的工具。我的理智并没有掌控这一切,掌控它们的是某种更高,更远的事物,某种处于别处的事物。我在那个地方一定有许多朋友,他们可能是明亮的,也可能是晦暗的。"

克利对神智论的兴趣或许从他和瓦西里·康定斯基(Wassily Kandinsky)的交往开始。康定斯基终身追随俄国东正教,他诞生在这种宗教信仰中。但他又对神智学的主题进行了反复思考,尤其是"普世灾难"这个主题。他认为"普世灾难"即将到来,其俄国同胞、芭蕾舞导演谢尔盖·季阿吉列夫(Sergei Diaghilev)也持此信念。①

康定斯基对神智学的关注主要体现在两部书面作品中,一部是1912年出版的《青骑士年鉴》(*Blaue Reiter Almanac*),一部是1909年完成,两年后发表的《论艺术中的灵性》(*Concerning the Spiritual in Art*)。《青骑士年鉴》是他与巴伐利亚艺术家同事弗兰茨·马尔克(Franz Marc)一起编写的,主要意图展示全欧洲不同时期出现的艺术事件。神智论的影子萦绕在许多来稿中。马尔克和克利的密友,来自威斯特伐利亚的表现主义画家奥古斯特·马克(August Macke)写了一篇可能会与叶芝意气相投的,讨论"面具"的文章。马克写道:"形式对我们来说可能是一件神秘的事,因为它就是神秘力量的表现。我们只有通过形式才能体验到秘而不显的力量,那个'不可见的上帝'。"弗兰茨·马尔克在关于塞尚和埃尔·格列柯(El Greco)的一篇文章中,也讨论了同样的主题。马尔克把塞尚和格列柯描述成具有"神秘内心构造"的大师。他说:"所有新艺术作品之间都存在着一种秘密的关联。"此意识背后的原因是被称为"青骑士"团体的观念。"它的目标是与新灵性事物所属的那个未知世界进行交流。"俄国艺术家

---

① 杰·温特:《记忆和悲痛的位置:欧洲文化史中的第一次世界大战》,第147页。

大卫·布尔柳克（David Burliuk）在写到同胞诗人安德烈·别雷（Andrei Bely）时,说他是"鲁道夫·斯坦纳神智学的一名追随者"。

康定斯基热忱地提倡艺术中的灵性。他发表在《青骑士年鉴》中的文章研究了"人类心中的新价值"。他说这一研究把他引向了更高的地方,引向了一种更能被"听"到的天启:"世界发出了声音。它是由可以被激发出灵性的各种存在所组成的一个宇宙。即便死去之物也是活生生的灵"。他坚持认为,物质主义者听不到这种声音,物质主义也必须被取代:"通过人类灵魂的微妙震颤,就能触及终极目标（知识）。"根据杰·温特的说法,这些观点与斯坦纳和勃拉瓦茨基夫人神智论体系的各个方面都"完全吻合"。

康定斯基在《论艺术中的灵性》中说,艺术家位于三角形的顶角,他们经常是孤独的,经常被嘲笑为骗子或疯子。他还补充说,绘画和艺术"都不是短暂、孤立的模糊作品。它是一种力量,必然会被引向人类灵魂的改善和纯化,必然会被引向灵性三角的提升"。这些观点仍然与神智论元素一致。神智论认为通灵人士与艺术家相似,他们可以分辨出"层次更高的事物。思想和感觉在这种事物中构成的形式,不同于物理层面的任何对象"。[1]

对圈外人来说,此处讨论的大量内容都存在混乱、不连贯、甚至荒诞的问题。不过没有哪位艺术家完全遵循叶芝的观点,相信小精灵的存在。康定斯基发明,或者说发现了西方抽象艺术。在抽象艺术中,他把灵性与无意识混合在一起,思考自己的存在。可以说,这种方法比叶芝采用的方法更能通往一个更有建设性的方向。

---

[1] 赫尔穆特·弗里德尔、安妮格雷特·霍伯格以及伊夫林·贝尼希等:《瓦西里·康定斯基》,慕尼黑、伦敦:帕莱斯特出版社,2008年。也可参考海德薇格·费舍尔、肖恩·雷恩伯德（编）:《康定斯基:通向抽象的道路》,伦敦:泰特美术馆出版社,2006年。

某天康定斯基回到家,看到自己工作室中有一幅没有确定形状,但"真正可爱"的画,后来他才意识到这是他自己的作品,只不过是侧放在画架上了。如果我们相信康定斯基的故事,那么从某种意义上看,他的确是偶然间发现了抽象艺术。不论抽象艺术是从何而来,康定斯基的抽象艺术符合神智学的信念,认为由各种对象以及事物构成的物质世界正在丧失它的重要性。事实上,这个世界也在妨碍我们看到对象世界背后的伟大灵性世界,拖住了我们前进的脚步。当精神和灵性被显现出来时,历史或者说人类活动的决定性模式便终结了,新秩序将会被确立、被突显,这是神智论的核心。

康定斯基的抽象艺术表明美并不需要世俗的形式,不需要可辨别的事物形状,现实存在于事物表面之下,或者别的地方。借此,他的抽象艺术将会实现历史的新阶段。近来有学者指出,他 1913 年的绘画作品《小快乐》(*Little Pleasures*)预示了萨特的《小幸福》(*Les Petites Heureuses*),它用神智学对圣约翰《启示录》做出重新解释。在这幅画中,这个世界的各种事物,以及"小快乐"所隐射的具有微小价值的物质现实,似乎都消逝了。在新秩序来到以前,它们都崩裂成了抽象的碎片。康定斯基关于颜色的象征及其通感性质("看到"声音,听到"颜色")的观念很复杂,它来自他的信念,认为事物表象的背后存在隐匿的真实,而他的责任就是传达这种真实。在他看来,抽象是一种理解世界的新方法,一条接近灵性的进路,因为灵性的存在,即恍惚忘形,它是抽象的,不具有通常理解的那种外形。

罗马尼亚雕塑家康斯坦丁·布兰库西(Constantin Brancusi)也是一位神智论者,不过他和康定斯基相比,还是一位现象学者,他研究真实形式的结构和发展。他的方法同俄国人截然不同。比如 1924 年的作品《世界的开端》(*The Beginning of the Word*),那是一件卵形的大理石雕塑。布兰库西尝试通过它给予我们一件完全自足的作品,其表壳是结构表达性质的一部分,但同时也不能同结构的其他部分割裂。神智论者认为,"灵性"

栖居在所有事物内,所以一件雕塑作品可以被视为对存在于大理石中的灵性的解放。但我们并不需要深入到这种地步。布兰库西用简单而灵巧的完美形式告诉我们,以大理石雕塑为例,大理石本身所蕴含的意义,与它被形塑成的作品所能代表的意义相比,可能是同样丰富的。他告诉我们自足是生活的目的;告诉我们为了向世界呈现出一套"完美表皮",我们需要完全按照我们自己的本性来生活,接受它的性质和局限。他告诉我们细节蕴含的意义与高度抽象蕴含的意义,在程度上是一致的。布兰库西通过在不同材料中运用同样的形式,强化了此观点。如 1925 年的作品《空间中的小鸟》(Bird in Space),它的形式存在于黑色与白色大理石,以及闪耀的金属中。但每个简单形式的体验都根本不同,这一事实表明细节何以能够成为本质,细节何以能把握意义。意义可以是渺小的,也可以是宏大的。

　　第三位重要的神智学艺术家是皮埃·蒙德里安(Piet Mondrian),他相信艺术的目的在于"灵性的净化"。他同样也相信,物质是灵性启蒙的敌人,物质存在的所有形式都会走到尽头。这是海伦·勃拉瓦茨基夫人的核心观念之一。"唯有抽象才能公平地对待即将到来的灵性的黎明。"[1]

　　蒙德里安 1909 年转向了神智论。那时立体派正在流行,而康定斯基正慢慢走向抽象主义。经典的原始立体主义已经扎根于城市,扎根于大城市的经验,但在蒙德里安早期的格子画中,他对包括树木、海洋以及天空在内的自然进行了一番探索。这些作品的主题是能量,随后他主要关注科学(粒子是能量的形式,而能量被锁定在物质中,正如爱因斯坦质能方程 $E=mc^2$ 所表明的那样)。对神智论者而言,能量是灵性的一种形式,是现实的最终基础。

　　这就是蒙德里安格子画所表现的对象:树木的能量,以及围绕在树

---

[1] 罗伯特·休斯:《新时代的冲击:艺术与变化的世纪》,第 202 页。

木周遭的能量,其背景是形式相当随意的树木分叉,它们融入了天空。同样的解释也适用于 1915 年的作品《码头和海洋》(*Pier and Ocean*)。这幅画表现的是荷兰北海岸席凡宁根上的一座旧码头,它几乎没有任何过渡地融入了周遭的海洋。于是,码头和海洋就是相同力量做出的不同安排。能与这两件作品媲美的是蒙德里安受二战影响搬到纽约之后,在 1942 年至 1943 年创作的他最著名的作品《百老汇爵士乐》(*Broadway Boogie-Woogie*)。他的格子风格同曼哈顿街道的式样相匹配,但运动,或者说能量才是这种标志性绘画最为重要的元素。

  蒙德里安的画急促、紧张、焦躁不安,而布兰库西的作品则安宁平和。在 20 世纪 20 年代,神智论已经衰退,阿尔弗雷德·怀特海的"过程哲学"取代了它的地位。按照过程哲学的说法,宇宙过去和现在都是能量运动的巨型场地,它在连续的事件中具有不同的形式。事件是构成自然的材料,这就是世界被理解的方式,它被理解成一系列显现,以及具有不同形式的能量节点。这种哲学具有很多分支,其中一种分支认为,行动就像思想一样,它可以改变世界,改变事件。此观点迟早都会走向存在主义哲学。蒙德里安不是存在主义者,至少不是一个典型的存在主义者,但他研究了表象背后狂躁不安的能量,认为不同于现实的超越王国,更真实的王国在某处存在着,从而使这种本质上属于柏拉图主义的观点得以继续保留。

第二部分
无尽的深渊

9　战争的救赎

在我们当下的时代，伴随着世界大战出现了大屠杀、投在广岛和长崎的原子弹以及20世纪已确知的存在于东亚的许多杀戮事件。让我们回想这类冲突的一个例子。索姆河战役自1916年7月1日早上7点30分打响。在那个周六的早上，超过11万名英国士兵沿着13英里长的战线参与了进攻，结果第一天就造成不少于6万人的伤亡，这至今仍然是一项纪录。"超过2万人死在了交战双方的战线之间，有些人受伤倒在了这片无人之地，哀号了好几天才咽气。"[①]

1914年现象

不过那是在1916年发生的事。1914年的夏天和秋天则全然不同。站在现在的立场，我们很难相信那时候的人们会如此欢迎战争。我们关心的问题有两个。伦敦一名书商宣称这场战争是"欧洲的尼采主义战争"，这一事实引出了第一个问题。他指的是如下事实，即在战争爆发时，尼采著作的销量大幅度提高。造成此现象的部分原因是，许多德国人的敌人认为这位德国哲学家是罪魁祸首，是最应该因为这场战争而受到谴责的人，随着时间慢慢过去，他们还认为尼采要为一战的残忍承担个人责任。

加拿大哲学教授斯图尔特（H. L. Stewart）在他的著作《尼采与德国理想》（*Nietzsche and the Ideals of Germany*）中，把第一次世界大战描述为"不择手段的尼采主义反道德论"与"珍视基督教约束原则者"之间的战争。托马斯·哈代（Thomas Hardy）同样被激怒，他向几家英国报纸抱怨说："我应当想到，有史以来从未出现过这种状况，一个作家使一个国家变得如此混乱。"德国被视为未来超人的国度。用罗曼·罗兰（Romain Rolland）的话说，超人已经成为"类似神的祸害"。② 在很多人看来，尼采大声鼓吹的上帝之死最终带来了人们预料之中的大灾难，似乎这个深渊已经被洞察清楚了。

在德国，神学家、历史学家西奥多·卡普施坦（Theodor Kappstein）承认，尼采的确是世界大战的哲学家，因为他教育整整一代人去追求"一种危及生命的诚实，一种对死亡的蔑视……教育人们为了整体而成为祭坛上的牺牲，追求英雄主义和宁静、快乐的崇高"。③ 甚至更为人熟悉的哲学家马克斯·舍勒［Max Scheler，他后来成为教皇约翰·保罗二世（Pope John Paul II）最钟爱的哲学家］也在1915年发表的《战争天才与德国战争》（*The Genius of War and the German War*）之中赞扬了使这种争议"变得高贵"的某些方面。他欢迎作为"人类存在的有机根基复归的那种战争……我们将不再处于既成现实的孤独状态！个体、民族、国家、世界、上帝之间被割裂的生活纽带将会在瞬间复归"。④ 舍勒说，那种公共性的"我们"，"在我们的意识当中优先于个体的自我"，个体的自我是"文化传统和历史过程的一种人工产品"。⑤

---

① 彼得·沃森：《可怖的美：形塑当代心灵的人和观念》，第146页。
② 史蒂芬·阿施海姆：《尼采的德国遗产》，第132页。
③ 同上，第143页。
④ 马克斯·舍勒：《论人类的永恒性》，伦敦：SCM出版社，1960年。马克斯·舍勒：《论同情的本质》，彼得·希思译，W.斯塔克导读，伦敦：劳特利奇与保罗出版社，1954年。
⑤ 史蒂芬·阿施海姆：《尼采的德国遗产》，第146页。

虽然不论支持还是反对尼采影响的主张都有些夸大其词,但却并非没有任何基础。在德国,《查拉图斯特拉如是说》与歌德的《浮士德》(Faust)以及《新约全书》一样,是识字的士兵最喜欢带上前线的作品,"以便获得激励和安慰"。不仅如此,根据史蒂芬·阿施海姆的说法,15 万本特别耐用的战时版《查拉图斯特拉如是说》被分发给士兵。甚至有些识字的非德国士兵也带着这本书,最著名的是罗伯特·格拉韦斯(Robert Graves)和加布里埃尔·邓南遮。我们也不该忘记刺杀弗朗茨·斐迪南大公(Archduke Franz Ferdinand)的刺客加夫里洛·普林西普(Gavrilo Princip),他的行动加速了 1914 年的危机。加夫里洛·普林西普喜欢背诵尼采的诗歌《瞧!这个人》(Ecce Homo):"像火焰一样贪婪,我燃烧耗尽了我自己。"①

无论准备得多么充分,我们都需要花点力气才能适应第二个问题。它是这样一个事实:在 1914 年的时候,有很多人欢迎战争的到来。这一点仍然具有特定尼采式的意蕴。战争被当成了一个人英雄品质的终极测试,被当成对意志的测试,而且还是体验狂喜的最佳机会。不过战争不止意味这些,远远不止。很多人把战争视为救赎。

不过有人会问,战争把人们从何处解救出来呢?其实这个问题的候选答案并不稀少。1914 年之前,尼采最吸引人的地方在于,他广泛地批评了无所不在的人类堕落。此前我们已经看到,斯特凡·格奥尔格在《圣约之星》中主张,战争将会"纯化"濒死的精神团体。德国剧作家厄文·皮斯卡托(Erwin Piscator)同意此观点,声称参加战争的一代人是"精神上的破产者"。斯蒂芬·茨威格认为冲突是某种精神的安全阀,他援引了弗洛伊德的观点,认为"本能"的发泄并非仅仅凭理性就能克制。通常,表现主义者盼望资产阶级社会消亡,"从这个社会的灰烬中诞生出

---

① 史蒂芬·阿施海姆:《尼采的德国遗产》,第 134 页。

更高贵的世界"。①

约翰·巴肯(John Buchan)1910年发表的小说《祭司王约翰》(Prester John)中,有一段对话彻底摧毁了持续时间超过千年的西方文明。其中一个角色说:"鉴于我已经吸干了文明的果实,我知道它的苦涩。我希望一个更简单更美好的世界。"1913年,加布里埃尔·邓南遮告诉反对为德雷福斯辩护的法国小说家莫里斯·巴雷斯(Maurice Barrès)说,"世界性的战争是从堕落的民主以及淹没高级文化的平民浪潮中,拯救法国的最后机会"。② 巴雷斯的同乡亨利·柏格森认为战争"将会带来欧洲道德的重生",并且他谴责德国人"机械而没有灵魂"。③ 同样,法国诗人夏尔·佩吉在1913年的时候也相信战争可以具有价值,"因为它带来了某种重生"。未来主义者最早在他们1909年发表的宣言当中就主张,战争是"这个世界唯一的保健法";他们还在别处主张:"在斗争之外找不到美。"④ 欲望会因为对某种伟大救赎事业的渴望而得到满足,这种渴望在战前鲁伯特·布鲁克的诗中可以看到:

> 调头,就像泳者跃入一泓清池,
> 来自世界的愉悦变得衰老、冰冷又困顿,
> 孱弱的心不再被荣誉驱使,
> 残缺的人,他们粗鄙的歌,他们的沉闷,
> 他们空无的爱。⑤

---

① 茱蒂丝·玛琳娜:《皮斯卡托手册》,伦敦:劳特利奇出版社,2012年,第4页。其中谈到皮斯卡托对战争感到"可耻"。
② 同上,第102页。
③ 同上。
④ 罗兰·斯特龙伯格:《战争的救赎》. 堪萨斯城:堪萨斯雷金特出版社,1982年,第28页。本章的标题来自斯特龙伯格的这本书。
⑤ 罗兰·斯特龙伯格:《战争的救赎》,第34页。

阿尔班·贝尔格(Alban Berg),亚历山大·斯克里亚宾以及伊戈尔·斯特拉文斯基,他们都同意战争将会"震动人类的灵魂","把他们当成为某种灵性事物而做的准备"。尤其是在德国,人们觉得一个商业的世界"把英雄排挤出去了"。① G. K. 切斯特顿对于现实的看法更加平实但也不乏批判,他表示宗教和政治理想都在腐朽:"人类的两个重要激励来源都失败了。"

这也是当时比现在更重要,更易产生分歧的主题之一。罗兰·斯特龙伯格(Roland Stromberg)在他《战争的救赎:知识分子与 1914 年》(*Redemption by War: The Intellectuals and 1914*)中注意到,"通过暴力的自我发现"是那个时代知识分子习以为常的一部分,1914 年 8 月战争爆发的时候,很多人觉得战争是"精神对于物质的一种胜利"。有人觉得相比于从前的无趣,战争的爆发使生活再次充满趣味,而甚至像阿诺德·本涅特(Arnold Bennett)、西格蒙德·弗洛伊德、亨利·詹姆斯,以及马塞尔·普鲁斯特这样的人物,也持类似观点。"战争是共同体的复归,是对无价值琐碎生活的逃离。对战争的这种解释可能比把战争解释成一种拯救,更容易令人接受",斯特龙伯格如是说。按照恩斯特·荣格尔(Ernst Jünger)的说法,"8 月战争爆发所导致的最普通意象,是净化的火焰或洪水,'又或者是将把世界锻造成新形状的铁匠'"。而按照在一战中殒命的英国诗人艾萨克·罗森伯格(Isaac Rosenberg)的说法,"破坏和实现自我的权利相伴而行"。他写道,"古代暗红色的诅咒",将会"为宇宙带回/其纯朴的繁盛"。② 美国的俄国史学家汉斯·罗格(Hans Rogger)宣称,莫斯科和圣彼得堡的很多作家、知识分子欢迎战争,"因为战争把俄国从偏狭和卑鄙中解放出来,为俄国带来了通向伟大的新态度。有人还把战争看成还是一

---

① 罗兰·斯特龙伯格:《战争的救赎》,第 23 页。
② 同上,第 12 页。

种精神的觉醒"。① 胡戈·冯·霍夫曼斯塔尔宣称,在奥地利"所有人都按照一种新模具来转化和浇筑"。

类似意见反映了普遍观点,当然,反映了知识分子的普遍观点,认为战前的精神状态并不健康,人们着迷于物质主义,忽略了"心灵中的事物"。即便战争期间杀戮程度已经变得显而易见时,这种意见仍然持续着,并达到了顶点。丹麦杰出的作曲家、指挥、小提琴家卡尔·尼尔森(Carl Nielsen)在他 1916 年首次公演的《不可磨灭交响曲》(*Inextinguishable Symphony*)中,设置两组定音鼓之间的"战斗",致敬生活的力量,哪怕在死亡中不断更新自身,"不断填充自己的丰富性"。②

共同体:贯穿 1914 年的主题

这些看法结合在一起产生了一种民族主义和爱国主义,这两种孪生的感情使很多人(特别是社会主义者)感到震惊。他们在战争之前为自己的世界主义和国际主义感到骄傲。罗兰·斯特龙伯格说,民族主义从某种意义上取代了宗教。陶艺和艺术史学家昆汀·贝尔(Quentin Bell)引述了这一说法:"剑桥大学如同国家中的多数一样,已经皈依了民族主义宗教。它是一种强力的,恐怖的,有时又充满美的魔法。"③斯特龙伯格说,民族主义"与谋求共同体身份是一致的,都是贯穿 1914 年的主题"。埃德蒙·高斯写道:"战争产生了一种美妙的后果,即人们心灵的团结。"④诗人、艺术评论家赫伯特·里德(Herbert Read)在战壕中写道:"我不想为我的国王和国家而死。如果我真的死了,那也是为了我自身灵魂的拯救。"

---

① 罗兰·斯特龙伯格:《战争的救赎》,第 40 页。
② 同上,第 13 页。
③ 昆汀·贝尔:《多才多艺的人》(展览目录),诺伯特·林顿作序,查尔斯顿,1999 年。
④ 罗兰·斯特龙伯格:《战争的救赎》,第 43 页。

他还在别处写道:"战争期间我时常感到我们彼此的同伴情谊,它将会在和平时代到来之后,将我们引向某种新的社会秩序。这是种在和平年代不曾存在过的人类联系和人类现实。它克服了(或者无视了)所有阶层、等级以及教育的差异。我们不把这种秩序称为爱。我们曾经不承认它的存在,它是庄严的事物,因此也是神圣的。"斯特龙伯格确认,庄严的事物实际上徘徊在每部战争小说的背景之中,也在这场最有文化含义的战争之中。①

现在很多知识分子觉得,无知的人最终具有令人愉悦的,摆脱他们"短暂有限生活"的机会,此机会将有助于共同体意义的复归。不过德国的格奥尔格圈子对此有一种不同的看法:"数以万计的人必然在神圣的战斗中死去",格奥尔格评论说。贡多夫也认为,只有通过这种方式,灵魂的疾病才能被治愈,德意志民族精神的进步才能成为可能。德国历史学家卡尔·兰普莱希特(Karl Lamprecht)热衷于"我们民族精神不可思议地高涨……幸福就是人们生活在这样一个时代"。埃米尔·涂尔干觉得战争将会取得他长期追求的目标,即"复兴共同体情感"。德国神学家恩斯特·特勒尔奇(Ernst Troeltsch)相信战争提升了他同胞之间的德国感(feeling of Germanness),这种感觉"类似对上帝神圣力量的信仰"。他还补充说,"正是由于 8 月事件,在战争危险的影响下,才促使人们形成内心的一致,而这种一致性以前从未出现过"。

战争的另外一重影响在于,"社会服务的宗教驱使那些富有愧疚之心的人,进入贫民窟消除贫困,或者至少使他们自己熟知贫困"。"有一种冲动意图摆脱扼杀生命的唯我论,它于是经常确认一个人与伟大集体之间的有机联系。"②

---

① 尼古拉斯·默里:《年轻人的红甜酒:战地诗人勇敢短暂的一生》,伦敦:小布朗,2010年,作者序,第 1—10 页。
② 罗兰·斯特龙伯格:《战争的救赎》,第 103 页。

关于救赎性共同体的所有说法中都有一种潜在因素。它是这样一个事实,即许多欧洲国家在人种和语言上都不同。① 他们或许可以生活在普通的法律和政府下,但他们并不需要言说同一种语言,继承同样的习惯。俄国和奥匈帝国尤其如此。在较小的范围上,这一判断也适用于英国、比利时、德国和法国。由战争大量产生的新神圣联合,至少在一段时间内克服了所有差异,虽然后来汉娜·阿伦特(Hannah Arendt)抛弃了这种新的共同体,认为它是一种虚无缥缈的东西(事实证明的确如此)。②

还有一种马克斯·韦伯(Max Weber)、加埃塔诺·莫斯卡(Gaetano Mosca)、维尔弗雷多·帕累托(Vilfredo Pareto)等人代表的所谓精英派,他们怀疑战争取得的收获。虽然韦伯和很多人一样主张他所谓"对现代社会失落整体性的一种几乎无法忍受的眷恋",但他同时也主张"永远不能让人民处于统治地位,国家也永远不会消亡,权力不会因为诗人的咒语而从这个世界上消失"。他总结说:"基督教伦理在人类社会不可能实现。"③

当然,消沉和幻想的破灭最终还是很快到来。画家洛斯·迪金森(Lowes Dickinson)公开谴责战争期间的讨论缺少差异性。"赢得战争,或者安全地躲在获胜方的身后,这是唯一的念头。国外只能听到枪炮之声,而国内则只听到喋喋不休的宣传,它全然和真理无关。"昆汀·贝尔谈起布鲁姆斯伯里团体时说,"可以这样讲,他们之中没有谁'信仰'战争,并且他们坚决地拒绝对战争表示虔诚"。戴维·赫伯特·劳伦斯则处于一种摇摆不定的状态。他觉得"人性需要修剪",认为"死亡的伟大冒险"对小说来说是合适的主题,并且他也渴望"真正的共同体"。不过他认为战争中并不存在共同体:"战争并不是斗争,而是谋杀。"

古斯塔夫·勒庞(Gustave Le Bon)像他之后的多位社会学家一样,都

---

① 罗兰·斯特龙伯格:《战争的救赎》,第 90 页。
② 汉娜·阿伦特:《对文学和文化的反思》,苏珊娜·英雅·戈特利布导言、编辑,加利福尼亚斯坦福:斯坦福大学出版社,2007 年。
③ 罗兰·斯特龙伯格:《战争的救赎》,第 98—99 页。

曾经论证"战争是反常社会或堕落社会的一针解毒剂,是团结的修复剂"。也许这种观点能够解释为何知识分子为什么对战争的爆发欢呼雀跃——对那些通常因为教育和利益原因而与共同体其他成员分离的人来说,战争可能有一个好处,能把他们和其他人"重新团结起来"。

斯特龙伯格还说,1914年的社会环境有一个独特的性质,这个特性从未存在过,以后可能也不会再出现了。"这是一个意识发展的时代",其最有意义的主旨是关于共同体感复现的"原始事实"。他强调,对很多人来说,战争的心理学起因并非是恶意的,相反,他们具有"对身份、共同体、目标的一种强烈渴望。他们本身渴望积极有价值的目标,不过他们的渴望却被滥用和误导了,但不是在渴望的源头就被投入了剧毒"。①

1914年的精神是"针对社会反常状态的一剂解药,这一状态来自最近各种强大力量的扫荡,包括城市、资本以及技术的力量。这些力量撕碎原始纽带,强迫人们进入危险的社会关系"。② 但这一剂解药也伴随着高昂的代价,所以我们仍然在寻找一种可行的替代方案。

一方面是救赎和共同体这些重要主题,一方面又是阵地战迅速演变成的噩梦,无怪乎我们在此会特别关心在一战中展现出来的两个元素。其一是诗性的,其二则是社会主义的。我们将在下一章考察作为宗教替代的社会主义。诗歌和战争相互牵绊的程度令人吃惊,并且富有启示性。

反讽和单纯

诗歌在第一次世界大战期间成为一种主要文学形式(至少在英语世

---

① 罗兰·斯特龙伯格:《战争的救赎》,第191页。
② 同上,第198页。

界中的确如此),"这在20世纪的任何其他时候都未发生过"。这是像伯纳德·伯尔贡齐(Bernard Bergonzi)这样一些人的论调,他们认为英语诗歌"始终没有度过一战时期"。引用英国诗评人弗朗西斯·霍普(Francis Hope)的话来说,"毫不夸张地讲,1918年以后的诗歌完全都是战争诗歌"。回顾过去将不难发现其原因所在。奔赴前线的许多年轻人都受过良好的教育,这意味着在那个时代他们都熟悉英语诗歌。前线的生活紧张而不确定,适合更短、更锋锐、更紧凑的韵文结构,并且它们能提供大量吸引人的生动意象。在作者死亡这一不幸事件的渲染下,诗集悲伤哀婉的性质将会展现出令人无法抗拒的浪漫吸引力。许多年轻人直接从板球场走向索姆河或帕斯尚尔,他们不是好诗人,但书店却填满了在其他情况下根本不可能出版的诗歌。不过在这些作品中确实也出现了一些现在家喻户晓的名字。

不止于此,尼古拉斯·默里(Nicholas Murray)在《年轻人的红甜酒:战地诗人勇敢短暂的一生》(*The Red Sweet Wine of Youth: The Brave and Brief Lives of the War Poets*)中指出,这些诗人从未像100年以后的今天那样流行。"目前英国的所有学校都在研究战争诗歌。它变成了国家神话的一部分,成为历史意识和政治良知的表达。我们如何阅读甚至崇拜战争诗歌,表达了我们作为一个民族是何种存在,以及想要成为何种存在。"[1]互联网现在为战争诗人提供服务,正如前桂冠诗人安德鲁·姆辛(Andrew Motion)所说,他们的作品现在被赞誉为"神圣的国家文本"。

他们很多人也没有直接回应我们这里讨论的主题。西格夫里·萨松(Siegfried Sassoon)和维尔浮莱德·欧文(Wilfred Owen)承认自己反对教权。萨松形容自己是"一个不完整也不参加宗教活动的基督徒……教会在我看来并不能为西部前线发生的疯狂战事提供任何帮助……在我的记

---

[1] 尼古拉斯·默里:《年轻人的红甜酒:战地诗人勇敢短暂的一生》,第8页。

忆中,前线上没有一个人对我说起过宗教。教士也从未靠近过我们——除了在我们安葬某人的时候"。① 他的诗《基督与士兵》(Christ and the Soldier)描写了法国路旁的一幅耶稣受难像,"对许多士兵来说,这幅图仅仅提醒士兵们记起宗教对待屠杀和灾难的无能为力"。1916年爱德华·托马斯(Edward Thomas)在《星期二下午》(February Afternoon)中发现了宗教仅有的慰藉,那就是在诗歌中,上帝"完全耳聋完全眼瞎地"俯瞰众生。欧文说他自己大概在1912年中就完全放弃了福音派信仰:"所有神学知识在我看来都越来越不合口味。"②埃德蒙·布伦登(Edmund Blunden)的最佳诗篇之一,《经验的报告》(Reporton Experience)包含以下诗句:

……我看到正义的荒芜之地,
他的康健、荣耀以及品格都放置于此。

全文以一句反讽"上帝保佑我们"而达到顶峰。③

这是反讽。保罗·福塞尔(Paul Fussell)在经典著作《第一次世界大战与现代记忆》(The Great Warand Modern Memory)中论证说:"现代理解似乎具有一种统治性的形式,就其本质而言是讽刺性的。心灵和记忆把反讽应用于第一次世界大战中的诸多事件,这成了它的主要起源。"④他举例说明自己的意思。第一次世界大战比任何其他战争都更具讽刺性,其中一个原因在于它的开端比任何战争都更加单纯。英国已经有一个世纪不知战事为何物了。处于青年时期的人们都不知道战争会是什么样子。欧内斯特·海明威(Ernest Hemingway)曾写道,"荣耀""光荣""勇气"这些抽

---

① 保罗·福塞尔:《第一次世界大战与现代记忆》,牛津:牛津大学出版社,1975年,第134页。
② 同上,第139页。
③ 同上,第255页。
④ 同上,第29页。

虚无时代:上帝死后我们如何生活

象词,相比"村庄的具体名字、道路的数目、河流的名称、巨大的数目以及日期"而言,是空虚而下流的。福塞尔列举各种委婉的宣传语,它们都试图减少正在发生的战事所造成的影响,比如将朋友说成"同志",马说成"坐骑",危险说成"冒险",战争说成"斗争",不抱怨说成"有男子气",年轻人的鲜血说成"年轻人的红甜酒"(鲁伯特·布鲁克)。很显然,战争一开始被视为类似游戏的某种东西——1915年的洛斯战役,第18伦敦团第1营踢着足球朝对方阵地发起进攻。

在许多讲述战争的故事当中,结局都是讽刺性的,包括近来的这些故事也表达着这层意思。福塞尔引用了埃德蒙·布伦登《战争的寓意》(*Undertones of War*)中的一个片段,故事中作家来到一名年轻一等兵面前,在战壕里泡茶。布伦登祝他好好享受这杯茶,然后离开了。不久后,一枚炮弹在战壕上方爆炸,一等兵被炸成一团"焦黑的血肉"。当布伦登将他带回来的时候,"一等兵的弟弟才终于想通了"。

杰·温特说,虽然在战争的可怖压力下,异教或前理性的思想状态并不值得大惊小怪,但前线仍然报告了大量的超自然现象。许多士兵都带着象征个人气运的卡片,不同口袋揣着不同卡片。还有士兵则揣着从他们故乡带来的土壤,或者从他们家乡教堂、祈祷室带来的灰尘。一名来自阿伯丁的牧师说:"英国士兵显然具有宗教信仰,但是我不能确定他们信仰的是基督教。"[1]问题在于,"战壕中的体验不能轻易地以常用的神学词汇(事实上不能用任何一种其他的理性词汇)来解释"。

灵性论主要产生在那些没有与特定教会建立紧密纽带的人当中。法国人查尔斯·里歇(Charles Richet)在前线期间实施了一项著名的研究,并把他的结论发表在1917年1月的《共和国军事期刊》上。他的研究涵盖很多不同的受访者,普通士兵、医生还有军官,不仅包括参战人

---

[1] 杰·温特:《记忆和悲痛的位置:欧洲文化史中的第一次世界大战》,第64页。

员,还包括他们在家乡的亲人,他们几乎都精确地报告了死亡最普遍的预兆。

在英国,赫里沃德·卡林顿(Hereward Carrington)开展了一项名为"灵异现象与战争"的研究,研究士兵死亡案例会明显地向他们悲伤的亲友们传递出希望与安慰的信息。在法国和英国有很多阵亡士兵参加纪念仪式的记录。还有人在战场上看到了天使、幽灵士兵,以及"发光的雾"。温特的观点认为,没有办法保证恰当地安葬死者,抑或规则本身的要求,这些因素都能帮助人们解释那些灵异记录。失去亲人的伤痛是普遍的,它满足了温特所谓的"灵媒诱惑"。这些说法当然可以理解,无非就是人们从4年的大屠杀中提炼出某些类型的"意义",包括反感、幻灭和玩世不恭。

福塞尔在"别再那么单纯了"的标题下,援引了菲利普·拉金(Philip Larkin)撰写于20世纪60年代早期的诗《MCMXIV》。福塞尔的主要观点就在于,反讽在这个时候作为一种意义,甚至作为一种救赎,进入这个世界。然而反讽只能提供微小的、似是而非的意义,人们可以说它甚至反意义,并且一定反先验。

人们可以理解福塞尔的意思。在第一次世界大战后,例如伟大工程、伟大主题、伟大理念中的那个"伟大"(greatness)概念,即便没有被完全抛弃,也遭到深深的质疑。这可能就是诗歌能成为战争时期主要艺术形式的原因——生活,不论是好生活还是坏生活,不论是战壕中的生活还是家庭生活(当你同家人分离的时候),都由诗人关注的微小事物构成。所有这些重要的细节都不具有讽刺性,它们是因为人的缘故而显得具有意义。诗人的这种说法,现象学家和实用主义者此前就已经说过了,他们认为生活中的快乐在小事物之中。这是第一次世界大战的一种意义。当反讽进入想象的时候,真理便不再是战争的首位受害者了——单纯才是。这对信仰的版图来说不啻于一场地震。在一战之后,人们就不再信任信仰了。

有人可能认为神智学和灵性论意图通过赋予基督教所缺乏的那种"科学"可靠性,从而拯救宗教。① 根据罗克马克尔(H. R. Rookmaaker)在《现代艺术与文化之死》(*Modern Art and the Death of a Culture*)中的说法,"蒙德里安和其他一些人正在为灵性的人性修筑一座美丽堡垒,它非常正规,非常理性……他们在无底深渊的边缘修筑这座堡垒,而他们根本就不敢直视这一道深渊"。② 不过他说,有一个确实凝望过深渊的团体出现了,它就是超现实主义。

超现实主义的直接先驱人物是乔治·德·基里科(Giorgio de Chirico),他把1913年的自画像命名为《我崇拜的事物能够拯救难解之谜吗?》(*And What I Worship Savethe Enigma?*)。他的几幅作品延续了这一主题,包括1914年的《白日之谜》(The Enigmaofa Day)和《一条街道的神秘与忧伤》(*The Mystery and Melancholy of a Street*),以及1916年《不安的沉思》(*The Disquieting Muse*)。这些作品都表明,他利用奇怪的线条,没有来源、莫名出现的长长阴影,来关注普通人中间产生的令人不安的变化。③ 他评价自己的作品是一种尝试,它确认自史前开始就存在的一种"预感"。他说:"我们可以把这种预感想成永恒的证据,证明宇宙的非理性。"这种怪异的感觉通过暗示,产生了宗教情感。

安德烈·布勒东(André Breton)在他1924年发表的《超现实主义宣言》(Surrealist Manifesto)中继续推进了这种观点。他在《宣言》中说,超现实主义者的目标在于,通过"自由"书写(自动书写)的方式,也就是叶芝和他的夫人所沉湎的那种书写方式,挣脱理性的束缚,以便展现出无意识的非理性力量。在此意义上,超现实主义试图自觉地将世界复魅,因为这个世界已经被科学世俗化。这样来看,超现实主义从根本上讲是一种治疗。

---

① 戈登·格雷厄姆:《世界的复魅:艺术与宗教的对比》,牛津:牛津大学出版社,2004年,第58页。
② 戈登·格雷厄姆:《世界的复魅:艺术与宗教的对比》,第59页。
③ 同上,第59—60页。

超现实主义同其他现代艺术形式不同的地方在于,它在技术上十分高超(这使它变得流行),并且关注梦境,关注用超现实象征来表象的意识生活之下"更深"现实的可能性。他们认为秩序只不过是表面,表面之下存在着完全不同的一种意义。布勒东在他的《宣言》中强调"梦的全能",也强调有待人们去发现的"特定的更高形式",这些形式的标志都是无理性。超现实主义者试图揭示这些隐藏的形式,"他们通过不受任何理性控制的想法来支配自己,以便免除任何美学或道德顾虑的影响"。①

当然,这种对理性的拒斥很大程度上要归因于战争造成的破坏,归因于人们如今意识到需要一种新的生活方式。马克斯·恩斯特(Max Ernst)对此进行了概括,他在自传中写道:"马克斯·恩斯特死于1914年8月1日,在1918年11月11日复活。他是有志于成为魔法师、并发现他那个时代神话的年轻人。"②新神话意图取代旧神话,这一点在恩斯特1926年的绘画作品《圣母马利亚在三名目击者面前掌掴小耶稣》(*The Virgin Mary Spanking the Infant Jesus before Three Witnesses*)中表现得十分清晰。画中的三名目击者就是恩斯特本人,以及布勒东和保罗·艾吕雅(Paul Éluard)。这幅画拙劣地模仿了文艺复兴全盛时期的人物形象和异教主题。在其他几幅作品中,恩斯特引入了非基督教的材料,正如保罗·德尔沃(Paul Delvaux)和胡安·米罗(Joan Miró)在他们超现实主义作品中所做的一样。③

最让我们感兴趣的是超现实主义者的高超技艺以及他们描画那个不安的无意识世界的有趣尝试。虽然弗洛伊德注意到,不论作品多像梦境,

---

① 大卫·洛马斯:《忧心忡忡的自我:超现实主义,精神分析,主体性》,纽黑文、伦敦:耶鲁大学出版社,2000年,第74页。
② 马克斯·恩斯特:《作品回顾》,沃纳·斯皮斯导论、编辑,伦敦:泰特、帕莱斯特,1991年。
③ 帕特里克·埃利奥特:《另一个世界:达利,马格里特与超现实主义者》,爱丁堡:苏格兰国家美术馆,2010年,第1—5页。

比方说达利(Dalí)的作品,但它们始终都是有意识的心灵的产物。高超的技艺并不仅仅是附属品。梅拉·奥本海姆(Meret Oppenheim)被认为是一名超现实主义者,她的作品《皮毛早餐》(*Fur Breakfast*)包含由皮毛构成的标准杯,杯碟和勺子。这同样还是纯粹的现象学,通过干扰日常性质的简单方法,使人关注杯、碟、勺的日常性质本身。超现实主义者想要表明现实的范围比我们的思想更广,同理性一样,混乱和荒谬也是人类处境的一部分。他们想表明,非理性是一种混乱的力量,产生具有同等分量的神秘性、恐惧还有希望,并且超现实和超自然也各不相同。

影响深远的一件作品可能要数勒内·马格里特(René Magritte)的作品《人的处境》(*The Human Condition*)。这件在技术上非常高明的画作,描画了海滩上的一个画架,架子上是一幅有关大海和沙滩的画作,所以画布上的意象便闯入"真实"风景之上的地方了。宗教是对混乱和恐惧感觉的回应,这种感觉仅仅是人类处境的一部分,宗教是一个没有任何意义的神话。

超现实主义是在宗教之后获得人们信任的一种更加严肃、更加高明的艺术形式。

10　布尔什维克对科学无神论的捍卫

我们在上一章看到1914年的"普遍主题"是"共同体"。那时有如此之多的人热情地迎接战争,希望恢复在现代力量摧毁共同体之前,曾经存在过的那种共同体生活。在这种知识和情绪的氛围中,再加上冲突带来的社会巨变,人们也许就会期望社会主义,一种在当时甚至是有史以来最活跃的替代性"宗教"。人们期望社会主义已经箭在弦上,换句话说,人们期望社会主义已经准备好利用混乱的局势。在实践中,社会主义并不是像这样诞生的。

虽然卡尔·马克思和弗里德里希·恩格斯(Friedrich Engels)在《共产党宣言》(*The Communist Manifesto*)中写道,"工人阶级没有祖国",虽然他们都彻底反对民族主义,并认为战争总是有害于劳动群众的利益("注入不正当的好处,使得资本主义的悲惨生活苟延残喘"),虽然马克思说过,他认为战争是"革命的助产士",然而大体上看,新社会主义政党更能像其他人一样,欣然接受这种由第一次世界大战所激起的民族主义副产品。国际社会主义情感似乎在所有地方都遭到民族主义情感的蔑视。"社会主义领导人觉察到自发爱国主义的一股潮流从低处涌起,并对此做出了回应。"[①]

众所周知,这一潮流蔓延到俄国之外的所有地方。由于一战的持续进行以及损失的增大,俄国革命在几个月之前就被预见到了。在群众战争的新形式中,战争的后方并未被排除在战争之外,这加剧了群众的苦难,但一桩接一桩的政府丑闻并不能对此提供任何帮助。同样,沙皇政权倒台快得令人吃惊,1917年的二月革命(儒略历2月26日到29日,公历3月8日到11日)以一种"双重力量"格局结束。从官方层面上看,直到选举能够举行、立法会议得以召开之时为止,临时政府还处于统治地位。不过当时还存在着一种非官方的权力中心,即彼得格勒工人与士兵代表苏维埃,后者一度是真正的实力所有者。那一年的晚些时候,士兵们开始集体逃离前线,农民开始夺取贵族的土地,而工人们则开始控制工厂。布尔什维克革命(儒略历10月26日到27日,公历11月7日到8日)确立了"无产阶级的专政",其最紧迫的目标就是巩固布尔什维克的力量,并且让国家脱离战争。

但完成这一目标并非没有代价。1918年3月,俄国政府接受德国提出的《布列斯特—立托夫斯克和约》,失去了波罗的海诸国、乌克兰的大片区域(那时还是俄国的粮仓)、白俄罗斯、波兰以及外高加索,外加黄金赔偿。德国军队直到当年11月才撤退(仅仅是因为西线签署了停火协议),撤军造成权力真空,给"红军"和"白军"的血腥内战让出了空间。② 在这些战事结束的时候,整个苏俄的经济几乎已经停滞,不少于1 300万人死亡,大多数人并非由于战争而死,而是因为饥饿和流行疾病。其后1921年到1922年间的大饥荒又造成500万人死亡,数百万孤儿或弃儿在乡间游荡,被迫以偷窃为生。

我们并不关心一战通过其他哪些诡计和部署,导致了俄国的革命。我们关心的是马克思主义的本质,出于两方面的原因。第一,马克思主义在许多方面都被想成宗教的一种替代结构;第二,马克思主义表达了根除

---

① 罗兰·斯特龙伯格:《战争的救赎》,第130页。
② 柏妮丝·格拉泽·罗森塔尔:《新神话,新世界:从尼采到斯大林主义》,宾夕法尼亚大学出版社,2002年,第117页。

上帝的最坚定意图。

人类发展的新阶段

布鲁斯·马兹利什(Bruce Mazlish)说,马克思是早期社会主义中的艾赛尼派。这一说法暗示一种虔诚和苦行的特定品质,但事实上马克思无法被简单地描述。有时他认为自己是科学家,认为自己在发现"人类技艺"规则中扮演的角色,类似于达尔文在发现"自然技艺"规则中起的作用。在浪漫主义运动后期的 19 世纪 30 年代,马克思撰写诗歌并且和海因里希·海涅(Heinrich Heine)、费迪南·弗赖利格拉特(Ferdinand Freiligrath)、格奥尔格·赫尔韦格(Georg Herwegh)建立了友谊。马兹利什还指出,马克思主义的传播同基督教以及伊斯兰教的扩张很相似。所以人们也不必惊讶,马克思主义首先在俄国取得成功,那时的俄国是宗教氛围浓厚的落后国家,资本主义工业化尚未开始。

马兹利什认为,马克思也并非不受路德所译的《圣经》影响。"有人认为马克思是伟大犹太先知传统的后裔,对着人类雷鸣咆哮……但马克思所接受的这种传统在形式上是路德式的,是他从小在虔信基督教氛围中长大的结果。不用说,马克思并不一直都是虔信的基督徒,也不能说路德是共产主义的先驱……他们真正共享的观点是一种修辞结构,即对于天启传统的一种特殊表达,从支配和压制的环境一步步地发展到完美共同体的顶峰。"

虽然他变成了一名激进的无神论者,"嘲笑'与基督合一'的那些人",但宗教的功能,宗教在人们心中的地位,对马克思而言仍然具有最核心的重要性。[1]

---

[1] 彼得·沃森:《可怖的美:形塑当代心灵的人和观念》,第 345 页。

马克思一直都是哲学家,也是经济学家。他的基本观点最终体现在《资本论》(*Das Kapital*)中,认为工人"生产出的财富越多,他就越贫困"。他坚持,"即便工人的收入提高",但他们仍然更贫困,因为他们异化的程度提高了。作为人类,工人变得贫瘠了。所以马克思发展出异化概念,论证说异化来自劳动,并且具有四个方面的规定:(1)在资本主义条件下,劳动不再属于工人,在此资本是一种异化的实体,支配着他;(2)生产这个行动异化了工人,使他们远离了自己的本性,由此他便不是一个完整的人;(3)市场以及工厂的需要令人们彼此疏远;(4)这也使人们与他周遭的文化产生疏离。马克思相信,这些异化的力量将会产生一种新的心理学。

他的第一项成就在于,其写作风格就像表现出他发现了一种新科学,是在人类发展新阶段中显现出来的科学。他相信法国人和英国人首先了解到历史是一部工业和交换的历史,相信他们把经济放在历史的中心。他不理会政治历史,也不认为存在类似卢梭所认为的那种社会契约,主张只有经济关系才把"人和人联系到一起"。这一观点在政治科学中意味着一场影响深远的变革。[1]

马克思还主张,经济分工构成了国家"兴起"的基础。国家所提供的实际上是一种虚幻的公共生活。家庭和阶级的存在提供了某种公共身份,但"国家内部的一切斗争——民主政体、贵族政体和君主政体相互之间的斗争,争取选举权的斗争等,不过是一些虚幻的形式——在这些形式下进行着各个不同阶级间的真正的斗争"。[2] 政治生活不过是劳动分工和私有制基础上"真正斗争"的一种掩饰,而这也是人们之间彼此疏离的一个更深层次的原因。这个观点使马克思给出描述社会"统治阶级的思想"的著名段落:"统治阶级的思想在每一时代都是占统治地位的思想。

---

[1] 彼得·沃森:《思想史:从火到弗洛伊德》,第768页。
[2] 出自《德意志意识形态》,中译见《马克思恩格斯全集》(第三卷)人民出版社1960年版,第38页。——译者

这就是说,一个阶级是社会上占统治地位的物质力量,同时也是社会上占统治地位的精神力量。"①由此,"大范围"地改善人便只能通过行动,通过革命才能实现。"只有革命活动本身,才能使人成为新人,使人得到净化和洗涤。"②

然而,马克思意图让人们把《资本论》当成枯燥的教科书来阅读吗?并非如此。"从未读过《资本论》的工人们仍然相信确实有一种科学理论,可以支持他们的被剥削感。"③如恩格斯所见,《资本论》的目标是要成为工人的《圣经》,成为催生革命的那个运动的一部分。从这个意义上讲,它的目标达到了。

钢铁、锤子和石头

1918年,在布尔什维克获得权力的时候,他们的领导人迅速地从俄国人的生活中去除了有组织的宗教。早期的行动倡议是把儒略历改为公历,意图使人们对东正教节日日期的计算产生混乱。他们还建立了一种总是与宗教节日冲突的工作日程表,最后还把一周七天改为一周六天——五天工作,第六天休息。他们废除星期天,事实上就是为了防止信徒参加星期天的礼拜。④

在20世纪20年代,共产党建立了激进无神论者联盟,计划传播被称为"科学无神论"的马克思—列宁主义原则。"一般而言,科学无神论包含对社会主义乌托邦的信仰,以及皈依无神论教义的道德责任。激进无神论者联盟发挥的作用在于,教授科学无神论伦理,用以替代流行神学的道

---

① 中译出处同前书《马克思恩格斯全集》(第三卷),第52页。——译者
② 彼得·沃森:《思想史:从火到弗洛伊德》,第769页。
③ 彼得·沃森:《可怖的美:形塑当代心灵的人和观念》,第293页。
④ 保罗·弗洛斯:《杀害上帝的剧情:苏维埃世俗化经验中的发现》,洛杉矶、伯克利、伦敦:加利福尼亚大学出版社,2008年,第60页。

德教化。如果用尼采的术语来讲,他们主张宗教教义创造了一种'奴隶道德',它愚弄宗教信徒,使他们错误地用一种消极的态度来看待道德善。"①为了使联盟的目标能更进一步,他们设立了许多无神论"小屋",或者小房子,农村公社的居民通过这些小屋学习无神论,讨论宗教错误。人人都可以获得无神论时事通讯《不信上帝者》(*Bezbozhnik*)。

1932年开始实施反宗教宣传的五年计划,预计最终建立100万座小屋,相当于旧教区的60倍。俄国的东正教教堂数量从1914年的54 000座,减少到1928年的39 000座,再到1941年的4 200座。不单单基督教受到冲击,1922年伊斯兰法庭的数量是220座,仅仅5年之后,数量便锐减到7座。早期的共产党人尤其不喜宗教中的超自然元素。他们认为依靠马克思和恩格斯的"神圣"作品,只有马克思列宁主义才能通向真理。在他们看来,马克思和恩格斯的作品具有神圣天启的地位,这些著作把经济关系以及交换关系放在了信仰体系的核心位置。

我们稍后将会回过头来继续讨论科学的无神论,不过在此之前我们需要返回尼采。因为近来有学术研究表明,早期苏联的知识、社会乃至政治场景,既被马克思、恩格斯、列宁所改变,同时也几乎在同等程度上受这位德国哲学家影响。这个领域最优秀的学者是福德姆大学历史教授柏妮丝·格拉泽·罗森塔尔(Bernice Glazer Rosenthal)。她说,虽然整个苏联时期中的大部分时候,尼采的名字"都不能被提及,或者只能用在贬义语境下",虽然从1920年开始他的著作就被搬出了人民图书馆,但少数图书馆仍有他的著作,私人藏书仍然被传阅。20世纪慢慢过去,这种传阅活动慢慢变成了东欧的一种传统。②

尽管如此,柏妮丝认为尼采这个在俄国人看来"带着锤子的哲学家"

---

① 保罗·弗洛斯:《杀害上帝的剧情:苏维埃世俗化经验中的发现》,第55页。
② 柏妮丝·格拉泽·罗森塔尔:《新神话,新世界:从尼采到斯大林主义》,第2、第173、第179页。

仍然深深地触动了俄国文化。陀思妥耶夫斯基在某种程度上，为尼采在俄国铺平了道路，而且在很多方面，这个德国人的观点也与马克思主义兼容，或者说他讨论了马克思和恩格斯忽略的问题。尼采关于语言可塑性的观点，对他所谓的"旧语言"的轻蔑态度，以及对"新语言"及其"圣经"式寓意的接受，深深影响了诸如亚历山大·波格丹诺夫（Aleksandr Bogdanov）、阿纳托利·卢那察尔斯基（Anatoly Lunacharsky）、马克西姆·高尔基（Maxim Gorky）等柏妮丝所讲的尼采式马克思主义者。尼采和马克思主义彼此契合的另一个领域在于哲学家对个人主义的公开谴责，按照尼采的说法，这个世界"被撕裂了，破碎成个体"，而这在他看来正是恶的源头。尼采捍卫另一种不同形式的个体性，一种"在共同体中的自我实现"。① 布尔什维克喜欢他的宇宙观，他把宇宙看成是一处非理性的所在，"盲目的意志在此是唯一的永恒"。他们还喜欢尼采的说法，认为科学，特别是达尔文主义贬抑了人，因为科学仅仅强调"生存"，而不是创新。

　　罗森塔尔认为，正如陀思妥耶夫斯基为尼采在俄国扫清了道路，俄国的知识分子和知识界也发挥了同样的作用。这场运动开始于19世纪中叶，主要由意图改变俄国的贵族子女构成。那时的俄国处于工业化和城市化进程之中，还是一个非常落后的国家。虽然他们多数是无神论者，但也接受了自我牺牲、谦逊和爱的无私价值，以为来自西欧的更加"先进"的理念，能够改变他们的祖国。罗森塔尔说，其实这就是一种替代性的宗教，一种拯救的意识形态。② 她认为，尼采甚至出现在某些布尔什维克人使用的化名中，特别是斯大林（Stalin，原名约瑟夫·朱加什维利）、莫洛托夫（Molotov，原名维亚切斯拉夫·斯克里亚宾）以及加米涅夫（Kamenev，原名列夫·罗森菲尔德），他们的名字分别起源于俄语的"钢铁""锤子"和

---

① 柏妮丝·格拉泽·罗森塔尔：《新神话，新世界：从尼采到斯大林主义》，第15页。
② 同上，第9页。

"石头",使人们联想到尼采的命令:"用力一些!"①

在更狭义的文化词汇意义上,这种主张可能在大方向上被当成替代性宗教和后基督教。罗森塔尔关注俄国的象征主义、未来主义和无产文化,特别是德米特里·梅列日科夫斯基(Dmitry Merezhkovsky)、维亚切斯拉夫·伊万诺夫(Viacheslav Ivanov)、列夫·舍斯托夫(Lev Shestov)、阿纳托利·卢那察尔斯基、马克西姆·高尔基、亚历山大·波格丹诺夫和谢尔盖·爱森斯坦(Sergei Eisenstein)。她写道:"俄国象征主义开始是一种宗教艺术……无神论的创新性赋予生活意义……艺术通向高阶的真理。"

象征主义在一开始的时候,其部分意义在于拒斥庸俗大众文化。"象征主义者的作品绕开了理解力,直接处理心灵本身,它被用来唤起潜意识联想的线索以及神秘的超自然世界。诗歌有时用神秘的预言性语言来暗示,而不是陈述。"梅列日科夫斯基认为,"历史的基督教"已经过时,但他主张人们需要宗教信仰,就像他们需要食物一样。他把歌德、普希金以及托尔斯泰这些著名人物作为例子,试图寻找一种"新的宗教意识"。他在很多方面都不赞同这些著名人物,不过他认为,当托尔斯泰被俄国教会开除教籍时,他与之立场相同。梅列日科夫斯基参与了圣彼得堡宗教哲学学会的创立,但学会由于教士的审查,由于放任知识分子平等讨论问题,再加上公开讨论关于性的作用,最终被关闭了。学会对人民而言很有吸引力,他们有能力作为听众加入各种论辩。②

大公性和创造性:"摆脱上帝"

罗森塔尔把维亚切斯拉夫·伊万诺夫形容成一个"尼采式的基督

---

① 柏妮丝·格拉泽·罗森塔尔:《新神话,新世界:从尼采到斯大林主义》,第126—127页。
② 对1917年圣彼得堡学会总体结构的概括,可参see A. G. 布拉克,N. B. 阿巴库莫娃,J. V. 罗曼诺夫斯基:《圣彼得堡:石头中的历史》,圣彼得堡:圣彼得堡大学出版社,2010年,第17章,第139页以下。

徒",同样,也可以把他理解成一个狄奥尼索斯的信徒。他相信在神秘狂喜中产生的"忘我",相信被基督教压制的"激情和本能"的解放。美和创造性在他看来同"情感的解放"一样,都是起支配作用的美德。伊万诺夫还欢迎他所谓的"神秘无政府主义",这一教义意图把个人自由与"相敬相爱的共同体"成员结合起来。他提出了一句口号,"拒绝承认这个世界",也就是拒绝承认上帝创造了这个世界,相反他更乐意设想一种以自由、美和爱为特征的"新型有机社会"。

"神秘的无政府主义"在现实中不啻政治化的狄奥尼索斯主义,既强调毁灭也强调创造,由此也可以被认为是尼采主义。罗森塔尔说,伊万诺夫拒斥尼采的"权力意志",相反他强调无权力,强调一种新型社会,在这种社会中没有任何人统治他人,"支配与附属也将不复存在。由爱、神话以及牺牲构成了不可见的内部纽带,这会成为社会的弥合剂"。伊万诺夫完全没有回避基督教,但他认为基督教需要被补充,在某些领域中需要被替代。比如说,狄奥尼索斯剧场应当取代教堂,"内在经验"应当取代教条。他主张,在最初的狄奥尼索斯剧场当中并没有观众,每个参与者都加入"行动的狂欢",而这种行动也变成了一种"纯化的狂欢"。"合唱团是一种神秘实体,是大公性(sobornost)的具象化,每个参与者在此消除了彼此的界线,获得一种'生存的联合'。伊万诺夫希望把合唱团广泛拓展到社会中去。真正的人民之声来自这种合唱团,而不是新建立的杜马。"伊万诺夫声称,将自身引导向无意识,在"神秘狂喜"中引入"忘我"的那种剧场,将会培育出"社会所需要的非自我中心的共产精神,而不需要强制"。

狄奥尼索斯剧场没有像伊万诺夫或其他人期望的那样流行,虽然人们的确讨论"去剧场的意愿",而且狄奥尼索斯式的剧场咖啡馆也已经建成。这种剧场咖啡馆抛弃了舞台,人们可以体验作者和观众之间的对话。晚些时候,伊万诺夫开始接受"狄奥尼索斯在俄国非常危险"的观点。

列夫·舍斯托夫的著作对陀思妥耶夫斯基、托尔斯泰以及尼采给出了新的解释,借此获得了文名。他的核心观点在于,我们必须"同上帝斗争",意味着人们永远不应该接受未被彻底检验的教条,有时这些教条根本就不应该被接受。同样,他还攻击了哲学体系(包括基督教哲学体系),因为他说这些体系试图在世界上强加一个并不存在的统一体,而它主要的作用在于掩饰生活的残酷(陀思妥耶夫斯基和尼采并不持这一观点,但托尔斯泰持这种观点)。舍斯托夫并不相信乌托邦,也不相信共同体。他说,苦难总是个体性的,因此他在当时提出了一个令人惊愕的主张,认为哲学必须抛弃对永恒真理的探寻,相反,哲学应该"教会人们在不确定性中生活"。[1]

尼古拉·别尔嘉耶夫(Nikolai Berdyaev)提倡一种创造性宗教,他在1916年出版的《创造行为的意义》(*The Meaning of the Creative Act*)中首次概括地提出这一主张。他在这部著作中解释说,创造性经验是一种新型经验,"创造性的狂喜"是"突破壁垒进入另一个世界"。在他看来,创造是终极的自由行动,是人们最终摆脱上帝或基督的一种行动。创新性、自由以及个体性是同一样事物,是一种后基督教的三位一体,而这三种性质都与牺牲和苦难有关。他把政治自由说成"形式的自由",这种自由空虚而消极,它不像创造性那样代表一种积极自由。在新世界中,"'危险地生活着'将被看成是一种美德,而生活在美之中则会被看成是一种戒律……美是伟大的力量,它将会拯救世界"。[2]

美国哲学家乔治·克兰(George Kline)创造了"尼采式马克思主义者"这个词。尼采式马克思主义者既鄙视资产阶级道德,又看不起基督教道德。他们还具有克兰所谓的"对未来的渴求",这种渴求"愿意把活着的个体削减为达成未来目标的工具或方法,为了达到这个目标牺牲他们的好生活,甚至是生命"。亚历山大·波格丹诺夫相信,在一个真正科学的

---

[1] 柏妮丝·格拉泽·罗森塔尔:《新神话,新世界:从尼采到斯大林主义》,第56页。
[2] 同上,第61页。

社会中，人们将会自愿地遵循"恰当的规范"，就像工程师在设计大桥时遵循相似规范一样。这些规范将会反映"新社会"的劳动价值，平等主义、集体主义以及"友好的合作"。波格丹诺夫列出"十条恰当规范"，以取代其他"你应当"以及"你不应当"的规范，其中包括：

1. 不应当存在群居本能。
5. 不应当存在绝对的规范。
6. 不应当存在惰性。
7. 不应当违背目标的纯洁性。

他把"创造"和"惰性"对立起来，因为他担心尼采批评社会主义像基督教一样，是一种"奴隶的道德"。①

计划：完美的"未来"，而非完美的"超越世界"

阿纳托利·卢那察尔斯基是另一位克兰所谓的尼采式马克思主义者。他主张正义和谐的社会理念是一种审美理想，完美的未来相比于完美的超越世界，更具有激励人心的力量。完美的超越世界仅仅培育了"一种消极的神秘主义以及一种自我审思……政治活跃者的任务在于发展人们的自信，让他们相信凭借本身的力量就可以获得更好的未来，让他们相信可以找到实现更好未来的理性道路。艺术家的任务是勾勒未来的轮廓，激励人们为此奋斗，用'悲剧的感情、奋斗和胜利的喜悦、普罗米修斯式的抱负、顽强的骄傲、坚定的勇气'来感染他们，在感受超人的普遍冲动中，把人们的心灵结合在一起"。卢那察尔斯基甚至用尼采的话语来理解

---

① 柏妮丝·格拉泽·罗森塔尔：《新神话，新世界：从尼采到斯大林主义》，第74页。

瓦格纳的歌剧,认为"'上帝已死,宇宙没有任何意义',这种美好的幻觉在此刻是必要的"。他在《艺术与革命》(Art and Revolution)中赞同瓦格纳的观点,认为艺术和社会运动具有相同的目标,即"创造强而美的人,革命将会赋予这类人以力量,装饰他的美"。①

这些话听起来不错,但尼采式马克思主义者也同意,针对阶级敌人的一切行为"都可以被许可",甚至那些"一般会被视为犯罪"的行为。卢那察尔斯基的著作《宗教与社会主义》(Religion and Socialism,两卷本,分别发表于1908年和1911年)中有一个章节写道:"我们必须改变我们的上帝……我们有必要……发明新信仰;有必要为所有人创造一个上帝。"在卢那察尔斯基看来,这种新信仰和新理想是一项计划,人们根据这项计划就能重建世界。"新人类在劳动和技术中发现自己是神,并支配这个世界。"卢那察尔斯基区分了宗教的五个阶段:宇宙论(万物有灵论),柏拉图主义,犹太教,基督教和社会主义。社会主义是"劳动者的宗教",是"发展的宗教"。

马克西姆·高尔基是第三种尼采式马克思主义者。高尔基是苏联的"第一作家",也是斯大林最欣赏的作者,他把"新女人"也纳入新人类的范畴中,从而使他同其他尼采式马克思主义者区分开来。在他看来,女人同样可以是英雄,可以独立。在波格丹诺夫的乌托邦式科幻小说《红星》(Red Star,1908)以及《工程师门尼》(Engineer Menni,1913)中,女人几乎无法同男人区分开来,他们以平等的方式被雇用,获得信息,进入舒适的自杀屋。就像尼采的建议一样,他们可以选择自杀屋,以便在"恰当的时候死去"。②

未来主义者以及新人类艺术家尤其肯定此世的生活,肯定具体性,尤

---

① 关于卢那察尔斯基对艺术业余爱好者的看法,相关描述可参见 A.L.泰特:《卢那察尔斯基,革命的诗人(1875—1907)》,伯明翰:伯明翰大学俄语和俄国文学系,1984年,第91页。
② 柏妮丝·格拉泽·罗森塔尔:《新神话,新世界:从尼采到斯大林主义》,第83页。

其强调个体。众所周知,他们着迷于包括物理学和飞行器在内的新技术,这似乎构成了加快变革步伐的基础,反过来又培育了一种信念,"所有事物的短暂性都是永恒的条件"。1913 年的未来主义戏剧《征服太阳》(*Victory over the Sun*)在概念上既是瓦格纳式的,又是尼采式的。"戏剧的潜台词以及未来主义的一般审美,是尼采对上帝之死的宣告以及此宣告产生的后果,即缺乏内在秩序或意义的世界。"太阳的名字叫做阿波罗,是理性、明确性和逻辑之神,因此如罗森塔尔所言,他是"乌托邦和空想"的主要敌人。"太阳被俘虏,这把人类从必然性的限制中解放出来。合唱团唱道:'我们自由了,破碎的太阳……长久地生活在黑暗中!'这些不和谐意象的并列,强调这个世界缺乏内在的意义、秩序或者目的。"①

未来主义者的"新人类"俘虏了太阳,他们一定是尼采"野蛮人"的变体,一定是男性或雌雄同体,"但绝对不是女性"。他们体格伟岸,力大无比,粗野,健康而且坚不可摧。他们的称谓是同样的("飞行员""运动员"),而且他们的面部特征从不被详细阐明。这是对正统神学的尖锐突破,因为正统神学"把人类的面部看成是基督教人格的缩影"。

马列维奇(Malevich)认为,立体主义把人类从模仿本性的"奴性"中解放出来。他说,新世界将会从新形式中创造出来。他的观念带着至上主义(Suprematism)的味道(如果的确存在至上主义的话,它也是尼采主义者生造出来的一个词),主张以"不受自然、理性,甚至内容限制"的方式进行创造,"以便描绘一个超越自然和对象世界的纯粹精神现实,描绘一种进入第四维,进入死亡之上世界的突破"。他 1915 年的作品《黑色方块》(*Black Square*)象征着"无形式和深渊",而 1918 年的作品《白色上的白》(*White on White*)则代表了纯粹,意图预示"由艺术家建构"的新世界的黎明。他甚至把至上主义称为"新福音"。②

---

① 柏妮丝·格拉泽·罗森塔尔:《新神话,新世界:从尼采到斯大林主义》,第 98 页。
② 同上,第 109 页。

早期尼采主义者对正统宗教提出的替代方案并未能兑现承诺。照罗森塔尔的说法，神秘无政府主义是格奥尔吉·丘尔科夫（Georgy Chulkov, 1879—1939）"调和"出来的原则。他试图把个人自由与充满爱的社群结合起来，但事实上这个原则是尼采、亚历山大·赫尔岑（Alexander Herzen）、巴枯宁（Bakunin）以及梅列日科夫斯基、易卜生、拜伦、乌托邦社会主义、托尔斯泰，还有陀思妥耶夫斯基的"大杂烩"。此原则拒绝承认上帝创造了这个世界，它同政治的狄奥尼索斯主义一致，强调毁灭和创造之间的联系。所有传统都必须被破坏，"新的有机社会"在"神秘人"的基础上创造。"神秘人"是谋求与他人联合，反对以自我为中心，坚持自己权利和利益的"经验人"。"构建上帝"需要把人从消极的旁观者，转变为所有事件的活跃参与者。这包含着如下观念，即创新内在于每个人，"生活的创造"是存在的目的，而在充满爱的民主社群中，所有人的自由都有可能。

违抗上帝

第一次世界大战促进了这些倾向。一战似乎表明对启蒙的批评是正确的——人并非具有自然而然的理性或善。在此情况下，物质和精神革命一并发生了。1918年列宁颁布了大量"不朽宣传"计划，包括人所共知的"违抗上帝"的众多塔形建筑和其他建筑，其中最著名的是泰特林之塔（Tatlin's Tower），虽然它从未以现代形式存在过，也从未被建造。卢那察尔斯基和伊万诺夫把群众的节日视为艺术家与人民的联合，不仅使生活经验变得更具生气，而且向他们灌输了一种"权力意志"。如果缺乏这种意志，新的社会和新的灵性主义就无法实现。这一观点尤其为共产主义青年团所接受。坚定、勇敢以及意志力，成为由列宁、布哈林（Bukharin）、托洛茨基（Trotsky）开创的马克思主义和尼采主义混合思想的口号。"对敌人残忍成为一项神圣的责任。"①

列宁是一位秘密的尼采主义者吗？照罗森塔尔的说法，他显然是人格化的权力意志。他克里姆林宫的办公室里有一本《查拉图斯特拉如是说》，他的私人图书馆藏有一本《悲剧的诞生》。虽然黑格尔、克劳塞维茨（Clausewitz）、达尔文以及马基雅维利对他的影响更直接，但他革命的反道德论，他的精英主义，都是典型的尼采式立场。

他的这一立场受到尼古拉·布哈林的支持。布哈林是布尔什维克中最博学的人，曾经居住在德国和奥地利。布哈林对创造新社会和新人类充满热情，他认为"共产主义人类"可以从"脱离资本主义的人类物质材料"中"锻造"出来。他把无产阶级设想成"普罗米修斯式的阶级"，把新文化设想成"无产阶级先锋派"。他尤其支持尼采的观点，认为"我们应当重新考虑残酷行为，睁开我们的双眼……几乎所有被我们称为'高级文化'的事物，都建立在精神化的残酷之上"。他相信，共产主义将带来比资产阶级文化更加高级的文化。这是"残酷的时代"，而社会阶级之间的和平则完全不可能。托洛茨基明显更是一位后尼采主义者，他更多受到"超人"思想影响，他认为当下是一个混乱的时代，源自这个时代的集体主义的胜利，将会反映人民的"意志"。

"更高级的生物社会学形态"

现在我们需要讨论相当不同的几种文化发展，但它们又都与我们的主题直接相关。其一是"斯基泰人"（Scythians）的出现，他们追随伊万诺夫·拉祖姆尼克（Ivanov Razumnik，真名为拉祖姆尼克·瓦西里耶维奇·伊万诺夫，1891—1981）所构想的意识形态。伊万诺夫·拉祖姆尼克是一

---

① 亚历山大·拉宾诺维奇：《布尔什维克掌权之始末》，布卢明顿：印第安纳大学出版社，2008年，第150页。

位散文家、诗人,他参与了彼得格勒自由哲学协会(取代了圣彼得堡宗教哲学学会)的建立。后来,许多人追随前神智论者鲁道夫·斯坦纳所创立的人智学超自然教义,并把彼得格勒自由哲学协会当成了自己的家。

斯基泰意识形态介于"革命社会主义"和"庸俗社会主义"之间。斯基泰人认为他们自己是一类新人,"就像从前的斯基泰人一样,他们作为艺术人(man-artist),从不安顿下来进入某种市侩的秩序",就像大革命之后的法国那样。根据伊万诺夫·拉祖姆尼克的设想,斯基泰人由飞快穿越整个草原的"游牧部落"组成。这些"游牧诗人强调乡村对城市的支配,是坚定不移的反智者"。他们赞颂人的"野蛮潜能"。"他们并不颂扬残酷,但是他们认可残酷是精神纯化和文化更新过程中的一部分。他们的著作充斥着'愿意(去做某事)'这样的表达形式,比如'愿意越过深渊'。"①

无产者文化组织(Proletkult)是工人俱乐部、工厂委员会、工人剧院以及教育社团的一种更加普遍的联合。1920年,它的人数达到顶峰时总计有约50万名拥趸。无产者文化的任务主要是创造一种新人,一种新文化。它非官方的理论代言人是波格丹诺夫,虽然列宁的妻子娜杰日达·克鲁普斯卡娅(Nadezhda Krupskaia)是委员会主席。剧院所有人、出版商帕维尔·克尔任采夫(Pavel Kerzhentsev)把"无产者文化组织成员的任务定义为,发展一种独立的无产阶级精神文化,囊括人们精神的所有领域,含科学、艺术以及日常生活在内"。②

尼采几乎像马克思一样深刻地影响了无产者文化组织的作家,他们鼓励无产者成为超人,认为他们有能力完成丰功伟业,"甚至是奇迹"。在帕维尔·别萨利科(Pavel Bessalko,1887—1920)一部戏剧中,他笔下的工人们并不畏惧上帝,因为"我们是自己的上帝、法官和法律"。在弗拉迪米

---

① 亚历山大·拉宾诺维奇:《布尔什维克掌权之始末》,第152页。
② 经典的说法来自罗伯特·麦克尼尔:《革命的新娘:克鲁普斯卡娅与列宁》,伦敦:戈兰茨出版社,1973年,第157页。

尔·基里洛夫(Vladimir Kirillov)的《钢铁弥赛亚》(*The Iron Messiah*)中,耶稣就是一名工人。无产者文化组织的许多诗歌都配合音乐来创作,"进而变成了革命的圣歌"。卢那察尔斯基褒奖无产者文化是无阶级社会中的"教会积极分子",而其他人则赞扬其逃离"精神驯化"的尝试。这一目标是通过废除心灵和物质造物之间的区分从而达成的,"即便最聪明的科学家也必须擅长手工劳动"。①

总而言之,我们所谈的是俄国革命时期,内在于马克思主义的普罗米修斯主义同尼采主义的观念(甚至也包括超自然的观念)相互契合。马克思主义的宣传者试图用对"科学和技术奇迹力量"的信仰,来取代宗教信仰。"宇宙论者,科学边缘的准神秘教条信奉者,他们预见到消除死亡,星际旅行,预见到无道德的超人足以胜任任何事情"。②

柏妮丝·格拉泽·罗森塔尔总结说,"尼采主义通过这些渠道进入苏维埃社会,逐渐积累起巨大的影响"。苏维埃新人秉持人类可以被重制的理念,"人类的完美是可能的……人类可以根据自身的特质重新创造其本身"。托洛茨基期望(或者据说他期望)社会主义能够产生一种"更高级的社会生物学形态",期望社会主义实际上能够诞生出"能移山填海的超人……平均形态的人类将会提升到亚里士多德、歌德或马克思的高度。(想象歌德是平均水平的人!)而在此高度之上,新的山峰又将会出现"。③也许有人会说,这本质上就是爱森斯坦的电影,很容易让人联想起那个时代,英雄从千篇一律的声音(或各个阶层)中脱颖而出,创造伟大的成就,但他仍然是"我们中的一员"。

对作家和艺术家谢尔盖·特列季亚科夫(Sergei Tretiakov)来说,未来主义者或者说新型艺术人类的原型是"一个煽动者……这种新型的工人

---

① 弗兰克·韦斯特曼:《灵魂的工程师:斯大林麾下作家的足迹》,萨姆·加内特译,伦敦:哈维尔·赛克出版社,2010年,第140—143页。
② 柏妮丝·格拉泽·罗森塔尔:《新神话,新世界:从尼采到斯大林主义》,第178页。
③ 同上,第201—202页。

必然对所有无组织、惰性、混乱、蛰伏不动、固步自封的事物感到深入骨髓的仇恨……厚厚的松树林、无边的草原、不按照我们意愿翻腾的未被人利用的瀑布,都阻碍了他……他在人们设计用以征服、奴役和掌控各种元素以及惰性物质的每一件造物中,都发现了伟大"。

共产主义的"教会"

这同样是一些听上去不错的话,不过……在革命之后的头几年,大部分苏维埃领导人认为宗教信仰对社会有害,而且认为可以把宗教信仰从人的心灵中抹去,只要通过正确的刺激和教育。他们中的许多人似乎考虑过,当更平等的经济新秩序出现时,宗教将单纯地"挥发掉"。早先的"革新派"运动尝试通过宗教渠道招募革命者,不过这一尝试失败了,而且经济新秩序也没能清扫宗教。此时出现了一种逐渐增长的,对基督教和伊斯兰教的敌意。这最终导致基督教和伊斯兰教被无神论者慎重创造出来的"宗教"替代。它包含三个主要组成部分:包括宗教问题常务委员会,监督所有的宗教政策事务;激进无神论者联盟(上文已经提到过),传播"宗教在科学上可被证伪"的信息;以及大量无神论大学,教授新一代知识分子。

激进无神论者联盟是此体系中最活跃的部分。它自1925年一直存续到1941年,自列夫·托洛茨基被斯大林的亲密助手叶梅利扬·雅罗斯拉夫斯基(Emelian Yaroslavsky)接替之后,一项新政策便被颁布了。它假定,除非宗教文化表现已经被摒弃,否则世俗化就不可能发生。所以它展开了一系列类似圣战的讨论,以便压制宗教现象,并用科学的无神论取而代之。在这一系列由斯大林掀起的论战之下,"一个巨大而复杂的仪式体系开始成型,并将贯穿整个苏维埃时期……它是洗礼、坚信礼、宗教婚、葬礼等仪式在苏维埃时代的替代品"。比如在苏维埃("红色")洗礼中,执行人在婴儿面前背诵以下祈祷辞：

> 生活变得更加明媚和美好
> 这个美妙进程更加迅速
> 突然出现在我们苏维埃的大家庭
> 小小的人诞生了。
> 今天我们庆祝他的荣耀
> 他属于未来，而我们对他说
> "你好，伟大苏维埃国家的新公民。"[1]

保罗·弗勒泽（Paul Froese）在研究苏维埃的世俗化尝试后说，俄国人把宗教信仰看成愚昧的产物，易言之，俄国人把宗教看成是意识活动产生的结果，是一系列社会制度的集合，认为它提供一种社会回报体系和拯救的动机，是国家的一个方面。这种主张宗教"愚昧"的观点，为许多共产党领导人接受，因为科学的发现和技术的成果迥异于超自然信仰，一旦这种知识传播开来，宗教信仰就会衰退。

共产党的知识分子清楚地知道法国社会学家涂尔干对宗教的看法。涂尔干认为，宗教力量部分来自"集体欢腾"的感觉，来自参与仪式并由此产生的情感。如我们所见，他们认为这种仪式与他们自己的新仪式相互对立。但同时他们也意识到，如果想让新仪式产生任何影响，那么就必须摧毁东正教。所以他们开始大规模地尝试，并最终使用激烈的手段，打击所有传统宗教制度——教堂、修道院、伊斯兰法庭、宗教学校。

雅罗斯拉夫斯基告诉斯大林，他确定过于直接的攻击将会适得其反，所以开始时并未使用残酷手段。事实上，激进无神论者联盟在 20 世纪 20

---

[1] 保罗·弗洛斯：《杀害上帝的剧情：苏维埃世俗化经验中的发现》，第 7 页。

年代和 30 年代扮演了某种共产主义"教会"的角色。他们分发无神论报纸,开展无神论讲座,在各种强制人们参与的会议上布道。他们使用历史唯物主义原则来阐释,为什么现在可以在地面上、在此世中触及天堂。曾经有一个概念叫做"苏维埃时代",它指未来的后代将会记得"第一代人",记得他们是新社会的开拓者。第一代人实际上也是黄金一代,他们将在人类集体记忆中"永存不朽"。这是一种世俗形式的不朽。此外,宗教信仰者被斥责为"无信仰者",因为他们不信仰苏维埃。在为"更高"社会形态而进行的斗争中,他们其实是一些非战斗人员。

列宁对宗教的态度尤其严苛。"任何宗教观念,任何上帝观念,甚至只要沾染到上帝观念,都是些无法启齿的卑劣……这是最危险的一种卑劣,最令人不快的'恶疽'。千千万万种罪恶、污秽、暴力、身体的恶疽……都远不若穿着最聪明的'意识形态'外衣的上帝危险,远不若这一狡猾的精神观念危险。"[1]

然而列宁绝不是个例。在 1917 年革命之后,以及在接踵而来的内战期间,布尔什维克党人已经把目标对准各个教堂、修道院,乃至作为"反革命活动潜在源头"的牧师。教会的财产被没收,僧侣、牧师和修女在此过程中经常遭到杀害。吉洪牧首(Patriarch Tikhon)曾在 1922 年写了一封抗议信给列宁,抱怨数千名教士正在被杀害,很多信徒遭到枪击。他的抗议被无视了,他自己也遭到放逐,10 年之后也遭到枪击。

圣彼得堡的喀山圣母大教堂变成了宗教历史和无神论的博物馆,教堂除了其他活动外,还要举行展览,展示宗教的"荒唐"。在建筑学上独一无二的基督大教堂被苏维埃夷为平地,原计划用列宁的圣祠替代,但最终在那里修了一个游泳池。教堂的钟被熔化,圣像镶嵌的宝石也被剥除。[2]

---

[1] 保罗·弗洛斯:《杀害上帝的剧情:苏维埃世俗化经验中的发现》,第 40 页。
[2] A.G. 布拉克,N.B. 阿巴库莫娃,J.V. 罗曼诺夫斯基:《圣彼得堡:石头中的历史》,第 52 页。

成千上万座地方"无神论小屋"被建立起来，取代教区教堂。"小屋"开展对无神论的讨论，其主要吸引力时常由"改变信仰者"来阐述，他们看到了光明，抛弃了自己的宗教信仰，接受了科学的无神论。每家工厂、政府机构和学校都建立了"不少于一座无神论小屋"；而在农村，则以集体农场或拖拉机站为单位执行。如我们所见，激进无神论者联盟提议在全国范围内建立 100 万座小屋，虽然这个数量从未达到。①

祈祷者与拖拉机

由于理论家们认为工厂作为"社团、信仰和目标的所在"，是取代教堂的恰当选择，所以城市中的工厂被当成教堂的替代品。大型工厂经常充当公共集会的中心，充当某种"反上帝事业"的世俗祭坛。他们期望工厂的普遍作用能取代普遍崇拜，期望工人能把他们以前花在宗教崇拜上的时间用到工作上，从而展现出新的信仰。在工厂和乡村，技术都体现为一种接近"劳动奇迹"的方式，但也证明奇迹是人民而非上帝的造物。一张宣传海报曾写着"祈祷者还是拖拉机"，提示出在共同体中诞生变化的不同方式，以及获得提升的不同方式。

反对宗教的其他科学倡议，其中之一包括在显微镜下对圣水进行检验，以表明它并没有特殊的性质。在宗教和无神论历史博物馆中，一件展品演示出诺亚方舟不可能装满当时已知在地球上存在的所有动物。② 作为家庭作业，有时学生会被指派任务，要求他们转变自己家庭成员的信仰，让他们相信科学的无神论。大学则小心翼翼地揭示，为什么物理学、化学、数学和生物学都表明宗教是错误的。

从 20 世纪 20 年代前几年开始，托洛茨基就意识到人民的确有需要

---

① 柏妮丝·格拉泽·罗森塔尔：《新神话，新世界：从尼采到斯大林主义》，第 56 页。
② 同上，第 58 页。

在规律的休息时间进行娱乐和情感宣泄,所以在获得权力的过程中,布尔什维克党人准备建立一种实质上是新礼拜仪式的东西。再加上他们在很短时间内便把儒略历换成了公历,于是产生了新的节日年表,庆祝诸如3月18日的"巴黎公社日"(1918年设立)、5月5日的"报刊节"(1922年设立)、6月的第一个星期天"国际合作节"(1923年设立),以及11月7日"伟大十月社会主义革命纪念日"(1918年设立)。

苏联国家安全委员会(KGB)坚持在出版前对宗教报刊进行审查,并且利用主教和教士充当线人,监督他们的同事。这些手段连同其他手段一起,在苏维埃掌权的初期损害了东正教会的名誉,但同时也以长期偿付代价的形式,延长了教会的存续时间。尽管如此,苏维埃领导人软硬兼施的策略从某种意义上讲也是有成效的,20世纪20年代中期到二战开始之前,其间俄国参与教会人数比例从超过50%,下降到不足20%。同时,儿童参与教会活动的比例也比其父辈减少了10%。[①] 此时存在转向一种宗教小团体的趋势,这些团体的集会都是秘密的。

以上变化并非在苏联全境以同等程度发生。波兰宗教信仰的反弹极为显著,立陶宛也同样如此。在立陶宛,教堂被禁止使用麦克风,因为他们认为麦克风会"诱惑"人们脱离自己的劳动岗位。立陶宛著名的"十字架山"布满了本地人树立的无数十字架,这座山被苏维埃铲平了。在被铲平后的当晚,另一批十字架出现了。反复铲平了几次,过后新的十字架方阵又会出现,直到推土机最终放弃。但在亚洲中部情况则截然不同,在那里,虔诚穆斯林的数量在斯大林大清洗之后急剧减少——列宁和斯大林都认为中亚穆斯林是"原始的"。那时为人熟知的"震荡"(*hujum*)运动,强迫穆斯林妇女摘掉她们的面纱。虽然很多妇女欢迎并遵从此运动的要求,但一些穆斯林男性并不同样接受这个政策,妇女们因为她们的行动而

---

① 约书亚·鲁宾斯坦:《托洛茨基:革命的一生》,纽黑文、伦敦:耶鲁大学出版社,2011年,第115—116页。

受到攻击,甚至遭到强暴。

激进无神论者联盟宣称其成员人数从 1926 年的 10 万人增长达 1932 年的 550 万,如果数字是真实的(有些学者主张记录不真实),那么数量的确非常可观。在此我们遇到了一个真正需要解释的问题。尽管斯大林大清洗在 20 世纪 30 年代越演越烈,大约在 1937 年的时候进行的一次宗教信仰者数量普查的结果却显示,"宗教信仰和宗教活动在苏维埃帝国全境仍然非常普遍"。"宗教的持续存在变成苏联意识形态机器的替罪羊",前所未有的残酷落在了代人受过的人身上,这令人感到非常不快。最新研究表明,数千人因为宗教罪名而被处以极刑,数十万人因此被投入劳动集中营或精神病院。[①] 只有在二战前夕,对宗教信仰者的杀戮才中止,因为苏维埃政权本身面临外部侵略者的死亡威胁。在战争期间,让信仰者皈依无神论的任务被搁置,激进无神论者联盟也解散了。

但故事到此并未结束。战后一个名为知识协会的新组织被建立起来,继承了激进无神论者联盟的事业。

[①] 柏妮丝·格拉泽·罗森塔尔:《新神话,新世界:从尼采到斯大林主义》,第 122 页。

11 生活中的秘而不显与存在法则

早在 1919 年,德国社会学家马克斯·韦伯在慕尼黑以"科学的内在呼唤"(翻译为英文是"Scienceasa Vocation"[①])为题发表了一场演讲。那时的慕尼黑像德国许多大城市一样,处于革命巨变中。事实上,内战的阴霾并未远离。巴伐利亚苏维埃得以确立,原因是人们想要建立一个"光明、美丽、理性的王国"。韦伯认为这种观念是"不负责任的"而不予理会,因为"如果奢望用政治来确立意义和幸福,那么这种政治将会不堪重负"。但他的讲座却关乎意义和幸福。

哲学家卡尔·洛维特(Karl Löwith)曾在战争中负伤,他体验到了战争的毁灭力量,还被意大利人俘虏过。洛维特当天在慕尼黑聆听了韦伯的讲座。他后来写道,韦伯当时只剩下一年的寿命,"他穿过水泄不通的走廊,迈步登上讲台,看起来苍白疲惫。他脸上的胡子也没有经过打理,使我想到班贝格大教堂那些预言者脸上暗淡的光。讲座令我震撼不已……在听过激进自由主义者数不清的革命演说之后,韦伯的话听起来就像拯救一般"。

韦伯的不确定原则

德国历史学家吕迪格尔·萨弗兰斯基(Rüdiger Safranski)说,此演讲掀起了激烈的社会争论。"表面上探讨的是科学风潮,但韦伯基本上是在讨论对有意义生活的渴望,讨论如何能在现代'理性化'文明的钢铁空间中继续实现这种生活。"②韦伯主张,科学可以促进人的自我意识,但却不能替我们做出该如何生活的决定。他说,我们的文明"如此彻底、如此全面地进入对理性的信仰,而理性却减弱了个人对自己有能力做出决定的自信"。更重要的是,在处理技术问题上,由科学带给我们的确定性,会促使我们在价值和伦理生活中,在探寻意义的过程中,盼望同样的确信和客观。"其结果是一种意识形态的膨胀,它披上科学外衣来争取我们的信任。"这可以解释他所谓"学术先知"的出现,他们"对被理性主义祛魅的神秘世界作出回应,但却错误地把这个世界遗留下来的最后一种魔法理性化,也就是把个人的人格和自由理性化……'学术先知'并没有把那种神秘性保留在它原本存留之处,保留在个人灵魂之中,而是把那个被祛魅的世界浸没在再次启蒙的暮光中"。③ 马克斯·韦伯反对这一点,他力图厘清这种混淆。

在由科学和技术创造的世界中,上帝已死。韦伯对此毫不怀疑。他坚持认为,我们要么接受这一点,要么变成他所谓"宗教大师"——模仿艺术大师而生造出来的说法——牺牲理智,伴随信仰而活,如同艺术大师伴随对自己技艺的信仰而活一样。他说过,"神秘生活的先验王国"绝不能用科学话语进行解释,我们也绝不能试图把这两者混淆起来。神秘生活也从来不能像科学那样获得确定性,但我们可以依赖信仰者的"手足之情",以及从这种情感中可得的人与人之间的关系,从而得到慰藉。④

---

① 中文译名为"以学术为业"。——译者
② 吕迪格尔·萨弗兰斯基:《马丁·海德格尔——在善与恶之间》,埃瓦尔德·奥斯特斯译,麻省剑桥:哈佛大学出版社,1998年,第89页。马克斯·韦伯:《以政治为业》,载《社会学,世界史分析与政治》,斯图加特:克洛纳出版社,1964年,第322页。
③ 吕迪格尔·萨弗兰斯基:《马丁·海德格尔——在善与恶之间》,第91页。
④ 同上。

萨弗兰斯基告诉我们,几乎每一座主要城镇在魏玛德国时期都拥有他所谓的"自命不凡的圣徒",渴望把德国从混乱中拯救出来。"在卡尔斯鲁厄有人自称为'原始的漩涡',并允诺他的追随者分有他宇宙力量的一部分。在斯图加特有一个'人类之子',邀请他的追随者参加救赎的、素食的'最后晚餐'。在杜塞尔多夫,一位新基督宣言近在眼前的世界末日,并且号召大家撤退到艾费尔高原上去。柏林的各个大厅里都聚满了'精神的帝王',路德维希·海瑟(Ludwig Haeusser)希望从原始的共产主义中获得'最连贯的耶稣伦理',他传播自由的爱,把自己说成是'元首',是'民族、德国以及人类获得更高发展的唯一希望'。"

萨弗兰斯基把这些怪人记录下来,认为他们是一战后德国革命刺激下的"精神失常者",是"世界重生的决定者,疯狂的形而上学者,意识形态和替代性宗教这个名利场中的投机者"。[①]

日常生活未被展开的丰富性

在各种乌烟瘴气的观点和原则中,除马克斯·韦伯之外的另一个人站了出来,那就是马丁·海德格尔(Martin Heidegger)。他是现代最重要也最具争议性的哲学家之一,即便抛开他和纳粹的密切关系,这一判断也成立。海德格尔出生在巴登-符腾堡州梅斯基尔希的天主教家庭,他早先的志愿是献身教会,但在完全丧失信仰之前转信了新教,最后又在晚年重新皈依了天主教。

很多学者都会承认,海德格尔并不是一个容易被转述的作家。其中的部分原因在于他自己的书写风格通常晦涩难解。不过公平地讲,这也是现实使然,因为他尝试把一些现象用语言表述出来,而从前表述这些现

[①] 吕迪格尔·萨弗兰斯基:《马丁·海德格尔——在善与恶之间》,第92页。

象的方式又不是他主张的方式。他不是诗人,但他其实想做诗人所做的事情,即用适合新环境的语言,一种前所未有的方式将经验的各个方面识别出来。他在一部作品中写道:"思想向我们走来,而不是我们去思想它们……思想是一件礼物,是恩泽,是降临在我们身上的事件。"①此观点使他和里尔克联系起来。里尔克认为,诗歌是"向他走来的"。海德格尔设问:"在我们用一种科学,用价值判断,或者用普世的方法来看待经验之前,我们是如何经验到现实的呢?"②

在其最重要的著作,包括 1927 年《存在与时间》(Being and Time),1929 年《形而上学是什么》(What is Metaphysics?),1936 年《艺术作品的本源》(The Origin of the Work of Art)、《荷尔德林和诗的本质》(Hölderlin and the Essence of Poetry),1953 年《技术的追问》(The Question of Technology)以及 1955 年《泰然任之》(Gelassenheit)中,海德格尔与我们的讨论相关的主要观点,可以总结为以下关键词:"存在""死亡""关心"和"本真"。

根据海德格尔的观点,我们被"抛入"这个世界,被抛入我们无法选择的处境。这个世界已经良好地运转了,而我们必须尽自己的努力,适应这个世界,学习它的法则——既包括明示的法则也包括暗示的法则。同时我们也必须承认这个世界充满我们永远无法完全征服的"未被展开的丰富性"。人类没有内在本性,也不存在什么人的本质。正如我们面临本质的缺乏,正如我们正在学习只要能起作用的任何法则一样,我们也意识到了自己有一天终将死亡。这意味着处境表达了生活最重要的一个原则,即"决断",表达了我们本身是我们决定和行动的产物,其作用即便不大于我们自己的想法,也至少同我们的想法一致。海德格尔的大部分哲学都可以归结为"热烈"(intensification)概念,热烈地生活,比当下更加热烈地生活,尽可能热烈地生活,这样便能接近我们能够获得的

---

① 吕迪格尔·萨弗兰斯基:《马丁·海德格尔——在善与恶之间》,第 337—338 页。
② 同上,第 93 页。

意义。

在这里,海德格尔的存在概念便出现了。这个词(Being)在英语当中一般要大写首字母来强调(因为在书面德语中名词总是大写)。对应的德语词"Dasein"(由 da,"there,那里",和 sein,"to be,去存在"构成)现在已经成为惯例,在英语哲学家之间使用,主要强调海德格尔原本想突出的意思,即存在事实上就在那里存在,也就是说,存在于某个特定的位置,因此存在于某个特定的时间。海德格尔追随胡塞尔(1918 年到 1923 年,海德格尔是胡塞尔在弗莱堡大学的助手),拒斥现象的理论化进路,主张作为科学支柱的理论与各种抽象有关,而抽象使我们远离了日常生活的丰富性。

屈服的礼物

海德格尔认为存在的形式和层次各不相同,有些存在比另一些存在要好得多。他认为现代生活嘈杂、纷乱、迅速,导致生活"平淡无奇",人们没有时间反思,也没有机会主动深思熟虑地做出决定。他认为科学主导的存在对世界进行着摆布和支配,而不是享受世界。这就是他所讲的那种"非本真"的生活。

相反,他认为我们应该追寻本真的生活。我们带着泰然的姿态,在面对世界不可逾越的丰富多彩时,接受我们自己的局限性。我们面向世界的立场,我们得到升华的存在意义,都要通过此时此刻在世的栖居才能获得。他所谓的"栖居"是指,与我们的周遭和邻居一起"安家",现代城市生活没有特色的、迅速变化的本质,并不是完整意义上的存在。

海德格尔认为,我们应当关心这个世界,这是"泰然任之"的另一个方面,但并非试图去控制,操纵,乃至压榨我们应该"任其所是"的处境。在此,他用诗歌来说明。在诗人当中,他最爱荷尔德林,认为当我们面对一首诗的时候,或者按照谢默斯·希尼(Seamus Heaney)曾经的说法,当我们"登上"(board)一首诗的时候,我们就必须"屈服"于它;我们不能同它争斗,不能控制它,也不能压榨它。一首诗从某种意义上讲就是给予世界的一件礼物,而我们也必须同样地接受它。显然,我们可能会中意某些礼物超过其他礼物,但世界里满是礼物,它们是诗歌和其他丰富的事物。①

我们本能地知道什么

不仅如此,海德格尔还说过,自己只不过是试着把我们"已经本能知晓的事物"表达出来。生活中存在秘而不显的东西,但不是弗洛伊德或荣格式的无意识,而是作为历史的结果而被我们所有人共享的东西,即过去逝去的事物以及人们生活方式的演化。他的哲学就是要让那些隐藏起来的重要事物显现出来。

所以对海德格尔来说,"存在的意义"在定义上就不可能是抽象。它是泰然任之,关心世界,服从其丰富性,放任其之所是,是"不行使意志的意志"的实践;同时它是承认,如果"我"在我们看来表示一个不变的实体,并且每个新的一天都以同样方式出现,那么"我"这种事物其实并不存在。在海德格尔看来,当他 1927 年撰写《存在与时间》时的"去存在"(to be),同他 1933 年加入纳粹党并为了宣传而在莱比锡、海德堡、图宾根露面时所讲的"去存在",完全不是同一个东西。他在 1936 年至 1940 年期间做了几场关于尼采的讲座,期间他批评民族社会主义的"权力思维",并被盖世太保纳入监控管制,此时他讲的"去存在"仍然不是同一个东西。

---

① 查理·吉尼翁(编):《剑桥海德格尔指南》,英国剑桥:剑桥大学出版社,2006 年,第 268—269 页。

海德格尔追随弗洛伊德、尼采，之后再追随韦伯，启动了一种特别的观点。他尤其关注其所谓的"平均日常状态"，并坚持认为在这种状态下，自我与其说是一个客体，不如说是正在展开的事件或正在铺开来的发生，一种显现，是"在生和死之间延伸的生命运动过程"。他也具有"他们"的概念，认为他们是日常状态的背景。他所说的一种存在的原始现象，并不只是其他人，而且还是与其他人的"共同的发生"。这种显现带来存在的其他两个方面：第一，"向着某个方向而存在"，把我们的脸朝向未来，知晓未来将会不同，总是会发生变化；我们必须为变化做好准备，参与变化的过程，最重要的是还要享受变化。第二，"向着目标而存在"或"向死而生"，"全部生活的……终极可能配置得以实现"。

　　这让我们想起里尔克"好的死亡"和"个人死亡"观念，但海德格尔也说过，为了感觉到满足，感觉到完整性意义，我们需要非常坚定地接受死亡就是终结，不存在来世生活。我们也必须发展出一些观点，内容关于我们喜欢的生活事件和生活显现。随后我们践行决断，总是意识到自己是一些有限个体，并非所有事物都具有可能性。

激进田园主义

　　海德格尔同时还主张"边缘活动"（marginal practice）观念，他称之为"无意义事物中蕴含的拯救力量，包括友谊、郊外远足以及和朋友品尝当地酒水等活动"。这就是他的"激进田园主义"观念。[①] 他坚持认为这些事物都保持着边缘性，"正因为它们抗拒效率"。它们仍然外在于、超越于现代氛围所能触及的范围。我们可能认为远足有益于我们的健康训练，从这个角度来说可以让我们更具效率，但这显然不是这里所谈论的真正

[①] 吕迪格尔·萨弗兰斯基：《马丁·海德格尔——在善与恶之间》，第366页。

意思。海德格尔的"边缘活动"是指逃离现代生活的避难所,用这些活动来隐喻他自己的方法。

如果我们可以总结出海德格尔的一般思路,那么它应该会是用一种诗歌的方式,并且通过诗歌来体验世界。诗歌作为海德格尔思路的主题,它具有这个世界不可穷尽的丰富性和多样性,不能被还原为单一维度下的事物(科学或一神论试图对事物进行第一维度的还原)。这个世界的边界总在我们触及它之前,便已经远离我们了,"意义体系"也并不存在。海德格尔声称,每个诗意的词汇都蕴含着"语义共鸣不可穷尽的复杂空间范围"。在他看来,这就是世界上唯一的先验现象。"在诗性经验或以诗性为中介的经验中,我们由此'抓取到'自己生活,看到自己生活是'与不可抓取事物的会面',我们由此与存在的'神秘性',与这种神秘性所产生的'惊异'面对面。"①这就是我们栖居于世,"安家于世"的方式。栖居于世界,这就是生活的核心。

海德格尔糟糕的写作风格,他和纳粹的关系,他与埃德蒙德·胡塞尔、汉娜·阿伦特交往过程中扮演的不光彩角色,都让人很难平心静气地判断他。"上帝之死"过后的部分知识氛围在于,人们对科学提供的解释不满,并产生与之平行的一种考虑。因为科学提供的解释在某种程度上与许多人关心的问题并不相干——他们关心如何生活,应该具有何种价值和道德态度,如何行动。从胡塞尔到存在主义者,再到反主流文化和实用主义哲学(我们将在后文中进行讨论),在这些贯穿 20 世纪的思想中,或者说在现象学观念中,海德格尔是非常重要的一环。他主张泰然任之;主张关心世界、放任世界的存在,主张服从它的丰富性,诗性地体验它;主张摆脱日常生活,对在世栖居感到满足,在世界中安家,这些观念在几十年过去之后显得更具有前瞻性。

---

① 吕迪格尔·萨弗兰斯基:《马丁·海德格尔——在善与恶之间》,第 377 页。

理智之人的核心活动

海德格尔热爱里尔克的诗,然而里尔克是何种诗人对哲学家来说很重要。

"里尔克作为一个诗人,相比前人和后来者,他都是独一无二的……没有哪个德国作家,包括歌德,像里尔克那样在开始写作的时候平凡无奇,而在结束写作时却超凡卓越。"这是沃尔夫冈·李普曼(Wolfgang Leppmann)在里尔克传记中的说法,而这种评价不可谓不高。这种评价可能是真实的,对海德格尔来说,里尔克的特点也很令人着迷。尽管如此,我们也不能忽视一个有趣且相关的事实,即里尔克至少游历了整个欧洲,他结识许多当时的名人,并和他们成为了朋友,包括格哈特·豪普特曼(Gerhart Hauptmann)、胡戈·冯·霍夫曼斯塔尔、斯特凡·格奥尔格、保罗·瓦莱里、保拉·莫德松-贝克尔(Paula Modersohn-Becker),以及谢尔盖·季阿吉列夫。他去过俄国几次,见到了列夫·托尔斯泰;他在巴黎待了几个月,看到了毕加索所描绘的江湖艺人,并留下描述他们的文字。他还在撰写自己传记之前,拜访了奥古斯特·罗丹(Auguste Rodin)。

另一方面是他与在俄国出生的德国作家、精神分析学家露·安德烈亚斯-莎乐美(Lou Andreas-Salomé)之间的情事。莎乐美因为拒绝尼采的求婚而人尽皆知(尼采曾说过,瓦格纳是他认识的人中"最丰富的",而莎乐美则是他认识的人中"最聪明的")。她是两部小说的作者,撰写了尼采的第一部传记。虽然她嫁给柏林大学东方学系讲师弗里德里希·卡尔·安德烈亚斯(Friedrich Carl Andreas),但却拒绝与他同床共枕,即便是在他们新婚之夜。从此之后,莎乐美结交了许多爱侣,他们每个人都比莎乐美年轻,其中便有弗兰克·魏德金德。魏德金德以莎乐美为原型,创作了《地神》(*Earth-Spirit*)中永不满足的引诱者露露。

李普曼在里尔克的诗歌传记中,把他年复一年无休止的移动进行了编年式记录。结果表明,他从20岁出头开始,便一年更换两至三处住所,有时更加频繁一些,有时甚至非常频繁。李普曼用恣意的方式,或者说他用一种特别的措辞方式,讲述里尔克是位"独一无二"的诗人。里尔克十分擅长写信,而且也总是对当时的重要话题感兴趣。他结交了很多女性朋友,也受到她们的欢迎——他不是修士,或者至少可以说,他起初并不是修士。里尔克生活中值得注意的一个变化是,他从一个爱好与漂亮女人为伴的年轻花花公子,一个咖啡馆里滔滔不绝的人,一个报刊编辑办公室中见多识广的大忙人,变成了一个欣赏孤独和偏僻风光本身的人。

　　不过他的确是一位非凡的诗人。他在宗教氛围中长大,毕生都保持着些许神秘性,虽然他在黑格尔和尼采的影响下失去了自己的信仰,也曾希望学校取消宗教课程。李普曼说,他是"一位忧郁的无神论者,一位具有负罪感的无信仰者"。[①] 在前几次去往俄国旅行的途中,农夫给他留下了深刻印象(托尔斯泰更熟悉农夫,但他们给里尔克留下的印象却更为深刻),尤其是他们的上帝观念。里尔克认为这种上帝观念比西方上帝观念模糊,却不那么自负,因而它"不会让任何事物因为分裂意识而造成痛苦"。

　　对里尔克的一种新颖观察着眼于他在诗歌和精神意义上的成熟目标,而且他认为这两种意义本来就相同。里尔克曾说过:"赋予生活(即诗人生活)意义的事物并不是短暂的幸福,而是用语言来'言说'内化事物和变化事物的行动,所有这些事物都因为实用的机械文明而变得多余:'假定不发生变化,那什么是你急切追求的东西呢? 土地,我的挚爱,我将行动起来。'"[②]里尔克认为自己生活的任务是消除人类与自然的分裂。在

[①] 沃尔夫冈·李普曼:《里尔克传》,罗素·斯多克曼译,纽约:弗洛姆出版社,1984年,第361页。
[②] 同上。

他看来,这种分裂主要归咎于基督教,因为耶稣创造了一种阻止我们尽可能充分体验土地的意识,而复兴对土地的体验则可以"给我们的生活赋予意义"。这便是向自然"臣服"的观念,海德格尔在《存在与时间》中对此进行了呼应。

按迈克尔·汉布格尔的说法,里尔克的意图,他"美学沉思的宗教",都在他后期的主要著作中得到了最清晰和最成功的体现,尤其是 1922 年《致奥尔弗斯的十四行诗》(*Sonnets to Orpheus*)以及 1923 年《杜伊诺哀歌》(*Duino Elegies*)。① 从某种意义上说,他在诗歌中的尝试与塞尚在绘画中的尝试并没有什么不同,他们都企图以一种无中介的方式来接近自然,试图抛弃过去长久以来的做法,即不再感谢土地给予我们的全部馈赠,而它的馈赠恰恰就是我们所拥有的一切。作为此尝试的一部分,里尔克认为自己是其诗歌的"收件人",而不是创造者。

像里尔克那样谈论感情炽热诗歌的所有说法一定会干涉经验,但我们仍然必须尝试。他最成功的诗句都在与土地(自然世界)的意象周旋,这些意象毫无间隙地被植入我们的心灵。比如他在十四行诗《消逝》(The Passing)中谈起"内心无垠的天空",又或者他不恰当但却野心勃勃地,把最新的自然科学置于私人生活的影响之下:

> 星与星遥远的距离,可是
> 它们在此处的照面却更难估算
> 假如有一个小孩,随后有了第二个……
> 是怎样神秘的事物让他们各自独立?

正像最后一句诗所表明的那样,里尔克提出了最令人惊异的问题,并

---

① 迈克尔·汉布格尔:《诗的真相:现代诗歌中的张力,从波德莱尔到 20 世纪 60 年代》,曼彻斯特:新卡卡内出版社,1982 年,第 27 页。

用这些问题在我们所过的生活中定位出他所有的精神奇迹。唐·帕特森(Don Paterson)在研究了这一系列十四行诗后主张,里尔克驳斥了宗教的两个原则性错误。"第一个错误在于,它把真理想成一个不可理解的第三方所有物,其知识和目的只可能是神圣的。"他说,"在宇宙的这个部分中",已经存在的唯一思想事物其实就是我们。这表明"真理"并不是被确定的(determined),而只是以"科学"这一形态暂定的(decided)。"这些十四行诗坚持认为,完全好奇的询问是心智健全人类的核心活动,是设定我们面向宇宙的、最诚实的前提立场的方式。"①

> 噢,幸福的土地,噢,假日上的土地,
> 与你的孩子嬉戏吧!让我们
> 来抓住你……

"第二个错误在于,宗教认为我们奔赴的任何一种来世或往生的生活,都比我们原初的在世生活特别。"里尔克相信,宗教通过把我们暴露在某种超越死亡的未来状况下,扭曲了我们此世的行为,削弱了我们此时此刻所肩负的责任,还削弱了我们与共享这个星球的其他人们之间的纽带。里尔克认为,虽然宗教表现得好像拥有奇迹的专属使用权,但关于此世,他在以下一段话中也说:

> 它是一个开端
> 有万千个出口;
> 纯粹力量的游戏
> 无人能触及它而不匍匐惊叹。

---

① 唐·帕特森:《俄耳甫斯:对里尔克"致俄耳甫斯的十四行诗"的一种解读》,伦敦:费伯-费伯出版公司,2006年,第66—67页。

他主张"我们在上帝提供的安慰中将无所适从",因为最神圣的安慰"内在于"人类本身:"我们的眼睛或许应当看到更多,我们的耳朵应当更加敏锐,果实的气味才会更完整地来到我们身边,我们应当能接受更多的气味,心灵应该更多地出场",才能从我们最直接的经验中提取出更有说服力的安慰来。

里尔克认为人类可能在哺乳动物中是独一无二的,因为人们对自己的死亡存在有意识的预知。而正是这一结局在我们身上强加了生活的叙事观念,这种叙事具有或者将会具有意义。生活将会走到结局(而且我们预先就知道生活将会走到结局),所以这种意义就具有整体的形态——死亡驱动了生活的情节。这就是必须克服的困境。它认可了其他哲学家的观点,他们把意识描述成"对自然的犯罪"。

这种二重的,或者说分裂的状况,这种困境,最好是能用歌唱的方式来处理、适应和享受。他说,歌唱对人来说是独特的。像人一样歌唱并不等同于像鸟一样歌唱。鸟儿的歌唱等同于人类的言说。"歌曲中的音乐把不连贯的当下串联起来……歌词通过语言声音的重复,把这些语言唤回到一个个的当下,从而把这些基于时间的语言事件串联起来。歌词不断地让我们返回之前的那个瞬间,从而欺骗了将我们带到死亡面前的时间……不息的河流流淌着。通过歌曲,我们就能在短暂的时间内,面对当下,俘获我们自己的发展过程。"[①]

在里尔克看来,歌唱还有另外一种意义。歌唱是土地本身的行动,这意味着"言说"和"歌唱"产生了交集。对此的一个绝佳例子是,《杜伊诺哀歌》第十哀歌及其"痛苦之城"概念,其中描述了一个年轻人跟随有吸引力的女孩穿过牧场。但她不仅仅是一个女孩,还是一个寓言,她是一首年轻的挽歌。不久她便从年轻人身边经过,来到了年长者身边,她解释说:"我

---

① 迈克尔·汉布格尔(编译):《非典型的里尔克:1912—1926 诗选》,伦敦:铁砧诗歌出版社,1981 年,第 69 页。

们曾经是伟大的比赛,我们是挽歌"。她带着年轻人穿过"充满哀伤的场景",各种情绪在那个地方凝结成了地质和生物现象。那里有"原始痛苦形成的光亮肿块",有"愤怒形成的石化矿渣",其他地方还有"悲伤涌现形成的土地",以及"悲伤形成的兽群"。他试图去重构土地,以一种新的方式去惊叹它、享受它,让我们的周遭充满新经验,充满表达情绪的新比喻,从中意识到"未被构想到的空间"。

我们必须在惊讶中,从土地那里获得歌唱的方法。里尔克的方法是通过命名新的观看方式、新的概念、新的并列,以便提示出新的存在方式。这种方法在他看来还可以克服整体性自我观念的幻觉。他相信理解"存在"的方式是把它看成"存在之流",而不是把它看成某种静止不变的东西。[1]

生活的捷径

他还总是留意那些能提供捷径的比喻,恰如他在描写无花果树时所做的那样。无花果树的深远意义在于,它越过开花阶段直接挂果。里尔克在此设问,我们是否必须在自己的生活中接受熟悉的植物学隐喻:开花可能是一个美丽的阶段,也是美好的辞藻,但从根本上讲,开花难道不是一个没有产出、短暂的等待阶段吗?在此意义上开花难道不是浪费时间,难道不是恰恰站在捷径的对立面了吗?他还在其他地方继续设问,是否有人"生而完整",是否有人生而具有完全统一的经验知识?诗歌是否就来自那里?

所有这些问题都引导里尔克去论证如下观点,即认为死亡应该是生活的逻辑顶点,"而不是某种带有敌意侵入生命的东西"。[2] 他在这里引

---

[1] 沃尔夫冈·李普曼:《里尔克传》,第184页。
[2] 同上。

入了对玻璃的一种强有力的意象描述,形容当玻璃振动至破碎时,毁灭其本身的正是它自身的强度,这是通向虚无的诗意之旅。[1] 他还在此基础上补充了一个观点,认为死亡"专属于每个人本身"。

> 因为我们都只是叶子和皮肤,
> 每个人都把有力的死亡埋藏在内心,
> 它是所有事物围绕的核心。

在穷其一生之力试着以新的方式歌唱土地后,"有力的死亡",个人的死亡便接近了里尔克所寻求的存在法则(而不是在他所谓"现成"死亡的面前溜走)。希求把人的死亡变成结局性的事件。

李普曼说,他像一个诗人那样死去了,因为"在他看来,即便面对死亡,自己的想象也比实在更加重要,更加真实……就像是他因为蕴含在自己诗中的内在世界,而把自己同全部生活领域隔绝开来,同职业、财富和婚姻隔绝开来,于是他拒绝承认自己即将到来的死亡"。根据他医生的说法,虽然他处于极度痛苦之中,但仍然选择不依赖止疼片,而且他也从未询问过他到底患上了什么病。[2] 这的确是有力的死亡。[3]

"在世存在的两种方式"

罗伯特·穆齐尔(Robert Musil)未完成的四卷《没有个性的人》(*The Man without Qualities*)尽管很长,但它并不像卡夫卡的《城堡》(*The Castle*)、普鲁斯特的《追忆逝水年华》、弗吉尼亚·伍尔夫的《海浪》(*The Waves*),或

---

[1] 沃尔夫冈·李普曼:《里尔克传》,第134页。
[2] 同上,第386页。
[3] 里尔克身患白血病。

詹姆斯·乔伊斯的《芬尼根守灵夜》(Finnegans Wake)那样，采用一种激进的形式。但它却和这几部作品一样，与作者的生活有直接的关系。

穆齐尔1880年出生在奥地利克拉根福。他的父亲是来自传统贵族家庭的一位工程师。他本人也在1917年晋升为贵族，但仅一年之后奥地利的贵族制就被废除了。罗伯特的家人希望他能从军，不过尽管在战争中表现出色，他还是选择进入许多不同的技术大学。在那里他撰写了哲学、自然科学和数学的博士论文，还写了一部讨论物理学家、哲学家恩斯特·马赫(Ernst Mach)的著作。早年间他迷恋科学，迷恋所谓的"神圣的精确性氛围"、科学技术的"严谨性"和排除了幻想的科学研究。然而后来这种激情消退了，因为他看到许多实验都具有一成不变的本质，观察到工程师和技术员的职业生活和个人生活之间存在差异，或者说他们没能在家庭生活中坚持他们在工作中遵守的那些标准，这一切都让他不再迷恋科学，并促使他转向写作。他在各不同时期曾担任过文学杂志《新评论》(Die Neue Rundschau)编辑、戏剧评论家，还因为剧本《狂热者》(Die Schwärmer)获得了克莱斯特奖(Kleist Prize)和格哈特·豪普特曼奖(Gerhart Hauptmann Prize)。这出戏的内容是，一个心理学教授对他的婚姻生活和科学研究不再抱有期待。

在20世纪20年代，穆齐尔开始撰写《没有个性的人》，几乎每天都在为此工作。像格奥尔格·卢卡奇、瓦尔特·本雅明(Walter Benjamin)、弗吉尼亚·伍尔夫一样，他也相信小说是契合他这一代人哲学状况的形式，相信小说包含着"面向非理性世界的可怕奇观"。小说，或者至少说穆齐尔的小说，是一种思想实验，就像爱因斯坦或毕加索的实验。在小说当中或许可以同时看到一个人物的轮廓和他的全部脸孔。约翰·马克斯韦尔·库切(John Maxwell Coetzee)形容《没有个性的人》"是一本在撰写过程中被历史赶上的著作"。这一说法至少在以下意义上是正确的：在前三部于1930年和1933年出版之后，穆齐尔由于娶了一位犹太人为妻，所以被迫流亡到瑞士。他明确地把希特勒说成是"活着的无名士兵"。

这部著作的背景设置在1913年的一战前夕，地点在一个叫做"卡卡尼亚"(Kakania)的神秘国家。卡卡尼亚显然是奥匈帝国，名字来源于"帝国与皇家"(Kaiserlich und Königlich)，简称为"K. u. K"，代表匈牙利王国和奥地利王室帝国的皇家领地。虽然小说的篇幅令人望而生畏，但在许多人看来，这部著作是对20世纪早期发展的一次杰出文学回应，是少数"无法被过度解释"的作品之一。它被认为是后-柏格森、后-爱因斯坦、后-卢瑟福(Rutherford)、后-玻尔(Bohr)、后-弗洛伊德、后-胡塞尔、后-毕加索、后-普鲁斯特、后-纪德、后-乔伊斯、后-维特根斯坦的作品。不用说，它显然也是后-基督教的作品。

小说中有三个纠缠在一起的主题，它们形成了一种松散的叙述风格。第一个主题是主角乌尔里希·冯的探索……乌尔里希是一位维也纳士兵，后来当了工程师，又转变成一位数学家，之后又成了一位知识分子，他按照尼采笔下"强硬的精神魄力"来塑造自己。他试图洞察现代生活的意义，这使他要去理解一个人的心理，此人叫做莫斯布鲁格尔，是杀害一个年轻妓女的凶手。30岁出头的乌尔里希还没有结婚，在国外生活数年之后刚刚返回到维也纳。虽然他的心灵仍然像一位科学家那样运转，但他已经不再被科学方法所激励（就像穆齐尔本人一样）。事实上，大部分激情已经离他而去。他参加了战前维也纳的社会圈和知识圈。第二个主题是乌尔里希与年幼便丧失联系的妹妹阿加特的关系（还有情事）。第三个主题是本书对当时维也纳的社会讽刺。穆齐尔1942年在瑞士去世，没能完成这部巨著的第四卷。此时他已经接近赤贫。（即便在那个时候，他仍然没有抛掉自己的刻薄。他告诉一位朋友说："今天他们完全无视我们，但一旦我们死去，他们就会夸口说他们向我们提供了庇护。"）

穆齐尔在这部著作中以一种近乎科学的方式来进行探索，他曾有机会接近维也纳监狱中关押的谋杀犯。他一度用乌尔里希之口，把谋杀犯描述成个子高肩膀宽的人,"他的胸腔像桅杆上铺开的帆一样凸出",不过当他偶然读到一本打动人的书时,他便感觉到渺小和软弱,像"水母在水中漂浮一样"。没有一种描述,一个特性或一项品质适合他。从这个意义上讲,他是一个没有个性的人:"我们不再拥有任何内在的声音;理性统率了我们的生活。"莫斯布鲁格尔并不信神,他只相信自己弄清的事情,他根据极端的逻辑(其他人的存在"只会妨碍到他")生活,而这促使他谋害他人。

所以说这部著作的真正主题是探讨在科学时代成为一个人意味着什么。如果我们可以信任的只有自己的感官,如果我们仅能在科学家理解我们的程度上理解我们自己,如果像维也纳圈子所讲的那样(参见第14章),对价值、伦理以及美的所有讨论和归纳都没有意义,那么我们该如何生活呢?他的写作无与伦比,充满犀利、原创和诙谐的洞见:"当我们的知识更多的时候,'命运'这个词便可能获得了一种统计学上的意义。""普通人和疯子的区别恰恰在于,普通人患有各种心灵疾病,而疯子则只患有其中一种。""人们应该像爱上女人那样爱上那种观念,会因为返回这个观念而感到欣喜"。[①]

尽管如此,穆齐尔从未放弃希望,他认为有一天人们可能会找到某种方式把科学和技术的优势,甚至把令人讨厌的精确性,带到精神王国中去。即便他意识到这种希望是多么难以实现。"毫不怀疑、毫不犹豫,不加揣测地解释他或她的经验,这已经不再是某人的天赋了。就我们现在的知识来看,可以说,对现象的解释是用从经验裁剪出来的核心部分组成:仁慈是自我中心的特殊形式;情绪是腺体的分泌物;人的百分之八九十由水构成;道德自由是自由贸易必然的衍生品;出生和自杀的统计图表

[①] 大卫·路福特:《罗伯特·穆齐尔与欧洲文化的危机,1880—1942》,洛杉矶、伯克利、伦敦:加利福尼亚大学出版社,1980年,全文各处;以及大卫·路福特:《性本能与内在性:魏宁格,穆齐尔,多德勒尔》,芝加哥:芝加哥大学出版社,2003年,第121页。

明我们最私人的决定是被预先制订的行为。乌尔里希总是对的,但他却从不曾对谁有益,从来都不幸福,除了短暂的瞬间以外,他从来都不忙碌。"①

人们思考所使用的旧范畴,种族主义或宗教观念的"过渡屋"(halfway house)②,现在已经不具有任何作用了。穆齐尔认可此观点,但我们用什么东西来取代这些范畴呢?像里尔克一样,穆齐尔通过他作品中的人物克拉丽瑟——她嫁给乌尔里希久未联系的童年玩伴,提供了一种服从的概念。克拉丽瑟下定决心,"如果一个人接受拥有某种幻觉带来的好处,那么他就有义务让自己臣服于这种幻觉"。此观点可以在大西洋彼岸尤金·奥尼尔(Eugene O'Neill)的戏剧作品中找到呼应(参见下一章)。在《没有个性的人》中没有什么是直截了当的。然而,以下观念可以被视为他的结论:我们可以与一个至高观念形成稳定的关系,知晓它是诸多选择中的唯一选择,它等同于现代世界中世俗形式的恩典。它呼应了亨利·詹姆斯的"共享虚构故事"。

其他状况

穆齐尔还使用了灵魂特殊的一种世俗定义,把灵魂说成是"激动的特定阶段"。在他看来,这会导致两种在世存在的方式。《没有个性的人》通篇都在探讨这两种方式,并给出了一种如何在祛魅的世界中生活的观念。他把这个观念叫做"普通状况",它是科学、商业、资本主义的世界,是"面向事物的科学态度,相当于在摒除爱的情况下审视事物"。③ "与事实、行动、商业,以及政治力量相对的是……爱和诗。它们是超越世界各种交易

---

① 简·斯迈利:《监护人》,2006 年 6 月 17 日。
② "halfway house"指两种不同事物折中或过渡的场所。——译者
③ 大卫·路福特:《罗伯特·穆齐尔与欧洲文化的危机,1880—1942》,第 252 页。

的状况。"

大卫·路福特(David Luft)告诉我们,性本能在穆齐尔看来就像艺术一样,"因为它集中注意;它抽象、催眠,并且改变存在的状态,它试图用有魔力的方式来影响世界"。穆齐尔相信,在科学和资本主义的时代已经找寻不到自我被压制的那一面。"普通状况适用于那些有用的事物,而其他状况则适用于那些富有魅力的事物。"他并不认为我们所知的日常现实不重要,相反,他认为这种现实被陈规旧习所桎梏,不能"在想象上受到挑战"。① 他认为缺乏对灵魂王国的理解是现在人们痛苦的来源,虽然前文说过,灵魂在他看来是激情的一种形式。他还认为艺术家的"宗教"和"伦理"任务就是把人类从死板传统中解放出来,不论是知识上的传统还是情绪上的传统,以便让经验产生出更多动力。②

对穆齐尔来说,人类真正的挑战在于种种方法的创造,能使这些方法提升个人花在其他状况(他用"其他状况"的说法,原因在于他认为其含义无法定义,用更加清晰的词来描述它也并不正确)上的时间总和。他认为小说的真正目标不是参与哲学的辩论,而是帮助人们"建立精神的王国"。感觉的语言未能与现代的发展步调一致。③ 穆齐尔认为生活在20世纪20年代平庸人类的典范是"一个形而上学家,其形而上学性远远超过他愿意承认的程度……他几乎从未摆脱对其古怪宇宙处境的一种迟钝而执着的感觉。死亡、土地的卑微、自我这个不可靠的幻觉,存在的无意义性,这些问题随着时间的逝去变得越来越紧要——那个典型的人类虽然会嘲笑这些问题,然而他仍会感到这些问题困扰着自己的一生,就像昏暗房间四周的墙一样"。④

穆齐尔相信,所有伟大的宗教都脱胎于"其他状况",但它们已经变得

---

① 大卫·路福特:《性本能与内在性:魏宁格,穆齐尔,多德勒尔》,第124页。
② 大卫·路福特:《罗伯特·穆齐尔与欧洲文化的危机,1880—1942》,第219页。
③ 大卫·路福特:《性本能与内在性:魏宁格,穆齐尔,多德勒尔》,第120—121页。
④ 同上。

陈腐了,变得像骸骨一样"死板、僵硬、腐败"。文学以及所有艺术的作用就在于重新获得其他状况,而这也是《没有个性的人》第三部分所正视的问题,即乌尔里希和阿加特之间爱情的"状况"。[1] 穆齐尔认为,现代文化更加需要女性气质,女性对其他状况更加开放。穆齐尔把其他状况描述成"生活沉静内在性的状况……乌尔里希意欲在某种事物之内(live in)生活,而不是为了某种事物(live for)生活,内在性通常表现为'抛开语言的世界'"。[2] 在他们的热恋中,乌尔里希和阿加特开始对勾连世界的其他途径变得敏感,"他们体验到一种精神同盟。在此同盟中,自我与非我的边界线瓦解了……他们经验到参与世界的意义,体验到一种拔高的感觉……假日的经验超越了教会和道德家的专横,向他们提供了生活中遗失的那种内在性意义"。[3]

穆齐尔痛苦地讲,人们永远都不可能把这种恩典状况和其他状况规范化,而且我们也不应当做此类尝试。"普通人类模式把一种存在条件下的假日应用到另一种条件下。"他说,我们会知道自己何时处于这种恩典状态,因为我们体验到一种上升的感觉,而不是普通状况,一种沉没的感觉。当这种上升体验产生的时候,"与其说我们会不相信上帝,不如说我们会摆脱上帝"。[4] 这一理论线索中的所有人,包括海德格尔、里尔克、穆齐尔,他们都比韦伯更加具有想象力。世界复魅更多的是积极的作为,而不仅仅是哀叹世界的祛魅。

---

[1] 大卫·路福特:《罗伯特·穆齐尔与欧洲文化的危机,1880—1942》,第 255 页。
[2] 同上,第 201 页。
[3] 同上,第 255 页。
[4] 同上,第 260 页。

12　不完美的天堂

这是一个摩登女郎,私酿杜松子酒,爵士乐队,以及"查尔斯顿"的时代。这是无声电影明星的时代,没有累进制的税收制度。这个时代还造出了最长最光鲜的汽车。说起一战结束到 1929 年股票市场崩溃的短短几年,斯科特·菲茨杰拉德(Scott Fitzgerald)曾写道:"爵士时代现在被它自身的力量推进着,金钱这座巨大的加油站服务于它。"菲茨杰拉德在《人间天堂》(*The Side of Paradise*)中描绘了一个自传式的主角艾莫里·布莱恩,他说:"我现在宁可是一个无信仰者。原因只是宗教似乎在我的这个时代与生活毫不相关了。"最后这部小说总结说:"新一代人诞生了,他们在幻想的漫长日夜,高喊旧日的口号,学习旧日的信条。但他们最终注定要走出这一切,走向那方肮脏和晦暗的混乱之地,以便追寻爱和骄傲。相比上一代人,新一代人更畏惧财富,崇拜成功。他们长大后发现所有的神灵都已死亡,所有战争都已打完,所有人类信念摇摇欲坠。"菲茨杰拉德对时代情绪的把握非常准确,所以格特鲁德·斯泰因(Gertrude Stein)把《人间天堂》称为年轻一代的《圣经》。[①]

金钱取代上帝

作家亨利·艾德玛(Henry Idema)主张,以美国为代表的世俗化进程在20世纪20年代加快了。当大萧条在1933年达到顶峰的时候,小说家舍伍德·安德森(Sherwood Anderson)在给朋友的信中写道:"亲爱的朋友,你知道问题不只是饥饿和贫穷,它是某种超出美国国界的问题,是旧信仰丧失而新信仰尚未产生的问题。"评论家和历史学家范·威克·布鲁克斯曾说,战后的一代人发现"他们自己变成了这样一类人,他们挣扎存活下来,待丰衣足食之时仍然处于挣扎中,因为生活本身不再提供任何意义,而这耗尽了他们所有的精神资源"。艾德玛发现此时有三件事情同时发生:由于人们不再享受教会带来的那种传统的舒适和惬意,导致神经系统疾病的增加;宗教的"私有化";从宗教传统转移到追求物质充裕和唯物主义。[②]

艾德玛是被任命的圣公会牧师,他本人拥有宗教学博士学位并曾在芝加哥大学(参见第18章)进行过心理学研究。他认为世俗化具有一种心理学的根源。他觉得传统宗教的力量来自家庭,就像弗洛伊德所说的那样,儿童在处于前俄狄浦斯情结阶段时,会在母亲那里寻求保护,随后从父亲那里学会遵守纪律,尊重权威。用艾德玛的话来说,在双亲家庭中存在一种弗洛伊德式的爱的三角,儿童学会通过协商来获得情绪的成熟,而家庭的许多基本心理功能,譬如保护和权威,则被教会接管了。不过在现代社会中,母亲越来越多地参加工作,长时间离开孩子,父亲离开孩子的时间甚至更长。他们通常在距离遥远的工厂中,在没有社会交往的情况下工作数小时,年幼的儿童不再以一种传统方式内化父母的价值,所以也不再指望教会了。

艾德玛在罗伯特·林德(Robert Lynd)和海伦·林德(Helen Lynd)的社会学里程碑式著作《米德尔敦》(*Middletown*)中,为他的主张找到了证

[①] 亨利·艾德玛:《弗洛伊德,宗教和怒吼的20世纪:三位小说家关于世俗化的精神分析理论——安德森、海明威、菲茨杰拉德》,马里兰州萨维奇:罗曼与利特菲尔德出版社,1990年,第1页。
[②] 同上,第6页。

据。《米德尔敦》是在后来被称为曼西(Muncie)的印第安纳州小镇上所做的调研,其中记录了新工业对中美小镇造成的影响,特别是收音机、电影放映机、留声机、电话、化妆品,尤其是汽车所扮演的角色。在《爵士时代的回响》(*Echoes of the Jazz Age*)当中,斯科特·菲茨杰拉德清楚地回忆道:"早在 1915 年,小城市里那些在社交场合上没有年长妇女陪伴的年轻人已经发现,在那种'赠予年满 16 岁的小比尔,帮助他"自力更生"'的汽车上,藏着某种移动的隐私。起初的时候,爱抚甚至在一切顺利的情况下都还是铤而走险的行为,但很快之后男女彼此就放开来,旧戒律便被破坏了。"①按照《米德尔敦》中的一个判断,汽车变成了"轮子上的妓院",而同时镇上的牧师也开始公开谴责"周日出游"。

  第一次世界大战为此要承担一部分责任。菲茨杰拉德在普林斯顿大学的同学,约翰·皮尔(John Peale)主教显然这样想:"战争最为悲惨的地方,不在于它造成人们的大量死亡,而在于它破坏了死亡的悲剧性。不仅只有年轻人在战争期间饱受磨难,支撑并赋予他们的苦难以高贵性的所有抽象事物也饱受摧残。战争使传统道德变得不可接受,战争并没有废除这些道德,战争只是揭示出这些道德直接的不足。所以在战争结束后,留在幸存者们面前的,至多是一个没有价值的世界。"

  幻想的破灭,尤其是宗教幻想的破灭,在当时的美国小说中是一个突出的主题:比如海明威的《太阳照常升起》(*The Sun Also Rises*)和《永别了,武器》(*A Farewell to Arms*)、舍伍德·安德森的《欲望之外》(*Beyond Desire*)、《小城畸人》(*Winesburg, Ohio*)、《阴沉的笑声》(*Dark Laughter*)、《饶舌的麦克佛逊的儿子》(*Windy McPherson's Son*)、菲茨杰拉德的《了不起的盖茨比》(*The Great Gatsby*)和《夜色温柔》(*Tender Is the Night*)。埃德蒙·威尔逊

---

① 林德夫妇:《米德尔敦:当代美国文化研究》,伦敦:康斯特布尔出版社,1929 年,第 245 页以下。译文参考黄昱宁译《爵士时代的回响》,出自上海译文出版社 2011 版《崩溃》第 24 页。——译者

(Edmund Wilson)评论菲茨杰拉德的《美与孽》(The Beautiful and Damned)说:"男女主人翁并没有任何目标或方法,他们就是一种奇怪的生物。他们屈服于野性的放荡,并且从小说的开头到结尾都只做一件严肃的事:然而你们却在某种程度上获得这样一种印象,认为他们尽管很疯狂,但却是最有理性的一群人……当他们触及普通生活时,人们的制度都似乎被昭示成无效且荒诞的一场闹剧……就此可以推论,在此文明中,最明智可靠的事就是生活在爵士时代,忘记人们的行为。"

在汽车成为重要生活方式后,甚至也许在此之前,教育的扩张,尤其是高等教育的扩张,就被视为最世俗化的力量,至少在林德夫妇认为是这样。他们写道:"教育是一种信仰,一种宗教。"教育之所以具有这种影响力,部分原因在于高等教育把年轻人带到大学,帮助他们摆脱家庭传统。不过原因尚不只这些。"教育似乎通常表现为一种欲望,它不仅欲求教育的内容,还把教育本身作为一种象征。"在很多人的心中,教育都象征着替代传统(宗教)价值的一种选择,借此教育便"取代宗教成为生活最重要的向导"。菲茨杰拉德在他的短篇故事《祝福礼》(Benediction)中抓住了上述观点的某一部分。故事中洛伊斯向她身为罗马天主教神父和修道士的哥哥解释说:"我并不想让你感到吃惊,基思,但我不能告诉你身为一位天主教徒是多么不方便。人们似乎已经不再接受天主教徒了。在道德还起作用的地方,我认识的一些最狂野的男孩是天主教徒。而最聪明的男孩,我的意思是指那些善于思考和阅读的男孩,他们却似乎不再相信任何事物了。"[1]

科学同样也很关键。林德夫妇同意菲茨杰拉德关于进化的观点。在《人间天堂》中,艾莫里·布莱恩谈及旧的一代人曾说:"当他们发现达尔文讨论的问题时,都害怕地战栗起来。"林德夫妇在米德尔敦发现,"进化

---

[1] 亨利·艾德玛:《弗洛伊德,宗教和怒吼的20世纪:三位小说家关于世俗化的精神分析理论——安德森、海明威、菲茨杰拉德》,第44页。

论动摇了神学宇宙论在数个世纪中的统治地位"。与此同时,现代心理学也蓬勃兴起。在 1931 年出版的《大繁荣时代》(*Only Yesterday*)中,美国历史学家、《哈珀》(*Harper's*)杂志主编弗雷德里克·刘易斯·艾伦(Frederick Lewis Allen)这样说:"在所有科学中,最年轻最不具有科学性的那种科学迷惑了公众,对宗教信仰造成了最具破坏性的影响。心理学是国王。弗洛伊德、阿德勒、荣格、沃森(Watson)都拥有数以万计的拥趸。"[①]

艾德玛继续说,尽管 20 世纪 20 年代的美国社会弥漫着变革所具有的无可置疑的吸引力,但这却是有代价的。他说,神经疾病、离婚、两性冲突和情感冲突"增加的幅度令人吃惊",这都体现在当时的文学作品和作家个人生活之中。舍伍德·安德森《欲望之外》的原名叫作《上帝不存》(*No God*)。菲茨杰拉德的一位同龄人说,"在斯科特不参加弥撒之后,他就养成了酗酒的习惯"。[②]

艾德玛认为安德森的著作主要记录了在传统宗教活动减弱之后"美国人的孤独"。从某种意义上讲,这种评价也能恰当地适用于欧内斯特·海明威的作品。约翰·皮尔主教写道:"这种孤独使得霍桑(Hawthorne)可以把人的灵魂戏剧化。""而在我们那个时代,海明威则写下了关于人类灵魂消失的文学。"不仅如此,艾德玛还说,海明威尤其关心宗教社群的崩溃,关注年轻人用本身带有世俗仪式的新社群来取代宗教社群。

比方说艾德玛就表明,《太阳照常升起》中的主角杰克·巴恩斯(Jake Barnes)在钓鳟鱼和斗牛的时候,发现了"在教堂中找不到的宁静"。他写道:"在小说中,杰克和他的同伴不再认为宗教能起作用。钓鳟鱼和斗牛成了宗教的世俗替代物。它们的作用类似于教会仪式,由此便取代了教

[①] 亨利·艾德玛:《弗洛伊德,宗教和怒吼的 20 世纪:三位小说家关于世俗化的精神分析理论——安德森、海明威、菲茨杰拉德》,第 47 页。
[②] 同上,第 73 页。

会仪式。所以,《太阳照常升起》是在一种非常重要的意义上,把钓鳟鱼和斗牛描绘成世俗的(甚至无信仰的)、心理的、私人的,但却不是宗教的。"[1]艾德玛继续论证说:"一种灵验的仪式,不管它神圣还是世俗,它都能把思想和情感结合起来。其次,仪式还把个人的焦虑约束起来。"

对于安德森笔下温斯堡的居民,评论家欧文·豪(Irving Howe)这样写道:"他们寻找一种仪式,一种社会价值,一种生活的态度,一种从某种意义上可以重新确立情感交流的遗失的典礼,他们是一群焦躁不安地等待领取圣餐的人。"海明威早年创作的故事《大双心河》(Big Two-Hearted River)是《太阳照常升起》的序曲。主角尼克·亚当斯在去钓鳟鱼之前,准备了大量的仪式,包括劈开一块松板,支起他的帐篷,恰当地(properly)捕获蚂蚱。普林斯顿文学系教授卡洛斯·贝克(Carlos Baker)说,海明威父亲最喜欢的词之一就是"恰当地"(properly)。"当他和自己的儿子在户外的时候,每件事都必须按照恰当的方式去完成。不论是生火,缠鱼竿,上饵,抛竿垂钓,握枪,还是烤鸭或烤鹿腿。"

亨利·艾德玛把这种观点与林德夫妇在米德尔敦的观察做了一番比较:"当宗教开始衰退的时候,人们发现世俗位于'精神活动的中心'。"林德夫妇曾提及扶轮社乃至镇上非常成功的篮球队,提及它们的"服务"和"市民忠诚"伦理。"'扶轮社及其宏大的服务理念就是我的宗教,'这是米德尔敦一名主日学校工作者的观点。'我从扶轮社那里得到的东西已经超过从教会那里得到的'。"[2]

海明威在《死在午后》(Death in the Afternoon)中更加具体地对比了斗牛和教会仪式,坚持认为二者都具有古老的起源。他在对斗牛士和辅祭士进行比较之后写道,斗牛"把一个人从他自身之中拉扯出来,并让他感觉

---

[1] 亨利·艾德玛:《弗洛伊德,宗教和怒吼的20世纪:三位小说家关于世俗化的精神分析理论——安德森、海明威、菲茨杰拉德》,第171页。
[2] 林德夫妇:《米德尔敦:当代美国文化研究》,第275页以下。

到不朽",斗牛还"赋予他一种狂喜,在那一瞬间,这种狂喜同宗教带来的那种狂喜同样意义深刻"。他认为斗牛还创造了一个共同体,这个临时共同体"把所有人都带到斗牛场上,随着斗牛过程的推进,人们的情绪不断高涨"。①

不过艾德玛认为,从 20 世纪 20 年代到 80 年代,世俗化最明显的影响在于美国人痴迷于富裕以及富裕的各种外在象征。舍伍德·安德森在《小城畸人》中遭遇了这个问题。在这部小说中,金钱取代上帝成为小说主要人物耶西生活中的统一象征,但他的精神还是崩溃了。斯科特·菲茨杰拉德对这种替代性的宗教给出了最佳描述。菲茨杰拉德本人在天主教家庭长大,但后来他把金钱,而非宗教,视为世俗的源头。《一颗像里茨饭店那么大的钻石》(The Diamond as Big as the Ritz)中的一个角色说起自己的家乡:"在海地斯城流行的那种纯朴的虔敬,是以对财富的真诚崇拜和尊敬为第一信条的,要是约翰在财富面前不感到惶恐谦卑,他的父母对他这种亵渎神明的行为就会吓得逃之夭夭。"②

华丽的事物与上帝无关

现在我们要讨论《了不起的盖茨比》。这本书的第一部分描绘盖茨比的早年生活,它原本计划包含一个名叫《赦免》(Absolution)的小故事。最终这个故事并没有被收录在定稿中,但它讲述了一个关于鲁道夫·米勒的故事。米勒是在明尼苏达州圣保罗市长大的年轻人,其父亲是严格的罗马天主教信徒。他的父亲强迫其承认欺骗本地教区神父的过错。男孩害怕面对神父,但他惊讶地发现神父很有人性地向他表明自己的处境更

---

① 亨利·艾德玛:《弗洛伊德,宗教和怒吼的 20 世纪:三位小说家关于世俗化的精神分析理论——安德森、海明威、菲茨杰拉德》,第 174 页。
② 中译参考汤永宽译《一颗像里茨饭店那么大的钻石》,出自上海译文出版社 2016 年版《返老还童》第 154 页。——译者

为糟糕。他们在一个游乐场漫步,游乐场里有一座有彩灯构成的大轮在"空中转动",吸引着男孩走过去看它。"在鲁道夫看来,这次散步非常奇怪也很让人讨厌,因为这个人是个神父。他坐在那里,几乎是在发呆,他圆睁着自己漂亮的眼睛,感觉到自己的内心确信已经形成。世界上存在着某种不可言喻的华丽事物,但它同上帝没有任何关系。"

菲茨杰拉德此后又几次返回了这个主题。其中一次是在《一颗像里茨饭店那么大的钻石》。在一个名叫费舍尔的虚构小镇,每晚上都有几个人聚集在一起观看7点钟由芝加哥始发、横贯大陆的快速火车:"费舍尔镇的人们超乎所有宗教之外,即便最单纯、最原始的基督教教义在这片贫瘠的土地上都无法获得任何立足之地。所以这里没有祭坛,没有神父,没有牺牲,只有每晚7点钟,一群人在棚户区旁的安静小广场捧起祷词,祈祷暗淡无光的奇迹。这里的奇迹事物同样与上帝无关。"[①]

值得信仰的下一种伟大力量

华莱士·史蒂文斯在他的职业生涯中曾把他的右手弄伤了两次。一次是在西锁岛,他喝醉之后与海明威打了一架,打破了海明威的下巴,自己还撞到了地板上。妻子劝阻他喝酒,于是他转而喝茶,还成了茶叶行家。这些轶事都使史蒂文斯看上去像一个放荡不羁的妙人。但从1916年到他去世的1955年,在这接近40年的时间里,他都是一个西装革履的生意人,是康涅狄格州哈特福德事故赔偿公司保诚和担保理赔部的总裁。史蒂文斯并不容易被归类,他的艺术活动显然也不容易被归类。

他是20世纪兴旺繁盛的一种艺术形式的最佳典范之一。他是一位诗人,他的散文也细腻而迷人。他经常在散文中对艺术和文学进行阐释。

[①] 中译参见汤永宽译《一颗像里茨饭店那么大的钻石》,第204页,有改动。——译者

他最重要的观点之一是认为在上帝已死的时代,所有艺术都应当取代上帝的位置,诗歌更应当如此。因为上帝和诗歌一样,都是一种想象的建构,它能从生活中得到的最大满足在于想象的历险和开发。他还比大多数人都更加直截了当地主张说,在现代世界中取代上帝的两种相互竞争的现象是诗歌和心理学。他坚定地认为诗歌是其中更好的选择。

史蒂文斯是一个慢热的人。他的母亲每天晚上都要从《圣经》中节选部分内容,读给他和他的兄弟姐妹们听。他的母亲还会在每个周日晚上坐在钢琴前弹唱圣歌。史蒂文斯在19世纪90年代就读于诵读男校(Reading boys' School),但因为玩扑克和足球而没有通过考试。但不久后他就把荒废的时间找补回来,赢得各种奖励,在学校发表获奖演说。他在1897年进入哈佛大学(其在哈佛的老师是乔治·桑塔亚纳),几个月后的1898年1月就发表了他的第一首诗。他最后获得了普利策奖、柏林根(Bollingen)诗歌奖和国家图书奖,并被耶鲁大学授予荣誉学位(对"哈佛人"的最高褒奖)。

史蒂文斯在他的散文中总是异常坦率,他很自信地提倡把诗歌作为生活的核心。他觉得基督教是"一种使人筋疲力尽的文化",觉得"信仰的丧失在不断扩张"。他曾经随意地承认自己酝酿了一种"巨大的假设",认为可以通过艺术把世界"转化成一件伟大的艺术作品"。"上帝与想象是同一个事物。当一个人抛弃上帝信仰的时候,诗歌便成了接替上帝拯救人们生活的那种本质。"[①]

他的作品富有情感,直接呼应了我们的主题:

> 美妙的音乐必须代替
> 空虚的天国和圣歌……

[①] 华莱士·史蒂文斯:《史蒂文斯诗歌散文选》,纽约:美国文学经典,1997年,第20页。

以及:

> 何为圣洁之物,它只会在
> 寂静的阴影和梦境中到来吗?
> 她会不会在日光的惬意中,
> 在辛辣的果实和光鲜碧绿的翅膀中,或者
> 在土壤的芬芳和美丽中,
> 发现事物像天堂的念头一样值得珍惜?
> ……
> 我们的血液会枯竭吗?还是说它会变成
> 天堂的血液?土地看上去会像
> 我们所知的所有天堂吗?
> 那时的天空会比现在更友善……[1]

"现如今,绘画和诗歌之间、现代人和现代艺术之间,最重要的关系仅仅在于:在那个无信仰极度流行的时代,或者不用无信仰这种说法——在那个对信仰问题漠不关心的时代,从诗歌、绘画,以及一般艺术的衡量标准来看,这些艺术都是对世界遗失之物的补偿。人们感觉到想象就是下一种值得信仰的伟大力量,一位掌权的王储。结果,人们对想象及其作品的兴致便不再被视为是人性的一个阶段,而是在这个世界上关键的自我确证。人们确认,如果还有什么仍然存在着,那么存在的只有人们自身……超越心灵的边界,超越现实的现实投影,虽遮蔽基础却无法被限定的决心,由兴趣而来的激动和紧张失而复得,精神每一次的拓展,从任何意义上讲,在现在看来这些都是非常重要的统一体和关系。"[2]

---

[1] 华莱士·史蒂文斯:《史蒂文斯诗歌散文选》,第53—54页。
[2] 同上,第748页。

"在无信仰时代,在以人文主义为主的时代(这两者差不多是一致的),某种意义上讲,诗人的任务就是提供信仰产生的满足感……我认为这是极其严肃的一种功能。诗歌首先扮演了一种精神性的角色……见证诸神像云朵一样在半空中分裂消散,这对人们来说是一种伟大体验。诸神不是短暂地越过地平线消失不见,也不是像是被其他更具伟力的神灵或更具深意的知识战胜,相反,诸神纯粹变成了虚无……最不同寻常的一点是,他们没有留下任何遗物、王座、神秘戒指,也没有留下任何包含土壤或灵魂的材料。他们似乎从来就没有在地球上出现过。没有号召他们复归的诉求。他们没有被人们遗忘,那也只是因为他们是人类光荣时代的一部分。这个时候没有人在内心深处低声请愿,希望恢复他们不真实的形象。人类的自我总是在每个人的心中滋长,这个自我不再仅仅是不参与的旁观者、失职者,它在任何地方都不断地增长,至少看上去是这样……对诸神之死的思考在思想者的心中建立了各种单一态度。有一种态度认为古典神话中的诸神仅仅是美学设计。他们不是信仰的对象。他们是快乐的表达……在现实中的孤独和不值得过的孤独境况下,人们创造了较为宏伟的伙伴,这就成了人性的一种普通活动。正如我所说,如果不浅薄地来阐释这种宏伟的伙伴,那么他们至少被认为是充满神秘性的……不论具体的描述到底如何,但他们都必然有着神所具有的奇妙氛围,具有偏远奇妙的居所。他们基本的荣耀就是男男女女的基本荣耀。男人和女人需要创造神,拔高神,但却不太在乎神的身份。神的缔造者并不是神职人员,而是人民。"[1]

史蒂文斯后来在一次演讲中说:"我今天上午的目的就是要把诗歌拔高到生活主要意义之一的层面,从我们讨论目的来看,也就是要把诗歌和诸神以及人等同起来……诸神是想象被推到极致的创造……事实无非

---

[1] 莱昂·瑟雷特:《当代困境——华莱士·史蒂文斯、托马斯·艾略特和人道主义》,麦吉尔:女王大学出版社,2008年,第199页以下。

是,我们在写诗的时候,与我们在创造诸神的时候,使用了同一种能力……①在不信仰上帝的时候,心灵便转向了它本身的造物,不仅从一种美学的立场上审视它们,还审视它们所显现的内容,审视它们认可或否决的内容,审视它们提供的支撑作用。上帝和想象是同一的。②"

在现代文学当中寻找一种没有上帝的生活方式,这必然是一种最具连续传统的尝试。史蒂文斯并不害怕思考"宏大"问题,他非常清楚,欲望是完满生活的一个关键要素。所以,他一边认为艺术的作用非常巨大,包含他所说的那种"大前提",另一边也同样野心勃勃地阐述何为诗歌,阐述诗歌在我们生活中的确切地位,阐述诗歌如何向我们提供帮助,以及诗歌能取得的收获。他说,"诗人观察这个世界,从某种意义上就像是一个男人观察一个女人"。这个说法充满诗意,并且它的本意就是引起每个人的注意。他执意认为诗歌是

穿过骤然正确性的声音
它包含着心灵,让它不低于心灵。

他坚持认为诗人的作用在于"帮助人们过好自己的生活……诗歌应该能通过想象的活动,抵御现实的压力"。他也无畏任何精英主义的暗示。"在感性范围,或者说在诗性的感性范围上强于我们本身的某个人,他把由事实构成的世界赋予给我们。这是一个被拓展了的事实世界,是'理智发出炽热的光'。就像光一样,这个世界除了自身以外没有任何其他事物。如果我们贴近光产生的热,就可以说生活得更加热烈。"③"陶醉应该以一种文学的方式来理解,就像吟唱世界使之现实存在一样。"最好

---

① 华莱士·史蒂文斯:《史蒂文斯诗歌散文选》,第 845 页。
② 同上,第 914 页。
③ 同上,第 55 页。

的诗歌"向人们提供了一种沉思式的世界经验,心灵在事物面前缓慢下来,它通过想象的微小变化来抵御现实的压力"。他觉得人们通过诗歌能获得一种"灵魂的宁静"。①

他说,诗人描写事物,而诗人语言"包含的事物,是一些没有语言便不能存在的事物"。同时他也和瓦莱里一样意识到,"心灵的欲望永远都会超越诗歌带给世界的那种美"。他被诗歌而非科学吸引,因为人类从其本质上说"更容易对个别的事物感到满足"。"诗歌的价值是一种内在的价值。它不是知识的价值,也不是信仰的价值,它是想象的价值。"②

史蒂文斯主张上帝和诗歌或任何成功的艺术作品一样,都是想象的创造。他还认为许多形而上学和哲学观念本质上也是诗性的,易言之,这些观念是想象的产物。"无限"这个观念根本就是诗性的(他称之为"宇宙的诗")。也许从最适切本书的角度上说,它类似于黑格尔主义者所说的那种"终极原因"和"整体性"观念,是人们认为非常重要的观念。(他曾经提问,如果在诗歌当中谈及"终极原因"会有什么意义呢?)诗歌能突然"拓展"我们的生活方式,对我们造成影响,就像从冬天径直走到春天一样。它是一种意义的缔造,是通向整体感的一种方法,尽管这种方法很简明。"没有什么翅膀类似于意义",他说,我们内心应当笃信,"世界把自身放置在诗歌之中,这并不是每天都发生的故事"。

"诗人是更苗壮的生命……诗人清晰地觉察到一切事物中的诗性。他们的语言就是眼睛,但眼睛之所见却不若语言之所说,而语言之所说又不若心灵之所想。"(对比瓦莱里的观点。)"诗歌有时会使对幸福的探寻变得完美。它本身也是对幸福的探寻。""诗歌的目的是让生活在其本身之

---

① 西蒙·克里奇利:《事实只是如此——华莱士·史蒂文斯诗歌中的哲学》,伦敦:劳特利奇出版社,2005年,第73—74页。
② 亨利·艾德玛:《弗洛伊德、宗教和怒吼的20世纪:三位小说家关于世俗化的精神分析理论——安德森、海明威、菲茨杰拉德》,第92页。

中变得完美。""现实是空乏之物/隐喻使我们逃离它。"①

在这个问题上没有人愿意同史蒂文斯争论。为了清楚地表达诗歌的至高无上,他企图遁入隐喻,以便扩大、增强并且举例说明他的主张。他还选择时机,把他的主张推广到一般生活以及在其中想象所扮演的角色。在这里,他把诗人对语言控制以及想象,引入各种观察或明智洞见(aperçu)。这些观察和洞见同时具有一般性和特殊性,几乎拥有一种与《圣经》有关的性质:"不完美是我们唯一的天堂。"②"我们收到的仅仅是我们给予的/本质就栖息在我们的生活中。"③"事物单纯存在着,它不按照人类的目的而被形塑。"

在其他一些地方他还说起过"本质的'不过如此'"。"想象是心灵对事物可能性的权力。""生活是所有关乎生活命题的集合。""建立在意见上的生活,比摒除意见的生活,更像是生活。"

而这可能是史蒂文斯最有意义的一种观察,它与瓦莱里的主要观点类似。但史蒂文斯拓展了瓦莱里的观点:"我们从未在理智上抵达目的。但我们不断在情绪上抵达(比如在诗歌、幸福、高山以及追溯往事的情况下)。"④一旦我们明白这种差异,一旦我们接受自己永远不可能在理智上或者在哲学上体验到完满,那么他讲,我们就可以继续享受能触及的、情感上的(艺术的、想象的)完满性,那种"突然的正确"。

一度很幸福

在1929年华尔街崩盘之后,随着大萧条影响的不断增长,百老汇86

---

① 亨利·艾德玛:《弗洛伊德,宗教和怒吼的20世纪:三位小说家关于世俗化的精神分析理论——安德森、海明威、菲茨杰拉德》,第13页。
② 巴特·埃克休特:《华莱士·史蒂文斯与阅读写作的局限》,哥伦比亚、伦敦:密苏里大学出版社,2002年,第226—227页。
③ 同上,第9—11页。
④ 同上。

家合法戏院中仅剩 28 家还在营业。然而尤金·奥尼尔的《悲悼》(*Mourning Becomes Electra*)哪怕最昂贵的 6 美元席位仍然售出一空。在《悲悼》于 1931 年 10 月 26 日首演之前,奥尼尔便已经被认为是"伟大的美国剧作家,美国戏剧真正的鼻祖"了。[1] 不过说来也奇怪,直到 20 世纪 30 年代末,奥尼尔年满 50 岁的时候,他的另外两部大师级作品《送冰的人来了》(*The Iceman Cometh*)和《进入黑夜的漫长旅程》(*Long Day's Journey into Night*)才写成。期间的几年被认为是他的"沉寂期"。我们接下来将看到这种描述为什么是错误的。

和大多数艺术家相比,确定的传记细节对理解他的作品更加关键。当他在 1903 年夏天突然决定不再和他的父亲一起去参加弥撒,并坚持从天主教学校转到世俗学校的时候,他便丧失了自己的信仰。[2] 自此之后,他总是感觉自己的生活有一个"精神的空洞"。成年之后,他还把自己说成是一个"黑色的爱尔兰人",一个拥有黑色灵魂的堕落之人。

在还不满 14 岁的时候,他发现自己的出生使母亲对吗啡成瘾。他还发现父母责怪大儿子杰米传染给二儿子艾德蒙麻疹,艾德蒙为此在 18 个月大的时候便夭折了。1902 年,艾拉·奥尼尔因为无法获得吗啡而企图自杀。这让正处在青春期的尤金有过一段酗酒和自虐的经历。也正是在这个时候,他开始在各个戏院闲逛(他的父亲是一名演员)。1911 年,在一段不成功的婚姻之后,他栖身在廉价旅馆中,滥用药物甚至企图自杀。此后,他去看过几次精神科医生,一年后他被确诊患上肺结核。1921 年,他的父亲罹患癌症,在痛苦中死去,一年后他的母亲也去世了。他 45 岁的哥哥杰米患有酒精性精神病,在 12 个月后就因为中风而死。

奥尼尔计划在普林斯顿研究科学,但大学时代他发现了尼采,并深受

---

[1] 彼得·沃森:《可怕的美:形塑当代心灵的人和观念》,第 345 页。
[2] 约翰·帕特里克·迪金斯:《尤金·奥尼尔的美国——民主下的欲望》,芝加哥:芝加哥大学出版社,2007 年,第 183—184 页。

其影响(按照他的说法,尼采是他的"文学偶像")。自此他采用了其传记作者所谓"科学神秘主义"的生活方式。最后他被学校开除,因为他极少去上课。1912年,他作为一名记者,开始了自己的写作,但不久后就开始创作戏剧。除了自传之外,他的戏剧哲学可能也源于他对美国的判断:"美国并不是世界上最成功的国家,而是最失败的国家……它的主要理念是试图通过掌控外在于心灵的东西,来永久性地掌握人们自己的心灵。"

在政治上,奥尼尔对无政府主义感兴趣,他总坚持着对资本主义的一种有益的鄙视。他认为资本主义助长了一种"邪恶的唯物主义",一种贪得无厌,它鼓励人们"篡夺任何东西,但却并不坚守它们",它鼓励人们"让心灵休眠"。[①] 他也并不完全赞成民主,他觉得当民主与资本主义结合的时候,美国就变成了欲望之地。在这里,人们认为自己具有"予取予求"的自由;在这里,欲望"对其边界一无所知"(因此灵魂也就不知道欲望以外的任何事物);在这里,"民主实际上是欲望的表达","只有十分之一的人具有灵性,其他十分之九都是猪头"。他写道,"成功仍然是我们现实生活的唯一宗教"。[②]

但即便如此,我们仍然只是在追寻成功的半路上。约翰·帕特里克·迪金斯(J. P. Diggins)解释说,"对奥尼尔以及现代哲学家来说,存在也许没有任何意义,然而对生活的渴望仍然比生活的理由更加强大"。欲望可以表示报复错误的需要,表示社会承认的需求,对财产的贪婪,对他人肉体的欲求,但奥尼尔把权力看成是欲望的最终形式。他的政治立场便是如此,他仍然把权力构想成欲望的表达,认为这是一种控制和支配的欲望,它更多与个人关系有关而不是与政治活动有关。[③]

他有三部戏剧宗教主题明显,即《发电机》(*Dynamo*,探讨科学与宗

[①] 约翰·帕特里克·迪金斯:《尤金·奥尼尔的美国——民主下的欲望》,第65页。
[②] 同上,第186、第259—260页。
[③] 同上,第37页。

教)、《拉撒路笑了》(*Lazarus Laughed*,探讨对死亡的畏惧)、《无穷的岁月》(*Days Without End*,探讨无神论、社会主义和无政府主义),但却是后期两部重要著作引起我们的重视(《送冰的人来了》经常被说成是一部宗教戏剧),原因似乎已经交代过了。这些作品反映了他讲过的一个观点,"如今已经没有值得过活的价值"。所有角色似乎都看到了更好的生活,而他们都把未来幻想成"对想象中而不是更真实的过去的复归"。他们不需要向导就能意识到,"没有人能简单地因为正在过着这样的生活,就要被判终生过这样的生活"。

奥尼尔和詹姆斯·乔伊斯一样热衷在较小的事物中发现较大的意义,热衷"让日常生活的惯例充满意义和重要性"。他也和乔治·摩尔一样相信,"一个人的全部兴趣都局限在他自身周遭的事物中"。[①] 他喜欢讲,戏剧是一座神殿,"它向人传达着诗性诠释的宗教以及生活的象征性庆典。人类忍受着精神的饥渴,试图通过令灵魂窒息的斗争,变成一张张的面具,以便存在于诸多活着的面具之间"。

但最重要的一点,同时也是他戏剧的主要冲突,是他知道欲望以及欲望的不满可能会是盲目的一种形式。他的戏剧中有很多个人身份复杂的角色(这一点和其他人不同,比如萧伯纳),这让他们难以澄清自己的感觉,难以了解自己的理由。他把这些人描述为"拒绝把借口当成解释的人"。

《送冰的人来了》和《进入黑夜的漫长旅程》的演出时间都长达数小时,它们都是以对话为主的戏剧,演员的动作很少。角色和观众都被困在相同的房间,于是对话便在所难免。

在《送冰的人来了》这部戏中,所有角色都集中在哈里·霍普酒馆的里屋。他们天天在这里喝酒,彼此讲着同样的故事,而这些故事实际上是

---

① 约翰·帕特里克·迪金斯:《尤金·奥尼尔的美国——民主下的欲望》,第47页。

从未发生过的希望和幻想。有个人想要重新进入警察部门,另一个人想要重新获选成为政治家,第三个人则单纯地想要回家。随着时间流逝,故事一个个被交待完,观众们了解到这些角色遥不可及的目标本身甚至都是幻想出来的,或者用奥尼尔的话来说,都是白日梦。后来剧情变得清楚了,大家都在等待旅行商人希基。他们认为希基可以让梦想成真,认为希基是他们的救世主(希基是一个布道者的儿子)。但当希基终于出现的时候,他逐个地戳穿了他们的幻想。

奥尼尔并不是在表达现实总会是冰冷的,这是一个肤浅的观点。他所表达的是,现实并不存在,没有牢固的价值,没有终极意义,所以我们全体人都需要自己的白日梦和幻想(如果你愿意,也可以说是我们自己的虚构故事)。希基引领了一种"诚实"的生活,他工作着并向自己讲述真相,或者说他所谓的真相。然而结果人们发现他杀了自己的妻子,因为他无法忍受妻子"简单地"接受了他数次不忠的事实。我们永远也不会知道她如何向自己解释她的生活(如我们所见,我们如何向自己解释自己的生活,这一点非常关键),她具有怎样的幻想,她如何让自己活下去。不过我们也意识到,他们曾使她活下去,这一点同样非常关键。

送冰的人显然就是死亡,人们也经常评价说,这部戏剧可以被取名为"等待希基",强调这出戏与萨缪尔·贝克特《等待戈多》(*Waiting for Godot*)之间的相似性。我们后文讨论等待概念及其意义的时候,将回过头来讨论这部著作。

《进入黑夜的漫长旅程》是最像奥尼尔自传的一部作品,是一部"充满古老哀伤,用血与泪撰写的戏剧"。故事发生在一个房间,一共四场,是蒂龙一家所有成员在一天中聚齐在一起的四个场景,分别为早餐、午餐、晚餐和就寝。之前我们已经提到过,这部戏当中并没有大的活动,但却包含两个事件:玛丽·蒂龙毒瘾复发,以及艾德蒙·蒂龙(艾德蒙是尤金夭折的哥哥的名字)得知自己得上了肺结核。随着时间慢慢流逝,屋外的天气变得越来越阴沉，雾气越来越浓，房间也显得越来越孤立。他们在对话中不断回忆各种片段，与此同时，角色们更多地将自身显露出来，并对其他成员讲述的事件提出自己的观点。

戏剧的核心是奥尼尔关于生活"奇怪宿命论"的悲观论调。"没有谁能改善生活对我们的所作所为，"玛丽说，"在你意识到之前，生活便已经做完了。而一旦生活完成对你的所作所为，那它就会敦促你完成其他事情，直到你和你意愿所为的那种存在之间产生出无法弥合的差异，而你便永远丧失了真实的自我。"在另一个场景中，兄弟中的一人向另一人说，"相比起对你的恨，我还是更爱你。"之后快到结尾的地方，蒂龙家的三个男人，即玛丽的丈夫和她的两个儿子，看着玛丽走进房间，进入深沉的梦境，进入她自己的迷雾。他们看着她，这个时候她哀叹："那是在毕业年的冬天。之后的春天发生了一些事情。是的，我记得。我爱上了詹姆斯·蒂龙，我曾一度很幸福。"

诺曼德·伯林（Normand Berlin）曾写道，这出戏最后的三个词"曾一度"（for a time）让人深切地感到心碎。奥尼尔的亲属都憎恶这出戏。对他来说，一个人如何能与人相爱，如何又不再与人相爱，之后如何会永远地陷入这种状态，这是一件神秘难解的事。他说，通过这种毁灭性的方式，过去继续活在当下，而这就是科学无法解释的东西。[①]

具有灵性的中产阶级和生活的谎言

正如伯林所说，我们必须考虑如下事实：奥尼尔是一个"凝视深渊的人"。和尼采一样，他认为希腊悲剧是艺术和宗教无法超越的典范。他说，悲剧是"生活的意义，是希望。最高贵的永远最悲剧性。那些成功但

[①] 麦克·曼海姆（编）：《剑桥尤金·奥尼尔指南》，英国剑桥：剑桥大学出版社，1998年，第19页。

又不继续前进导致更大失败的人,他们是具有灵性的中产阶级。"正像阿姆斯特丹大学的艾吉尔·特恩奎斯特(Egil Törnqvist)所言:"尼采理想中的人将自己转变为超人,这同样是奥尼尔戏剧主角的奋斗过程。剧作家本人在早期的访谈中曾说:'当一个人追寻不可得之物的时候,他自己导致了自己的失败。但他的奋斗本身却是他的成功!'"他接着说:"由于尼采的悲剧精神等同宗教信仰……超人欢迎痛苦,认为痛苦是内心成长的必要过程;超人类似希腊悲剧的主角,他们通过承受苦难而获得了精神的满足。这种超人观念脱胎于一种需要,即旧上帝死去之后,人们必须对存在进行证成。"①

奥尼尔接受了尼采的观点,他在经常被人引用的一段评论中说:"当今的剧作家必须按照他自己的感觉来挖掘当代疾病的根基,包括旧上帝之死,科学的失败以及唯物主义,以便为仍然幸存下来的原始宗教本能找到一种令人满意的新根基,使人们可以在这里找到生活的意义,缓解人们对死亡的恐惧。"②他在别处还说过,唯一能治愈当代疾病的途径,是"欢欣鼓舞地接受生活"。

这一途径对他来说意味着接受苦难,甚至接受家庭的苦难,或者说尤其是接受来自家庭的苦难。随着家庭苦难而来的将会是"生活谎言"(life-lie)的必要性,也就是说人们不可能在没有幻想,在对自己不抱幻想的情况下生活。对奥尼尔来说,生活这个不解之谜本身就是不可能解开的,不论我们把自身的问题看作是心理学的还是形而上学的;尤其是对生活意义的探寻等同于证明苦难的合理性。③ 西蒙·哈福德(Simon Harford)在《更庄严的宅邸》(*More Stately Mansions*,20 世纪 30 年代晚期写成,但直到

---

① 麦克·曼海姆(编):《剑桥尤金·奥尼尔指南》,第 20 页。
② 以奥尼尔精神动力为主题的一段讨论,可参见班尼特·西蒙:《悲剧和家庭——从埃斯库罗斯到贝克特的精神分析研究》,纽黑文、伦敦:耶鲁大学出版社,1988 年,第 180 页以下。
③ 麦克·曼海姆(编):《剑桥尤金·奥尼尔指南》,第 30 页。

1952年才上演)当中回应了保罗·瓦莱里,肯定人们的生活"没有任何意义……人类的生活是令人失望的愚蠢行为,是撒谎者的承诺……我们每天都与和平幸福缔约,我们日复一日地在其中等待着,抱有那么一线希望"。①

伯林教授充分考虑到如下事实,即《送冰的人来了》1946年首演时,在纽约的反响只是不温不火,但10年过后再次上演时,它刚好比萨缪尔·贝克特的《等待戈多》晚了两周时间。这次则要成功得多。伯林正确地指出,两部戏都建立在相同形而上学基础上。奥尼尔自觉通过《送冰的人来了》收获良多。他在致劳伦斯·兰纳(Lawrence Langner)的一封信中说:"偶尔有那么一些瞬间,人的灵魂突然被剥离干净,不是在残忍或道德优越性的意义上,而是带有一种理解的同情之心。它把人看成是在生活和他自身反讽下的牺牲品。我认为那些瞬间就是悲剧的奥秘,对此我们不可能讲出别的什么内容来。"②反讽与悲剧,这是保罗·福塞尔关于第一次世界大战著作的主要论点(参见第9章)。

家庭中的宽恕和信仰

奥尼尔相信,如果我们的生活过得下去,那么幻想必须被人们共享,并且能被人们共享。我们所有人都具有那些幻想,幻想也不是耻辱的东西[虽然他的确在某种意义上把哲学家说成是"蠢学家(foolosophers)"]。

我们已经注意到,心理学曾一度取代,或者说企图取代宗教在人们生活中的地位。值得说明的一点在于,奥尼尔几乎比所有人都更关注家庭,认为对大多数人而言,家庭是最"有意义的生活经验,是最复杂、深沉、热情"的地方。"家庭中的爱和恨,亲密和疏远,聚在一起时的孤独,愧疚和

---

① 麦克·曼海姆(编):《剑桥尤金·奥尼尔指南》,第84页。
② 同上,第86页。

对宽恕的渴求,是否认识到所爱之人,以及面对神秘宿命论时的困惑——这就是人类的处境。"在《进入黑夜的漫长旅程》快要结束的时候,玛丽走进房间,走进她生命中三个男人生活的中心。他们共享着希望的死亡,但他们忍耐着,而那种人类之间的纽带"似乎超越了舞台"。[1]

奥尼尔后期的戏剧作品都表现了角色们探寻人类经验的更高基础,他们希望赋予当下的经验以超验的意义,强调物质主义贪婪和欲求精神超验性的冲突。奥尼尔觉得这一冲突在美国尤为尖锐。[2] 在1929年的作品《发电机》中,他寻找"上帝的替代"(奥尼尔的原话),审视清教和科学(电力)的对抗,而后者在他看来仍然无关紧要。他认为在美国,甚至连艺术也已经被商业伦理代替了,甚至连因知识本身而欲求知识,也因为研究经费的诱惑而堕落了。金钱和财富是错误的神,美国应当关注自身的精神健康,而不是把时间"浪费于物质财富的积累,或者浪费于通过知识的积累获得虚幻的力量"。

事实上奥尼尔看不到这种追寻能够有丝毫进展,更何况成功。但他认为承认人类处于"天生矛盾"当中,这里面包含了一个出发点。此矛盾的一大部分是痛苦,而我们也没有办法遏制它。但我们有能力应对痛苦,而悲剧从本质上讲,也"既是毁灭性的,又是令人振奋的"。[3]

再有,这种自我理解的手段必须被放置在家庭背景中进行审视。在奥尼尔看来,家庭中充斥着私人空间、秘密和隐匿场所,尽管如此,家庭仍然必须包含理解和宽恕。他不像弗洛伊德那样,认为家庭的重要性在于家庭通过影响一个人的童年而影响他的生活,形塑他这个人。相反,他认为家庭在人的一生中持续地具有重要性。在家庭中,我们的幻想不能维持下去,因为家庭成员太了解我们,借口也永远无法被当成解释来使用,

---

[1] 诺曼德·伯林:《尤金·奥尼尔》,伦敦:麦克米伦出版社,1982年,第128页之后的一章是有关"结局"的讨论。
[2] 麦克·曼海姆(编):《剑桥尤金·奥尼尔指南》,第139页。
[3] 诺曼德·伯林:《尤金·奥尼尔》,第216页。

也无法被接受。家庭是获得彼此亲密关系的地方,尽管家庭中的任何事物乃至对那种亲密关系的承认,都可能像家庭能提供的报偿一样痛苦。

幸福并不是一种最终状态,也不是一种完满。唯一的"最终"状态就是自我理解,它依赖我们曾经的生活经历,但很难说它可能是什么。它可能既是消极的又是积极的。我们不能对此之外的任何状态抱有希望。

13　面向事实而活

弗吉尼亚·伍尔夫在1924年的文章《班纳特先生和布朗太太》(Mr Bennett and Mrs Brown)中说出了她的一句名言:"在1910年的11月,或者大致在这个时候,人类本性便发生了变化。"[①]这篇文章的第一个版本是针对阿诺德·本涅特文章的回应。本涅特在那篇文章中主张,优秀小说的基础"在于角色的创建,除此之外别无其他",并且他还声称伍尔夫笔下的角色"内心并不活跃,因为作者被新颖性和小聪明这些细枝末节蒙蔽了双眼"。而弗吉尼亚·伍尔夫则认为,文化上的诸多变化正在同时发生,以至于人们经验的变化就像是人类本质的变化一样。她还补充说:"人类所有的关系都已经发生变化了,包括那些主仆之间、夫妻之间、父子之间的宗教。而当人类关系发生变化的时候,宗教、行为、政治乃至文学也同时发生了变化。"

她的这些观点部分来自她对绘画的兴趣,来自她对绘画和写作之间差异的兴趣,以及她对心理学和精神分析的兴趣。她和她的丈夫1917年建立了霍加斯出版社(Hogarth Press),并在20世纪20年代早期就出版了弗洛伊德著作的英译本。弗吉尼亚对绘画作品同时表象诸多细节的能力印象深刻,而文学的表象是线性的。不仅如此,她还对绘画作品在立体主义和表现主义中探索的另一项能力印象深刻,即从不同的立足点观察对象,并经常在此过程中扭曲对象。她知道,最近的科学已经主张人类知觉中天然地存在对物象的扭曲。

她对精神分析的兴趣（她时常陷入疯癫状态，这也成为她想要了解认识精神分析的终生动力）同样也告诉她，人们几乎不以阿诺德·本涅特作品所暗示的那种线性方式来思考问题。相反，我们的思考方式是"离散"的，照她的说法，可见的离散反映着"感觉的漩涡"，它可以是任何事物，但却不是线性的。这就是她的作品中想要表达的一种观点。

她的主要长处就在于她意识到自己周遭发生的变化，事实上她也从未放弃过对变化的兴趣。整个 20 世纪 20 年代可以说是她最高产的十年，她赋予自己的任务之一是成为一名小说家，而另一项任务便是在"变化的过程中"描绘上帝。她清楚地了解她所谓的 19 世纪唯物主义者，了解他们选择关注事实而不是关注他们笔下角色的灵魂。她盛赞詹姆斯·乔伊斯的《尤利西斯》（Ulysses），认为它尝试"发现精神性感觉的恰当现代形式"。

个人魅力和日常生活

伍尔夫和马克斯·韦伯一样意识到现代世界的"祛魅"，后者把此过程称为是"个人魅力的程序化"。伍尔夫试着实现韦伯所主张的当代最大挑战，即"让个人魅力复归日常生活"。在韦伯看来，一种方案把个人魅力型的权威，把这种情绪性的力量，赋予有天赋的个人（不幸的是，希特勒就是这样的例子）。但伍尔夫则更关心在日常生活中找到的个人魅力。她提出的理论认为，"存在的诸瞬间"，一种世俗的神圣瞬间，与她所谓"琐碎之事"占据的那种日常生活并列存在着。"经验在这类瞬间中臻至顶点，这些瞬间对围绕着它们的所有非存在瞬间进行转化和充能。"艺术的作用

---

① 伯里克利·刘易斯：《宗教经验与现代主义小说》，第 144 页。

就在于指明这些瞬间,并尽量用一种令人难忘的方式,一种能够保持它们完整性的方式来描绘它们。

伍尔夫认为,于是现代小说便可以挑战现代文明——现代文明"以放弃其他价值为代价",对物质事物全神贯注。在她的著作中,各组不同的价值相互竞争。她通过这种方式把现代世界构想成与具有众多神灵的异教世界类似的世界。在那里,每一个神灵都代表着生活的某些方面,而不代表整体,它们之间的调和仅仅是临时的。"现代小说家的根本挑战在于,制造出那种相互调和的瞬间,而不是在由残酷事实构成的世界上,强加一种错误的和谐。"①

伍尔夫指出的那种变化,意味着每个人都不再以相同的方式来知觉这个世界,也不再存在任何固定不变的参照,人们彼此之间的同意不再有共同的基础,也不存在共享信念和共同经验。世界是"碎片化的,不稳定的,不匀称的"。更重要的是,这也把读者放到了一个变化的时代:"我们作为读者,不得不自己把破碎的碎片捏合在一起。我们必须制造我们个人的和谐,我们个人的整体性。"②这一观点契合于她体察到的在1910年11月发生的变革。在此变革中(她相信对其他人一样也是变革),"现实不再是公共的了",现实变成了私人的、个人的、异质性的、主观阐释的。

也就是说,韦伯和伍尔夫都承认,现在世界中精神性体验并不依靠教堂,它只可能在私人氛围中找到。因为与上帝的交流已经不再可能,唯一的替代是人们在一次私人拥抱中与他人的交流。"准确地说,最崇高的终极价值已经从公共生活中撤出了,它要么进入到神秘生活的先验王国,要么进入人类直接和私人的兄弟关系。我们最伟大的艺术是私人的,而不是不朽的,这并非偶然。在我们当下(1917年),唯有在最小的私人圈子

---

① 伯里克利·刘易斯:《宗教经验与现代主义小说》,第146页。
② 米歇尔·里斯卡:《花岗石和彩虹——伍尔夫的秘密生活》,伦敦:骑马斗牛士出版社,1998年,第235页。

和个人处境中,在弱音(pianissimo)中,某种事物才在脉动中与预言精神相联系,这同样也不是偶然。在过去,这种精神会像火把一样横扫所有大的社群,把它们牢牢地铆接在一起。"①

弱音在这里可能是一个至关重要的词,因为伍尔夫和她同时代的许多人一样,都认为第一次世界大战是物质主义和男性主导文明的侵略性所致。她主张一种更私密的文明,一个更有灵性的世界,因此这一观念囊括了从我们所谓男性价值向女性价值的转换,包括培育、照料以及家庭生活。

众所周知,韦伯曾概述了加尔文派和资本主义之间在"感召"和"天命"观念上的交集。这种观念走出修道院,进入维多利亚时代经典的工作观念,变成了职责,一种世俗化的禁欲形式。他认为在这个过程中遗失掉的事物,正是神灵、权威和神圣遗物的氛围,以及由神职人员"居间的虚构故事"。伍尔夫在这个观点上与韦伯一致,她认为现代小说的任务是重新引入"视像"(vision),把它变成一种体裁;它曾经在19世纪已经受事实控制(当然,它本身就是世俗化的一个方面)。这种体裁对伍尔夫来说更为重要,因为她也在直觉上同意韦伯的观点,认为19世纪和20世纪前期的科学进步虽然卓越非凡,但实际上却并没有推进"终极意义"。

伍尔夫相信,文学接管了宗教的某些功能,它们都处于主流社会之外,而神职人员和作家的职责都是通过或简便或麻烦的方式来讲出真理,为与流行"唯物主义"价值相反的一组"灵性"价值做辩护。② 她看到女性在此过程中具有一种特殊的地位,而这也值得再次提醒我们,在本书更具"形而上学性"的完满和救赎观念之外,20世纪包括女性、同性恋者、少数民族在内的许多人,在物质和心理环境都得到提升的时候,经历了一种更具实践性的变化。伍尔夫对这些变化很敏感,而且她也是这类变化中的

---

① 米歇尔·里斯卡:《花岗石和彩虹——伍尔夫的秘密生活》,第146页。
② 同上,第147页。

一部分。

上文已经提到,韦伯和伍尔夫都认为现代世界与异教世界、前基督教世界相似。在现代世界中存在着许多神,代表许多价值。这些价值通常都处于相互竞争的状态,并且没有办法保持协调。而且他们还都看到,在这种体系下总是存在着让人们可以排除其他一切事物,单纯追随自己兴趣的机会(因此同时也就是危险)。从个人的角度来看,此体系可以很圆满,但它对范围更大的社群来说不起什么作用。它是一种个人孤立的圆满形式,可能也是一种孤独的圆满形式。

韦伯和伍尔夫之间更深一层的类似性还在于前者主张,无论科学在当时取得何种进步,其结果都没有为人性提供"一种终极层面上的意义"。伍尔夫笔下的许多角色(比方说《海浪》或《到灯塔去》(To the Lighthouse)都不断地探索解答存在的意义,但结果大都两手空空,一无所获。此时伍尔夫的著作中充斥着《到灯塔去》中画家莉丽·布里斯科所讲的那种"日常的奇迹,在黑暗中意外划亮的火柴"。她的众多角色就像伍尔夫本人一样,都希望"制造出某物永恒的瞬间"。她说这种态度不啻一种"启示本质的宣言"。"对意义的追寻不会在横贯所有事物的宏大动作中找到解决方案,相反,人们只会在微小的日常奇迹中找到它。"[①]

鉴于伍尔夫把这些考虑当成了自己的出发点,并把韦伯置于其写作背景,她逐渐开始把注意力集中到经验的两个方面。在她看来,经验的这两个方面有最重大的紧要性,并成了一种我们所说的替代性宗教。经验的两个方面就是私人性和"存在的瞬间"。她认为自己所处的时代,或任何一个时代最大的哲学、情感以及智识问题就在于,一个心灵如何能够知晓另一个心灵,了解另一个人的思想和价值如何可能。恰如路易斯所说,"伍尔夫认为与上帝或基督的交流是不可能的,但她的确也在寻找不同自

---

① 米歇尔·里斯卡:《花岗石和彩虹——伍尔夫的秘密生活》,第152页。

我之间交流的某种形式"。比如她向自己发问,我们如何知道别的心灵怎样思考上帝呢?

此问题导致了 1920 年《一部不成文的小说》(An Unwritten Novel)中的一段情节,伍尔夫在一列火车上,与一个"贫穷而不幸的女人"相对而坐。她给这个女人起了个具有某些含义的假名,叫作米妮·马什(Minnie Marsh),想象她是一个不幸福,也没有孩子的未婚女人。后来她试图想象这个女人会向何种类型的神祈祷:"米妮·马什心中的神会是谁呢? 是伊斯特本后街之神,还是下午 3 点之神?"她只能想象出一位身穿旧大衣的老牧首,一个耶和华的拙劣模仿者,一个类似于"布尔人领导者"的人——像"米妮"这样的未婚女人当然会想要一个"有着连鬓胡子的神"。当然,关键问题在于她并不确切地知道真实的情况,当"米妮"在伊斯特本车站与儿子见面的时候,伍尔夫的所有幻想便破灭了。

但她的主张却没有破灭。她认为,如果说一个人没有办法开始想象另一个人的上帝观是什么,也无法想象他们的精神生活是何种样貌,那么我们如何能共享任何一种事物呢? 也就是说,所有基督徒都相信同样一个上帝的看法,难道不是一种虚构,一种幻觉吗?

当然,在她看来具有核心地位的经验的第二个方面在于,并非所有私人性都相同。有些人骄傲,有些人把他们的时间用在沉思上,另一些人则鄙视他人……这即便不会让私人性变得不可能,也至少会让它变得困难。然而在当下这个时代,伍尔夫主张唯一可靠的灵性体验在于强烈的视像或狂喜的瞬间,而这便是艺术的特殊事务,它要去指出、保存、传送这种体验。她把这种"存在的瞬间"与"不存在的瞬间"进行对比。就像此前提到过的那样,"在那些不存在的瞬间中",人们"被困在某种难以名状的琐碎中"。就她自己的情况而言,这些瞬间都来自童年:比如突然产生的不和自己兄弟争执的念头,或者突然浮现出的一棵苹果树的视像,它以某种方式与一个家庭熟人的自杀有关。

虚无时代:上帝死后我们如何生活　　303

这些瞬间通常包含着震惊,甚至沉重的打击,并经常许诺"某种秩序的启示"。① 它们类似詹姆斯·乔伊斯会称为"顿悟"的东西。而且她还继续说出了一种主张,类似里尔克的命名:"以此为基石,我触摸到了我所说的哲学;无论如何,它都是我坚守的观念,在琐碎之后隐藏着一种模式;我们,我指的是全体人类,都与之联系着……表象背后的某种真实事物的象征;而我通过把它付诸文字,从而把它变成了现实。"

伍尔夫还在某些方面与里尔克相似。她把自己看成是观察的接收者,而不是上帝的替代者,把各种模式强加在其故事和角色上。她觉得自己尤其适合观察存在的瞬间,观察狂喜的瞬间。这些瞬间牵涉到"通常用来区分自我与他人的那种边界的消解"。

这些瞬间可以被看成是崇高的新形式,19世纪的现实主义曾这样使用过。不过在伍尔夫那里,新的崇高与宏伟非凡事物的联系,并不如它与谦虚低调的日常对象联系紧密。这些日常对象结果会开创出意想不到的世界。这些瞬间,比如某人看到一个磨损的帽针,或回想起一次拥吻,她会用这些对象来确立起个体之间的私人联系(某些时候是回溯性的联系)。她借助的是传统上与诸如高山和大教堂这样更宏伟事物联系在一起的压倒性的"沉浸"感。对她而言,这些经历建构了我们唯一能在世俗世界接触到的真正神圣瞬间。作家的任务就是关注它们,强调它们的价值,并为我们永久保存下来。

"这些狂喜的经验片段也造成了一个问题,崇高瞬间造成不同心灵的相遇,但不能确定这是否会使他们持续不断地交流。在伍尔夫看来,'存在的瞬间'……是适宜世界的一种神圣事物。这个世界中不存在神圣的单一量尺,而社群也必然来自互竞价值体系的临时性、讽刺性、幻想性的融合。"

---

① 刘易斯:《宗教经验与现代主义小说》,第155页。

作为弗洛伊德英译本的出版商,伍尔夫热衷于精神分析方法。她认为通过宗教苦苦追寻并加以利用的"沉浸"感以及令她魂牵梦萦的"存在的私人崇高瞬间",都源于婴儿时期,诞生于婴儿与母体分离的瞬间,诞生于第一次温暖的拥抱和第一口甘甜的乳汁。

伍尔夫说,最贴近灵性感觉的地方就是强烈的私人性。照此规定,我们便应当饱含热情地在家庭中生活,与我们的朋友一起生活。实际上,探寻和创造存在的私人瞬间,这就是友谊的目的。我们童年的狂喜瞬间创造了参照标准,成年人的私人性既回顾又超越早年的经验。艺术的目标在于指明这些要素,并把它们保存下来,但这些瞬间本身是对所有人开放的。

破坏的理想主义

人们经常拿弗吉尼亚·伍尔夫和詹姆斯·乔伊斯作比,或者说经常把他们二者对立起来比较,认为他们都是试验性的小说家,是"意识流"写作手法的探索者。伍尔夫在日记中曾评论说,《尤利西斯》是"哑火的作品","矫揉造作"且"缺乏教养",虽然她也认为这部作品有些天才的成分在。

他们一个很大的区别在于,乔伊斯和伍尔夫不同,他认为自己是一个尼采主义者。1904年,他把自己说成是"詹姆斯·超人(James Overman)",他完全赞同新异教主义,放肆而又无情。尼采和其他一些人帮助他维持着与具有19世纪资产阶级特征的整全性宗教哲学体系对立的立场。乔伊斯在写给妻子诺拉(Nora)的一封信中说:"我的心灵拒斥社会秩序和基督教的全部表象。"斯蒂芬·迪达勒斯喜欢说"绝对已经死去了"。《一个青年艺术家的画像》(Portrait of the Artist)记述了斯蒂芬对天主教信仰的逐渐拒斥。我们感觉到宗教的拉力,因为他认为他的信仰是"逻辑的,也是连贯的";但他惧怕的是"对一种象征的错误忠诚,那会在我们灵魂中产生的化学反应。在这种象征的背后积累了 20 个世纪的权威和崇拜"。[①] 正像戈登·格雷厄姆所解释的那样,"易言之,希望并不是神学的真理,而是精神的自由";迪达勒斯想要发现"生活或艺术的模式,好让精神从中以一种不受限制的方式表达自身"。这是把生活本身看成一种美学表达的看法。[②]

然而乔伊斯尤其着迷于事实,或者用克里斯托弗·巴特勒(Christopher Butler)的话来说,他尤其着迷于"有所顾忌地"按照事物本身的样子来看待它们。亚瑟·鲍尔(Arthur Power)在成为《爱尔兰时代》(*Irish Times*)评论家之前曾居住在巴黎,他是乔伊斯的朋友。乔伊斯对他这位爱尔兰朋友说过:"在现实主义中你开始认真处理作为这个世界基础的那些事实,处理把浪漫主义冲击成泡沫的突然现实。使大多数人过得不幸福的事物是某些令人失望的浪漫主义,某些被错误地构想出来的不可实现的理想。事实上你可能会说,理想主义是人的毁灭,如果我们像原始人那样按照事实来生活,我们的境遇可能会更好。这最适合我们,自然没那么浪漫。我们把浪漫强加在自然上,这是一种错误的态度,是一种唯我论,就像其他各种形式的唯我论一样荒谬。在《尤利西斯》中,我选择贴近事实。"所以在这里,乔伊斯指明了错误意识的一种新形式。

他还拒斥所有的形而上秩序。他很可能和其同胞奥斯卡·王尔德(Oscar Wilde)共享了同样的观点。王尔德说过:"我们的神父们虔诚信仰也就足够了。他们已经耗尽了人类的信仰能力。他们遗留给我们的遗产是对他们所畏惧事物的怀疑。"在《斯蒂芬·英雄》(*Stephen Hero*)中,天主教徒乔伊斯策划斯蒂芬·迪达勒斯直面信仰丧失的问题,同时又将宗教

---

① 戈登·格雷厄姆:《世界复魅:艺术与宗教的对比》,牛津:牛津大学出版社,2004 年,第 95 页。(参见《一个青年艺术家的画像》,1992 年版,第 265 页。)
② 同上,第 96 页。

的全部语言包装保留下来,并进行世俗化的转变。这一点在他把"顿悟"解释成世俗灵性的瞬间时,表现得最为清楚。灵性的瞬间在这里指的是一组经验(通常是日常经验)、记忆以及抱负,它们在多层次的强烈爆炸中融合在一起。①

这一点在《都柏林人》(Dubliners)中也能看到。书中叙事的小男孩意识到,"他身边集市上的商店都在关闭时,他还没有足够的钱为曼根盖尔的妹妹买上一件礼物"(曼根盖尔是他的玩伴)。这段情节的元素包括商店女孩的国籍(英国),她挑逗的态度和他对无法回应她而感到的懊悔,他身处市场却想逃离他阴沉的家庭环境,这些元素构成了乔伊斯式的顿悟,但它们并不能确认真相就是"使人们感到舒适并信以为真的事物被打乱了"。② 换句话说,乔伊斯认为顿悟就是反过来考察譬如基督教世界中的那些存在,产生一种沉浸的感觉,而不是产生一种上浮的感觉。再次向事实而活。

这些主张同其他现代主义者(契诃夫、普鲁斯特、纪德、詹姆斯、托马斯·曼、伍尔夫)的主张类似,乔伊斯不那么像一个传统意义上的叙事者,而更像是一种特殊意识的"唤起者"[用评论家亚瑟·丹托(Arthur Danto)的话说,唤起指的是"普通事物的变形"]。1916年的《一个青年艺术家的画像》、1922年的《尤利西斯》和1939年的《芬尼根守灵夜》,如果把这三部杰作所取得的成就看作一项整体事业的话,那么最好把它们理解成对一个青年艺术家、中年艺术家和老年艺术家的画像。问题的一部分在于,这些著作篇幅很长并且很难读,所以乔伊斯的观点很难被缩减为三言两语,如若缩减就会使他看起来很平庸。他的观点涉及其提供的一种新黄金法则,或定言命令。与"按照你所愿意被人所对待那样来对待别人"这条法

---

① 德里克·阿特里奇(编):《剑桥詹姆斯·乔伊斯指南》,英国剑桥:剑桥大学出版社,2004年,第91页。
② 同上。

则不同,他提供了另一种法则:这样来过你的生活,当你老了回首往事的时候,你能够说自己成为了想要成为的人,自己主动选择了自己之所是的那个自我,而没有在不经过反思的情况下默认别人规划中的自我。生活依靠我们的行为来获得意义,而不是来自某个"遥远的领主"敦促我们给出的意义(比较纪德、里尔克和海德格尔)。

乔伊斯讲,生活应该有一种模式,是那种把我们自己编织进去而不后悔的模式。它应该包含私人的关系,创造的欲望,对他人形成影响的创造行为。我们应该意识到,一致性有其代价,它会让人成为骗子。相反,忠诚的个人主义者则变成外人,被禁锢在"他或她的自我陶醉之中"的风险(比较第14章的卡夫卡)。这些观点存在重合,它们允许我们在一生中获得多种身份,而重要的是,我们发现一种身份能使生活值得过。此外,关于人类生活的任何可接受叙事都不得不忍受从天真无邪的堕落,而缘起于这种堕落的行动将会对此叙事进行判断,内容是我们如何面向事实生活(比较奥尼尔)。最终,生活必须提供的那种伟大满足和意义,就不仅仅是爱本身(这是很多人的说法),更准确地说,生活提供的那种意义是持久的爱。

不过即使这样讲,我们仍然至多完成了一半工作。乔伊斯语言的晦涩程度可说众所周知,也可说臭名昭著,但同时他的语言也具有音乐性,充满创造性,还显得俏皮。他设计语言,用来表明人类经验的巨大可能,表明我们是谁这个问题的混乱和有趣可能,同时他又试图庆祝我们应当在日常事物中领会的快乐。他表明在较大圈子中生活和在较小圈子之中生活,两者并没有显著的差异;照他的说法,表明基督的痛苦,并不比表明ALP(《芬尼根守灵夜》中主要角色之一)的痛苦更为重要。

其著名的俏皮话和双关语并不单纯像"乘"罚("pun" ishment)这样乃是有意为之,这些双关语像毕加索的绘画一样,同时从不同的角度向我们呈现诸多单位,在乔伊斯这里则同时呈现诸多语言。双关语被视为装置,用来强调和庆祝经验令人愉悦的不稳定性：一位成熟女士被形容为"没丽的(beautifell)"，早报(morning paper)被形容为"遭报(moaning piper)"（有人可能会说它类似伦敦东区土话），漂亮的背被说成是"好背(beaufind)"；以一种普鲁斯特式的风格，他说年轻时候的果园是"灰忆(evremberried)"；爱人承认他"发动了"(waged)对一个年轻女孩的爱；莎士比亚被改写成了肖普克珀(Shopkeeper，又有店主的意思)、谢普斯比尔(Shapesphere)以及谢克西斯比尔(Shakhisbeard，扯他的胡子)；一种类型的戏院被说成是"最易卜生式的胡闹(Ibscenest nansence)"，故事"并不自我，或者自辱(disselve)"；一个祈祷者在"不平坦(uneven，双关 heaven)的地方"停下来，一封信描绘作者参加了一个盛大的"赃礼(funferall)"；以及一个都柏林游戏中的问题，"丽芙离开值不值(Was liffe worth leaving，'生活值得过吗'的变形)"？

但是这些俏皮话和再造词（用你们喜欢的方式来称呼它）并不是因为这些词本身的缘故而玩的文字游戏。这些用词是他仔细挑选出来的，基于近距离的观察和反思，字字珠玑，饱含智慧。它们其实是世界现象的新名称，这些新名称邀请并鼓励我们留意、承认、命名我们自认为熟悉且稳定的经验的那些新方面。此外，有时这些俏皮话和生造词能使人捧腹，有时令人生厌，有时模糊或条理清楚得令人吃惊（这是一种有序的形式，以及一种有意混乱的形式），乔伊斯挑战我们缔造出一个稳定故事的能力。最终，他形式晦涩的著作便通过这种方式向我们表明应该如何生活。其成功的收获之一就在于，经过挑选和争取之后的词语形成了稳定同一性。

喜剧福音和中性的人

乔伊斯把《尤利西斯》说成是一种尝试，希望能从"18种不同的观点立场出发"来撰写一本书,而这显然适用于对乔伊斯的评价,不用说早有远超过了 18 种不同的观点立场。在众多观点立场中,有两个值得挑选出来进行讨论。

布里特·波旁(Brett Bourbon)阐明,《芬尼根守灵夜》本身就是一次灵性的运用,或者说是一种现代形式的修行。在古希腊哲学中,这种实践的目标在于"改变我们对世界的看法,转变我们的存在方式",它是一种自律的形式。波旁认为,《芬尼根守灵夜》基本上没有意义,它是作者在通盘考虑后有意为之的无意义,但它包含着对待世界的根本喜剧立场。事实上,这是一部"喜剧的福音书"。他认为《芬尼根守灵夜》给我们讲了一堂神学本质的课程,向我们揭示自身与世界的"纠葛",揭示我们通过用以激起自我反思的语言,从而进行思考的方式。"在《芬尼根守灵夜》中,取代上帝的那些事物尤其是些无意义的东西……与其说是无意义,不如说是有意义和无意义之间的界限……"[1]

他设计了这样的意义匮乏,以便驱使我们审视自己如何通过个人和集体的方式,建构起意义,并在此过程中返回自身。因为《芬尼根守灵夜》作为实体,它不具有任何意义,相反,应该由我们来做这件具有建构意义的工作。《芬尼根守灵夜》还尤其不具有任何意图,表现出在缺少目的的世界中过活将会是什么样的一番情形,这恐怕是这本书最有价值的地方。意图并非由上帝赋予,它必须被人构想出来,然后付诸行动。缺乏意图也是拯救的一种形式。

都柏林大学的迪克兰·希伯德(Declan Hibberd)提出了这样一种观点,他认为除此之外,《尤利西斯》的描写手法曾经具有并且仍然具有一种特殊性(这本书原本每个章节都曾有一个荷马式的标题)。乔伊斯认为追

---

[1] 布里特·波旁:《找到灵魂的替代——文学和哲学中的心灵与意义》,麻省、伦敦:哈佛大学出版社,2004 年,第 145 页。

求英雄气概很庸俗,人的渺小性是他"伟大性不可避免的前提"。① 而且他还鄙视"强大的基督教"在爱尔兰占领地学校中布道,鄙视像叶芝这些人发明或重新发明的"救赎暴力"神话。希伯德提醒我们,《尤利西斯》的中心角色是一名爱尔兰犹太人,他并不想成为大人物,"不想成为浮士德,也不想成为耶稣"。(耶稣从未与女人一起生活过,"与女人一起生活显然是一个男人必须去做的一件最困难的事情,但他从未做过"。)②

在《尤利西斯》中,乔伊斯承认心灵,并在同等程度上承认身体,他指出真正的英雄主义从来都意识不到英雄主义本身。他事实上重新定义了英雄主义,认为它是忍受苦难的能力,而不是使他人遭受苦难的能力;他指出人们进入"自己的深渊"需要巨大的勇气,指出语言通常隐匿起来,正如它们也经常显现自身一样;他认为语言落后于技术的进步,所以可交流性存在着种种限制。但最重要的一点是,他希望我们超越他视为基督教会遗产组成部分的那种事物,也就是我们对男性气概的错误观念。在乔伊斯看来,未来的人,能赋予世界以希望的那种人物类型,将会是中性的人——"那是爱尔兰的新弥赛亚"。③ 已经没有任何事物天生便具有男性气概了,他觉得很多人内心知道这一点,但却拒不承认。希伯德说,布鲁姆在都柏林从没有觉得自己是一个怪人。"相反,他的中性气质让他对女性气质产生了一种独特的洞见"。在此意义上,他把布鲁姆比成"接近完美的中性人"莎士比亚。希伯德在奥斯卡·王尔德、奥凯西(O'Casey)、萧伯纳、辛格(Synge),甚至叶芝那里都发现了类似的主题。

乔伊斯曾谈起经验的"多重性",人们具有多重自我,但最重要的是,布鲁姆代表了"文学世界中完全崭新的一种男性主体,他并不想去嘲笑女性的那种多重性,而是想激起人们对这种特性的赞美……因为男人们对

---

① 迪克兰·希伯德:《尤利西斯》前言,企鹅出版社,1922、1992年,第 x 页。
② 同上,第 xv 页。
③ 同上,第 lvii 页。

男性气概的感觉并不像女人对女性气质的感觉那样强烈,自古以来在大多数文化中都存在着对女性化男人的偏见……乔伊斯认为女性化的男人也是一般的人,从而永远地改变了作家看待性别的方式。"这一观点提供了对"未来世界"最原始的"救赎的一瞥"。①

生理的温暖与温暖的他性

戴维·赫伯特·劳伦斯对乔伊斯没什么兴趣。他不喜欢乔伊斯的书,认为它"太过自夸,也太过刻意,全然不顾自然或真实生活"。评论家、作家斯蒂芬·斯彭德(Stephen Spender)对他们二人之间的差异深以为然。他在评论1957年出版的《乔伊斯书信集》时说:"早期基督教会神父们相互的通信中都有关于上帝的交流,叶芝和他朋友在信件中则交流诗歌,文森特·凡·高和提奥·凡·高(Theo van Gogh)在信中交流艺术,劳伦斯和米德尔顿·默里(Middleton Murry)在信中交流愤怒。所有这些信件中存在一个共同点,即写信人和收信人都共享了某种外在于他们,并高于他们的最高生活概念。在乔伊斯那里则根本没有任何共享的感情……严格地讲,他的信件都是'施舍'……所缺的恰恰就是爱。即便劳伦斯和默里通信言辞非常辛辣,但他们来往的信件也比乔伊斯最昂贵的公报要有爱得多。"

然而他们二者之间的相似性比他们的差异更为重要:"戴维·赫伯特·劳伦斯把他的大部分创造精力都耗费在了创造一种第二信仰上,他认为这种信仰产生在错误的基督教哲学之后,产生在基督教哲学的继任者,乏味的科学理性主义之后。"在1923年《精神分析与无意识》(*Psychoanalysis and Unconscious*)、1926年《羽蛇》(*The Plumed Serpent*)、1929年

---

① 迪克兰·希伯德:《尤利西斯》前言,第 lxxviii 页。

《死去之人》(*The Man Who Died*)以及1930年《无意识幻想曲》(*Fantasia of the Unconscious*)当中,劳伦斯探索了后基督教的心理学世界。他的出发点有好几个。他偏好神秘性,在神秘性中所有造物的统一性便是"根本性的理解"。但他强烈抨击了所有抽象,包括心理学抽象。"生活的原罪就是抽象思维。"①

劳伦斯的观点同他之前的尼采类似,认为生活是不稳固、非理性的,我们有把生活过度合理化的倾向。(劳伦斯生活在德国,娶了一位德国太太,也受到德国观念的巨大影响,不只包括尼采的观念。)但他同时也认为生活在本质上是性爱的。劳伦斯不认同弗洛伊德,因为精神分析"在治疗的幌子下,试图完全废除人的道德能力"。所以他把自己的观点系于"作为一种治疗手段从而摆脱内在性(inwardness)的那种性欲模式"的复兴。②

劳伦斯把神秘主义和无意识等同起来,在他看来,神秘的知识本质上就是无意识的自我知识,所以它就是一种非理性的知识。科学试图不同非理性产生交集,劳伦斯认为科学把自身与"生活"隔绝开来。他觉得基督教的上帝已经在1914年死去,而且他也不喜欢当时的宗教习俗。这些习俗冰冷而机械,就像他在《羽蛇》中研究的阿芝特克人的神灵们一样,远离我们的经验。他发现人道主义是感性的,反对科学在事物结构中把人放置在更"谦卑的"位置上,并且他同样也把西方对"内在性的放纵"看成是对我们身份的一种削弱。我们的目标应该是走向一种"慷慨激昂的社会生活"。他反对科学对人们激情的"机器隐喻",他说这种隐喻将激情的社会内涵排除掉了。

生活的性欲维度对劳伦斯十分重要,他相信男人和女人的关系是幸福圆满生活的基础。他曾一度设想男人们和女人们的一种集合构成"新

---

① 菲利普·里夫:《治疗观的胜利》,伦敦:查托与温都斯书局,1996年,第194页。
② 同上,第196页。

信仰的核心",构成一种能许可公共激情的"有机"社会。① 在他看来,"非理性的爱的力量"是冰冷科学理性世界的对立面,更自由地表达人们性欲的那些行动,恰恰就是这种力量的神圣表达。

《羽蛇》是一部关于异教的小说,情节主要聚焦一位西方女性向阿芝特克原始宗教的信仰转变。劳伦斯用太阳舞蹈仪式来充当对人类神圣的反思。小说主角凯特是个有文化、有知识、受过教育且不拘泥于西方任何一种意识形态的人。她受到自己所处的新环境的触动,接受了她的宗教义务以及这种义务的性暗示,心甘情愿地嫁给了异教的高级祭司。劳伦斯的观点是,她自愿选择加入一个"激情的社团",而不只是像具有欧洲背景的人通常所做的那样,保持一个旁观者、外在者的地位。"这即便对劳伦斯的热情诠释者来说也是一件窘迫的事,《羽蛇》把性、本能的无意识以及宗教主题熔于一炉,而欧洲文化则辛辛苦苦地把这些主题区分开来",这是菲利普·里夫(Philip Rieff)在其著作《治疗观的胜利》(*The Triumph of the Therapeutic*)中的说法。②

劳伦斯的《死去之人》关注基督教激情的消退。在他笔下,耶稣承认成为基督是一个错误。虽然在故事中从未提到耶稣的名字,但显然指的就是耶稣本人。我们看到他是一个混乱惊恐的人,他本希望天国之父能在他受命承担苦难之前便拯救他,于是他感觉遭到背叛。同时他也很担心罗马人发现他幸存下来,"再次找到他,并将他杀死"。此时他远不是一个有灵性的人物,反倒显得很像人。他旅行到埃及,在那里勾引女神伊希斯神庙的一位女祭司。当罗马人真追上来的时候,他留下一个奴隶,让罗马人误以为是他,而自己则乘船逃跑。

坦率地说,在当时这些情节可能对很多人来说都是一种冒犯,而这

---

① 菲利普·里夫:《治疗观的胜利》,第208页。
② 同上,第211—213页。

也是劳伦斯有意的。(或者也可以说这是另一重"窘迫"。)耶稣死而复生之后,他意识到无法恢复自己的道德边界,而且他重新发现了劳伦斯所认同的那种真正的神圣性——那是通过一位金发碧眼的异教修女而发现的,直接以性的方式呈现的"情爱的人性"。劳伦斯认为这是一种复活的形式,易言之,耶稣现在作为一个人,恢复了他自己的身份。在此有人会想起乔伊斯的断言,认为一个男人所能做的最困难的事情就是同一个女人一起生活,而这恰恰是《圣经》中的耶稣从未做过的事。劳伦斯笔下的耶稣意识到,拯救仅仅在于个人私密的生活,而这是他教给其他人的唯一一课。劳伦斯写信给当时最伟大的智者伯特兰·罗素:"由于天国的原因,不要去思考——做一个孩子吧,不要再做学者了。不要再做其他任何事情了,由于天国的原因,从一开始就做一个完美的孩子:以勇气的名义。"对劳伦斯来说,思考和才智都不是美德。我们不应该总是在思考时把自我放在第一位,节制和精明不若刚毅和正义那样必要。

  劳伦斯关于"过活"的主要标准有两条。第一,"有必要与他人联合起来,在爱的关系中交替张弛";第二,"激情目标"的必要性,它与性关系契约和性欲的释放截然不同,激情的目标在于创造"此世中某种更新更好的事物"。"如果激情的目标有效,那么这些目标就应该稳固;如果它们是稳固的,那么它们就不可避免地会发展成为'固定的理想'。"同时,他的确相信每个自我都只有一个目标,即达成"其存在之完满性"的目标。他认为,如果只考虑短暂(神圣)瞬间的话,在"性欲磨砺"过程中体会到的"他性事实"将会融合成一种"最为接近的完满"。劳伦斯觉得这些经验的对象恰恰就是弗洛伊德所说的"沉浸感"(oceanic feeling)。他一度把这种感觉说成是"沉浸的上帝"。在《羽蛇》中,当凯特决定与一位羽蛇神使者共舞时,她把原始视为欧洲和她自己精神重生的泉源,滑入了一种类似出神的"第二意识"状态,她发现自己"被环绕在周围并旋转的初生海洋慢慢追赶上,并被海洋同一"。①

他觉得我们的目标应当是"生身的温暖"(biological warmth),尤其在一个生身温暖的家庭中。充当好的父母,这是保持"人们(父母和子女)一生新颖活跃,成为一个真正个体"的一条途径。我们在性欲的磨砺中得到他性,我们必须把对他性的这种感觉转移到我们与自己孩子的关系之中,不是在相同的性欲意义上,而是在"温暖的他性"意义上。对劳伦斯而言,爱和他性是孪生的神:如果我们要走向一种典型生活,那么就必须表明这一点,必须时刻意识到它会在"妥协的修修补补"中显露其自身,必须时刻意识到摆脱他人的那种需要将会抵消占有(被心爱的他人占有)的欲望。(当他去到墨西哥时,他的确在当地人"深深的敌意"当中找到了"根本的他性"。)②

在劳伦斯看来,这一切主张都表示手段比结果更重要。我们的行动,那种狂喜的、性欲的行动本身就是重要的。这是对尼采《悲剧的诞生》的呼应。劳伦斯认为激情是神圣的:"暴力下的尖叫相比忍耐中的沉默,是更丰满的一种生活。"(在《羽蛇》开头,随同凯特一起旅行至墨西哥的美国人欧文,他不想早早离开斗牛表演,因为他认为"生活意味着观看一切事物……上演"。他就被指责为患有"忍耐这种潜伏的现代疾病"。)毕竟,生活的核心在于我们与本能的遭遇,而我们如何处理这种遭遇则是最重要的问题。上帝已死,我们必须在与本能发生"冲撞"的时候,学会爱自己。这表示,人类的决定性因素在于意志,或者说在于欲望,而不在于理智。③

劳伦斯在他的作品中所冒的风险一点也不比伍尔夫或乔伊斯少,表现在其写作风格和主题上。但劳伦斯也像他们一样,追求更广阔更温暖的生活,追求与周遭亲密的他者一起好好地生活。亲密性和准确的细节是这种生活的关键组成部分。

---

① 贾达·史密斯:《劳伦斯〈羽蛇〉中的民族有机论以及对原始主义的利用》,载《劳伦斯评论》,2002年,第30卷,第3页。(参见《羽蛇》,1998年版,第129—131页。)
② 同上,第11页。
③ 菲利普·里夫:《治疗观的胜利》,第228—231页。

14　不可能的形而上学,对心理玄学的尊重

1932 年末,英国哲学家阿尔弗雷德·艾耶尔(A. J. Ayer)与刚刚结婚的太太蕾妮(Renée)抵达维也纳,跟随维也纳学派的创始人之一摩里兹·石里克(Moritz Schlick)进修。此时的维也纳学派由一组激进哲学家和科学家组成,英国人和美国人也才刚刚开始了解到他们取得的成果。

艾耶尔发现维也纳这座城市相比一战之前,在很多方面都并没有发生太多变化。它繁忙而拥挤,总共有 200 万居民生活在这里。但它仍然是展示建筑学的绝佳窗口,仍然是充满活力的咖啡文化的家园。在这里,"只需要花一杯咖啡的钱,便可以在精致的沙龙里坐一上午,阅读三四种不同语言的报纸"。①这座城市仍然因其音乐、便宜的舞池以及反犹主义闻名于世。弗洛伊德那时仍然在这里活动。

维也纳学派正在详细阐明由恩斯特·马赫、伯特兰·罗素、奥地利物理学家路德维希·玻尔兹曼(Ludwig Boltzmann)以及路德维希·维特根斯坦这样一些人所开创的传统,并且赞成他们所谓"世界被科学地构想出来"的那种哲学。学派的主要成员包括赫伯特·费格尔(Herbert Feigl)、奥图·纽拉特(Otto Neurath)、弗里德里希·魏斯曼(Friedrich Waismann),他们都是奥地利犹太人,再加上石里克和德国人鲁道夫·卡尔纳普(Rudolf Carnap)。编外人员还包括库尔特·哥德尔(Kurt Gödel)和卡尔·波普尔(Karl Popper)。维也纳学派只承认两位盎格鲁-撒克逊人,一位是

艾耶尔,另一位是美国人蒯因(Willard Van Orman Quine)。蒯因当时也与他的英国同事一起待在维也纳。小组中的几位成员在转向哲学之前都受过科学或数学训练,而这些训练显然形塑了他们的观点。

1929年卡尔纳普和纽拉特发表《世界的科学概念:维也纳学派》(*The Scientific Conception of the World: The Vienna Circle*),学派宣告成立。学派的主要纲领是经验主义及其对逻辑分析的依赖。它把经验和逻辑同自康德之后就变得普遍,尤其为黑格尔主义者所秉持的那种信念区分开来,这种信念认为存在着我们可以独立经验到的,有关世界的特定形而上学事实(比如"绝对")。

学派认为自己有两项任务。正如本·罗杰斯(Ben Rogers)在艾耶尔传记中谈到的那样,从消极意义上讲,学派的任务在于"警告人们远离"形而上学,尤其是在面对德国浪漫主义和观念论魅力的时候。与此同时,从更积极的意义上讲,学派的任务在于澄清科学的逻辑和常识的观察。对石里克、纽拉特、卡尔纳普以及学派中的其他人来讲,科学和包含在科学中的常识观察,是真正知识的唯一来源。任何事物都建立在经验感觉的基础上,所以,任何不能返回感觉经验的命题都不能被说成是知识。用卡尔纳普的话来说:"所有的知识都产生于一种知识来源——经验,产生于一种无中介的经验内容,比如红、坚硬、牙疼和快乐。"此主张可以追溯到维特根斯坦的《逻辑哲学论》(*Tractatus Lgico-Philosophicus*),它主张,言说唯有在一种情况下才具有意义,即这种言说表达了一个命题,而这个命题的正确和错误可以通过经验观察,或纯粹通过指向命题本身包含的意义,从而得到证实。如果言说不能得到经验的证明,那么根据维也纳学派的观点,它就没有意义。(卡尔·波普尔后来把可证明性的观点替换为可证伪性。)

---

① 本·罗杰斯:《艾耶尔传》,伦敦:维梭出版社,2000年,第82页。

什么能说,什么不能说

这个观点对形而上学至关重要,甚至可以说有决定性影响。"维也纳学派不再抨击有关灵魂、上帝、绝对、来世生活、历史命运、民族精神或者超验价值的命题,不再抨击这些命题是错误的,或者是一种不恰当的推理,而是认为,只要这些命题坚持主张那些不能被证实的内容,那么它们实际上就没有任何意义。"① 不能被证实的东西都不值得一驳。维也纳学派的目标,同时也是维特根斯坦《逻辑哲学论》的目标,就在于纯化语言,讲清楚什么能说,什么不能说。

彼时,艾耶尔在致一位英国友人的信中写道,维也纳学派成员把"形而上学"当成是对一个人的终极辱骂。维特根斯坦如果不是被当成了神(因为这样会显得形而上学),也至少是被"当成了毕达哥拉斯第二"。② 艾耶尔一生都坚持认为不存在"隐藏对象或实体的不可知王国",这种观念本身就没有意义,在维也纳学派成员看来亦是如此。1933年夏天,他开始撰写其著名的作品《语言、真理与逻辑》(*Language*, *Truth and Logic*),把维也纳学派的观点传播到英语国家,其特别的目的是去"证明形而上学的不可能性"。

他这本书一开篇便批评了形而上学的主题。形而上学认为哲学给予我们超越科学和常识世界的实在知识。③ 人们根本就不能合理地提及关于任何超经验事物的属性甚或存在。超验的形而上学是不可能存在的,这是一个关乎逻辑的问题。在那个时候的确在实践上还不可能证实月球的背面存在山脉,但从理论上讲,这个问题是可以被证实的。然而,"绝对

---

① 本·罗杰斯:《艾耶尔传》,第89页。
② 同上,第95页。
③ 阿尔弗雷德·艾耶尔:《语言、真理与逻辑》,伦敦:戈兰茨出版社,1936年,第33页。

虚无时代:上帝死后我们如何生活　　**319**

进入了演进和过程,但绝对本身却不可能具有演进和过程",即便从理论上讲也是不可证实的。我们无法想象一种能证明绝对的观察。① 大多数陈述至多大概率上是成立的,比如"砷有毒""所有人都终有一死",这些命题都无法依据无数案例而获得确证。由此类推,关于过去的陈述至多也只能说在大概率上是成立的。

错误和无意义是有区别的,但我们经常因为语言的原因而混淆了二者。比方说,"独角兽是虚构的"以及"狗很忠诚"这两个陈述看起来很相似,但像独角兽这种虚构的对象并不具有某种特殊的存在形式,"所以它在某种非经验的意义上才是真实的"。某种事物可以成为一个句子的主语,这并不意味着它就存在。

艾耶尔主张最基础的伦理概念是不可分析的,因为"并不存在人们所依据的一种标准,可以在判断产生的时候测试其有效性"。因为它们是一些虚假的概念。"当你偷别人钱财的时候,你的行为是错误的",这句话所陈述的无非是"你偷了钱"。此外的进一步陈述都是道德非难。"似乎我以一种特殊的语气说'你偷了钱'……这些话使得道德判断变成了纯粹的感觉表达,并且也不再被置于真理或谬误的范畴之下。"②

不仅如此,"道德科学也不可能存在,如果人们所谓的道德科学指的是阐明一个'真'的道德系统的话"。他说,道德行为的主要原因之一是对上帝不快的恐惧,或者是对社会敌意的恐惧,这种恐惧既是有意识的,也是无意识的。③ "这就是道德把自身表象为'绝对'命令的原因。道德一定程度上是由社会自身幸福的条件决定的。这也是为什么在所有地方人们都更加偏好利他主义而非利己主义的缘由。"

对于宗教知识的可能性,艾耶尔说:"如果神存在的结论被证明是确

---

① 阿尔弗雷德·艾耶尔:《语言、真理与逻辑》,第 36 页。
② 同上,第 108 页。
③ 同上,第 113 页。

定的,那么这些前提就必须是确定的。但我们也知道任何经验命题都至多只是可能。只有先验的命题才具有逻辑上的确定性。然而我们不能依据一个先验命题来判断神的存在……其结果就是,神的存在根本就不可能得到证明。"

"没有被普遍承认的一个问题在于,哪怕是神(比方说基督教的上帝)的存在是否具有可能性,这也是没有办法证明的。然而说清楚这个问题十分容易。因为如果说这样一位神的存在是可能的,那么神存在这个命题就会是一个经验前提……但事实上这也不可能。有人主张说自然当中特定的规则构成了神存在的充分证据。不过要是'上帝存在'这个陈述只不过意味着特定类型的现象以特定顺序发生,那么断言神存在不啻断言自然当中存在着必要的规则。没有哪个具有宗教信仰的人会承认此推论就是他意欲主张的观点。他可能会说,他在谈及神的时候是在谈论一个超验的存在……在此情况下,'神'是一个形而上的词汇。而如果说'神'是形而上的词汇,那么甚至不能说神是'可能'存在的了。因为在此语境下,说'上帝存在'其实是一种既不可能正确,也不可能错误的形而上表达……这种观点影响了无神论者,也影响了不可知论者。无神论者断言神并不存在,但这种断言同样也没有意义。"

所以有神论者的断言不可能有效,但这些断言也同样不可能无效。因为有神论者的言说与这个世界并没有丝毫关联,因此人们也不能正当地指责他们说了任何错误的话。艾耶尔说,"只有当有神论者声称他们断言超验的上帝存在是一个真命题时,我们才能够不同意他的观点"。

他继续说:"关于上帝的属性……我们有个词汇似乎可以用来命名这个'人',但除非这个词所在的那个句子表达了经验上可证实的命题,否则就不能认为这个词象征了任何事物。当使用'神'这个词意图指涉超验的对象的时候便会发生这种状况。这个名词的存在本身便足以促进这种幻觉,即存在着与这个名词相关的真实事物,或至少可能存在着与这个名词相关的实体。只有当我们询问上帝的属性是什么时,我们才发现'上帝'这个词在此使用方式之下并不是一个真正的称谓。灵魂和来世生活也是如此。①……我们经常被告知上帝的本质是神秘的,超越了人类的理解。但这样说无异于认为上帝是不可理解的。而不可理解的事物显然也不能被有意义地进行描述。据说上帝是信仰的对象,不是推理的对象。这种说法恰恰承认了上帝的存在必须依赖于信任,因为它不能被证明。如果一个神秘主义者承认他自己的幻视对象是某种不能被描述的事物,那么他就必须承认自己对这个事物的描述注定没有意义……依据宗教体验来进行论证是虚妄的。从心理学的角度来看,人类具有宗教体验是一件很有意思的事,但在任何意义上这种体验都不暗示宗教知识的存在,同样,我们具有道德体验也并不暗示道德知识的存在。有神论者和道德家一样相信他们的体验是认知性的经验,但除非他们能够把自己的'知识'转化为在经验上可证实的命题,否则我们便可以肯定他是在欺骗自己。"②

逻辑实证主义者——也就是维也纳学派在盎格鲁-撒克逊世界的追随者,他们都像弗洛伊德有可能认为的那样,觉得只需要将他们的主张公布出去,人们就会接受这些观点,并且最终成为主流。他们没有看到引入某种"上帝替代"的必要性。他们试图为哲学带来的主要变化在于,把哲学限定在"更小"的活动范围内。艾耶尔认为,哲学不过就是哲学分析。他坚持这种意义上的哲学无法认识被认为创造了宇宙的上帝,据此,存在于时空之外的实体便无法被认识,"由于上帝超越了时间,它便丧失了被人类经验接触的可能性,甚至从理论上来讲也不可能接近"。

艾耶尔越来越相信哲学无法提供权威答案,回答"我应当如何生活"的问题。易言之,他说的是,我们可以具有经验真理的知识,具有数学和

---

① 阿尔弗雷德・艾耶尔:《语言、真理与逻辑》,第 116 页。也可参见阿尔弗雷德・艾耶尔:《生活的意义及其他论文集》,泰德・洪德里奇引介,伦敦:韦登菲尔德与尼科尔森出版社,1990 年。
② 阿尔弗雷德・艾耶尔:《语言、真理与逻辑》,第 120 页。

逻辑的自明知识,"但是却不具有价值知识",我们的道德最终取决于我们自己。"人类的存在目的由人们自身有意识或无意识献身的那种事业建构……最终,每个人都对自己的选择负责,这是无法回避的责任。"[1]

慰藉中的残忍

逻辑实证主义者关注"形而上学的不可能性",而恰在此时,西格蒙德·弗洛伊德和卡尔·荣格正在阐述心理学如何以及为什么要"解释"上帝,这是现代知识界中更讽刺的一段历史。他们都声称自己是经验主义者,他们都立足于近处的经验观察。即便如此,有批评家指出他们所提出的观点是一种"心理学形而上学"。他们各自建构了一套非常基本的体系,彼此之间又截然不同,得出完全不同的结论。

用历史学家彼得·盖伊的话说,19世纪后半叶,弗洛伊德生长在维也纳一个彻底世俗化的、"没有上帝的"犹太家庭中。如我们所见,此时的维也纳由其精致的世俗文化,诸如戏剧、歌剧、建筑、科学、体育、烹饪、休闲等,而成为欧洲的明珠之一。根据弗雷德里克·莫顿(Frederic Morton)的说法,这是一个"焦虑爆发"的世界。此背景很好地帮助弗洛伊德确定了自己的进路——一旦宗教的心理基础被解释清楚,宗教的"错误"得到揭示,人们就会脱离宗教,不需要宗教的心理支持。对弗洛伊德来说,同样也对于维也纳学派来说,没有"必要"寻找上帝的备选项。宗教是人类历史中的缺陷,是一条错误的进路,而现在是时候摆脱它继续前进了。

前文已经提到,弗洛伊德对宗教的第一条批评是他在1907年的论文《强迫行为与宗教实践》以及1914年的著作《图腾与禁忌》中提出来的。

---

[1] 阿尔弗雷德·艾耶尔:《语言、真理与逻辑》,第200—201页。

他在这些文章中注意到,在历史中,比如灭亡前的以色列或希腊古典时代,神灵曾经数次死亡或被消灭,但人们并没有感到大惊小怪,也没有察觉到意外的影响。从这个意义上看,上帝之死并不是什么新鲜事。但现在维也纳实证主义者正在驱动着他们自己的马车,弗洛伊德则写了关于宗教的另外三部著作,《幻觉的未来》(The Future of an Illusion)、《文明及其不满》(Civilization and Its Discontents)、《摩西与一神教》(Moses and Monotheism)。他这方面的著作数量体现了他对攻击、解释、消解上帝信仰所赋予的重要性。

《幻觉的未来》于1927年发表,它是一部仅仅98页、却体现为全面出击的战斗檄文。这本书发表的时候,弗洛伊德已经71岁了,他彻底驳斥了宗教的真理主张,并预言宗教将会不断走向死亡。在20世纪20年代,精神分析已经在国际范围内确立起了地位,维也纳精神分析学会于1924年成立,同年,伦敦精神分析学会成立,巴黎精神分析组织也在两年后成立。从个人层面上讲,弗洛伊德被查出与抽烟相关的黏膜白斑病,病灶在他口中缓慢地扩大。这种疾病可能会发展成癌症,但他的医生起初并没有告诉他,担心他可能会自杀。20世纪20年代之后,弗洛伊德几乎一直处于痛苦中。

他在《幻觉的未来》一开篇便思考宗教的文化和心理意义。他说文化的原则性任务,"文化真正的存在理由",在于保护人类避免自然的伤害。上帝乃至旧日的众神,都具有相同的三重任务:"他们必须驱除人们对自然的恐惧,必须使人们同残酷的命运和解,尤其是死亡暗示的那种命运,并且神灵必须补偿文化公共生活强加在人们身上的困难和贫乏。"[1]这就是弗洛伊德灵魂观念的来源。因为很明显,人类屈服于命运,经常被自然征服,又终有一死,所以灵魂仅仅作为一种附加在身体之上的元素,它可以趋向完美,并提供了一种在死亡之后以一种新的方式存在的机会。灵

---

[1] 西格蒙德·弗洛伊德:《幻觉的未来》,1927印刷版;《西格蒙德·弗洛伊德精神分析著作全集》(标准版),伦敦:贺加斯出版社,精神分析研究所,1968年。

魂是心理学实体,而不是神学实体。

然而弗洛伊德同时也申明,"社会非常清楚地知晓宗教教条所依据的基础并不确定"。在这里他提出了自己的论点:就本质而言,他认为宗教在现代世界中所提出的那些主张存在着某种理智上的不诚实。比如说他坚持认为,对宗教原则可靠性的全部论证"都来自过去",我们应当审视当下,看看是否存在可利用的证据。那些所谓的"灵性论者",这里他明确无疑地援引了当时布莱瓦茨基夫人、鲁道夫·斯坦纳以及其他一些人的学说,这些人中没有一个能成功"反驳如下事实,即他们的精神表象和言说仅仅是他们自己心灵活动的造物"。事实上他把这些灵性论者贬斥为"愚蠢""极度无聊"的人。

弗洛伊德还鄙视另外一些人,他们声称真理必须"内在地被感受到","人们没有必要理解这些真理"。他明确地讲,这是一种避开问题的尝试。所谓的"仿佛"哲学是一种荒谬的借口。有些人[他在这里主要指的是汉斯·费英格(Hans Vaihinger)的主张]甚至讲,即便能证明宗教"并不包含在真理之中",但考虑到"对所有人的保护",考虑到无数人在宗教原则中找到了慰藉,所以我们仍然应当相信宗教"仿佛"包含在真理之中。弗洛伊德不屑地抛弃了这种观点,说它是没有目标的残忍;它承认了"荒谬性或无逻辑性,对此没有什么好说的"。①

这促使他去思考宗教观念的心理起源,并做出以下表述:"那些公开言明的教条并不是经验的残余,也不是反思的最终结果;它们是一些幻觉,是对人类最古老、最强烈、最执着的愿望的满足。这些教条之所以如此强大,原因在于人类的愿望是如此有力。"这一表述反过来又促使他在错误和幻觉之间做出著名划分。亚里士多德相信害虫是从粪便中演化出来的,这是一个错误;哥伦布相信他发现了通向印度的新航道,这是一种

---

① 西格蒙德·弗洛伊德:《幻觉的未来》,第50页。

幻觉。二者之间的区别在于,"幻觉的特点是,它来自人类的愿望"。幻觉并不是必然的错误,他曾说道。"一个贫穷的小姑娘会幻想王子出现,接她回家。这是可能的;这样的故事确有发生过。"弗洛伊德对宗教幻觉的态度非常刻薄、据他所说,有些宗教幻觉与我们已经建立起来的知识差异巨大,冲突明显,以至于近似欺骗。① 他还说,"当人们考虑宗教问题时,会对任何一种可能的不诚实和智识上的污点感到愧疚",特别是当"上帝"这个词的意义被延伸为一种"模糊抽象"时。

他热衷这个主题,并断言由于文明世界维持目前这种宗教态度,导致了一个巨大的危险。也就是说,宗教已经存在了足够长的时间,表明它许诺人们可得到的事物,如果宗教真实现了它的许诺,那人们就不会再试图改变事物了。"不过相反我们看到了什么? 数量惊人的人对文明感到不满,并在文明世界中过得不幸福,感觉到它是必须被摆脱的枷锁。"

这些理由在他看来十分清楚。宗教不再像从前那样对人提供支持,原因并不在于它许诺的范围收窄,"而是因为人们认为它的许诺似乎没有那么可靠"。出现此状况的原因在于,"科学精神在社会高级阶层中扩张"。他还在《幻觉的未来》一书中说,科学带来了"心灵觉醒的契机"。②弗洛伊德说,"完全抛弃掉上帝",诚实地认可所有法则和制度都纯粹起源于人类自身,这毫无疑问是一种进步。人们于是就能意识到,许多法则的严格性并没有一成不变的必要,这是"人们在通向消解文化包袱道路上的重要进步"。③ 他实际上认为宗教信仰正处在不可阻挡的衰退进程中,虽然宗教的慰藉在过去能起作用("通过承认普遍的神经症,人们免于患上个人的神经症"),但现在应当用"理性心灵努力的成果"取代"文化所需的那种压制所导致的结果"。理性心灵努力的成果,其本身就是对社会整体

---

① 西格蒙德·弗洛伊德:《幻觉的未来》,第 55 页。
② 同上,第 67 页。
③ 同上,第 73 页。

的精神分析治疗。无论如何,"宗教原则中包含的真理都是……扭曲的,并系统性地伪装了那些不能被人类承认为真理的事物"。①

与人们的预想一致,弗洛伊德批评宗教培育儿童的效果。他觉得平常儿童并不会自然而然地对上帝产生兴趣,不过他的父母却把宗教观念灌输给儿童。父母由此就把"健康儿童闪耀的才智"转变成"一般成人的软弱心理"。"只要一个人早年受到宗教思想压制的影响……我们实际上就不能说出他其实是什么样的一个人了。"②

快乐原则

弗洛伊德在 1927 年的秋天便已经将《幻觉的未来》写成。毫无疑问,他在此后的两年间里承受了很多病痛,产出的作品也寥寥可数。不过在 1929 年的夏天,他开始撰写另一部著作,再次关注"社会的主题"。他原本选择的书名是《文明中的不幸》(*Das Unglück in der Kultur*, *Unhappinessin Civilization*),但后来他把"Unglück"改成了"Unbehagen",一个更难被英译的词。弗洛伊德的英文很好,他建议英译为"人类在文明中的不满"。但他的英文译者琼·里维埃(Joan Riviere)给出了我们后来知晓的译名《文明及其不满》。

从某种角度看,原本的名字甚至会好一些,虽然这部书在 1929 年 10 月末华尔街崩盘后立即送往出版社,但我们也很容易看到这部书迅速获得共鸣的原因。用这部书英文编辑的话来说,它的主旨在于"本能的需要与文明的限制,二者存在不可挽回的敌对"。③

在这本书中弗洛伊德主张,许多人承认"沉浸式的感觉"是他们宗教

---

① 西格蒙德·弗洛伊德:《幻觉的未来》,第 78 页。
② 同上,第 83 页。
③ 西格蒙德·弗洛伊德:《文明及其不满》,琼·里维埃译,詹姆斯·斯特雷奇修订编辑,伦敦:伦敦:贺加斯出版社,精神分析研究所,1979 年,第 X 页。

信念的基础。他说自己从未有过这种体验。"'合一性'(oneness)带有建构了沉浸式感觉观念内容的那种普遍性。合一性听起来像是宗教慰藉的首次尝试,像是否认危险的另一种方式,而这种危险来自自我承认的外部世界对合一性的威胁。"人类生活的目的问题"已经出现过无数次",但从未得到令人满意的回答,而且"也许没可能找到令人满意的回答"。他承认有人说过,如果生活没有目的,那么生活的所有价值都将不复存在,但他却拒斥了这种观点。"没有人谈论动物的生活目的,也许只有在一种情况下例外,即人们可能会说动物的目的在于为人类提供服务……虽然人们似乎有权拒斥这个问题,因为这个问题似乎来自人类的自以为是,然而这个问题的其他表象已经为我们所熟知了……生活的观念具有与宗教体系一荣俱荣、一损俱损的目的。"

他给出的解决方案更加接地气:"决定生活目的的东西仅仅是包含快乐原则的计划方案。快乐原则从一开始便控制了心灵器官的运作。"弗洛伊德觉得,生活除了"幸福"之外不可能有其他目的。他说过,如果用达尔文的讲法那这并不是一种创造性目的,据此,我们所谓的幸福来自"在文明中被极度压抑的需求得到突然的满足"。所以幸福本质上"只有在作为碎片化现象的时候才具有可能性。当快乐原则欲求的任何一种处境被拓展时,它就只会产生一种轻微的满足感。我们就是这样被构成的,我们只能在对比中获得极大享受,而在物的状态下则只能获得极少享受。因此,幸福的可能性受到我们被构成方式的影响。而不幸则更容易被经验到"。[①]

四条权宜之计

那么对弗洛伊德来说,存在就是某种负担之物,"为了忍受这种负担,

---

① 西格蒙德·弗洛伊德:《文明及其不满》,第13—14页。

就免不了要使用权宜的手段"来帮助我们克服它。所谓权宜的手段,就是一些缓解疼痛的文化和心理学工具技术。他专门指出了四条权宜之计:宗教、艺术、爱和陶醉。对仁爱上帝以及极乐来世的信仰是"促使希望产生的信仰",是幻觉,其作用是柔化生活现实的残酷。不过他说,"即便宗教也无法遵守它的许诺。如果信仰者最终发现自己有责任言说上帝'神秘莫测的法令',那么他便承认了,苦难中最后一种可能的慰藉和快乐的源泉,在他看来就是一种无条件的服从。如果他准备好服从,那么他也许便从已经走过的弯路中解脱出来了"。①

他认为艺术是一种更值得尊敬的权宜之计,但并不适用于每一个人;即便对那些可以把艺术当成权宜之计的人来说,他也并不认为艺术与轻微的快乐有何差异,易言之,它不能"使我们身体的存在产生震颤"。他还觉得爱是最广受欢迎的权宜之计,爱能给予人巨大的舒适感,性爱给予人最强烈的体验。然而爱仍然伴随巨大的风险,因为"当我们爱人的时候,我们在苦难面前最为无助;当我们失去所爱对象或所爱对象的爱时,我们将承受前所未有的无奈和不幸"。他认为,陶醉(他本人抽烟,而且服用可卡因)是缓解痛苦感"最天然却又最有效"的方法。他还附加了一条重要限定,即我们不该从单一的愿景中寻找我们全部的满足。

弗洛伊德相信很多不幸来自文明的约束,但他却并不排斥技术进步。相反,他说我们不应该揣测"技术的进步对幸福的经济学没有价值",不应该推断过去人们的幸福或不幸难以被测定,不应该猜想洁净价值、秩序价值和正义价值这三种文明最重要的特征来自我们早年的家庭生活。

他质疑我们或将称为圣方济各(St Francis of Assisi)原则的那种东西,它认为普遍的爱就是目的。弗洛伊德提出了两条反对意见:"在我看来,不区分对象的那种爱似乎丧失了它本身的一部分价值,因为它并未公正

---

① 西格蒙德·弗洛伊德:《文明及其不满》,第22页。

地对待它的对象。第二，不是所有人都值得被爱。"他认为席勒说"饥饿和爱是世界的动力"，这话从广义上看是正确的。"饥饿可以代表个人追求保存自身的那种本能；而爱则争取它的对象，它天生就受到人的喜爱，其功能是保存整个物种。"[1]他进一步认为，当今的教育向儿童遮蔽了性在他们生活中将扮演的角色。而这阻碍了他们融入"表面上几乎是一种不可避免条件"的人类社群。"这种条件必须在幸福的目标被实现之前得到满足。"

弗洛伊德通过不断重申此立场从而得出了结论，他试图避免自己受到"一种狂热偏见的侵扰，主张我们的文明是我们所拥有的，或者说是我们能获得的最宝贵的事物，主张其进路将必然引导我们走向无法想象的至上完美"。文明是人的造物，而非上帝的造物，而我们未来的幸福或慰藉都无法得到保证。

在1939年发表的《摩西与一神教》中，他主张摩西并不是犹太人，而是埃及人。书的墨迹尚未干透，这个理论就使他的名誉受到极大损害。但正像迈克尔·帕尔默（Michael Palmer）所说的那样，这其实并不打紧。弗洛伊德在此理论中具体论证了他在另一部宗教相关著作中提出的观点，认为信仰开始于俄狄浦斯式的恋母困境，开始于每个人对父亲角色的需要。犹太一神教源于埃及历史上特殊的一神主义时期，人们在这个时期反抗他们父亲的角色，并杀死他们，同时也抛弃了他们的新宗教（以金牛犊故事为代表）。他们想要忘记这个插曲，想要把摩西的身份与米甸人叶忒罗（Jethro）融合起来，后者被赋予了摩西这个名字。[2] 在别处，弗洛伊德把基督教描述成儿子崇拜取代了父亲崇拜（就像犹太教一样）。

弗洛伊德从未放弃过他的观点，主张宗教是幼稚病的一种形式，或者

---

[1] 西格蒙德·弗洛伊德：《文明及其不满》，第54页。
[2] 迈克尔·帕尔默：《弗洛伊德和荣格论宗教》，伦敦、纽约：劳特利奇出版社，1997年，全文。

说宗教的根源在于婴儿体验,以及儿童依赖其父母的那种体验。他相信,就像是在治疗中病人会被强迫或被要求面对(无意识的)真相一样,随着社会和文明变得更加"成熟",宗教也会衰亡,正如马克思认为国家将会衰亡一样。他把对宗教的忠诚描述为一种无意识心灵疾病的形式,把它归入我们本性的一部分,而且抛弃掉这一部分本性还能有所裨益。可以说,这是一个人能对上帝做出的最正面,最冒犯的攻击。

现在看来,我们可以认为弗洛伊德大大低估了宗教在社会中残存的力量。人们可能会想,作为情绪方面的专家,他应该已经认识到了这一点。从某种意义上讲,弗洛伊德是天真的,虽然人们很少用"天真"这个词来形容他,他看上去并没有恶意。但我们在维也纳学派那里已经看到,并且还将会在下文看到,并不只有他一个人犯了这种错误。

无处可避

1929年《文明及其不满》发表的时候,弗洛伊德已经彻底与卡尔·荣格决裂。荣格曾是他坚定的追随者,王冠的继承人,但现在却是他最杰出的对手。他们二人的不和最早从1912年美国访问返程后便开始了,那时荣格发表了《转化的象征》(*Symbols of Transformation*)的第二部分,第一次把他集体无意识的理论公之于世。在对宗教、神话和哲学的解释中,他背离了弗洛伊德更具科学性的方法,由此而威胁到了他的地位。一年之后,在《转化的象征》以著作形式发表时,他们的分歧变得更为明显。

可以说在《图腾与禁忌》中,弗洛伊德把荣格放在了自己的领域中讨论,所以无怪乎他的对手会被认为是在就差不多的主题发表意见。荣格自己的论文也一样探讨了现代人的心理困境。

《寻求灵魂的现代人》(*Modern Man in Search of a Soul*)于1933年问世。虽然此书的标题似乎完全是在处理我们所探讨的问题,但事实上它的涉及范围还要广得多。它一开始便攻击弗洛伊德,其中一章暴露了荣格所认为的,将他和弗洛伊德区分开来的那种理论分歧。该书同样还是对荣格本人精神分析理论的一次重申,或一次更新,尤其是他的原型理论。那时原型理论已经发展出了"内向"和"外向"的概念,对生活的各个阶段("早"和"晚"),心理学和文学,以及"原始人"也有所思考。只有最后两章才涉及"现代人的精神问题",以及"精神分析医生或教士"。1937年他在耶鲁大学的特里讲座上,以及在二战后的一些场合,多次讨论了这些主题。

与他的前辈相比,荣格尤其好奇20世纪的人类孤立,他们远离神秘的参与性,不再"沉浸在普遍的无意识中"。现代人不再生活在传统的束缚中,所以变得"非历史",抛弃了过去。荣格说,新环境是一种匮乏,而由于处在非历史的状态,新环境还是"戴罪生活"。现代的个人意识到自己处于"人类历史的顶点,是无数个世纪后的完满和最终产物",但与此同时,他们又是"各个世代希望与期待的破灭"。我们已经"堕入深深的不确定性",第一次世界大战已然使我们对自身以及"自身价值"的信念崩碎。而且我们也不再相信人们可能用理性组织世界;"世界处于和平与和谐的规约之下,这个千禧年的旧梦已经变得苍白无力"。

在失去人类的中世纪同胞所持的形而上学不确定性后,现代人在他们自己中间建立了"物质保障、普遍福利和慈悲的理想"。然而荣格曾说过,"进步"观念本身便开始了对想象的"戕害"。"科学甚至已经摧毁了内在生活的避难之地。"所以,科学已经发展出一种广泛兴趣,它"对所有超自然现象感兴趣,比如灵性主义、占星术、神智学,诸如此类。自17世纪末以后,世界上已经没见过类似超自然的现象了……最惊人的现代运动毫无疑问是神智学及其在欧洲大陆的姊妹,人智学;这些运动都是披着印度教外衣的诺斯替教(Gnosticism)。和这些运动相比,对科学心理学的兴趣可以忽略不计"。对这些运动的狂热兴趣源自无法再被赋予"过时宗教形式"的那种超自然力量……"由于这个缘故,这些运动具有真正的宗教特征,即便它们装作具有科学性。"①

虽然荣格觉得我们对超自然生活的高度关注不可避免,但他并不认为我们应该把所有时间都耗费在这种生活上。他觉得政治的国际主义和运动,都是过度沉迷超自然生活的解药,而美国在政治、社会、艺术和心理上的乐观主义在未来任何的体系中都占有一席之地。

迄今为止,只有那些受教育程度更高的人才会试图寻求心理上的援助,但他认为未来心理援助实践将会在"大众"中传播。越来越多教士将会接受心理学训练;事实上,只有由心理学和宗教一并构成的那种方法,才能提供大多数人想从治疗中获得的启迪,或者更确切地讲,只有这种方法才能缓解神经病症。荣格常说,人们来到他这里寻找自己生活的意义。实际上他们谋求复归于宗教(虽然不必要向某个特定的人忏悔)。不过这种复归本质上不再是通过信仰,而是通过心理学洞见。这种观点认为,宗教在现代人那里起到许多心理学的功能,而且只有通过用心理学的方式来解释宗教,人们才能复归原本的宗教。

弗洛伊德生长在一个"不信奉上帝的犹太"家庭,荣格与弗洛伊德不同,他是一位牧师的儿子。牧师之子在德国哲学和心理学中扮演了重要角色,戈特霍尔德·莱辛(Gotthold Lessing)、约翰·赫尔德(Johann Herder)、尼采本尊、威廉·狄尔泰、尤尔根·哈贝马斯都是牧师的儿子。似乎儿子总无法接受父亲的信仰,反倒选择了信仰的世俗等价物。

荣格在大学学习自然科学,之后转到医学院,随后又在第四学年转到精神病学。那时他参加了 15 岁表妹的降神仪式,恍惚之间,她说话不再带有自己的巴塞尔口音,而带有高地德语口音,并且声称自己被灵体控制。1902 年,对这一事件的描述构成了他第一部出版物的起点,这部作

---

① 卡尔·荣格:《寻求灵魂的现代人》,伦敦:基根·保罗,特伦奇,特鲁布纳出版社,1933 年,第 239 页。

品就是他的学位论文《论心理学与所谓超自然现象的病理学》(*On the Psychology and Pathology of So-Called Occult Phenomena*)。这篇文章简洁地概括了他对超自然和无意识的强烈兴趣。

他同弗洛伊德的主要分歧在于,他反对后者在神经病理学上把性压抑放在至高的位置,他断言在意识和(个人)无意识之下还存在更深的第三个层面,即集体无意识。荣格提出的这种竞争性的观点来自他的临床经验以及对神话、民族志、动物行为的研究,这些研究都基于观察。正如他所发现的那样,事实上"超自然力量"作为神经病症的来源,其意义比性压抑更加重要。他声称这些研究表明,整个世界(比方说整个世界的神话)都存在着许多重叠的想象和模式,这促使他得出结论,这些重叠的想象和模式来自非常古老的经验,它们已经被归入我们"最深层次"的本质。

荣格用"原型"来代表这些模式,他找出五个最为重要的原型:人格面具、阿尼玛和阿尼姆斯、外向性和内向性、阴影,以及自性(self)。

人格面具是我们表象给世界的面具,它用来误导别人。阿尼玛是男人心中的女性倾向,而阿尼姆斯则是女人心中的男性倾向。外向和内向是我们面对世界的立场,这可能是荣格得到最广泛接受的理论创造。我们在此最关心的是他认为上帝也是一种原型的观点。易言之,它指向我们内心的一种相信上帝的倾向。虽然在这个问题上荣格也语焉不详。

他说原型不能被直接认知,只能凭借推论或直觉认知。比方说在神话中观察到的模式涉及"原型—内容",而并不涉及"原型—形式"。这有些类似摩尔对"善"的理解,对善的定义总少不了错误和有限制的观念。荣格接下来把事情复杂化了,他主张自性的原型非常类似,或者甚至可以说等于上帝原型。在集体无意识中存在着"整体"和"完美"的原型(在这里指耶稣的形象);而在他所谓"个人化"过程中的生活目的,就在于"平衡"个人无意识和集体无意识,以便自性原型和上帝原型能和平共处。

此观念当然具有根本性(在可理解的范围内),但它对宗教友善吗,还是一种亵渎？这对荣格来说是个问题。荣格认为他的集体无意识概念与量子理论同样重要，但很多人都不了解它。（毫无疑问，很多人也不理解量子理论，但仍然可以基于量子理论发展出一种技术。）评论家指出，原型与柏拉图的理念一样形而上，虽然在荣格之后，列维-斯特劳斯（Lévi-Strauss）和诺姆·乔姆斯基（Noam Chomsky）在人类学和语言学中发现了"深层结构"，但他们并未像量子理论那样颠覆我们的理解。

荣格相信，现代世界正处在由世俗化、物质主义和外向性导致的精神危机中。但他的解决方案并不是返回教堂，他眼中的有组织宗教是"灵性的死亡"。他觉得我们需要"在灵性生活中大量投入精力"，以便重新与神秘世界取得联系。"神话比科学更精确地表达了生活"，他这样说。"人们无法忍受没有意义的生活……意义来自明白的确信……决定性问题是：人类是否与某种无限的事物相联系？……这个宏大问题是对自我的根本要求。"安东尼·史蒂文斯（Anthony Stevens）说，荣格本人尊重无意识、想象、超验性以及灵知（他所说的灵知是指通过经验获得的知识，而不是通过书本或信仰获得的知识），并且他希望别人也以同样的方式来经验它。按照埃里希·弗洛姆（Erich Fromm）的说法，弗洛伊德的无意识主要包含人类的缺陷，而荣格的无意识则主要包含人类的智慧。[①]

荣格还坚持认为，上帝原型的存在是心理学真理，而不是神学真理——这里并没有说到关于存在或上帝（他、她、它）形式的任何内容。这就是荣格的证明显得如此矛盾，以及他的著作让宗教作家感到困惑的原因。他的观念显得模糊不清，所以我们不可能完全搞清楚他的意思。从根子上讲，他说的是，或者似乎说的是人们具有一种想象上帝的本质倾向（但并不必然信仰上帝），而这种倾向如果不以某种方式表现出来，则我们就永远无法感受整体性和完整性，或者处于平衡的状态；我们永远无法获

[①] 埃里希·弗洛姆：《精神分析与禅宗佛教》，伦敦：昂温书社，1960年，第43页。

虚无时代：上帝死后我们如何生活

得精神上的健康。我们需要把上帝原型表现出来，从而避免患上神经症。

荣格曾说他"厌恶形而上学"，但他自己的思考甚至比弗洛伊德更加形而上，更少扎根于经验主义。最后他以完全对立于弗洛伊德的主张收尾。弗洛伊德认为宗教是一种集体神经症的形式，根源是被压抑在俄狄浦斯困境中的性欲能量。荣格则说宗教感帮助人们治愈神经症。不论他其他的主张是什么，也不论他含糊的理论成功与否，荣格的理论是对神学和心理学的结合做出的精巧尝试。

整体性的神话

如果说本书遵照了一条严格的编年史线索，那么这一章就应当从弗兰兹·卡夫卡说起。但在此之前需要先交代一点。众所周知，他的全部作品都是不完整的。1924年他40岁的时候，肺结核病情恶化，但此时他最重要的三部书仍然没有完成。这些书稿在他死后经过他的朋友、作家和作曲家马克斯·布罗德（Max Brod）整理排序，才得以发表。因此，任何解读尝试都有难度，都应当小心谨慎。即便如此，他的作品仍然有大部分处于原始状态，至少足够我们去重建卡夫卡的部分意图。从此角度我们可以看到这些意图与其他现代作家的意图都大不一样。

威斯坦·休·奥登说："如果有人想提名一位作家，这位作家与我们这个时代的关系最接近但丁、莎士比亚以及歌德同他们各自时代的关系，那么卡夫卡就是我能想到的第一个人。"解释是卡夫卡主要关注的问题。在他看来，尤其我们对整体性的追求，是一种遗产，是传统宗教留下的一种不可能的遗产。

他每一部未完成的小说，《美国》（*Amerika*）又叫《下落不明的人》（*The Man Who Disappeared*）、《审判》（*The Trial*）以及《城堡》（*The Castle*），都以主角进入一个复杂的社会世界为开始。此时主角完全对那里的规则无知：

美国之于卡尔·罗斯曼,法庭之于约瑟夫·K,乡村和城堡之于 K。每每都会有一连串冒险接踵而至,但这些冒险显然都没能引导主角获得更大的智慧或更好的理解。这不仅是现代反常状态的例证或象征,更是"降生"的处境,"在此境遇之中,我们都发现自己面对着(被生在)一个由他人根据我们直觉无法理解的逻辑而建构的世界"。① 卡尔·罗斯曼 17 岁,约瑟夫·K 有 30 岁,而 K 则到了 35 岁左右,他们都不是孩子,但同样地,他们都没能获得关于这个社会性世界如何运作的成熟理解。所以他们也都不会在各自的故事之中取得任何进展。

在这些具有明显模糊性的世界之中,也许最清楚的故事要算是《城堡》(至少也必然是最清晰的故事之一)。对主角 K 来说,城堡不若他家乡的教堂那样壮观,但显得遥远而神秘,就像犹太—基督教上帝一样遥远而神秘。即便我们倾向于把《城堡》解释成现代官僚现象的预言,它仍然通常显得遥远而神秘。这似乎可以提示出卡夫卡正在描绘生活在世俗世界的主要问题,即人们单纯不能相信或接受他们儿童时代的信仰——他们儿时会认为教堂壮丽伟大(回想弗洛伊德的主张),但却不知道用什么来取代这种信仰。我们在现代世界中不受规约地生活。我们被迫在没有充分信息作为判断依据的情况下,便做出解释性判断。

而这就是问题所在,是大一神教的沉渣——上帝的心灵永远无法被认识,我们永远无法破解上帝的秘密,因为上帝就是我们赋予秘密本身的名称。因此,我们在生活中所能做的事情无非就是解释。我们必须建构自己对世界的解释,并在这种解释之中生活。正如弗洛伊德预见到的那样,我们永远无法成熟,因为我们并不知晓那些规则。

卡夫卡的所有情节都不可避免地、或多或少地有些无情,因为其故事的要点是向读者传递现代状况下不平衡感、不舒适感、困惑感。卡夫卡夸

---

① 伯里克利·刘易斯:《宗教经验与现代主义小说》,第 134 页。

大了这些感觉,但其目的是为了表达他的意思。而且他向我们展示了他对解释本身的深刻怀疑。1970 年,法国索邦大学哲学教授、新教徒保罗·利科(Paul Ricoeur)提出他所谓的"怀疑的诠释学"。他在《弗洛伊德与哲学》(*Freud and Philosophy*)当中说,马克思、尼采和弗洛伊德是"怀疑的大师",因为他们都"决定首先把全部意识看成是'错误'的意识"。他们尤其对宗教意识感到不信任和怀疑。

他们每个人都把这一理论运用到当下生活的不同方面,包括意识形态、道德、艺术、文学和性,但他们的核心主张都具有相同的特点,即怀疑作为神话的宗教——不论是把它理解成"一种鸦片,阻碍了大众觉醒对自身处境的认识(马克思,他的观念在 1920 年的苏维埃俄国最终被付诸实践),还是一种让伟大个体屈服羊群道德进而产生的体系性愤懑(尼采),抑或是一种允许文明人忽略他们被压抑本能的术士幻觉(弗洛伊德)"。利科说,这些大师把宗教仅仅看成是神话,即便是带有隐藏功能的神话,但他们各自又建构了本人的另一种神话,他们"冒着被指责屠杀了人身牛头怪的风险,只为了让自己变成迷宫核心的那个怪物"。他们其实确立了他们自己的新神圣神话,而这也是卡夫卡的观点。①

诠释学在 18 世纪末和 19 世纪初发展起来,主要是为了理解作为上帝语言的神圣典籍,不论是犹太传统的犹太法典还是基督教传统的寓言。照此说法,诠释学最重要的元素在于,它是一神教思想的自然结果,"在一神教思想中,世界表面上的多样性和异质性,在理解中都具有一个只有为上帝所知的(或作为现代变体的熟练阐释者所知的),潜在的统一意义"。

这是卡夫卡的终极关照,除此之外,作为一个好作家,他所做的事情不是告诉我们他的主张,而是展现给我们看;他向我们提供了一种抵抗解释的文学形式,从而把我们带入新的怀疑王国,并邀请我们对传统和现代

---

① 伯里克利·刘易斯:《宗教经验与现代主义小说》,第 114 页。

的所有解释保持怀疑。①

现代的取舍

有些评论家看到了《城堡》与《圣经》的类似之处,另外一些评论家则认为《城堡》是一则寓言。人们只知道 K 这个角色的名字首字母,其他角色则只有职业或职位;包括城堡、小旅馆、校舍在内的环境背景只用了一些最普通的词来描述,却没有给出专门名字。这种普遍性不时被生动的细节破坏。当 K 睡在旅馆水房的草席上时——这是对基督诞生于马厩的呼应——然而隔壁房间农夫却正在痛饮,这一现实的细节表达了完全不同的观点。"其效果是让读者处于一种不平衡的状态中,"路易斯说,"不断威胁要从一个语境滑向另一个语境,让人越来越感觉到好像是某种稳定的基础刚好脱离了控制。"

K 所处的位置是世俗的旁观者,其任务是为他处理城堡的神圣神秘性带来世俗的理性。官方一方面通过复杂的科层制,一方面通过《审判》中官僚阶层的秘密回忆来维持此神秘性。在《城堡》中有一位角色尤其可以被认为接近于神。他就是克拉姆(Klamm),一个经常被视为 K 的另一面的人。克拉姆的首字母和 K 一样,但有时候他又被看作是像萨缪尔·贝克特笔下戈多那样的人物。从某种角度看,克拉姆是"被想象成高级官员的上帝"。②

卡夫卡最想做的一件事是表明他对诠释学的怀疑。事实上正如我们之前讲过的那样,他的作品挫败了解释的各种尝试。它们始终断然拒绝赋予它们单一意义的所有尝试。哈罗德·布鲁姆(Harold Bloom)在此表

---

① 伯里克利·刘易斯:《宗教经验与现代主义小说》,第 134 页。
② 同上,第 135 页。

达了许多评论家的意见:"卡夫卡作品中最需要解释的东西是它对解释的执意规避。"他对多重意义的依仗"挑战了那些寻找单一潜在真理的企图,从而留下开放的(永远不会确定下来的)可能性,让他的文本之后总可能存在一种更高的启示。正是这种品质赋予卡夫卡许多文本以神圣权威的氛围"。①

不仅如此,对卡夫卡的解释和对弗洛伊德的解释一样,向人们提供了一种归属社群的机会。两个作者并不完全相同,卡夫卡尤其意识到他总难以成为"统一社群"之外的某种存在。但他似乎感觉到通向"平衡"生活的道路,通向没有困惑的舒适生活的道路。那就是成为"解释性社群"的一分子。从某种程度上讲,这种观点同亨利·詹姆斯的"共享虚构"一致。

所以对卡夫卡来说,现代状况是一种取舍。最真实的行动方向是按社群外人的方式来生活。否则,人们就是一个解释性社群的一分子。在社群中人们找到来自人群的舒适,以及一种虚幻的确定性,但代价却是对(以及来自)那些不接受社群信仰的人的敌意,这里并不存在愉快的折衷。文化的战争将会取代(或者附加于)宗教战争(他的这一判断是多么正确)。

所以卡夫卡向我们展示出宗教信仰本身就是一种解释,此解释聚焦整体性和潜在性观念,认为存在终极意义。不过这种观点不再令人满意,原因并非其细节是错误的(如果说他能把上帝叫做细节的话),而是因为基本窘境在于我们带着一种深刻的愚昧"出生"在这个世界上。我们并不清楚存在的规则,甚至并不清楚是否真的有这种规则。我们所能做的就是最大限度地利用它。对于生活的其他解释,比如马克思主义、尼采主义、弗洛伊德主义,它们似乎至少在某个阶段把握了现实;但大一神教的真正

---

① 琼·莱维特:《弗兰兹·卡夫卡神秘的一生:通神学、犹太秘法以及现代复灵》,牛津:牛津大学出版社,2012年,第122—123、第137—139页,讨论卡夫卡与《圣经》。

遗产是使我们相信现实具有一种潜在的统一。卡夫卡的故事向我们表明，我们没有办法知晓什么是真实，即便理论上也不行。整体性这种东西并不存在，因为整体性也是一种解释。卡夫卡似乎乐于创造一些令人不安的社会，而这些社会中的存在规则都显得高深莫测。

15 哲学家的信念

有人经常提出,过去像波伊提乌（Boethius）、休谟和斯宾诺莎（Spinoza）这样的哲学家,他们主张的上帝在神性光辉上并不相同,他（通常是"he"）是否以及在何种程度上无所不知、无处不在、全知全能,还是说和自然共同统治。本书已经探索了像埃德蒙德·胡塞尔、美国实用主义者、马丁·海德格尔这些人的想法,他们应当是后尼采主义和后基督教世界之中主要的哲学关怀。但在两次世界大战之间,战争的痛苦记忆仍然生动,俄国和德国受极权主义的束缚,整个西方世界由于衰退而形象尽损,大西洋两岸的哲学家重新站队,对当时的政治和科学发展进行评估,并且就未来的道路给出自己的想法。

杜威的共同信仰

美国哲学家、心理学家约翰·杜威出生在佛蒙特州的伯林顿,他主张"民主始于对话"。"对话"是一个文雅的词,但那时的杜威是一个文雅的人,在他看来民主的含义,民主如何才能更好地获得,这些问题都使人着迷。而这自然也影响着他对上帝的思考。

对他来说,人们有可能经验到宗教感,却不需要任何超自然的形而上学承诺。杜威出生在1859年,在他35岁时便摒弃了多数基督教的特殊原则,虽然他仍然保留着基督教的伦理关怀。他从未完全放弃上帝的观念,虽然他抛弃了传统神学形式的上帝。在《一个共同信仰》(*A Common Faith*)中,杜威认为不存在任何特权立场(比如科学或神学的立场),可以在此立场的基础上确立自然基本的形而上学结构。像"价值""自由""目的性"这些把我们同动物区分开来的实体,"属于我们人类的本性"。①

对杜威来说,"为追寻理想而克服阻碍,且由于相信一般和持久的价值从而不顾可能造成个人牺牲而投身的任何活动,从性质上讲都是宗教性的"。"历史上实际存在的宗教对超自然具有某种承诺,而人们必须把宗教从这种承诺中解放出来,必须把宗教从那些无用的教条和原则中解放出来。属于宗教的价值和理想并非想象,而是真实;它们是'由此世的坚固材料和社会经验构成的'。"照此说法,宗教感是自然的天然组成部分。当我们陷入对超自然的追寻时,这个问题就会产生。"宗教必须被带到地面上,带进我们中间的'共同'事务。超自然主义,尤其那种认为宗教垄断了推进人类理想的超自然方法的主张,会阻碍对我们去追求那些能由我们自己带来的天然变化。因此,宗教价值需要解放。"

在杜威看来,问题的核心在于宗教和"宗教性的"之间的区别。宗教是"一种特殊信仰和行为的载体,它是某种制度性组织",而"宗教性的"则是一个形容词,它"并不代表任何特殊的实体,而只代表'向任何一种对象,任何一种目标或理想前进的态度'"。

杜威把注意力集中在作为共同信仰或态度的宗教经验上,而不关注个别的信仰和态度。"宗教性"可以与美、科学性、道德或政治经验联系在一起,也可以与同伴和友谊联系在一起。当我们感到生活丰富时,一种宗教性的态度、视野以及功能就正在发挥作用。"具有宗教性的一种典型社会事业便是科学。"他积极地把科学的方法引入政治社会。"相信通过直

---

① 默里·科克伦(编):《剑桥杜威指南》,英国剑桥:剑桥大学出版社,2010 年,特别是第 10 章:萨米·菲尔斯多姆:《杜威与实用的宗教自然主义》,第 213 页。

接合作性的人类努力,真理将会不断被揭示出来,这一信仰在性质上比相信完整启示的任何一种信仰,都更具有宗教性。"

他坚持认为,前科学的启示宗教不可能复归。相反,我们必须把信仰理解为"通过忠诚于各种理想目的,从而实现的自我统一。这些理想目的通过想象呈现在我们面前,而我们将把这些理想当成值得控制我们欲望和选择的事物,于是服从它们"。他再次强调这些理想目的并不是超自然的。"宗教的对象已经存在于某种真实存在的王国,此假定似乎并没有为宗教对象的力量增加什么内容,反而弱化了它们作为理想对我们产生的影响,只要这种影响以理智上暧昧不清的问题作为基础。"驱动我们的目标和理想是通过想象产生的。"但它们却并非由想象的事物构成,而由此世的坚固材料和社会经验构成。"①

"用'上帝'或'神圣'这些词来传达现实与理想的结合,这种做法可能会保护人们,避免让他们感到孤独以及由此造成的绝望或愤世嫉俗。"换句话说,如果人们因为这种感觉而使用"上帝"一词,那么杜威认为这没有问题。但杜威本人却认为没必要使用"上帝"一词,虽然这里的上帝是心理学的上帝,而不是超自然的上帝。

更重要的是,这种概念化上帝的进路能够把他"持续成长"的观点提升为我们最高的目标。知识的增长来自科学研究,或者"对自然理解的增进",这可以被看成是宗教性的,只要它将宗教性的观念从狭隘的超自然主义中解放出来,那么它在伦理上、社会上、政治上便具有重要性:"如果不放弃超自然基督教所执着的那种基本区分概念,我无法理解作为重要道德的和人类事务中的精神理想的任何民主理想如何可能实现。不论我们是否为兄弟,是否在某种隐喻的意义上获得拯救,我们也至少都在同一条船上,穿越同一片暗流汹涌的海域。这一事实具有无限的潜在宗教

---

① 萨米·菲尔斯多姆:《杜威与实用的宗教自然主义》,第215页。

意义。"①

在此他的观点是:"我们有成长的潜力,能团结一致争取理想的实现,而不必假定我们的理想'已经被包含在某种超自然或形而上学意义的基本存在框架中'。"杜威认为世界上并没有"基本存在框架"这种东西,它完全是形而上的。当宗教感发生的时候,这种宗教感来自"我们成为巨大宇宙(完全是自然的宇宙)一部分时,我们心中产生的敬畏感"。

并没有某种既成的神圣现实"存在于某个地方",存在于超验世界的秩序之中,而我们终将有一天会通过宗教体验、教条式的天启,或者神学的诡辩来洞悉它。相反,真正存在着的事物包括,对概念化宗教性理想的追求,对自然物质世界和社会存在之善,对我们理智和想象所制造的整体性人类成就(关键在于这种整体性成就大于部分成就之和)的不断争取。如果我们想把在理想和现实遭遇时获得的那种和谐称作神圣,那么它就是一种神圣,但我们不应该用它来象征某种并不包含它的事物。②

他认为关键在于宗教应当"复归一种与其他社会追求相关的私人关系"。在1929年发表的《确定性的寻求》(*The Quest for Certainty*)当中,杜威把宗教态度的特征形容为"对存在之可能性的一种感觉,它忠诚于使存在可能的那种原因,并且有别于对时间中被给予物的接受"。如萨米·菲尔斯多姆(Sami Pihlström)所说,杜威的"上帝"有些类似于社会理智、民主和科学的结合体。杜威并非一神论者,并且他排斥所有超验的上帝观念。"上帝"对他来说至多是"一个诗性的象征,以便从经验中识别出人们追寻美好生活所最终关心的那些力量和价值"。③ 宗教感就像诗歌一样,它应该是一朵"无心栽培出来的生活之花"。神学家们指责杜威发明了一种在他们看来"打了折扣的信仰",而无神论者则认为,他们找不到杜威仍然要

---

① 萨米·菲尔斯多姆:《杜威与实用的宗教自然主义》,第218页。
② 同上,第226页。
③ 同上,第220页。

使用"上帝"或"神圣"这样词汇的理由。

杜威作品中最有价值的一点在于,他对科学思维和宗教思维的和解做出了一种缜密的尝试。他总结说:"我们的责任是保存、传播、修正以及扩大我们已经接受的那些有价值的遗产。相比我们,我们的后辈也许会更坚定更安心地接受这笔遗产,更多人会更轻易地理解它,更多人会普遍地共享它。就一个宗教性的信仰而言,这些元素不能被局限于教派、阶层或种族。这种信仰永远暗示着人类的共同信仰。它仍有待被澄清、被激发。"①

维特根斯坦的不可言说信念

维特根斯坦的宗教观一般来说不如他在《逻辑哲学论》中提出的语言图像论那样有名。他并没有就这一主题撰写著作,但 1938 年他在剑桥就宗教信仰做过一系列讲座。我们对这一系列讲座的了解来自西里尔·巴雷特(Cyril Barrett)一次奇妙的出版冒险。他编纂了一本名叫《美学、心理学、宗教信仰讲座和对话集》(*Lectures and Conversations on Aesthetics, Psychology and Religious Belief*)的书,直到 1966 年才得以出版。巴雷特的书并不只以维特根斯坦本人的讲座记录为基础,同时还包括参与了讲座的学生记录。他指出,由于这些学生是他们老师最忠实的追随者,"我们可以安全地假定他们忠实地记录了维特根斯坦的教导"。②

维特根斯坦在这一系列讲座中探讨了尤其让我们感兴趣的两个领域。首先,他以典型的维特根斯坦式风格分析了信仰的语言,以表明误解是如何产生的,表明信仰者与无信仰者互相之间如何"各说各话"。其次,

---

① 萨米·菲尔斯多姆:《杜威与实用的宗教自然主义》,第 232 页。
② 多纳德·赫德森:《维特根斯坦与宗教信仰》,伦敦:麦克米伦出版社,1975 年,第 114 页。

他研究了神秘性观念,他说这一观念同样与语言的误用有关。

他从《逻辑哲学论》当中我们所熟悉的前提出发,认为语言存在着局限,并且语言其实就是我们世界的局限,语言的特点"使理智着迷"。比方在伦理领域内,"他是一个好人"这句话同"他是一个好的网球选手"相似,但实际上却并非如此。一个男人或女人也许想,也许不想成为一个好的网球选手,而这也并不必然使第三方感兴趣。但如果有人准备说,"我并不想与人为善",这种说法就会使大多数人感到震惊。与人为善的绝对命令在后一种意义上是我们应当因为其本身的缘故而重视的事物,"不论它可能是何种目的的手段"。同样,当我们使用"永恒"这个词的时候,不论我们是否具有宗教性,我们指的也并非是"无限时间的绵延",我们的意思是"不存在时间"。

这并不是咬文嚼字,因为他认为当我们说自己具有一种神秘体验的时候,我们的意思在根子上确实存在着语言的局限性。维特根斯坦并不接受任何超自然意义上的形而上学或超验性。相反,他觉得神秘性起源于如下事实,即某种事物可以被"表现出来,但却不能被言说"。用一个鲜活的例子来说,他指出一个艺术家不可能为我们画出他作画的方式。每个艺术家都有他或她自己独特的模式(想想雷诺阿的模式如何不同于德加或凡·高),那种模式并不需要用记号来标明。"然而如果我们对其中一位艺术家说,'我们并不想要一张描绘你眼中周遭世界的画,我们想要的仅仅是一张描绘你本人作画方式的画。并不是作画方式的例子,而是标记你本人,你的作画方式本身!',那么此时我们要求的是什么呢?显然,没有哪个艺术家能够满足这一要求……艺术家的作画方式体现在他或她的每一幅画中,但其作画方式无法(在逻辑上)成为他或她绘画作品的主题。"[1]

---

[1] 多纳德·赫德森:《维特根斯坦与宗教信仰》,第70—71页。

换句话说,经验和这个世界的某些特定方面不能被言说,不能被描绘。他进一步推进到更一般的状况:"哲学和逻辑的命题本身并不是对可能事实状况的逻辑描绘。它们表明语言的结构,虽然这种结构并不能被言说。"维特根斯坦得出结论认为,语言向我们提供了对世界的整体性感觉,但这却是一种有限的整体感。有限的意义在于,它预示着有限之上存在着某种超越性事物,而这恰恰建构了神秘性。"对世界意义问题的回答,必然将我们带向这个世界(也就是'由事实构成的世界')之上。""事实的意义或价值(在逻辑上)无法被回答……把世界看成或理解成有限整体,这意味着人们意识到把意义和规则强加在能被言说事物之上的那些限制。"①

维特根斯坦认为神秘主义来自,或者说至少部分来自对本该存在的世界的惊讶。他觉得这也是对语言的误用,因为我们不可能真正想象到不存在的世界会像什么样子。我们可以想象我们知道并不存在的一间房子,我们也可以想象如果这块地基没有修建房子会是什么样子,但我们甚至不能开始想象在没有宇宙的宇宙当中,宇宙或者世界将会是什么样子,因为它没有任何意义,我们已经遇到了语言的局限,而正是这种逻辑或语言上的有限性,成为神秘意义的基础。

而这就是维特根斯坦同逻辑实证主义者的最大区别,尤其是本书开头援引的他的观点:"我们感到,即便所有可能的科学问题都得到了回答,但生活的问题仍然完全没有被触及。"(《逻辑哲学论》,6.25。)

维特根斯坦像叔本华一样,相信道德是践行意志的领域,而不是践行理性的领域。"只有意志能够突破语言施加的限制……如果意志善或恶的实践确实改变了世界,那么它只能改变世界的局限,而不能改变事实,不能改变那些能用语言的方式表达出来的事物……与不幸者的世界相

---

① 多纳德·赫德森:《维特根斯坦与宗教信仰》,第79页。

比,幸福者的世界是一个不同的世界。"①

他认为神秘性在艺术和行动中展现自身。他同自己的朋友保罗·恩格尔曼(Paul Engelmann)讨论神秘性将自身彰显于诗歌中的方式,即诗歌的意义"超越"了语言,打破了语言的局限,这一点为许多人认同。他认为自己在剑桥教学的几次经历当中,神秘性也出现过,维特根斯坦相信,教学的某些方面能超越语言,超越事物的真,教学同样也可以被视为一种神秘性的体验。

恩格尔曼说,维特根斯坦有个所谓的"不可言说信念"(wordless faith)概念,这是一种有意识的努力,要求按《逻辑哲学论》中的暗示而生活,也就是说,要去做那些不能被言说,但能被表现的事情。维特根斯坦相信,任何意欲把伦理放在语词中并形成教条的尝试,都不可避免地是一种堕落。"所做之事并不相关任何伦理或宗教,它仅仅是行动"。(这一主张与摩尔主张"善"不可被定义的观点不谋而合。)我们必须记住,世界的意义本身在逻辑上不可能是世界的一部分,"因为任何事物的意义都不可能是这个意义依据的那个事物本身的一部分"。②

照此方式来考察对神秘性的理解,可能会形成某种维特根斯坦意义上的宗教,但用他的话来说,这种宗教却没有教条,甚至没有教条性原则。他看到了人们的宗教性(在其描述的神秘意义上的宗教性)与人们的爱,这两者之间存在特定的相似性。没有哪个恋爱中的人会询问爱的目的,也不会思考在不丧失爱的某种经验性质的情况下,如何可能把爱植入语言。此主张与罗伯特·穆齐尔"其他状况"存在关联。

所以,如果我们承认维特根斯坦的那种观点,认为把神秘观念放入语言从定义上讲就是自败的,那么他理想中的神秘性或宗教性个体便不会

---

① 多纳德·赫德森:《维特根斯坦与宗教信仰》,第92页。
② 同上,第106页。

接受超自然教条,而会热爱诗歌、绘画和教学,他或她将毕生致力于艺术和行动,从中创造或模仿那些不能被言说的事物。生活在语言的局限性之中,意识到这些局限性,这就是在神秘生活边缘的一种生活。在维特根斯坦职业生涯的某些阶段,他似乎体悟到了按照这种方式生活的冲动,从某种意义上讲这是一种特殊的强烈感情,是某种意义上的"更高"的生活:"至高生活无法被言说,它只能被践行。"[①]

此外他还讨论了灵魂问题。他认为宗教性力量已经接管了两种心理现象,并且使这两种现象混合在一起。第一种心理现象是如下事实,即我们知道了解自己的方式与了解他人的方式大不相同。我们"内在于"自身,但却不能以同样的方式内在于别人。同时,如果我们解释第二个现象"在极度悲伤时,我们从何处感觉到自己的悲伤?",他认为,我们可能说通过自己的右眼而不是左耳感觉到悲伤,但我们并不这样讲,因为这不是我们的感觉。他的观点在于,经验的许多方面都无法用我们的语言来谈论,即便语言已经演进了如此长的时间。而这就是语言模糊性产生的场所,"灵魂"就是我们给自我理解中这一鸿沟所取的名称。

于是灵魂的概念也是他识别出的那种神秘主义的一个方面,也许也是他不可言说信念中最私人的方面。用他的例子来说,我们在灵魂中感觉到悲伤,因为我们没有其他描述它的方式,我们也没有其他位置来安放它。[②]

怀特海对过程的信念

维特根斯坦与罗素的会面,以及其后二者的友谊已经人所共知。前者在未知会的情况下,突然造访罗素在剑桥的办公室。此时罗素正在喝

---

① 多纳德·赫德森:《维特根斯坦与宗教信仰》,第106页。
② 同上。

茶。维特根斯坦只会说一点英语，但他却拒绝用德语交流。尽管开端并不顺利，但罗素还是很快看出维特根斯坦是一位天才，并要求这位奥地利人成为其门徒。

和维特根斯坦一样，罗素也是一名贵族。罗素是约翰·斯图尔特·密尔（John Stuart Mill）的教子，出生在维多利亚女王统治中期的1872年，死于近一个世纪之后。那时他像其他许多人一样，见证了核武器成为人类最大的威胁。他曾一度被形容为"一位贵族式的小个子"，在奥古斯都·约翰（Augustus John）的肖像画中，他有着"锐利怀疑的眼睛，充满疑问的眉毛，以及挑剔的嘴"。[①] 他曾写道，"对知识的探寻，对不可忍受苦难的同情，以及对爱的渴望"，是支配他漫长一生的三种情绪。他总结说，"我发现生活是值得过的，如果有机会的话，我会很愿意再活一遍"。

人们可以看到其中的缘故。约翰·斯图尔特·密尔并不是与他交往的唯一名人——托马斯·艾略特、利顿·斯特雷奇、乔治·爱德华·摩尔、约瑟夫·康拉德、戴维·赫伯特·劳伦斯、维特根斯坦、凯瑟琳·曼斯菲尔德（Katherine Manthfield），这些名人只是他交往圈子的一部分。他声援苏联，赢得诺贝尔文学奖（1950年），并且至少在6部小说中作为角色出现过（有时候他对此很是恼怒），其中包括罗伊·坎贝尔（Roy Campbell）、托马斯·艾略特、阿道司·赫胥黎（Aldous Huxley）、戴维·赫伯特·劳伦斯以及西格夫里·萨松的作品。1970年，当97岁高龄的罗素逝世时，他仍然有超过60本著作在印。

他所有著作中最具原创性的一部要数最早在1910年出版的大部头著作。他追寻艾萨克·牛顿，将其命名为《数学原理》（*Principia Mathematica*）。这部著作是当代阅读量最少的书之一。首先，它的主题有

[①] 引自彼得·沃森：《可怖的美：形塑当代心灵的人和观念》，第99页。

关数学，并不是每个人都中意阅读这方面的著作。第二，它的篇幅实在是太长了，三卷总计超过 2 000 页。但是第三个理由确保这本间接导致计算机诞生的著作只会有很少的读者：它主要由环环相扣的论证构成，而论证又是通过专门发明的符号来进行。在此，"不"被一个弯曲的杆代表；黑体的"∨"代表"或者"；方形的点表示"和"。这部书花费了 10 年时间打造，其目的完全在于解释数学的逻辑基础。

1889 年 11 月，罗素升入剑桥，对这位年轻人来说是再明显不过的选择，因为人们只看得见他对数学的热情，而剑桥又以数学见长。罗素热爱数学的明晰性和确定性，而且据他所说，他发现数学同诗歌、浪漫的爱情或者自然的壮观一样令人动容。他尤其喜欢"人类感觉无法完全玷污数学主题"这一事实。

在剑桥，他进入三一学院准备奖学金考试，很幸运，他的考官是阿尔弗雷德·怀特海。怀特海在当时也仅仅 29 岁，是一个和善的人（他在剑桥号称"天使"），但已经表现出后来臭名昭著的健忘征兆。怀特海对数学的热情不下于罗素，他以一种非常规的方式发挥着这种热情。在奖学金考试中罗素排名第二，一位名叫布谢尔（Bushell）的学生获得了更高的分数。但怀特海说服自己，罗素是一个更有才干的人，所以他在推荐罗素获得奖学金之前，烧掉了所有考试的答案以及他自己的评分。

罗素并没有让人失望，他以"牧马人"（wrangler）身份毕业，这在剑桥指的是数学系甲等毕业。但如果这个故事让他的成功听上去似乎得来全不费工夫，那便是一种误导了。罗素的最终考试使他筋疲力尽（同样的事情也发生在爱因斯坦身上），所以后来他卖掉了自己所有的数学书籍，并转向哲学以求解脱。他后来说，自己把哲学看成科学和神学的中间地带。那时他已经知道已成为好友的怀特海正在研究的许多问题和自己相同，于是他们决定合作。

这次合作是一件意义深远的事，包含几个方面的意义（有证据表明罗素爱上了怀特海的妻子）。这部著作在长达 10 年的时间里主宰了这两个人的生活，当 1910 年 11 月这部著作问世时，罗素和怀特海很明显发现了一个重要的问题——即便不是所有数学，至少也可以说大多数的数学都可以从在逻辑上由彼此相互联系的一些公理产生。《观察者》的评论员总结说，这本书"企图让数学变得比宇宙本身还要牢固"，这"标志了历史中的推理思维时代"。

在《数学原理》之后，两个人开始分道扬镳。（他们在余生中也保持了朋友关系，但 1914 年到 1918 年，罗素因为反战活动而未能与怀特海和睦共处，后者的儿子在战争中身亡。）

他们二人此后都更为彻底地投身于哲学。怀特海在剑桥工作 25 年后离开，转投伦敦大学学院，4 年后，他被任命为皇家学院应用数学系教授。他在那里待了 10 年，这期间写出许多著作，包括《自然的概念》（*The Concept of Nature*），以及一本讨论相对性的书。1924 年他来到哈佛大学，成为哲学教授。他开玩笑说，他参加过的第一场哲学讲座就是他本人的讲座。

当怀特海还在伦敦时，其注意力就已经转向科学哲学了。而他也正是在这个时期重新思考了关于上帝的观念。他的数学和物理学知识令他拒斥每个对象都有一个简单时空位置的观点。相反，他提出所有对象都应当被理解为具有时空广延的场。他断言并不存在点这种事物，不存在没有物质的实体，从而证明他的观点。同样，那种被理解为仅具有长度，不具有宽度的直线也并不存在。这些都是抽象，而非具体的实体。这使他走向如下观点，认为对象和事物都是事件，是过程的结果（本质上并不间断），而"世界基础的形而上学组成部分"是这种过程，而不是实体。生活的基本事实是流动的，即便那些似乎一年到头都在原地静止不动的石块或鹅卵石，也在缓慢地变化，整个世界是永恒的"变动"。这就是怀特海 1929 年发表的《过程与实在》（*Process and Reality*）一书的精髓（这本书最初的版本是 1927—1928 年的吉福德系列讲座）。①

20 世纪 20 年代是量子物理学取得重要进步的 10 年：波粒二象性被发现，爱因斯坦相对论被经验证实，测不准原理得到证明，而牛顿固定的机械宇宙论则被完全打破。怀特海的观点就是对这些新近发现的回应。能量是现实的基本原则，它持续不断地处在构成和重构的过程中。而这种特别的旨趣此时造成了两种后果。其一，不论你愿意把它称为过程、涌流，还是变化，它事实上都是唯一存在的神圣实体，上帝实际上把世界建立在运动之中，上帝就是把所有事物带入现实的那条涌流，但并不直接掌控过程所采取的形式。在过程中存在着自由，能量借此取得了它的各种形式。其二，传统宗教主要关心在过程之流中找到某种秩序，它想要赋予过去的事件以意义，以便对未来进行预测。

怀特海的写作风格留下了许多悬念，他的论证思路也并不总是能被轻易跟上，但他似乎提倡一种后尼采式的自然神论。在此自然神论中存在一位上帝，他创造了能量；而这种自然神论也显然不包含亚伯拉罕、以赛亚、耶稣抑或穆罕默德。可能是因为他糟糕的写作风格，也可能是因为自然神论对许多潜在信仰者而言太过抽象，所以他尝试把科学与宗教嫁接起来，但这种尝试从来都不太有吸引力。

罗素对知识和爱的信念

罗素的主要想法则完全不同。在《我为什么不是基督徒》（*Why I am not a Christian*）、《幸福之路》（*The Conquest of Happiness*）、《郊区撒旦》（*Satan in the Suburbs*）、《行为主义与价值》（*Behaviourism and Values*）、《幸福的东西方理想》（*Eastern and Western Ideals of Happiness*）、《教义战争的危险》（*The*

---

① 《斯坦福哲学百科全书》网络版怀特海词条，总计 9 页中的第 5 页。

Danger of Creed Wars)这些著作和文章中,罗素直面世俗社会的问题和机遇,并用了一种远比怀特海直白的语言。保罗·爱德华兹(Paul Edwards)形容罗素是"道德和宗教领域最伟大的异端之一",他从来就不是一位纯粹的技术性哲学家。爱德华兹说,他总是"深深关注宗教逐个回答的那些基本问题,包括人类在宇宙中的地位,以及好生活的本质"。①

罗素的风格是毫不妥协,斗志旺盛。"我认为世界上所有伟大的宗教——佛教、印度教、伊斯兰教,都既不真实并且有害。"在指出基督徒不再必然相信地狱后(他们的信仰正在"缩小"),他拒绝承认人们相信上帝的那些理由。"真正驱动人们相信上帝的并非任何理智的论证。多数人相信上帝乃是因为他们从小便接受相信上帝的教育,而这是主要原因。"他认为基督是否真的存在过值得怀疑,并且宣称基督教的教义"把残酷带到这个世界上,让这个世界中一代又一代人饱受残酷折磨"。他没有看到宗教使人向善的任何证据,事实上,"世界上发生的所有道德进步,都是世界上有组织的教会一贯反对的"。②

不仅如此,经验和观察都不能使他承认信仰者平均而言会比无信仰者更幸福或更不幸。③"上帝的整个概念来自古代东方的专制主义……它似乎是卑劣的,配不上自尊的人……一个良善的世界需要知识、仁慈和勇气。"他曾说过,他所谓伟大宇宙哲学的所有哲学都只是一种天真的人道主义:"我们当下通过自然哲学来认识的那个伟大世界,它无所谓好和坏,也和我们的幸福和不幸无关。所有这些哲学都源于自我的重要性,并最好由一些天文学知识修正……我们本身是价值无可辩驳的最终裁判者,而在价值的世界中,自然只是其中一部分。因此,在此世界当中我们

---

① 伯特兰·罗素:《我为什么不是基督徒:宗教和相关主题论文集》,伦敦:乔治·艾伦与昂温出版社,1954年,第V页("我为什么不是基督徒"是1927年的一场讲座)。
② 伯特兰·罗素:《我为什么不是基督徒:宗教和相关主题论文集》,第15页。
③ 同上,第179页。

比自然重要。"①

第一次世界大战"本质上完全是基督教的战争"。所有与之有关的政治家都"被赞誉为真挚的基督徒"。他还主张社会主义的危险特质在于，"它令人联想起中世纪的教会。它由神圣著作之中受人们狂热追捧的教条构成，它不情愿让这些教条受到批判的检验，而且残酷地迫害那些拒斥教条的人"。②

然而罗素还不仅是一位只会指出宗教的错误和负面影响的消极的异端。他曾说过，"知识和爱都具有不确定的扩张性，因此，不管好生活会是什么样子，更好的生活总是可以被想象的。没有知识仅有爱，或者没有爱仅有知识，都不能构成好的生活"。爱是更根本性的东西，"因为它会引导有理智的人们去寻求知识，以便发现如何才能使自己所爱之人受益"。

"对地球上好生活的所有描述，我们都必须假设特定的动物性的活力和动物本能；没有这种活力和本能，生活就会乏味无趣。文明应当是对这种生活的某种补充，而不是对它的替代；苦行的圣人和超然的贤者在这个意义上都不是完整的人。少量圣人和贤者可能会使社群变得更充实；但一个全部由圣人和贤者构成的世界将会无聊至死。"他说，爱的极致在于"快乐和善意两种元素不可分割的结合……没有善意的快乐可能会是残酷的；没有快乐的善意则可能会很轻易地变为冷漠和优越……在这个现实世界中，快乐不可避免地具有选择性，并且会阻止我们获得相同的人类感觉。"

他并不怀疑所有人类行为都源自欲望，因此伦理观除非能影响欲望，否则便不具有重要性。"在人类欲望之外不存在道德标准。""任何伦理论证的全部效力都在于科学部分，也就是说，在于证明一种行为，而不是其

---

① 伯特兰·罗素：《我为什么不是基督徒：宗教和相关主题论文集》，第43—44页。
② 同上，第177页。

他行为,是追求人们普遍欲求目标的方法。"①

随着时间推移,他也提出了几个有趣的"小"主张,比方说他认为,儿童应当在青春期以前,在"性还不令他们感到兴奋时",就接受性教育;良心是靠不住的向导,"因为它由对儿时所见所闻的迷糊回忆构成,所以一个人的良心永远不会比他的护工或母亲更聪明";基督教皈依观念非常危险,它鼓吹能在突然之间获得的拯救。相反,"不论对于个人还是社会而言,好生活都是没有捷径的"。因此他相信,个人的拯救"不能定义好生活"。②

为了在完全意义上过好的生活,"人们必须获得好的教育,有朋友,爱孩子(如果他愿意要孩子),有足够的收入以免于欲望和焦虑的干扰,身体健康,从事不无趣的工作。所有这些条件都在不同程度上依赖社群,都受到政治事件的推动或阻碍。好的生活必须生活在好的社会,否则好的生活就不可能完全实现"。③ 他没有被摩尔的论证说服。"赋予人们某种被抽象思考的'善',这并没有什么用。如果我们想要增进人们的幸福,那我们必须赋予他们某种被欲求的,或者被需要的事物。科学可以及时地学会如何塑造我们的欲望,所以这些欲望就不会与其他人的欲望产生现如今这种程度的冲突。于是,我们未来会比现在更大程度地满足我们的欲望。在此意义上,而且仅在此意义上,我们的欲望将变得'更好'。割裂地来看单一的欲望,它相比其他欲望无所谓更好,也无所谓更差。但是一组欲望可以比另一组欲望更好,只要第一组中的所有欲望能够同时被满足,而在第二组当中,某些欲望与另一些欲望不协调。这就是爱优于恨的

---

① 参见雷·孟克:《伯特兰·罗素:1921—1970,疯狂的幽灵》(第 2 卷),伦敦:乔纳森·凯普出版社,2000 年,第 36 页,描述了他与朵拉的关系。也可参见尼古拉斯·格里芬:《剑桥伯特兰·罗素指南》,英国剑桥:剑桥大学出版社,2003 年,尤其第 15 章。
② 雷·孟克:《伯特兰·罗素:1921—1970,疯狂的幽灵》(第 2 卷),第 60 页。
③ 同上,第 59 页。

原因。"①

他同意威廉·詹姆斯的观点,认为信仰测试并不在于它符合某些"事实","因为我们永远无法触及相关事实。测试的成功表现在改善生活,成就我们的欲望"。他同意怀特海的物质观,认为实体是一系列事件,但在根本上他却不同意怀特海对秩序和上帝的角色或非角色的看法,他认为"没有理由拒绝世界明显具有的零星和杂乱本质"。他赋予知识与爱最高的重要性,即便如此,知识仍然"像爱一样是一个自然事实,不具有神秘性意义,也不具有宇宙性的重要地位"。②

他总结说,从宗教和哲学角度上看,西方和东方的主要区别在于东方没有原罪教义。比方说,孔子认为人生而为善。他的观点导致了东西方深刻的差异,因为这表示在东方,人们"更加容易服从理性"。③

上文提到的各人都有着高贵且具有原创性的目的。那么,相比尚未提到的、发生在德国 20 世纪 30 年代的诸多事件,他们能更吸引每个人的注意吗?

---

① 伯特兰·罗素:《怀疑论文集》,伦敦:乔治·艾伦与昂温出版社,1929 年,第 68 页。
② 伯特兰·罗素:《怀疑论文集》,第 70 页。
③ 同上,第 116—117 页。

16 纳粹的血统宗教

阿道夫·希特勒还是 6 岁小孩的时候，曾在奥地利兰巴赫短暂参加过主教修道院的唱诗班。他后来说自己最喜欢的是"教会节日时的庄严华丽"。他 1919 年来到慕尼黑时，是一名 30 岁的退伍士兵。此时他具有的那种宗教感早已远离了天主教。希特勒此时被保罗·德·拉加德（Paul de Lagarde）等人打造的民族运动吸引。拉加德主张基督教是一种腐化的信仰，天主教和新教都是对《圣经》的"扭曲"。拉加德坚持认为，这种腐化主要是由圣保罗造成的，他把基督教"犹太化了"。[①]

在希特勒的时代，许多粗制滥造的出版物在维也纳流传。其中一本名为《向基督靠拢！远离保罗！德国宗教！》(*Forward to Christ! Away with Paul! German Religion!*)。这本书同样主张，"败坏者保罗和他的民族"都是"耶稣的死敌"，"在真正的德国教堂敞开大门之前，就应当把他们清除出上帝王国的大门"。耶稣本人是犹太人的难题，通过很多方法被规避掉了，比如可以把他说成是"雅利安人"，或者是用从工程师转职为出版商的反犹主义者西奥多·弗里奇（Theodor Fritsch）的办法，主张加利利人实际上是高卢人，后来演变为德国人。（他声称已经从语言的角度上证明了这一观点。）这些主张都变成了希特勒基督教观点的核心部分，但除此之外他还主张在耶稣那里看到了自己的镜像，"一个勇敢、遭到迫害的反犹斗士"。

虚无时代：上帝死后我们如何生活　　359

尽管如此,希特勒却并不渴望把羽翼未丰的纳粹运动放在业已建立宗教的对立面。阿图尔·丁特尔(Artur Dinter)博士从前是科学家和编剧,曾悲惨地失去了年幼的女儿。他呼吁能对抗现代主义、唯物主义和犹太人的"德意志民族教会,就像耶稣曾经做过的那样(他大致的想法是废除十诫)"。丁特尔比希勒特本人加入民族社会主义党的时间还要早,而且在政党中排名第五。但希特勒还是开除了丁特尔,并告诉他自己不会在"宗教改革"上浪费时间,"以后的时间里"对宗教问题也会避而不谈。②

德国的神学复兴

他并没有遵守诺言。到了纳粹党确实掌握住权力时,他们同宗教的关系将会麻烦不断。从某种意义上讲,他们的观点过分简单;从某种意义上讲,他们的观点又愤世嫉俗、工于心计。希特勒本人似乎对"神圣宇宙"具有一种模糊的观点,不过用纯粹理智的话来讲,纳粹党人大多忽略德国人那时刚刚经历宗教思想复兴这一事实。③ 常常被无视的事实是,和德国人从1920年到1930年涌现出物理、哲学、历史和电影的"黄金一代"一样,神学同样涌现了大量具有创造性的人物。根据阿利斯特·麦格拉斯(Alister McGrath)1986年的作品,现代德国神学拥有一种"天生的才华",但第二次世界大战以后,某种神学铁幕笼罩了整个欧洲,把德国原创的观念从英语世界的神学舞台中驱除出去。④

德国神学的这种复兴由阿尔贝特·施魏策尔(Albert Schweitzer)、鲁

---

① 我用了布莱恩·莫伊纳汉在《信仰》(伦敦:黄金出版社,2002年,第675页)中的说法。
② 布莱恩·莫伊纳汉:《信仰》,第675页。
③ 霍默:《元首的信仰:希特勒的神圣宇宙》,载《二战时期的德国和欧洲:纪念奥龙·詹姆斯·黑尔论文集》,霍默、拉里·威尔科克斯(编),夏洛茨维尔:弗吉尼亚大学出版社,1986年,第61—78页。
④ 阿利斯特·麦格拉斯:《现代德国基督学的形成:从启蒙运动到潘恩伯格》,牛津:布莱克威尔出版社,1986年,第5页。

道夫·斯坦纳、卡尔·巴特(Karl Barth)、鲁道夫·布尔特曼(Rudolf Bultmann)、马丁·布伯(Martin Buber),以及迪特里希·朋霍费尔构成。这一复兴与世界对它的忽略,本身就是非常有趣的现象,但它还因为三个原因而引起我们的关注。第一,他们的研究表明,保罗在早期基督教的建立中扮演了更为突出的角色。这个观点反过来赋予纳粹观点某种特定的可靠性——纳粹声称保罗在某种程度上背叛了耶稣遗留的信息。第二,上面提到的几个人当中,有一些人(尤其是巴特、朋霍费尔和布伯)非常勇敢地对抗纳粹。从他们的主张以及其他证据可以看到,纳粹在第三帝国早期主要担心有组织的基督教会成为他们权威的主要威胁。不过这种威胁从未实现过,这一事实也不在本书的考察范围,但它是20世纪历史的主要的一个未解难题,也是对宗教立场令人信服的一次控诉。第三个引起我们关注的原因包含在卡尔·巴特的作品当中。

巴特(1886—1968)被广泛认为是他那个世纪最杰出的新教神学家,也可能是路德之后最伟大的神学家。[①] 他出生在巴塞尔,父亲弗里茨(Fritz)是研究《新约全书》和教会早期历史的牧师、教授。巴特曾在伯尔尼、柏林、图宾根、马尔堡大学求学。在柏林大学学习期间,他曾参加了吉森大学教会史教授阿道夫·冯·哈纳克(Adolf von Harnack)的研习班。19世纪以来,对《圣经》的历史批评不断增长,而哈纳克1900年出版的《基督教本质》(*The Essence of Christianity*)则比此时所有的批评都要大胆。巴特也正是在那里第一次遭遇了他后来反对的自由神学观念(主要是探索历史上的耶稣)。在学习结束之后,他返回瑞士成为一名牧师。[②]

他渐渐相信,虽然德国的"高等批判运动"(higher criticism)是造成学术新技术的主要原因,但这一运动仍然错过了问题的关键。把耶稣理解

---

① 布鲁斯·麦考马克:《卡尔·巴特批判的辩证神学:起源和发展,1909—1936》,牛津:克拉伦登,1995年,第38页以下,参考"世纪之交的神学状况"。
② 埃伯哈德·布什:《卡尔·巴特:书信集和自传》,约翰·鲍登译,伦敦:SCM出版社,1976年,第38页以下。

为历史人物将会妨碍人们把他理解成上帝显现的喉舌。人们不再按照《圣经》编纂者所希望的那样,请教于《圣经》。战争期间,巴特重新研读经文,尤其是从 1916 年开始,他仔细研究保罗写给罗马人的书信。后来证明,这一阶段对他来说非常重要。他在 1922 年出版了《罗马书释义》(*The Epistle to the Romans*),该书的主要内容是,正如保罗自己所言,上帝只拯救那些"只相信上帝,而不是相信他们自己的人"。① 这使得巴特得出了影响深远的观点,即他所谓"上帝的神性"——上帝是"完全的他者",完全不同于人类。②

正由于上帝是"完全的他者",这个观念使他留意到其他神学家和信徒。在出版《罗马书释义》那一年,他与包括鲁道夫·布尔特曼在内的神学家一起创办了一本刊物,名为《时代之间》(*Between the Times*)。这本刊物成了所谓"危机神学"的主要宣泄地。第一次世界大战以及远离上帝的那种罪恶,被认为是这种危机的证据。在 1933 年停刊之前,《时代之间》一直是一支强有力的力量。③

于是巴特便提出了一种对上帝的全新理解,从某种意义上讲,他理解下的上帝是有史以来最抽象,最鲜为人知的上帝。上帝观念根据其不可知性而被定义(对此弗洛伊德尤其不屑一顾),从这个角度看,其后果可能造成信仰者和无信仰者更彻底的断裂。此外,20 世纪后期"后现代转向"产生,人们将注意力聚焦在核心概念"他者"(不仅是在神学意义上)上,这个时候巴特的"他性"(otherness)概念造成了很大影响(参见第 26 章)。

巴特神学的影响早期在德国尤其明显。当纳粹在 1933 年篡夺权力时,他就已经是一名公众人物了。此时他是教会反对民族社会主义观念的领导人之一,即便不是唯一的领导人,他们的观点体现在 1934 年的《巴

---

① 埃伯哈德·布什:《卡尔·巴特:书信集和自传》,第 92 页以下,第 117 页以下。
② 兹德拉夫科·库顺齐亚:《波士顿西方神学协作百科全书》,巴特词条,第 16 页。
③ 埃伯哈德·布什:《卡尔·巴特:书信集和自传》,第 120 页以下;布鲁斯·麦考马克:《卡尔·巴特批判的辩证神学:起源和发展,1909—1936》,第 209 页以下。

门宣言》(Barmen Declaration)之中。① 在此之前的 4 月份,"德国国家福音教会"在纳粹的影响下成立,并发布了它的指导性原则,使反犹主义成为这种新宗教的核心纲领,同时还禁止"德国人和犹太人"通婚,宣称:"我们需要一种扎根于我们民族性的福音教会。"②

为了回应德国国家福音教会的成立,巴特作为发起人之一,创办了所谓的"宣信会"(Confessing Church)。宣信会反对建立德国教会的那种企图,尤其反对德国教会的基础,即纳粹提出的"血统与国土"观念。1934年 5 月,宣信会代表在巴门集会,提出了他们的宣言。这份宣言在巴特手稿的基础上写成,他们在宣言中反对"我们生活的某个部分不属于耶稣基督,而属于其他某位领导人"的"错误原则"。巴特本人拒绝无条件效忠于希特勒,被遣返巴塞尔。他在那里不断发声,支持犹太人。③

基督教的纳粹形式

希特勒在就职后的一段时间里,曾小心翼翼地安抚教会。他曾向戈培尔(Goebbels)倾诉说,对待教会的最好方法是"暂避锋芒,毫不留情地绞杀其所有无礼言行,或干预国事的企图"。现实中,元首对路德宗教士不屑一顾,认为"他们是不重要的小人物……他们既没有那种自己认真对待的宗教,也没有像罗马那样值得保卫的神圣处所"。④

希特勒承认天主教会制度化的力量。虽然 1931 年教皇谴责墨索里

---

① 埃伯哈德·布什:《卡尔·巴特:书信集和自传》,第 245 页。
② 兹德拉夫科·库顺齐亚:《波士顿西方神学协作百科全书》,巴特词条,第 17 页。
③ 布鲁斯·麦考马克:《卡尔·巴特批判的辩证神学:起源和发展,1909—1936》,第 449 页。
④ 布莱恩·莫伊纳汉:《信仰》,第 678 页。恩斯特·黑尔姆里希:《希特勒治下的德国教会:背景,斗争与收场》,底特律:韦恩州立大学,1979 年,第 123 页。J. S. 康हिल:《纳粹对教会的迫害,1933—1945》,伦敦:韦登菲尔德与尼科尔森出版社,1968 年,第 2 页。

虚无时代:上帝死后我们如何生活

尼的法西斯主义是"对国家的异教崇拜",但元首还是在两年之后和梵蒂冈签署了一份协议。在梵蒂冈这方,协议主要由时任梵蒂冈国务卿,后来成为教皇庇护十二世(Pius XII)的尤金尼奥·帕切利(Eugenio Pacelli)枢机主教参与。帕切利从20世纪20年代开始成为教廷驻慕尼黑大使,并居住在柏林。帕切利试图为德国教区保留自治权,试图通过教育获得一定程度的控制权,但代价是在外交上承认新政权。[①]

纳粹迅速在宗教教育领域行动起来。新宗教规定,所有父母都必须让子女报名参加宗教课程。7个天主教节日被批准为公共节日,脱离教会的纳粹党成员必须重新入会。直到1936年德国军队都规定,每个服役士兵必须皈依于天主教或福音教派。

然而回过头来看,这些举措中的很大部分都可以被视为策略性部署。许多人认为纳粹主义真正建立的契机是尼采的"上帝之死"。不过最近理查德·施泰格曼-加尔(Richard Steigmann-Gall)表明,像希特勒这样的民族社会主义者从未真正按照他们早期的想法行事。他们曾经尤其重视宣扬引入或重新引入"异教"观念,但却并未照此行事。相反,纳粹原本计划围绕"实证基督教"展开,这种基督教具有三个关键观念:"反犹太人的斗争精神,社会新伦理的颁布,设计用来弥合新教和天主教信仰分歧的桥梁。"

实证基督教认为纳粹的斗争与基督本人的斗争类似,尤其与基督本人反犹太人的斗争类似。希特勒与纳粹的众多领导人一样,认为耶稣并不是犹太人,《旧约全书》应当从基督教教育中剔除出去。[②] 实证基督教的第二个方面在于其社会伦理,它包含在"社会需要先于个人需要"的口号中。这句肤浅的口号可以让纳粹站在伦理—道德的立场上,解释他们对经济行动的监管。他们可以宣扬这种行为是他们的主要目的之一,此

[①] 他充满争议的职业生涯不在本书的讨论范围之内。
[②] 理查德·施泰格曼-加尔:《神圣帝国》,英国剑桥:剑桥大学出版社,2003年,第1页。

目的在于终结德国阶级斗争，建立（或者更准确地讲，重建）一个"人民的社会"，一种有机的和谐整体。

实证基督教的最后一个组成部分，是一种建立"新融合"的尝试。这在某种意义上讲最重要，因为许多纳粹领导人把天主教和新教的分隔，视为国家统一最大的绊脚石。而如果纳粹想要社会按照他们的意图产生变化，那么国家统一就有必要性。希姆莱（Himmler）的表述最为清楚："我们必须时刻警惕，利用基督教及其组织来反对我们国家复兴的那种世界力量。"他还补充说，他本人反教权但并不反基督。把民族或社群上升为一种神秘甚至近乎神圣的实体，这是克服派系分裂的主要措施，同时也是一种政治手段，用来抑制马克思同西方唯物主义经济学家对抗性分析造成的冲突。①

实证基督教不只是神学，也不只是异教（许多纳粹党人认为这很可笑，尽管希姆莱并不这样看），它是强调行动的基督教，强调有助于民族，保留家庭的神圣性，保持健康，实践反犹太主义，实行冬季向穷人提供食物的救济方案。但它却不是强调反思的基督教。事实上，设计这些行动的目的似乎就是阻止人们思考，而这再一次暗示，纳粹关注的并非是基督教，而是由基督教所代表的，可能反对他们的最大势力。

"种族是上帝的想法"

在魏玛时期，以科学家和学者为代表的理性主义者，与民族主义者、泛德意志主义者之间的论战持续地进行着。民族主义者相信德国以及德国的历史存在某种特殊性，德国的英雄人物具有某种固有的优越性。奥斯瓦尔德·斯宾格勒在《西方的没落》（*The Decline of the West*）中强调德国

---

① 理查德·施泰格曼-加尔：《神圣帝国》，第42页。

虚无时代：上帝死后我们如何生活

如何不同于法国、美国以及英国。这个观点吸引了希特勒,并于纳粹党向权力靠拢时在党内传播。希特勒不时攻击现代艺术和现代艺术家。和其他主要纳粹党人一样,他在气质上属于反智者。在他看来,历史上最杰出的人都是行动者,而不是思想者。但这种态度有一个例外,他自诩为知识分子,但他甚至比德国社会的其他杰出人物更像局外人。

阿尔弗雷德·罗森伯格(Alfred Rosenberg)一家来自爱沙尼亚。1918年以前,爱沙尼亚都还是俄国波罗的海诸省之一。他在孩提时期就对历史感兴趣,特别是 1909 年休假期间读到豪斯顿·斯蒂华·张伯伦(Houston Stewart Chamberlain)《19 世纪的基础》(*Foundations of the Nineteenth Century*)后,他对历史的兴趣就更加浓厚。此时他认为自己有理由憎恨犹太人的方方面面,正如他自己在爱沙尼亚的经历,让他有理由憎恨俄国人的方方面面一样。1918 年停火协议签订后,他便搬到慕尼黑,并迅速加入新组建的德国民族社会主义工人党,开始撰写恶毒的反犹主义小书。他的写作能力、俄国知识以及俄语才能,都帮助他成为党内的"东方"专家;同时他还成为纳粹党报《人民观察者》(*Völkischer Beobachter*)的编辑。20 世纪 20 年代,他与马丁·鲍曼(Martin Bormann)、海因里希·希姆莱一起,发现有必要探寻一种超越《我的奋斗》(*Mein Kampf*)的意识形态。1930 年,他出版了一部著作,认为它能提供民族社会主义的理智基础。这本书的德语版标题为 *Der Mythus des 20. Jahrhunderts*,通常翻译为《20 世纪的神话》。①

《20 世纪的神话》是一本散乱矛盾的著作。书中花了大量篇幅抨击罗马天主教是德国文明进步的最大威胁,这部分文字超过了 700 页。第三部分的标题是"即将到来的国度";其他部分则处理"种族卫生学"、教育、宗教以及国际事务方面的问题。罗森伯格也主张耶稣不是犹太人,耶

---

① 詹姆斯·道·汉纳约斯特·理科斯菲尔德(编):《学术准则的纳粹化:第三帝国时期的民间创作》,布卢明顿:印第安纳大学出版社,1994 年,第 21 页。

稣传递的信息被圣保罗改动了,使徒保罗或者罗马的观点将基督教塑造成了人们所熟知的样子,这种观点无视贵族品质和人种,创造了原罪、来世生活以及可怕地狱这些"虚构"教义。罗森伯格坚持认为,所有这些信念都"不健康"。①

现在来看,罗森伯格可谓胆大包天。他的目的是为德国建立另一种信仰。事实上他倡导的是一种"血统的宗教",告诉德国人他们属于领导世界的种族,具有"种族精神"。他援引纳粹首席种族主义学者、人类学家金特(H. F. K. Günther)的主张,后者声称自己已经为"定义所谓北欧雅利安人种的特征确立了科学基础"。像希特勒和其他前人一样,罗森伯格尽其所能地在印度、希腊和德国古代居民之间建立联系。为此,他利用伦勃朗(Rembrandt)、赫尔德、瓦格纳、腓特烈大帝(Frederick the Great)以及狮子亨利(Henry the Lion),编造了一段完全虚构但英勇的历史,意图使德国民族社会主义工人党扎根德国的历史。

对罗森伯格而言,种族或血统的宗教,是唯一能弥合个人主义和普遍主义间分裂的力量。"经济人的个人主义"实际上是一种美国理念,他将其驳斥为"引诱人走向毁灭的一种虚构犹太思想"。

希特勒对《20世纪的神话》的态度似乎很复杂。在罗森伯格递交手稿后,他曾手不释卷地阅读了6个月,但直到1930年9月15日纳粹党在大选中获得激动人心的胜利时才批准出版。希特勒也许想等到纳粹党足够强大,能应付失去天主教会支持的风险,才推迟了这本书的出版,因为这本书的出版一定会使纳粹党失去天主教会的支持。若是如此,那么他

---

① 墨索里尼宣称:"法西斯主义是一种宗教观。在此观念中,人们与超越法则,与个人之上的客观意志存在着固有关联,这使人们意识到自己在一个精神性社会中的成员身份。"戈登·林奇说,围绕墨索里尼确立起来的个人崇拜,成为这一神圣民族社群理念化的体现,甚至导致法西斯神秘主义这一新学派的建立。此学派由墨索里尼的弟弟领导,致力于研究独裁者的思想。(罗伯特·塞西尔:《优等种族的秘密:阿尔弗雷德·罗森伯格与纳粹意识形态》,伦敦:巴茨福德,1972年,第82页。)

虚无时代:上帝死后我们如何生活 367

不过就是比较现实而已——梵蒂冈被罗森伯格的观点激怒,在1934年把《20世纪的神话》纳入禁书目录。红衣主教、科隆教省大主教舒尔特(Schulte),建立了一个由7名年轻司铎组成的"卫队",他们日夜无休地轮流收集文本中的诸多"错误"。他们把这些错误集结刊印成匿名小册子,并同时在5个不同的城市刊印,以便避开盖世太保。即便如此,罗森伯格在希特勒跟前仍然春风得意。战争开始时,希特勒为罗森伯格配置了个人卫队,即罗森伯格别动队(简称 ERR),负责掠夺艺术品。

《20世纪的神话》中纳粹关于德国文明的思想毫无疑问是错误的,所以这本书因逻辑混乱而臭名昭彰。[①] 就文字组织和风格而言,它留下了大量有待改善的问题,以至罗森伯格在慕尼黑的同僚也觉得,针对书中出现的晦涩单词和短语,有必要出版一本不少于850个条目的词汇表。一位德国神学家斥责这本书"完全是疯话"。然而在希特勒最终允许这本书出版后,帝国所有学校都被迫购买这本书,这使得罗森伯格变得非常富有。

这本书前后矛盾的一个地方在于,虽然罗森伯格指出基督教是纳粹革新德国过程中遭遇的理智问题的一部分,但他仍然把自己的观点隐匿在所谓的"北欧迷雾"下。他抨击德国占星学和其他迷信的兴起,并反对斯坦纳的人智学。他谴责斯坦纳人智学和共济会的箴言是一类东西。不同于早期纳粹党人,他不是东正异教徒,即便他宣称对沃坦(Wotan)的崇拜业已消亡。但他也并没有把自己算作无神论者。纳粹对教会的憎恨大多基于政治立场,因为希特勒的随从们意识到,如果他们按其选择的宗教观念行事(他们基本上没有这样做),那么教会就会强烈地反对纳粹的思想体系。从表面上看,每个人都可以自由地信仰他们所欲的信念,供人们选择的那些信仰不会干涉国家目标(但耶和华的见证人将拒斥兵役,这种

---

① 戈登·林奇:《现代世界中的神圣性:一种文化社会学的进路》,牛津:牛津大学出版社,2012年,第117页。

信仰会干涉到国家目标)。

虽然罗森伯格充满敬意地把基督耶稣描写成一位英勇的历史人物,但他也赞许拒绝承认基督三位一体的亚略异端(在早期伦巴第人和哥特人中非常流行)。罗伯特·塞西尔(Robert Cecil)说,罗森伯格和希姆莱一样,"喜欢宗教异端的所有表现"。与此同时他还拒斥原罪教义,至少拒绝把原罪适用于德国人。他还拒斥来世观念,拒斥"地狱种种苦难的悲惨景象"。在纽伦堡监狱服刑期间,他在回忆录中把自己的观点讲得很清楚:"人的存在只能在他的后代和他的作品中才能不朽。"他在行刑前拒绝所有宗教的繁文缛节。

另一方面,他也哀叹基督教的衰败,因为他觉得基督教留下理智和情感间的一道沟壑,要通过犹太人或马克思主义者才能将其填平。他在《20世纪的神话》中提出的替代信仰,以保罗·德·拉加德的格言作为基础:"种族是上帝的想法。"这一格言直接导向了"血统的宗教",我们此前已经看到,这种宗教认为每个种族都发展出自己的宗教,具有自己的"民族精神","种族是这种精神的外在形式"。[①] 只有当种族留存下来时,个人灵魂才能在肉体死亡后得以保留。他在一次演讲中说过,"从这个秘密的核心……发展出我们所谓的种族特质和种族文化。"

罗森伯格受其所发现的中世纪多明我会修士埃克哈特(Meister Eckhart)很大影响。埃克哈特早在1327年被迫于教皇和教会法庭面前答复针对其异教指控。罗森伯格说服自己相信,埃克哈特是在保卫一种德国形式的信仰,使它不受罗马贫瘠的经院哲学及其教士暴政影响。通过这种方式,他想要为自己所做的事业寻找一位(德国的)历史先驱。从埃克哈特到路德,再到种族理论家豪斯顿·斯蒂华·张伯伦,他们向罗森伯格证明德国一直不断地试图拉大与罗马之间的距离,德国在神学的某

---

① 罗伯特·塞西尔:《优等种族的秘密:阿尔弗雷德·罗森伯格与纳粹意识形态》,第85页。

虚无时代:上帝死后我们如何生活

些方面是特殊的。

张伯伦在这些先驱中最为有用,这并不令人感到意外,因为他在那个时代仍然在世,并且他和纳粹之间有很大部分理智传统是相通的。张伯伦在他的著作中厘清了他所认为的雅利安种族。他知道,在语言世界之外这不过是种虚构,同解剖学没有任何关系。他绕过这一事实,主张如果一个人自觉是雅利安人,那么他自己就是一个雅利安人;如果他或她具有作为雅利安人的经验,那么他或她就是雅利安人。这个观点为罗森伯格创造了方便,使他可以把过去的许多著名人物说成是雅利安人中的杰出人物,进一步巩固那个完全人造的概念。最终支撑这个建构概念的是之前已经介绍过了的金特的著作,他宣称自己已经指明了北欧雅利安人种族特质的科学基础,线索是从印度延伸到希腊再延伸到德国。相比从希腊和意大利延伸到法国的线索,这是一条偏北的线路。

从历史上看,罗森伯格意图表明国家、文化以及文明的兴衰系于他们种族的纯净,而这暗示着,甚至可以说是赤裸裸地表示基督教的种族包容根本不可能成功,也不能在德国适用。"比方说,由于基督教对'身体'的敌意,由于基督教保护残疾儿童,容忍罪犯和遗传疾病患者繁衍后代的软弱理念,其结果是,与自然和谐共生、尊重好的体魄和男性之美的德国式理想遭到破坏。"按照他的说法,通过吸取基督教教义中的个人主义和对人类的爱,"软弱"的民族越发变得软弱,他们就越容易被罗马统治和支配。这就是回避原罪教义的原因。罗森伯格在纽伦堡的一次集会上告诉人们:"德国人民并非生而罪恶,德国人民生而高贵。"[①]

稍后,共济会成为了他们的敌人。罗森伯格曾说,共济会起源于英格兰、法国和意大利,它提倡个人主义,因此也提倡民主的"原子化"。于是德国的荣誉和贵族传统就与更"西方的"平等观相龃龉,这里的平等不只

---

① 罗伯特·塞西尔:《优等种族的秘密:阿尔弗雷德·罗森伯格与纳粹意识形态》,第92页。

是所有欧洲人的平等,而且还是所有种族的平等。然而罗森伯格并不满足:与他主张最不相容的是犹太人和马克思主义者(通常是同样一批人),他们的观点通往"犹太人心灵臆想出来的"经济人观念。

在罗森伯格看来,与上述所有力量冲突的唯一拯救,乃是一种新的信仰。"在种族的联系纽带中,人们可以跳出'时代带来的物质性压力对个人生活的扼杀'。如果缺乏新信仰,那么便宣告了人们的失败和绝望。"[1]

这也正是纳粹主义的根本诉求:"团结一致,感觉力量,英勇行动。"人们可以感到自己是被选中之人,是潜在的英雄,只要他们生来就是德国人,他们"注定伟大"。而所有敌人都在"公然违背自然的法则"。用尼采的话来说,每个德国人事实上都是"超人"。人们必须用"血统"的神圣本质来抵御其他任何本质。

为什么这个观点会如此有力呢?其中很大部分原因同一战后的政治氛围有关。从智识方面来看——包括科学、哲学、音乐、戏剧以及文学的其他形式,德国都曾引领了时代,但后来实际上都陷入低谷。人们对德国当时盛极而衰的状况怀有一种愤懑之情(尼采在战争爆发之前很长一段时间便已经预见到了这一状况),所以人们容忍《20世纪的神话》中矛盾、无前提的推论以及错误,却没有提出重要的批评。罗森伯格的许多重要观点实际上是基督教观点,只不过是改换了基督教的记号,这一点也并不重要。"未来的人们将会把英雄的战争纪念碑和记忆之林转化为拜谒新宗教之所;在那里,德国人的心灵将在追寻新神话的过程中,不断被重塑。"

新宗教需要传统,但第二帝国遵循的那种传统似乎还不足以胜任。所以罗森伯格和希姆莱继续回溯到撒克逊时代。罗森伯格要求在下萨克森韦尔登——查理曼大帝击败异教徒的地方,建立一座由4 500块石料构

---

[1] 罗伯特·塞西尔:《优等种族的秘密:阿尔弗雷德·罗森伯格与纳粹意识形态》,第93页。

成的纪念碑,每一块都代表一位撒克逊牺牲者。1934年5月,他组织进行了纪念阿尔特尼斯(Altenesch)之战700周年的仪式。在此事件中,整个阿尔特尼斯社区都被天主教区主教认定为异教,因此要被处死。罗森伯格后来说,他在4万人面前(主要是些强壮的农民和佃户)宣称,"德国人的神圣之地并不是巴勒斯坦……我们的神圣之地是莱茵河畔的城堡,是下萨克森的肥沃土地,是马林堡的普鲁士要塞"。① 这让他获得雷鸣般的掌声。

从某种程度上讲,希特勒的狂热追随者使罗森伯格的工作变得更容易,许多德国人单纯地把希特勒视为弥赛亚,认为他具有超自然的力量。但其他传统却源于编造。其中之一便是"血旗",据说沾染了16位纳粹党人的血迹。1923年11月,他们在慕尼黑政变中死在统帅堂广场上。自此,这面旗帜开始接受其他旗帜献礼,类似于使徒的传承。1934年,在没经过家属同意的情况下,这16名暴动者的遗骸被迁移到位于慕尼黑的一座新"荣耀圣堂"。希特勒每喊出一个名字,一副棺材便搬入圣堂,同时一组希特勒青年团小分队回答:"到!"从这个时候开始,提及死去的纳粹党人都要参照"霍斯特·威塞尔(Horst Wessel)标准",以示对霍斯特·威塞尔这位"最温和的纳粹英雄",纳粹党党歌作词者的尊重。

德国的传统教会在某种程度上已经妥协,因为在19世纪它们就已经沾染了民族主义、反社会主义和反犹太主义的污名,所以很难反对民族社会主义工人党,至少在希特勒掌权之前,天主教徒比新教徒更多地表明了反对立场。1918年11月德皇退位意味着福音教会失去了它们的世俗领袖,它们"退化为由28个地区教会构成的松散联盟"。不仅如此,有些路德派信徒相信上帝在历史中曾不仅以基督个人身份显现过一次,上帝反复地显现自身,按照一位评论家的说法,他们"痛苦地处于精神愉悦的时

---

① 罗伯特·塞西尔:《优等种族的秘密:阿尔弗雷德·罗森伯格与纳粹意识形态》,第96页。

代"。一位信徒曾说,"基督通过阿道夫·希特勒来到我们身边"。[1]

然而罗森伯格并不需要过多宗教组织。和希特勒、希姆莱一样,他也意识到一旦选择发展宗教组织(前文提到过,事实上并没有),有组织的教会可能会成为民族社会主义唯一的真正威胁。就罗森伯格本人而言,按拉加德的说法,"国家不能创造一个宗教",因为宗教是人与他自己灵魂之间的某种东西,或者说,"如果一个人足够幸运的话,宗教就是他本人和民族精神之间的关系"。

《20世纪的神话》拥有数量庞大的读者。一位新教牧师海因里希·许夫迈尔(Heinrich Hueffmeier)曾在1935年出版了驳斥《20世纪的神话》的个人著作,但即便如此他仍然承认,"所有切实追求理智发展的人都读过这本书"。[2] 这或许可以解释,为何与罗森伯格一起被送上纽伦堡被告席的人,没有一个承认自己读过这本书。

世界"无可争议的冷酷性"

罗森伯格之后最有野心的神学家要数雅各布·威廉·豪尔(Jakob Wilhelm Hauer,1881—1962),他是德国信仰运动的发起人。根据历史学和人类学者卡拉·鲍威(Karla Poewe)的说法,豪尔的追随者数以百万计,包括像马蒂尔德·鲁登道夫(Mathilde Ludendorff)、迪特里希·克拉格斯(Dietrich Klagges),以及像畅销书作家汉斯·格林(Hans Grimm)、人类学著名作者金特这样的著名人物。[3]

根据某些学者的看法,豪尔打算像罗森伯格一样,建立一种政治化的

---

[1] 罗伯特·塞西尔:《优等种族的秘密:阿尔弗雷德·罗森伯格与纳粹意识形态》,第99页。
[2] 同上,第103页。
[3] 卡拉·鲍威:《新宗教与纳粹》,伦敦:劳特利奇出版社,2006年,第1页。

宗教，他希望自己的观念成为民族社会主义意识形态的基础。不过他从未像罗森伯格那样，受纳粹高级人物接纳。豪尔深受鲁道夫·斯坦纳及其人智学的影响，他认为人智学预示了精神创造力的新纪元，他与罗森伯格所处的智识和文化环境也一致。豪尔秉持民族和中世纪精神的神秘观点，并主张一种印度—日耳曼传统。他看到这一传统的线索，是从佛教到印度教，再从希腊延伸到中世纪德国，之后继续拓展到北欧国家，最远影响到了《埃达》(*Eddas*)、"萨迦"(Sagas)以及冰岛神话。

此外他还有三个相互依存的观点：被神圣所"控制"，有力人格的指引，理解时代的需要。他认为这三点，或者希望这三点可以同时出现在宗教和政治天才身上，可以本能地与其本身的时代相联系，或者说与某种特殊的民族窘境相联系。在此观点之上他补充了一种社会达尔文主义（以及一种尼采主义），认为人们要感谢世界"无可争议的冷酷性"，因为人们需要冲突，需要与冲突相伴的英雄主义。"凭借此英雄主义，我们便可以享受生活的斗争性，赢和输，快乐和折磨，痛苦和愉悦，生活的意志和死亡的准备。"按照"血统与国土"的宗教（一种已经听腻了的德国概念），民族无法通过基督教的拯救观念重建其自身。相反，民族必须意识到其本身的重建来自民族的精神内核。①

豪尔除了主张唯有政治宗教领袖才能帮助德国人找到真理外，还为他的德国信仰规定了几个特殊的"具体内容"：德国历史上的重要人物都是先知；天启出现在德国国境内；上帝赞许德国人和德国人的方法进路；德国意志是神圣性显现的一种形式；斗争和悲剧是人类的永恒法则；要让德国成为"比任何伊甸园都更接近天国"的祖国。"服从领袖是最高的幸运，是最快乐的平和状态。"②他的信仰本质上是一种异教，并发展出自己

---

① 卡拉·鲍威：《新宗教与纳粹》，第73页。
② 同上，第76页。

的象征符号。它本身主要的黏合力来自与基督教的长期消耗战。① 豪尔想要摧毁他所谓的"世俗化了的基督教",并用第三帝国的信仰来取代它。

在他周围还有一些新的异教派别,包括马蒂尔德·鲁登道夫的上帝知识学会,这是一种民族主义的极端形式,其目的是通过紧贴特定戒律的方式,使"种族或民族不朽"。此戒律规定,由于死亡显然不可避免,那么为民族而工作一天都不可浪费。另一个派别是西格里德·洪克(Sigrid Hunke)的一神论,他主张每个人在精神上都不相同,但即便如此,人们也应当在社群之中一起生活,这会不断地挑战他们的信仰,因此可能会不断改变他们的生活。

所有这些表象的根子都在于尼采"意欲更强更高存在"的观念。②

尽管这些动人的观念(经常具有虚假的静止性)以及对纳粹行动的合理化辩护来自新教神学家或自诩的新教神学家,但它们仍然对第三帝国的基督教进行了抨击。此时纳粹的信心正在提升,而第三帝国的力量也在增长。即便宗教性命令起初具有强制性,后来参加学校的祈祷活动就变成了自愿选择,宗教也跌落成了学校毕业测试的一门科目。此后,牧师被禁止教授宗教课程。按照布莱恩·莫伊纳汉(Bryan Moynahan)的估算,盖世太保在1935年逮捕了700名新教牧师,罪名是他们在讲台上非议纳粹是一种新异教主义。1937年,盖世太保宣布为忏悔教堂培养候选人的行为违法,其领导人马丁·尼默勒(Martin Niemöller)则被判进入集中营。马丁·尼默勒拒绝被释放,因为释放条件是答应与纳粹合作。③(萨克森豪森的医护兵认为他是"钢铁打造的人"。)

---

① 卡拉·鲍威:《新宗教与纳粹》,第111页。
② 同上,第165页。
③ 詹姆斯·宾利:《马丁·尼默勒》,牛津:牛津大学出版社,1984年,第81页以下,第143页以下。

1936年，对天主教修道院的进攻开始了，以非法交易货币和性犯罪的名义指控。同年在纽伦堡举行的诸多集会都贯穿着异教氛围，包括圣歌或赞美诗，这些都是仿制的，让人联想起传统的基督教崇拜：

> 元首，我的元首
> 您把德国从无尽的深渊拯救出来
> 为了每日的面包，我感谢您
> 与我同在，莫要放弃我
> 元首，我的元首，我的信仰和光。

这一切都是使仪式和节日"去基督教化"的创新的一部分。比方说在婚礼上，新娘和新郎会接受"大地母亲，天空父亲以及空中所有仁慈力量"的祝福，还会宣读北欧"萨迦"选段。在"洗礼仪式"上，婴儿被放在条顿盾牌中，被装饰着栎树叶和纳粹万字符的襁褓包裹起来。圣诞节庆典被换成了"冬至日庆典"（圣诞节"Christmas"这个词本身就被替换成了"Yuletide"），并被放在12月21日举行。十字架从未被废黜，1937年纳粹曾几次尝试禁止将十字架带进教室，但这种做法不久便取消了（也许这证实了希姆莱把基督教视为最主要的威胁的看法）。梵蒂冈向柏林的正式抗议几乎每月一次，但纳粹政权对此采取了一种近乎无视的态度。纳粹的一些新举措怪异地呼应了在斯大林的俄国已经进行过的尝试。

从希特勒的立场看，他最大的成就可能要算是他将教会可能激发起的对抗性（如果教会真有此打算的话）消弭于无形。这一点值得强调：当宗教信仰最被人需要的时候，它却没能接受挑战。它发挥的作用太小了。

第三部分
关键时刻及其后的人性

17　余波之后的余波

"我们大多出生在第一次世界大战爆发前后。少年时期我们经历了1929年资本主义世界经济危机;20来岁的时候见证希特勒上台。此后又经历了埃塞俄比亚战争、西班牙内战、慕尼黑协定签订等一系列事件。这些经历构成了我们所受教育的基础;紧接着,第二次世界大战爆发,法国沦陷,希特勒占领我们的家园和城市。生于斯,长于斯,我们究竟信仰什么呢?我们什么都不信。除了最初被迫用以武装自我的那种根深蒂固的否定感。被迫生存在这样一个荒诞的世界里,我们无处躲避……如果问题只是一种政治意识形态或政府体系的破产,事情就简单得多。但问题的根子却在于人类和社会。这一点毋庸置疑,许多普通人日复一日的行为已充分证明了这一点,更不必说罪犯了……希特勒的时代已经过去,我们现在确定地知道一些事情。第一件事情,希特勒主义得以滋生繁衍的思想根基并未被扫除,它依然存在于每个人心中……我们已经懂得的第二件事情在于,我们不能接受任何有关存在,有关圆满结局的乐观想法。不过我们要是认为乐观是愚蠢,那么我们也知道关于个人在群体中行为的悲观主义就是懦弱。"[①]

1946年,阿尔贝·加缪(Albert Camus)在纽约哥伦比亚大学发表了上述讲话。加缪是出生在阿尔及利亚的法国记者和哲学家,他的父亲死于第一次世界大战。加缪曾经是一名共产主义者和无政府主义者,曾在第二次世界大战中为法国抵抗刊物《斗争》(Combat)工作。在他1942年出版的第一部小说《局外人》(L'Étranger)中,主人公默尔索杀了人,并被安排好了行刑时间。默尔索正思考着加缪本人所关心的问题,一种"荒诞"的处境,即对个人如此重要的生命却几乎毫无意义,如果它确有意义的话,那也是在更宽广的事物图景之内才具有意义。

加缪在哥伦比亚大学发表的这番演讲虽是其个人见解,但的确反映了当时欧洲与法国的经验,并且代表了一代知识分子。加缪那一代人陷入1914年到1918年间一系列让人们猝不及防、痛苦不堪的血腥事件,他们遭受了杰弗里·艾萨克(Jeffrey Isaac)所谓"智识休克疗法的一种残酷形式"。根据尼古拉·基亚罗蒙特(Nicola Chiaromonte)的回忆,"我记得一种简单的想法完全占据了自己的心灵:我们已经到了人性的关键时刻,而历史却毫无意义"。更具保守性的思想家和宗教思想家,长期关注着他们认为的那些现代世俗主义威胁以及人类冲动中原始且持续的罪恶,但即便他们也不能免于感到"世事难料",感到阶级、社区、民族、教会或上帝等我们理解自身的传统途径,现在已经纯粹无力应对战争世界的问题。[②]

芝加哥与巴黎、纽约没什么差别。二战结束后,第一次走进大学校园的美国哲学家阿兰·布鲁姆(Allan Bloom)便敏锐地注意到,"德国思想正在美国大学生活中掀起一场革命"。他说,那时芝加哥尊崇马克思,但影响最大的两位思想家实际上是社会学家马克斯·韦伯与精神分析学家西格蒙德·弗洛伊德。这两位学者的思想都受到弗里德里希·尼采的深刻影响。

不难理解,这种悲观主义乃至虚无主义为何会在当时大行其道。

---

① 杰弗里·艾萨克:《阿伦特,加缪与当代反抗》,伦敦、纽黑文:耶鲁大学出版社,1992年,第21页。
② 杰弗里·艾萨克:《阿伦特,加缪与当代反抗》,第22页。

1945年1月27日,苏联军队解放奥斯威辛;5月7日,在欧洲胜利日的前一天,苏联塔斯社发布了一则对200多名奥斯威辛集中营幸存者的特别采访;8月6日,原子弹在日本广岛爆炸,3天后第2颗原子弹在长崎爆炸。曾两度担任维希政府首脑的皮埃尔·赖伐尔(Pierre Laval)于10月15日因通敌罪被枪决;9天后,前挪威首相维德孔·吉斯林(Vidkun Quisling)以同样的原因和方式被处决,1940年他曾在纳粹支持下发动政变而掌权;中国于1946年初爆发内战;差不多与此同时,温斯顿·丘吉尔已经注意到既存的铁幕;二战战犯审判分别在纽伦堡和东京举行,而此前已经有10人被判处死刑;尽管奥斯威辛已被曝光,但波兰的凯尔采市还是爆发了反犹太人大屠杀;法国军队轰炸越南东北部的海防市,2万人遇难。

正如加缪所言,处在二战结束的背景之下,以上事件本身就是二战的余波,是自1914年以来一系列骇人听闻的灾难和血案的后果。不过我们在此关注的是战争所导致的三个长期影响。

第一个影响是在法国占主导地位的存在主义哲学的萌芽。存在主义哲学滥觞于埃德蒙德·胡塞尔的现象学观念,在法国处于战争旋涡并被占领期间臻至成熟。第二个影响是发生在美国社会中的广泛变革,虽然这些变革无论如何都会发生,但战争无疑起到了加速作用。这就是所谓的"放任型转向(the permissive turn)",发展出一种更自由的态度与实践。人们在世俗化的世界中蹒跚前行,而世俗化的原因则在于人们迅速用一种心理学的理解来取代对社会和人的宗教性理解。第三是大屠杀对犹太人思想的影响。体恤子民的上帝怎能允许此等可怕事情发生?在死亡集中营的经历后,犹太人如何自处?大屠杀是有史以来最严重的虚无主义事件吗?大屠杀的起因与寓意又是什么?

二战导致的三大影响都是重大事件,它们在宗教和世俗两个方面,都拥有超过了战争状态终结之意义,塑造了并且还在持续塑造着今天的思想与文化。

18 行动的温暖

二战爆发后,人们的反应与一战时截然不同。没有知识分子感到兴高采烈,也没有发表任何侵略性的言论,诗人们不再积极入伍,一般人当然也不会认为战争将会带来精神和灵性的重生。但有种后来被称为"假战"的看法,因为在1939年9月闪击波兰之后,直到1940年4月才发生了有意义的军事行动,期间英国主要城市被疏散的许多儿童开始返家。温斯顿·丘吉尔称之为晦暗不明的战争,而德国人则称之为假战(Sitzkrieg),或静坐战。

然而二战确实使人们的思维方式发生了一些重要变化,这些变化比得上早期冲突对人们造成的情感变化。

和那个时代相比,有些观念现在看来显得不那么令人惊讶了。它们被一系列著作反复概括。这些著作思考着人们生活在一起,并且人人均能受益的方式。而战争可能恰好爆发在这些反复思量开始的时候。这些著作包括约瑟夫·熊彼特(Joseph Schumpeter)1942年出版的《资本主义、社会主义和民主》(*Capitalism, Socialism and Democracy*),书中作者主张企业家而不是资本家,才是资本主义的驱动力;卡尔·曼海姆(Karl Mannheim)一年后出版了《时代的诊断》(*Diagnosis of Our Time*),书中他提倡一种新的"计划秩序",导致混乱和萧条的旧放任自由资本主义已经"没有回头路"了。此后的1944年,弗里德里希·冯·哈耶克(Friedrich von Hayek)完成反对计划的《通往奴役之路》(*The Road to Serfdom*):我们应当相信"看不见的手",并寻求"自发社会秩序"的指引,因为这种秩序是自然进化的,它保障人的内在平和与个人自由,所以令人满意的生活不可能缺乏自发社会秩序。卡尔·波普尔写成《开放社会及其敌人》(*The Open Society and Its Enemies*),主张政治的解决方案和科学的解决方案一样,它们"总是临时的,总有进步的可能",生活依靠试错不断前行,历史上不存在任何的"铁律"。

这四位作者都属于奥匈帝国,他们都发行了篇幅很小的著作(由于纸张限量供应的原因),从务实和实践的角度看,都非常直言不讳。宗教和拯救都不发挥主要作用。还有另外一个理由,我们提醒自己,对大多数人而言,日常生活实践远比形而上学紧迫。

威廉·坦普尔(William Temple)的《基督教与社会秩序》(*Christianity and the Social Order*)尤为强调这一点。坦普尔是坎特伯雷教区大主教,他赞成教会拥有"干预"(他的用词)社会问题的权利,即便并不能提供帮助,但仍可以造成政治影响。在这本书的主体部分,他的观点主张很笼统(包括工作场所的友谊,自由的本性等),但他在附录中坚定地与曼海姆站在了同一战线,支持计划。他支持皇家住房委员会,认为它能决定每个人如何得到合理的住房安置,赋予委员会委员强大的权力以避免土地投机。他希望毕业年龄从14岁提升到18岁,希望重新建立由三类代表构成的行会,包括工人、经理人和资本家。他呼吁建立一周五天工作日制度,以便每个人都有足够的闲暇。

这些建议中的许多都或多或少地包含在《社会保险和相关服务》(*Social Insurance and Allied Services*)中,人们更熟悉它的另外一个名字《贝弗里奇报告》(*Beveridge Report*)。《贝弗里奇报告》发表于1942年11月,成为英国现代福利国家的基础。战后这一观念将会得到传播和巩固(俾斯麦在19世纪末的德国首先提出了这个观念)。

在大洋彼岸,一份截然不同的报告出现在1944年1月,此时战争正向着盟军期望的方向发展。这份报告便是由瑞典社会科学家贡纳尔·默达尔(Gunnar Myrdal)撰写的《美国困境：黑人问题和现代民主》(*An American Dilemma: The Negro Problem and Modern Democracy*)。默达尔与其他人一样都清楚地意识到许多黑人在欧洲和太平洋战场作战,他问到:"如果期待他们承担与白人一样的生命风险,那么他们为什么不能在战后享受平等待遇呢?"这不是民权运动的唯一刺激因素,但它的确较早地指出了美国社会的不平衡,关注种族在相对短的时间内的融合,这要求其他少数群体,特别是妇女和同性恋群体的平等。

所以第二次世界大战对于即将在 20 世纪下半叶到来的许多变革而言,是一块种子地,对大西洋两岸来说皆是如此。纯粹世俗的策略相比历史上其他的任何策略,能使更多人走向一切行动领域的完善生活。这一点我们应当始终记住。日常的实践性并不是一件小事。①

抵抗与丽兹战线

在二战结束时,被占领数年的巴黎被认为是一座比伦敦更有活力的城市,即便伦敦并没有受到被占领的侮辱。(法国的首都毕竟没有受到轰炸。)美国作家埃德蒙·威尔逊造访伦敦时曾说,他发现这里给人一种"沮丧感和逐渐式微的感觉"。格雷厄姆·格林(Graham Greene)甚至承认,他对"飞弹发出的嗡鸣声"感到怀念。事实上,虽然巴黎乃至整个法国都曾沦丧,但巴黎的解放却是希望的有力象征。"理念将会战胜'铜臭',这成

---

① 约瑟夫·熊彼特:《资本主义、社会主义和民主》,第一版,1942 年,2003 年版,伦敦:泰勒与弗朗西斯出版社;卡尔·曼海姆:《时代的诊断:战争年代论文集》,伦敦:劳特利奇出版社,1943 年;弗里德里希·冯·哈耶克:《通往奴役之路》,伦敦:劳特利奇与基根·保罗出版社,1944 年;卡尔·波普尔:《开放社会及其敌人》,伦敦:劳特利奇与基根·保罗出版社,1962 年;威廉·坦普尔:《基督教与社会秩序》,伦敦:谢菲尔德-沃尔温,1976 年;贡纳尔·默达尔:《美国困境:黑人问题和现代民主》,伦敦:哈珀兄弟,1944 年。

为一则信条。"

法国人自然对德国人的撤退感到解脱,尤其是巴黎,它被见多识广的英语游客所淹没,他们对巴黎文化向往已久。让·谷克多(Jean Cocteau)在雅各布街的圣伊斯酒店受众人围观,他因为大段的独白演说而人尽皆知("他的语言是一些口语,但他像一个杂耍演员一样,令人眼花缭乱地使用这种语言")。在大奥古斯丁街的卡特兰餐厅可以看到毕加索和朵拉·马尔(Dora Maar),这里实际上是毕加索工作室的延伸。让-保罗·萨特和他的伴侣西蒙娜·德·波伏娃(Simone de Beauvoir)每天在花神咖啡馆或者五月花咖啡馆写作六小时,虽然圣杰曼大道上利普啤酒馆一度不讨他们喜欢,因为它的阿尔萨斯菜式很受德国军官欢迎。

在1945年的秋天可以看到安东尼·比弗(Anthony Beevor)和阿特米斯·库珀(Artemis Cooper)所谓的"存在主义者大爆发",虽然此时实际上是普通文化革新的时刻。新办的报纸和文学杂志数量惊人〔尽管纸张短缺非常严重,比如《法国世界报》(*Le Monde*)从宽幅报纸缩减成了小报尺寸,变成人们所知的"《法国世界小报》(*Le Demi-Monde*)"〕。戏院的数量急剧增长,爵士乐和歌舞同样如此:茱莉叶·格雷科(Juliette Gréco)和玛琳·黛德丽(Marlene Dietrich)都曾在慰问前线军队期间下榻过丽思酒店,后来这座酒店被称为"丽思战线"(Ritzkrieg)。对美国小说家来说,巴黎曾经是一种时髦,现在他们就可以自由地享有这种时髦了。所有这一切都产生于那种匮乏的环境,人们喜欢使用20世纪20年代风格的烟斗,这样他们就可以把他们的高卢牌香烟和茨冈牌香烟抽到最尾部。〔当莫里斯·梅洛-庞蒂(Maurice Merleau-Ponty)把茱莉叶·格雷科介绍给萨特认识时,她看到萨特为支付自己的账单,把银质烟盒抵押给花神咖啡馆的经理,这让她感到很有意思。〕[①]

[①] 安东尼·比佛和阿特米斯·库珀:《解放后的巴黎:1944—1949》,伦敦:企鹅出版社,1994年,1995年,第214页。

萨特曾经是"存在主义者大爆发"当中的核心人物。这场大爆发开始于1945年他在巴黎时代俱乐部的一场讲座——至少流行的观点是这样认为的。这被认为是一件意义重大的事件。法国作家、记者米歇尔·图尼埃(Michel Tournier)在他的自传中对此做出了最好的说明:"1945年10月28日,萨特把我们召集到一起。当时的人很多。狭窄的大厅挤满了人。出口被那些没法挤进大厅的人给阻塞了,出于方便的考虑,晕厥的女士不得不放在巨大的钢琴上。受到众人欢迎的演讲者是从人群头顶上,被传递到讲台上的。这种受欢迎的程度本应该让我们感到警惕。受人怀疑的'存在主义'标签已经贴附在了新系统之上。新的明星已经进入巴黎的昏暗夜场,引起歌手、爵士音乐家、抵抗士兵、酒鬼以及斯大林主义者这些奇怪人群的注意。那什么是存在主义呢?我们马上就会知道。萨特传达的观点可以归结为一句话:存在主义是一种人道主义……我们都被击倒了。我们的导师已经离去,他带着一身汗水和'内在生活'散发出来的臭味,从我们遗留的垃圾堆中翻找出陈旧无用的人道主义。现在他向人炫耀似乎由他发明的荒诞存在主义观念,而每个人却为之欢呼雀跃。"[1]

很多人试图成为引领潮流的人物,但却没有成功,这非常符合法国特征。但图尼埃对以下事物的观察却是非常正确的,虽然对许多人而言,萨特的讲演启动了一种新哲学,一种在上帝之外生活的新思路,但他所利用的那些观念实际上在20世纪30年代和战争时期的法国和德国就已经萌芽了。这种哲学并不必然产生一种矛盾性的后果,即抵抗运动的几位领导人物继续阅读并拜服于德国哲学家,以及臭名昭著的纳粹同情者——海德格尔。

这种思维方式开始于(可能也必然开始于)一战的一系列灾难和惨剧,开始于斯大林苏俄的恐怖和大清洗,开始于股票市场的崩盘以及接踵

---

[1] 斯特凡诺·格拉诺斯:《法国思想中的一种非人道主义的无神论》,斯坦福:斯坦福大学出版社,2010年,第227页。

而至的大萧条,开始于西班牙内战和它造成的恐慌,譬如格尔尼卡轰炸。在此背景下,像亚历山大·科耶夫(Alexandre Kojève)、亚历山大·柯瓦雷(Alexandre Koyré)以及乔治·巴塔耶(Georges Bataille)这样的人物,他们追随海德格尔,发现用人、历史、民族和国家来取代上帝的那种传统无神论是一种"危险的贫困状况"。他们也竭尽全力地指出,他们的观念是一种"反人道主义"。他们甚至于讲,人道主义导致了法西斯主义。他们的意思是指,即便是一种无神论的人道主义,也携带着人本身是目的的观念,认为人是一种不变的目的,一种已经被造就完成的不变的完美目的。在他们看来这显然不是真的——人仍旧处于被塑造的过程之中,正是我们对人之所是的理解导致了灾祸,因为独裁者和其他政治家试着迫使人按照同一套模式来塑造自我。"马克思主义者、资本主义者以及人道主义者……他们都不能完全地解释人,这些都是理解我们自身的不完善路径(而且可能是错误的)。"①

科耶夫等人深受科学的影响,特别受到当时科学在物理学、数学和人类学方面进步的影响。他们认为科学总的来说掏空了我们,因为"完善性"(completeness)在科学和数学思想中根深蒂固。这不仅本身是一个限定事实,一种隐喻,而且还是"完美"(perfection)观念最初的诞生之地。但物理学和数学的发现,特别是海森堡测不准原理,已经表明我们并不与自然割裂,那种"外在"于世界的方法恰恰受到我们在场的影响。正如库尔特·哥德尔所揭示的那样,在任何情况下我们能够所知的事物都具有逻辑上的局限性。更重要的是,那种大写的本质(Nature)并不存在,固定不变的本质并不存在,因为科学一直在不断推进我们对本质构成的理解。

再有,人类学的发现表明民族之间的差异非常巨大,差异不仅表现在他们对上帝的理解上。因此,并不存在抽象的那种"类"。存在仅仅是特

---

① 斯特凡诺·格拉诺斯:《法国思想中的一种非人道主义的无神论》,第 242 页。

虚无时代:上帝死后我们如何生活   387

定时间和特定空间的存在，我们只能通过具体事物的直接性来理解我们自身。这意味着所谓的"纯粹"其实并不存在，也不能用某种具有特权的视角来考察生活，我们不可避免地站在某个中心立场之上。这些观点最终都来自海德格尔、胡塞尔以及现象学家。

对超验性的争夺

他们围绕这些观点进行推论，认为我们不可能企及超验性。海德格尔讲，我们无法退出这个世界，科耶夫和其他一些人认同这一点。在世界与人产生交互之前，它并不存在"本质"，人无法以某种方式"外在于"世界，这表示超验性本来就不可能，触不可及。目的论并不存在，世界也没有方向。生活的一个目标在于超越自我；但即便如此普遍化的目的仍然不可能，因为普遍同意的方向不可能存在，即便理论上也不可能存在，原因在于人们无法超越他本身的主观性。

伊曼纽尔·列维纳斯（Emmanuel Lévinas）用一种旧词新说的方式，把我们的全部期望归结为"超越"，一种逃离我们现状的斗争。但即便是这种希望也至少部分地失败了，列维纳斯同样也赞成"主体性不足"的概念，意义不由人或者主体掌控，所以像瓦莱里所说一样，我们注定生活在局限性和失望之中。[①]

这些都表示人的一种重新配置，暴力在此扮演着关键角色。在20世纪的灾难之前，人们用一种漂亮的称谓来形容暴力，纽约大学历史学者斯特凡诺·格拉诺斯（Stefanos Geroulanos）将其称为启蒙运动"残留的阴暗"，发生在"理性之光尚未照耀到的地方"。然而诸如古拉格和屠杀集中营这些地方的暴力，就不再仅仅是缺乏理性之光的问题了。按照这种理

---

① 斯特凡诺·格拉诺斯：《法国思想中的一种非人道主义的无神论》，第271页。

解,现代社会无法逃避暴力,因为理性并不是某种先于人而存在的事物,而是被建构起来的东西。我们实际上是"空心"的,我们并没有稳定不变的本质,也不存在绝对,不存在对人性的完美理解。我们需要寻找能在地面上获得的满足,这种满足是有条件的,并伴随条件带有的所有局限性。这暗示着,如果我们不想陷入更严重的灾祸,那么我们的存在不可避免地总是一种斗争,是一种不断的批判。①

这一系列观念有时也被称为原存在主义(proto-existentialism),它和战争时期的抵抗运动有关。除萨特之外,其他活跃人物还包括让·波伏勒(Jean Beaufret)、加斯顿·费萨尔(Gaston Fessard)以及约瑟夫·罗旺(Joseph Rovan)。波伏勒最早接触到海德格尔的观点时,他正在里昂附近山区的抵抗运动组织"伯里克利"。罗旺给了他一本《存在与时间》,罗旺已经将这本书的一部分翻译为法文(罗旺本人也是抵抗组织的重要成员,身份文件的天才伪造者)。波伏勒在《汇流与源头》(*Confluences and Fontaine*)中发表了他自己讨论海德格尔的文章,《汇流与源头》和萨特主办的《现代杂志》(*Les Temps modernes*),都是由抵抗运动激励而诞生的刊物。波伏勒的"抵抗主义"与他对海德格尔的阅读联系十分紧密,在 1944 年 6 月 6 日盟军诺曼底登陆那天,波伏勒声称"他责骂自己对更深入地弄懂了海德格尔的意思感到的高兴,甚于得知诺曼底登陆而感到的高兴"。耶稣会神学家、哲学家费萨尔,在被占领期间一直在教授海德格尔。格拉诺斯总结说:"这些人物不仅在法国被占领期间乃至解放后,着力使海德格尔思想研究重新获得合法性,而且他们还有助于让海德格尔成为……抵抗运动道德的基石。"②

现在我们就能理解米歇尔·图尼埃评论 1945 年 10 月 28 日萨特讲座"存在主义是一种人道主义"的意义。而至少在法国,人道主义已经丧

---

① 斯特凡诺·格拉诺斯:《法国思想中的一种非人道主义的无神论》,第 307 页。
② 同上,第 230 页。

失了荣光。

即便如此,萨特却没有丧失他本人的荣光。这同他的能力有关,他不仅能通过学术期刊,通过这种最常见的哲学文章载体来表达自己的哲学,他的天赋还可以延伸到更广的地方,比如小说和戏剧,以及流行的《现代杂志》(Temps modernes)——该刊物的名称在一定程度上受卓别林《摩登时代》(Modern Times)的启发,不过由萨特领导的杂志编委会本身就足够具有吸引力。编委会成员包括哲学编辑波伏娃、加缪、梅洛-庞蒂,诗学和文学编辑米歇尔·莱里斯(Michel Leiris)、雷蒙·格诺(Raymond Queneau)以及雷蒙·阿隆(Raymond Aron)、让·波朗(Jean Paulhan)。安德烈·马尔罗(André Malraux)受邀担任编辑,但他谢绝了。当时其他存在主义的事业还包括一些戏剧,比如让·季洛杜(Jean Giraudoux)的《索多姆与戈摩尔》(Sodome et Gomorrhe)、让·阿努伊(Jean Anouilh)的《安提戈涅》(Antigone)以及加缪的《卡里古拉》(Caligula)。

"存在主义者大爆发"在巴黎并没有持续很长时间。在 1949 年年底的时候,巴黎圣日耳曼德佩区的全盛时期便结束了。诗人、编剧雅克·普雷维尔(Jacques Prévert)开玩笑说,"在巴黎,人们可能需要一场战争才能发动一个街区的行动"。但存在主义的遗产有着更为持久的影响。[1]

作为意义的强度

安德烈·马尔罗事实上并不属于由科耶夫和柯瓦雷等海德格尔精神后裔组成的那个知识圈子,虽然他与这个圈子的许多观点相同。他更像是一个行动派,20 多岁就已经去过柬埔寨和中国。在柬埔寨时还曾因为移动古物而被捕。判决虽然后来被取消,但法国殖民当局仍然对他表示

---

[1] 斯特凡诺·格拉诺斯:《法国思想中的一种非人道主义的无神论》,第 387 页。

不满。1930年,他的银行家父亲在股票市场崩溃时自杀。20世纪30年代中期,马尔罗参与了西班牙内战。二战期间,他曾在1940年被俘,脱逃后加入了抵抗运动。再后来他还受到法国和英国政府的嘉奖。与此同时,他仍然有时间写作,其1933年撰写的著作《人类的命运》(La condition humaine)获得了龚古尔奖。

他的生活背景对其哲学非常重要,尽管这反映了完全不同于20世纪30年代和抵抗运动时期巴黎其他知识分子的一种生活方式,但仍然构成了存在主义准则的一部分。他同意我们无法获得关于人的预先观念,同意"存在先于本质",这是存在主义的基本原则。因此,我们所渴望的那种"存在典范"也是不存在的了。相反,他认为我们必须追求两种事物:我们的生活"在地球表面留下痕迹",以及我们与其他人的共同行动——"共同行动是一种共同的纽带"。他主张,生活并不具有神圣性,它不是人的所有物,"仅在其被使用的范围内,是价值的一种手段"。[1] 马尔罗觉得,对"内在世界和内在生活"的迷恋与事实毫不相干。他在中国发现了一种心态,由于其与西方的心态差距太大,以至于他很想知道抽象地谈及"人类心灵"是否具有可能性。"比方说,中国人就不把自己构想成个体,'个性'概念对他们来说完全是陌生的。相比西方人,中国人并不觉得自己有别于他人,有别于其他事物。"他在某种程度上也坚持此观点。

如果生活没有方向,那么马尔罗决定唯一的意义"必然在于生活的强烈程度"。他曾说:"我再也无法脱离一个人的强度而去构想他。"但程度是行动决定的。从这一点可以推论出,我们之于世界的唯一计划,乃是我们"临时强加于世界"的一种计划。他不像纪德和瓦莱里一样,安于接受我们的荒诞处境,他主张我们也必须反抗这种观念——不通过斗争便不能接受任何事物,这是一种"不断斗争"的原存在主义观念。这表示拒绝

---

[1] 埃弗雷特·奈特:《作为哲学的文学思考:以法国为例》,第132页。

所有形式的秩序,比如一个人在社会中的位置,比如个性中的明显秩序,永远不接受自己是一种或者另一种类型的人,主张所有事物都在不断变化。他同意纪德的观点,认为没有什么事物能超越即时性,没有脱离经验的理解,感觉之外便没什么事物可以存在,因此没什么事物能够不依赖行动而被认识。[1] 这就是他小说《人类的命运》的主题。

在存在主义者中间,马尔罗对行动的关注一定程度上得益于梅洛-庞蒂的哲学以及他主张的观点,认为意识并不只是大脑的功能,更是整个肉体的功能。梅洛-庞蒂和萨特、波伏娃、西蒙娜·薇依(Simone Weil)一起出席各种讲座,后来成为儿童心理学家和现象学家,并在索邦和法兰西学院授课。他主张肉身限定了经验,艺术风格以及创造不同风格的身体运动,都不能用言语来描述,这同维特根斯坦的说法非常类似(参见第15章)。他认为风格是心灵的成果,同样也是肉身的成果,如果我们想要感受到充实,我们就必须像满足心灵那样满足肉身。行动满足了这一点,这就是行动让人感觉到充实的原因。

作为庇护的爱

让我们短暂地返回马尔罗。他真正的困境在于,如果我们的行动,包括我们采取决定和做出动作,仍然是"纯粹的"、质朴的,那么对其他人来说我们是如何进行理解的呢?行动和孤独相伴而行:行动的即时经验,它的强度,把我们与其他人分割开来。而这导致以下说法:"爱并不是解决人类孤独的方法,它只是人类孤独的庇护所。"[2]这个说法可以拓展为,生活的神秘性并不存在解决方法,只存在躲避永恒斗争的(临时)庇护所。其实马尔罗甚至主张,与他人的交流永远也无法令人满意地治愈孤独,唯

---

[1] 奥利弗·托德:《马尔罗传》,纽约:克诺夫出版社,2005年,第108—113页。
[2] 斯特凡诺·格拉诺斯:《法国思想中的一种非人道主义的无神论》,第151页。

有我们存在于世的合理感受才能治愈孤独。但形而上学和宗教在他看来不过是不相干的"过渡措施"。如果我们想凭借行动过一种强烈的生活，那么孤独就是不可避免的成本——这就是我们的困境之一。另一困境来自我们思考行动是否应当牺牲其"纯粹性"，以便获得某种超越的即时性意义。如果我们为了他人而活，那么不论在他们眼中这种行为是如何值得，但我们仍然牺牲了自己个体性的强度。

像我们这样生活在建构的"存在之苦恼"的困境之中，意味着我们通常准备好放弃自己的个体性，以便遵循某种模板。我们想象此模板可以是我们与其他男人女人形成的"完美交流"。但马尔罗讲这是一种虚妄，他重申："爱并不是解决人类孤独的方法，它只是人类孤独的庇护所。"

这句话值得反复强调，因为马尔罗认为，在过去人们某种程度上相信"超验性"的宗教和形而上学的时代，人与人的交流并不被当成问题。他说过，这个问题已经在当代具有神圣性质的艺术现象中得到清楚的展示。艺术的神圣性质来自对作品本身的奉献，而不是对上帝的奉献。"现代艺术是一个'封闭体系'，它并不受外在世界的恩泽。艺术意义恰恰在于反驳外在世界的支配地位……人类的自由很难被推进。但这种解放能产生效果的代价在于，引入人与世界的一种新的分离。不是尝试用心灵彻底把握物质的那种分离，而是撤回到一个不同世界的那种分离。"①

换句话说，艺术家正在构造一种"抵御"外部世界的事物。他或她已经向我们展示出他或她的造物。作为旁观者，我们意识到他或她试着做什么，但我们永远无法完全理解他或她的行动。在上帝死亡之前，艺术作品——比如拉斐尔或达·芬奇的画作，都包含着先验的主题，人们对这些主题都具有"共同的"、共享的反馈。但这也是虚妄的。它是我们的选择，是另一重困境，因为它是一种虚假的共性，是我们对那种并不共通的事物

---

① 斯特凡诺·格拉诺斯：《法国思想中的一种非人道主义的无神论》，第159页。

的冷漠鉴赏。

马尔罗按照其信念思考和行动,相信宇宙并非我们必须找到钥匙才能解开的谜题,事实上,宇宙并不向我们隐藏任何东西。我们必须尽可能深入地探索它,尽最大努力享受经验,观察我们自身经验世界的过程。从某种意义上讲,在此过程之中我们不可避免地会失败,但我们仍然必须尽可能地利用这一过程,因为这是唯一存在的东西。由于宇宙并不向我们隐藏任何东西,生活就是其本身的唯一答案,我们必须确保自己尽可能强烈地过着自己的生活。如果我们需要依靠一种隐喻过活,那么我们也应当像现代艺术家那样,创造某种自我证成的事物,某种别人无法完整理解的事物。

劝说之前的启迪

安托万·德·圣埃克絮佩里(Antoine de Saint-Exupéry)被人所熟知的是他作为飞行员先驱的身份,以及他的短篇小说《小王子》(The Little Prince,被翻译成不少于 250 种语言),他还在法国和美国获得了几个文学奖,并在二战中作为自由法国空军部队中的一员,参加了在北非的战争(尽管他已经大大超龄)。他的作品在法国的被占领区和解放区都获得了被禁的殊荣(因为他对戴高乐深表怀疑)。1944 年 7 月,他在一次地中海区域上空的侦察飞行中失踪。

尽管具有文学天赋,但圣埃克絮佩里却对成为文人没有什么兴趣。和马尔罗一样,他也相信行动。"我总担忧的是旁观者的身份。如果我不参与,那么我是谁呢? 如果我存在,那么我就必须参与。"他说,由于宇宙不具有理性,所以"它向行动展现自身,而不向思想展现自身"。他认为"人没有所谓的'内在性',它不能被想象成通过知觉和理性而获得'固有'真相和事实的贮存器,也不能被看成是一系列被清晰定义的特征"。圣埃克絮佩里同意马尔罗的观点，他通过小说《夜航》(Vol de nuit)中的角色罗比诺来表述："任何行动，任何个人的幸福都不允许共享"。在他看来，历史上存在两种回应资产阶级社会"精神枯竭"的办法，一种是爱，另一种是宗教。但这两种方法都是外部的。"去爱，除爱之外别无所有——这是一条死路！"①

圣埃克絮佩里声称当下的宗教本身就不确定，其传递的信息、带来的光也不确定，因此无法使人相信。"雅克·贝尼斯[《飞行家》(The Aviator)中的一个角色]走进一座教堂聆听布道，在他看来布道就是一种早已不期待回答的要求。"期望能得到问题的答复，这是审视世界的错误方式。他说，生活不是我们所拥有的事物，而是我们赢来的事物，他所主张的就是字面上表达的意思。他在《空军飞行员》(Pilot de Guerre)中说过，"痛苦源自真实身份的丧失，只有通过行动才能重新获得身份"。他承认此主张基于他自己的经验。在突袭阿拉斯之前的短暂间歇，他感到自己正在等候一个"未知的自我"，他感受到的是"这个未知的自我像幽灵一样从外部向他走来"。在任务完成之后，他的"未知自我"便不再未知，通过自己的行动，他对自己的认识变得更深入了。他喜欢说，"人道主义太不关心行动"。教养并非由沉思获得，教养通过行动和作为从而丰富起来。"没有和事物无关的存在。"②

再有，"生活"不仅是一种事物。我们通过自己的行动不断重新定义生活之所是。圣埃克絮佩里的理想和榜样不是伟大的作家或哲学家，而是战争期间他的飞行员战友、普通人奥舍德(Hochedé)。他告诉我们说，奥舍德并没有真正的内在生活，他是一个"纯粹的存在"，他的行动和他的身份在这个存在中是同一的。他自己只有过一次这样的经历，简单地讲，

---

① 参见斯泰西·希夫：《圣埃克絮佩里传》，伦敦：查托与温都斯书局，1994年，第105、第197页，对圣埃克絮佩里和马尔罗的描述。
② 斯特凡诺·格拉诺斯：《法国思想中的一种非人道主义的无神论》，第170页。

当他飞过阿拉斯的时候,在敌人厚重的火力网下,"你归属于你自己的行动……你的行动就是你……你再也找不到不属于你的东西"。这对他来说就是全然地存在。完整性,超验性,对我们的文明来说是一种全新概念。根据埃弗雷特·奈特的说法,"奥舍德……不会知道如何把光投射到自己身上。但他已经被建构完成,他是完整的……我们经常把一个'技艺高超'的人想成在精神和身体活动中都臻至完美的人,他既是哲学家又是农夫,既是政治家又是士兵。虽然奥舍德没有'内在'生活,但他什么也不缺。因为真正的存在物,它们存在于外在我们的事物中,它们在其本身中可以得到理解"。[①]

圣埃克絮佩里会同意马尔罗的说法,他说宇宙并没有向我们保密,它在我们面前毫无保留,没有什么神秘性需要依靠思想来"拯救"。这就是为什么我们不能通过思想,而要通过行动才能企及完满的原因。

不过圣埃克絮佩里推进了这一观点。他主张,由于不存在绝对,我们就必须用承担责任(responsibility for)的观念来取代负有义务(duty towards)的观念。这种改动并不是吹毛求疵。义务暗示着目的论目标,暗示着由他人设立的职责,比如由先人或上帝设立的职责,因而它取消了自由。而另一方,责任暗示着自由,我们选择自己要为之负责的人和物。这是圣埃克絮佩里在阿拉斯执行任务的过程中所发现的观点。他在《空军飞行员》最后一页发展出这一观点的推论。"战友情谊使他的飞行队伍成为单一有机体,人与人之间的情谊必须拓展到更大的群体中去。人们曾经从上帝那里得到慰藉,这是一种情谊,他们现在可能会在自身中重建这种情谊。行动的情谊必然取代共同来源的情谊,牺牲的情谊必然取代占有的情谊。"

圣埃克絮佩里在《要塞》(Citadelle)中表达了这种哲学。心灵不是"容

[①] 斯特凡诺·格拉诺斯:《法国思想中的一种非人道主义的无神论》,第171页。

器",接受事实和记忆。心灵是一种行动。世界不是理性的,它无穷无尽,这使得掌握世界变得没有意义,变成了障眼法。《要塞》表明,"错误是'占有的宏大愿望'与生俱来的。此愿望包括对有益身体的善的占有,以及对心灵原则的占有。生活是'有方向的运动',不是物质的占有。幸福是'行动的温暖',文明依赖于从文明人那里提取出来的东西,但并不依赖对文明人进行安排的那种东西。生活就是一种永恒的创造"。①

圣埃克絮佩里像活跃在20世纪30年代的前辈科耶夫和柯瓦雷一样,深受两次世界大战之间物理科学进步的影响。"如果有人提议,可以试着通过洞悉直接的被给予性来理解生活,那么他就一定会在某种意义上陷入研究微观现象的物理学家面临的困境。观察微观世界的任何尝试,都会引起微观行动的变化……把生活变成研究的对象,这并不是有用的提议,因为生活'后面'或'上面'本就没有任何东西……人们用一种原则概要的方式来'占有'生活,这种企图可以被归结为理智活动,因而必然无法成功,同小资产阶级无法成功地用生活中的商品形式来'占有'生活一样……生活不是斯芬克斯的问题,我们的拯救前途不明……语言并不能消解生活的暧昧不明,语言本身就是这种模糊中的一部分。"

《要塞》中的一个角色对无法理解上帝感到心满意足,因为如若不是这样,"我的发展就结束了……当人类找到解决方案的时候,他们就不再发展了"。②

我们诞生的那个"崩坏世界"在某种意义上必须被复原,但要记住,我们这项事业无法建立在"永恒原则"基础上。《要塞》全篇都提到了"教堂""帝国""领域",它们是部分之总和以外的东西,包含了圣埃克絮佩里所谓的某种"神圣的结",或者说"事物的意义"。这是一种无法确定的实体,它把日常事物和语言变成其他样子。他把诗歌和构成诗歌的日常语言,类

---

① 斯特凡诺·格拉诺斯:《法国思想中的一种非人道主义的无神论》,第174页。
② 同上,第179页。

比于教堂及其基石。而且他像现象学家那样着手处理诗歌和教堂,不把它们看成是一种理论或别种理论的例子,而把它们看成事件,看成行动的宏大结果。他努力去"启迪而不是去说服"。

没有托辞的生活

沃尔特·考夫曼(Walter Kaufmann)曾说,萨特的作品一开始就带有他个人经历的印记。他深受20世纪30年代一系列事件的影响,包括大失业和经济萧条、德国和意大利法西斯主义的兴起,同时也深受二战期间作为士兵反抗希特勒经历的影响。他曾被俘,返回巴黎后成为抵抗运动的成员。

这些事件塑造了他的想法,但也受到了几位法国同胞的批评。他们认为萨特的哲学是二手哲学,是对马丁·海德格尔的笨拙模仿。虽然海德格尔的观点的确在先,同萨特的观点也有交叉,但萨特的许多观点也的确是存在主义更清晰的典范。他的观点不仅包含在论文中,也包含在小说和戏剧中,他观点的受众远比海德格尔要多。后者的文章晦涩难懂,甚至经常让人无法理解。相比海德格尔,萨特更体现了作家的优良传统。在传统上,人们认为作家兼具哲学和文学双重修养,比方说蒙田、帕斯卡尔、伏尔泰和卢梭。①

关于明晰性,萨特以如下说明开始解释:人不是同性恋,不是侍者,不是懦夫,这些不能和他有六英尺的身高,金发白肤一样的明晰性相提并论。"问题的关键由可能性、选择、决定这些词体现出来。如果我六英尺高,那么就是六英尺高。这是事实,就像桌子两英尺高是事实一样。但作为侍者或懦夫情况就不一样了,这取决于每个新的决定。"他在《反犹者肖

---

① 沃尔特·考夫曼(编):《存在主义:从陀思妥耶夫斯基到萨特》,纽约、伦敦:企鹅出版社,1956年,1975年,第43页。

像》(Portrait of the Anti-Semite)一文中表明自己金发碧眼是事实的方式,再次表明人们可以不成为反犹主义者——一个人选择成为一个反犹主义者,"因为他惧怕自由、开放和变化,渴望成为像事物一样稳固不变的东西。他欲求一种身份,欲求成为某种使桌子成为桌子,岩石成为岩石的态度立场"。[①] 这种立场有力地呼应了纪德。

萨特在作品中选择了极具说服力的例子,他的证明很有启发性,体现了战争对其思想的影响,比方他选择用怯懦来进行阐述,以及他在"存在主义是一种人道主义"讲座中给出的例子,也涉及了怯懦。他此时认为,处于战争特定时间节点的年轻法国人,他们无法决定是待在被占领的法国,成为一名通敌卖国者,以便照料急迫需要自己的患病母亲,还是远赴英格兰加入自由法国,希望或者假定有一天能为解放自己的祖国贡献力量。年轻人寻求萨特的建议,虽然他事实上并没有讲出他给出的建议,但他详细阐述了两种选择各自的观点。经过他这番阐述,我们差不多就已经明白了他的建议。

在那场讲座中,他从存在主义的主要原则讲起。这个原则可以概括成我们已经见过的一句话"存在先于本质"。在萨特看来,说到底"选择的可能性"总是存在的,这一点非常关键。他说过,当我们看到一把裁纸刀的时候,我们知道这把刀由人制造完成,知道制造它的工匠在制造之前就具有了裁纸刀的观念。"人们无法假设一个人在制造出裁纸刀之前,不知道裁纸刀是干什么用的。"基于此,上帝对信徒来说就是一位"超自然的工匠",当上帝进行创造的时候,"他清楚地知道他在创造什么"。[②] 萨特继续说,上帝的概念被18世纪的哲学无神论压制,甚至上帝死亡,不过"人类本质"的概念并没有受到压制。人类本质被视为能在每个人身上找到的某种既定的、普遍的东西。他说,正因为这种固定人类本质的概念同原

[①] 沃尔特·考夫曼(编):《存在主义:从陀思妥耶夫斯基到萨特》,第44页。
[②] 同上,第348页。

存在主义者达成一致,所以才导致了法西斯主义。他像纪德、马尔罗、圣埃克絮佩里一样,拒斥这种观念。

如果上帝并不存在,"那么就必然会引出他始终缺席的后果"。这种观点将至少会导致一个结果:"诸如人们必须诚实不能撒谎这类'善'的存在将无处安放,因为我们现在处于只有人存在的空间之中……如果存在先于本质,人们将无法通过援引一个被给予的特殊人类本质,来解释人的活动。换句话说,决定论将不复存在,人是自由的,人就是自由。"

在年轻男孩的例子中,他纠结于和母亲待在一起并背负"卖国贼"标签,或者去英国加入自由法国,萨特对此有两件事要讲。他站在实用主义者一边,主张男孩不会因为他内心深处"对母亲的爱"而选择和他的母亲待在一起,相反,他会通过语言来表达自己"对母亲的爱":他面前有一个选择,通过践行这个选择他能够彰显自己的价值——"感觉由人们的行动构成……我不能在自身中寻找一个可靠的行为冲动,我也不能期望从某种伦理中得到某种促使我行动的方案……假如你在牧师那里寻求建议,打个比方,那么当你选择了那位牧师,实际上你或多或少已经知道,他会给你提供什么样的建议……你是自由,是选择本身,因此这就等于说,你就是创造。普遍道德的规则不能向你表明你应当做什么事情。"[1]除非年轻人行动起来,否则他的价值就不能有效地存在。

不过萨特也说,当我们行动的时候,当我们选择的时候,我们必须在知晓我们是谁、不是谁的情况下,独立地行动和选择。"在现实中,事物将会按照人们所决定的应然方式来存在……人就是他追求的事物,只有当他认识自己时,他才存在,因此他就是自己行为的集合……我自身仍然保留着许多能力、偏好和潜能,它们没有被利用起来,并且容易产生变化。这使我得到一种永远无法仅仅从过去行动中得到的价值……但对存在主

---

[1] 沃尔特·考夫曼(编):《存在主义:从陀思妥耶夫斯基到萨特》,第356页。

义者来说，没有什么爱外在于爱的行动，爱的潜能就是爱的显现，天才就是艺术作品所表现的东西……现实本身是可靠的……懦弱的人使自己懦弱，英雄使自己变得英勇。"

他还说，人具有一般性，但"这种一般性并不是某种被给予的东西，它永远处于被制造的过程中"，原因在于我们都能意识到各种欲求，以及具有同样欲求、相似欲求或不同欲求的他人存在。萨特称之为"主体间性"，它影响着我们的道德选择。这种道德选择可以同艺术作品的建构相比。艺术作品是行动的产物，当我们创作一件艺术作品时，不会出现我们为何要创作这件作品，而不是另外一件作品的问题。他说，这就是存在主义之所以是一种人道主义的原因：它允许自由成为共同体追求的东西，允许人们获得自由，自由地行动。如果我追求的是绝对的自由，如果我的决定和选择绝对属于我自己，那么其结果是其他每个人都必然自由。否则自由就是一个矛盾的词。

因此让我们再来考察法国被占领区的小伙子，我们采取的决定，如果并不来自任何形式的强迫，那么就必须意识到，如果每个人都做出相同决定，社会、共同将会变成什么样子。只有在意识到这一点的情况下，我们才能做出决定。如果年轻人践行了他对自己母亲之爱，如果这是他的选择，那么他的确有自由这样做，但如果每个人都普遍地采取这种行动，会造成什么后果呢？我们有自由做出这样一些决定吗？是的，但这会造成我们无法预见到的结果。

许多人至今都把存在主义看成是一种悲剧性的消极原则。关于悲剧性的第一重指控是正确的，但第二种指控则不然。萨特经常说，"生活从绝望的另一面开始……用勤勉来认识你自己的拯救"。勤勉（diligence）是一个关键词。生活是严肃的，我们的决定也很重要——虽然不一定会马上表现出来，但最终一定会表现出来。"所有人的托词都不可接受；没有哪个神明对个体的处境负有责任；不存在原罪；不存在遗传和环境；不存在种族、种姓、父亲和母亲;不存在执迷不悟的教育、家庭女教师,以及老师;甚至连冲动或性格,情结或儿童创伤也都是不存在的。人是自由的,但其自由并不像是启蒙运动那种辉煌壮丽的自由;它不再是上帝的礼物。人类再一次孤单地伫立在宇宙之中,为他的处境负责,他很可能仍然处在卑微的状态,但能自由地触碰到星辰。"[1]

作为人类的处境,荒谬和悲剧性并不能消解人的正直、高贵、勇气和努力。这是反抗世界的方式,也是在世存在、认识和玩味我们所处世界的方式。这里不存在任何托词。

轻蔑,以及生活的休憩场所

本章最后的文字将把我们带回到阿尔贝·加缪。他在 1942 年的反思性著作《西西弗神话》(*The Myth of Sisyphus*)中,思考了在荷马看来最聪明最慎重的凡人西西弗。不过在其他人看来,西西弗不过是一个强盗,他不幸地遭到永远推一块巨石上山的惩罚——巨石一到山顶便立刻滚落山脚,所以他不得不重新开始推动巨石上山。

这本身就是一则对生活苦难所作的颇为明显的隐喻,但使加缪感兴趣的是,在巨石滚落回山脚的时候,西西弗短暂地摆脱了重负,这个时候他在想什么呢?他的生活,也就是他已经做出的选择,如何把他带到这个地步呢?加缪觉得问题的答案是轻蔑。不论命运多么惨淡,不论负担如何永恒不变,不论折磨是多么可怕,但总是会有休憩的场所;而这就是幸福,这就是自由。从根本上讲,一系列决定和行动导致了结果。不是所有的结果都是好的,或者令人感到满足,但我们必须蔑视那些并不好的结果,记挂那些好的结果,为我们自己创造短暂的

---

[1] 埃弗雷特·奈特:《作为哲学的文学思考:以法国为例》,第 42—43 页。

舒缓时间。

使用我们行动带来的后果,享受行动创造的温暖。冰冷漠然宇宙中存在的唯一一丝温暖就是我们自己创造的温暖。而这就是艺术作品,是被构造的生活,是令人愉悦的生活和行动的温暖。

19 战争,美国道路与原罪的式微

战争时代的成功,包括原子弹、雷达和盘尼西林的发明,使人们对和平产生了许多憧憬,并造成了一种乐观主义的情感,认为科学的应用将可能会在大范围内改善人类的活动。科学的特权影响到了社会科学,尤其是心理学,并普遍地影响到了各种专门技能,不过改变仍然在发生。艾伦·佩蒂格尼(Alan Petigny)指出,20世纪40年代的美国存在一种"放任型转向"(the permissive turn),这种转向从根本上说挑战了生活应当如何被安排的传统看法以及宗教观。

虽然我们将会把它解释为紧随战争而开始的,并在美国尤其明显的"心理学转向",但忽视这一转向的早期发展变化仍然是错误的。塔夫茨医学院已经确认美国第一次心理治疗课程最早在1909年开设,正好是全美精神卫生委员会设立的那一年。1908年,以波士顿艾曼纽教会(Emmanuel Church)为基础的圣公会艾曼纽运动创办了一本杂志《心理治疗》(Psychotherapy),刊发来自神学家、神经科学家、弗洛伊德主义者和哲学家的文章。一些人已经在讨论"自我认识",而不是"自我掌控"。1924年,《大西洋月刊》(Atlantic Monthly)指出所谓的"心理学复兴",列出大量关于心理学与性生活,心理学与商业效率,心理学和基督教,心理学与亲子关系,心理学与布道,甚至包括心理学与保险,心理学与高尔夫的书籍。[①]

此前提到过的社会学研究《米德尔敦》中论及,除了许多其他变化之外,小镇居民在 1923 年拥有的心理学和哲学著作是 20 年前的 26 倍。而几乎与此同时,纽约河边教会的哈里·爱默生·福斯迪克(Harry Emerson Fosdick)写道,他的主要兴趣不在于布道,而在于给人提供咨询。他最喜欢的布道主题是"控制沮丧,战胜恐惧,克服焦虑,以及自我认识的快乐"。他曾说,教牧关怀的目标正在从"适应"变成"自我认识","灵魂关怀的历史新纪元"已经到来。

进一步的变化发生在 1939 年,罗洛·梅(Rollo May)出版了《咨询的艺术》(*The Art of Counseling*)。这本书并不以通常的美国传统为基础,相反,它扎根于欧洲精神分析家的著作,包括弗洛伊德、荣格、兰克和阿德勒。梅是一个年轻牧师,他既在阿德勒的维也纳诊所学习过,也在纽约的联合神学院学习过。他认为男人和女人都是"有限、不完美、被限定的",咨询是心理学的会面,也是道德的会面,而不考虑"潜意识冲动"的咨询则是"肤浅的"。[②]

自我理解,而非自责

约书亚·罗斯·李普曼(Joshua Loth Liebman)也许不像当时的其他作家那样令人记忆深刻(他 1948 年去世的时候还非常年轻),但在他的那个时代,其作品被传阅的广泛程度却与令人记忆深刻的其他作家相似。他的著作《心的宁静》(*Peace of Mind*)于 1946 年出版,连续 58 周位列《纽约时报》畅销书榜第一名。这个记录后来由罗曼·文森特·皮尔(Norman Vincent Peale)的《积极思维的力量》(*Power of Positive Thinking*)打破。李普

---

① 艾伦·佩蒂格尼:《放任社会:美国 1941—1965》,英国剑桥:剑桥大学出版社,2009 年。布鲁克斯·霍利菲尔德:《美国的教牧关怀史:从拯救到自我实现》,纳什维尔:阿宾登出版社,1983 年,第 201—202 页。
② 布鲁克斯·霍利菲尔德:《美国的教牧关怀史:从拯救到自我实现》,第 213 页。

曼是扎根在波士顿的一名拉比,他一开始关注的是宗教和心理学的不足。他写道,许多宗教著作只是成功地使人们感觉到更加罪恶,更加内疚;同时许多心理学著作虽然谋求使人们重新感到安心,但事实上让人们感到不正常,把自己看作一本本"病历"。据他所说,《心的宁静》一书的目标是用现代心理学所发现的人类本质,解释宗教的说辞,包括人们丧失信仰的原因。

他主张说,每个人都渴望得到拯救,但拯救并不是可以被轻易"看穿"的事物。从传统上讲,宗教垄断了获得拯救的途径,但是在二战之前的半个世纪,人们"发展出一种洞察人类内心最深情感和心理障碍的方法,正是这些障碍威胁着人类心灵的宁静。尤其是最近 10 年,发展最为迅速"。他说,弗洛伊德主义的技艺令人震惊,也不讨人喜欢,所以许多人都害怕使用这一技艺。和其他科学一样,心理学并不具有道德目标,它不是一种生活哲学,因此正如他所说,心理学只是通向神殿的一把钥匙,其本身并不是神殿。心理学必须由宗教来进行补充。①

然而他承认宗教也是可欲的,原因在于宗教的前科学性,尤其在于宗教在心理学革命之前就已经制定完成了。他同意,许多人都觉得宗教在科学大潮面前已经收缩了,并且他们担心宗教在心理学革命之后会进一步收缩。但他指出,"如今,更明智的宗教领袖将会看到利用过去僵化概念来确定真理过程中的谬误……宗教必须毫不迟疑地利用心理学的显微镜,利用心理学对人类心灵的深入分析"。他并不认为心理学和宗教之间存在某些人主张的那种断裂,因为弗洛伊德已经具有一种灵性追求,"虽然他自己可能并没有意识到这一点"。其实在心理治疗的过程中,人和上帝合为一体,由此就不存在精神治疗取代宗教的任何"危险",正如宗教不

---

① 约书亚·罗斯·李普曼:《心的宁静》,伦敦、多伦多:威廉·海涅曼出版社,1946 年,第 12 页。

再可能"扫除正在拓展的心理学知识潮流一样"。①

他说过,宗教的全部宏伟成就都要为"人类精神生活中的许多病态良知、无限混乱以及痛苦扭曲"负责。宗教而不是上帝该为以下事实受到谴责:像保罗、奥古斯丁、加尔文和路德这样的人都曾受困于所谓邪恶的观念。(值得注意的是,这是犹太作家写作的有关基督教的著作。)他关注到教会对待邪恶的全面战略已经受到遏制的事实。西方宗教坚持只有通过严格控制肉欲的想法和冲动,才能使人向善,很少有例外。他总结道,最重要的是这种战略并没有奏效。"宗教也时常鼓励人们完全绕开他们非善良的本性。"另一方面,心理治疗"能够发展出一套方法,可以令人安心地应对恶的问题"。

李普曼像许多前人一样,把精神分析与忏悔进行了一番比较,但他也做出了重要的区分,认为忏悔的目的是赎罪和好,而精神分析则并不要求人们对他们自己的"罪"感到歉意,因为他们不再感到有罪了。李普曼承认,通过忏悔、责难以及苦修这些教会常用手段,几乎不可能取得多少进展。他事实上甚至说,"忏悔只触及了人类生活的表面",教会的精神建议无法找到致使人们最初陷入忏悔境地的那些原因。而且教士责怪人们需要表现出更强的"意志力",这对解决问题并没有什么帮助。②

相反,心理治疗被用来帮助个人处理他或她自己的问题,而不需要"借用"神父和牧师的良心,而且"它通过自我理解,而非自责,向人们提供了变化"。李普曼说,这是通向内心宁静的道路。他坚持认为,人类的自我并不是上帝的礼物,它是人类的成就,而这也是我们对待自我的应然方式。未来的宗教必须效仿精神病医生。爱默生正确地指出,"上帝的所有造物都存在缺陷",而这会改变事物,甚至改变戒律。他用《出埃及记》的

---

① 约书亚·罗斯·李普曼:《心的宁静》,第20页。
② 同上,第31页。

写作风格告诉读者："你不应当害怕你潜藏的冲动。"从今而后，"你不应该像爱你自己一样爱你的邻人"，相反，"你应该恰当地爱你自己，之后你才能爱你的邻人"。我们必须接受我们的不完美，我们必须学着接受我们自身的多元性，接受失败同成功一样，都是"伟大人类体验"的一部分，都是我们在自我发现这一史诗战役中的经历。

"生活的首要快乐是接受、赞同、感激之情，以及同伴的友情。许多人并不理解对友谊的需求其实同对食物的需求一样深入骨髓。"

李普曼觉得无神论也有一些心理学上的原因，他认为无神论是来自人类童年的事件，他们的父母"悲惨地"失信于自己的孩子，这导致人们"不信任"宇宙。他坚持认为，这些经历所滋生的情感，比任何理性的论证都更加有力，使受害者不可能也不愿意相信人或上帝。"矛盾的家庭抚育出精神分裂的人；父母的行动具有温度，但其中包含了一位严厉和复仇的上帝。"[1]

已经"坍缩"的上帝

李普曼进一步指出，我们必须认识到上帝并非全能，反而相当有限（换句话说，宗教已经以某种方式"坍缩"了）——这种说法对他的许多读者来讲是新鲜的。这种观点暗示我们不得不与上帝成为伙伴和共事者，从与宗教结合的心理治疗那里获得帮助。他认可宗教也许是"一剂毒药"，强调人类的邪恶倾向，所以如果神学要真正服务于我们的文明及其不满，那么神学"穿上心理治疗智慧这件更宽容的外衣"就变得十分必要了。他坚持认为，宗教一定要有承认错误、承认心理学的导向地位的勇气，它现在"必须意识到在对待情感的态度上，宗教已经误入歧途了"。宗

---

[1] 约书亚·罗斯·李普曼：《心的宁静》，第154页。

教语境中的动态心理治疗"可以使生活重新成为整体……我们现在对如何解放人已经有足够多的了解"。

李普曼把宗教和心理治疗紧贴在一起比较,承认宗教和心理治疗在很多方面发挥了同样的功能,弥合了相同的断裂。他的这番言论比较清楚地表明了许多人早已擅自作出的结论。该书支持宗教的灵魂,但它主张宗教可以借心理治疗得到提升,对那些已经脱离教会或考虑脱离教会的人来说,此观点只不过强调了现代技术可以取代过时的技术,取代在某些情况下不必要的残酷传统,正如艾伦·佩蒂格尼所说,"作为与超越性沟通的宗教,被作为治疗的宗教取代了"。(李普曼自己坚持他的信仰,当他在1948年令人惋惜地死去时,波士顿的各个学校都提早关门以示尊敬。)

李普曼直接地处理了宗教和心理学的并举问题。也有其他人产生了类似的巨大影响,但他们采用的方式都是间接的,或意料之外的。这只是他们所关心问题的一部分,他而非专门关注这一问题,即便如此他们还是造成了深远影响。本杰明·斯波克博士(Dr Benjamin Spock)是助推"放任型转向"的关键人物,他对育儿方法感兴趣,同时也对弗洛伊德感兴趣。就像20世纪对艺术态度的大转变一样,育儿的实践在那个时代也和现在截然不同,而这种差异大部分要归结于斯波克博士。

直到20世纪40年代早期,许多父母,尤其是第一次为人父母的父母,他们从《圣经》或本地牧师那里汲取育儿的建议。不得不说,他们中的很多人把儿童看成是"原罪产生的污点"。实际上斯波克妻子的祖父写了一本关于抚养儿童的书,叫《基督教本质》(*Christian Nurture*),出版于1847年。其他人也觉得儿童和别的事物一样,其特征就是遗传和进化的产物,因此他们不会容易接受改变和修正。用绳子绑住孩子的手,不让他们吮吸手指,诸如此类的做法是很流行的。

斯波克曾经受过儿科医生训练,他对精神分析感兴趣的部分原因在于他的本性，另一部分则在于他的妻子简正在遭受精神上的痛苦（她后来进入了一家精神病院，除了其他的病痛外，还有酒精成瘾问题）。斯波克曾报名参加纽约精神分析研究所一周两次的研讨会，并亲自进行分析，此时精神分析仍然处于美国医学的边缘地位。在分析和研讨中，他开始对诸如母乳喂养、断奶、教小孩上厕所等行为中的"深层"原因感兴趣。他逐渐开始认为，没有哪个小孩是原罪鼓吹者所说的坏孩子，有的只是未被妥善护理的小孩。他发现了爱利克·埃里克森（Erik Erikson）和玛格丽特·米德（Margaret Mead）的作品，他们向读者展示出其他文化中的小孩如何以一种不同的方式被抚养长大。有些地方的抚养方式相比美国会不那么严格，显得更加轻松自在。这启发斯波克去寻找一种可行方法，以便适应弗洛伊德对抚养子女的看法。在那个时候，弗洛伊德本人的理论还并没有流行起来，尤其是其关于儿童性欲的观点。斯波克早在1938年就第一次使用了弗洛伊德式的概念。[1]

出版商道尔布迪（Doubleday）要约斯波克撰写一部照看孩子方面的著作，但他提出奇怪的要求，认为这本书应该涵盖儿童的心理发展，但这个部分"不需要写得很好"。斯波克写进这本书的内容完全是常识。他说，不应当恐吓儿童。他的观点和加尔文派不同，他主张儿童内心良善，他们不是小恶魔。父母应该相信自己，他们应该平息自己的恐惧，不再害怕在俄狄浦斯情境中萌发的儿童性欲。斯波克幽默风趣并且务实。父母并不需要回答一切，他们不该费时费力地告诉自己的孩子"你不应该如何"，而应该力求"把他或她自己变成家中的民主人士"。他们可以是脆弱的。

斯波克的著作获得了现象级的成功，其中一个原因在于这本书给那些在严格或不幸环境中长大的许多父母一个机会，让他们能通过自己的

---

[1] 托马斯·梅尔：《斯波克博士的美国生活》，纽约、圣地亚哥、伦敦：哈考特·布雷斯，1998年，第114页。艾伦·佩蒂格尼：《放任社会：美国1941—1965》，第37—41页。

孩子做得更好,并与自己的过去决裂,从而比他们自己的父母更具有爱心。美国人接受了斯波克。美国人喜欢他对行为规律、按需哺乳提出的新规定,喜欢他认为依偎比洁净更重要的主张,喜欢他提出的避免拍打屁股以及其他身体惩罚的观点(然而当他们认为必须进行身体惩罚的时候,也不会因此而感到内疚)。

斯波克对我们思维的影响实际上可以比肩洛克和卢梭,而他的著作也被翻译成30多种语言。这本书于1946年出版,在第一年就售出100万本,到了1952年售出400万本,之后在整个20世纪50年代每年卖出100万本,三分之二的美国妈妈读过它。有调查显示,虽然20世纪40年代早期只有4%的家庭在婴儿饿的时候喂养他们,但在40年代结束的时候,这一比例上升到65%。同时,小孩子也不那么经常地被打屁股,受到责骂了。

从我们的观点来看,斯波克的重要性在于,他从弗洛伊德那里发展出一种来源于人类经验的道德基础,此基础并不来自上帝。他的"规定"培育出对人类个体的信念,培育出对人类尊严甚至崇高的信念。[1]

自助行为(Self-help)的起源

斯波克还导致了其他一系列连锁反应。斯波克著作的成功,或者更确切地讲这本书的成功,使人们重温弗洛伊德的观念。他的著作强调当一个好妈妈获得的情感满足,非常有力地推动了大批讨论自助行为著作的涌现,质量一部赛过一部。这就是菲利普·里夫后来所谓"治疗观胜利"的开端,它有助于确立我们后面将会考察的治疗行为的繁荣。

由斯波克引起的新伦理,以及李普曼勾勒出的,对宗教和心理治疗交叉领域的新理解,这些新观念与正在兴起的批判观念相一致。人们批评

---

[1] 托马斯·梅尔:《斯波克博士的美国生活》,第283页。

大众文化以及维持大众文化的科层制,认为这些文化和制度摧毁了生活的许多方面。在这个领域中,两位从欧洲移民而来的精神分析学家影响尤其突出。

第一位是德国难民埃里希·弗洛姆,他在魏玛德国时期供职于法兰克福社会研究所,他尝试把马克思和弗洛伊德整合到对现代资本主义的批判中,这是他的研究方向之一。弗洛姆的许多著作,包括1941年的《逃避自由》(*Escape from Freedom*),1947年的《自我的追寻》(*Man for Himself*),以及1955年的《健全的社会》(*The Sane Society*),都很好地抓住了那个时代的态度。他的作品描述了现代社会中目的和个人充分发展的对立,以及在资本主义中出现的具有独特形式的人类角色,那是一种有着"'市场'起源的角色,它迫使人们在社会市场'出售'自己的人格,让自己更受欢迎和获得亲密关系"。

弗洛姆主张,人类的本性从根本上说是文化的产物。宗教追求基础性,而现代社会的核心问题在于,真正的自由是孤立,使人处于难以忍受的孤独之中。"很多人开始不能忍受自主这个词的含糊意义了。"弗洛姆认为,现代世界鼓励人们做出"非生产性"的特定反馈,即,人们或者具有"接受取向"(依赖外部资源的支持和回报),或者具有"剥削取向"(下决心获得他们需要的东西),又或者具有"囤积取向"(吝啬他们的物品和感受),再不然便具有"市场取向"(渴望在人格市场上出售自己)。[1]

另一位是来自柏林的德国难民卡伦·霍尼(Karen Horney)。她在《我们时代的神经质人格》(*The Neurotic Personality of Our Time*)和《精神分析的新方向》(*New Ways in Psychoanalysis*)当中认为,侵略性和竞争性的西方社会"实际上使每个人"都陷入了神经症——它扭曲了人格的发展,培育了人们对"影响力、权力、地位"的渴望,而一致性反倒成了社会中最罕见的事物。

---

[1] 艾伦·佩蒂格尼:《放任社会:美国1941—1965》,第285页。

因此，弗洛姆和霍尼都接受自我实现是生活的目的。首先，"成长"需要通过区分"真实"自我与某种程度上具有"伪自我"性质的"公共"自我才能获得。在伪自我和公共自我之下，是一种原我，一种更深层次的自我，它可以达成自我实现。对弗洛姆来说，这就是德性，是个人独特"个体性"的表达。治疗的任务就在于实现这种独特的个体性，完成这一任务的基本通用手段则是爱。他对蔑视自爱的加尔文派和康德都非常不满。弗洛姆说，只有那些真正爱自己的人才能真正爱别人，这是在社会中共同生活的基础。他1956年出版的《爱的艺术》(The Art of Loving)提出，在人与人的结合中，"他人的自发肯定"能够维持个体的完整性，而人的个性则通过这种实现个人潜能的方式而得以确定。

卡伦·霍尼则更明确地提出，道德问题"与所有的神经症有关"。她觉得儿童和成人都被这个危险世界压垮了，他们"创造关于自己的理想图像，即'理想化的自我'，来弥补自己的焦虑。这个过程不断地建构着他们对自己身份的理解"。其结果就是"他们让自己臣服于'应然的暴政'"。要实现完美主义者想象的那种无止境追求，则不可避免地让他们陷入"一个掩藏着自卑和异化的荣誉体系。生活变成一系列具有内在恶意的遭遇，'现实'的自我处于持续的张力中，在'理想自我'的暴虐需求与压制'真实'自我表达自发成长需求的不懈努力之间，不断拉锯"。在她看来，这意味着自我实现，对自主和满足感的追求，同样是非常重要的道德进步。在这里，宗教和心理学的交集就非常明显了。

所有此类反思和分析都赶上了好时候。《退伍军人法》使那些非常渴望上大学的退伍士兵比以前更广泛地受到高等教育。同一批人引发了战后的婴儿潮，也成为史上人数最多的一批父母。许多退伍军人都有海外服役的经历，那些地区的规则与美国截然不同。他们身处危险境地，伴随着充满激情的性氛围（谁知道将会发生什么事情呢？）。这也让他们无法回头。这一切在心理学和宗教领域导致了衍生变化。1951年，心理学家卡尔·罗杰斯(Carl Rogers)主张,"对心理治疗的职业兴趣增长之迅速,十有八九在如今社会科学的领域中首屈一指"。"心理学和上帝一样",布鲁克斯·霍利菲尔德(E. Brooks Holifield)在他《美国的教牧关怀史》(History of Pastoral Care in America)中说:"他们似乎都无所不在,即便他们无法做到无所不能。"在 1957 年,《生活》(Life)杂志宣布:"这是属于心理学的一年。"①

然而无论如何,美国发生的变化在某种程度上被各种形式的"自由"行动掩盖了,这一事实发生在一个非常保守的时代。

罗曼·文森特·皮尔把这个问题讲得比任何人都要清楚。皮尔和共和党人、艾森豪威尔政府,以及比利·格雷厄姆(Billy Graham)的美国福音派联合会走得很近。他在种族问题上是一个保守者,他曾劝告一个年轻非裔女子不要为嫁给她深爱的白人男子而"自找麻烦",这使他恶名昭著。我们认为《积极思维的力量》是他的里程碑式著作,他在这本书中把名为"试试祈祷的力量"和"如何在治疗中使用信仰"的两章放在一起。皮尔和斯波克类似,他提倡一种更自由的育儿模式,并认为自己是美国心理学咨询方面的主要提倡者之一。他曾在《纽约时报》畅销书排行榜创纪录地 98 周蝉联第一,这也许是他最为世人所知的成就,但他更重要的一项贡献是他在 1953 年创立了一种混合组织的新形式,即美国宗教与精神病学基金会(AFRP)。这个基金会有两个主要任务:为神职人员提供心理学训练和向公众提供咨询。

更加温暖的上帝:教牧心理学

其实在 AFRP 成立时,心理学已经霸占了教牧咨询领域,以至于布鲁

---

① 艾伦·佩蒂格尼:《放任社会:美国 1941—1965》,第 50 页。

克斯·霍利菲尔德可以宣称"教牧心理学的复兴"。1939年,神学院开设教牧心理学还非常罕见。但到了1950年,五分之四的神学院都雇用了一个或更多的"心理学家"。1947年,《临床牧师工作杂志》(*Journal for Clinical Pastoral Work*)以及《教牧关怀杂志》(*Journal of Pastoral Care*)创刊,3年后,《教牧心理学》(*Pastoral Psychology*)问世。后者不久后便拥有16 000名订阅者,其中八分之七都是牧师。1955年,美国四分之三的神学院或者拥有了学院自己的临床训练项目,或者把它们的学生送去学习其他经过审核的临床课程。包括芝加哥大学在内的7所大学都设立了教牧心理学、教牧咨询,或者牧师神学方向的高级研究生课程。到20世纪50年代结束的时候已经有117家临床牧师教育中心建立。

这是一个转折点。虽然弗洛伊德在众多方面都非常激进,但他也总是坚持认为人类存在局限性,认为理论的成就具有限制。在此意义上(如果没有歧义的话),他至少在态度上接近传统宗教。而此态度与战后的乐观主义背道而驰。人们现在需要的是所谓"人本主义心理学"的东西,它重点强调的是个人坚持、克服、获胜的能力。此时"潜在"和"成长"这两个词开始反复出现,不仅体现在治疗活动中,也体现在宗教中。在现在的布道和神学著作中,上帝变得更有温度,他不再那么频繁地禁止他人、判断他人。①

与教牧咨询专业杂志并举的是教科书,此时有两本教科书脱颖而出。其一是苏厄德·希尔特纳(Seward Hiltner)的《教牧咨询》(*Pastoral Counseling*),其二是卡尔·罗杰斯的《咨询与心理治疗》(*Counseling and Psychotherapy*)。两本书直面心理学与宗教并列后提出的核心困境。人本主义心理学,尤其是卡尔·罗杰斯提出的那种非命令性的人本主义心理学,具有民主性和反权威性。兰克精神分析研究所的多丽丝·默德(Doris

---

① 艾伦·佩蒂格尼:《放任社会:美国1941—1965》,第79页。

Mode)描述道,"在放任的氛围中,除了呼应顾客的自身态度之外,什么事情都不会发生。但这种呼应事实上不会产生任何价值或判断,因此治疗过程也不会产生价值或判断"。她并不认为罗杰斯式的治疗能产生什么效果。在他的体系下,医师过于被动,缺乏评价性,在任何问题上都不表达评判,所以她觉得医师已经放弃了他的全部价值。她说,其最终结果会形成一种精神的真空,将妨碍病人(顾客)变得完整。"如果上帝并不具有评价性,"默德说,"那么生活的意义就不会存在;如果上帝不爱人,那么圆满生活也就不会存在。如果顾客想要重新获得完整性,那么这些概念都必然通过医师传递到顾客那里。"整体性概念在这里是以心理学的方式,还是以神学的方式来使用的呢?

这项事业最为核心之处存在的模糊性,体现在美国宗教与精神病学基金会的许多心理健康专家并不愿意服从任何宗教教条或原则这一事实上。1956年,基金研究会主席伊阿古·格莱斯顿(Iago Gladston)承认,他"害怕对其他人的上帝概念作出承诺",并且拒绝接受精神咨询的"妥当性"。他选择等待进一步研究能够"回答精神治疗到底是一种不切实际的希望,还是一种切实可行的手段"。在 AFRP 中,心理学的地位高于祈祷和诵经。[1]

教会也表现出对时下特定领域的发展,特别是对精神分析发展的某种拒斥。富尔顿·希恩(Fulton Sheen)主教谴责精神分析是逃避遁世的一种形式,无异于把"唯物主义、享乐主义、幼稚病和亢奋的性欲混合在一起,令人不能接受"。他谴责精神分析缺少规范或标准,这与忏悔形成鲜明对比。"世界上没有比弗洛伊德主义精神分析的病人更支离破碎的人了。"然而这种强硬态度没能持续下去,因为在 1954 年 2 月,教皇庇护十二世授权教牧心理学进行试探性发展,自此之后,超过 2 500 名牧师参加

---

[1] 艾伦·佩蒂格尼:《放任社会:美国 1941—1965》,第 81 页。

了在明尼苏达州圣约翰大学举办的教牧心理学夏季课程。

这些变化的结果是，在20世纪50年代中期的美国，卡尔·罗杰斯以及略微逊色一些的亚伯拉罕·马斯洛（Abraham Maslow）、罗洛·梅等人显得比弗洛伊德更重要，而这也标志着"心理学转向"的成熟。在这个时候，"满足"和"整体"的心理学模型开始胜过宗教的"拯救"概念。部分原因在于媒体对"个人满足"的兴趣迅速增长，这个兴趣将持续很多年，最近似乎又得以复苏。除此之外，现在人们更加重视自我表达，而不是克制自己。

"渗入"未来

20世纪50年代末，马斯洛和罗杰斯都试图解释和澄清当下正在发生些什么，所有问题都到了需要解决的时候。1959年秋，在辛辛那提举办的一次心理学会议上，马斯洛谈到他所谓的"外在于个体的所有价值来源的全面崩溃"。他主张权威已经瓦解，即便如此，人们也意识到经济增长或政治民主并不能为生活提供价值和意义。"人们找不到价值和意义的其他来源，只能够转向内心，转向自我，将自我的内心看成价值的处所。"罗杰斯也同样直白。他的主要兴趣是其所谓的"自我实现（self-actualized）"的个体，指的是"那些活在好生活进程中的人们"。他曾说自己已经发现，这些个体并不活在别人的判断中，也不生活在自己过去的行动中，他们不需要任何指导原则。相反，他在《论人的成长》（*On Becoming a Person*）中说，这是一群审视自己内心的人。"我越来越发现这些个体能够信任自己对新环境的全部机体反应，因为他们也愈加认识到，如果自己向自己的经验开放，那么做'感觉上正确'的事情就能充当行动值得信任的向导，这也的确会让人感到满足。"[1]

---

[1] 艾伦·佩蒂格尼：《放任社会：美国1941—1965》，第239页。

艾伦·佩蒂格尼指出，人们也确实更多地意识到自己无法通过神圣典籍、主日学校以及通常被视为"美国道路"的一系列不成文的规定来获得真理。科学也无法对这个问题给出答案，尽管科学在回答事实问题上享有巨大声望。这个问题恰好是卡尔·罗杰斯自我实现理论的切入点。

罗杰斯和弗洛伊德的一个基本差异在于，罗杰斯并不像弗洛伊德主义者那样，认为治疗必须是一周五天的工作，他认为在最终产生效果之前可能会持续数月或数年。人本主义心理学家觉得环境因素如果不比主体早年同其父母的亲子关系更重要的话，至少也具有同样的重要性。由罗杰斯普及的"自我实现倾向"，明确设计以适用于在最广义上的政治，鼓励人们发展出"关于人类存在的一种乐观、自决、积极的哲学，而不是一种愤世嫉俗、消极、外部决定的哲学"。用他自己的话来讲，"来访者（注意，他说的不是病人）知道什么伤害了自己，去往什么方向，什么问题是关键的，什么样的经验被深埋了。我现在开始认为，除非我需要证明自己的智力和学习能力，否则我会在推进这个过程的时候，更多地依赖顾客指出的前进方向。"他还在其他地方讲到过，医师应该"奖励"病人，还要让治疗实践"去神秘化"。

他的理论没有考虑潜在的病理过程、无意识动机或成长史。罗杰斯认为人们处于不断成长的过程，"这个过程某些时候受阻于消极或不协调的自我想象"；他认为解放人，使人们加速成长，是人本主义心理学的重大挑战。这项所谓的人类潜能运动在美国300多家"成长中心"中实施。

理查德·埃文斯（Richard Evans）在罗杰斯的传记中指出，此时他要为一种新层次的不满承担责任。"人们平常在自己交际圈中有能力完成的事情，与他们认为自己有可能完成的事情，这两者之间产生了矛盾……这个矛盾是他们生活中许多混乱的原因。"从根本上说罗杰斯的观点是"越多越好……罗杰斯会让你相信，越一致，越诚实，越亲密，越靠拢，越有共鸣，便越好"。他承认罗杰斯改变了我们思考人类关系的方式，给予我们同他人相处的一种新方式，给予"人类互动一种伦理的基础"。但他的方法给权力、地位、文化、历史、技术以及政治留下太少空间,而这也许就是这些方法没有带来其许诺的长久变化的原因。

罗杰斯最具特色的自我实施观念,"暗示人们接受他们所意识到的自己内心正在发生的事情,暗示每一个瞬间实际上都在不断变化,其复杂性在增强"。"我向着我的未来慢慢渗透",这是他的一句名言。罗杰斯看到理想自我与现实自我之间的差距,其研究表明他相信,人们并不平均地珍视自我的每一个方面,而对治疗来说重要的问题则在于,同他们现在知觉的自我相比,他们意欲成为的那个自我具有什么样的形象。①

更高的人道主义:新亲密行为

罗杰斯的"来访者中心"疗法关注当下,把来访者看成独立的个体,不对他或她进行价值判断。他主张医师和来访者处于平等状态,而不认为医师"高于"来访者。这种态度和他主张的其他方面一道,使他创造了其后来所谓的"会心小组(encounter groups)"。他认为这种团体是"本世纪意义最重大的社会发明之一,因为这是一种消除隔阂和孤独的方式,一种让人们更好地与他人交流的方式,一种帮助人们发展全新自我洞见,获取他人反馈,以便了解自己如何被他人接受的方式"。他觉得,大学如果让学生花时间体验来访者中心疗法,将有助于学生的人格得到充分发展,"有助于提供更好地达到自我实现的机会",可能不是一个坏主意。(他注意到大学从未采用精神分析。)

他的治疗技术是把医师当成"技能促进者",而不是传统意义上的医师。据他所说,这种方法导致的结果之一是人们的自我憎恨减少了,他们越来越接受自己,更加自信,更有积极性。他说,人们正从对罪恶感的执

---

① 理查德·埃文斯:《卡尔·罗杰斯及其观念》,纽约:达顿出版社,1975年,第 xxiii 页。

着(宗教命令)走向对认同的执着,从政治的生活观转移到更具有哲学性的生活观。然而这里却存在着危险,对认同的执着将把自发性从生活中驱除出去。他说自己的方法之所以能成功,部分原因在于"教堂在早前某个时候便不再具有重要的社会影响"这个事实。[1]

罗杰斯总结道,男人和女人都是"无可救药的社会动物",一种"新形态"已产生,在这种"更高的人道主义"中,人们渴望真实,谢绝因权威本身之故而接受权威的陈旧方式,不论这一权威来自政府、军队、教会、社团,还是学校。此间也出现了对亲密的新期待,对科学抽象的不信任,并且人们相信"自己的内心中存在着尚未被发现的诸多世界"。他总结说,这种"新形态"下产生的人,"几乎对立于那些在我们国家能看到的,具有严格信念和自控行为的新教徒。新人类与引发工业革命的那些人迥然不同,与后者具有的抱负、生产能力、贪婪以及竞争性迥然不同。他坚决反对共产主义文化。他的特点和行为与天主教、新教和犹太教等西方主流宗教的正统行为和教条完全背道而驰"。他曾说过,我们见证了世界在某种程度上向古希腊或文艺复兴时期的复归。因此,他所说的"情境伦理"在现代社会中优于"某种绝对伦理",譬如宗教所指定的"绝对伦理"。[2]

情境伦理

"情境伦理"这个词涉及宗教圈中的一次运动,它同时也在心理学领域中出现。在传统上,宗教伦理取自《圣经》或"十诫",并被认为可通行于任何地方,任何情境,是"普遍的"。针对富尔顿·希恩主教的《灵魂的宁静》(*Peace of Soul*)——我们之前把这本书视为是对李普曼《心的宁静》的回应,教牧关怀运动的杰出人物欧内斯特·布鲁德(Ernest Bruder)牧师在

---

[1] 理查德·埃文斯:《卡尔·罗杰斯及其观念》,第151页。
[2] 同上,第165页。

1954年撰写了一篇具有高度批判性的书评。

布鲁德嘲笑希恩给人留下一种印象,觉得"心灵的宁静"是一种状态,这种状态只能通过接受其他人的想法和指令才能达到。布鲁德主张这并不是一种"宁静",而是"一种对权威不健康的顺从"。他继续强调,宗教原则鼓励事物的不健康状态,而许多人同意他的观点。保罗·蒂利希(Paul Tillich)、理查德·尼布尔(H. Richard Niebuhr)以及约瑟夫·弗莱彻(Joseph Fletcher)都倡导他们的美国同胞反对"法律主义",那是对希恩进路的一种叫法,倡导通过"审视内心并服从上帝之爱",培养起一种非权威性的道德规范,由此挑战了道德原则的普遍性。蒂利希很好地概括了这种新进路:"我们假设一位学生走到我面前咨询一个困难的道德决定。在回答他的咨询时,我并不援引十诫或耶稣的登山宝训,也不引用任何人道主义的伦理。相反,我会告诉他找出自己处境中基督之爱的戒律,然后据此作出决定,即便他的决定处于传统和习惯的对立面。"

易言之,人们遵循的唯一公理就是基督之爱的戒律,或者说爱的法则。

20世纪50年代,宗教领袖开始推进"情境伦理"。1966年,约瑟夫·弗莱彻《情境伦理学——新的道德》(*Situation Ethics: The New Morality*)一书出版的头两年便卖出15万册。弗莱彻成为了知识界的名人。第二次梵蒂冈大公会议(1962—1965)甚至考虑讨论道德情境中哪些具有可变性,哪些具有普遍性。①

对乐观主义的颂扬

可以认为,这些变化的最大受益人应当是女性,即便不以10年或更

---

① 艾伦·佩蒂格尼:《放任社会:美国1941—1965》,第276页。约瑟夫·弗莱彻:《情境伦理学——新的道德》,伦敦:SCM出版社,1966年,全文。

长的时间来判断。第二大新教教派联合卫理公会在1956年允许女性成为神职人员。长老会和美国圣公会在较短时间之后也效仿了这一做法。20世纪40年代末就已经能在市面上看到西蒙娜·德·波伏娃的《第二性》(The Second Sex, 1949),此外还有费迪南德·伦德伯格(Ferdinand Lundberg)与马林尼亚·法纳姆(Marynia Farnham)合著的《现代女性：失落的性别》(Modern Woman: The Lost Sex, 1947)。特别是那些受过大学教育的群体,无论在女性工作、就业甚至就任总统的态度上,都发生了巨大变化。有几个州在20世纪40年代末废除了女性不能担任陪审人员的法律,更多女性走进大学(从31.6%上升到37.1%)。1956年设立机会均等日,两年内,得到30个州州长的官方支持。更多女性想在结婚之前结束童贞,更多男性也接受自己新婚之日的新娘不是处女。人们在1960年代开始可以获得避孕药,这对人的行为产生极大影响,逐渐也对人的态度产生了极大影响。

20世纪50年代对女性的诽谤要少得多,虽然许多人仍然觉得女性的生理特征适合母亲角色和厨房。亚伯拉罕·马斯洛把他关于男性的人本主义心理学理解同样地应用于女性,在20世纪60年代末,女性发现马斯洛和罗杰斯的理论非常有利于某些组织,后来这些组织被人称为意识觉醒小组。贝蒂·弗里丹(Betty Friedan)在她获得巨大成功的《女性的奥秘》(The Feminine Mystique, 1963)当中,使用了许多马斯洛和罗杰斯式的概念,比如说自我实现的概念。

最后一个相当不同但也起到作用的因素比较吊诡,那就是科学。20世纪50年代末,人们越来越多地认识到,无论科学在解决事实问题或制造使生活更惬意的新技术方面有多成功,但它的确不能解决一些永恒的问题,比方说与美、勇气、忠诚联系在一起的问题,并不解决"在最完善意义上的那种人类生活现实的问题"——这是密歇根大学霍华德·凯尼斯顿(Howard Keniston)的说法。他说,直觉上的理解"是我们通向个人和集体生活最深和最高层面的唯一进路"。不是所有人都会同意他的话或者他话语中的暗示。但即便阿尔伯特·爱因斯坦也曾说过,"客观知识向我们提供获得特定目标的有力工具,但终极目标本身以及获得终极目标的渴望,必然有着其他来源"。①

倘若用一位观察者的话来说,美国在20世纪40年代和50年代发生的巨大转向,得到其他欧洲国家的效仿。此转向在某种程度上以"崇尚对自我的一种乐观描述"为标志。这一转向尤其包含原罪教条的衰落:个人不再被视为"天生堕落",相反,自我变成人们自己的造物。用诺曼·梅勒(Norman Mailer)在《白皮肤黑人》(The White Negro)中的话来说,这种转向把人们解放出来,"让他们走上未知的旅程,通向反叛的自我命令"。

因此,由于战后的繁荣巩固,离开教会的人越来越多,于是拯救这个目标就被自我实现的目标取代。这是在世俗化的历史进程中可以观察到的最大一次飞跃,为20世纪60年代之后心理治疗的繁荣打下了知识和情感基础。

高度的心理学

维也纳精神病学家维克多·弗兰克尔(Viktor Frankl)的著作向我们提供了本章内容与下一章内容之间的恰当过渡。下一章将会讨论大屠杀及其对宗教理解和世俗化造成的影响。

弗兰克尔早年决定当一名医生,并且深受精神分析理论的吸引。他还在上学时便写信给弗洛伊德,结果大师将弗兰克尔的一篇文章递送给《国际精神分析杂志》(International Journal of Psychoanalysis)。他受弗洛伊德的影响而转向精神病学,并在1939年时成为维也纳唯一的犹太医院——

---

① 艾伦·佩蒂格尼:《放任社会:美国1941—1965》,第246页。

罗斯柴尔德医院的神经科主任。这一经历使他和他的家人免遭驱逐,然而到了1942年,当维也纳的美国领事馆告诉他有资格获得签证,这张签证能够保证他幸存下来之时,他却决定留下来,大约是因为他的父母年事已高。同年9月,维克多和他的家人就遭到逮捕和驱逐,弗兰克尔在接下来的3年时间里辗转4所集中营,包括特莱西恩施塔特集中营、奥斯威辛集中营、考费林格集中营以及隶属达豪集中营的图克海姆集中营。他和他的父亲与家庭其他成员分开,并目睹自己父亲在监禁他们的集中营被杀害。当维克多得以重返家园的时候,发现自己的母亲、兄弟和妻子都已经死去了。

在被送往集中营之前,他已经开始撰写一部关于心理治疗新形式的著作(我们将会讨论这本书),然而书稿却被查没了,从此之后他再也没见到过这部书稿。但那些年的经历磨砺了他的信念,在返回维也纳之后,他只用9天时间就完成了一部新书。这本书1946年在德国出版,名字叫做《一位心理学家的集中营经历》(*A Psychologist Experiences the Concentration Camp*),后来改名为《不论怎样都要对生活说"是"》(*Say Yes to Life in Spite of Everything*);1959年它的英文版发行,名字叫做《活出生命的意义》(*Man's Search for Meaning*)。之后这本书被翻译成24种文字,卖出超过1 200万册,被票选为美国最具影响力的10部著作之一。[1]

弗兰克尔发展出一种"意义治疗"(logotherapy),这种治疗在他看来是一种精神治疗体系,针对其所谓"我们时代的形而上临床问题",即关于生活意义的"大众神经症"。他曾说自己最出彩的洞见来自他身陷集中营的那个时期,在那里他厘清了别人所谓的那种"放弃症(give-up-itis)"。集中营某人可能会在早晨拒绝起床,他的手在秘密口袋深处中摸索,找到一根剩下来的香烟,点燃抽了起来。毫不意外,这些人在48小时之内都死了。

---

[1] 维克多·弗兰克尔:《活出生命的意义》,波士顿:灯塔图书,1962年,1984年,2006年,威廉·温斯莱德后记版,第155页。

弗兰克尔的主要观点在于,我们能就如何回应痛苦做出选择。我们都处于痛苦之中,当然每个人的痛苦程度并不相同,对大多数人而言他们的痛苦无法与集中营中的痛苦相提并论。但我们却能自由地回应痛苦,可以把它变成一项成就,甚至可以把它变成高贵的东西。"我们通过自己的回应来赋予痛苦意义。"他不同意弗洛伊德的观点,不认为生活的目标是快乐;他不同意阿德勒的观点,也不觉得生活的目标就是力量。在弗兰克尔看来,生活的主要目的在于意义的发掘。他援引了欧洲和美国的各种民意调查,表明当时更多人关心他们生活中的意义,而不是诸如金钱这类事物。他曾提到欧文·亚隆(Irvin Yalom)的著作《存在主义心理治疗》(*Existential Psychotherapy*, 1980),这本书说过,在找欧文·亚隆寻求帮助的人当中,有30%的人正在寻求他们生活的意义,九成的酗酒者说他们自己的生活毫无意义。

对弗兰克尔而言,现代生活处于一种存在的真空之中,我们与自己的本能疏离,而且还丧失了自己的传统;我们生活在一种痛苦、罪恶和死亡的"悲剧性三位一体"中。他坚持认为脱离这种三位一体的路径"就在"世界之中,而不在我们内心;意义可以通过三种方式之一获得:行为,即在世行动;某个人,即某人之爱;把我们不可避免的痛苦转化为某种高贵的事物。我们不能惧怕死亡,应该利用死亡的不可避免性来强调世界的短暂,以便敦促我们在当下行动,而不至于拖延。他赞成卡尔·罗杰斯的观点,认为自我实现就是目的,但自我实现只能作为自我超验性的副产品来获得;在自我超越中克服痛苦,这向人们提供了最为广阔的切实可能性。我们在生活中必须持续不断地想象在临终之时回首往事,询问内心,自己所过的那种生活是否能让我们内心宁静。

弗兰克尔一生很长(他在1997年以92岁的高龄去世),他在年龄很大的时候仍然践行了他对飞行和爬山的热情。他常说弗洛伊德、阿德勒和荣格给予我们一种"深度的心理学",而他给予的则是一种"高度的心理学","帮助人们通过自我超验性的方式,达到个人意义的新高度"。有人曾经希望他用一句话来表述自己的生活意义。他的回答是:"你生活的意义就在于帮助他人找到他们自己的生活意义。"[1]

---

[1] 维克多·弗兰克尔:《活出生命的意义》,第164页。

20　奥斯威辛，大灾变，不在场

600万犹太人在二战期间被纳粹和他们的合作者杀害，其系统性和专横的本质，注定使20世纪的其他灾祸相形见绌，包括第一次世界大战中的大屠杀以及在战争和斯大林大清洗时代中数以百万计俄国人的死亡。大屠杀将残忍带到了一个新高度。"我们都带着困惑的惊奇和羞愧，看到这个时代重要的心理事实在于，根本无法回答在贝尔森和布痕瓦尔德集中营发生的一切。在人类痛苦的无法传达性面前，人们的活跃心灵也无济于事。"这是莱昂内尔·特里林（Lionel Trilling）在1950年出版的《自由想象》(*The Liberal Imagination*) 中的说法。更为人所知的也许是西奥多·阿多诺的评论，他说"在奥斯威辛之后，写诗变成了一件野蛮的事情"。但阿多诺在读过保罗·策兰（Paul Célan）的诗《死亡赋格曲》(*Death Fugue*) 之后便改变了想法。虽然许多人都有着和特里林一样的困惑，但还是有些人试图直面这种恐怖。

从我们的立场看来最紧要的问题是，在邪恶、残忍和痛苦如此登峰造极的时候，那些或许仍然相信上帝却不赞同尼采的人将如何坚持他们的信仰呢？全能和仁慈的上帝如何能允许此类不幸呢？在奥斯威辛集中营，上帝何在呢？

先看一些数据。在种族灭绝暴行实施之前，那些集中营的幸存者相信上帝存在；但在大屠杀之后，只有38%的人仍然相信。犹太人是上帝选民的信念同样遭受重创,战前41%的犹太人持此观点,但战后只剩下三分之一。仅6%的幸存者认为战后以色列国的建立值得牺牲掉600万人的生命。①

埃丝特·本巴萨(Esther Benbassa)在她《痛苦身份》(*Suffering as Identity*)一书中认为,痛苦是犹太身份的一部分,犹太人整个历史所经历的磨难已经成为他们身份的一部分,对很多人,尤其对很多犹太人来说,大屠杀就是这种磨难的典范。她回溯到赫尔曼·柯恩(Hermann Cohen,1918年去世)的著作,后者认为"人们需要悲惨和苦难来唤醒人们的良知,由此促进伦理进程"。

在纳粹德国这种态度被继承下来,因为极端正统派的观点已经为反犹主义准备好了神学回应。阿希泽·德·维尔纳(Ahiezer de Vilna)和埃尔科农·沃瑟曼(Elchonon Wasserman)都挺过了1938年11月9日到10日的水晶之夜,不过他们在死亡集中营时期之前就去世了。他们认为"整个历史都是在上帝的支持下展开的",意味着甚至纳粹也是上帝的手段。德·维尔纳觉得改制犹太人要对正在发生的一切负责,沃瑟曼则谴责对摩西五经的抛弃,谴责同化和犹太复国主义,这在他看来是对宗教和上帝缺乏信任的表现。他们都坚持认为,犹太人需要通过摩西五经重新返回上帝。"邪恶力量表面上的增长越大,惩罚越是严厉,那么人就越接近救赎。因此纳粹、犹太复国主义者、异端、同化和改造犹太人都是拯救这项神圣计划的手段。"②

西乌克兰贝尔茨的哈西德社区领导人阿哈伦·罗克奇(Aharon Rokeach)的大儿子在一座被德国人点燃的犹太教堂中被活活烧死。他曾说:"我的个人牺牲其实是万能主的善意。"在他看来,痛苦是上帝"隐蔽恩

---

① 埃丝特·本巴萨:《痛苦身份:以犹太人为例》,伦敦、纽约:维尔松,2010年,第92—93页。
② 同上,第94页。

泽"的一种形式,祈祷和学习摩西五经就能将此"转化成启示的善"。几位哈西德导师敦促信徒"带着爱"接受苦难和死亡,甚至在"最终方案"时仍然如此,比如希姆·克林贝格(Shem Klingberg)在克拉科夫郊区的普拉佐死亡集中营期间就曾这样做过。华沙的哈西德拉比们甚至主张,苦难源自上帝:"苦难并非由人们的罪恶产生,而是他追求人性的一部分。"罗马尼亚毗邻匈牙利边境的马拉穆勒斯地区斯宾卡社区精神领袖伊特沙克·魏斯(Yitshak Weiss),在驶往奥斯威辛的火车上又唱又跳。他祈祷道,"净化我们的心灵,我们将在真理中侍奉您"。

这类推断都来自"以上帝名义牺牲"的犹太观念,此外还能举出很多例子。从传统上,在《塔木德》中只有犹太人接受他们的信仰,可以选择他们死亡方式时,这种牺牲才会发生。这一原则在大屠杀时期被修订了。虽然犹太人在面对自己死亡的时候几乎没有选择,但犹太正统派领袖却笃信他们可以选择自己的死亡方式——在堕落中死亡,或者在"内心宁静,灵魂高贵,自尊"的状态下死亡。

为了避免出现德国军方愿意看到的结果,即犹太人因为恫吓而出卖灵魂,克拉科夫巴依亚科夫学院 93 名年轻女学生在背诵完最后一篇祷文之后集体服毒自杀。她们的牺牲因为希伯来诗人希勒尔·巴夫利(Hillel Bavli)的一首诗而不朽,这首诗被整合进圣日(犹太赎罪日)仪式中,"整合进对仪式化灾祸和教育后代的殉道行为这种中古习俗的精神缅怀中"。①

希特勒,新一代的尼布甲尼撒二世

极端正统派甚至认为"希特勒是由上帝派遣来的新一代尼布甲尼撒

---

① 埃丝特·本巴萨:《痛苦身份:以犹太人为例》,第 97 页。

二世①,以严惩他的子民"。约尔·泰特尔鲍姆(Yoel Teitelbaum)咒骂犹太复国主义者加速并合法化了希特勒的最终方案——"那仅仅是对亵渎行径的惩罚,惩罚他们企图凭借自己之力返回天国的行径,因为如此一来这些行动就替代了等待中的弥赛亚"。一些哈西德派的思想家甚至把大屠杀看成"加速即将到来弥赛亚的'分娩阵痛'"。后来被称为查巴德的运动认为,摩登时代是弥赛亚纪元的开端,"它只能通过灾难性事件才能被推进"。

在此论证过程中,种族灭绝"被认为通过去除掉民族中腐化成员的方式,拯救了以色列民族……在这个时代中纯洁神圣的那些存在忍受着痛苦,而这种痛苦仅仅是暂时的。短暂痛苦和永恒生活相比起来算得了什么呢?……为上帝之爱而受苦,这就是作为上帝选民的意义"。查巴德的个人魅力型领袖卢曼纳汉姆·门德勒·斯奇尔松(Menachem Mendel Schneerson)观点更为极端,他认为种族灭绝是"公正上帝"的作品,造成种族灭绝的原因是犹太人的罪,而上帝"通过其传话人希特勒的帮助",发布了他的作品。

绝不是所有人都接受这种论证,现实中也有三种其他选项。有一种观点认为,在种族灭绝时期,上帝被藏匿起来了。第二种观点认为,上帝需要被重新定义,他不再是全能的,也不是仁慈的,甚至不再是"他"。第三种观点则声称,奥斯威辛以及其他一些地方并没有上帝在场,因为"上帝已经死了"。②

正统派拉比以利以谢·贝尔科维奇(Eliezer Berkovits)强有力地坚持了第一种主张。他的观点在于,奥斯威辛并非独一无二,因为历史上还有

---

① 尼布甲尼撒二世(630? BC—562 BC),巴比伦国王(605 BC—562 BC),侵占叙利亚和巴勒斯坦(605 BC),攻击并焚毁耶路撒冷(586 BC),将大批犹太人掳到巴比伦,在位时兴建了巴比伦塔和空中花园。——译者
② 埃丝特·本巴萨:《痛苦身份:以犹太人为例》,第99页。

其他检测犹太人信仰的类似灾难。无论如何,他不像斯奇尔松和其他一些人那样,把死亡集中营存在的原因归结为以色列人的罪。贝尔科维奇承认最终方案是"绝对的不正义",但他转向《圣经》中包含的说法,即上帝"掩藏了他自己的脸庞"。照此推理,上帝不时从历史中撤出,"因此许可了他本来可以阻止的特定事件"。这种撤退并不表示,甚至也并不暗示上帝希望这些事件发生(通常是恐怖事件),反倒体现出上帝意欲授予人类更大的精神自由。

"这种'掩藏'是道德人性的出现所支付的代价……如果上帝严格履行公正的话,那么人道就不可能出现。"对贝尔科维奇来说,"上帝的不在场"并不是新鲜事,每一代人都有他们自己的马萨达①或奥斯威辛,苦难是自由意志的结果。作为创造者,上帝有"义务"创造一个不完美的世界,而在个人层面上"苦难是积极的",它"纯化和深化了人性"。贝尔科维奇认为希特勒的最终方案是"废黜上帝的一种尝试",但以色列国在战后很快在故土上得以重建,这"证明上帝并非远离历史"。许多人同意贝尔科维奇的观点,认为以色列尽管公然具有世俗特征,但它事实上仍然是宗教组织,而犹太人和犹太人苦难的作用之一,就在于引导异教徒信仰上帝。②

在欧文·格林伯格(Irving Greenberg)看来,"所有古老的真理和确定性,所有古老的承诺和义务,都被大屠杀破坏殆尽",如今任何"简单信仰"都变得不可能了。大屠杀终结了犹太人订立契约时存在的那个古老时代,并带来新的时代。他把这一时代称为排名在圣经时代和拉比时代之后的,"犹太历史上第三重要的时期"。在新时代的制度中,犹太人与上帝的契约是自愿的。在他的分析中,以色列国的建立并非上帝的功劳,而是犹太人民的功劳。格林伯格看来,这表示上帝仍然存在,但对上帝的理解不再归功于拉比的教导——人们必须设定日程,建立后大屠杀的现代宗

---

① 犹太人圣地,古以色列国的象征。——译者
② 埃丝特·本巴萨:《痛苦身份:以犹太人为例》,第 101 页。

教,在此宗教中,所有陈旧的偏见和压制都必须被清除。

亚瑟·科恩(Arthur A. Cohen)、汉斯·约纳斯(Hans Jonas)以及梅丽莎·拉斐尔(Melissa Raphael)这三位神学家倾向于在大屠杀之后重新定义上帝。科恩在《颤栗:大屠杀的一种神学阐释》(*The Tremendum: A Theological Interpretation of the Holocaust*)一书中认为,关于仁慈和天命上帝的传统观念不再使人感兴趣了。在他看来,上帝不能再被视为人类行动中产生因果关系的行为人。他是一个谜,这种神秘性呼唤我们进行追寻,而我们的追寻最终会发展我们的道德,因为我们不再可以向上帝索要任何事物了。

汉斯·约纳斯在自认为纯粹思辨的作品中也同样主张,上帝不能被理解为全能者,相反,他同人类一道承受苦难并慢慢"成长",就像人们一样,暗示着他需要人类的行动"来使世界变得完善"。梅丽莎·拉斐尔认为,在大屠杀之后,全知全能上帝的家长式观念明显与死亡集中营发生的惨剧矛盾,上帝应当反过来被理解为"上帝母亲",她关怀人、承受痛苦、散播爱,但并不全能。她"通过自己的关怀秘密地支持着这个世界"。①

祈祷的新含义

应当指出,如本章开始罗列的一系列数据所示,很多人无法认同这些观点。理查德·鲁本斯坦(Richard Rubenstein)显然就是其中之一。他在1966年出版的《奥斯威辛其后》(*After Auschwitz*)一书中,与全能仁慈上帝的古典观念彻底决裂,宣布上帝已死,奥斯威辛集中营已经让拥护犹太教传统天命上帝的神学主张,变成了一种"在智识上无法自圆其说的东西"。鲁本斯坦呼吁对传统神学进行更替,他认为应当"为人类生活本身之故",

---

① 参见伊姆雷·克尔特茨:《作为文化的大屠杀》,托马斯·库珀译,伦敦:海鸥图书,2011年,第62页,当中谈到明确拒斥计划重新依赖宗教和文化的那些人。

积极肯定人类生活的价值,"而不使用任何神学作为背书。人们现在开始在此世,而不是在那个神秘来世,追寻快乐和个人满足感。人类没有希望获得人类的拯救,他们的最终命运是返回虚无"。[1] 他坚持认为我们是有限的存在,是有限的自我。我们在世的目的应当是自我发现。祈祷不应当再被理解为同上帝对话的一种尝试,而应当被理解为我们愿望的表达。如果上帝能以一种方式被理解,那么他也应当被理解为一个焦点,一位副手,帮助人们把注意力集中到"生活事务中具有真正意义的问题上"。鲁本斯坦的理论使犹太社区中的很多人感到失望,而他也遭到"放逐"。[2]

加州大学伯克利分校犹太研究教授阿莫斯·芬肯斯坦(Amos Funkenstein)也批评了关于大屠杀的那些令人难以理解的理论。他认为历史学家、心理学家、社会学家以及哲学家"都应该尽力领会这场大灾难,应该由他们能领会的合理期望所指引"。他坚持,为了理解大屠杀,我们应该把注意力从"上帝转移到人"。[3]

埃米尔·法肯海姆(Emil Fackenheim)是一位从纳粹德国逃出来的难民,最后获得了加拿大国籍。他的推理和鲁本斯坦类似。法肯海姆在1971 年出版的《奥斯威辛后的人类处境》(*The Human Condition after Auschwitz*)与 1970 年出版的《上帝在历史中的出现》(*God's Presence in History*)中表示,救赎式的上帝观念在奥斯威辛之后已经站不住脚了。他说,此刻的命令是犹太人的存续,是"作为个体和可识别的人,仍然保持着生存、抵抗和团结":"死亡集中营之后仅残留一种至高价值,那就是存在"。法肯海姆是把存续变成了一条戒律,第 614 条戒律。(拉比犹太教主张摩西五经有 613 条戒律。)他也认为以色列国是对奥斯威辛的"还

---

[1] 埃丝特·本巴萨:《痛苦身份:以犹太人为例》,第 103 页。
[2] 同上,第 409 页。
[3] 斯蒂文·卡茨,等(编):《对抗上帝:大屠杀及其后的犹太神学回应》,牛津:牛津大学出版社,2007 年,第 639 页以下。

击",从这个意义上讲具有救赎性。①

做一个不信上帝的犹太人:大屠杀的宗教

大屠杀的独特性,或者反过来说,恰恰是大屠杀的一般性,已经成为信教犹太人,尤其正统派犹太人,与世俗犹太人之间相区分的重要因素。对正统派犹太人及其践行者来说,最终方案已经融入犹太人的不幸和过去的磨难,是犹太人历史和身份的一部分。然而本巴萨提出,对可能支持并且赞成以色列国存在的,但并不希望居住在以色列的许多世俗犹太人而言,大屠杀本身已经成了一种新宗教的核心,一种不包含上帝的世俗等价替代物,"一种自足宗教,具备仪式、牧师、朝圣场所、现代殉道者、修辞以及一种至高命令——对记忆的义务。奥斯威辛便矗立在这种宗教的中心"。

采用奥斯威辛作为宗教核心显得令人难以理解,因为被囚禁的7万人中绝大多数是苏联和波兰俘虏,而附近的比克瑙集中营毒杀了110万到160万人,其中90%是犹太人。埃丝特·本巴萨说,这种新宗教根据1961年的艾希曼审判而被形塑,在1967年六日战争期间获得力量,那时候似乎将会发生另一次种族灭绝事件。"奥斯威辛最终转化成一座新的西奈山,一种新制定的犹太教向人们显现的地方,它没有那么多限制,也不向犹太宗教实践和犹太文化施加重负。由此可以说,犹太教不再是一种宗教门类,相反,它变成了适应现代社会需求的伦理,共存的混合身份在此不会混淆起来。"这种犹太教被称为"大屠杀和救赎"的犹太教,把犹太人的灾难提升到"具有巨大先验的意义的层面,同时也在这种救赎的意义上,把同样的秩序属性赋予以色列国的建立"。

---

① 埃丝特·本巴萨:《痛苦身份:以犹太人为例》,第104页。

在此基础上,大屠杀便是独一无二的,不能被解释,也不能被当作历史来表述。艾萨克·多伊彻(Isaac Deutscher)和埃利·维泽尔(Elie Wiesel),起初还有阿多诺,他们提倡沉默,理由是种族灭绝"永远都超越人类心灵的控制"。但作为苦难宗教的大屠杀已经被那些"仍然对历史变迁充耳不闻"的犹太民众采信了,"这种历史变迁本质上被局限在学者圈子之中"。在奥斯威辛之后,所有关于"表述之不可能"的讨论都促成了事件的神秘化。"在传统犹太神学中,上帝的存在是神秘莫测的。如今奥斯威辛也同样变得神秘莫测了。"

不过本巴萨也有她的疑虑:"人们其实可能想知道,如果以色列主要建立在苦难和牺牲基础上,并使这些永远处于警惕状态的犹太人进入一个总是不安全的国家生活,那么这种世俗宗教能在多长时间内,为可行的犹太身份提供基础。"①

种族灭绝已经变成了宗教本质的神话。"它同样具有推选的性质,那是一种自我推选,为了人类之故,而由人类从人类中进行推选——这里没有上帝。"这是"绝对例外"的宗教,以致艾文·罗森菲尔德(Alvin Rosenfeld)等人都坚持认为,种族灭绝的回忆录、散文以及诗歌都是"神圣"的文本。阿尔诺什特·卢斯蒂格(Arnost Lustig)认为,描写这场灾难的许多作品"可以与《圣经》中写得最好的部分相提并论"。

这种新宗教的另一个方面在于,对几代犹太人来说,灾难的记忆通过媒体的渲染而传递给他们,这些记忆的功能在于建构起一种诸如西班牙、葡萄牙裔犹太人和中东欧犹太人构成的那种"跨国社群"。事实上,以色列和移民社区发现他们团结在一种新的共享宗教下,"外人可以理解识别这种宗教,也方便信徒践行信仰。这种宗教属于那些由苦难筛选出的信徒,是犹太教的替代品,保护他们免受反犹主义侵害,至少在一段时间内

---

① 埃丝特·本巴萨:《痛苦身份:以犹太人为例》,第108页。

免受此类侵害,并在行动中发挥了抑制被同化的作用"。①

这些发展同时也遭到了批评:"记忆的使用方式(比方说美国关于大屠杀的各种博物馆)近似征用。在六日战争之后建立的大屠杀宗教说敲响的钟声响彻在没有犹太教的犹太人时代,当然,这个时代也没有上帝……在转变为内容容易理解的普世宗教过程中,种族灭绝的记忆荒谬地发挥对犹太人的反普遍化作用,把这些犹太人同那些经历过苦难的、逐渐把自己封闭在痛苦之中的犹太人区分开来。"②

世界末日的降临

广岛和长崎事件发生在 1945 年 8 月 6 日和 9 日,死亡人数超过 25 万,受伤人数则远不止这个数目,此次事件结束了二战的亚洲战场。对那些仍然保持宗教信仰的人来说,这一事件需要某种神学上的思想调整。最特别的一点在于,这一事件使重新定义上帝成为必要。

最成熟的回答之一来自智慧大学(致力于研究全球智慧传统,坐落于加利福尼亚的奥克兰)校长、神学家杰姆·加里森(Jim Garrison),他利用阿尔弗雷德·怀特海的"过程"哲学以及卡尔·荣格的精神分析,来调和上帝的传统意象与现代世界。他的一些观点与大屠杀犹太神学家的观点重合。加里森认为,荣格主张"上帝"是一种"原型",与无意识类似,所以宗教冲动来源于无意识(参见第 14 章)。根据荣格的观点,各种原型是我们心理建构的古老形态,反映出人类本性根源的集体无意识的各个方面。这些原型当然也表现为成对的形式(比如,内向和外向,阿尼玛和阿尼姆斯),并据此形塑了我们的心理。他说,对这些对立原型的调和,构成了

---

① 诺曼·芬克尔斯坦:《屠杀产业:反思对犹太人苦难的利用》,伦敦:维尔松,第 79 页以下。
② 埃丝特·本巴萨:《痛苦身份:以犹太人为例》,第 114 页。

"完善性的负担"。这种负担恰是我们根本的存在窘境。加里森主张,我们内心的宗教原型也具有双重本性,如果使用传统术语来说,我们内心存在上帝的光辉面和他的阴暗面。

加里森给上帝的阴暗面原型取名为"沃坦",觉得阴暗是德国人特别的一种气质;1939年至1945年期间的所有恐怖,包括大屠杀,仅仅是广岛和长崎的序幕。"德国人对待犹太人的法西斯主义在西方总体上已经被反共产主义取代了。"①荣格曾经说过,我们心中有"对无限的渴望",有"对宏大圆满的末世期望"。他说,获得这种圆满的一种方式就在于引发我们自己的世界末日。这就是加里森所引入的怀特海过程哲学,以及过程哲学之前的某种"泛神论"。创造、演化、进步、过程,乃至变化,这些概念与神圣概念是同一的,所以如果原子弹是被发明出来的,那么它们在某种意义上讲就服务于一种神圣目的。

在无信仰者看来,这种说辞听起来就像"天方夜谭"一样。但加里森的意思是让我们意识如下事实,当我们实际上能毁灭供每个人居住的地球时,神圣过程不仅将自己带向了一个目的地,也带向了世界末日的实现。在此过程之中,神圣过程迫使那些自文艺复兴之后就不再关注天堂,反而倾向于"水平地"审视世界、审视他人的那些人,重新抬头仰望天堂。因此,广岛和长崎的威胁使我们有可能同时杀掉人类和上帝(创造性原则)。

加里森觉得基督教会对"上帝已死"争论的处理尤其蹩脚,而且教会还无视了本可以在广岛看到的"上帝之手"。不过对他来说,无意识的力量可以消解所有意识,这个观点具有苦涩的讽刺性,但其程度还比不上人类体验末日实现的方式。可以这样说,这种末世的实现是完整性的一种消极目标,是完善性的一种阴暗形式(在冷战期间,末世的威胁从未远

---

① 杰姆·加里森:《神的阴暗面:广岛原子弹之后的神学》,伦敦,SCM出版社,1982年,第159页。

离)。但他说,这就是在广岛事件之后的世界,我们所面临的处境。

某些后大屠杀时代的理论认为,他的观点不啻说那种被视为创造性和过程的上帝,既不是全然仁慈的,也不是全能的。

上帝死亡神学

比起大屠杀对其他人的影响,大屠杀对犹太人思想的影响可能更为有力,但它并不只涉及犹太人。而在日本爆炸的原子弹清楚地表明了对每个人而言危险何在,同时人们越来越意识到斯大林统治是平衡方程中的另一个因素。这些事件使一些基督徒产生了一种约翰·沃里克·蒙哥马利(John Warwick Montgomery)所谓的"上帝之死的新神学科学,上帝致命的缺点或他的死亡在这种新神学科学中起到的作用类似于起点,由此出发的一条彻底世俗的道路通向现代世界"。[①]

这一运动受到广泛的宣传,比如《时代》《纽约人》《纽约时报》,它完全是一种新教倡议。六成左右的拥护者可被划分为"强硬"激进分子和"温和"激进分子,依照他们在何种热烈程度上主张上帝现在又重死了一次。

在这些上帝死亡神学家当中,我们第一个要讨论的是加布里尔·瓦哈尼安(Gabriel Vahanian)。他出生在马赛,曾在卡尔·巴特指导下学习。在退休返回斯特拉斯堡之前,他在美国从事教学工作 25 年。瓦哈尼安主张,上帝在现代语汇中已经变得不恰当了,上帝的死亡注定导致从"超验价值"降格为"内在价值"的结果,因为他仅变成了另一种"文化附属物",事实上与其他文化观念没有区别。瓦哈尼安以为,我们必须静候这种思潮过去,等待人们认识到"有限的事物不能包含无限"。他以为,直到我们承认上帝全面的"他性"(巴特影响深远的观点)时,上帝实际上处于近乎

[①] 伯纳德·默奇兰德(编):《上帝之死的意义》,纽约:兰登书屋,1967 年,第 25 页。

死亡的状态。

哈佛大学神学院的哈维·考克斯(Harvey Cox)是我们第二个要讨论的上帝死亡神学家。1965年,他在柏林居住了一年时间,受教会资助在东西德铁丝网两边教授教育课程,期间撰写了《世俗城市》(*The Secular City*)一书。由于柏林墙刚刚建起,他不得不往返经过查理检查站通勤。在柏林的这段时期,他开始受到卡尔·巴特和迪特里希·朋霍费尔思想的影响,后者赞成其所谓的"恶的明确边界"观念,假定如果我们要行良善之事,那么我们就必须总是在利己主义道德进行干预之前,便行动起来。考克斯采纳了这些思想家的部分观点,在其著作中主张世俗化通常容易发生在城市环境下,而这也是一种积极的现象,"借此'社会和文化可以从监管和宗教控制中解脱出来,并摒弃形而上学的世界观'"。①

考克斯呼应了乔纳森·拉班(Jonathan Raban)在《柔软的城市:全球生活的艺术》(*Soft City: The Art of Cosmopolitan Living*)一书中的观点。拉班在书中主张,我们无法用一种单一的观点来把握城市。考克斯则说,宗教同样适用这一结论。世俗化提高了风险,增加了自由和责任的范围。考克斯主张,艺术、社会变迁,以及城市生活中你我瞬间即逝的关联,可能培育出非常不同于传统上帝观念的一种新精神氛围。"这可能表示,我不得不暂时对'上帝'避而不谈,暂时不去言说他,直到新名称出现。"易言之,他也像瓦哈尼安一样建议人们"等待"。但考克斯讲,我们不必对此感到陌生而大惊小怪,因为"隐蔽性原本也处于上帝原则的核心位置"。

他不只用一种方法来把握宗教,在这里他的意思是指,和加里森的暗示一样,并非所有宗教都保有着善,宗教在某种程度上僵化且不宽容;但世俗主义也具有其本身的错误性。他说过,约翰·保罗二世(John Paul II)在欧洲联合的问题上是一位好教皇,但在避孕问题上则不然;教会既接纳

---

① 伯纳德·默奇兰德(编):《上帝之死的意义》,第30页。

了特蕾莎修女（Mother Teresa）的成就，也接纳了吉姆·巴克与塔米·巴克（Jim and Tammy Bakker）的腐败。由诸多因素导致的自由神学观念发轫于如下后现代观点，它认为我们通过把神圣表象限定在某种经过特定表述的精神性领域或教会领域，从而"束缚"了神圣表象；相反，城市中存在着各种各样的洞见，而不只存在着"形而上学神学的古典上帝观念"。城市中存在着众多"他者"，所以我们可能会在某些其他人那里发现上帝。

考克斯反思了他从朋霍费尔那里借来的观念，说神学出现在对行动的允诺之后。宗教不应当扼杀思想，它也没有必要是一种世界观，或者说它的第一要务并不必然是一种世界观。它是行动。由此类推，他在柏林的那段时期教会他共产主义需要世俗化，共产主义也被局限在替代性习俗中。考克斯自己便采取了行动，参加了 1965 年在亚拉巴马州塞尔玛小镇举行的民权活动，并被短暂地关进监狱。他坚持认为信仰者必须在世界上伸张正义，不因为神学反思之故而暂停。

托马斯·奥尔蒂泽（Thomas Altizer）出生在 1927 年，他是上帝死亡运动激进分子之中最激进的一位，曾深受米尔恰·伊利亚德（Mircea Eliade）、卡尔·荣格、索伦·克尔恺郭尔、尼采以及蒂利希影响。在他看来，上帝已经彻底死亡，而教会，尤其基督教会，也处于奄奄一息的状态。所有传统的教育已经被抛弃了（这些教育总是临时性的），甚至传统理解中的耶稣也被抛弃了。奥尔蒂泽说，最为僵死的观念是形而上学的超验性观念，它遗留给我们的全部遗产就是耶稣复活的观念。我们不知道复活将采取什么形式，不知道复活在什么时候发生，甚至会不会发生；未来发生的事件与过去发生的任何事件都不相同；但我们必须准备好迎接新的显灵，它或许不同于我们过去的任何显灵，以至于我们永远都不能确定它们是同一类的事件。它颂扬神性的清空——清空自我意志，以便让自己可以被上帝接管。在此，我们仍然发现了"等待"观念。

另外一位激进分子是威廉·汉密尔顿（William Hamilton）。他在影响深远的文章《星期四儿童》(Thursday's Child)中,把当下和未来的神学家描述成"没有信念,没有希望,只有表象的人,因此只有爱能指引他们",描述成"一个等待的人和祈祷的人"。同时他又断言上帝在字面意义上的死亡——他主张耶稣可能隐藏在世界中,为实现正义而努力。在世俗世界中人变成了焦点,"而我们正在虔诚地等待着快乐之神的显灵"。汉密尔顿说,我们必须尝试享受上帝的观念,即便我们不能利用他。

对汉密尔顿而言,上帝在某种意义上仍然存在,"上帝像我们一样在等待,他还是我们祈祷的接收者"。然而保罗·范布伦(Paul van Buren)认为,即便这种观点也不再被人们使用了。他说:"我不祈祷。我只是反思这样的事物。"①和此前提到的其他人一样,他也深受巴特的影响。通过巴特的指导,他在巴塞尔获得博士头衔。不过范布伦也受到维特根斯坦的影响,这使他写出《福音书的世俗意义》(Secular Meaning of the Gospel)。他的"基督教无神主义"主张上帝在某种程度上已死于"一千种限制";主张像怀特海对上帝的那种过程哲学的定义就是这种限制中的一种。这些修正已经杀害了上帝,部分原因在于它们各式各样的本质已经消除了显灵的可能性。

有人觉得现代世界有点太多元了,以至于无法用一个神学观念来定义。只关乎上帝的神学在人类生活和人类历史具有重要性的那种现代世界中,无论如何都没有位置。范布伦就持这种观点。他说,如果神学不能解决这些问题,那么它就没有用处。这意味着耶稣被理解成一个人,而不是神;复活节要在比喻意义上加以理解,要被理解成人类自由的一个方面。"所以,让我们坦率地接受我们置身其中的那个世俗世界。宗教思想对人类社会负责,而不是对教会负责。它的起源具有人文性,而不具有神圣性。它的规范必须依据它在人类生活中发挥的作用……因此,宗教在

---

① 伯纳德·默奇兰德(编):《上帝之死的意义》,第37页。

过去向我们提供的对'人类处境'的任何洞见,只有在我们将它引入一种与技术文化的动态对话,并允许快速变化的技术文化影响它的情况下,才能对我们提供帮助。"①

瓦哈尼安是法国人,但其他上帝死亡神学家都是或曾是美国人。最后介绍的是南伦敦伍尔威奇主教约翰·罗宾逊(John Robinson)。他在1963年出版的《对上帝诚实》(*Honest to God*)是一部轰动性作品。② 书中提出,世俗化的人已经拒绝了"举头三尺有神明"的观念,但他们仍然需要承认这个观念是对神圣性本质的一种过时简化。他说,相反,我们应当从保罗·蒂利希的存在主义神学那里得到启示,把上帝看成"我们存在的基础"。他同样也接受朋霍费尔非宗教的基督教理念:上帝不断地向人性显现,大部分体现在文化之中,而不仅仅体现在"宗教"或"教会"的限制中。罗宾逊提出,上帝作为某种"宇宙之上"的存在,它仍然是我们心灵结构的一部分,虽然我们也不再用这种方式来思考现实了。他接受后现代主义的某些方面,这种后现代观念越来越把上帝想成是我们创造的产物。

对多数人来说,可能他最原创的观念在于他主张上帝是"我们存在的基础",这意味着我们特别在意我们所认为的生活的终极事物——在祈祷的时候,我们正在识别最重要的事物、终极的事物,无论怎么讲它,这个事物就是上帝。当然,这个过程也可以被视为人类的一种创造,它与尼采的"永恒循环"部分地重合,即我们应当生活在我们愿意不断重复的那些瞬间之中。按照这种说法,上帝是为世界附加重要性,或者为世界的一部分附加重要性的一种方式;是严肃对待生活的一种方式,是承认何者对我们重要的一种方式。罗宾逊并不相信超自然实体,而选择相信"自然主义"。这种自然主义"其实并不把上帝等同于事物的总体性,或者说在本质上把他等同于宇宙,而是把上帝等同于向自然提供意义和方向的事物"。他

---

① 伯纳德·默奇兰德(编):《上帝之死的意义》,第40页。
② 约翰·罗宾逊:《对上帝诚实》,伦敦:SCM出版社,1963年,全文。

说,超自然是"智识信念最大的障碍"。

他对耶稣的观点与朋霍费尔一致,认为耶稣是"一个为他人着想的人"。罗宾逊坚持认为耶稣不是上帝的化身,也不具有双重本质,他不是上帝行走于世的道成肉身;相反,他是一个从不为自己提出特别要求,仁爱他人,从来都把他人放在首位的人(朋霍费尔说,这就是基督徒应该做的事情)。朋霍费尔的一个主要观点认为,为了走向道德生活,人们不应该在面对邪恶的时候选择等待;等待总表示我们开始把自己的利益置于他人利益之前,认为我们的利益是急迫的利益,罗宾逊也持同样的观点。

多数主张上帝已死的神学家并不表现出上帝将一直保持死亡状态的想法。是的,提出上帝已死的传统观念的确主张上帝将一直保持死亡状态,但在一段时间的等待之后,一种新的模式,关于所谓上帝的新观念,将会浮现在人们面前。同时,我们将等待着,盼望着。这些神学家并不会转而投身于本书中提到的其他任务。从这个意义上讲,他们的心灵是封闭的。

21 "停止思考！"

在第二次世界大战的余波之中，越来越多人不再信仰上帝，此时艺术领域存在三大运动，都试图表明我们或许能赋予已经发生的变化以意义，以及我们如何寻找感到满足的新途径。其一是极简主义；其二是"自发文化"；其三是一种"知识动力学"的文化，关乎意义探寻过程中对身体角色的理解。三种运动的共同点可以概括为绰号"鸟儿"的爵士音乐家查理·帕克（Charlie Parker）对其门徒的建议：在表达自己的时候他们应当像戴维·赫伯特·劳伦斯早年建议伯特兰·罗素的那样，"停止思考"！

欲望的消融

随着20世纪50年代让位给60年代，艺术越来越少涉及外在于人本身的事物，并且人们也拒绝寻找任何一种模式框限自己，不论是从对象中，还是从事件中寻找。相反，艺术坚持经验中并不存在着秩序，坚持经验具有一种随机的性质。很多人认为，这是上帝之死导致的逻辑结果。

这些想法当然适用于极简主义的奠基之作，萨缪尔·贝克特的《等待戈多》。贝克特因他阴郁的生活观、对苦难的着迷及其执念而闻名。正如他的朋友、出版商约翰·考尔德（John Calder）对他的总结一样，他对"寻找此世的意义"具有一种执念……"他得不出任何关于目的的结论，无法相信任何信条,甚至无法相信坚定斯多葛主义之外的任何私人哲学"。或者按照贝克特本人在与他的巴黎棋友,艺术评论家乔治·迪蒂(Georges Duthuit)讨论中所讲的话:"没有什么东西是需要表达的,也没有用以表达的工具,表达的力量和欲望也不存在,连同表达的义务也是不存在的。"①

贝克特1906年出生在都柏林,是富裕新教家庭中的孩子。在都柏林三一学院学习并从事教师工作一段时间后,他开始游历欧洲,还在巴黎见到了他的爱尔兰同胞詹姆斯·乔伊斯。他们成了朋友。贝克特随后在伦敦住了一段时间,1934年与威尔弗雷德·拜昂(Wilfred Bion)一起在塔维斯托克诊所进行精神分析。拜昂是儿科和精神分析医生温尼科特(D. W. Winnicott)的同事,后者将其"过渡物"的概念放到突出位置。许多婴儿由于断奶而开始独立面对问题,所以他们就会利用一个不会被断隔的"过渡物",比如一个柔软的可爱玩具,或者一张小毯子。温尼科特觉得这种现象完全是健康的(在持续时间不会太长的情况下)。

根据对贝克特著作的一些来自精神分析领域的评论,我们完全可以认为这种理论影响了剧作家对上帝的看法,所以他把上帝看成许多成年人生活中的一种过渡物,一种纯粹心理学意义上但却并不短暂的实体。虽然基督教的象征手法充斥着他的作品,就像乔伊斯的作品也充斥着这类象征手法一样,但贝克特还是消解了在各个教堂中被当成"非常微小的神灵"来崇拜的上帝。这种上帝被描写成一位明显享受崇拜的国王、普通人,他因为"我们周遭偶然的好事物"而受到赞扬,但"从未因为世界上的多重邪恶而受到指责"。②

《等待戈多》开始于1948年10月初,花了4个月写成。此时广岛和长崎事件带给人类心灵的冲击依旧宛如昨日,对末日浩劫的恐惧仍然绵延不绝。贝克特也有他自己的恐惧。撰写剧本的那两年,他害怕自己不

---

① 约翰·考尔德:《萨缪尔·贝克特的哲学》,伦敦:考尔德出版社,2001年,第41页。
② 同上,第79页。

断增大的脸上肿块将会是致命的,所以闭关写作。这段时间他写出了《等待戈多》,以及通常被称为"三部曲"的《莫洛瓦》(Molloy)、《马龙之死》(Malone Dies)和《无名氏》(Unnamable)。《等待戈多》直到1953年才首演。尽管评论毁誉参半,他的朋友还曾"强迫"人们来观看,但好在他们等待的结果是值得的。

这是一出简陋的、不紧凑的戏剧。剧中两个主要角色(总共五个)便占据了仅有孤零零一棵树作为布景的舞台。这出戏值得注意的地方是它长时间的沉默,它对话的不断重复(当有对话发生的时候),它摇摆于不时出现的诙谐的形而上学思考和陈词滥调,几乎完全相同的动作不断反复,这些特征充斥着这出戏的两个半场,而与戏剧名字同名的戈多,却始终没有出现。尽管如此,这出戏仍然非常具有娱乐性。

有位评论家非常聪明地总结了《等待戈多》:"什么也没有发生,两次都是!"两个流浪汉等待戈多到来——我们不知道他们为什么要等,要在哪里等,已经等了多久,以及他们还想等多久。贝克特不止一次地说过,戈多不是上帝。但必须讲,从戈多那种明显的疏离性来看,他非常类似上帝;两个流浪汉需要一位救世主,帮助他们摆脱自己的困境。当然,如果上帝并不存在,正如贝克特自己所主张的观点一样,那么戈多所比照的那个"他"或"它"一开始就不会存在。

就个人而言,贝克特是个温柔谦虚的人,但他对我们困境的看法却很极端。二战期间他在法国抵抗运动中待了几年(爱尔兰从未参加这场战争),而这也让他疲于躲藏。正如许多人评论的那样,这给他带来了强烈而危险的等待经验。他总结说,萨特和其他存在主义者的思考并没有抓住重点。在贝克特看来,科学产生了一个冰冷、空虚、阴暗的世界,这个世界是在凸显出更多的细节,而整体图景却消退不见,其原因似乎在于语言不再能充分地说明或者思想我们所知之事。他在写给剧作家同胞哈罗德·品特(Harold Pinter)的一封信中曾说,"如果你坚持为我的戏剧找到一种模式,那么我们将为你描述这一模式。我曾经有过一次住院经历。其他病房中的一个人因为咽喉癌去世。在寂静中,我能听到他持续的尖叫。这就是我作品具有的模式"。[1]

贝克特相信人类不能得到提升,相信邪恶存在。第一步是在人们自己内心承认它;第二步,即便生活的牺牲者其本身通常也是邪恶的——邪恶无处不在。他的观点是,原罪的根本在于降生,此主张使他走到了最极端的地步。他认为人的出生是父母强加在我们身上的,而生活就是对此的惩罚。这又使他产生另一个观点,提出人类持续苦难的唯一解药"必然在于对结局的意识,所以那些足够负责的人将会意识到结局将会是什么样子,能够发展出克服生育这一自然冲动的自制力"。约翰·考尔德告诉我们,看到儿童就会使贝克特感到忧伤。"他觉得街道上应该有儿童的小路",专门为婴儿车、保姆车和童车准备,以便其他人——尤其是像贝克特这样的人,能避开他们。

他说,自然更多地把生育欲望赋予给女人,而不是男人,所以他经常把女人代入一种高度模式化的角色,比如狐狸精、妓女、和平的摧毁者,"她们把自己的身体需要强加给男人,使男人在其自然肉欲和自由欲望之间撕扯"。这个观点推导出结论,男人之间的伙伴关系和友谊就是他最动人的作品所强调的东西:"它是孤独的解药,不需要纷繁复杂的性。"贝克特也准确地指出友谊和同志关系之间的区别。同志关系是一种爱,通过需要和经历建立,同志之间有一种程度的张力,"因为目的不是抵达是过程"。《等待戈多》包含了一种作为同志之爱的现实版本,这种联系肯定将会延续下去,只要戏剧的主人公仍然健在。在这出戏中,弗拉季米尔和爱斯特拉冈不论是否能达成合意,他们都没有产生怨恨。这可能也是他从战争时期抵抗运动的困难和危险中学到的东西。

---

[1] 彼得·沃森:《可怕的美:形塑当代心灵的人和观念》,第418页。

贝克特的某些观点具有一些类似佛教的元素。他喜欢援引意大利诗人贾科莫·莱奥帕尔迪（Giacomo Leopardi），后者曾说过"智慧并不在于满足，而在于欲望的消融"。对他和佛陀来说，生活的痛苦无法避免，至多只能减少，其中一种方式就是减少欲望。①

他对幸福及其获得的理解同样也很有个人特色。幸福在生活过程中是可能的，但只有在我们近距离地审视它，在它发生的时刻已经过去之后才可能。"当下的幸福如果被一个人意识到了，那么它实际上是对刚刚完成的某些事件的庆祝：可以是职业生涯中的一次胜利，也可以是蚀骨销魂的缠绵，不过一旦人们意识到幸福的时候，幸福的理由便终止了。"②

贝克特觉得甚至连艺术也不能提供实质性的帮助。艺术是一种圈套，让我们把视野从生活的可怕现实和我们困境中的真正恐惧中转移开。我们必须把视野重新转回现实，直面恐怖，这在他看来是真正活着的唯一方式。③

生活就像清理伤口一样，我们与患处之间存在一种奇怪的爱恨关系。他认为关于上帝的现代观念变得越来越抽象了，就像绘画艺术也变得越来越抽象一样。"抽象的神灵类似于绘画，它不再能够说服任何人，只能说服构想出神灵的那些人。"④所有宗教的主要目的之一，都是推崇尊重权威，都是通过习惯和恐惧来灌输服从的理念。因此在他看来，生活的某些部分势必持续不断地攻击基督教，而他通过让自己笔下的角色对信仰和仪式找茬，展示其荒诞性，通过提出牧师从未提出过的问题，借此慢慢地除去教会的圣衣，直到它尴尬地一丝不挂。⑤ 将生活的创伤清理干净，清除对这些创伤漠不关心又无视周遭的恶意的教会，这在他看来就是生

---

① 约翰·考尔德：《萨缪尔·贝克特的哲学》，第65页。
② 同上，第70页。
③ 同上，第74页。
④ 同上，第83页。
⑤ 同上，第92页。

活的方式；一系列规模不大的恰当行动反映着我们极简的精神高度和效率。为了煎熬地活下去，我们需要两样东西：斯多葛学派的勇气和"放弃的智慧"——即消解的另一种形式，不仅放弃我们所拥有的财富，还要放弃他所谓的成功神话、个人价值感、欲望等这些助长我们野心的东西。只有这样，我们才能享受等待。

对深度的怀疑

罗伯特·劳申贝格（Robert Rauschenberg）、安迪·沃霍尔（Andy Warhol）、罗伊·利希滕斯坦（Roy Lichtenstein）、克拉斯·奥登伯格（Claes Oldenburg）、贾斯培·琼斯（Jasper Johns），这些艺术家都推进了贝克特的极简主义，都采用了故意营造的平淡风格，小心翼翼地避免投入感情。他们意图模糊虚幻和实在、艺术和日常生活、极度严肃和淡漠无争之间的界限。创新性不再由"有创造力的"人所垄断。这些观点与现代主义的高级理想格格不入，极简主义者在情感上接受对专门技艺的消解，甚至消解艺术家本人的专门技艺，或者至少"对艺术家经验阐释者的身份做大刀阔斧的削减"。像唐纳德·贾德（Donald Judd）、卡尔·安德烈（Carl Andre）、弗兰克·斯特拉（Frank Stella）以及罗伯特·莫里斯（Robert Morris）这样的艺术家，他们公开地从自己的艺术作品中移除所有隐喻的幻觉和意义。波普艺术几乎具有与此相同的意图，其中一项被钟爱的技法就是不加评论和态度地使用工业人造产品的副本，其核心的审美趣味在于让事物呈现它原本的样子。从某种意义上讲，这就是现象学的一种形式。

阿德·莱因哈特（Ad Reinhardt）是一个极好的例子。他专攻单色油画，试图反抗解释和分析。出于同样的理由，极简主义者停留在事物表面，坚定不移地拒绝观看事物的深处。卡尔·安德烈说："它是我们文化中粗鄙的一部分，试图询问'这个事物的意义是什么？'一件艺术作品表示的就是它表面上的意义,而别无其他。艺术不应当试图指涉外在于它本身的任何外在事物,一种我们能在别处更真实地加以体验的事物……城市的经验强调表面,拒斥内在性。我们的文化已然包含诸多对象了。我们现在呼吁一种意义的空缺。"[1]极简主义者和波普艺术家同安德烈的立场相同,他们都批判独特性,反对永恒,用一位评论家所谓的"自我保护性沉默"抵制自我展开所带来的痛苦。

这些艺术家非常严肃地看待他们看到的事实,即深度本身缺乏必要性;"深度"在他们看来是一个错误的比喻,它以某种方式把生活推迟到以后(因为"深度"本身是一种需要花费时间探索的形而上学神话)。他们热衷表明我们过分在乎思考,把太多的意义添附到了意义这个概念上。

这个观点主要的鼓吹者是托马斯·品钦(Thomas Pynchon)。他"野心勃勃但故意留下不确定性因素"的小说,把一种极大的困难戏剧化了,而这一困难意味着在没有意义或连贯模式的世界中保持个人的个体性。他的著作探索了对意义的病态追寻。他书中的人物怀疑任何地方的"情节(plots)",但从未出现对"不具名的终极情节"的清晰洞见。有几位评论人已经指出,这样的人物将会走向妄想症,"妄想症扮演了宗教替代者的角色,因为它提供了历史遵循某种理性内在原则的幻觉,提供了一种几乎不会让人感到舒适,但相比反妄想的恐怖更容易使人接受的宗教替代"。品钦的著作具有一些共同点,它们都制造出一种意义的幻觉,一种任何事物都符合情节安排的幻觉。"妄想意味着人们发现所有事物都符合安排。"但由于品钦本人的情节并不通向任何目的,所以他的作品变成滑稽模仿——模仿人们浪漫地追求意义,模仿由此产生的自我人格。

在奥斯威辛、广岛、大清洗以及柏林墙等诸多事件的阴影下,极简审美不仅对上帝的存在产生怀疑,而且对深层次精神生活的可能性,甚至对

---

[1] 雷蒙德·亚斯米尔:《卡尔·安德烈:作为处所的雕塑,1958—2010》,纽黑文、伦敦:耶鲁大学出版社,2013年。

艺术生活的可能性也产生了怀疑。事实上,它不时嘲笑人类在生活中的这些渴望。

对自我的限定

1953年的一个雨夜,纽约下东区,未来的作家、经理人罗伯·莱纳(Rob Reisner)路遇了爵士乐传奇查理·帕克,当时后者正一个人走在街上。莱纳不相信自己有这般运气,立即上前和他攀谈起来。[①] 当时"鸟儿"的名声正如日中天,是历史上最标新立异的爵士音乐家之一。"鸟儿"正独自在夜晚的街道踱步,因为他的妻子正在生产,而他想通过踱步的方式来缓解焦虑。

这次偶遇之后两年帕克便去世了,年仅35岁,英年早逝。众人皆知药品和酗酒是他的两大癖好,他还曾因此被捕,关在一所精神病医院。他需要在放珍贵萨克斯吹口的口袋旁边,再放一把手枪,以防被那些在药品地下世界讨生活的不安定分子"打劫"。

莱纳后来成为罗格斯大学爵士研究所档案馆馆长,档案馆坐落在新泽西州纽瓦克市。莱纳对帕克在更广范围内带来的影响感兴趣,其兴趣也包括爵士乐本身。他1962年主编的权威性传记《"鸟儿":查理·帕克传奇》(*Bird: The Legend of Charlie Parker*)一书,包含了对81位帕克同辈的采访,评估了帕克对文化的重要影响。莱纳指出,"时髦雅痞"(the hipster)之于"第二次世界大战,就如同达达主义之于第一次世界大战。他没有道德意识,主张无政府主义,行为温文尔雅,过度文明以至颓废……他了解官僚制度的伪善,憎恨宗教中的暗示,那么对他来说还剩什么价值呢? 只

---

① "鸟儿"(Bird)是"庭院中的鸟"(Yardbird)的简称。萨克斯演奏家之所以被取了这样一个绰号,是因为年轻的帕克在一次去表演的途中看到两只鸡死在路边。他把两只鸡铲起来,询问女店主他可以在什么地方搭伙把这两只鸡做成菜。没有人忘记这段小插曲。

虚无时代:上帝死后我们如何生活

有在生活中避开痛苦,控制自己的情绪,在'冷静'下来后,再去寻找刺激"。①

"冷静"听起来像是极简主义者的理想,当然的确也是。但莱纳却厘清了一种有所不同的,虽然不那么具有影响力的特征——自发性和即兴创作。爵士(特别是比波普爵士乐),抽象表象主义者和行动派(或"动作派")画家的作品,类似杰克·凯鲁亚克(Jack Kerouac)和查尔斯·奥尔森(Charles Olson)这类作家和诗人的"垮掉"著作,摩斯·肯宁汉(Merce Cunningham)和特怀拉·萨普(Twyla Tharp)的舞蹈风格,以及玛丽·卡洛琳·理查兹(Mary Caroline Richards)的禅宗陶艺,正如莱纳所见,这些艺术形式都采纳了非常类似达达主义者的那种自发性。对自发性的利用旨在避免自我造成的压缩和限定影响,解放感觉上比无意识更加健康的那种力量。而这些观点也适用于药品,它也使人感到,被我们有意识心灵控制的那种内在冲动得到了解放。

丹尼尔·贝尔格拉德(Daniel Belgrad)在他对自发性文化的研究中说,"自发行动是时代的一个标志"。② 科学,企业自由主义(corporate liberalism),大众媒体,它们削减了美国生活(暗示着西方生活)的目的和乐趣。这种现象被视为压迫和异化的一种形式,但并不是马克思预见到的那种压迫和异化,而是在物质丰沛的情况下存在着精神上的匮乏。为了抵御此现象,贝尔格拉德希望国家周围的诸多"飞地",来反对这种意识形态:北卡罗来纳州的黑山学院,旧金山北滩的"波希米亚",纽约的格林威治村。20世纪50年代早期,观光者可以在在格林威治村的圣雷莫酒吧迅速找到参与人数众多的战后自发美学的某个侧面……保罗·古德

---

① 马丁·托尔戈夫:《无家可归:恍惚时代的美国,1945—2000》,纽约:西蒙与舒斯特出版公司,2004年,第27页。
② 丹尼尔·贝尔格拉德:《自发性的文化:战后美国的即兴创作与艺术》,芝加哥:芝加哥大学出版社,1998年,第1页。

曼(Paul Goodman)、约翰·凯奇(John Cage)、摩斯·肯宁汉、迈尔斯·戴维斯(Miles Davis)、杰克逊·波洛克(Jackson Pollock)、艾伦·金斯堡(Allen Ginsberg)、杰克·凯鲁亚克。

由自发文化发展出的另一种形而上学，可以总结为"主体间性和身心整体论"。企业自由主义接受客观性，这是企业提高技术对自然控制力的基础。自发性用主体间性来还击企业自由主义，"在主体间性之中，人们认为'现实'凭借着对话的动力而出现。被理解为'现实性'的客观性，靠区分客观真理和主观知觉的那种理智来做出排他性的定义；因此它假定了身心的二分。相反，美国引领的先锋派将'理性的'定义为由身体、情感和理智交互决定的一种视角"。①

我们之前就已经讨论过，达达主义者作品的目标在于直接进入潜意识，绕开有意识的自我所具有的力量，以便开启或解放被自我遮蔽的某些本性——这些本性的面向从理论上讲也更具有基础性。只有通过解放无意识的心灵，我们才能过上更加完整的生活。它允许我们的所有方面都得到充分表达；只有通过这种方式我们才能体验到"完整性"。这也带来了托马斯·曼所说的问题，"在我们这个时代，人类命运的意义被呈现在政治形态之中"。但目前存在更多可以依托的传统了。作为文化运动，自发性拥有一种令人敬畏的智识传统，"包括约翰·杜威、阿尔弗雷德·怀特海、卡尔·荣格的作品，再加上存在主义、超现实主义、格式塔心理学以及禅宗"。②

这种新美学(当然，是在美国话语意义上的新)的最终特征在于如下观点，它认为身体同大脑或心灵一样，是"无意识认知发生的场所"，它"有形地联结起内在经验和外在现实"。身体是一个"复杂的场"，艺术和生活依靠"可塑的对话"来推进，依靠身体在与世界的遭遇甚至斗争过程中产

---

① 丹尼尔·贝尔格拉德：《自发性的文化：战后美国的即兴创作与艺术》，第5—6页。
② 同上，第10页。

生的交互(与心灵交互一样重要)来推进。这种观点可以在表现主义,在达达主义或超现实主义那里看到,它也解释了自发文化催生的各种艺术形式:比波普爵士乐,拟声吟唱,抽象表现主义(或者行动,行为)绘画,舞蹈,垮掉文学以及禅宗(这个词我们下文就会解释)陶艺。①

即兴创作与身体

这种新美学最明显的文化表象可能是比波普爵士乐,它是来自摇摆"大乐团"的一种与众不同的音乐体裁。大乐团摇摆时期(粗略地讲,就是从 20 世纪 30 年代中期到 40 年代中期)本身就是世纪之交新奥尔良爵士乐的生动遗产,采用一种跨界传统高雅管弦音乐会的形式,具有高度的纪律性,复杂的切分,既为黑人听众演奏,也为白人听众,甚至海外军人演奏。

比波普爵士乐在第二次世界大战爆发之初发源于哈莱姆区(纽约黑人居住区)的夜店,特别是坐落在纽约西区 110 街区的门罗上城俱乐部(Monroe's Uptown House)以及明顿俱乐部(Minton's Playhouse)。此时摇摆乐演奏的潮流已经结束,正是业余即兴演出盛行之时。虽然比波普元素被认为是复节拍和韵律调,但它的第三种特性,轮流演奏,或者又叫做"应答"式演奏,决定了它的发展和特点。

应答曾经是黑人音乐的一部分,一个演奏者(比如说萨克斯演奏者)将会做出一段即兴表演,然后由另一位音乐家(也许是在钢琴上)来"回应"。这种交换具有对话的特点,类似应答,也有比赛的特点。这是行家个人技术的展现,既是技术上的技巧,也是想象力意义上的技巧,是一种音乐的共享,一种对决。除了弹奏、吹奏以及打击之外,很多身体动作都

---

① 丹尼尔·贝尔格拉德:《自发性的文化:战后美国的即兴创作与艺术》,第 27 页。

能加入演奏过程。

战争结束后,小型比波普乐团开始从纽约黑人区传播开来,进一步延伸到曼哈顿以及纽约之外的圣路易斯、芝加哥和洛杉矶。在那些地方,比波普爵士很快开始和城市黑人的新意识结合起来,诉求在更大程度上认同黑人对美国社会的贡献。演奏者不太把自己看作娱乐从业者,而更多地将自己看成音乐家和知识分子。根据贝尔格拉德的说法,此时有一种不成文的规定,让他们不要重复"黑人"娱乐从业者在白人支配的世界中"扮演小丑"或"自我卖弄"的传统。他们的音乐在形式上经常模糊"和谐音"与"不和谐音"的界限,有时也继续推进着20世纪早期巴托克(Bartok)和斯特拉文斯基(Stravinsky)的创新工作,创造"复节拍"音乐。帕克建议他人在演奏时遵从内心的直觉,"停止思考",但这可能具有误导性。

大多数音乐家通过聆听他人的演奏来学习技巧,而不是通过一种更正式的途径来学习。而这一点也很重要,因为他们演奏中的音调、节奏,以及击打都无法在记录下来的传统技法中实现。即兴是其中的关键。比波普爵士乐不同于摇摆爵士乐的另一方面在于拟声吟唱。在拟声吟唱中,韵律(或者说节奏、音调和音色)超越了它在传统上的意义。"这是一种不使用语言的交流,它扎根于感官的知觉;它想要诉诸无意识的情感,而不是诉诸理智。"[1]

比波普是催化剂。在纽约城的爵士俱乐部当中,比如五点俱乐部、波希米亚咖啡馆、亚瑟酒馆、先锋村俱乐部,查理·帕克、塞隆尼斯·蒙克(Thelonious Monk)、查尔斯·明格斯(Charles Mingus)、桑尼·罗林斯(Sonny Rollins)以及奥奈特·科尔曼(Ornette Coleman)的音乐实验,受到许多艺术家的欢迎。其中有威廉·德·库宁(Willem de Kooning)、弗朗兹·克兰(Franz Kline)、杰克·特沃科夫(Jack Tworkov)、格雷丝·哈蒂根

---

[1] 丹尼尔·贝尔格拉德:《自发性的文化:战后美国的即兴创作与艺术》,第112页。

(Grace Hartigan)以及作家弗兰克·奥哈拉(Frank O'Hara)。画家拉利·里弗斯(Larry Rivers)同时也是一位萨克斯演奏家,他演奏比波普。李·克拉斯纳(Lee Krasner)向她的丈夫杰克逊·波洛克描述比波普的深远影响,当时他正在发展自己的"行动场"绘画风格。垮掉派诗人把比波普式韵律看成是他们自发诗歌的基础。

可塑的对话:行动中的启示

战后美国的绘画与比波普在探索自发性和身心一体论方面产生了交集,它们都认为这是达到艺术性现实的一种方式,虽然此时同样还有许多其他的影响因素在发挥着作用。

其中两个影响因素分别是阿尔弗雷德·怀特海及其"过程哲学",以及卡尔·荣格关于集体无意识的观点。我们现在应该还能回想起怀特海的哲学提出,宇宙基本是能量以各种形式所构成的领域,这种能量就是公共统一的特性。根据怀特海的看法,所有对象不论是否具有生命都是能量节点,它们被更弱的力量场包围,但也正是它们把我们所有人联系起来。荣格集体无意识概念同样把我们所有人联系起来,这个概念非常流行。

只要涉及战后美国的绘画,那么在哈罗德·罗森伯格(Harold Rosenberg)发表在1952年11月《艺术新闻》(Art News)的论文《美国动作派画家》(The American Action Painters)之中,都可以找到确切的时间,或者至少说可以找到确切的观点。罗森伯格第一个注意到被罗伯特·马瑟韦尔(Robert Motherwell)唤作抽象表现主义"可塑自动行为"的那种现象。

根据罗森伯格的观点,抽象表现主义得以与其他艺术风格区分开来,特别是与超现实主义和立体主义区分开来,原因在于"它非常强烈地把绘画的过程进行了戏剧化,似乎要把画家每个动作当中的不同道德决定之性质,都灌入画面"。他并没有在这个结论过多停留:"在特定瞬间,画布开始作为行为的表演场地,呈现在一个又一个美国画家面前,它并不表现为制造产品的空间……画家手里拿着材料走到画布面前,对眼前另外一些物质采取一些行动。画面就是这种遭遇产生的结果……重要的问题总是行动中包含的启示。"①罗森伯格坚持认为,鉴赏这种新绘画艺术需要把新的注意力转移到艺术家的行动上,要检验每一个行动的"开端、持续过程和方向",因为这些动作会显露出画家的"心理活动",特别是他"意志的集中和放松",他的被动性,他"在警觉状态下的等待"。

可以说,这一进路的最佳典范便是威廉·德·库宁,尤其是他在1948年到1955年之间创作的《女性》系列。"这些画描绘了人类的身体,但身体并非理念本质的容器,而是与画家心灵面对面的有机物质:它是混乱的身体,从预估的边界溢出,渗入它的周遭,不怀好意地向周遭展示了它的存在……这些画体现了对身体近乎强迫性的改造,暗示艺术家认为这个任务是不可能的,或者说是永远没有止境的,艺术家构想出一种画面,即心灵要把秩序强加于存在所进行的斗争。"②这让人回想起凡·高和德国表现主义者的努力,而在这些画中也的确包含着某些存在主义的成分,因为它们面对着世界和经验的纯然肉体性,就像萨特所讲的那样,它们对"概念的暴虐"展开抗争。那么德·库宁描绘的女性到底是什么呢?更准确地讲,到底是谁呢?罗森伯格把德·库宁对画面的抗争,与"横渡海洋或进行一场战役"的那种抗争进行了一番比较,再加上艺术家本人也说自己常常处于绝望和迷失的状态,所以绘画在他看来经常显得是一种荒谬的行动,"一种朝向意义的任意跳跃"。

---

① 关于将音乐与演奏乐器的速度视为表演的一个方面,可以参见卡尔·沃德克:《查理·帕克:音乐与生活》,安阿伯:密歇根大学出版社,1996年,第23页。
② 丹尼尔·贝尔格拉德:《自发性的文化:战后美国的即兴创作与艺术》,第108页。

德·库宁的画充斥着存在主义的元素,尤其是它包含如下观点,认为自觉选择是无意义宇宙之中自由的唯一来源。但我们也应该看到,事实上其他大多数行动画家更关心后来所谓的"场论"①,更关心提供了"自觉思想和无意识思想共同基础"的那种心灵和身体之间的连续性。②

最清楚或者最佳的典范要数杰克逊·波洛克了。他在1946年创作了一系列取名为"草丛中的声音"的画作。他把画布平铺在地板上,在围绕画布踱步时上色,甚至把颜料直接泼洒在画布上,或者在画布上行走。他觉得通过这种方式自己更能成为画作的一部分,甚至栖身于画作中。在这些作品,以及随后的"全面二次创作"和"行动场"画作中,单一形象并未出现在无差别的基础上,相反,画面中出现了大量形象,它们逐渐形成了"基础"本身,由紧密联系在一起的手势笔画构成。人的注意力在这种图画面前处于不断变化的状态,因为观察者突出了画面的一部分,然后这部分又消退了,被其他部分所取代。就像是在不断挑衅观察者一样,让观察者不断重新适应他面前的这幅作品。就像李·克拉斯纳所说的那样,"它彻底打破了或多或少从立体派那里衍生出来的绘画概念,突破了人们坐下来观看……画面外在呈现出来的本性。相反,它呼吁一种单一的整体性(oneness)"。

这些画在几个层面上存在着。从本质上讲,它们代表了画家与他或她物质材料之间的斗争。它们画面上的模糊性对观看者提出了挑战,让他或她与作品展开对话。这个过程的全部基础就在于后来被叫做"激进主体性"的观点,主张不存在人们可以达到的那种终极真理,也许人们只能把不同的观点视角加以综合。因此,现实的基础在于对话。(并不是比波普那种回应式的对话,但很接近。)

---

① "field theories",本是物理术语,描述某种物理量的分布。在艺术和美学中指主客体及其所处时空各因素之间的交互。——译者
② 丹尼尔·贝尔格拉德:《自发性的文化:战后美国的即兴创作与艺术》,第110页。

以上这些都是建立在"可塑的对话"这一概念之上。波洛克画作的内容都是画家与他面对的物质材料之间的关系，是完整心灵与身体之间的关系，是对现实与在世抵抗的一种指代。在无意识的绘画过程中，无意识的力量得到了释放。这就是可塑的对话，它是试探，没有人外在于这个过程，也没有人能外在于这个过程。波洛克的浇画技法强调在决定画面的问题上，身体和心灵同样重要，绘画是思想的创作，同样也是行动的创作。这种观点与安德烈·马尔罗和圣埃克絮佩里所主张的"行动的温暖"直接联系起来了，认为我们所创造的现实是行动的结果，这种行动能对世界，对现实造成影响，让它们产生变化——不是只有思想才能做到这一切。

20世纪60年代早期，在讨论"满幅"(all-over)绘画的一次学术会议上，马丁·詹姆斯(Martin James)提出另外一种趋势：新的绘画并不主张任何牢固不变的真理，它只是通过其主体间性，承载其所处时代背景中的有效性和信念。而这可能就是所有观点中最激进的一种。最具社会意义的艺术也许是最短暂的艺术，因为它对其所诞生的那个瞬间和那个环境进行诉说。简而言之，这是一种不涉及彼岸生活的艺术，极简主义的另一种形式。艺术像生活一样，都是一种经历，一种"主体间性"的经历，而不是纪念碑。[1] 和生活一样，艺术遭遇到世界的阻力，而这也就是生活的意义所在，即当遭遇世界的阻力时，我们通过行动而不是思想，或者说通过行动以及思想，在此阻力中制造出变化。

运动的知识

可塑艺术和表演艺术的边界是黑山学院20世纪50年代早期实验的

---

[1] 杰弗里·雷纳、理查德·张伯伦、安玛丽·斯特普尔顿：《流行乐！设计，文化，时尚，1965—1976》，伍德布里奇：ACC社，2012年，第119页。

主题。学院位于北卡罗来纳,实行杜威式的教育原则,艺术在此过程中发挥了关键作用。虽然学院持续仅仅 24 年后便在 1957 年关闭了,但它的雇员和校友花名册仍然令人印象深刻:巴克敏斯特·富勒(Buckminster Fuller)、摩斯·肯宁汉、约翰·凯奇、威廉·德·库宁和伊莱恩·德·库宁(Elaine de Kooning)、瓦尔特·格罗皮乌斯(Walter Gropius)、阿尔弗雷德·卡津(Alfred Kazin)、罗伯特·马瑟韦尔、老罗伯特·德尼罗(Robert de Niro Sr)、肯尼思·诺兰德(Kenneth Noland)、罗伯特·劳申贝格以及赛·托姆布雷(Cy Twombly)。

舞蹈评论家罗杰·科普兰(Roger Copeland)把汉斯·纳马思(Hans Namuth)拍摄的杰克逊·波洛克作画的短片说成是"世界上最有意义的舞蹈电影之一"。他说,这部短片表明"抽象表现主义背后的基本冲动在于把绘画转化成舞蹈的那种欲望"。这种说法可能有些极端,但毫无疑问,像玛莎·格雷厄姆(Martha Graham)这样的现代舞者和编舞,把荣格的心理学及其符号的无意识贮存概念当成他们作品的基石。另外,像摩斯·肯宁汉和凯瑟琳·利茨(Katherine Litz,也是一位编舞),他们为了可塑性的对话而放弃叙事性舞蹈,研究作为工具的身体和作为经验而非故事的舞蹈,强调身体这方面能够做的事情。

"身体的动力学"成为艺术形式的中心。① 另一个观念是"身体铠甲",是指每个人在寻求存活和满足的过程中,形成了对世界的看法。这种看法最终将会"符合常规",然后就会从自觉意识中撤出,但仍然会保持活跃性以控制人的世界观,其中包括对待"身体的自然态度"。② 肌肉的张力和本体感受的盲点"表现了人们业已学会的抑制和自我攻击手段,表现了与精神态度的刻板性相对应的体格"。我们的身体开始反映出我们的生活态度。

---

① 丹尼尔·贝尔格拉德:《自发性的文化:战后美国的即兴创作与艺术》,第 158 页。
② 同上,第 151 页。

查尔斯·奥尔森曾一度是黑山学院的院长,他提出身体的动力学知识高于那种单纯的描述性知识;对完满生活来说,对身体的利用同对心灵的利用同样具有根本性;而对身体的利用超越了科学可以涉及的范围。在奥尔森看来,身体会产生抵抗,因此通过最好的现代舞蹈来克服身体的抵抗,可有助于我们生活的满足。早期的宗教懂得这一点(比如在阿斯科纳的尼采崇拜中),但世界上主要的一神教则不懂得。

摩斯·肯宁汉在20世纪40年代早期曾与玛莎·格雷厄姆一起学习,20世纪50年代则在黑山学院教授舞蹈。其后他离开学院开创自己的事业,因为他想呈现运动"本身",而不是作为"'内在'情感之寓言"的运动。① 他努力把舞蹈从其所依赖的音乐和叙事中解放出来,以便探索人类身体的主体间性及其表达范围。特别是他发展出一种所谓的"满幅"舞蹈,类似于满幅形象绘画,在"满幅"舞蹈作品中不存在中心舞台或位置的分级。肯宁汉和他的长期伙伴、作曲人约翰·凯奇,把这种舞蹈叫做"多重注意焦点"(polyattentiveness)。同杰克逊·波洛克一样,肯宁汉也依赖能量场。正如他自己所说,"一个事件作为另一个事件的回应而出现,这种逻辑在现在显得不恰当了。我们同时观看聆听好几个事件"。

所以,这也是一种可塑的无意识行动,是源自身体而非心灵的活跃冲动。肯宁汉的舞蹈并不源于有关角色或故事的观念,而源于运动。舞蹈根据舞者的身体、运动和可触及的时空而推进。他说,"舞蹈不服从一种预先安排好如何行动的理智观念,因为这无异于事先安排好与老友对话的内容"。他的舞蹈没有编排带独唱的合唱团,只保留每个人不同的声音,它们都是"主体间性的",在任何时间都意识到别人正在做什么,并设法予以配合。人们公认这种舞蹈创造了一种高强度的能量场,所以他的

---

① 丹尼尔·贝尔格拉德:《自发性的文化:战后美国的即兴创作与艺术》,第162页。

舞蹈就像是波洛克的绘画作品在运动一样。

与黏土的对话

自发性和可塑性审美促使艺术家选择(或者回应)让他们产生身体冲动的物质,尤其是黏土。20世纪50年代,在抽象表现主义的影响下,"黏土陶艺的技巧被提升到了高雅艺术的地位"。陶艺具有可塑性和延展性,使黏土为"对话"提供了一种绝佳的可能。操纵控制黏土需要高强度的身体运动以及身体敏感性,因为一旦超过某个临界点便无法对这种物质施加"强力"了。就像抽象表现主义最著名的陶艺家彼得·沃克斯(Peter Voulkos)所说的那样,这是自发艺术的一种形式,因为黏土干结的时间并不长,这使得黏土成为艺术家的无意识与环境之间"对话"的理想材料,更是通过身体作为媒介的一种对话。[1]

这是黑山学院独领风骚的另一个领域,吸引了来自英国工艺美术运动的陶艺家,特别是伯纳德·利奇(Bernard Leach),以及几位受禅宗佛教影响的日本陶艺家。玛丽·卡洛琳·理查德也在学院学艺,她这样描述陶艺体验:"制陶者和黏土互相施加压力。坚定、温柔、敏感的压力在产生效果的同时也做出了同等让步。这就像是两只活跃的手握在一起,在获得他人欢迎的同时也在给予对方欢迎。手与黏土之间的言说使我们想到了对话。这种语言比试图描述它的话语要有趣得多,因为这种语言并不靠舌头和嘴唇来诉说,而是靠整个身体,整个人来诉说,而且既在说也在听。"[2]另外一些陶艺家则把可塑性对话比为"与黏土共舞",比如高江洲子(Toshiko Takaezu)。

陶艺其他形而上学的特性则由彼得·沃克斯发展出来。他喜欢制

---

[1] 杰弗里·比尔德:《现代陶艺》,伦敦:远景工作室,1969年,第165页。
[2] 丹尼尔·贝尔格拉德:《自发性的文化:战后美国的即兴创作与艺术》,第170页。

造大型陶制品，其中有些足足有 8 英尺高，因为在制造大型器物的时候他会与黏土"搏斗"，抗争黏土带来的抵抗。这让人回想起马丁·海德格尔的观点，认为我们自己是被"抛"进世界的，而且随着年龄增长，我们愈发被我们遭遇到的阻力形塑了。按照这种说法，陶艺就是存在的完美指代。

作为意义的韵律

自发文化的最后一个特征由那种因"垮掉"而闻名的作家所代表，那是一种覆盖诗歌、小说以及游记创作的现象。许多人认为垮掉派这种写作风格发轫于 1955 年旧金山的一次朗诵会，艾伦·金斯堡朗诵了那首著名的诗——《嚎叫》(Howl)。但我们在此也发现事件的背景更为有趣，并且再一次围绕黑山学院、黑人聚集区和格林威治村的爵士俱乐部为中心展开。《嚎叫》模仿了莱斯特·杨(Lester Young)的高音萨克斯演奏。金斯堡自己评价说，"典范……是传奇人物莱斯特·杨用 69 人到 70 人的合唱队来演奏《千娇百媚》(Lady Be Good)，你知道，合唱团不断反复唱，他不断地在即兴演奏中投入更多思想火花"。

1944 年，金斯堡和另一位垮掉派作家的领袖人物杰克·凯鲁亚克相会于哥伦比亚大学，当时金斯堡 18 岁，凯鲁亚克则年长 4 岁。凯鲁亚克已经从大学退学，金斯堡后来也被延缓毕业。时值战争年代，哥伦比亚也像许多其他大学那样，接受军事产业复合体，一种能使工业在冷战期间存续下来并不断增强的措施。就像金斯堡所描绘的那样，智识生活变得更加狭隘了，它被"战争社团主义的焦虑和严格性"所挤压，作为对此的回应，垮掉的一代并不把他们边缘地位看成一种失败，相反，他们把自己的边缘地位看成一种优点。

当黑山学院 1956 年开始分崩离析时，以诗人为主的几位学院老师搬到了旧金山,金斯堡也在其中。凯鲁亚克的文章《自发散文的要素》(Essentials of Spontaneous Prose)发表在最后一期的《黑山评论》(*Black Mountain Review*)上,而这期评论也是在旧金山整理完成的。其他搬到旧金山的诗人还有肯尼斯·帕钦(Kenneth Patchen)、威廉·埃弗森(William Everson)、菲利普·拉曼蒂亚(Philip Lamantia)、杰克·斯派塞(Jack Spicer),他们组成了一个特别紧密的小组,在劳动营中度过了战争年代。这个劳动营坐落在俄勒冈州沃尔德波特,为出于良心而拒绝服兵役的人而开办。

金斯堡是垮掉派中最自觉地意识到这一点的人,就这一传统和此进路的开创人而言,他和自己所借鉴的莱斯特·杨以及纽约爵士俱乐部大不相同。他开始同埃兹拉·庞德、威廉·卡洛斯·威廉斯(William Carlos Williams)以及查尔斯·奥尔森取得联系。奥尔森的开创性思想发表在1950年一部著作中,提出"投射诗"(projective verse)之说。他说,这种新型诗歌"源于自发性"。它是"抛射的/敲击的/未来的",其与众不同的句读方式也是他革新的一部分。他想把诗歌变成一种抛投,一种由诗人抛出的事物(类似于陶艺家将黏土抛出一样),能量由此转移到读者—听者那里;从听觉层面讲它是敲击;勘探者和考古家发掘出某种事物,而他当时并不知晓这种事物到底是什么,从此意义上讲,这种新的诗歌具有与之类似的未来性。

作为荣格坚定的信徒,奥尔森相信有意识的心灵是一位看守者,他扼杀了许多刚刚浮现的观点,或者予以篡改。这些观点只能通过自发的方式得到释放,自发性在此提供了一种无中介的通道。他坚持认为,这种诗性的进路应当被纳入日常生活,我们应当倡导一种加速的生活,单纯地"继续生活",而不去反思。他主张逻辑将一种结构强加在语法上,而诗歌的责任就在于摆脱这种结构。形式是短暂的。经验的形式传达了对现实的新看法,而新看法的最佳来源是"不受规则制约"的自发韵律。按照他的说法:"不假思索地书写,所以那些不成熟的东西才会留存下来。"①

他同样还主张一种其所谓的"本体感受的固有性",这种性质使身体成为艺术形式必然加以利用的、整合经验的场所。金斯堡同意他的观点,并在《嚎叫》的著名首演中表现出来——他更多地使用吟诵的方式,而不是"读"或"说"的方式来表演。这个场景就是表演,他的整个身体都参与其中。金斯堡也把他的诗看成是心灵身体通过能量场传递自发观念的混合物,它是比任何特殊观念都更重要的能量传递载体。能量则是完整生活的根本性要素。"在投射诗的写作中,作家的第一法则是只撰写能在读者心中创造情感之流的那种东西。"②对垮掉派来说,兴奋便等同于真实。它是艺术和生活共同的意义。

除了《嚎叫》之外,最著名的垮掉派著作要数杰克·凯鲁亚克的小说《在路上》(On the Road)。它在 1951 年 4 月开始成型,靠着安非他明的帮助,凯鲁亚克在打字机里面塞了一卷纸,3 个星期之后写出 120 英尺长单行排列的打印稿,这就是他小说的原材料。后来他对自己的方法进行了解释:关键是不要去思考使用哪个辞藻,或者运用什么结构,而是努力让文字的涌现"及时跟上人的想法……不要挑选表达方式,而要跟上心灵,自由地偏向(结合)吹往主体的无限思想之风,在英语的海洋中畅游,抛开除修辞式呼吸节奏之外的任何法则"。他也比较了这种写作过程与即兴爵士独奏之间的关系。③ 凯鲁亚克提醒人们警惕"事后想法"的危险性,人们可能经过事后的考虑,想要提升原本的意向。这样一来,"你就会思考你被设定去思考的那些东西",凯鲁亚克如是说。而垮掉派写作的要

---

① 丹尼尔·贝尔格拉德:《自发性的文化:战后美国的即兴创作与艺术》,第 31 页。
② 参见比尔·摩根:《自我歌颂:艾伦·金斯堡些许私人化的生活》,纽约:海盗出版社,2006 年,第 516—517 页,其中提到约翰·列侬对金斯堡阅读《嚎叫》的反应。也可参考詹姆斯·坎贝尔:《这就是垮掉的一代》,纽约、旧金山、巴黎、伦敦:塞克与沃伯格出版社,1999 年。
③ 丹尼尔·贝尔格拉德:《自发性的文化:战后美国的即兴创作与艺术》,第 205 页。

义,或者说垮掉派写作的要点之一,就在于避免事后的思考。

表演是垮掉派诗歌的重要元素。从某种意义上讲,表演是所有诗歌的构成元素,但这一点对垮掉派诗歌的能量交换理念来说尤其正确。阅读避免了绘画和出版过程中的时间延迟,形成了文化正在发生的理念,就像怀特海所说的那样,能量场宇宙的基本单位在于事件。当然,阅读也将自发性最大化了。诗可以被修改,甚至可以"一边阅读一边"创造。但现实的阅读、声音、诗人的动作,都是交换的一部分,是使诗歌更像爵士的那个部分。

最后,公众在阅读中是在场的,他们与诗人共处一室,面对面,回应诗人。这是最真实的主体间性。表演既放大了诗歌的不确定性,同时也矛盾地为此过程添附上了意义。

自发性文化从来就不缺少批评,从诺曼·梅勒到波德霍雷茨(Podhoretz),再到戴安娜·特里林(Diana Trilling)。人们批评作家和画家受到超过他们智识水平的教育,批评他们是骗子,批评他们对自己产生的影响,批评他们的自命不凡。即便如此,1959年在威尼斯西岸、北滩以及格林威治村的"波希米亚飞地",确有超过3 000名美国人追寻自己所认为的那种自发性生活方式。研究北滩社群的社会心理学家弗朗西斯·里格尼(Francis Rigney)总结说,与社会主流人士的想法不同,他们的生活其实和主流的社群并无二致。但他也发现,很多人都难以保持这种生活方式,通常他们都三天打鱼两天晒网。这就是20世纪50年代让位于20世纪60年代的原因之一,也是这种生活方式显得碎裂、不完整的原因之一。

消极活力:颠倒式生活的强度

菲利普·罗斯(Philip Roth)的小说几乎在任何一个方面都像萨缪

尔·贝克特的小说和戏剧一样阴冷。他的小说把生活的痛苦，尤其是关于美国犹太人生活在大屠杀阴影下的那种痛苦，作为小说的主题。然而最重要的是，罗斯的作品涉及强度，把强度当成是除此之外无意义世界中唯一的意义形式。

罗斯自己就是犹太人，他认为美国的犹太人拥有最好和最坏的世界。在《鬼作家》(*The Ghost Writer*)中，他怒斥那些认为大屠杀是犹太人命运特征的犹太同胞，大多数持这种观点的犹太人在树木繁茂的郊区，过着远离杀戮恐惧的优渥生活。人们可能想象得到，这并不是一种流行的主张。就我们的主题来看，在诸如《再见，哥伦布》(*Goodbye Columbus*)和《反美阴谋》(*The Plot Against America*)等小说中，他表明同样处在树木繁茂的郊区，那些被同化的犹太人为何一定要抛弃他们大部分的宗教认同。被同化的犹太人也许并没有完全放弃对他们上帝的信仰，但他们放弃了严守信仰所需的大部分仪式生活，而这本身便造成了风险。

罗斯把美国犹太人看成是社会学家所说的现代民主社会的"边缘人"，这样一来他便能突出同化并非一种精神死亡的形式，准确地说，同化是一种身份的缩减。所以，在他的大多数作品中，生活的唯一快乐存在于罪恶王国，存在于世俗的民主。成为有罪之人的唯一方式是反对大多数人约定俗成的事项，并冒犯批评家哈罗德·布鲁姆所谓的"消极活力"(negative exuberance)。罗斯和贝克特一样，认为人们应当不断地通过攻击这种方式来生活。

比方说《萨巴斯的剧院》(*Sabbath's Theater*)，主角莫里斯·"米奇"·萨巴斯像一位评论家所讲的一样，是"会行走的脏话"。[①] 他说："尽管我自己有这样那样的麻烦事，但我还是不断探索生活中重要的事情……我所知道的就是要和他人为敌。"他非常好色。"你必须像僧侣把自己奉献给

---

① 詹姆斯·伍德：《破碎的遗产：文学与信仰论文集》，伦敦：乔纳森·凯普出版社，1999年，第217页。

上帝那样,把自己奉献给男女间的床笫之欢。许多男人都不得不把性事局限在他们所谓的更紧迫事项的边缘……但萨巴斯把他的生活进行了简化,让其他事项围绕男女之事这个核心。"萨巴斯喜欢颠倒的生活。在他看来,性是单纯的,并没有什么更高的意蕴。原因在于,"任何一个有脑子的人都会理解,自己必然走向愚蠢的生活,因为本身就不存在愚蠢生活之外的其他生活……没有通奸的世界是无法想象的"。

萨巴斯完全是一个极简主义者,他并不期望从自己的行动中获得任何明晰性,也不想复归"家庭生活这种温暖但令人紧张的阴谋"。他被曾经的自己所定义,他曾经是别人的儿子、别人的丈夫、木偶艺人,但现在他已不再是这种自己了,他知道保持生存状态的唯一方式"就是侮辱他人,侮辱他人,不断地侮辱他人,直到这个世界上所有人都遭受他的侮辱"。他明白自己"很擅长下判断,但却不擅长改正"。[1] 他用自己的失败勾画了他自己;他的亵渎言辞,他的滥交,他的厚颜无耻,皆为创造一种反神学的神学而设计,目的在于败坏生活,翻转生活,并建立一种"反生活"(这也是他一部小说的标题),但这种生活处于激烈的狂欢之中(有批评家指出,罗斯所有的著作都是"喧闹"的,所有的性描写都嘶哑刺耳)。拿罗斯创造的另一个角色,一个"处理犹太恶魔问题的美国权威"——内森·祖克曼来说,情况也是一样,辨认"英雄气概和无理取闹"并不是一件容易的事。[2]

罗斯及其创造的角色,比如萨巴斯和内森·祖克曼,他们认为生活的所有一致性都是幻想,为了获得一致性,我们必须破坏事物之间既有的界限,比如说生活和艺术的界限,但这些破坏性的手段将会冒犯各自领域内那些自诩的仲裁者。[3] 罗斯和贝克特一样,都担心艺术可能成为陷阱,它

---

[1] 詹姆斯·伍德:《破碎的遗产:文学与信仰论文集》,第222页。
[2] 哈罗德·布鲁姆:《嘲笑对他的漫长折磨》,载《纽约时报书评》,1985年5月19日。
[3] 蒂莫西·帕里什(编):《剑桥菲利普·罗斯指南》,英国剑桥:剑桥大学出版社,2007年,第35页。

可能是对杂乱生活干净体面地拒斥,但我们的身份总存在着相互竞争的主张,而且始终如此。

在《解剖课》(*The Anatomy Lesson*)中,内森·祖克曼把自己托付给无拘无束的感官享受,以便逃脱自我证成的囚笼,让自己过一种完全站不住脚的、不正当的生活,并且"学会喜欢这种生活"。[①] 对祖克曼、萨巴斯以及罗斯本人来说,生活充斥着致命的毒药。在《美国牧歌》(*American Pastoral*, 1997)和《垂死的肉身》(*The Dying Animal*, 2001),以及上文已经提到过的小说中,存在着一种"喧闹的萧瑟"。在此,避免精神崩溃的唯一方式就是反抗、噪音和亵渎。罗斯在《我嫁给了共产党人》(*I Married a Communist*)中,无法自制地关注"一个灵性女子低领衣服漏出的春光";他在另一部小说中又说,"出轨伴随着婚姻誓言产生";他还在一本小说中说,"人们兴致勃勃地进行自我牺牲"。生活必须伴随"一剂怨恨",伴随"揭发和复仇带来的病态快乐"而继续前进。[②] 大尺度的情色是罗斯的标签,是他笔下众多角色摆脱困境的方法。

贝克特建议我们对某些问题沉默,而罗斯则建议我们喧闹地处置这些问题;贝克特给予我们同伴之谊最后的希望,而罗斯则给我们独居亵渎者充斥着自我憎恨的滥交;贝克特让我们等待,而罗斯则让我们躁动。在没有上帝的世界之中,我们必须最大限度地利用我们的怀疑,通过亵渎、与朋友之妻通奸、冒犯他人,我们就能够最好地利用这种怀疑。因为没有人知道任何真理,我们永远也无法知道什么时候自己是正确的;因此我们也永远无法知道什么是好的。我们只有通过犯错才能知道一点自己的事情,而这就是最为强烈的一种存在方式。

不过在一些问题上,他的观点与贝克特相同,比如他在同等程度上欣赏通俗性和意义,但大多数人无法达到(或者辜负)罗斯的哲学,就像他们

---

① 蒂莫西·帕里什(编):《剑桥菲利普·罗斯指南》,第45页。
② 同上,第150页。

虚无时代:上帝死后我们如何生活

无法达到或辜负贝克特的哲学一样。虽然他的哲学非常极端,但也给我们提供了暂时停留和反思的余地。知道什么是错误的,这对我们的生活有帮助吗?他阴郁的观点被幽默修饰了,这是事实。这一点同样也把他和贝克特联系在一起,并使他不得不讲的那些话变得更容易令人接受。尽管他的观点非常极端,但因为上述原因,我们还是愿意听一听。正像哈罗德·布鲁姆所说的那样,他们都向我们提供了"包含在欢笑之中的煎熬"。

22　有远见的联邦和生活的规模

鲍里斯·叶利钦（Boris Yeltsin）在 1989 年 9 月时还是俄罗斯人民代表大会的成员，尚未就职国家总统，但他此时已经多次公开访问美国。至少有两个原因让他的访问具有重要价值。第一个原因是叶利钦醉酒——他不但在访问白宫时醉酒，而且在很多重要行程中处于酒醉状态。第二个原因是他对美国富裕的惊讶，尤其是宽裕的食物和住房，他所说的话被苏联宣传部门隐瞒下来了。回国后他成为了苏联体制的反对者，并在一年后成功地战胜米哈伊尔·戈尔巴乔夫（Mikhail Gorbachev）获得俄罗斯的控制权，其中有部分原因可能是他在美国的所见所闻。

不过叶利钦的访问还有值得注意的第三个方面，这个问题很少有人注意到，即这次访问由位于加州大瑟尔的伊莎兰学院（Esalen Institute）邀请发起。伊莎兰在同其他 15 个机构的竞争中获胜，包括洛克菲勒和福特基金会以及外交关系协会。预先协商程序由"苏联—美国交换计划"机构执行主管杰姆·加里森代表伊莎兰进行［加里森的著作《上帝的阴暗面：广岛之后的神学》（*The Darkness of God: Theology after Hiroshima*），已经在上文讨论过了］。

伊莎兰学院在这一系列事件中展现出来的声望格外引人注目，因为严格地讲，那时它的黄金年代已经过去了。杰弗里·克里帕尔（Jeffrey J. Kripal）在他的著作《伊莎兰：美国和无宗教的宗教》（*Esalen: America and the*

Religion of No Religion，2007—2008)中谈到，20 世纪 60 年代末和 70 年代早期是伊莎兰学院的黄金年代，同时也是反主流文化的黄金年代。

在反主流文化的顶峰时期，学院可算是最为持久的一种尝试，它不仅想在传统西方上帝观念之外创新一种生活方式，甚至想寻找科学、资本主义以及传统道德之外的生活方式。伊莎兰可说是反主流文化的典范，是反主流文化价值和抱负最完善、最完美的现实化。伊莎兰这个名称取自美国一个本土部落，这个部落至今仍然在其发祥地存续着。

"我们永远也不会知道有多少人皈依反主流文化"，创造反主流文化这个短语并为其编写明确历史的西奥多·罗斯扎克(Theodore Roszak)如是说。"如果有人说反主流文化存在成员资格，那么他可能错了。它在某种意义上是一种着眼、迷恋于过去事物的视角。相比它所反对的文化的范围，更重要的是它所反对的理论的深度。反对者以前从未提出过如此具有哲学深度的反对意见，这些意见深入到现实、心智和人类目的的意义之中。"①

三大元素构成了反主流文化进路的基石。它们分别是：第一，治疗的新手段，用罗斯扎克的话来说就是"内在控制的技术"，一般通过治疗社群组织起来；第二，药品，它是另一种意识的来源；第三，音乐，摇滚。他说，这三个元素能结合成反主流文化的主要原因在于，"它所反对的那种文化——包括还原论科学、造成生态灭绝的工业、公司的系统化等，这些文化对着眼精神提升的那种生活来说，格局和视野太狭隘了"。②

治疗手段或许是三个元素中最根本的元素。治疗手段的基础是如下观念，即"从精神分析的冒险开始，我们才发现社会中语汇的极度匮乏"。

---

① 西奥多·罗斯扎克：《反主流文化的形成：对专家社会及其年轻反对者的反思》，伦敦：费伯出版公司，1970 年，第 xxvi 页。
② 同上，第 xxxiv 页。

在20世纪60年代,林登·约翰逊总统建立起,或者说希望建立起他所谓的伟大社会。它以民权运动为基础,同时也囊括了其他几个社会问题(女性主义、贫穷、环境)。它本质上属于社会政治,用来帮助参与者通过其设立的计划从而获得更好的生活。然而,许多拥护反主流文化的人认为,建立良好社会"首先不是一项社会性工作,而是一项心理学工作"。治疗进路"超越意识形态,触及意识这个层面,试图改变自我、他者,以及处境中最深层次的意义"。①

恰如哈佛大学心理学家蒂莫西·利里(Timothy Leary)所说,政治和社会意识让位于"有意识的意识",总体目标是去发现能赋予生活新意义的那些社群新类型、家庭新模式、性爱新风俗、生活新种类、审美新形式以及个人新认同。② 它本质上是一种反理性、反科学的立场,提倡一种有意义的感觉生活。

罗斯扎克说,那时存在一种流行氛围,在年轻人中尤为明显,他们认为马克思主义和自由主义在很大程度上已经不能为世界提供解释;它们与其说是解决方案,不如说它们本身就是问题。同样,调查数据也显示,38%的美国人不再参加礼拜活动,这表明传统教会已经与灵性的经验基础丧失了联系。③ 此时流行的是哲学家赫伯特·马尔库塞(Herbert Marcuse)的"额外压抑"概念。有一些压抑是基本压抑,这种压抑是普通的,正常的;它必然在任何社会形态中产生。马尔库塞认为,基本压抑单纯就是人们生活在一起的结果。然而额外压抑则是"不公平统治逻辑的需要"。额外压抑是'特殊的群体或个人'强加于其他人的东西,以便'维持或加强他自身的特权地位'"。对马尔库塞和马克思来说,从此理论可

---

① 西奥多·罗斯扎克:《反主流文化的形成:对专家社会及其年轻反对者的反思》,伦敦:费伯出版公司,1970年,第49页。
② 同上,第64—66页。
③ 赫伯特·马尔库塞:《反革命与造反》,伦敦:艾伦·莱恩出版社,1972年,第2章,第59页以下。

以推导出,"工作时长的缩短"是解决其他一切问题的基本前提。我们必须把"统治的合理性"问题放在一边,以便好好考虑"力比多(性欲)的合理性,它把自由和快乐的可能性视为理所当然"。①

马尔库塞也拥有一种超验性的观念,表现为一种历史的超验性,而不是任何意义上的宗教超越性。他觉得统治、剥削和压制超越了历史时期,所以我们把现状视为理所当然。而他的目标正是通过解释存在的基本政治本性,来克服这种事态。这种事态只能通过大拒绝(Great Refusal)来克服,"以快乐和自由",以"极大的肯定性"的名义,拒斥社会统治对诗性"先验的智慧"的利用。②

罗斯扎克谈到,反主流文化寻求心理学转变的第二个特征在于"东方的旅程"。他说,这引导人们走向艾伦·沃茨(Alan Watts)这类人。艾伦·沃茨原本是一位英国哲学家和神学家,作为英国国教顾问他从位于伊利诺伊州埃文斯顿的西北大学离职后,去到旧金山的亚洲研究院从事研究工作。沃茨写过关于禅宗和道教的著作,并试图把禅宗和道教的洞见翻译成西方科学技术的语言,其中最有名的也许要数《禅宗之道》(*The Way of Zen*)、《快乐的宇宙观》(*The Joyous Cosmology*),以及《东方和西方的精神治疗》(*Psychotherapy East and West*)。在《东方和西方的精神治疗》中,沃茨提出佛教可以被想成精神治疗的一种形式,而不仅是一种宗教。他说,印度教和佛教都不能被划为宗教、哲学、科学或者神话,甚至不能划分成这四种类型的混合,"因为这种门类划分的方式是外在于它们的,甚至精神和物质这种更为基本的划分形式也是外在于它们的"。③

那么,反主流文化向我们提供了"一种值得注意的,对怀疑论和世俗理智的漫长传统的背离,这种传统在西方过去的300年里,充当了科学技

---

① 西奥多·罗斯扎克:《反主流文化的形成:对专家社会及其年轻反对者的反思》,第109页。
② 同上,第119—120页。
③ 同上,第14页。

术的主要载体。几乎一夜之间(奇怪的是,在这个问题上几乎没有发生大的争论),绝大部分年轻一代选择退出那种传统"。① 罗斯扎克承认反主流文化的周边存在一些"令人不安的不健康现象",比如怪诞色情、恐怖虐待、伪狄奥尼索斯狂欢,但他认为对"非理智力量"的探索就是反主流文化最大的成就。②

罗斯扎克提出这样一个问题,如果理性生活明显不能把我们带到"伏尔泰和孔多塞曾经预见的"更文明的境地,而理性生活也表明其本身仅仅是一种"更高的迷信",那么此时我们是否能责怪年轻人陷入一种"神秘的荣格式焦虑"。他说,我们不可能再无视这个事实,即"我们的理智概念已经因为普遍假定而灾难性地窄化"。这种普遍假定在于它假定精神生活"是(1) 最好留给艺术家和边缘的空想者的狂热生活方式;(2) 是考古学者研究的历史埋骨地;(3) 是专业人类学高度专属的一种附属品;(4) 教士们仍然在使用的一种过时话语,但经过更开化的教会成员进行智识上的柔化"。迈克尔·诺瓦克(Michael Novak)提出,最终结果是一种"中产阶级的世俗人道主义",它"避开形而上学家、神学家和白日梦想家的'神秘飞行';它在处理作为宏大文学和哲学对象的那种强烈情感经验时,显得谨慎而疏离,把自己局限在此世及其关注对象范围内;它关注有幸被证明符合确定程序的事物,因此这些事物虽然具有局限,但却具有令人舒适的确定性"。

他主张对年轻人奉行的新仪式进行考察。"他们身着同性恋服饰在公园高山上聚集,向升起和落下的仲夏烈日致意。他们跳舞、唱歌,只要有动心的感觉便做爱,不顾任何秩序和计划……所有人都能参与活动,没

---

① 也可参见艾伦·沃茨:《这很重要吗? 人与物质性关系论集》,纽约:诸神出版社,1970年。
② 西奥多·罗斯扎克:《反主流文化的形成:对专家社会及其年轻反对者的反思》,第83页。

有人受到误导或被操纵。没有任何领域、权力或者荣耀处于紧迫的危险中。"①

没有宗教的宗教

这一进路,这些价值最终都在伊莎兰加以反思。杰弗里·克里帕尔把他的著作命名为《美国和无宗教的宗教》。他说,取这个名字的原因是,这种宗教被设计成一种乌托邦式的实验,"它创造性地延缓了民主、多元以及科学的现代革命与宗教交锋后带来的启示"。在这里,治疗性会面是一项核心原则,"这是一方灵性空间,可以滋养几乎所有的宗教形式,并且关键一点在于,它不需要将自身强加于整个社群,也不需要声称为所有人代言。就像早期伊莎兰学院一句箴言所说的那样,'没有人扛起那面旗帜'"。在伊莎兰学院,他们轻松地保持自己的原则,把自己描述为"具有灵性但不具有宗教性的人……神秘主义在此并不是某种不具有政治或道德内涵的超验的抽象。可以换一种说法来描述伊莎兰学院的伦理……人道主义者在追寻奇迹的开放性,而科学家则在追求解释的封闭性"。②

伊莎兰学院源自阿道司·赫胥黎传统。阿道司·赫胥黎对乌托邦和反乌托邦的观念进行过研究,还研究过曾在大瑟尔居住的亨利·米勒(Henry Miller)的"预言"作品。早期伊莎兰学院招揽了迈克尔·墨菲(Michael Murphy)和弗雷德里克·斯皮格尔贝格(Frederic Spiegelberg),后者是保罗·蒂利希和卡尔·荣格的朋友,从德国流亡到美国。斯皮格尔贝格受里尔克影响,构想出"无宗教的宗教"这个短语,并以此作为著作的

---

① 西奥多·罗斯扎克:《反主流文化的形成:对专家社会及其年轻反对者的反思》,第149页。
② 杰弗里·克里帕尔:《伊莎兰:美国和无宗教的宗教》,芝加哥:芝加哥大学出版社,2007年,2008年,第213页。

名称。在他看来,历史上的宗教都犯了两个主要的错误。它们不断把自己宗教的象征性表述错误地理解成字面上的那种真理,而且它们在传统上都为了现实的一部分(超验的神圣部分),而对现实的另一部分(自然世界部分)进行贬低。

斯皮格尔贝格觉得这两个错误的核心困境在于,对多数人来说,这两种错误让传统宗教变得难以想象;同时,他又吸收了一种本质上属于海德格尔式的进路,一种存在的惊异感。他发现这种感觉可以通过禅宗佛教和印度瑜伽得到增强。印度瑜伽,尤其是谭崔(Tantric)瑜伽认为,"神圣性的最终庙宇是人类身体"。[①] 不仅如此,他还把艺术和精神分析视为西方思考的两种形式,通过这两种形式就能获得"更高的感悟"。

斯皮格尔贝格的这些观点为伊莎兰做好了铺垫,但也是建立在其他人众多工作基础之上的,其中的多元性是学院最初取得成功的关键。学院的创新包括由迪克·普赖斯(Dick Price)教授的,关于"无阿特曼",即无我、"无物特殊"观念的佛学,在无我观念之中,生活的"展开"被当成唯一的神圣力量;包括物理运动和不可名状的经验,身体意识和感官的再次觉醒;包括约瑟夫·班克·莱因(J. B. Rhine)的超心理(parapsychology)和人类本质概念,艾伦·沃茨在《快乐的宇宙观》中详述的观念,蒂莫西·利里和"迷幻东方主义";亚伯拉罕·马斯洛"自我实现"和"巅峰体验"观念及其代表的"心理学第三势力"。性从未远离讨论中心。事实上,克里帕尔说,"伊莎兰身体启蒙的核心就是一种神秘的精神分析,'巅峰体验'和'性'同样令人感到舒适……它把顶峰的灵性体验看成是性高潮,而把性高潮认为是一种潜在的灵性体验"。[②]

作为心理学"第三势力"中的核心人物,亚伯拉罕·马斯洛在去伊莎兰之前曾一度在此领域非常活跃,他在布鲁克林学院授课时,曾在纽约帮

[①] 杰弗里·克里帕尔:《伊莎兰:美国和无宗教的宗教》,第11页。
[②] 同上,第139页。

助阿尔弗雷德·金赛(Alfred Kinsey)进行性方面的研究。他把性高潮当成"巅峰体验"的恰当比喻和类比。在他看来,"巅峰体验"是"个人经历中极不寻常的状态",它"通过意义、创新性、爱和存在的势不可挡的爆发,根本性地转变了个人的世界观"。[1]

马斯洛形容巅峰体验和性高潮非常相似:"巅峰体验是短暂的,本质上令人感到愉悦,具有潜在的创新性,充满了深厚的形而上学可能性"。他坚持认为,一个人不能靠巅峰体验为生,但缺乏巅峰体验的生活则不健康、虚无,并且具有潜在的暴力倾向。巅峰体验位于心理和生理需求构成的金字塔顶层。金字塔塔基是食物、庇护所、睡眠;之上一层是性欲,安全和保障;再上一层是爱、归属、自尊;最后,金字塔本身的顶层则是自我实现。最后这一阶段被视为灵性的,但却和宗教没有任何关系。马斯洛认为,巅峰体验给人带来的收获之一,是他们变得更民主,更慷慨,更开放,更少封闭和自私,并能触及他所说的那种"超个人的"或"超人类的"意识王国。他曾有过"非制度化的个人宗教"观,认为这种个人宗教"将会抹掉神圣和亵渎间的差异"——非常类似禅宗僧侣的沉思,他也将人本心理学同禅宗修行做过比较。马斯洛在这个问题上的崇拜对象是威廉·詹姆斯和沃尔特·惠特曼(Walt Whitman)。

借鉴自卡尔·罗杰斯工作成果的会心小组和"训练小组(T-groups)"(参见第19章)也是伊莎兰学院生活的组成部分。小组的最高目标就是诚实:"在面对面的规则下,我会说出自己对你的观感。我保持的那种彬彬有礼、善良体贴的义务,在这段时间中将被搁置一边。"另一种小组形式则更令人吃惊,它邀请具有创新性的人来展示自己的生殖器,探讨他们在这个以生殖器为中心的世界因展示它们而产生的恐惧和欲望。这些会心小组场面可能会很激烈,但明显足以创造出"超验的空间"和新经验。人

---

[1] 杰弗里·克里帕尔:《伊莎兰:美国和无宗教的宗教》,第149页。

们在此经验中忘却了自己,忘却了他们身处何地,忘却了对时间的感觉。①

阿瑞卡意识训练(arica awareness training)、罗尔芬健身法(Rolfing)、奥尔根治疗法(Orgone Therapy)、全身冥想按摩、生物反馈治疗、催眠、灵性紧急事件网络、精神暴政议会、物理学之道、苏菲神秘主义(Sufism)、掌控空虚感的灵性艺术和直觉事务——以上所有治疗方法、经验和实践等,起初都具有伊莎兰的特质。有些观察者认为伊莎兰只是一个"灵性的大卖场",所以对其置之不理。但作为一个非营利性组织,它至今仍然存在着,为150人提供"正派却非常低调"的生计,而他们一年要组织400余场研讨会。他们的目标在于,继续想象一种"灵性"的新美国,接受一种"民主的神秘主义",一种"非宗教的宗教",一种仍然包含反主流文化价值和志向的灵性乌托邦。

借化学物质通向更好的生活

反主流文化的第二个核心元素是药品。二战后反主流文化大部分建立在迷恋致幻药物的基础上。从古至今,被人们当成宗教致幻剂的那些植物(能在幻觉中产生神圣或灵性感觉)提供了"另一种灵性"。②

马丁·托尔戈夫(Martin Torgoff)在《无家可归:恍惚时代的美国,1945—2000》(*Can't Find My Way Home: America in the Great Stoned Age, 1945—2000*)中审视了反主流文化的这一元素。他说,大致四个美国人中就有一个人曾经使用过非法药品,所以很难将使用药品视为边缘行为。他认为人们并不只是觉得药物所致的神情恍惚令人愉悦,"它也昭示着反抗和放荡不羁,昭示着乌托邦和神秘主义……它拒绝接受,甚至拒绝承认

---

① 杰弗里·克里帕尔:《伊莎兰:美国和无宗教的宗教》,第170页。
② 马丁·托尔戈夫:《无家可归:恍惚时代的美国,1945—2000》,第123页。

任何限定"。①

药品是一整套生活方式:"就像居住在只有你自己这类人所组成的围城中,在这里你可以构建自己的语言,创造自己的一套规则,它是一枚使人们不同于世界其他部分的徽章。"从某种意义上讲,爵士同意义深远的孤立状态有关,同围绕海洛因的生活悲怆有关,它是渴望,是探索的凄凉孤独,是注射之后的幸福解脱。至少从理论上讲,一种新的存在方式变得触手可及,那是一种不自觉的"容光焕发",是为药品的迷幻效力而活,是品尝生活的纯粹狂喜。虽然这种状态并不能一直持续下去,但却一点不打紧,"所有哲学都告诉我们,没有什么事物能一直持续,然而当这种状态持续的时候,所有事物都给人以神圣的感受"。它是"平凡世界的神圣化"。②

当时许多人都把他们的行为同古印度萨满的"佩约特仙人掌视界"(peyote vision)体验相提并论。在此情况下,药物同样带来了拯救。北美土著有一种"视界探索"(vision quest)的传统,人们需要在荒野中生存下来,设法获得保卫者的精神。新时代通常借"麻醉合成物"来达到目的,这种合成物由美洲80种至100种致幻植物构成(有大量文献材料记载构成成分),相比之下,旧时代则使用6种植物。这些美国土著传统由卡洛斯·卡斯塔尼达(Carlos Castaneda)引入美国主流文化。他在1968年发表了《唐望的教诲:一种亚奎族的知识方式》(*The Teachings of Don Juan: A Yaqui Way of Knowledge*)。这原本是一部大学出版社的出版物,基于卡斯塔尼达作为参与式观察者,对亚奎族信仰和实践进行的4年田野调查。但他这部著作变成了现象级的畅销书,并导致其后6本书的创作。其中1971年出版的《解离的真实》(*A Separate Reality*)是他最著名的作品,总计

---

① 马丁·托尔戈夫:《无家可归:恍惚时代的美国,1945—2000》,第8、第11页。
② 同上,第44页。

卖出约 800 万册。美国人在卡斯塔尼达的著作中看到，美洲土著文化与致幻药物紧密联系在一起，利用致幻药物获得"一种对世界的洞见，它不仅不同于我们自己的洞见，而且与现实秩序截然不同"。①

这些问题令蒂莫西·利里产生了兴趣。1960 年，他在库埃纳瓦卡一间租来的屋子里，第一次吞下墨西哥裸盖菇———一种神秘而奇妙的墨西哥蘑菇。托尔戈夫告诉我们："在此期间，他的心灵彻底软化了，对最迷人的景象敞开，'尼罗河的宫殿，印度人的庙宇，巴比伦的闺房，贝都因人的游乐帐篷'。"他在时间的长河中越滑越远，"直到他变成了最初活着的存在者"。利里认为，这种蘑菇可以"彻底革新"心理学，并且具备着"瞬间自我洞见"的可能性。

利里觉得心理学已经过度地与行为研究联系在一起了，忽视了意识现象。在第一次实验中，为了验证"裸头草碱在社会重构方面的潜能"，他在新罕布什尔州的康科德州立监狱中使用这种迷幻剂。据说犯人使用迷幻剂后产生的变化具有戏剧性："摩擦和冲突减弱了，囚犯在对话中开始讨论'爱''上帝'和'分享'。"利里觉得自己发现了在成年人内心"拓印"新行为模式的方法，他声明迷幻药产生的内心拓印可能将和 DNA 破译一道被列为"本世纪最重要的发现之一"。

按照利里及其助手的说法，他们用 4 年以上的时间试着为上千人"安排先验的体验"，其中包括阿道司·赫胥黎，艾伦·金斯伯格，还有艾伦·沃茨。他们的研究表明，"当人们的处境支持灵性生活，但并不明确具有灵性的时候，40% 到 75% 的调查对象……宣布产生了改变生活的宗教体验。然而在人们的处境本身就强调灵性的情况下，多至 90% 的调查对象反馈自己产生了神秘性或启示性的体验"。②

---

① 马丁·托尔戈夫：《无家可归：恍惚时代的美国，1945—2000》，第 271 页。
② 罗伯特·富勒：《天堂的阶梯：美国宗教史中的药品》，科罗拉多州博尔德：西方视野出版社，2000 年，第 67 页。

有些新闻泄露出来的消息声称,肯尼迪总统以前所在大学的科学家,正在社会工程项目中使用改变思维的药物,社会对此非常震惊。但利里本人对灵性、宗教和神秘事物更感兴趣,与他相似的还有哈佛大学博士候选人沃尔特·帕恩克(Walter Pahnke)。帕恩克试图从经验上确定迷幻剂体验中的先验的体验是否真的与圣徒和神秘学家所宣称的体验相同。在大学教授的帮助下,他从神学院召集来大量虔信的学生,并把他们划分为两组。实验于 1962 年受难节的礼拜仪式之后进行。他向一些学生发放裸头草碱,而另一些则发放只会让人忽冷忽热的烟酸作为安慰剂。

30 分钟之后,"能很明显地看出哪些学生服用了致幻剂,哪些学生没有服用。吞下烟酸的 10 位学生坐在那里面向祭坛;而其他人则躺在地板和长椅上,或带着狂喜震惊的表情来回踱步,低声吟诵着祷词。其中一位服用致幻剂的学生还在教堂管风琴上演奏出'怪异、兴奋、动人心魄的旋律'。另一位学生……奋力爬过长椅,站定在基督受难像跟前,双臂前伸,一动不动,似乎尝试着在身体上与耶稣同在,分担他在十字架上的痛苦一样"。[①] 在利里和他的助手看来,这个实验证明"灵性狂喜,宗教启示,以及同上帝的结合,现在都触手可及了"。

然而当《时代周刊》得知这个故事的时候,哈佛大学神学院则站在了一个完全不同的立场上,导致后续研究被取消。美国食药监局(FDA)的一位药物监督人认为这一研究为心理学带来的好处"完全是欺骗性的"。

然而,利里坚持己见,开始思考如何以不同的手段来探索他的兴趣爱好。其他观察员则开始对 LSD(麦角酸二乙酰胺)产生兴趣,这种强烈致幻剂现在有了更具启示性味道的名字,比如天堂之门、天国蓝。利里心中盘算的是他所谓的"拓展意识的新前沿"。他在哈佛人文主义小组(一个致力于从理性而非宗教教条来推动伦理发展的小组)发表了一段演讲,宣

---

① 马丁·托尔戈夫:《无家可归:恍惚时代的美国,1945—2000》,第 85 页。

布国际内心自由基金会(IFIF)成立。他说,"有学识和教养的心灵"尤其具有内心自由。他甚至预见到美国宪法修订,将会保护个人追寻和拓展意识的权利。不过当他在墨西哥处理 IFIF 事务的时候,哈佛大学官方发现他向大学生提供致幻药品,并以此为由开除了他。

但这对他个人而言算不上什么灾难。如果此事件发生在他职业生涯早一些时候,那么的确可能算得上灾难,而他那时对哈佛已经越来越没有兴致。因此,在被放逐一段时间之后,他搬到哈得孙谷,继续从事他的下一项计划。"我们在 20 世纪 60 年代所做的每一件事情都被设计用来分裂、弱化信念,以及人们对 20 世纪 50 年代社会秩序的遵从。我们手术的精准目标在于犹太—基督教的权力系统,这一系统把罪恶、拘谨、阴冷、反身体、反生命的压抑,强加在西方文明之上。我们的任务是推倒使人们拘谨畏缩、对人们妄下判断的文明。"正像他著名的一段话所说的那样:"这个悖论必然以下面这种方式来陈述:对我们来说,开始有必要走出我们的心灵,以便把我们的头脑利用起来……女士们先生们,这个游戏同变化有关……致幻药是 21 世纪的宗教……聚神、入世、出离(Turn on. Tune in. Drop out.)。"

马斯特斯(R. E. Masters)和简·休斯顿(Jean Houston)撰写了他们被引用得最多的一本书——《迷幻诸体验》(*The Varieties of Psychedelic Experience*),他们理所当然地认为"致幻(精神显现)药物提供了一种通向人类心灵内容和程序的最佳途径"。他们主张迷幻体验有四个层次,每个层次都比上一个层次更"深入"。第一个层面是强化的感官意识;第二是反思分析;第三个层面只有少数受访对象体会过,他们将其称之为象征层次,在这个层面上,主体"体验到人类经验中原始、普遍、反复发生的主题"(从荣格原型意义上讲);第四个层面,也就是最深的那个层面,是基本要素层面。"基本要素层面从本性上讲是神秘的。它向个人提供生动的感觉,让'人'这种存在能意识到现实的更深层面"。只有 11% 的受访对象达到了这个层次,但他们都报告说,感觉到"融合在神的整体之中"。但马斯特斯和休斯顿注意到,他们受访对象对上帝的描述,同宗教语言传统并不相符。他们说,这些人并没有使用《圣经》话语来描述上帝,他们的话语更容易让人联想起保罗·蒂利希对上帝的定义,即上帝是"存在的基础"。[①]

罗伯特·富勒(Robert Fuller)写了一本关于美国宗教生活药物使用史的著作,其中讲到,"出离"一度成为一种宗教表示行为。曾短暂地出现了一些教会,它们把致幻药物视为焦点,否则其神学就会处于不确定的状态,比如湿婆联谊会、迷幻维纳斯会、明晰之光联谊会,以及美国内在神性委员会。后续研究发现,这些教会大概只有 6 个持续到了 20 世纪 90 年代,但也只有很少人参与了。

与此同时,利里提出不需要依附任何宗教形式的理由。他坚持认为,真正的宗教体验是"出神的,具有不可置疑的确定性,是对四个基本灵性问题的主观发现:宇宙的终极力量是什么?生活是什么——生活为什么,以及从哪里开始?人类从哪里来,要到哪里去?我是谁——我在宏伟设计蓝图中的地位是什么?"

历史学家威廉·麦克劳克林(William McLoughlin)曾说,至少美国宗教生活曾出现过"第四次大觉醒"。这一灵性转折的四个主要主题是:(1)从主流教会转移到非主流的教会;(2)对自然宗教的再发现,而不是对启示宗教的再发现;(3)对东方宗教思想的新评估;(4)把精神重要性依附于特定思维和知觉非理性模式的一种新浪漫主义。"概括地说,这一转折代表了从教会中追寻上帝,转向从自然的奥秘(包括我们自身心理本性的奥秘)中追寻上帝……虽然这种新的意识状态引出了一些画面,这些画面不可言喻,且依赖对普通清醒状态的复归,但即便如此,它仍然遗留

[①] 罗伯特·富勒:《天堂的阶梯:美国宗教史中的药品》,第 72—74 页。

下一种持续的印象,认为世界被更高的存在秩序所包围。"①

"摇滚和药品创造奇迹"

虽然有时候LSD似乎是镇上的唯一娱乐,但事实远非如此。托尔戈夫说,在20世纪60年代中期,"美国校园中潜在的大麻吸食者似乎比任何时候都要多。他们很容易被辨认出来——反对派、顽固的非主流、学究型的知识分子、抽象画家、蓝色牛仔装的民谣音乐家、爵士乐追随者、穿紧身衣的现代舞者以及素食主义者。有人说,'你穿着凉鞋,你参加诗歌朗读……我们嗑药到神情恍惚然后参加和平游行。兄弟,你是天选者'"。

但美国历史中的转折时刻和决定性时刻,是民权运动出现。"大体而言,此时白人感到完全被黑人胜过了。黑人们冒着生命危险,树立起令人难以置信的道德典范。我觉得,我们当中那些没有主动参与南方自由游行的人,都被迫产生了一种同样完整的身份认同和自我意向,哪怕再不济,他们也不愿意参与种族主义文化……建立另一个王国,想象自己在此王国之中实现它,这样一种欲望正在慢慢滋生——帮你撬开这个盒子的具象化工具之一,便是迷幻剂。"②

大致在这个时候,《飞越布谷鸟巢》(*One Flew Over the Cuckoo's Nest*,书中病人真正想飞越的是精神病院,哪怕只有一天)的作者肯·克西(Ken Kesey),以及亨特·斯托克顿·汤普森(Hunter S. Thompson),再加上地狱天使帮——"基督世界历史上最臭名昭著的摩托车帮会",一起构想出第一辆迷幻巴士。也在这个时候,汤姆·沃尔夫(Tom Wolfe)撰写了极具敏锐性的著作——《刺激性迷幻试验》(*Electric Kool-Aid Acid Test*),他并没

---

① 罗伯特·富勒:《天堂的阶梯:美国宗教史中的药品》,第85页。
② 马丁·托尔戈夫:《无家可归:恍惚时代的美国,1945—2000》,第111页。

有参与迷幻药派对,自己也没有服用迷幻药;奥古斯塔·奥斯利·斯坦利三世(Augustus Owsley Stanley III,大多数人知晓奥斯利这个名字)生产出4种迷幻药。

在麻醉药物和危险药物管理局1969年逮捕奥斯利之前,没人知道他生产了多少迷幻药。但他出名的原因在于"他从不把一剂药物卖到2美元以上,因为他相信供给大众的这种药物将是拯救世界的引擎"。① (利里称他为"上帝的秘密代理人"。)也许正因为迷幻药如此便宜即可拥有,才会产生为数众多的"药物试验者",才会产生大量"摇滚—药品"事件,比如感恩而死乐队,以及演奏家比·比·金(B. B. King)。在迷幻事件中,"宗教性"体验和顿悟不断发生。汤姆·沃尔夫在《刺激性迷幻试验》中记录了大量类似事件。在那个时候,迷幻药仍然合法。

在洛杉矶,唱片制片人保罗·罗斯柴尔德(Paul Rothchild)正在监制吉姆·莫里森(Jim Morrison)和门户乐队最早的一批唱片(即便不是第一张唱片)。这些唱片或者直接讨论迷幻剂,或者和迷幻剂有关。罗斯柴尔德觉得这个特别时期"是唱片摇滚乐最重要的一个时期之一"。莫里森"吸收"了布莱克、兰波、乔伊斯、布莱希特(Brecht)、薇依、阿尔托(Artaud)以及尼采产生的影响,再加上萨满教和狄奥尼索斯观念,"只有在此情况下它才会经过新迷幻药渗透进来,这是一种强化的现实状态,或者非现实状态,无论你怎么看待它"。

罗斯柴尔德本人对药品并不陌生。他17岁就已经吸食过大麻了,之后逐渐改为佩约特仙人掌。在他看来,药物体验教会他"说话、思考和存在"的新方式,"药物所产生的景象"形塑了他作为一名唱片制作人的创新性。比方说,他认为大麻能让他"深入地匍匐进入"巴赫的音乐,理解作曲家的基督之爱——"我或许永远无法体验到作为一个犹太人的体

---

① 马丁·托尔戈夫:《无家可归:恍惚时代的美国,1945—2000》,第123页。

验,除非我处于药物带来的兴奋状态,将我的每个神经元向音乐形态的真正体验敞开"。他说自己后来改为服用佩约特,他所有的思维都转向了"人类的和谐性……从那时开始,我相信通过迷幻药有可能找到通往上帝的道路!……在那个时候,药品带来的飘飘欲仙并不仅仅是一种舒适的感受。它和我们接受变化并设想另一个世界的意志有关,这种意志后来被称为'神入(grokking)'……即深化的理解"。罗斯柴尔德吸着大麻,在格林威治村的两码事酒吧和煤气灯咖啡馆进入音乐行业。他说,当迷幻药开始"渐渐进入"人们的视野时,他见证了它对音乐立竿见影的影响。

在他看来,这一切都发生在一夜之间。有天晚上他造访阿尔伯特·格罗斯曼(Albert Grossman)在伍德斯托克的家。当时鲍勃·迪伦(Bob Dylan)也在场,他刚刚结束在新英格兰几所大学的巡演。他们打开冰箱,拿出被铝箔包裹的,带有金色圆点的方糖。罗斯柴尔德回忆说,他们吞下迷幻药,从这个时候开始,迪伦的音乐"从简单但有力的社会观察歌曲、反抗歌曲,以及道德良心歌曲,转向了不包含单一信息,没有确切意义,不可捉摸的作品……药品的体验似乎把迪伦的心灵分割成诗歌那种闪亮变幻的光,其结果是陌生、神秘、美妙的作品,比如'铃鼓先生(Mr. Tambourine Man)'"。

罗斯柴尔德继续补充说,在 1967 年最开始的几周,似乎有什么东西垮掉了,而披头士乐队把这一现象进行了拟人化。《帕伯军士的孤独之心俱乐部乐队》(*Sgt. Pepper's Lonely Hearts Club Band*)在 5 月份发行,大街小巷充耳皆是,最重要的是它认可了一种新文化,这张专辑被视为迷幻时代的"大师之作",由此也确定披头士乐队"在创作此专辑的方方面面都融合了对改变意识的那种物质的敏感性"。在蒙特雷流行音乐节上,爸爸妈妈乐队的约翰·菲利普斯(John Philips)评价说,"如今有一张专辑向大众证明音乐家长期坚信的事物——音乐与药品一起创造奇迹"。

"我们那种没有上帝的文明正在抵达零点"

迷幻剂涌现之后出现了爱之夏。

安非他明是 20 世纪 60 年代完美的自我药品,托尔戈夫将其描述为与更大、更好、更强、更明智和更快速的存在有关的事物。或者按照安迪·沃霍尔的看法,"安非他明并不能给你带来内心的宁静,反倒是让内心的不宁静变得有趣。"那些把药物当作一种生活方式的人"愿意把自身投入到任何极端状态中——唱到哽咽沙哑,舞到跌倒不起,捋头发直到扭伤胳膊"。[1]

"天主教会完全消逝了,格林威治村取代了它的地位",教皇奥丁(Pope Ondine)如是说。奥丁真名是罗伯特·奥利沃(Robert Olivo),是沃霍尔几部电影中的演员。奥丁在《切尔西女孩》(*Chelsea Girls*)这部他所谓的教皇诏书中说:"我的教徒由同性恋、任意种类的变态、小偷、任何罪犯构成——他们被社会拒斥,我成为他们的教皇。"《切尔西女孩》1966 年剪片完成,在银幕上展示了药品注射以及大量暴力镜头。一篇影评认为,它描述了"我们没有上帝的文明正在抵达零点"。《纽约时报》称其为"地狱游记,一幅失落灵魂在迷幻月面上啜泣的怪诞画面"。尽管它在商业上取得成功,成为影响很大的邪典,杂耍般地呈现出和平与爱的任性意象。但人尽皆知的是,最终它导致沃霍尔在 1968 年 6 月被瓦莱丽·索拉纳斯(Valerie Solanas)枪击。[2] 对那些在澳大利亚娱乐节休假时吞食药品的人来说,越南就具有迷幻性。

彼德·考约特(Peter Coyote)既是一名演员,也是无政府团体掘地者

---

[1] 托尼·谢马,大卫·道尔顿:《安迪·沃霍尔:矛盾的生活,艺术,与缤纷时代》,伦敦:J. R. 图书,2010 年。也可参见维克多·布克里斯:《沃霍尔》,伦敦:F. 马勒,1989 年,第 193 页。

[2] 马丁·托尔戈夫:《无家可归:恍惚时代的美国,1945—2000》,第 179 页。

的创始人。他们向那些来旧金山体验的逃避者提供免费的食物、住处和医疗救助。考约特写道,"药品成为拓展生活边界、发现人性局限的一种试验,这些局限在你有机会真正质疑它们之前,便已经确实地通过社会背景扎根在你的身上……每个地方都沉溺于迷幻药的圣礼"。新一代的探索者乐意通过他们的震颤,宣告各种事物的神圣性以及整个星球的擢升。利里敦促人们,庄严地使用大麻和迷幻剂,从而开创他们自己的宗教。①

1969年8月15日,大概有50万人聚集在纽约的贝塞尔小镇,参加"20世纪最伟大的派对"。伍德斯托克音乐节是那个时代嬉皮士的至高聚会。"迷幻药品不仅把伍德斯托克变成嗑药的神圣泥沼,同时还塑造了它的名声。"伍德斯托克迅速成为神话,变成一代人最终确定的另一种价值——和平、爱、自由、灵性、性、药品,以及摇滚。这一切融合成一种被称为反主流文化的实体。就像《生活》杂志一位记者所说的那样,"不久之后人们就按照宗教词汇来看待它,人们是探索者,摇滚明星是他们的先知,药品则差不多是他们生活的参谋"。②

20世纪70年代将成为大麻的黄金时代。对很多人来说,大麻是一种良性物质,具有灵性、药性以及商业方面的巨大潜能。可卡因是另一种隐藏起来的秘密。"旧金山的多数乐队都一头扎入了可卡因的怀抱"——约翰尼·卡什(Johnny Cash)在1969年录制了"可卡因布鲁斯"。但它主要还是一种春药,并不具有任何形而上学特性的观念。

在迷幻时代结束之后到来的是亨特·汤普森的"刚左叙事",《惧恨拉斯维加斯》(*Fear and Loathing in Las Vegas*,1971)。汤普森并不强调药品的形而上学特性,他把药品看成是"硝酸甘油在药理上的等价物"。一位观察家写道,"《惧恨拉斯维加斯》为整个自我意识,为蒂莫西·利里那种端

---

① 马丁·托尔戈夫:《无家可归:恍惚时代的美国,1945—2000》,第209页。
② 卡尔·贝尔茨:《摇滚故事》,牛津:牛津大学出版社,1969年,其中就没有提到药品或迷幻药事件。

坐在波斯小毯上,聆听印度音乐的虔诚迷幻进路,敲响了死亡丧钟。在这部作品中看不到任何吞服迷幻药寻找上帝的内容;它关乎幸存之事,讨论疯癫,讨论人们在感到绝望,在事情搞得一团糟时服用药品——这些问题是人们不想讨论的迷幻药的阴暗面"。①

20世纪最后几十年见证了进一步的变化,从主要是年轻人吞服药品,到使用药品来提升集体亲密感。这些药品包括氟苯氧丙胺,以及类似摇头丸(MDMA)的移情药,它们被形容成"灵魂的盘尼西林"。它们创造的并非一种"和谐统一",而是与自然以及他人,包括与陌生人之间的联系。人们受摇头丸的刺激后开始滔滔不绝,他们报告自己被药物的体验所改变,形容这种体验类似局部治疗,类似情绪的巨大宣泄和部族成员之间的纽带。"摇头丸已经成为一种载体,一代人的试图借摇头丸把自身与世界隔绝开来,发现能让爱来统治一切的地方。"或者用特伦斯·麦凯南(Terence McKenna)的话说,"借化学药品能够获得更好的生活"。②

美学和道德

西奥多·罗斯扎克始终是一名挑剔的观察者,在他看来问题在于,迷幻药并不单纯是通向新型知识和经验的一种尝试。相反,药品本身变成了目的,变成了令人着迷的事物,它让人们远离探索和搜寻。它们或许提供了一种生活的新方式——用蒂莫西·利里的话来说,这种新的生活方式是"迷幻的生活",但这种生活通常并不具有反思性。我们也不应当完全忽视尼古拉斯·冯·霍夫曼(Nicholas von Hoffman)的评论,他认为迷

---

① 马丁·托尔戈夫:《无家可归:恍惚时代的美国,1945—2000》,第256—257页。还可以参考,亨特·斯托克顿·汤普森:《惧恨拉斯维加斯:美国梦核心的野蛮之旅》,伦敦:弗拉明戈,1993年,全文。
② 西奥多·罗斯扎克:《反主流文化的形成:对专家社会及其年轻反对者的反思》,第410页。

幻剂是"禁酒令之后最大的犯罪故事"。

罗斯扎克在对反主流文化进行分析推演的过程中,涉及保罗·古德曼"有远见的社会学",尤其涉及古德曼的观点,认为心理健康的标准具有"道德—美学"的性质,认为生活目的应当是获得一种"道德—美学的惬意",类似儿童、原始人、艺术家和爱人的自然天性,"这些人可以在瞬间的闪耀中忘却自己"。古德曼想象了一种乌托邦式的社群主义,其中的各个共同体"权力分散且灵活通融",许可男人和女人们难以避免的易错性。但在这些共同体中,我们也可以分享他人取得的美好收获,共享一种客观的存在,以消除"巨大的或集体的孤独"。

反主流文化进路的最后一个要素更进一步地存在于罗斯扎克所谓的"客观意识的神话",或者对"非理智意识"的探查。此理念近来在科学和哲学的("后现代")发展中得到支持。科学和哲学中的后现代观念认为,客观事物实际上并不存在,因为包括科学家和哲学家在内的所有人,都不能跨到人类处境之外。即便在硬科学领域内,我们也通过"一致同意"来取得进步,并非通过某种"外在"或"高等"知识来取得进步。出于同样的理由,意识也并不是一种客观实体,而是一种武断的一致建构,"在被给定的历史处境中的一个被给定的社会中,为意识注入意义和价值"。①

罗斯扎克在这里走向了触及世界的一种更具有现象学味道的进路。他援引马斯洛的说法:"把经验组织成有意义的模式,这意味着经验本身没有意义……它是认识者(the knower)赠予被认识者(the known)的礼物。易言之,这种'意义'属于分类和抽象的王国,而不属于经验王国。"他回溯到柏格森,把时间理解为"生命之流",它已经被人们"任意地割裂开",所以"以另一种方式体验时间便成为'神秘'和'疯癫'的事情"。

罗斯扎克说,质疑这种科学方法不啻坚持认为,人类经验的首要目的

---

① 西奥多·罗斯扎克:《反主流文化的形成:对专家社会及其年轻反对者的反思》,第215页。

不在于发明和设计出积累更多知识的方法，而在于发现在每日生活中整合起我们全部本性的方法……因此，重要的事情是我们的生活应该尽可能地丰富，尽可能接纳数量庞大的经验。虽然这些经验并不会产生精确而可论证的命题，但可以在内心之中唤醒世界的庄严感……分歧在于人们生活的规模大小。我们必须坚持认为，那种否定、轻视，或者贬低空想经验的文化犯下削弱我们存在的罪孽。

罗斯扎克声称，科学意识贬低了我们好奇的能力。"科学意识逐渐地让我们疏远自然环境的魔力……科学家研究总结他们的问题，对此盖棺定论；画家一遍又一遍地描绘同样的风景，同样的花瓶，同样的人物，满足于反复体验自己无限在场所具有的不可穷尽的力量……他所看到的事物……不会因为被纳入知识的形式而获得提升。"[1]

最终，他的观点强调生活当中并没有专家（同摩尔的看法差不多），神圣和世俗的文学作品都充斥着正在经历自己生活"转折点"的个人。"于是，我们便经验到一种人格，它突然之间便超越了我们曾认为'真实'的事物，它不断增长变成超出我们想象的更宏大更高贵的身份。"[2]

白宫的会心小组

罗斯扎克几年之后在《荒原的尽头：后工业社会的政治与超验性》(*Where the Wasteland Ends: Politics and Transcendence in Postindustrial Society*)中回过头来继续讨论这个问题。他此时主张，我们文化中的宗教敏感性在"过去几个世纪"被系统地压制了，但"超验的能量"的丧失并没有被觉察

---

[1] 西奥多·罗斯扎克：《反主流文化的形成：对专家社会及其年轻反对者的反思》，第254页。
[2] 同上，第236页。

为一种损失,反倒被认为是人的"愈加成熟"。然而此时有一种新激进主义广为流传,"它拒绝尊重世俗思想和价值传统,坚持把空想的力量放在政治参考的核心。这本书的写作紧靠西方世界宗教复兴的重大背景,哪怕它尚未定型"。这里的关键要素在于超验性观念,或者更准确地讲,在于超验性观念的缺失——这是科学进路取得的"消极成果"。

他想象这个新世界,"会心小组将会成为一种国家仪式,上至白宫下到寻常百姓,都会践行这种仪式,把它当成用短暂亲密性和友谊来填补存在真空的手段——习惯上会心小组组织时间都不长。性满足一旦在理论上能同爱,同对爱人的个人承诺分割开来,就能通过各种情欲活动获得,比方先锋剧院、换妻、群交派对,以及本地公园的周末恋爱集会。"①

他认为,当我们设法穿越"人造环境"的那种真实世界时,"我们文化中正统意识所匮乏的东西"就在人们心中建构起"心灵的荒原"。由于"我们已经成为被削弱了的自我",所以人们开始感觉到"烦躁不安"。但他也认为有少数人构成了"人类潜能运动"的"心理健康发展网络",还有来自瑜伽、道教、印度教的资源,都试图传播"拓展人性的多种技术"。他认为这些运动具有很大潜力,但那时它们的意图存在一种"令人纠结的模糊性"。他说,很多人认为治疗所提供的东西,"类似神秘主义,不过排除了其中所有的形而上学承诺;它可能最终导致对精神感觉运动的极力推崇,所有情结都会被解开,所有扭曲都被小心翼翼地理顺。人们将会在此运动中见到这样一批人,他们让自己的心智与非凡的自我放纵协调一致,直到抑制消失,直到扰乱他们宁静的失败消失。他们很像健美运动员,一丝不苟地训练每一块小小的肌肉和筋腱,以臻完美"。②

罗斯扎克谈及神秘主义时并无半点尴尬:"对神秘的探求极可能源于

---

① 西奥多·罗斯扎克:《荒漠的尽头:后工业社会的政治与超验性》,伦敦:费伯-费伯出版公司,1973年,第71页。
② 同上,第101页。

虚无时代:上帝死后我们如何生活 493

寻常事物和日常压抑的另一面。"科学的人造环境关上了神秘性的大门,封堵了看待世界的其他方式。科学已经成为我们的宗教,因为我们大多数人都不能"把它看个透彻"。他以赞赏的语气援引了奥特加·伊·加塞特(José Ortega y Gasset)的一段话:"生活等不到科学用科学的方式来解释宇宙。我们不能把生活推迟,直到我们准备好。"

罗斯扎克认为现代社会在六个基本方面已经发生了变化,但同样的是,它们都向更坏的方向转变。首先,"大科学"带来人类层面的毁灭。人类针对地球的所作所为已经造成进化的毁灭。技术专家政治为摧毁开放社会提供了帮助,而把人类进行归类的那些新方式,比如归类为消费者、客户、游客的方式,已经导致政治共同体的覆灭。最重要的是,作为硬科学取得的另一项成果,还原论者的抨击导致神秘事物烟消云散;对玄奥体验的探索,尤其是在获得精神药品辅助情况下的探索,已经导致共享文化的覆灭。[1]

从很多方面看,罗斯扎克都认为这些变化不止于拆解和覆灭,也不只是查尔斯·泰勒所讲的减法故事。他觉察到,当下科学令人困惑的细微差别已经同外行人的理解越来越远,"其导致的精神紧绷远远超过大多数人过体面生活所能承受的极限……人们无法按照这种方式过一种不明确的生活,同时还不被自我憎恨生吞活剥……一种理智的事业扎根于失去个性的专门化之中,它因为知识本身的缘故,追寻知识的无限增长。这种理智事业从本质上讲不是参与性的。它值得在世界中取得一席之地,不过它的地位却不能被置于这个世界的顶峰。它不能支撑民主文化;它不能产生出共享的现实性——只能产生出一种人造环境的异化存在"。[2]

罗斯扎克说,社会在这六个方面的瓦解造成的影响之一,是"超验的

---

[1] 西奥多·罗斯扎克:《反主流文化的形成:对专家社会及其年轻反对者的反思》,第254页。
[2] 同上,第260—261页。

象征"所具有的丰富性被遗弃。① 他觉得人类文化的基本任务在于"通过逐渐削减来自原始象征的隐喻,详细阐明仪式或艺术,哲学或神话,科学或技术这些形式的根本意义,尤其是一般语言形式的根本性意义……它们不能被解释,我们用它们来为较低级的经验赋予意义"。② 他说,象征对我们而言已经固化了,丧失了它们的精妙。它们固化下来成为纯粹的世俗事物。在他看来,"大地之母"并不是错误的迷信,而是一种聪慧而有益的洞见。我们的文化不论从事实上看还是从原理上看,都是一种异化的文化。

他坚持认为拯救只能在集体和历史的进程中被发现,在"制作、行动和提升的进程中"被发现。③ 他赞赏反主流文化已经孕育出他所谓的"有远见的联盟",催生出诸多微妙的社群探索,诸如有机家园、扩大式家庭、免费学校、免费诊所、甘地式收容所、邻里话事中心、劳动礼品交换中心等。他觉得只有通过这些方法才能建立平和的个人亲密关系,而这种关系本身就能让人的灵性得到提升。他呼吁人们从"单一视野和牛顿的迷梦"中苏醒过来,在牛顿式的迷梦中,我们只会把单一的物质和历史视为真实。

"越来越多的……精神医师发现他们病人的病痛来源,是在自己生活的根基之处,感受到存在的空虚。""在技术统治和经济繁荣的时代,我们的艺术和思想继续呈现出一种历史上绝有仅有的虚无意象,这难道只是一种巧合吗?""在不与超验勾连的情况下,我们的技术成果难道不是毫无意义的吗?""我们是追求价值和意义的物种,我们该何去何从呢?"

罗斯扎克的答案是他所谓的"狂想理智",其最主要成分不是计算,也

---

① 西奥多·罗斯扎克:《反主流文化的形成:对专家社会及其年轻反对者的反思》,第346页。
② 同上,第356页。
③ 同上,第450页。

不是对世界的控制,而是人们通过共鸣而获得的享受。这种说法意味着他追寻"摆脱语言"的一种强化意义,旨在重申超验的象征,重申根本性意义的共鸣,把它看成是"我们更多地进行理解,而非对它有所言说"所导致的结果。① 罗斯扎克本人并不像贝克特、罗斯,甚至查理·帕克等人那样引起人们的巨大共鸣,但他本也应如此。

---

① 质疑治疗性语言的讨论,可参见乔尔·帕里斯:《自恋时代的精神治疗:现代性、科学与社会》,贝辛斯托克:帕尔格雷夫·麦克米伦出版社,2013年,第97页。

23 幸福的享受与局限

我们应当暂时停下来再一次询问自己,幸福满足和意义追寻,在某种意义上是否就是享受。由于本书主要在最广义的范围上,在大多数受过教育的西方人所理解的范围内考察意义,也就是说把意义想成形而上学、宗教、后宗教事物,或者心理难题,所以对很多人来说,生活的目的更加务实,毗邻为了生存而进行的赤裸裸斗争。这一点之前已经谈过了。

这一点必然总为真,人类存续的安全问题在二战之后,特别是在1945年联合国成立之后,变得更加明显。联合国各种附属组织开始关注全世界不平等的经济图景,比如联合国粮农组织、联合国教科文组织(UNESCO)、联合国儿童基金会(UNICEF)。它们设计各种项目来抵消或减轻区域性的贫困和落后,这些项目已经成为它们的主要活动。

这些项目的普遍要旨在于,将一般而言来自经济的问题,重新定义为广义上的穷人处境的问题,即贫穷对教育、医疗服务、政治诉求、公民自由造成的文化和心理后果,包括对他们使用自然资源造成的影响。这导致了着重点的偏移,从对GNP的强调,转移到1990年引入的联合国人类发展指数。可能是这种偏移的结果,我们现在更多地提到"人类福祉""人类繁荣",甚至"人类幸福"这样的话语,而不是狭隘的经济术语,比如"财富"或"生产基础"。此类为人们所关切的事项也并没有被忽略,而是被归入对何者决定生活品质的一种更宽泛的理解,被归入关于人格的一种更复杂也更具包容性的概念。①

这一变化产生的一系列后果,包括产生了与"乌托邦"并列的新词"阿嘎索托比亚(Agathotopia)",意思是"美好社会"。它是一种令经济学家和联合国官员满意的,关于可预见未来的现实目标,这个词来源于"坎坷邦(Kakotopia)",即不完美社会。

剑桥大学帕萨·达斯古普塔(Partha Dasgupta)教授认为,商品的充分供应和免于胁迫"是人们追寻他们自身认定的善观念的手段"。② 美好生活的概念是多元的,"在此意义上美好生活的概念不能以单一尺度(比如幸福)来衡量,而应当接受如下观念,即我们面临的情况是在善的多元性之中进行权衡(比方说健康、幸福、做事和做人的能力)"。③ 回想一下在第 11 章引用的罗伯特·穆齐尔的话,大意是人们或许会"嘲弄"形而上学的成见,但私下里我们所有人心中都有类似的考虑。福祉、繁荣和幸福完全是世俗的理念。我们或许会说它们是宗教人士的"拯救"理念在世俗世界中的等价物,虽然许多人可能不会接受拯救这个理念。我们后面再来讨论这个问题,但这里的关键在于,对福祉和相关概念的考虑在 20 世纪的最后几十年间走到了前台。实际上所有地方的学者都开始思考这些概念。

如达斯古普塔所言,"幸福"这个词"甚至并没有出现在现代福利经济学的教科书中",这是出乎他意料之外的事实。他指出幸福(happiness)和福祉(well-being)不一样。众所周知,幸福难以被测度,并且不时发生变化。而且无论如何,许多人都并不把公民的幸福看成是国家操心的事务。"相反,人们认为国家的工作在于确保公民享有基本自由,以便他们能够

---

① 帕萨·达斯古普塔:《人类幸福与自然环境》,牛津:牛津大学出版社,2001 年,第 xxii 页。
② 同上,第 13 页。
③ 同上,第 31 页。

保障并且提升自身的计划和目标。"①有证据表明,有助于幸福的事物对于赤贫者和富人而言,是极为不同的。在贫穷的国家,消费、健康、公民和政治自由指数表现为幸福的主要决定性因素。在富裕国家,健康是一项重要的决定性因素,同样重要的因素则是教育机会和社交生活,那些更多参与公民活动的人更加幸福;毫无意外,失业对不幸影响重大。

对加拿大哲学家查尔斯·泰勒来说,幸福是一个"薄"观念,至少相比满足,或者由宗教提供的"整体性"馈赠来说如此。但讲清楚我们对幸福能具有什么样的观念,这也不是一件坏事。现在情况也的确如此,许多政府(比如英国联合政府)最近开始有兴趣知道,可能的话,我们的幸福如何被测量,如何维持,如何得到增进。

幸福也是另外一位加拿大哲学家马克·金维尔(Mark Kingwell)关注的核心问题,他在这个领域进行了深入研究。他在其著作《追求幸福》(*In Pursuit of Happiness*,1998)开篇就承认,富裕国家的居民一般而言比贫穷国家的居民更加幸福。[著名乌克兰裔美国女演员、歌手苏菲·塔克(Sophie Tucker,1886—1966)曾说:"我曾富有,我也曾贫穷,亲爱的相信我,富有更好。"]但金维尔同时也主张,消费主义作为资本主义文化的主要成就之一,它建立在嫉妒的基础上;而广告作为资本家"销售"消费品的主要手段,它通过"创造不幸福"来起作用。他说,在这种条件下,幸福在消费主义者眼中被视为一种"商品",视为达到(静止不动的)最终状态,一种所有物和一项成就。②

多伦多大学教授金维尔的调查具有的吸引力在于,他自己体验了获得幸福的不同办法,比如说服用百忧解、报名参加选项社团中心——这是一家专注于"难以捉摸的幸福条件"的机构(happiness@opion.org)。他体

---

① 帕萨·达斯古普塔:《人类幸福与自然环境》,第37页。
② 马克·金维尔:《追求幸福:从柏拉图到百忧解的好生活》,纽约:皇冠出版社,1998年,第107页。

验了向人们允诺在增进他们幸福的同时，减少他们体重的课程；体验了通过改变呼吸方式，从而允诺在 8 分钟之内提升人们幸福感的课程；以及教导人们如何像"上帝看待我们"一样看待自己的课程。他向人们展现出受 BBC 委托的节目——"怎样才能幸福"，是如何被一位自诩为"快乐教授"的人制作出来的。[《苏格兰人》(Scotsman)的电视评论人这样描述这个节目："今晚引人入胜的纪录片记录 3 位总是抱怨的人，他们参与 8 周'怎样才能幸福'课程，我们将拭目以待，看看他们是否能最终不再感觉到被撕裂，感觉到悲伤。"]

金维尔认为幸福的人是那些大脑血清素水平"普通"的人，又考察了如何控制大脑中的血清素水平。他对马斯洛的观点进行了研究（参见第 21 章），最后认为他们周身透露着一种自鸣得意和精英主义的味道；他注意到具有讽刺意味的一个事实，随着马斯洛本人年龄的增长，他变得越来越幽怨，并且不再抱有幻想，也"越发鄙视那些声称自我实现对任何人都管用，从而贩售心理治疗用品的人"。①

降低期望的艺术

金维尔以对约翰·拉尔斯顿·索尔(John Ralston Saul)等人的思考作为起点。索尔建议我们完全停止使用"幸福"这个词，因为它已经丧失了在那种古代哲学那里曾经具有的坚固性，变成仅仅表示物质舒适的一个词，单纯表示"追求个人快乐或内在满足的一种模糊意义"。② 从金维尔本人看来，我们必须理解当代对幸福的追寻，是"处于成长状态的人们在当代世界中自我解释故事的一部分，是自我意识的造物。这种自我意识

---

① 马克·金维尔：《追求幸福：从柏拉图到百忧解的好生活》，第 51 页。
② 约翰·拉尔斯顿·索尔：《伏尔泰的倒霉事：西方理性的独裁》，多伦多：企鹅出版社，1993 年，第 480 页。

超越了被无知、教会权威,以及其他传统力量所统治的早期世界的局限性"。它的内容不仅包含物质上的舒适,"即便它的意义不比前两个世纪西方文化中个性发展运动重要,但至少也具有同等程度的重要性"。①

他得出的结论之一认为,物质现实已经不再扮演"所有满足之根基"的角色(至少在富裕国家情况的确如此),物质现实的地位被心理福祉取代。② 他援引曾旅居英国的美国作家比尔·布莱森(Bill Bryson)的话,断定英国人是地球上最幸福的人,"因为他们掌握了愉快地降低期望的艺术。这种艺术包含在如下妙语之中:'嗯,到底还是发生了变化''别发牢骚了''你本来还能干得更糟'"。

金维尔指出"我们文化中有一种未加言明的对幸福的心理学化",就像弗洛伊德提示的那样,我们已经用"一些幸福来交换一些安全"。他指出美国文化非常典型地,用对成就的修辞强化了追求快乐的"机械命令",强化了"幸福本质上是有待解决的问题,是有待处理的心理集合"这一观念。我们被卷入"购买和出售自我"的无尽循环,他质问,人们还能置身何地呢? 人们采纳的哪种身份"尚未被市场的力量概括呢"? 美国人尤其放任自己调高对奢侈和舒适的期望,以至在程度上低于真正奢侈品的所有事物"似乎都被视为不足"。这就是 20 世纪 90 年代末的人们,相比 20 世纪 50 年代真实收入要低得多的人们,感觉不那么幸福和更匮乏的原因。③

金维尔进一步注意到 20 世纪 90 年代巴黎和阿姆斯特丹的哲学咖啡馆和哲学医师的兴起。哲学咖啡馆和哲学医师的迅速流行也被德国和其他地区效仿,到现在已经有数以万计的人利用这些新发明。他认为这个现象暗示人们对哲学思考"确实有一种渴望"。不过他也指出,这一趋势

---

① 马克·金维尔:《追求幸福:从柏拉图到百忧解的好生活》,第 35 页。
② 同上,第 64 页。
③ 参见杰克逊·利尔斯:《丰饶的寓言:美国广告文化史》,纽约:基础读物出版社,1994年,尤其是第 1 章,第 17 页以后。

并没有传播到北美。① 他说美国人关于如何过好生活的最好哲学源于自助手册,这使此类哲学感觉上并不像哲学,而像简明常识。

旧观念认为幸福是只存在于回忆中的一种状态,当回首往事的时候,我们意识到在"很短的一瞬间"(奥尼尔在《进入黑夜的漫长旅程》中也借玛丽·蒂龙之口说了类似的话),在丧失对自我的意识那一刹那,自己最幸福。"忘我"就像许多哲学家讲的那样,是幸福体验的一部分。金维尔对这个旧观念进行了一番研究。沿着类似脉络,他用赞赏的语气提到伯特兰·罗素的观点,认为当下存在一种普遍假定,即"我们中的聪明人已经看穿了过去各个世代所具有的热忱,已经意识到没有什么能作为生活的依据。持有此观点的人都真的不幸福,但他们对自己的不幸福感到骄傲,他们把自己的不幸福归结为宇宙的本性,认为不幸福是已被开化启蒙的人所具有的唯一理性态度"。金维尔则觉得此态度既廉价又矛盾,因为那些人其实为他们的不幸而感到幸福。他引用苏格兰哲学家阿拉斯代尔·麦金太尔(Alasdair MacIntyre)在《追寻美德》(After Virtue)中的话:"好生活就是用来寻求好生活的那种生活。"②

升级焦虑

现代资本主义与不幸福的另一个相关方面在于,我们被泛滥的信息所包围,使许多人感到落后——金维尔称之为"升级焦虑"。我们不断感觉到自己不得不"赶上潮流",而这让人精疲力竭。我们就是被文化性的满足所压垮了,但却几乎没有机会搞清楚文化的语境。而这自然妨碍(或者暗中破坏)了我们对完整性的欲求。

---

① 马克·金维尔:《追求幸福:从柏拉图到百忧解的好生活》,第 225 页。
② 同上,第 259 页。

因此，我们生活本身便蕴含着矛盾的元素。比方说按照精神病学家安东尼·斯托尔（Anthony Storr）的说法，"人们普遍相信亲密的人际关系即便不能说是人类幸福的唯一来源，也至少是主要来源……虽然那些特立独行的人似乎经常与这一假定背道而驰"。这段话呼应了里尔克对罗丹和毕加索的评价。金维尔说，证明上述观点的证据不计其数，而他用托马斯·德·昆西（Thomas De Quincey）话来表明："除非经过孤独地审视自我，否则没有人能够展开他的理智能力。"他指出笛卡儿、牛顿、洛克、帕斯卡、斯宾诺莎、康德、莱布尼茨、叔本华、尼采、克尔恺郭尔、维特根斯坦都是未婚的杰出人物（虽然我们知道尼采向露·安德烈亚斯·莎乐美求过婚，但被拒绝了）。① 这些人的事迹表明，没有孩子的成人比有孩子的成人更加幸福，并更容易获得成功。

金维尔提出对幸福的不同定义和评价："幸福并不关乎每时每刻的良好感觉。相反，幸福关乎反思个人生活的能力，关乎发现个人生活具有价值的能力……幸福不单纯是一种感觉或情感；它是与世界的联系，是人类在世界中实现其地位。"他结尾又返回伯特兰·罗素："获得任何你想要的东西，这不是幸福的来源，反倒是不幸福的源头，因为一旦如此，斗争便停止了，生活也就停止了。""求之而不得，这是幸福不可或缺的一部分。"②

人们由此可知，何以罗素在 1970 年以 97 岁高龄逝世之后，其 60 多部著作依然出版发行。幸福对查尔斯·泰勒以及英国哲学家特里·伊格尔顿来说可能是一个"薄"观念——伊格尔顿把幸福称作是"一个类似度假营的词汇"，但不论"薄"还是"厚"，罗素意识到幸福的追求及其领域绝非简单明了。这一点在 20 世纪末变得更为明显，因为人们发现，生活的"心理学化"以及心理学对宗教的取代，产生了未曾预见到的问题和矛盾。

---

① 安东尼·斯托尔：《天才学院》，伦敦：多伊奇出版社，1988 年，第 2、第 4 章。
② 马克·金维尔：《追求幸福：从柏拉图到百忧解的好生活》，第 335 页。

2000年8月,坎特伯雷的大主教评论说:"救世主基督正在变成顾问基督。"在某种程度上这的确是事实,但从言说者的角度看仍然是值得注意的说法。然而,也许由于大主教是传统教会立场恰当的坚守者,他的评论在当时显得有些迂腐过时。在世纪之交,反主流文化——有时也被称为"借化学药品获得更好生活"的文化、治疗文化,事实上已处于不断遭到攻击讨伐的状态了。

没有人比克里斯托弗·拉什(Christopher Lasch,1932—1994)更加辛辣。拉什来自一个政治氛围浓厚的家庭,他的父亲是密苏里州圣路易斯的一名记者,曾获得过普利策奖。他曾在哈佛和哥伦比亚大学求学,在罗切斯特大学当上教授。他一直对自由主义持怀疑态度。拉什在20世纪70年代发展出一种文化批判形式,混合了保守主义、马克思主义以及受弗洛伊德影响的批判理论。他在《无心世界中的避难所》(*Haven in a Heartless World*,1977)、《最小自我》(*The Minimal Self*,1984)、《自恋主义文化》(*The Culture of Narcissism*,1979)中,把矛头对准他认为导致美国生活品质下降的那些力量,并暗示这些力量已经渗透进整个西方世界,尤其影响到我们的道德和精神生活。这些力量包括消费主义、无产化、治疗的敏感性。拉什对后者的批判让他为人所知。①

按他的描述,反主流文化有效地体现了敏感性方面的变化,从一种正在消亡的生活方式,即竞争性个人主义以及"追求幸福"的文化,转变为"对自我自恋偏见的终结"。"活在当下是一种流行的激情,它意味着为自己而活,而不是为你的父辈和后代而活。"他说,我们的眼睛牢牢地盯着我们自己的"私人事务",养成了一种"先验的自我关注"。当代氛围"是治愈性的,而不是宗教性的。人们在今天并不渴望个人的拯救……相反人们渴望对个人福祉、健康和精神安定的感觉或短暂幻觉。对那些出于个人

---

① 克里斯托弗·拉什:《自恋主义文化:希望褪却时代的美国生活》,纽约:哥伦比亚大学出版社,1979年,第30页。

原因而非政治原因接纳20世纪60年代的激进主义的人来讲,它发挥的作用并非宗教替代物,而是一种治疗形式。激进的政治填补了空虚的生活,提供了对意义和目标的一种感觉。"这就是世俗的拯救,它被定义成身份的确定,而不是把个人沉浸在更大的原因中。①

拉什说,由于内在的空虚,20世纪的心理学人既不探索个人的自我提升,也不寻找精神的超验性,他们企图找到心灵的安宁,虽然各种条件使这个目标越来越难达到。"只有治疗专家——而不是牧师、受欢迎的自助传教士、类似工业掌门人式的成功典范,才能成为人们的主要盟友,参与追求宁静的那场斗争。人们向治疗专家祈望获得'心灵的健康'——那是拯救在当代等价物。"他觉得这种观点使治疗变成反宗教,因为它把自我牺牲的"爱"、把"服从"更高忠诚的"爱",视为一种不可容忍的压制。心灵健康意味着,或者说开始意味着抛弃禁忌,意味着即刻满足每个冲动。②

他提醒我们注意弗洛伊德曾说过,精神分析家能期望做的全部事业是把"日常的不幸"替换成使人衰弱的神经症,使被文明生活苛求的牺牲变得更加容易忍受。"但精神分析家拿不出治愈不公和不幸的解药,也无法满足在没有宗教的世界中,人们对意义、信仰和情感安全不断增长的需要。"不过他继续说,美国人想要从治疗中获得的恰恰是信念和个人力量。这些观念发轫于欧洲,尤其受阿德勒和荣格工作的影响。阿德勒的自卑情结概念,将"对力量的意志"用治疗的语汇进行了重新解释。美国人更多地使用了这个概念,而不是弗洛伊德的诸多观念。荣格使自己患上一种灵性想象衰退的现代社会疾病,其普遍性不亚于个人失落感。即便不能修复信仰的现实性,但通过让病人使用宗教残留物来建构私人宗教,他仍然试图修复对信仰的幻觉。所有宗教在荣格眼中都具有同等效力,因此它们"在无信仰的当代危机中能同样堪用"。

---

① 克里斯托弗·拉什:《自恋主义文化:希望褪却时代的美国生活》,第35页。
② 同上,第42页。

阿德勒和荣格的体系都用伦理教化来取代自我洞见,正像弗洛伊德所预见到的那样,他们的体系由此把治疗转化成了"一种新的伦理—宗教体系"。拉什说,转化的后果之一就是自恋主义,人们用快乐的伦理取代了取得成就的伦理。

自恋的人把社会划分为两组:富裕、杰出以及出名的人成为一组,普通人一组,而他们自己都惧怕成为"平庸之人"。自恋的人还同日常生活保持一种讽刺性的距离,并且永远外在于他自己,观察他自己,从此意义上讲,他从未有过真实可靠的体验。男女两性都培养出一种保护性的浅薄,但同时又希冀从个人关系中获取宗教体验的丰富性和深度。① "在正走向灭亡的那种文化中,自恋主义在'个人成长'和'觉悟'的托词下,似乎代表了灵性启蒙的最高成就。"但是自恋主义并没有关注如何建构一个更好的社会;他们看不到新社会,看不到一个体面社会的样子。"旧秩序中的人们比自恋者更严肃地看待事物,自恋者则把这些事物看作理所当然。"②

拉什讲过,当代人(20世纪70年代末)已经被囚禁在他的自我意识中;他"憧憬无意识感觉所拥有的那种失落的纯真性。人们无法率直表达自己的情绪,而不计较对他人的影响,他们怀疑他人理解到的情绪是否真实,由此他们对听者就其行为而产生的反应很难产生舒适的感觉"。我们接下来将会看到,这种情况会产生的重大后果。③

路易·马勒(Louis Malle)1981年的电影《与安德烈晚餐》(*My Dinner with André*)清楚地呈现了20世纪60年代和70年代的另一条线索。两位老朋友时隔多年相会在纽约一家餐馆,他们为自己生活中的选择进行辩护。安德烈为了探索"精神的启蒙"而周游世界,而沃利却选择留在纽约

---

① 参见乔尔·帕里斯:《自恋时代的精神治疗:现代性、科学与社会》,第64页。这里讨论了治疗如何取代宗教,而在第74页以下则讨论了自恋人格的失调。
② 乔尔·帕里斯:《自恋时代的精神治疗:现代性、科学与社会》,第397页。
③ 彼得·沃森:《可怖的美:形塑当代心灵的人和观念》,第601页。

求职,找了一份作家或演员的工作,并一直与同一位女友共度他自己也承认非常单调的生活。安德烈(他的名字本身就具有异国情调)认为,沃利看来的那种日常舒适和便利,不过是没有心灵的物质性文化的属性。沃利的谋生方法是让自己满足于"小小的快乐"和"渺小、可获得的目标";安德烈寻找精神的超验性,一种"意识的更高状态"。他尝试过东方宗教、致幻的灵性训练以及公共疗养。他离开很长时间后返回纽约,但纽约在他看来简直就是集中营,而且是"机器人和实施过额叶切除术的个人"居住的集中营。他告诉沃利,他和妻子感觉像 20 世纪 30 年代居住在德国的犹太人,他们想要出逃纽约。

马勒并不急于在两种立场中做出选择。两种策略都是人们存续的策略,虽然两种策略有所不同,但可能都是对不确定的无常世界的等效回应。总之,马勒让沃利看起来像是"平凡人和民主礼仪的范例"。他对周遭熟悉事务有一种忠诚,由此他获得了某种汉娜·阿伦特所谓的"对世界的爱——对人类工作、交往和联合的世界的爱,这个世界供给人类生活的可靠性和持续性"。同时也必须承认,沃利调低了他的视野,他只关心眼前的事情,也因为根本地限定自己拥有的立场,所以他付出了代价,妨碍了他理智的政治活动。政治活动是会让许多人感觉到满足的一种更丰沛的生活,人们在其中扮演更丰沛的角色。"这种代价使他得以保持人的特性——这在各个时代都不是一项渺小的成就。但它又阻止他对公共事件的进程产生任何影响。"①

最终,安德烈和沃利都对合作性的政治活动不抱有信心。汉娜·阿伦特、克里斯托弗·拉什,可能还包括路易·马勒,他们认为合作的政治活动是生活的真正目的,是真正能拓展我们自己并摆脱困境的唯一方法。

---

① 克里斯托弗·拉什:《最小自我:困难时代的精神性幸存》,纽约:W. W. 诺顿,1995年,第 94 页。

合理的缓解剂？

正如治疗文化暴露在拉什和其他人的炮火之下一样，药品文化也被各界人士抨击。罗什（G. T. Roche）以这样一句话开始探讨药品体验对知识造成的影响："伯特兰·罗素认为，如果任何使人陶醉的物质都能引起类似宗教入神状态的体验，那么对于宗教入神的狂喜，我们'就不能区分通过节食看到的天堂的人，或者通过酗酒而看到蛇的人'。两种人都处在反常的身体状态，因此产生了反常的知觉。"如果广泛地考察反常状态和宗教入神之间的关系，那么这个反对意见就不容易被反驳。西奥多·希克（Theodore Schick）持相反且有争议的观点，他声称改变意识的那种需求"与吃饭和睡觉的需求一样根本"。

由于承认"少数哲学家"的确可能由药品激发出想象（威廉·詹姆斯觉得吸入笑气使他对黑格尔产生了一种新的评价），并且还有些哲学家和科学家用冥想的方式来强化他们的思考[威廉·哈维（William Harvey）在煤矿中冥想]，所以罗什对一些说法保持着强烈的怀疑，比方说蒂莫西·利里说他在 LSD 的影响下可以直接体验到 DNA，又比方说专攻精神药理学的洛杉矶精神病学家里克·斯特拉斯曼（Rick Strassman）说，另一种迷幻药 DMT（二甲基色胺）"可以让人看到暗物质"。罗什还指出，那些声称体验到"宇宙统一性"或者"自我真正亏损"的报告都存在问题，因为总存在着一个体验的主体，一个自我，来观察宇宙统一和自我亏损这类事件。而且他还对"道德或存在的启蒙"提出质疑，其部分原因在于其他人（比如赫胥黎和利里）坚持认为药品实际上似乎暂停了道德意义。这减少了由药品激发出道德智慧的"直接案例"。[①]

[①] 达尔·杰凯特（编）：《大麻：每个人的哲学》，纽约、牛津：威利-布莱克威尔出版社，2010 年，第 39 页。

因此我们便被困在了一种矛盾的处境之中：罗什说，"对迷幻药损害认知、知觉，以及专注力的精确研究"提供了证据，挑战了关于药品的极端说法，即认为药品能产生"多维的超意识，知识的新范畴，现实的更好指引"。他总结说，药品的"启示性力量显然是被夸大了"，所以真正的问题变成了："什么样的知识只有在个人通过化学药品减低自己理性思维能力之后才是可接受的？……沃茨、利里和赫胥黎都曾写过，通过迷幻药体验产生的洞见是对一些深度真理的直接领会，它们不通过理智洞见产生。毫无疑问，关于这种直接由药品引入的体验如何保障确定性，沃茨、利里和赫胥黎从根本上讲都诉诸他们自身的权威。"

还有一个问题是"迷幻剂的灵性"。然而迷幻药物的体验几乎不同于宗教观点。宗教观点认为上帝是不可知的，由此也无法被知觉到，甚至无法被领会到。摩西五经中的上帝从未直接向人们显现。罗什说，基于此，关于精神分裂、癫痫以及瘾君子的说法，即他们直接与上帝会面，或者面对面地看到了天使，我们作何感想呢？这样一来就可以得出简单的推论，即从定义上讲，全知全能的存在不可能通过违背他或她意志的任何尘世手段召唤而来。①

再有，令人不快的迷幻体验绝非像削弱信仰的体验一样让人无法察觉。一些邪教的头领把药品当成是控制成员的手段［比如应该对 1995 年东京地铁沙林毒气袭击事件负责的麻原彰晃（Shoko Asahara）］。

也许布丁的好坏，不尝就不会得知。使用 LSD 的人数在 20 世纪 70 年代明显减少。20 世纪 90 年代以及 21 世纪初期曾出现过使用数量的复升，但同 20 世纪 60 年代和 70 年代初期的水平相去甚远。另一方面，吸食大麻已经有几千年的历史，对它的需求仍然旺盛（根据世界卫生组织的数据，2010 年全世界超过 1.47 亿人定期消费大麻）。它的效果比 LSD 要

---

① 达尔·杰凯特（编）：《大麻：每个人的哲学》，第 44—45 页。

温和许多,人们没有因为吸食它而产生关于其"幻觉"的任何重要形而上学主张,虽然大麻的效力也随剂量的变化而变化。就像马克·索斯比讲的那样,大麻其实提供了对在世生活各种张力的临时缓解,"一种对于异化荒漠的短暂逃离"。目前来说大麻提高了我们丰富自身生活的能力,让我们更具有创新性。一些艺术家和音乐家对此也表示认可,而且只要大麻让我们对生活感觉到更加丰满,那么对人们来说有什么害处呢? 布莱恩·克拉克(Brian Clack)教授接受弗洛伊德对缓解剂的看法,他说"存在或许只需要这种类型的充盈"。①

诊断的慰藉

对反主流文化药品方面的批评是非常中肯和贴切的,即虽然药品的使用绝对没有消失,但它已经降格为通向我们可以称为另类精神国度的一种可能手段。仍然有人提议把大麻当成是一种"灵性的促进者"和症状的缓解剂,但就像刚刚提到的那样,LSD 的使用已经极大地减少了。②

不过同样的话并不能适用于治疗。英国肯特大学社会学教授弗兰克·菲雷迪(Frank Furedi)对所谓的"治疗文化"进行了广泛批评。他主张 21 世纪伊始,治疗革命的遗产是"社会正处于全新的定义进程中,以确定构成人类处境的那种事物"。③ 他发现治疗、幸福以及满足纠缠在一起,彼此之间可能会相互破坏。

他说,这种新处境的核心要素在于,迄今为止被理解为日常生活普通部分的许多经验,已经被重新定义成对人们情感的伤害。他援引了很多

---

① 马丁·布斯:《大麻史》,伦敦:道布尔迪,2003 年,第 24 章,第 292 页以下。
② 在 2012 年的美国大选中,有两个州投票赞成大麻合法化。现在讲大麻未来将会如何也许还为时尚早。
③ 弗兰克·菲雷迪:《治疗文化:在不确定的时代建立脆弱性》,伦敦、纽约:劳特利奇出版社,2004 年,第 5 页。

人的观点来支撑此说法,并举出许多事实,比如当下的儿童远不如从前那么幸福,4岁的儿童"就可以成为治疗干预的合理对象",以及"大幅度增长"的、因为"人们难以处理失望和失败"所造成的抑郁。①

在英国和美国,心理健康咨询师的数量如滚雪球般增长。以菲雷迪的评论来看,53%的英国学生存在"病理水平的焦虑",新职业专家们"发明出他们自称能解决的需求",他们构想或创造出为数众多的新"疾病"。② 他研究了生活"医疗化",或者"心理学化""病理化"的诸多问题,认为当前的治疗性诊断中存在着"混杂",包括为那些失业者、"运动成瘾"或"性成瘾"者、新近离婚的人、因刚刚生产或因家务而抑郁的女性、"不再从事运动而导致的落差"的退役运动员等人提供咨询。他把自助手册形容为是帮助年轻人度过20岁的东西,声称办公室政治已经被重新定义成"恃强凌弱",谨慎被重新定义为"瞻前顾后",差异被重新定义为"抑制"。他宣布,1985年与1996年在同一地区进行的一项调查结果显示,16—19岁人群中认为自己不健全的人增加了155%。

他的主要观点认为,从出生到接受教育,再到结婚生子,一直到亲人离世,"人们的经验一直通过治疗性社会风潮的中介而获得解释"。根据这些事实,宗教已经从属于治疗了。③ "宗教原则从属于对人们存在需要的关注,这一点反映了更大的转向趋势,转向一种对自我的执着的态度。一项对美国'寻觅者教会'的研究认为,这些教会吸引新成员能力的基础是它们对美国人治疗性理解能力的开发。"④

菲雷迪和克里斯托弗·拉什一样,都认为社会上存在着一种强大的转向,从对公共目标更传统的那种肯定,转向鼓励人们"通过他们自我寻

---

① 弗兰克·菲雷迪:《治疗文化:在不确定的时代建立脆弱性》,第7页。
② 同上,第100页。
③ 同上,第17页。
④ K.M.萨金特:《寻觅者教会:提升宗教性的一种非传统方式》,新不伦瑞克:罗格斯大学出版社,2000年,第45页。

找意义"。而这就是根本问题所在。它之所以是一个问题,是因为它夸大了人的脆弱性。关于治疗文化的一些说法把人的脆弱与人们对满足的"自私需求,或者至少说人们自我中心需求"结合在一起,但他主张治疗文化其实扩大了自我的局限。"它假设自我明显处于脆弱和衰弱状态之中,并且坚持认为,人们经营生活需要治疗性专家意见不断干预。"①他发现在治疗文化当中,许多情感都被消极地描述,"正因为这些情感在个体追寻自我满足方面使人们感到迷惑"。

即便爱被描绘成自我满足的至高来源,但爱仍然被认为具有潜在的害处,"因为爱存在让自我附属于他人的威胁"。比方说在安·威尔森·雪芙(Anne Wilson Schaef)《逃离亲密》(*Escape from Intimacy*)以及罗宾·诺伍德(Robin Norwood)《爱得太多的女人》(*Women Who Love Too Much*)中,"对他人强烈的爱经常因为使个体分心,使他们不再满足自我需求和追寻自我利益,从而受到指责"。同样,"有一种观点认为,那些具有过度信仰的人,可能会因为宗教成瘾而遭受痛苦。"利奥·布斯神父(Father Leo Booth)在《当上帝成为药品时》(*When God Becomes a Drug*)一书中提醒人们,警惕"对信仰提供的确定性、踏实性、安全感上瘾"。②

忏悔小说和电视节目开始兴起,这些东西被乔伊斯·卡罗尔·奥茨(Joyce Carol Oates)形容为"病历"。它侵蚀了私人生活的空间,结果导致人们现在不再对消极事件感到羞耻,并"只把幸存下来当成唯一的胜利",因为我们把对自我的专注神圣化了。由此,责任的意义被进行了重新定义:"把责任重新定义为对自己的责任,这有助于带来一种具有道德意义的情感主义。"③

菲雷迪依照厄内斯特·盖尔纳(Ernest Gellner)的观点,认为已经发生

---

① 弗兰克·菲雷迪:《治疗文化:在不确定的时代建立脆弱性》,第31页。
② 同上,第33页。
③ 同上,第73页。

的事件其实就是在我们现代风险社会当中,个人为了"注意和接纳"而进行的斗争,已经取代了过去为了灵性而进行的斗争。传统的没落有助于安置人们的需求,留出空间给赋予世界意义的各种新方法。共享价值的弱化分裂了对意义的这种探索,它把对意义的探索私人化,并赋予意义一种个体性的特征。"治疗学向个人允诺,为他们所探寻的生活意义提供答案。"然而他也说,这造成治疗性的社会风气,认为不存在比自我更高的价值。如果只是提供一种个人化的慰藉,那么人们如何能被约束在一个共享世界观中呢(就像宗教所做的那样)？这是治疗文化试图回避的问题。①

菲雷迪认为治疗风气对生活的入侵已经达到这种程度,即"如今罹患疾病可以构成一个人身份的规定性特征"(离埃丝特·本巴萨的苦难身份观也非十万八千里远了)。自尊成为我们心理生活中至高无上的存在:几乎任何行动和政策都可以通过对我们自尊的影响从而得到证明,几乎任何破罐破摔或行动上的错误都可以归结为缺乏自尊。他嘲弄这种风气可能会导致荒谬,比如詹妮弗·霍斯(Jennifer Hoes)的例子。霍斯是一位荷兰艺术家,她对自己有着深深的迷恋,曾说过想嫁给自己。"自尊获得了一种不受约束的特性,能把它附加在任何问题之上。"②

在精神病学家帕特里克·布雷肯(Patrick Bracken)看来,对诊断的不断寻求"表现了在混乱中寻找意义的意图"。社会学家彼得·伯格认为,我们"在文化上对创伤的痴迷",对那些曾经视为普通的诸多经验的病态化,都可以关联到"与意义斗争所带来的那种恐惧"。他说,这使我们来到"价值的时代",这里的价值是一种"被褫夺命令特性的真理",并以个体的自我为参照。而尤其当价值直接朝向自我的时候,便在混乱和风险的世界产生了承认的需要。他说,这说明了认同政治的兴起,说明了对名誉的

---

① 弗兰克·菲雷迪:《治疗文化:在不确定的时代建立脆弱性》,第91页。
② 同上,第155页。

痴迷,以及对社会所有因素都必须被尊重的"平等尊重"观念的痴迷。

然而菲雷迪最重要的观点是认为治疗文化使人们倒退。尽管治疗文化已经出现了几十年,但他仍然找不到任何证据证明人们的自我知识有所增长。治疗并未"实现"个人的任何可见成长,相反它"更像是使人们幸存下来的一种工具,而不是使人们获得启蒙的一种手段"。那些正在经历治疗的人们被告知说,他们"永远不会被彻底治愈"。更甚者,治疗学已经将"疏离的体验从问题转化成受尊敬的对象"。宾夕法尼亚州斯沃斯莫尔学院心理学教授肯尼斯·格根(Kenneth Gergen)注意到,治疗文化提出对"疾病的邀请",在此文化中,痛苦是一种"社会美德",而人的身份依赖专家和机构。[1]

菲雷迪的结论直接地回应了我们的主题:"当下社会缺乏关于社会信念的确定性。人们发现公正社会的清晰画面很难被传递。尤其困难的是,人们对于是否向他人提供明确的意义体系,似乎抱有很大的迟疑。正是这种向他人传递意义的困惑,为治疗性的世界观提供了传播其影响力的可观机遇。今天的文化精英可能缺乏告诉他人应当相信什么东西的自信,然而传授人们如何去感受,感受什么对象,这似乎让他们感觉到非常惬意。"[2]

治疗学的另一项重要"成果"在于,它为了这种内在的自我转向,分散了人们的注意力,让他们不再注意那些更广泛的社会问题。"治疗文化并不试图通过惩罚体系来发挥控制作用,它通过培养脆弱感、无力感和依赖感,从而发挥类似的作用。通过为病人角色和需要帮助的人正名,治疗文化促进了依赖职业权威的美德。同时,它又不鼓励人们依赖亲密关系和日常关系——那是弱化个体心中归属感的行动……最重要的是,它标志

---

[1] 帕特里克·布雷肯:《创伤:文化、意义与哲学》,伦敦:胡尔出版公司,2002年,第14页。
[2] 肯尼斯·格根:《治疗性职业与亏损的扩散》,载《心灵与行为杂志》,1990年第11卷,3—4号,第356页。

着一种自我限定的制度已经建立……被当下规划的消极自我感不会承担其具有的风险。在此情况下,个体的实验性和变化性角色几乎不复存在了……这种关于自我的静止且保守的观点,代表了一种拒斥,它拒斥此前'改变你自己''提升你自己',或者'超越你自己'的呼吁。对自我接受的呼吁代表了一种避免变化的迂回进路。"①

这是对纯粹幸福的指控吗?

如果菲雷迪以及其他一些作家是正确的——他们积累了大量的支撑证据,那么治疗运动便进入了完整的闭环,代表着同它的初衷完全相反的东西。它没能提供经验的拓展,没能像西奥多·罗斯扎克所预想的那样,帮助人们建立更充分、更丰沛、更富足的生活,它怀有对更"感性"社会的那种或许值得赞许的兴趣,却已经变成了一项保持不变的活动,并进一步成为有助于贬低生活而非提高生活的活动。首先,治疗文化把许多人都看成有缺陷的、脆弱的受害者,他们的唯一机会在于恢复他们某些"失落"的能力,就好像他们都是半空的容器,其最大的愿望就是稍微装载得更多一些。由于他们永远无法彻底被"治愈",所以他们永远无法进一步探索拓展自身的新途径。

接受菲雷迪以及其他人的观点,谴责治疗文化,哀叹它造成生活的贫乏,这些都不是难事。或者可以说,这就是现实吗? 又或者这就是菲利普·罗斯之类的作家暗示的东西。也许不得不说它是糟糕的东西,但又或许诊断带来的慰藉能够提醒处于快速变化和风险世界中的大多数人,让他们了解更加充分的生活是什么样子。

---

① 弗兰克·菲雷迪:《治疗文化:在不确定的时代建立脆弱性》,第 204 页。

24　细节中的信仰

　　1972年贝尔法斯特的一个晚上，诗人谢默斯·希尼计划与他的朋友、歌唱家大卫·哈蒙德（David Hammond）见面。他们约见的地点在BBC一间录音室，准备为他们在密歇根州的共同朋友录制一盘由歌曲和诗歌混合而成的磁带。录制磁带的点子是为了纪念早先的庆典，那时二人的美国朋友在贝尔法斯特和他们共同度过了一个"高谈阔论"的夜晚。磁带最终没有完成。在他们去录音室的途中，"市中心发生了数次爆炸，空气中充满救护车和消防车的汽笛声，以及伤亡报告"。两个人都觉得，"在别人开始感受到痛苦的时候歌唱，这似乎是对别人苦难的一种冒犯"。哈蒙德收拾好吉他，"我们两人在这个破坏之夜，分别开车离去"。

　　希尼在他讨论诗歌的著作《舌头的统治》(The Government of the Tongue, 1988)中，一开篇就讲述了这个故事。他说，由于这一段经历使构成20世纪诗歌乃至所有艺术基础的那种张力变得戏剧化，所以他要以这个故事作为开头。波兰诗人切斯瓦夫·米沃什（Czeslaw Milosz）同样注意到这种张力，但希尼认为它开始于第一次世界大战的恐怖。"从20世纪的那个时刻伊始，我们对光辉灿烂、淡定从容的真与美和谐图景的确信，变成了怀疑。"[1]希尼把注意力聚焦在维尔浮莱德·欧文身上："欧文严格按照他的著述生活，他似乎差不多抹去了艺术与生活的边界……他的诗歌具有人类宣言和殉道者遗物的效力，以至任何审美标准的闯入似乎都感觉不得体……第一次世界大战是典型的例子,在那个年代的生活中,诗人们扮演的角色是有影响力的英雄人物。"

希尼认为,欧文和那些在弗兰德战壕中其他类似者一样,都是"一类诗人中的第一批。20世纪文坛编年史越来越多地涌现出这种类型的诗人。他们似乎以一种模糊的判断形象赫然出现……我们为这种形象而发明的速记名称叫做'作为目击者的诗人'"。②

切斯瓦夫·米沃什1983年发表了《诗的见证》(*The Witness of Poetry*),此时他已经不在波兰居住,而是在哈佛大学担任教授。这部散文著作连同其他诗人的著作——包括迈克尔·汉布格尔的《诗的真相》(*The Truth of Poetry*,1982)、约瑟夫·布罗茨基(Joseph Brodsky)的《小于一》(*Less Than One*,1986)以及凯瑟琳·雷恩(Kathleen Raine)的《基本秩序》(*The Underlying Order*,2008),都认为希尼和米沃什走到了某个事物,某个处于空中的事物面前。就像米沃什所讲的那样,这个事物可能与"诗歌是比新闻更可靠的见证者"这一事实有关。③ 见证什么呢?无论如何,这同本书的主题又有什么关系呢?有两个答案与此相关,这让我们回到希尼讲述的开场故事。

首先,让我们再次使用米沃什的说法,20世纪的许多诗歌"来自地图上的空白"。他在这里指的是自己的祖国波兰,也指的是立陶宛诗人亚当·米茨凯维奇(Adam Mickiewicz),后者"实际上在西方默默无名"。他认为,可以归结于政治原因和人类自身原因的20世纪的灾难,创造了许多智识和艺术上的"地图上的空白":东欧、苏俄、拉丁美洲的前殖民地、加勒比地区、非洲和亚洲。鉴于此,当代一些伟大诗人来自这些地图上的空白,这值得惊讶吗?像维托尔德·贡布罗维奇(Witold Gombrowicz)、兹

---

① 谢默斯·希尼:《舌头的统治》,伦敦:费伯-费伯出版公司,1988年,第 xiii 页。
② 同上,第 xvi 页。
③ 切斯瓦夫·米沃什:《诗的见证》,麻省剑桥:哈佛大学出版社,1983年,第16页。

比格涅夫·赫伯特（Zbigniew Herbert）、塔杜施·罗泽维奇（Tadeusz Rozewicz）、安娜·斯韦尔（Anna Swir）、安娜·阿赫玛托娃（Anna Akhmatova）、奥西普·曼德尔施塔姆（Osip Mandelstam）这样的诗人们，他们的作品也是希尼著作中的研究对象，除此之外还有巴勃罗·聂鲁达（Pablo Neruda）以及德里克·沃尔科特（Derek Walcott）。

承认我们真正的欲望

于是我们看到，诗人们事实上业已见证了20世纪无所不在的黑暗。米沃什发问，"作为20世纪的诗人意味着接受所有类型的悲观主义、讽刺、苦涩和怀疑，这是如何发生的呢？"他说，这种黑暗回应了他自己的问题，它把某些问题归因于"节节胜利的科学世界观"，归因于"已经从内部被掏空"的宗教导致的虚无主义观念，认为艺术将取代宗教成为"唯一居于神圣地位的事物"。[1]

米沃什在这本书的其他地方还吸取了远亲奥斯卡·米沃什（Oscar Milosz，1877—1939）的观点，后者把诗歌定义为"人类自生活伊始便相伴左右的同伴，是对真实的热烈追求……相比任何其他表达形式，诗歌更紧密地同作为其创造者和指引者的灵性和自然运动结合在一起……充分意识到它的可怕责任，以及人类伟大灵魂的神秘运动……宗教、政治以及社会思想无止境的变化"。[2]

切斯瓦夫·米沃什第二个观点相当特别：当代诗歌之所以扮演着见证人的角色（由此发挥警报的作用），可能是因为它的持续存在，它建立在与实用主义者观点相同的事实基础上。他们认为我们在这个麻烦时代能够展现出来的最大美德就在于——希望。米沃什说，不断被制造出来的

---

[1] 切斯瓦夫·米沃什：《诗的见证》，第19页。
[2] 同上，第25页。

美是希望的一种形式。他简单又概括地审视了现代文化中更加消极的那些方面，从陀思妥耶夫斯基，到赫伯特·乔治·威尔斯的反乌托邦科幻小说，从叶夫根尼·扎米亚京（Yevgeny Zamyatin）和阿道司·赫胥黎的极权主义反乌托邦，到各种波希米亚主义、存在主义的衰落，其中最重要的也许要算第一次世界大战的残酷。

他之所以回顾这些方面，是为了提出一个少见的观点。他写道，在第一次世界大战的灾难之后，"人们应当铭记，当时人们预见的下一场战争是一场毒气战争，在一战结束时使用的芥子气或二氯二乙硫醚，变成了一种象征，类似后来的原子弹。在此……预言被证明并非正确。当下一次世界大战爆发时，其恐怖是任何人都未曾预见到的，而且战争各方都未曾在战场上使用毒气"。

介绍这一错误预言让他可以继续谈论在他看来更大的错误，即民主本身的错误。他将其描述为"典型的民主，来自卢梭所讲那种瑞士小镇的全民直接民主"。他真正的观点是认为，民主"基本上不可能拓展到其起源地之外"（他在1983年写下这个观点）。同样重要的是，民主的统治者多半"表现为公意的化身，如果交给公意自己来决定，它可能不会知道自身真正的欲望"。而米沃什最重要的看法似乎在于，诗歌是更可靠的见证，它提供认识我们真正欲望的最大希望。

在这个问题上他讨论了他在1969年去世的波兰作家朋友、维托尔德·贡布罗维奇。贡布罗维奇经历了20世纪的所有惨剧，他自比贝多芬《合唱交响曲》（Choral Symphony）中的男中音那样唱道："朋友们，我们不要这种声音。唱吧，让我们更愉快地歌唱，更欢乐地歌唱。"他对异化轻描淡写："异化？不不不，让我们试着承认这种异化并不是太糟，借钢琴家的说法，我们能够把它控制在十指之间……只要每年让工人们享有与工作时间相等的自由美妙假期。"关于当代社会环境中的其他噩梦，他说："空虚？存在的荒谬性？虚无？不要太夸张了。神或理想并不必然会发现至

虚无时代：上帝死后我们如何生活　　519

高的价值。我们只要3天不进食,任何食物哪怕残渣都会成为我们至高的神——这些需求是我们价值的基础,是我们生活意义和秩序的基础。""原子弹?几个世纪前,我们不到30岁就死去了——瘟疫、贫穷、巫婆、地狱、炼狱、折磨……你脑中还不知道你的战利品是什么吗?你忘记我们过去什么样了吗?"

过去对米沃什很重要。在他看来,真正的诗人不论过去还是现在都不同于那些预设理想读者存在的诗人,"诗性的行动既能预见到未来,又能加速未来的到来"。他觉得在那个未来,我们将会看到作为身份和超验性来源的历史,这种特别意义上的历史将会回归。"我希望大胆地预言,在不久之后的21世纪,以生物学为基本标志的世界观将会发生根本性转变,而这个转变将会来自新近获得的历史意识。它并不利用把人类与进化链条上的更高形式联系起来的那些特征来呈现人类,而是强调人类其他方面的特征——这种造物难以理解自己的例外性、古怪性,以及孤独性,他是一种持续不断地超越自身局限的存在。人性将会愈加返回自身,愈加审视他的整个过去,寻找解开自身之谜的钥匙……单向度的人想要通过穿戴面具和服饰,通过其他时代的感觉和思考方式,获得新的向度。"[①]

他尽力表明诗歌在这种观点中处于首当其冲的位置(它是希望的另一个理由,是希望的另一种形式)。他承认它的新颖之处在于,我们的未来不再由作为交通工具的喷气式飞机来决定,不再由婴儿死亡率的下降来决定,不再由其他具有类似重要性的事情来决定。"我们的未来将由作为一种崭新根本力量的人性来决定;而现在人性已经被划分成若干部分,对应于依照服饰、心智以及传统观念来区分的各种社会等级。"这种变化正在引起特定虚构概念的消失,"它在上个世纪曾广泛传播,内容是农民、

---

① 切斯瓦夫·米沃什:《诗的见证》,第110页。

工人以及知识分子特殊却可能永恒的特征。人性是根本力量,是技术和大众教育的结果,这意味着人们在前所未有的程度上对科学和艺术开放"。① 他质问,19世纪那些包含着帝国主义、种族优越性以及殖民主义的神话消失了,难道我们生活中宗教的消失同这些神话的消失有所不同吗?没有人哀叹他们的过往,也没有人预见到这些过往历史的复归。

我们的成就和我们的局限

米沃什说,理解人性的最好方法是历史性地来理解它。人们历史性地超越他们自身局限性的方式,是人们可以做到的唯一超验性形式,而我们也不应当无视历史中的许多方法,它们让无数普通人的生活,以普通的方式变得更好、更丰满、更有意义。只有理解了人性的历史成就和局限,我们才能寄望有生之年通过自己的成就来拓展或者超越那些局限。他坚持认为,阅历丰富的心灵所进行的反思,最有希望记录和描述那些局限和成就。这是事物的本质——"诗性的行动预见了未来,并且加快了未来的到来"。

很幸运,阅历丰富的心灵做出的反思当中至少有两项同我们的主题相关。分别是艾丽丝·默多克(Iris Murdoch)1992年发表的《指引道德的形而上学》(*Metaphysics as a Guide to Morals*)以及乔治·斯坦纳(George Steiner)1989年发表的《真实表象》(*Real Presences*),2001年发表的《创造的文法》(*Grammars of Creation*)。

默多克接受的是哲学训练,而作为小说家,她经受了艺术的特别"训练"。她把这两者糅合进《形而上学》一书,主张"道德哲学应当试着保持一种中心概念"——那是一种超验性的概念。她相信超验性"在这种或那

---

① 切斯瓦夫·米沃什:《诗的见证》,第108页。

种形式上"属于道德,相信我们应当保持"一种形而上学的地位,但放弃形而上学的形式"。最重要的一点,"善确定是超验的"。

在对周遭进行审视之后,她觉得不得不说"情况比原先的想象要复杂得多"。然后她继续陈述道,哲学家"试着发明一种术语,表明我们的自然心理能被超过心理范围的概念所改变……关于善的柏拉图式隐喻,在此给出了一种恰当的图景"。"上帝并不存在,也不能存在。不过,使我们相信上帝确实存在的那种东西,现在仍然不断被人们体验着,描绘着。这种东西就是一种观点,它认为上帝像理念一样真实,并且也在知识、工作和爱当中具象化了。"我们都可以"通过把我们的注意力集中到有价值的事物上:善良的人,伟大的艺术……善观念本身",从而获得道德帮助。不仅如此,"美是善可见可及的面向。但善本身却并不可见。"

她相信能够在伟大艺术作品中发现善"在经验上可发现"的化身。她说,对艺术作品的凝视"是进入好生活(而不仅仅是类比)的一个入口",因为它可以"检验人们是否为了真实而自私"。当我们阅读莎士比亚或托尔斯泰这两位她钟爱多年的作家时,"我们就会懂得人类本性的某些真实性质……这些性质具有明晰性,它并不属于普通生活里以自我为中心的冲动"。默多克说,艺术不能被我们改变,也不能被我们拥有,艺术本身不断在释放。这一点很重要,因为"伦理就意味着自我在他人的不可还原性面前的毁灭"。严肃而成功的小说可以"把我们从我们自我的暴行中解放出来",而这种观点也融入了她的批评。她说,托马斯·艾略特不想让我们"考虑其他人"——他希望我们关注上帝。[①] 在成功的艺术中,我们沉默地凝视某种事物,它的权威让我们没有意识到自我。艺术家就是通过自己而成就他人存在的人。

乔治·斯坦纳拥有一颗阅历丰富的心,这在他的作品中随处都能体

[①] 艾丽丝·默多克:《指引道德的形而上学》,伦敦:查托与温都斯书局,1992年,第181页。

现。他是高等艺术狂热的崇拜者,他就像置身在高等艺术真正重要的时代那样,以一种老派的方式崇尚高等艺术。高等艺术相关的名词充斥着他的作品,凡·高和李尔王、蒙德里安和沙特尔大教堂、保罗·瓦莱里和亨利·摩尔(Henry Moore),他们被热情地放置于斯坦纳为他们提供的"思想序列"中。虽然他的著作表面上是观点和理论,但正如评论所言,它们本质上是对信仰的陈述——斯坦纳想要用高等艺术来恢复"它的首要性和原始力量"。[1] 他的基本观点认为,高等艺术应当在人类活动等级中占据特殊地位,高等艺术的地位从本质上说是宗教性的:"杰出文学、绘画以及音乐的创作冲动是灵性的,在意义上是超验的,在力量上则是神秘的。"

在斯坦纳看来,我们生活在星期六——那是耶稣受难的星期五和耶稣复活的星期天之间的那一天,比喻我们实际上处于上帝之死和上帝复生之间的等待期。他说,等待和耐心是人类处境的一部分,因为我们已经为上帝存在的迹象等待了数个世纪,等待了千万年。这种不具有任何确定性的等待,和对自身的神学理解,造就了我们的文化,并且为我们取得的成果负责。

由于尼采宣布了上帝之死,我们便生活在了世界的第二阶段。在这里新闻取代了艺术,批评家和学者取代艺术家本人来评论艺术,仅有少数艺术例外。这个世界或者具有琐碎的、消费主义驱动的、过度仓促的("时尚是死亡的发动机")意义,或者具有中世纪的学术上的意义,讨论几乎不重要的临时性问题。他说,艺术在那段时期已经从模仿转向了抽象,而这样一来艺术便丧失了它的语言。科学技术影响力不断提升,读写能力被计算能力所取代;对数字的着迷,削弱了人们对语言文字的热情。

对斯坦纳来说这就是重大的变化,是堕落和灾难。我们的世界枯竭

---

[1] 伊娃·霍夫曼:《斯坦纳〈真实表象〉书评》,载《纽约时报》,1989年8月9日。

了,因为我们已经丧失了"负责任地回应"艺术的能力,这项任务被间接批评接管了,所以一件艺术回应另一件艺术的那种叙事已经失落——"艺术的最佳解读方法就是艺术"。① 艺术洞察的进程并非像科学一样渐进且自我矫正;艺术接替艺术的方式也并不类似后来的科学接替早前的科学的方式,因此它与学院是格格不入的。艺术具有科学所不具有的那种"直接性"和"自由",一件艺术作品并不需要"判定"另一件艺术作品。就像威廉·布莱克(William Blake)所说,"它由特殊瞬间构成",它的目的通常在知觉上自我证明,但却难以讲清楚,甚至不可能讲清楚。艺术不能被转述,即便艺术对语言并不设定边界。②

斯坦纳因为这个缘由便提出,诗意作为创造性行动和被经验到的创造行动,它是存在和意义的根本方面。而且,超验性概念使我们面对更根本的"他者"概念,这就是上帝,超越所有其他事物。上帝这种根本的差异,以及围绕"他"的不确定性,促使我们做出直觉的飞跃,促使我们探索无论如何都只能近似于"他者"的语言形式,一种令不确定性"至关重要"的语言形式——诗意的部分意义就在于神秘。

斯坦纳的观点在于,发现艺术中灵性的最佳途径,或许也是唯一途径,是从研究艺术作品的相互联系入手,而不是从批判入手,不管它来自学界还是新闻界。他认为观察当代杰出人物对古代(即宗教世界)另一位杰出人物的态度,是我们距离灵性和神圣最近的手段:尼采对瓦格纳的追随和"反抗",普鲁斯特与维米尔(Vermeer)的会面,曼德尔施塔姆阅读但丁,卡尔·巴特对莫扎特的研究。具有连续性的不同人物,比如世俗艺术家呼应着一位宗教艺术家,他们之间的这种转变是我们观察世俗世界何以繁荣的最佳契机。前人和后人之间的纽带应当为我们所识别、描述

---

① 乔治·斯坦纳:《真实表象:我们的语言中存在着什么事物吗?》,伦敦:费伯-费伯出版公司,1989年,第17页。
② 同上,第53页。

和理解。这也是理解什么东西业已丧失,观察这种已经丧失之物如何可能恢复的最佳方法。

在斯坦纳看来,科学的问题在于它并非公正无私。就像海德格尔说的那样,科学企图获得统治权,而艺术则不然。科学中或许存在永恒真理,然而虽说我们本身不会永远活着,"快速昭示瞬间和永恒之间连续性"的美学真理却具有一种形而上学的共鸣,即便它并不是纯粹的宗教。审美观察中一直蕴含的善,将有助于向我们提供对整体的温暖感受,而科学中蕴含的力量则不会给我们带来这种感受。

尽管如此,尽管带着些许遗憾,斯坦纳留意到在过去的日子里,宗教可能已经告诉艺术,什么东西在经验中是一种"真实呈现",但宗教给出的回答如今已经不再令人满意。不仅因为上帝已死,更因艺术在整个历史中本身就是一种对话形式。相比譬如祈祷形式在内的其他形式,它是更具实践性、直接性、甚至更具生产性的对话形式。他多次提及不同艺术家在其作品中致敬其他艺术家的各种不同的方式,而且他还通过明确肯定没有哪件艺术作品是自洽的,以宣称艺术的领会是艺术欣赏的秘密之一,或者说唯一的秘密。他以此表明,艺术是人类对话的主要工作,人类对话借着艺术成为通向真理和美的路径。晚近艺术作品依赖早期艺术作品的方式包含着谦虚、殷勤、甚至是爱,这种方式对我们其他人来说,是世俗交往的一种典范。通过研究艺术作品的前后相继,通过让自己沉浸在高等艺术之中,我们就能获得通过其他方式无法获得的,生活中的"强烈转变"。

人们所欲和谐的预兆

斯坦纳很乐意承认,宗教和科学都是宏伟的普世性事业。科学凭借那种适用于任何时间地点的法则来寻求对世界的理解。宗教在人们欲求的基础上,在潜在统一观念(即绝对)的确定性成为大多数人可获得的最令人满意、回报最丰富的"现实"经验的基础上,寻求提供一种形而上学的统一。我们发现切斯瓦夫·米沃什的观察角度是对以下两种陈述非常有价值的矫正:对多数人来说,科学的价值在于其特殊的技术成就而不是其普遍的法则;以及,我们所谓的那种形而上学的满足对多数人来说是一种奢侈品,和日常生活所需相比,它在生活计划中是冷僻的、居于次席的。

事实上,米沃什所说的东西和詹姆斯·乔伊斯并无二致:"如果我们如同原始人一样活在现实中,那么我们的情况可能会更好。这就是我们生而为人的原因。自然相当平淡无奇。是我们把浪漫性强加在自然上的,而这是一种错误的态度,一种自我中心主义。"希尼同意这个观点,只不过像米沃什和乔伊斯一样,他同时还说,活在现实之中无论如何都不是查尔斯·泰勒想要观察到的那种"减法故事"。恰恰相反,诗歌的权威,对诗歌言说内容的确信,诗歌对世界的描述所具有毫不妥协的精确性,构成了生活乐趣的一部分,甚至是绝大部分。诗歌的关键之一,在于探索我们世界的局限性,而诗歌的成就之一,就在于超越那些局限性。这是人们可以获得的一种最好的超验性形式,或许也是唯一的超验性形式。

诗是什么,它想追寻什么,它如何把意义带入我们的生活,把什么样的意义带入我们的生活,希尼对这些问题的准备和解释很难被超越:"诗从喜悦开始,偏好冲动。它认定第一次画下的那条线路,经过一系列幸运事件,最终停止在对生活的澄清。它并不必然是宏大的澄清,类似作为宗教和教派基础的那种澄清,而是在一瞬间抑制住混乱的那种澄清……在诗的宁静中,它给予人们一种不需要高昂代价就能获得的,对其所欲的和谐预兆。通过这种方式,艺术秩序成为一项成就,暗示超越其本身的可能秩序,虽然它同更进一步秩序之间的关系仍然是应允性的,而不是义务性的。艺术并非某种天命体系的低级反应,而是用地面的语言对这一体系进行的复述。艺术并不遵循更好现实所提供的地图行事,而是即兴创作出对更好现实的速写。"①

这段话中有两点同我们的主题直接相关。其一,诗歌提供了一种"并不必然宏大"的澄清;其二,艺术暗示了一种超越自身的可能秩序。

首先,希尼思考着诗歌的规模,及其同生活规模的联系。这里的生活规模既包括个人生活,也包括一般"生活"。这一点很重要,因为哪怕一首小诗也可以有"宏大"主题,而且詹姆斯·伍德(James Wood)也曾说过,"专横的真理"观念在我们这个时代已经被耗尽了,这意味着诗歌和诗性的进路,至少从理论上讲比过去更具相关性,更重要。虽然希尼对诗歌怀有令人钦佩的野心,但他仍然相当满意诗歌对小问题的关照及其具有的能力。这里的小问题是指人类级别之内,而非超人级别的问题。他说诗人向我们呈现出"现实的闪耀""酣饮的韵律节拍"。奥西普·曼德尔施塔姆的诗代表着许多和谐片段,它的细节"像被按得发亮的铆钉"。希尼援引波兰诗人安娜·斯韦尔:"在那么一瞬间,诗人拥有了他通常得不到的财富,而在这一瞬间消逝之后,他又把财富遗失了。"在别处他又把诗比作铃铛中的撞锤。诗是"被召唤同时也是被释放"出来的经验。他称赞奥登把"鲁莽陌生化了",并且他把早期的奥登比作电击。②

他在划时代的作品《生活研究》(*Life Studies*)中引用罗伯特·洛威尔(Robert Lowell)的话,"一首诗就是一次事件,而不是对一次事件的记录";诗的语言应当是"一道澄明的闪电",是"在对事物牢靠轮廓的一次发现中,'对混乱的片刻抑制'"。谈及洛威尔的成熟作品,他说:"对某个事物彻底完善的理解,与对某个事物的范围和自由的震惊感,处于相互竞争的状态。读者可以同时豁然开朗地领悟整体意义的感觉,可以具有短暂的幻觉,人们可以幻想到通过耳朵体验到体现意义的那种满足感,以及在此世界上可以获得的那种满足感。"他说,在西尔维娅·普拉斯(Sylvia Plath)

---

① 谢默斯·希尼:《舌头的统治》,第93—94页。
② 同上,第124页。

的诗句中,存在"令人意外的登场";在她后期的诗中,具有"关于语言及其所表示之物的突然准备得当",这让人回想起华莱士·史蒂文斯把诗定义成"贯穿突如其来的恰当性的声音"。除此之外,希尼说普拉斯的作品有着"前所未有的激烈和灼热"。①

希尼谈到菲利普·拉金的《降灵节婚礼》(The Whitsun Weddings)时说:"结束的一行构成了一次顿悟,是幻想破灭的理智从'良心不安的恶意行动'中的一次逃离。"拉金对当前生活的条件进行了审查,他拒绝借口,推动意识进行一种既非犬儒又非绝望的暴露。他在这方面是一位典型人物。"针对自己可能会拥护的那种更明净的现实,在他心中存留了一种幽怨之爱。当那种幽怨找到表达途径时,某些事物便敞开了,某些瞬间便发生了,而它们都值得被称为预见。"②

简短是诗的本性。如果我们同意詹姆斯·伍德的看法,认为诗是"意向最现实化的一种形式",那么简洁便成为这一观点重要的组成部分。希尼对诗的呼唤,对舌头统治的呼唤(其他诗人也提出了类似的主张),通过这种方式变成一种对诗性美学的呼唤,对简洁的事实和承诺的呼唤。诗歌照此方式不会变成涉及生活的唯一路径,但它的确会变成与经验、语言和意义相结合的最精炼最丰富的路径。它突出强调如下观点,即按照定义来看,新的经验以及对新知识的经验,总是简明的。知识与我们同在,但与这种知识的第一次相遇以及对它的理解,都是立即发生的。即时性是现象学的要点。即时性等同于强烈性。而强烈性又是生活的目的之一。

奥登对意义的挑剔

以上所有观点对意义的本性都产生了重要影响。何为人一生的意

---

① 谢默斯·希尼:《舌头的统治》,第168页。
② 同上,第16页。

义?这个问题没有单一的"宏大"回答,只有一生中各个部分各自对应的一系列"琐碎"回答。随着时间的推移,我们可能会积累起诸多答案,构成我们自己阅历丰富的心灵。

诗的完满是它的诸多意义(复数)。希尼在《舌头的统治》中花了很长篇幅探讨威斯坦·休·奥登。他提醒我们,奥登被俄裔诺贝尔奖得主、诗人约瑟夫·布罗茨基形容为"20世纪最伟大的知识分子"。对于奥登,希尼这样说:"诗歌可以被看成有魔力的咒语,它们从根本上讲都是声音,声音的力量在一种声学的复合中将我们心灵和身体的领悟结合在一起;另一方面,诗歌也是寻求智慧和真正意义的事物,是通过对类经验的理智安排和查究,命令我们产生情感赞同。事实上大多数诗歌,包括奥登的诗,都构成了反抗混乱的临时状态(希尼曾好几次使用这一说法)……我们希望一首诗很美,也就是说,希望它是语言建构的地表上的天堂,纯粹游戏的永恒世界,它能给予我们快乐,因为它和我们的历史存在形成对比……如果诗人的诗不引入问题、痛苦、无序和丑陋,那么他就不可能给我们带来任何真相。"[①]

希尼谈到,这些话同样也可以适用于其他诗人,但奥登所坚持的一点是他对意义的挑剔。"避免读者像对待婴儿的安慰毯子一样,紧盯着共识和固化的意义,做到滑稽、精力充沛、不循规蹈矩,保持放肆的权利,保持愤怒,敦促读者清醒——如果诗歌不断给人们带来更加丰沛的生活,那么做以上事情就不仅会被许可,而且还有必要。"[②]

首先,以上要求都暗示,更加丰沛的生活并不来自一种组合观念,宗教的一神观念就给出了一种典型的组合观念。而治疗观念通常暗示,凭借着诗歌和其他艺术作品,或者与他人的对话,更加丰沛的生活来自零星

[①] 对于希尼和奥登二者,可以参见亚瑟·基尔希:《奥登与基督教》,伦敦:耶鲁大学出版社,2005年,第170页。
[②] 谢默斯·希尼:《舌头的统治》,第122—123页。

获得的琐碎观念的集合。这呼应了乔治·斯坦纳的主张。

给予合理性的一个假期

我们再来讨论第二个观点：诗歌暗示何种秩序超越其自身呢（如果存在这种秩序的话）？当然，它不是单一的至高秩序，而任何选择都有扭曲失真的风险。但是我们可以先开个头。

首先要讲的或许是迈克尔·汉布格尔在其有关诗歌的散文集中所谈到的观点。汉布格尔重复了波德莱尔的评论，认为诗歌与科学和哲学一道，"像好兄弟一样并肩前进"；拥抱生活、享受生活，并从生活中获得满足感的最佳方式，是通过让-保罗·萨特所谓"抒情现象学"方法。[①] 科学和哲学本质上是我们在观察我们的世界后，能够同意的那种理性的普遍化；而我们达成的合意显然是某种我们喜欢，并且能够使我们信服的东西。合意和令人信服都会回馈给人快乐，并且形成意义。

诗歌零星地，在细节上探索着世界，因为诗人找到了一种文字形式，即希尼所谓的"形式上满足的管辖权"（它本身是一种快乐），它在直觉性秩序中将观察和情感结合在一起，其中感觉和理解比例相当。其他方式很难实现这种结合。如此一来，诗乃至所有艺术达到一种境界，即詹姆斯·伍德说的"给予合理性的一个假期"。其结果是，诗歌必须向人们提供的大部分意义是汉布格尔提到的"片刻的现实"，这又同萨特的"小幸福"相呼应，与诗歌对混乱的片刻澄清相呼应。[②]

意大利诗人埃乌杰尼奥·蒙塔莱（Eugenio Montale）在以下几行诗中传达了这种思想：

---

① 迈克尔·汉布格尔：《诗的真相：现代诗歌中的张力，从波德莱尔到 20 世纪 60 年代》，第 267 页。
② 同上，第 215 页。

> 我只是
>
> 指路的微光。是的,我知道这一点:燃烧,
>
> 而不是其他,是我的意义。

这就是我们的指望吗?诗歌试图依赖其形式的准确性来说服人,但它的作用远不只如此。诗歌在此必须提供也许算最基本的那种经验,它所暗示的秩序,事实上就在于秩序的缺失,不仅是世界秩序的缺失,而且甚至是个人秩序的缺失,这或许就是通向满足的真正道路。

汉布格尔提醒我们,威廉·巴特勒·叶芝力图表达"没有丧失强烈感情的自我所具有的多样性"。巴勃罗·聂鲁达在他的诗"我们是许多(We Are Many)"的开头写道:

> 我和我们之所是,乃是许多人,
>
> 而我无法从中确定唯一的那个。

埃兹拉·庞德把这个观点表述为:"在对自我的探寻中,在对'真诚自我表达'的探索中,人们试探着前进,发现某些看起来似乎真实的东西。有人会说,'我是这样的,那样的,或者其他什么样的',而这种说辞刚刚才说出口,他就已经不是自己所讲的那个样子了。"[①]

托马斯·艾略特在《政界元老》(*The Elder Statesman*)中让一个角色说出如下这番话:

> 我从假装某人的那种自我中解脱出来
>
> 我开始变得不是任何一个人,此时我的生活才得以开始。

[①] 迈克尔·汉布格尔:《诗的真相:现代诗歌中的张力,从波德莱尔到20世纪60年代》,第118页。

以上都让人回想起济慈(Keats)对诗人"消极能力"的发现,"他们变色龙式的易变性",以及人们"没有必要对什么事物下定决心,他们有必要让心灵成为所有思想的康庄大道,而不是其中一部分思想的捷径",他们也没必要具有"身份",固定的角色,固定的意见。① 此外,以上还让人们回忆起浮士德:"哎呀,两个灵魂在我的胸膛分裂了。"

米沃什在《诗的遗产》(*The Estate of Poetry*)中讲道:

> 诗的目的是提醒我们
> 始终保持一重身份是多么困难的事。

命　名

让我们继续紧跟着米沃什的思路,"没有什么科学或宗教能够改变如下事实,即诗人站在每日更新的、具有神奇复杂性的、不可穷尽的现实面前,尝试尽可能地用语言囊括现实。那种通过易变五感获得的基本接触,比任何心灵的建构都更重要。意图获得对现实的模仿,意图忠于细节,这是一种永不满足的欲望,它有益于诗歌的健康,还使诗歌有机会度过黑暗年代。对事物命名的行为预设了对事物存在的信念,因此也预设了对真实世界存在的信念,而不论尼采对此会讲些什么"。②

命名能具有怎样的创新性呢?"物体、风景、事件,以及人,给我带来了很多快乐,"于1988年去世的法国诗人弗朗西斯·蓬热(Francis Ponge)如是说,"它们彻底地说服了我。原因很简单,因为它们本来就没必要一定要让我感到快乐。它们的在场,它们具体的证据、可靠性,它们的三重

---

① 迈克尔·汉布格尔(编译):《非典型的里尔克:1912—1926 诗选》,第16页。
② 切斯瓦夫·米沃什:《诗的见证》,第56—57页。

维度，它们的可感性，不容置疑的样子……就是美。"①他写道：

> 鹅卵石
> 完美的造物
> 它与自身相等
> 意识到它的局限
>
> 刚刚好填满
> 用鹅卵石的意义
>
> 带着不令人联想的秘密
> 不会使人恫吓，也不会勾起欲望
> ……
> 鹅卵石不能驯化
> 到最后它们会注视着我们
> 用平静清澈的目光

然而命名的意义远不止于此。它代表着承认世界中的现象，不只包括鹅卵石和风景，还包括感觉、态度、情感、关系——这些我们几乎人人具有但却几乎没有落实到文字的现象。在此境遇中，命名扩展并温暖了这个世界以及我们对这个世界的经验。奥登也说：

> 如果不存在相等的爱，
> 那么就让更喜爱的那个成为我吧。

---

① 迈克尔·汉布格尔：《诗的真相：现代诗歌中的张力，从波德莱尔到20世纪60年代》，第39页。

就像希尼所讲的那样,这里我们就为生活的一部分命名,让它同时处于开和闭的状态。

希尼告诉我们,帕特里克·卡瓦纳(Patrick Kavanagh)的作品表达了"对终极需求的偏好,而不是对此需求的焦虑";它不是对"外在世界中某些刺激"的回应,用乐观的语气来讲,它是"内心源头所具有的丰富性的迸发",它"满溢出来,灌溉了自我之上的那个世界"。查格尔绘制了人物在自己梦中飞行的多幅作品,希尼把以下诗文与其中一幅作品进行了一番比较:

> 然而讽刺是徒劳的祷言。
> 唯有怜悯长出的野生枝条,
> 而你必然走向内心
> 并迷失在同情的狂欢中,
> 当痛苦在夏日空气中腾飞而起时——
> 磨盘就变成了一颗星辰。

痛苦在夏日空气中腾飞而起,这个意象完全违背直觉。不过当我们遭遇它时,我们体验到一种普拉斯诗中所讲的"意外到来"的感觉。

我们能在诗歌的定义中找到良善和宏大事物,它们已经得到言说,而且让我们感到温暖。歌和诗"增加了世界中善的数量",诗是"自我攻克"和"自我净化"的典范,它们是"试验性的行动";诗是"贮存善"的仓库,或者换一种说法,是"贮存怜悯"的仓库。

在菲利普·拉金看来,诗是"没有篱笆的存在"。希尼认为诗更像是入口而不是道路,它"是对日常生活的突破,而不是对日常生活的逃离"。而在奥登那里,它是今天就让我们"长高"的某种事物,可以带来"没有哪只小鸟能够驳斥"的平和。米沃什告诉我们说,维斯拉瓦·辛波斯卡

(Wislawa Szymborska)认为诗是"片段的低语,戛然而止的笑声"。米沃什说,在他本人看来,诗的目的之一是"为部落的语言提供纯粹的意义",而在写诗的过程中,人们"赌上了他的全部"。法国诗人伊夫·博纳富瓦(Yves Bonnefoy)相信,"诗与真理和拯救相关",而罗伯特·邓肯(Robert Duncan)则认为诗把诗人"带到他们自己意识的局限性面前"。伊丽莎白·休厄尔(Elizabeth Sewell)也说,诗"是所有知识的呼吸,更明媚的精神"。而在华莱士·史蒂文斯看来,"诗人是隐形人的牧师"。[1]

诗具有以上谈到的全部特性,而且不只如此,它还让我们专注诗的活跃性——不是任何单独一首诗本身。诗是通达世界的一种方式,是一种知识形式,甚至是一种生活方式。如此一来,我们便找到四种基本要素,它们合起来形成诗的活跃性,并帮助我们理解它的意义。我们已经讨论过四种基本要素中的三种。按照米沃什的说法,为世界当中与我们相关的不可穷尽的特征命名,这种行为是诗歌"永远无法满足"的欲求,而这三种基本要素——包括命名活动,世界特征和事实的不可穷尽性,以及诗歌不可满足的欲求(拉金的说法是"来者不拒"),一起组成了一种意义。我们需要为它添加一个基本要素,即诗歌像所有艺术一样,都"公正无私"。

西班牙诗人胡安·拉蒙·希梅内斯(Juan Ramón Jiménez)强调诗的特殊地位。"文学是文化的一种状态",他写道,"诗是恩泽的一种状态,它处于文化产生的前后"。他认为诗歌想象的首要性,"阻止了诗性价值与当代世界中的社会和文化秩序全面地融合和同化"。戈特弗里德·贝恩坚持主张诗"并不对任何人诉说",并且否认诗可以具有任何公共功能。他在1930年写道,"艺术作品是不具历史效果的现象,不引起任何实践结果。这就是它们的伟大之处"。[2] 谢默斯·希尼说,"艺术作品不会危及

---

[1] 华莱士·史蒂文斯:《诗歌散文选》,纽约:美国文学经典,1997年,第104页。
[2] 迈克尔·汉布格尔:《诗的真相:现代诗歌中的张力,从波德莱尔到20世纪60年代》,第131页。

任何人,它们是温和的",我们所有人都拥有发表诗歌的"许可权"。艾丽丝·默多克谈到,艺术的重要一点在于,它独立于我们,此独立性"不能被我们改变,也不能被我们掌握"。詹姆斯·伍德说,艺术的部分吸引力就在于它"不在任何喧闹纷扰之中"。①

为世界命名意味着在更准确的细节上描绘它,所以我们现在相比过去对它知晓得更多,也可以期待未来又比现在知晓得更多,意味着我们总是知晓,不存在有待于发现的"既定议程",不存在有待追求的特殊天命;意味着快乐在于世界细节的不可穷尽性,而正是此不可穷尽性激发了我们更多的欲望。在这个问题上,现象学和诗都具有丰富内涵。

"生活的丰富远超我们的想象"

1998年,美国哲学家理查德·罗蒂在一篇名为《实用主义和浪漫主义》的文章中,尝试重新表述雪莱在"为诗辩护"中的论点:"在浪漫主义的核心……有一种主张,认为理性只能跟随由想象首先突破的那条道路。没有语言就没有推理。没有想象就没有新语言。没有新语言,就没有道德或理智的进步。"他把诗人向我们提供更加丰富的语言这种能力,与哲学家试图获得一种通向"真正现实"的非语言进路相对照。他把柏拉图对此进路的梦想描述成一种诗性的伟大成就,然而他也说,在雪莱的时代"这个梦就被超越了"。他还说,"和柏拉图相比,我们现在更能承认我们的局限,承认我们永远无法企及高于我们自身的某种事物。相反,我们希望人类此世的生活随着时间的推移而不断丰富,因为多年以后我们的子嗣使用的语言,会比我们现在使用的语言多出很多渊源。我们的词汇表之于他们,正如我们原始先辈的词汇表之于我们一样"。

---

① 詹姆斯·伍德:《破碎的遗产:文学与信仰论文集》,第225页。

罗蒂讲,他这里是在"一种宽泛的意义上"使用"诗歌"这个词。"我拓展了哈罗德·布鲁姆的术语'强大的诗人',使它也包含那些为我们发明新语言游戏的散文作家——像柏拉图、牛顿、马克思、达尔文以及弗洛伊德这样的人,还有像米尔顿和布莱克这样将散文改成韵文的人。这些游戏可能同数学方式、归纳论证、戏剧化叙事,或(在散文改成韵文的情况下)韵律创新没关系。然而散文和韵文的区别同我的哲学并不相关。"

罗蒂在一篇早期文章《杰出文学作品的激励性价值》(The Inspirational Value of Great Works of Literature)中表述了和文学后现代进路截然不同的观点。他认为文学的后现代进路把对杰出文学作品的研究转化成了"文化研究",这是"一种更阴郁的社会科学",语境成为了文学的全部,而像"个人魅力"和"天才"这样的概念不再有任何位置。他满怀厌恶地引用了弗雷德里克·杰姆逊(Fredric Jameson)的《后现代主义或晚期资本主义的文化逻辑》(*Postmodernism, or The Cultural Logic of Late Capitalism*):"新秩序不再需要高度现代主义和具有个人魅力的预言家先知,对这种秩序下的文化产物和政治家来说都是如此。这些人物都不再具有任何吸引力,不再具有任何魔力……需要天才、先知、杰出文学家和造物主的国家将会面临灾祸!"

罗蒂显然不同意这个观点。他认为伟大的文学是确实存在的,而其功能就是"给人带来激励"。作家多萝西·艾莉森(Dorothy Allison)在一篇名为《相信文学》(Believing in Literature)的文章中提到她"无神论者的宗教",一种由文学和"她的写作梦想"所构成的宗教。罗蒂援引了艾莉森的话:"我们在某个所在总与自己的必死性独处,在那里我们必须单纯地坚守某种比我们自身更伟大的事物——上帝也好,历史也好,或者是政治、文学、对爱的治愈能力的信念,甚至是某种义愤。有时候我认为它们都是同样的事物,是我们之所以相信的一个理由,扼住世界喉咙的一种方式,认定此世生活比我们的想象更加丰富的一种坚持。"①

罗蒂所谓激励人心的文学,是指那些让人们"认为生活比他们的想象更加丰富"的文学。"激励性价值通常不是从一种方法、科学、纪律,或者专业的应用制造出来……如果一件作品的确具有激励性的价值,那么它必然会许可将此前你所知晓的事物重新放入语境……正如你不可能对某人神魂颠倒,而同时又看清他或她是某个特定类型的良好典范,你也无法在被一件作品激励的同时,对它有所了解。"他认为人们已经从书籍中"获救":"他们是一群把华兹华斯的话奉为圭臬的人:'我们所爱的/他人也会爱上,我们将教会他们如何去爱它'。"

他说自己和马修·阿诺德怀有相同的愿望:"那是对文学宗教的希冀,世俗作品的想象取代经文,成为灵感和新一代人希望的主要来源。我们将会乐意承认教规是临时的,检验标准也可以被置换。但即便如此我们也不能抛弃崇高观念。我们将把杰出的文学作品视为崇高,因为它启迪了众多读者,而不是因为它们本身的崇高,而启迪众多读者。"②

在知悉自己身患不能手术摘除的胰腺癌这个灾难消息后不久后的一天,罗蒂和自己的一个儿子,以及来访的表亲喝咖啡。这位表亲是一位浸礼教会牧师,他受罗蒂话题引导,询问罗蒂是否已经将他的思考转移到宗教话题上。没有,罗蒂回答。"那么哲学呢?"他的儿子问道。也没有,他说。他的儿子执着地问:"您读过的所有东西难道都有用吗?"这个时候罗蒂直言不讳地说,是的,诗歌有用。当问起哪些诗歌特别有用时,他从记忆深处挖掘出两首"老掉牙"的诗,并很"奇怪地为这两首诗欢呼雀跃"。一首来自斯温伯恩③(Swinburne)的《冥后的花园》(Garden of Proserpine):

---

① 理查德·罗蒂:《接近我们的国度:20世纪美国左翼思想》,麻省剑桥:哈佛大学出版社,1998年,第132页。
② 同上,第136页。
③ 英国诗人、文学评论家,主张无神论,作品有诗剧《阿塔兰忒在卡吕冬》、长诗《日出前的歌》等。——译者

> 我们用简单的感谢来表达感恩
> 不管众神如何
> 没有谁的生命会是永恒
> 死人从不会复生；
> 哪怕最倦怠的河流
> 也会有风安然送达海洋。

另一首诗来自兰德(Landor)的《在他七十五岁的生日》(On His Seventy-Fifth Birthday)：

> 我钟爱的自然，以及同自然相邻的艺术；
> 我在生活的篝火旁温暖了双手，
> 它沉沦了，而我也准备起身离开。

罗蒂讲，他在"这些节奏舒缓、信马由缰的诗句，及其断断续续的余韵"中体会到了舒适感，而且他还补充说，"我怀疑散文根本就不能够产生相提并论的效果。不仅仅是意象，韵脚和节奏对此效果的产生来说是必要的。类似的诗句中，这三个要素合力产生了一种程度的压缩，而这种冲击力只有诗句才能达到。对比散文改韵文作家的凝练工作，即便是最好的散文也显得散漫随便"。

奥斯卡·米沃什把诗形容成"自他生活伊始便陪伴左右的同伴"。罗蒂承认自己希望能在生活中与诗相伴更长时间。"这并不是因为我害怕已经错过了在散文的陈述中表达不了的真理。这种真理并不存在；伊壁鸠鲁和海德格尔没能抓住有关死亡的任何东西，斯温伯恩和兰德也同样一无所知。真正的原因在于，如果我有能力不假思索地，将更多老掉牙的诗句背诵出来，那么我就能过上一个更加丰满的生活。就像是，如果我的密友圈能有更丰富的词汇,那么相比起词汇更贫乏的圈子,我的生活也会更丰满,而我也是一个更丰沛的人,我将离野蛮更遥远。如果男人和女人们的记忆能充分地与诗歌结合起来,那么他们个人将会是更加充分的人。"[1]

---

[1] 理查德·罗蒂:《接近我们的国度:20世纪美国左翼思想》,第136页。

25 "我们的精神目标在于丰富进化叙事"

牛津大学科学公共理解方向教授理查德·道金斯在1998年出版了《解析彩虹：科学，虚妄和对奇观的嗜好》(Unweaving the Rainbow: Science, Delusion and the Appetite for Wonder)，此书在前言详细讲述了促使他撰写这本新书的两件事。第一件事有关没有被提及名字的一位外国出版商。这位出版商告诉道金斯，在读了道金斯第一本著作《自私的基因》(The Selfish Gene, 1976)后，他3个晚上没有合眼。这本书中"冰冷、阴郁的信息"让他感到极大困扰。另一件事有关"来自偏远乡村"的一位老师。他在给道金斯的信中带着责备的语气说起，他的一个学生在读完《自私的基因》后流着泪来找他，"因为这本书说服她相信生活只不过是空虚且无目的的。她建议他不要把这本书给任何一位朋友阅读，因为担心他们会被同样的虚无消极主义所玷污"。

随后道金斯继续引用了他同事彼得·阿特金斯(Peter Atkins)1984年出版的著作《第二法则》(The Second Law)："我们是混乱的孩子，变化的深层结果是衰退。从根子上看，只存在腐败和不可遏制的混乱之潮。消逝和离去就是目的；剩余的一切都是通向此目的的方向。当我们深入且冷静地窥视宇宙核心的时候，这就是我们不得不接受的黯淡前景。"[①]

道金斯评论说："这种观点非常正确地清除了那些矫揉造作的错误目的；揭示广泛存在的多愁善感，是值得称赞的坚韧冷静，这不能与丧失个人希望相混淆。宇宙的终极命运之中大概真的不存在目的,不过我们有谁真的把自己的生活希望托付于宇宙的终极命运呢?除非疯了,否则我们当然不会这样做。我们的生活由各种各样更具紧密联系,更有温度的人类抱负和知觉所统治。谴责科学掠夺了生活之中那些让人感到值得去过的那种热忱,这完全是荒谬可笑的错误,直接与我自己以及多数现役科学家的感受相抵触。我几乎是被驱赶到被错误归咎的那种绝望立场上的。"

相反,他希望传递科学能传递给我们惊异感,这种感觉会让科学变成"人类心智可能获得的最高体验"。[2]

道金斯著作的标题来自济慈的一首诗。济慈认为艾萨克·牛顿把彩虹还原为棱镜产生的各种颜色,破坏了彩虹的诗性。道金斯并不接受这个观点。他坚持认为,不论科学家和具有科学素养的人来自何处,只要他们能够阅读济慈和牛顿,那么他们都会对彩虹产生两种体验和理解,而不是一种,而这必然是一种发展。

随后他开始举例说明他自己对自然世界和宇宙的讶异,从细菌、昆虫的耳朵、鸟鸣、红杉树树干的年轮、布谷鸟和它们下蛋的习性,到蜗牛的多形态现象以及其他。按照这条道路,他抛弃了超出科学可知范围之外的行动,包括占星术在内的所有形式的迷信和轻信。他的行文中散布着诗句——有些妙语佳句,有些比较一般,意图夸张地表明对科学的欣赏绝不会损害对诗歌的享受,原因恰在于"科学许可神秘,但不许可魔法"。[3] 其实,意识到科学在文学领域的不准确性,这曾经是,并且仍然是认可诗歌价值的另一种形式。

在最后,他为其所说的"诗性科学"作出声明:这种观点认为如果让

---

[1] 理查德·道金斯:《解析彩虹:科学,虚妄和对奇观的嗜好》,伦敦:企鹅出版社,1998年,第 x 页。
[2] 同上,第 xi 页。
[3] 同上,第 29 页。

济慈和牛顿聆听彼此,就"可能会听到银河的歌唱"。感谢语言,它使我们与其他动物区分开来,"在把宇宙模型放进我们脑袋的意义上……我们能跳出宇宙。这并不是视野狭隘的迷信者们想象的那种模型,充斥着幽灵与精怪,占星术和魔法,在彩虹的彼端闪耀着假金坛子发出的光芒。它是一个大模型,配得上现实对它的调整、升级和锻炼;它是星辰和广袤距离构成的模型,爱因斯坦崇高的时空曲线抢尽了耶和华盟约曲线的风头,并把它碾成碎片……聚光灯已经移走,然而令人高兴的是,此前我们已经获得时间来领会某种我们身处的位置,以及我们之所以这样做的理由。我们是唯一能预见到自己结局的动物。我们也是唯一能在自己死前说出这番话的动物:是的,这就是在一开始值得走入生活的原因"。①

在过去的几十年,像道金斯这样的进化生物学家,以及物理学家和天文学家这样的宇宙论者,都猛烈地批判宗教的基本维度,尤其是主流一神教的基本维度。他们在批判的同时,还努力试图重塑那种——让我们找一个更好的说法——可以称为精神困境的东西。

这两种科学获得的集体成就包含三个层面。第一,它们试图表明宗教本身完全是自然现象;宗教和其他现象一样历经演变,从这一点可以推导出我们的道德生活同样是一种自然(演进的)现象,而非扎根于任何神圣王国和心灵的现象。在此意义上,进化的细节教会我们如何在不涉及任何神的情况下共同生活。没有什么事物取代了神的位置,因为根本不需要。第二,科学已经发现,或者说重新设定了人类处境的某些新方面,能为我们提供诸多原则。我们根据这些原则安排事务,以便获得最大多数人的更大利益。同样,这里也不需要上帝。第三,进化生物学和宇宙论向我们提供了一些完全新颖的,关于何为宇宙基础的组织性原则。有些人甚是极端,以至于宣称它们本身就具有神圣性,但许多其他人还是认为

---

① 理查德·道金斯:《解析彩虹:科学,虚妄和对奇观的嗜好》,第312—313页。

这些完全是自然世界的自然特性。

这些革新当中的一部分具有争议,另一部分则是空想(其中的部分观点开始引起我们的注意),还有一部分则是矛盾的。它们使我们赶上了潮流。

文化健康的概念

理查德·道金斯可能是当代科学和宗教之辩中最有争议的人物。他在《解析彩虹:科学,虚妄和对奇观的嗜好》当中试图表明,创新的科学进路可以像宗教信仰一样"令人惊叹",一样使人满足。在1986年的《盲眼钟表匠》(The Blind Watchmaker)中,他又给自己树立了另外两个目标。第一,用唯一可能的解释方法,即把千万个差异当成积累性进化发展的结果,来解释我们周遭所见生物的伟大复杂性。第二,论证,如果生物的复杂性只可能通过这种方式产生,那么人们一开始就不需要一位复杂的上帝——事实上这是语言上的矛盾。他坚持认为正是"达尔文使得智识上获得满足的无神论者成为可能"。[1]

他因为2006年出版的《上帝的错觉》(The God Delusion)一书,又重新成为了批判对象。他在这本书当中重复了自己对上帝的一些批评,比如批评上帝不得不是复杂的,所以才能创造出进化机制,那么为什么要需要创造进化,用来不断地生产出复杂性呢?他审视说服信仰者的那些实验证明项目,发现它们的数量严重不足。他审视道德的根基,检验他认为有疑问的大量宗教性立场。比方说他认为几乎没有人还在继续"盼望"(如果他们曾经确实盼望过)来世生活。所以宗教对他来说就是骗人的东西。

道金斯并未多言我们应当如何在没有宗教的情况下生活,他理所当

---

[1] 理查德·道金斯:《盲眼钟表匠》,伦敦:企鹅出版社,1986年,第6页。

然地把自己通过写作而获得那种生活方式视为分量足够的证据。然而他以一种典型的好斗风格描述了个人"逃离"(他用的说法)其信仰的几个事例,表明这是可以办到的事。并且他在其出版物的附录中列了一张"友好地址"列表,主要是世界范围内的人道主义者协会名录,从教会中逃离的人们可以在这些协会中寻求庇护和智力支持。①

丹尼尔·丹尼特是就职于塔夫茨大学的哲学家,也是道金斯的同事。他在 2006 年出版的《打破魔咒:作为自然现象的宗教》(Breaking the Spell: Religion as a Natural Phenomenon)中主张,现在"作为全球现象"的宗教到了要被纳入多学科研究的时代了,"因为宗教对我们来说过于重要,所以无法对其视而不见"。② 他说,直到现在还存在心照不宣的协议,科学家们把宗教放到一旁,但宗教极端主义广泛散布则是"我们的漠视态度付出的惨痛代价"。③ 他指出,每天都会诞生一两种宗教,但通常它们的生命周期都不超过 10 年,即便以其他人类制度的标准来衡量,许多大一神教存续的时间也并不太长。比如说书写制度大概有 5000 年左右的历史,农业制度存在了 10000 年左右,还有语言则大概存续了几十万年。④ 人们需要强烈感情和仪式,需要找到困惑原因,需要在任何问题上归纳出模式,需要由一部分人假设自己具有管理者身份而另一部分人放弃这种身份,丹尼特通过检查这些需求来表明,民间宗教如何毫无阻碍地进化成有组织的宗教。

"对信仰的信仰"才是真正要紧的事情,丹尼特宣称。很多人并不真正相信他们宗教的诸多教义(比如地狱或金牛犊的存在),然而他们却真的相信上帝概念。对信仰的信仰是难以解释的事,但它在上帝的"否定"

---

① 理查德·道金斯:《盲眼钟表匠》,附录。
② 丹尼尔·丹尼特:《打破魔咒:作为自然现象的宗教》,伦敦:艾伦·莱恩出版社,2006 年,第 14 页。
③ 同上,第 14 页。
④ 同上,第 101 页。

概念发展进程中,尤其是在这个概念20世纪的发展中,发挥了重要作用。上帝的否定概念意味着上帝是"不可言传,不可知,超越所有人理解之外的某种事物"。[1] 他特别鄙视这个概念(卡尔·巴特在20世纪20年代使这个概念流行起来)。

他询问,如果人们认为达到美好生活的最佳方案乃是宗教,那这种主张是否正确?借这个问题他总结说,由于宗教极端主义者一次又一次地对信仰进行的例证,这个世界已经"疲惫不堪"。[2] 宗教极端主义者和狂热者的政治议题经常利用自己所皈依宗教的组织基础,利用人们传统上对此宗教无可置疑的忠诚。宗教极端主义要为基地和哈马斯恐怖主义承担责任。

他曾说自己在撰写著作时遭遇过一个传播广泛的意见,虽然它的表述方式各有不同:从根本上讲,"人类"对灵性有一种"深深的需要"。"使我对这种愉悦的'灵性'需要感到着迷的,是人们认为他们知道自己说的是什么,即便没人想要辛苦一下去解释这种需要到底意味着什么,或许也正因为没有人对此进行解释,所以人们认为知道自己在说什么。"

关于我们应当如何生活,丹尼特提出了三点。通向灵性的秘密同灵魂没有任何关系,也同任何超自然的事物没有任何关系,这个秘密就是:让你的自我得到解放。"如果你能带着一种谦虚的好奇态度来接近世界的复杂性,其中既包括其荣耀的一面也包括其恐怖的一面,承认无论你能看得多么深入,你也只不过是在撩拨世界的表层,这样一来,你将会发现世界之中的世界,发现此前无法想象的美,你自己寻常的偏见将会收缩到恰当的尺寸,宏大计划也显得不那么重要了。随时保持对世界的敬畏观感,这在处理日常生活需要时并不容易办到,但它绝对值得人们努力去

---

[1] 丹尼尔·丹尼特:《打破魔咒:作为自然现象的宗教》,第232页。
[2] 对此的一种可能解释,可参见奥利弗·罗伊:《神圣的无知:当宗教和文化分道扬镳》,全文。

做。因为如果你能持续地专注它,践行它,那么你就会发现困难的选择变得容易些,当你需要恰当语言的时候,它们会自动浮现在你的脑海,你事实上也会变成一个更好的人。"①

他觉得人们理解和接受进化理论是一件急迫的事。"我认为人们的拯救可能就依赖于这种态度!为什么会是这样呢?因为他们睁开眼睛看到流行病风险、环境恶化、生物多样性减少;他们听说了人类本性的某些缺陷。所以我对进化论的信念是否就是一种宗教拯救进路呢?不是……我们钟爱进化论的人并不尊重那些不对自己所钟爱的进化论进行细致和理性思考的人!……从我们的角度来看,神秘和不可思议的事物并没有一个安全的所在……我感觉到来自道德的命令,要求我传播进化论的语言,但进化论并不是我的宗教。我没有什么宗教。"②

丹尼特推荐英国心理学家尼古拉斯·汉弗莱(Nicholas Humphrey)的著作,认为它指示了另一条前进道路。他说,汉弗莱开拓了对特定道德问题的思考,涉及我们决定如何判断,"是否以及在何时,对儿童的信仰体系教育具有道德上的可辩护性"。汉弗莱提倡教导他们所有世界性的宗教,"以一种实事求是的、历史的、生物学的方式来使他们了解",就像我们教授孩子地理、历史和数学一样。"让我们在学校中受到更多的宗教教育,而不是更少。"我们应当教授仪式和习俗,以及宗教历史积极和消极的各个方面——教会在民权运动和宗教法庭中扮演的角色。不应该偏袒任意宗教,也不应该无视某个宗教。当我们对宗教的心理和生理基础有更多了解的时候,也应该做到这一点。"将公共健康的领域拓宽到文化健康,这是下个世纪最大的挑战。"

丹尼特呼吁对宗教展开更多的研究,实际上无视了这个事实,即目前人们已经在这样做了。最值得注意的是戴维·斯隆·威尔逊(David

---

① 丹尼尔·丹尼特:《打破魔咒:作为自然现象的宗教》,第303页。
② 同上,第268页。

Sloan Wilson)在 2002 年发表的《达尔文大教堂》(*Darwin's Cathedral*),它审视了包括努尔(Nuer)、达格拉(Dagara)、姆布蒂(Mbuti),约翰·加尔文(John Calvin)的日内瓦,得克萨斯州韩国基督教在内的各种宗教。他总结说,宗教都是具有适应性的集合体,它们为了获取唯有靠集体协作才能得到的资源(通常是物质资源)而形成。他说教义问答和宽恕概念也同样可以被看成是经过演变的现象。①

调整生活的新规则:信任、贸易和悲惨图景

萨姆·哈里斯在 2004 年出版的《信仰的终结:宗教,恐怖和未来的理性》(*The End of Faith: Religion, Terror, and the Future of Reason*)一书中说,《圣经》和《古兰经》都包含了极多破坏生活的胡话;多数恐怖分子争夺的"土地"其实在此世之中找不到;他还质问为何上帝要让莎士比亚成为比上帝本身更好的作家。他曾说过,科学逐渐覆盖到生活最深入的问题,而我们开始理解为什么人类会繁荣兴旺。比方说我们开始理解大脑中的荷尔蒙催产素的作用,及它同人类幸福的联系。

感谢这些发现,它们使我们最终能客观地说,道德问题存在正确和错误的回答。因为一旦我们把宗教归位,"幸福便代表了我们在理智上看重的一切"。② 哈里斯从以色列集体农场的失败中总结出他的观点:一些社会制度形式相比其他社会制度形式是不那么道德的;保守社会有着更高的离婚率、青少年怀孕率以及更多的色情活动;那些允许其成员充分发展自身、发展他人的社会,才是最成功的社会。他强调说,我们在道德上正在发生改变,正在发展提升,比如相比从前,现在我们对待冲突状况中造

---

① 戴维·斯隆·威尔逊:《达尔文大教堂:进化,宗教与社会本性》,芝加哥、伦敦:芝加哥大学出版社,2002 年。
② 萨姆·哈里斯:《道德图景:科学如何决定人类价值》,伦敦:班塔姆,2010 年,第 32 页。

成的附带损害更加严苛。他的主要结论之一在于，"可能不会有什么事情比人类合作更重要"。

这同样也是马特·里德利（Matt Ridley）的结论。里德利是一位英国博学家，他除了具有科学家身份之外，还扮演众多社会角色，包括银行主席。在 1996 年出版的著作《美德的起源》（The Origins of Virtue）当中，他提出"道德情操是解决问题的装置，它使高度社会化的物种（我们人类）有效地利用社会关系，来确保自己的基因能够长久地存活下去"。他断言道德生活建立在如下事实上，"自私的基因让我们具有社会性，值得信赖，具有合作性"。教会产生之前就有道德，国家产生之前就有买卖，货币产生之前就有交换，霍布斯之前就有社会契约，人类权利产生之前就有福利，巴比伦诞生之前就有文化，亚当·斯密之前就有自利，资本主义产生之前就有贪婪。他说过，合作的主要要素是信任，"它是社会资源的关键形式"。当权威取代对等性的时候，共同体的感觉便消退了。因为如果信任感想要得到增进，我们就必须减少国家的权力，并把我们的生活移交给教区、电脑网络、俱乐部和团队，自助小组和小型企业——"所有小型且本土化的机构"。

里德利在 2010 年的著作《理性乐观派》（The Rational Optimist）中主张，与许多人的想法相反，人们的生活期待在过去 1000 年中戏剧性地提升了，指数显示了暴力行为的下降以及平均收入的明显提升。他指出，人类是为了能持续提升他们生活质量而活着的唯一一种存在。那些具有出众大脑的其他物种，例如海豚、黑猩猩、章鱼以及长尾小鹦鹉，它们都没能走到这一步，所以这并不单纯是大脑体量的问题。他的答案是买卖。没有关系的各个部分之间的买卖活动，提升了我们的集体理智，给我们所有人带来了好处。[①] 未来应当以更多开放的买卖活动为信念。

[①] 马特·里德利：《美德的起源》，伦敦：海盗出版社，第 264 页。

哈佛大学心理学家史蒂芬·平克(Steven Pinker)大致同意这些观点。他 2002 年的著作《白板：当代对人类本性的拒绝》(*The Blank Slate: The Modern Denial of Human Nature*)探索了他所认为的，有关人类本性的最令人惧怕的事物——对不平等的恐惧、对不完全性的恐惧、对决定论的恐惧以及对虚无主义的恐惧。为了应对这些恐惧，宗教在传统上为无数人提供了"舒适、社群，以及道德指引"。根据一些生物学家的观点，许多宗教都向着复杂精致的自然神论演进，这种宗教"可以与有关心灵和自然的进化论理解相兼容"。

进一步讲，随着知识的增长，我们的道德圈子事实上也正在拓展。与各个宗教把注意力集中在自己身上不同，更宏大的生物学理解已经导致那些配得上道德思考的实体"向外部伸展"，从家庭和村庄拓展到宗族、部落、民族、种族，最近（正如《世界人权宣言》所说的那样）还拓展到全人类。至此仍然不会停止，比如有些人试图在他们能影响的范围内，把特定动物、受精卵、胎儿以及脑死亡的人纳入道德领域。他指出，最近的认知科学已经确定了一张"核心直觉"表，这些核心直觉是我们理解的基础，比如直觉物理学、直觉工程学和心理学，空间感和数感，概率感和直觉经济学。我们曾经拥有一种不能与生物学和解的直觉性灵魂感，而这意味着我们现在需要重塑我们的道德理解，它最好被理解成一种根据情况进行交易的系统。其实这返回到了我们此前遭遇过的情境伦理学。

平克本人倾向于一种"悲惨"生活直觉，而不是一种"乌托邦式"生活直觉。其中至少包含了以下要素：家庭纽带的首要性；会导致"社会性游手好闲"的有限共享和对等；支配、暴力和种族中心主义的普遍性；智力、责任心以及反社会倾向的部分可遗传性；防备模式的流行；道德感的倾向所导致的亲属和朋友的优先权；还有一种将道德同循规蹈矩、等级、干净、美丽混淆起来的倾向。平克 2011 年出版了《人性中的善良天使：暴力为什么会减少》(*The Better Angels of Our Nature: Why Violence Has Declined*)，他在其中罗列出暴力显著减少的6个时期,证明他提出的观点,即我们正在越来越具有道德性。①

虽然平克和里德利一样,因其过分乐观的倾向而受到很多人的批评,虽然平克考虑到一个强大国家的出现同暴力的减少有很大关系,但他同样也认为另一个主要原因在于贸易,"一个人人都能赢的游戏"。"由于技术进步允许商品和观念在更大范围内,在更多贸易伙伴之间进行交换,所以他人活着比死了更有价值。他们从妖魔化和非人化的对象,变成了对等利他主义中的潜在合作伙伴。"

所以对于哈里斯、里德利和平克来说,道德进步已经发生并且仍然继续在发生,这同宗教没有任何关系,也从来没有任何关系。贸易也许并不经常像科学那样,被定位于宗教价值的对立面;但它的影响却和科学差不多。贸易是一种横向活动,是处于相同层次的人之间的活动,而且从定义上看它也是一种此世的活动。像大多数其他人类活动一样,它也是演进的。

乔治·莱文(George Levine)的目标同上述几位有所不同,但也并非毫无关联。他在2006年出版的《达尔文爱你:自然选择与世界的返魅》(*Darwin Loves You*)当中尝试向我们介绍"更善良、更绅士"的达尔文。这是一位内心浪漫并钟爱自然的人,他帮助我们把世界理解成更令人陶醉(而不是相反)的所在。他说我们通过达尔文获得对自然力量的深入感觉。他把这种感觉等同于宗教感觉,以至于说进化论是自然崇拜的一种形式,也是"更有效的一种形式",因为它体现了与自然相联系的另一种关系。在此关系当中,人们是自然的一部分,而不是以某种方式和自然分隔开来,然后按照基督教的说法,再以礼物的方式从上帝那里取得它。

---

① 史蒂芬·平克:《人性中的善良天使:暴力为什么会减少》,纽约:海盗出版社,2011年。也可参见史蒂芬·平克的《周六杂文,暴力征服》,载《华尔街杂志》,2011年9月23日。

他把达尔文对细节的关注看成一种道德行为和范例,因为"这就是非有神论的魅力开始的地方"。他认为达尔文对"低等"动物的审视非常重要,因为这可以理解等级制和人类在自然中的地位。[①] 达尔文的贡献包含参与者和观察者两方面,在这一点上他又是典范。"达尔文并未给予我们神秘性和超验性,反倒给予我们空间充足的土地。我们已经受一神教误导长达2500年,它误导我们寄望于某种更大的意义,一种非物质性的意义。这很糟糕。"

以上生物学家撰写的文章都很好斗,它们脱胎于一种信条。用丹尼特的话来说,这种信条认为进化"是有史以来最重要的观念"。我们马上就会看到,他们被指控为新教条主义者。但这一指控几乎无法适用于资深的进化生物学家,哈佛大学昆虫学家爱德华·威尔逊(E. O. Wilson)。威尔逊是目前最具创造性和积极性的当代进化论者,同时也是极具风格的写作者。

他是一个在亚拉巴马州美南浸信会家庭长大的孩子(他曾从头到尾读过两遍《圣经》),年轻时因为接触进化论而突然丧失了信仰。("启示录在我看来是古代原始人使我们产生幻觉的黑魔法。")而且在他看来,《圣经》的作者们错失了最重要的启示——他们没有为进化论做任何准备。他问自己:"难道是因为他们并不真正知悉上帝的想法?难道是我童年时期的牧师们错了,虽然他们都是些善良有爱的人?"这一切都发生在一瞬间,而他也不再是一位浸信会信徒了。

即便如此,他也并没有产生立即肃清自己宗教感的欲望。"我仍然保留了少量的常识,即人们必须归属一个部落;他们渴望获得大于他们自身的目标。我们受迫于人类最深层次的精神动机,它使我们超越有生命的尘埃,并且我们也必须在一个故事中讲述我们从哪里来,为什么会在这

[①] 乔治·莱文:《达尔文爱你:自然选择与世界的返魅》,普林斯顿、牛津:普林斯顿大学出版社,2006年,第44页。

里。神圣文书是否可能只是企图解释宇宙,并使我们在宇宙中具有意义的第一部文本?也许科学是在经过更好测试的新基础上,试图达到与神圣文书相同目标的一种延续。"①

从这个角度看,威尔逊和他的生物学同事一样毫不妥协,不过区别还是有的,他新造了三个后来具有影响力的词,同我们讨论的主题也有关系。它们是"社会生物学"(sociobiology),"亲生命性"(biophilia),以及"融合"(consilience)。威尔逊在1975年发表的《社会生物学》(*Sociobiology*)中提出,我们现在已经知晓那些控制动物生活的生物原则,它们可以有益地应用到人类社会。但他也坚持说,如果这些前提是正确的,那么人们就被暴露在两个巨大的精神困境面前。"第一个困境是,包括我们在内,没有哪个种族具有超越其基因历史所创命令的目标。所有事物,甚至选择特定审美判断和宗教信仰的能力,都必然由同样的机制进路来产生(即根据生物学的原则来产生)……一言以蔽之,第一个困境在于,我们没有特定地方可去。各个物种都缺乏外在于自身生物学本质的目标……任何受过教育的人都乐于相信,物质需求之上存在着满足和个人潜能的实现。但满足是什么呢?潜能可能会实现何种目标呢?传统宗教信仰已经崩坏,这并非由它们神话的耻辱性反证造成,而是因为人们越来越意识到信仰实际上是使人们得以存活下来的可行机制。宗教和人类其他制度一样,它们经过发展以强化参与者的延续性和影响力。"

他认为,埃及、美索不达米亚、印度、中国、墨西哥以及中南美,这些人类早期文明之间的相似性,不能被敷衍地解释成机遇或文明交汇下的产物。据说,历史上肉类长期短缺的方式塑造了宗教信仰以及为什么有些特定的动物要被视为圣物来对待;监狱里的犯人按照扩大的"家庭"方式组织起来,有人代表着母亲、父亲、姑姑和舅舅,按照他的说法,这一切都

---

① 爱德华·威尔逊:《论人类本性》,麻省剑桥:哈佛大学出版社,1979年,第6页。

提示出一种"生物紧迫性的强硬核心"。用他的话来说,虽然上帝的内在性已经被推到亚原子微粒之下,或被推到可见星际之外的某个地方,但感谢科学的不断进步,关于上帝之所是的新理论仍然层出不穷。不过威尔逊也补充说,根据一种权威性的说法,人类大致已经创造出了10万多种宗教,这个数据让他感到心灰意冷:"人们似乎更愿意选择去相信,而不是去认识。"①

他承认宗教实践是人类种族独一无二的主要行动范畴,也构成了对社会生物学的一种主要的挑战,因为宗教需要个人将直接的自我利益从属于群体利益,这表示他们行为的动机一部分是理性,一部分是情感。"当上帝仍然发挥作用的时候,部落成员具有的那种达尔文主义式的适应性,就成为或许并不被承认,但最终受益的事物。"威尔逊表示,基因有一种偏好一致性和奉献的禀性,因为宗教实践的最高形式"可以被视为与生物学利益的合谋",尤其是身份神圣化这种实践。在身份的神圣化中,起源神话"稍许解释了自然运行的方式,以及部族在地面上享受有利地位的原因"。他还进一步指出,此前其他学者已经看到对高高在上神灵的信仰并非普遍,身居高位的神灵概念通常与一种田园的生活方式一并产生:"人们越是依赖放牧,他们就越是倾向于信仰一位犹太—基督教类型的牧羊人式的神。"

宗教是一种社会生物学、人类学的范畴,而不是一个神学范畴。这就是我们第二个巨大的精神困境。

没有神学的宗教

威尔逊说,对上帝的生物学解释将把人们引向问题的关键,即现代生

---

① 爱德华·威尔逊:《论人类本性》,第171页。

活当中神话所扮演的角色。我们现如今的生活伴随着三个巨大神话：马克思主义,传统宗教和科学唯物主义(他写这番话是在1979年)。

对威尔逊来说,科学唯物主义的神话是最为有力的。直到现在,它"总是处于争辩的旋涡之中,一点点击败传统宗教。它的叙事形式如史诗般恢弘壮丽:自150亿年前宇宙大爆炸开始,宇宙进化经历了元素的起源和天体的形成,然后地球上的生命得以诞生……最重要的是,我们已经来到了生物历史上的关键阶段,此时宗教本身隶属于自然科学的解释"。他说,其结果是"神学不大可能作为独立的智力科目而被保留下来。但宗教本身将会作为社会中的一种关键力量而持续很长一段时间"。

鉴于进化史诗拒绝了个人的不朽和社会的神圣特权,他认为人道主义者不会喜欢"精神转换和自我屈服所带来的高度快感"。因此他设问:"将宗教的力量转化成揭露此力量来源的新伟大事业,转化成为此事业而提供的服务,这里存在可行方案吗?"

他的回答是——希望。对未来的希望在于恰当地为社会科学奠基,以便社会科学能与生物学的发现相互协调。虽然自然选择是主要原动力,但它通过一连串的决定来发挥作用。这些决定的基础是派生价值,它们是一些历史性的机制,使人们得以成功存活和繁殖。"这些价值很大程度上由我们最强烈的情感来定义：热情和探索带来的锐利感触、发现的兴奋、战争和竞技体育的胜利、恰如其分的利他行为带来的平和满足、宗族和民族自豪让人产生的激动、家庭纽带的力量、来自动物和生长中植物的亲近性给人们带来安全的本能快感。"

他相信心灵总会创造出道德、宗教和神话。科学是一则神话,因为它的真理永远都不能得到结论性证明。尽管如此,科学气质仍然比宗教优越：它在"解释和掌控"物质世界的活动中不断获得胜利,它自我矫正的本性,以及从进化意义上解释宗教的可能性,这些都意味着"进化的史诗可能是我们遇到的最佳神话……我们的精神目标在于使进化史诗更加丰满"。①

亲生命性的革命

1984年,威尔逊新造出"亲生命性"一词。这个观念来自他作为生物学家的信念,认为在人口爆炸、技术繁荣、城市日益增大的情况下,人类面临的最重要问题是生物多样性的丧失。1988年,他以这个词为题目撰写了一本书,描述了世界上的许多生态系统,尤其是雨林系统,表明即便小范围内栖居的许多不同种类的动植物也具有相关性,它们彼此依赖。即便是一个简单的生态系统的产生也需要很长时间,而最重要的是,一旦生态系统遭到破坏,那么它几乎不可能恢复。威尔逊认为我们过去一直在破坏自然世界,其灾难性的程度比我们认为的要大得多,而结果我们却无法预料。他预测我们可能会每小时就导致6个物种的灭绝,是史前时代的1000到10000倍。他把生物多样性形容为当代的创世故事,但现在这个故事正处于风险中,正在跟随此前5.5亿年前5次大灭绝的脚步。"一把泥土中存在的组织性和复杂性,胜过其他所有星球表面上泥土的总和。"

不过他也并没有感觉到大势已去,这要感谢亲生命性,一种尚未被完全承认的人类本性当中的基本内容,一种被他定义为"聚焦生活和类似生活过程的一种倾向"。我们人类融入生活的爱好是内在性的,它是进化故事的一部分,而且它"可能会增加获得个人意义和满足的机会"。②

威尔逊同许多生物学家的观点都能产生共鸣。大量实验证明了这一点,1992年在麻省伍兹霍尔海洋研究所召开的会议也发布了针对此问题

---

① 爱德华·威尔逊:《论人类本性》,第201页。
② 史蒂芬·科勒、爱德华·威尔逊:《热爱生命天性的假设》,华盛顿:爱尔兰出版社,1993年,第21页。

的报告。比如说有研究表明,医院中的病人不仅更喜欢能看到树木和公园景色的病房,而不是仅能看到建筑物和砖墙的病房,而且他们在这种病房中需要的治疗手段也更少,能更快地恢复健康。监狱中的犯人也差不多。研究同样表明,幼童似乎自然地偏爱陆地上和水上的景色,几乎每个孩子都喜欢看得到树木的城市风光,而不是相反。

期刊《保育生物学》(Conservation Biology)的编辑,大卫·奥尔(David Orr)甚至说"热爱生命天性的革命"已经开始。他体会到"一种对生活的热爱,这种热爱建立在知识和信念上,认为我们与自然最深的从属关系,就是我们这个种族"在最根本的意义上渴望意义生活和满足的关键。曾任保育生物学会主席的米歇尔·苏莱(Michael E. Soulé)补充说,户外活动带来的心理上的益处"似乎就是一种幸福感",它同宗教体验的差别并不大,是一种恩泽,是与自然的联通性。他总结道:"如果亲生命性注定成为保育生物的强大力量,那么它就会变成一种类似宗教的运动。这种'热爱生命天性主义'的社会发祥地可能是天然形成的社群,它重新获得了'部落—猎手—资源采集者—无宗教信仰者'的智慧,与相关科学、恰当技术、家庭计划,以及可持续的土地使用实践结合在一起。这种社群已经出现在内华达山脉的丘陵地带上。"[①]

威尔逊并不满足于向我们提供"社会生物学""生物多样性"和"亲生命性"三个词,他在 1998 年又引入了"融合"一词。他在《融合:知识的统一》(Consilience: The Unity of Knowledge)中告诉我们:"心灵最伟大的事业一直是并且将永远是对科学和人性进行联动的尝试。"这就是对"融合"的定义,在这个综合的新时代,它的目标是达成关于抽象原则的共识。这些抽象原则由四股非常重要的思想汇集在一起,包括伦理、社会科学、环境政策以及生物学。他主张说,自然世界基本秩序的标志已经开始显露,因

[①] 史蒂芬·科勒、爱德华·威尔逊:《热爱生命天性的假设》,第 454 页。

为人们发现不同领域都符合相似的算法。比如考古学、遗传学以及语言学开始产生重叠,它们从各自的有利位置讲述了同样的故事,正如板块构造论、进化史以及气候研究所做到的一样。①

这让他相信一种重要的收敛和融合正在认知神经科学、人类行为遗传学、进化生物学和环境科学之间产生,这会以从未被设想过的方式,拓展我们对社会科学和人性的理解。他谈到,艺术的生物学起源将自身体现在以下事实之中:好莱坞在新加坡受到欢迎,诺贝尔文学奖被授予给非洲人、亚洲人以及欧洲人。但他也说,艺术同样滋养了我们对神秘事物的渴望,它是自石器时代大脑进化开始,潜意识便陷入的一场宿醉。"我相信,在情感之中我们仍然存在着。"②

这个观点把他带到了道德行为面前,他说道德行为在任何地方都与自然科学"融合"。在这里他仍然回避了那个"先验的"位置,即认为道德价值存在于某个独立的、形而上学的王国;相反,它们是经验地扎根于我们的进化史——它们是适应性。"在宗教问题上我倾向于自然神论,不过我认为其证据主要是一个天体物理学的问题。宇宙学的上帝创造了宇宙(就像自然神学所设想的那样),他的存在具有可能性,最终也可能通过未曾想象到的各种物质性证据而得到确认。又或者这个问题将永远超过人类能涉足的范围。与此相对照,生物学的上帝对人性更为重要,他导演有机的进化,干涉人类的事务(就像一神论所设想的那样),这种生物学上帝的存在越来越多地受到生物学和大脑科学的抵触。我认为,相同的证据也有利于一种纯粹物质性起源的伦理学。"

他接下来指出,在历史上存在过的大约 10 万种信仰体系中,有许多体系都鼓励种族和部落的斗争,意味着当今每个主要宗教都是在文化之间展开的达尔文式斗争的赢家,"没有哪个宗教是靠容忍它的竞争者而繁

---

① 爱德华·威尔逊:《融合:知识的统一》,纽约:克诺夫出版社,1998 年,第 12 页。
② 同上,第 232 页。

荣起来的"。他注意到信仰最大的危险是某种在基督教中流行的东西——我不是生来就属于这个世界的。"来世的生活正在等待着我,痛苦就可以被忍受,尤其是忍受他人。自然环境可以被完全地利用起来。信仰的敌人可以被戕害。"伦理和宗教信仰可以由下自上地创造出来,从人们到他们的文化,而不是由上至下地创造出来的。

威尔逊说,我们仍然很轻易地使用上帝来攻击他人,这是由于虽然我们的伦理在时间上适应我们所生活的日常世界,但我们需要的不止如此,我们需要某种被他形容为"肯定之诗"的东西,并且我们还渴望权威。而这也就是宗教之所以能发挥作用的原因之一:"承认赞美歌和祈祷刺伤皮肤的时候,我们便站在了诗和部落灵魂的面前。"

然而宗教至多也就能达到这一步。"我们可以为身为这样一个物种而感到自豪,我们发现自己是孤独的,也不欠上帝什么。面对同伴和这个星球上的其他生命,我们的人性才能更充分地体现出来,他们是所有希望的真正基础。"关键在于交流,而神秘统一体的观念,不论是与自然统一还是与宇宙统一,"是人类精神真正可靠的部分"。①

威尔逊说,人们需要一种神圣的叙事,但不能以一种宗教宇宙学的方式来讲述:"它来自宇宙和人类的物质历史。那种倾向的价值一点都不会降低。真正的进化史诗将以诗歌的方式被重述,它本质上同任何宗教史诗一样高贵……我认为,两种世界观竞争的最终结果会是人类精神和宗教本身的世俗化。"②

灵魂的当代科学

虽然我们上文提到西奥多·罗斯扎克因为创造了"反主流文化"一

---

① 爱德华·威尔逊:《融合:知识的统一》,第248页。
② 同上,第265页。

词,并撰写反主流文化史而名扬天下,不过他倒宁愿自己名扬天下的原因是发明了其形容成符合当代需求的那种新特性。这种特定被他命名为"生态心理学"(ecopsychology),它从某种意义上说是热爱生命天性的另一种形式。生态学已经汇集起力量成为人们主要关注的对象——从蕾切尔·卡森(Rachel Carson)在1962年出版的《寂静的春天》(Silent Spring)中第一次宣告全球变暖开始。这本书精确地向许多人指出地球的资源全都是稀缺的。罗斯扎克总是提醒我们注意精神的痛苦,他早就看到我们对"非人世界"所负有的责任,向人们提供了在道德上可接受的、"弥合个人和宇宙之间鸿沟"的方式,给予人们在别处找不到的一种目的和整体性意义。

罗斯扎克把生态心理学当成一种健康路径,它能引领人们走出治疗伦理的"自闭",能从反主流文化往前迈进一步,这一途径或许能让人们抓住弗洛伊德在论及心理和宗教关系时谈到的那种"海洋式的沉浸"感。罗斯扎克甚至提出灵魂可以称为一门当代科学,但它的基础不仅只包括性、家庭和社会纽带。他对荣格的著作有一些心得,觉得这个瑞士人其实是从全世界其他文化的神话和宗教符号当中,汇集出一种"拯救教育的蓄水池"。这体现出与构成心智不可或缺的,或者与心智相联系的四个元素,它们在当代人那里受到了压抑——包括自然、动物、原始人以及创造性的想象。"他设想构成心灵基础的事物,或者说培育心灵的事物是一种非物质性的意识集合,包含着人类族群合成的智慧。"罗斯扎克把荣格的作品理解成"治愈城市无神论神经症的一种努力",并赞成荣格的观点,认为在我们这个时代,自然界已经向"去神圣化的科学投诚……加深了物质和精神之间的断裂"。[①]

于是这里就成为伦理的开端,成为人类和自然交互纽带的开端。它

---

① 西奥多·罗斯扎克:《荒原的尽头:后工业社会的政治与超验性》,伦敦:费伯-费伯出版公司,1973年,第63页。

建立在一种信念之上,即我们在与自然世界的割裂中丧失了某些东西——"体验的丧失、敏感性的丧失、交流的丧失,最重要的可能要算和谐的丧失。这种和谐曾在文明开化前的民族和他们的居所间存在"。罗斯扎克主张说,科学推动自然和人类的距离不断增加,在这个过程中,科学让我们"降格"了。而且他觉得对环境的共同关心最有机会把我们整合起来——既因为人们面对着压倒性的共同问题,也因为我们每个人自己都在与环境的战役中扮演自己的角色,这为我们提供了一种整体感。

充盈的审美

接下来要讨论的是盖亚理论(Gaia)。盖亚理论是英国科学家詹姆斯·洛夫洛克(James Lovelock)和美国微生物学家林恩·马古利斯(Lynn Margulis)提出的观点。这个理论认为在行星生物库中的所有物种都共生在一起,增强了星球整体生命供给的潜力。比如从生命诞生开始,地球在过去的35亿年都是适合生命的舒适星球,尽管按照洛夫洛克的说法,太阳在此期间输出的热量提高了25%。不管怎么说,活着的有机体一直保持着它们星球的"宜居性"。此观点的重要性在于,它把达尔文视为高于一切的自然选择原则进行了降格,认为它的地位次于所有生物在全球网络中的全体整合。"进化幸存者的基本单位变成了作为整体的生物库,它将基于生物提升星球宜居性的能力,来对物种进行选择。"[①]

关于盖亚是否一种比喻,或某种含义更多的理论,这存在很多种说法。洛夫洛克虽然并不认为盖亚有"感觉",但他却也承认他的理论建立起一种灵性和科学性的理解方式,这"令人感到满足"。[②]

无论我们是否接受盖亚不仅仅是比喻,罗斯扎克的要点在于,盖亚理

---

① 西奥多·罗斯扎克:《荒原的尽头:后工业社会的政治与超验性》,第159、162页。
② 同上,第159页。

论、混沌理论以及数学普遍成功是被安排好的复杂性的例证,这种复杂性是自然神论的一种新形式。我们正在见证一种新型科学审美的诞生,这是一种充盈感,和我们目前能够获得的灵性体验很接近。罗斯扎克提出,"心灵的核心是生态的无意识":因此,生活的根本目的在于"幻想环境对等中内在的意义"——以某种方式重现了海德格尔对我们关照地球的恳求。

作为宗教的进化,作为拯救的科学

进化科学提供的意义受到玛丽·米奇利(Mary Midgley)的严厉批判。米奇利曾经是纽卡斯尔大学哲学高级讲师。她把进化的主题看成是一种宗教,而把科学看成是拯救。

她在《进化宗教》(Evolution as a Religion)中提出,马克思主义和进化论是我们这个时代两种杰出的世俗信念。每种信念都展示出会使我们联想到宗教的几个特征:它们都是大规模的意识形态,带有设计用来表述、防御和论证其观念的一套野心勃勃的思想体系;它们的根本目标在于滋养灵性,在于人类的拯救。[①] 它们提出了关于人类目的的问题,并试图找到这个问题的答案。她说,这些信念的做法同传统宗教一样,它们创造"把个人定位于更庞大整体"的意义,这种整体"具有更宏大的目的,它把个人的目的融入宏大目的之中,并赋予个人一种观念,即为了宏大目的而牺牲是完全合适的"。她认为马克思主义和进化论都要求关于未来的一组新期望。

进化论是她的主要靶子。她说,很多人认为科学的主要目的之一在于清除宗教,但进化论的很多特征都暗示它本身就是宗教实体,这非常具

[①] 玛丽·米奇利:《进化宗教:奇怪的希望与恐惧》,伦敦:梅休因,1985年,第13页。

有讽刺性。

进化论和宗教没有什么不同,它也预言未来,尤其是预言人类处于"上升的扶梯"之中,其结果是未来的个体将会更加聪明,此外还会更全面、更具天赋。她提到的著作涉及面很宽,包括心理学家伯尔赫斯·弗雷德里克·斯金纳(B. F. Skinner)、生物学家雅克·莫纳德(Jacques Monod)、理查德·道金斯、弗朗西斯·克里克(Francis Crick)、詹姆斯·洛夫洛克、林恩·马古利斯、爱德华·威尔逊以及理论物理学家史蒂文·温伯格(Steven Weinberg)。她一开始主要关注作为获得人类解放方法的基因工程,把它与一种不连贯的假定相对照,即"我们清楚地理解自己的本性,能将它带到正确的轨道上"。(她专门把社会科学家对人的"薄"描述,与小说家对人的描述进行了对比。)她检视了一系列著作,比如哲学家乔纳森·格洛夫(Jonathan Glover)的《什么样的人应当存在?》(*What Sort of People Should There Be?*),然后她说,DNA 被认为"是电影胶片的一种"。

我们应该去哪个方向呢?——我们知道的足够多了吗?她告诉我们,人类从本质上看并不是按照模型而建造的机器。她注意到斯金纳诉诸一种人类行动的技术,它能解放我们,使我们幸福,并为我们提供更大的神圣性,但她却补充说,没有什么技术能有一丝可能达到此效果——生物学绝对办不到,甚至物理学也办不到。

她说,像弗朗西斯·克里克这样的人物,他们总是预测并且"要求"人类种族持续向上发展。然而这并非一条科学途径,它并没有科学的授权。按她的说法,科学家的信念被放置在"三个同一中心的实体之上——科学职业,人类种族,生活或者进化。这三者的方向是相同的。他们主张进化'是那个孕育我们的宇宙所从事的事业'"。此"宗教"缺乏惊异或善带来的敬畏感,但却保留了"某种强烈而狂热的……广袤和庄严感"。①

---

① 玛丽·米奇利:《进化宗教:奇怪的希望与恐惧》,第 63 页。

新教义和新形而上学

米奇利留意到,用"自私"一词来修饰"基因",这其实不是"自私"这个形容词惯常的用法。这一用法总有某些令人不快的地方——被形容为自私,这曾经是并且仍然是一种侮辱。但这种新自私,作为"通向进化的一种自负的新进路",尤其是在社会生物学或社会达尔文主义的语境下,据说提供了极端个人主义的生物性基础。这里的极端个人主义"明显与我们自己的文明信条和经验背道而驰"。她在《孤独的自我:达尔文和自私的基因》(*The Solitary Self: Darwin and the Selfish Gene*)中讲:所谓我们已经被自利统治,这是一种荒唐的说法;如果真是这样,那么"自私"一词就永远不会被发明出来。

她认为,进化论的主要过错以及科学的常见问题,在于使我们与自己的世界图景割裂,就像我们对进化、基因以及自然选择的"事实"毫无办法一样。"非人格性所要求的条件并非完全超然(尽管它貌似作此要求),因为这不可能"。"它是负责的客观性,相比更加了解自己的世界图景、尽个人最大的力量纠正更多明显过错,这项任务要困难得多。"但她事实上认为,社会达尔文主义或斯宾塞主义是"西方非官方的宗教……人们也想要在这个世界上拥有一种宗教,他们从对个人成功的崇拜中找到了它……于是,对进步、自然以及生命力这些神灵的神秘敬畏,就被征用来解释和证明惨烈的竞争"。①

她在1992年出版的《作为拯救的科学》(*Science as Salvation*)当中重拾这种批判。在这本书中她主张,对拯救的需求是普遍的,"急迫且猛烈"。她认为"信仰"是一张地图,是组织庞大混乱数据的途径,而这并不必然需

---

① 玛丽·米奇利:《进化宗教:奇怪的希望与恐惧》,第140页。

要一位上帝（就像马克思主义和道教那样）。不过"带着敬畏之心审视外部世界"，这是所有严谨努力的一部分，是"对知识的任何严肃追求不可避免的一部分"。纯粹的理智性掠夺、囫囵吞枣，这对有效思考来说并不充分。雅克·莫纳德是她专门批评的对象。她说莫纳德想让我们清除对超越自身的所有事物的信仰，他邀请我们把宇宙看成有待征服、被我们影响的事物。但她也坚持认为，对现实的崇拜其实是一种新信仰，而像宇宙大爆炸这样宏伟的观念性科学体系并非真正的科学，而是形而上学。

她回头继续讨论确定性问题，认为世界是有序的，而且我们可以理解此秩序。她问，那种确定性中暗示了什么呢？是否可能有人比我们知道得更准确呢？"把宇宙看成'你'，比把宇宙看成'它'要好。"她指出，有序世界的观念可能是我们获得拯救的重要元素，因为它约束混乱而且具有持续性。我们信任物质世界，它使得知识成为可能，因此我们假定它具有一种潜在的秩序。[①]

她进一步说，科学家把宇宙的无意义变成了新的教条。此观点来自他们自身的研究状况，并在热寂学说那里达到顶峰——它聚焦创造的无意义以及宇宙的灭亡。她总结说，道金斯、威尔逊等人"对未知的未来科学显示了一种非凡的信念"。[②]

上帝与宇宙论者

米奇利同样也蔑视物理学家对宗教的介入，觉得他们的贡献甚至都谈不上有用。卡普拉 1976 年发表的《物理学之道》(*The Tao of Physics*)声称从相对论、量子理论，以及与之类似的东方神秘主义中发现了意义所

[①] 玛丽·米奇利：《作为拯救的科学》，伦敦：劳特利奇出版社，1992 年，第 124 页。
[②] 玛丽·米奇利：《孤独的自我：达尔文和自私的基因》，英国达勒姆：阿纽曼出版社，2010 年，第 92 页。

在，这或许是真的。许多粒子物理学家也看到了他强调的那种类似性其实有很多问题。他说，量子理论"迫使我们不把宇宙视为物质对象的集合，而是要把它视为统一整体各个部分之间形成的复杂关系网络。这就是东方神秘主义者曾经体会世界的方式"。他继续说，夸克在旋转性质以及"上型"和"下型"上的对称性，让人想到很多东方的对称图形（"心印"），其中最有名的可能要数阴阳图。批评家尖锐地指出，卡普拉所说的这些"类似性"的存在并不能证明什么，我们能够在生活的各个领域找到丰富的相似性，但却不意味着它们之间存在任何根本的相似迹象。

1993年西奥多·罗斯扎克发表了一份不少于188部著作的清单，所有著作都出现在此前15年之内，讨论的主题都是上帝和当代宇宙学。他这个清单的主要目的是想表明，随着人们越来越多地了解到天堂以及宇宙在无限大和无限时间中的运行机制，人们自然会尝试将二者综合起来。

两个进一步的观念尽管大致也受到米奇利的怀疑，但它们至少具有极具想象力的优点。保罗·达维斯（Paul Davies）是阿德莱德大学自然哲学教授，他在1992年出版的《上帝的心灵：科学和对终极意义的探寻》（*The Mind of God: Science and the Search for Ultimate Meaning*）中提出如下观点，考虑到现代物理学现在已经解释了宇宙如何诞生——与其说是宇宙大爆炸，不如说逐渐分离出时空的完全自然的过程，在此创造宇宙的过程中，并不需要假定上帝。达维斯主要关心对物理法则和数学法则关系的检验。在他看来，这在过去是并且现在仍然是生活的核心奥秘和主要快乐，因为科学法则的存在可能会在数学方程中被编码。这些数学法则是"永恒的""全能的""超验的"——这全都是描述上帝的词汇。达维斯相信物理学和数学之间的协调一定有"深层的缘由"；更重要的是，"难以观察到抽象数学如何能具有任何生存的价值。相同的评价也适用于音乐能力。"

他说,达尔文主义的进化论已经使我们用直接知觉的方式来认识世界,这种认识方式当然具有进化论上的优点。但是这种知觉知识以及他所谓理智知识之间,并不存在明显的联系。[1]

他认为问题的关键在于,世界既合理又明白易懂,物理学背后有一种可掌控的逻辑:"存在……可以被压缩成一种简明而有说服力的形式。"偶然和秩序之间在现在看来仍具神秘性的那种"纽带",促使他考虑"我们没有其他选择,唯有在超越或外在于物质世界的范围当中,在某种形而上学当中,去寻找解释。因为……一个偶然宇宙并不能在其本身之中蕴含着对它自身的解释"。同时,混沌理论这种新量化科学表明,几个简单的法则就能导致混乱,紧接着走向"自我组织",这可能是宇宙发展的模型,因为它不能在真正达尔文意义上进行"进化",没有复制再生的能力。

因此达维斯倾向于一种过程哲学,它与阿尔弗雷德·怀特海的过程哲学并没有太多不同(参见第15章),后者只是"更加轻易地假定无限心灵的存在是一个基本事实,而不是接受这个偶然宇宙的存在"。达维斯由此断定,"对上帝的信仰很大程度上是个人品味问题"。无论如何,这个"假定的存在巩固了世界的合理性",但它与为人们所熟悉的宗教的人格化神灵并没有多少关系,"与《圣经》和《古兰经》中的神也并没有多少关系"。

达维斯认为,超验的现实就是数学,数学和物理具有非常紧密的一致性,这是世界上最重要的事实。他说,科学实践和科学哲学是最接近唯一真理或多元真理的事物。从这个意义上讲,科学提供了精神满足的最佳机遇。"即便最顽固的怀疑论者也必然会不由自主地断定'某些事情正在发生',断定数学的基础是一种简练优雅而有力的统一,确认数学之美为

---

[1] 保罗·达维斯:《上帝的心灵:科学和对终极意义的探寻》,伦敦:西蒙与舒斯特出版公司,1992年,第153页。

虚无时代:上帝死后我们如何生活

'真正超验的现实'提供了证据。"[1]

不朽的物理学

如果人们奇怪科学如何是崇拜的一种形式,数学如何是一种超验的实体,那么把物理学说成是一种神学形式,会让人觉得更加摸不着头脑。但这正是牛津物理学家大卫·多伊奇(David Deutsch)在 1997 年出版的《现实的构造》(*The Fabric of Reality*)中提出的观点——这部著作中包含了其他物理学家的文章,比如弗兰克·蒂普勒(Frank Tipler)、罗杰·彭罗斯(Roger Penrose)、艾伦·图灵(Alan Turing)以及库尔特·哥德尔。[2]

多伊奇的基本主张认为,我们所有人都居住在"诸多平行宇宙"中,许多宇宙构成了一个"多重宇宙",我们或我们的副本居住在诸多宇宙,对此我们只具有隐隐约约的意识。他的观点从一束光穿过几道缝隙后在屏幕上衍射出的一系列图案开始。根据缝隙的数量,屏幕的部分区域明亮,部分区域阴暗。他说只有当我们假定除了我们能看到的"有形"的光子之外,还存在着一些"阴暗"的光子,它们晦暗且无定形,有时会对图案产生"干涉",才能解释这些明暗交替的图案。这让他走向了平行宇宙的观点。据称,平行宇宙是一种意义深远的观点,因为它解释了除此之外无法被理解的众多问题。

他另外的一个主要观点建立在达维斯的基础上,主张计算和数学与物理学的一致性使世界成为可理解的世界,最重要的是,它是知识的唯一形式。他说,计算性知识的增长就是生活的目标。他的观点是,在一个根据物理法则构建,并仿效数学的宇宙当中,所有数学计算知识在未来的某

---

[1] 保罗·达维斯:《上帝的心灵:科学和对终极意义的探寻》,第 204、第 209、第 214 页。
[2] 大卫·多伊奇:《现实的构造》,伦敦:企鹅出版社,1997 年,第 352 页以下。

个时刻都会为人所知晓,而此时"生活也就得到了胜利"。

多伊奇同新奥尔良杜兰大学的弗兰克·蒂普勒一样,期待百万年之后的未来,届时计算性的知识相比现在将会得到极大程度的拓展。那时不仅空间旅行变成家常便饭,甚至时间旅行也会成为可能。那时我们可能会有能力避免根据现在的知识得出的、宇宙可能会面临的最终命运,即认为我们的宇宙将会在一场灾难性的"大坍缩"之后终结。粗略地讲,这就是弗兰克·蒂普勒在其《不朽的物理学》(*The Physics of Immortality*)中研究的内容,他也在这本书中详细阐发了"欧米伽点"(omega point)的概念。

随着大坍缩的接近以及宇宙的收缩,越来越多的能量将会集中到越来越小的时空中,这将意味着"人的心灵将会像电脑中的程序一样运转,其物理速度将会得到无限制的增长"。在百万年之后的这个时刻,计算的力量可以被人们掌握,经验就不会由经历的时间来决定,"而由那个时刻发挥作用的计算来决定"。"无数计算步骤为无数思维提供了时间,思想者便具有大量时间,能把自己放置在任何自己喜欢的虚拟现实环境……他们完全不必着急,因为从主观的角度上看,他们得到了永生。一秒或一微秒之中,他们也会具有'全世界所有的时间',相比达到此阶段之前多重宇宙中的任何人,他们能够做更多,体验更多,创造更多——无穷多。"

有些准备工作是不得不做的,多伊奇说,但同样地,我们今天的物理学知识表示,上述所有推理恰恰是基于当下知识的推理,而不是猜想。这一点对此理论非常关键。我们需要"引导"宇宙走向欧米伽点,我们需要商讨在此过程中的几个关键时间节点。第一个节点大约在距今 50 亿年后,此时的太阳如果经过完全独立的演变,将会变成红巨星,将我们灭绝。他接着说,也许人们会觉得无所谓,"我们必定已经在这一刻到来之前就掌握了控制太阳的技术,或者已经将太阳抛弃"。欧米伽点"值得成为未来的流行理论",只是蒂普勒关于未来的"准宗教"解释,使人们难以更严肃地看待它。

蒂普勒说,当人们处于欧米伽点时,有关宇宙的方方面面都会被知晓;因此,那时存续下来的任何事物和任何人都将无所不知,又由于这个原因,它们将会无所不能和无处不在。"所以蒂普勒声称,欧米伽点的临界点是全知全能和全在的人类社会。蒂普勒把这种社会认定为神。"

多伊奇强调蒂普勒的上帝观念与当今多数宗教人士所信仰的上帝有非常大的区别。接近欧米伽点的人同我们的差异非常大,他们甚至无法与我们交流。他们不能创造奇迹,也不能创造宇宙或物理法则,也就是说他们永远也无法违背那些法则。他们可能会与宗教信仰背道而驰,也不寄望于为人所崇拜(谁来崇拜他们呢?)。在他想来,技术将会在欧米伽点得到极大进步,人们也许能复活死者。复活的可能性在于,那时的计算机可能具有无限的力量,可以创造出任何曾经存在过的虚拟世界,包括我们人类曾经在其中演变发展的那个世界。在一个无限系统之中,这些都会促使计算机通过物质的方式来改善我们的世界,让这个世界成为没有死亡的世界。蒂普勒说,这就是天堂的一种形式。[①]

人们事实上会在欧米伽点所做的事情(这些人和我们非常不同,超越了我们的想象),是根据现有信息进行的猜测,这既是蒂普勒的说法,也是多伊奇的观点,因为从欧米伽奇点开始物理法则就会崩溃。但他们坚持认为,当下的物理学和数学叙事支持欧米伽点的观念。

这种观点很让人感到陶醉,事实上它远远超出了我们大多数人的理解,但多伊奇和蒂普勒相信,科学终将冷酷地将人们引向完美世界或完美宇宙,而他们的观点给予人们对那个完美世界或完美宇宙的惊鸿一瞥。

这些观念是否教会我们如何生活了呢?它告诉我们,在当下或不远的未来,物理学和数学教育似乎会帮助我们更好地理解未来。它试图向

[①] 大卫·多伊奇:《现实的构造》,第 358 页。也可参见弗兰克·蒂普勒:《不朽的物理学:现代宇宙论,上帝与死者的复活》,伦敦:麦克米伦出版社,1995 年。

我们展示自身发展道路上将会出现的一些变化的观念，最重要的是，它给我们提供了一个观点，即知识将会如何变化，计算并不需要上帝或众神。不仅如此，它还给出了一种理想的历史终结点，但在主观上看又将永远延续下去（这是数学永恒的一种形式）。从理论上讲，它带有一种（类似于）末日复活的愿景，曾活过的任何人都能获得复活。

这毫无疑问是一幅令人屏息凝神的景象，多伊奇和蒂普勒都曾因为"无端的揣测"而受到严厉批判（不仅仅来自米奇利），他们所揣测的未来事件对大多数人并没有意义。但他们坚持认为自己的理论建立在当下物理学和计算科学的真正知识上。地球上的生命大概已经延续了 35 亿年，这段时间让我们具有了意识，比方说我们能意识到太阳在未来的死亡。我们必须学会按照此时间表进行思考。进化论使我们回到地面，虽然它最开始被构想出来的时候，其想象性或争议性一点也不亚于欧米伽点。但随着人们知道的东西越来越多（20 世纪的现代物理学是智识英雄主义诗篇中重要的一章），进化论向我们提供了另一种图景，而且更重要的是，它对我们的道德观点产生了不一样的影响，因为道德领域在多个世纪以来一直是宗教宣告其独占的特殊领地。我们在后达尔文、后尼采、后基督时代的道德生活，是下一章的主题。

关于进化论仍然存在的难题是，为什么进化论在诸领域的解释令多数科学家感到激动，然而即便如此，仍然有少数科学家并未被它说服。甚至作为进化论忠诚拥护者的理查德·道金斯，也在《盲眼钟表匠》中承认达尔文主义"似乎比人们在其他科学领域中确立的许多真理，需要更多的辩护……我们中的许多人并没有掌握量子理论，也没能掌握爱因斯坦的广义和狭义相对论，但这一事实本身并不会让我们反对上述理论"。进化论需要辩护的原因有两个，它们也直指本书的核心。这两个原因将在本书的结论部分进行讨论。

26 "好生活就是用来寻找好生活的那种生活"

　　托马斯·艾略特在 1948 年出版了名为《对文化定义的注释》(*Notes Towards the Definition of Culture*)的著作,篇幅虽短但却犀利异常。艾略特说出版这本书的原因在于,他感觉到过去 6 到 7 年的时间里,针对"文化"一词(以及这个概念)的焦虑一直在增长。

　　他担忧"除非有宗教的相伴",否则不会出现任何文化,也不会有任何文化上的发展——它们是"同一事物的不同方面",艺术家的敏感性将会因为脱离任何一种形式的宗教敏感性,从而被耗尽。"我们可以断定我们的时代是一个衰退的时代,文化的标准比 50 年前更低,关于衰退的证据可以在人类活动的各个部门中观察到。"他在欧洲基督教文化的背景下来看待这种衰退,并把这种背景视为"世界目前已知的最高文化"。他写道,当基督教文化正在延续的时候,它为文化提供了一个框架,保护人性不受无聊和绝望的侵蚀,并向生活提供意义。①

　　这表明艾略特持有一种关于进步的精英主义观点。社会高级成员以及高级家族(他的原话)的功能就在于维持文化,而文化创造者的功能则在于改变文化。他说,高级文化比低级文化更具"自觉",这本身也就是文化的功能。他认为在原始社会中的宗教和文化并没有区别,但当代存在一种"激进的无信仰"运动,产生出断绝与宗教之联系的文化。这个过程"也许可以恰当地"确认为文化的普遍退化。在没有共同信仰的情况下,在一个社群,一个国家或者一个民族之中对整体性进行探索只可能是幻想,而像英国这种国家已经"意识不到"宗教的重要性了。他说,我们在当代的文化中需求更多对话、更少书籍;生活只有关于可用性,只考虑与思维的便捷有关的个人情感,而不是影响众多人的非个人的伟力。[2]

他认为这种当代倾向产生的后果之一,是人们相信优越性总是代表智识的优越性,相信教育应当按照"必定会滋养智识"的标准来设计。此倾向导致了当代信仰中最教条性的信念,即重要的事务就是机会的平等,在他看来这种平等只能在"人们不再尊重家庭制度"的条件下才能实现。于是体现在父母、野心、预见性、家教以及责任方面的自我牺牲便被排除掉了。他声称当代意义上的教育暗示了一个分裂的社会,这个社会被假定存在着教育的测度,每个人都或多或少受到了教育。[3] 艾略特认为在此方面,社会已经变成线性的,由于每个人都受到教育,我们就只好降低标准,但最终每个人都会因此而遭受痛苦。

此主张与目前世界上许多地区业已成形的观念制度格格不入,尤其是西欧和北美。在艾略特的著作出版以后,他认为拥有最高文化和最发达的西方进入了有史以来最世俗的时代;电影和电台,留声机和电视的广泛流行,带来了流行文化的空前繁荣。

按照艾略特的看法,文化本应该崩溃了,后来许多比他长寿的思想家(他1965年辞世)毫无疑问同意他的观点。然而本书试图表明在世界大战、大屠杀、集中营、广岛、长崎之后,人们并不缺少对寻求意义、寻求生活方式的尝试。在先前的章节中我们已经探讨过画家、诗人、心理学家、生物学家以及其他科学家如何面对、如何构建使艾略特感到如此惧怕的后宗教世俗世界。还有一个领域我们尚未探讨过,它是一种智力活动的形

---

[1] 托马斯·艾略特:《对文化定义的注释》,伦敦:费伯-费伯出版公司,1948年,第19页。
[2] 同上,第88页。
[3] 同上,第105页。

虚无时代:上帝死后我们如何生活

式,但不如科学那样集中,也不那么契合如今主宰我们生活的视觉意向,并且更难从晚近资本主义多样流行文化的浮光掠影中提取出来。这就是当代道德哲学领域,一种完全世俗的活动。

元叙事①的终结

我们从彻底颠覆艾略特进路的那种变化开始谈起,因为变化倾向于颠覆事物。这种变化被形容为"世俗化的典范"。

1972年7月15日星期六下午3点32分,密苏里州圣路易斯市的普鲁特艾格住房发展项目被爆破拆除了。它是勒·科比西耶曾获奖的作品"现代居住机械"的现实版本,由山崎实(Minoru Yamasaki)设计。此时它被判定为不适合低收入居民居住。建筑史家查尔斯·詹克斯(Charles Jencks)说,这个时刻是现代主义结束的象征,标志着后现代的转向。它预示着抽象、理论以及教条理想的终结——在这里指的就是建筑学理想的终结,然而后现代主义几乎与此同时侵入了生活的方方面面。

在文学、电影、艺术、哲学以及建筑领域中,一种新的伦理和审美开始登场。像大卫·哈维(David Harvey)所说那样,后现代主义最令人吃惊的事实在于,它完全接受现代生活中的无常、碎片化、断裂和混乱。普遍和永恒真理"即便存在,也无法指明"。所有试图概括解释历史的"元叙事",比如马克思主义、弗洛伊德主义、基督教以及现代主义的世俗影响,都被后现代主义所规避。尽管后现代主义本身是西方生活方式的特点,但西方生活方式现在被指责为长期忽视"他者"。现在来说具有重要性的是其他各个世界,是这个世界的不可穷尽性,它们是异托邦(heterotopia),而不是乌托邦的世界。

---

① 元叙事"meta-narrative",利奥塔在《后现代状态》中认为,元叙事就是参照某种无须进一步证明的普遍共识,一种叙事的普遍公设。——译者

我们不能渴求世界具有任何统一的表象,"也不能把世界描画为一个包含着相互关联和分化的部分、而非不断变化的碎片的整体"。个人不能再被理解成"异化的个体",因为这会预设某种一致的核心,由此出发才能说人们被异化。① 异化被碎片化所取代。

弗雷德里克·杰姆逊曾说,这就是晚期资本主义的文化逻辑,后现代多元主义激起对此世快乐更狂热的追求(这种快乐的多样性和可获得性都在不断增加),消费在这个世界取代了安宁和拯救的来世快乐。

这的确很真实,但却不是世界的全景。卡尔·马克思和弗里德里希·恩格斯敏锐地预见到晚期资本主义"永恒的不确定性和焦虑",它毫不停歇地被技术进步所驱动,"对新技术的欲求是如此之强烈,所以新风潮和新观念'在固化成习俗之前,就变成了过时的东西'"。在永无休止的消费狂欢中,信息或"事实"和商品一样丰富(并且永远在变化);半真半假的广告宣传为公共话语设立了一种怀疑的标准;新闻里的事实和事件在任何情况下都变化得飞快,没人能从中吸收任何东西使得它成为整体。在此环境中既成的信仰体系具有一种不可抗拒的吸引力。

这种既成的信仰体系并不必然是传统宗教,也可以是菲利帕·贝里(Philippa Berry)转述自雅克·德里达(Jacques Derrida)的观点,一种被称为"神圣的非人力量,可以粗略地被叫做'精神'"的东西。从某种程度上讲,这种总体立场是对计算机科学出现后的数字世界的反思。计算机科学中的"比特"是 1 和 0 两种信息之一,后现代主义抛弃了计算机科学的这种模型,主张这些两极对立的模型——无论是在政治中(左对右)、哲学中(理性对情感)、历史中(古典主义对浪漫主义)、科学中(进步对重返部落时代)以及在日常生活中——都显得过于简化,还具有误导性。②

---

① 大卫·哈维:《后现代状况:对文化变化起源的考量》,牛津:布莱克威尔出版社,1989年,第 53 页。
② 史蒂芬·康纳(编):《剑桥后现代指南》,英国剑桥:剑桥大学出版社,2004 年,第 171 页。

"拼装"信仰

在宗教领域这种两极对立更复杂一些。在一个层面上,信仰和怀疑的两极对立受到了攻击,在另一个层面上,人们则聚焦最开始由卡尔·巴特设想的"他者"概念。人们探讨新的灵性形式,并将其描述为后宗教的,后怀疑的,或者后二元论的灵性(统称为"准宗教")。这些灵性形式通常利用前基督教和非基督教的资源,就像克利福德·朗利(Clifford Longley)在《每日电讯报》(*Daily Telegraph*)中所写的那样,"人们已经远离了锚定在组织性崇拜和系统化信仰、并具有制度的那种'宗教',转向了一种自造的'灵性',它外在于正式的组织结构,建立在经验之上,并且没有原则,也并不声称在哲学上的一致性"。[①] 民意测试表明,四分之一的美国人相信占星术,五分之一相信转世投胎;我们此前也看到了,在英国,人们更相信UFO而不是相信上帝。"新纪元"(The New Age)运动也契合这一结果,它把高度的消费主义与对各式各样事物的信念结合起来。

贝里说,这些现象的特征由它们的"拼装"品质所决定,它们是一些零星碎片,在我们前行的过程中顺路拾取。这些现象的特征由如下事实决定,即它们既类似于又不类似于传统宗教,而且人们尚不清楚它们究竟是准宗教性的还是后宗教性的。大卫·巴雷特(David Barrett)在他长达544页的调查报告《新信徒》(*The New Believers*)中对69种当代宗教、小型宗教以及教派进行了说明,发现其中存在很多"仿制基督教"的运动。他发现小型宗教中最具后现代性的要数"新纪元"这一类,其拥护者声称此前的时代被男性特质所主宰,"导致了侵略和对权力的痴迷"。"新纪元概念建立在男性女性特质相互平衡的基础上"。

[①] 史蒂芬·康纳(编):《剑桥后现代指南》,第 172 页。

新纪元被说成是基督教各种灵性替代品的大杂烩。它本质上是一个占星术的观念,基本信念是在20世纪70年代的某个时刻,我们从双鱼时代进入水瓶时代。双鱼时代追溯到基督教伊始,引起了文艺复兴、宗教改革以及人道主义的兴起。这是一个权威的时代,犹太—基督教主宰并控制了人们的思想。水瓶时代大致从21世纪的拐点开始,它将昭示着一种新精神,将走向"意识的扩张",走向人类的完整性。新纪元教派不断教导人们说,人格化的上帝并不存在。它想要填补后基督时代的精神真空。[1]

失落的是"实践"

虽然后现代主义令知识分子在20世纪末追寻了好几十年,但它培育的那种拼装伦理却为哲学界人士创造了理想的环境。这些哲学人士虽然反对潮流,却仍然提供了后现代主义所拒斥的那种明晰性和一致性。阿拉斯代尔·麦金太尔似乎是讨论这一主题的哲学家当中,比较具有体系性的一位。

麦金太尔是苏格兰人,一位马克思主义者。他在1970年从英国移民到美国,后来成为天主教徒。麦金太尔发表了一系列重要道德哲学著作来阐述自己的观点,包括此前提到过的《追寻美德》(*After Virtue*, 1981),以及《谁之正义?何种合理性?》(*Whose Justice? Which Rationality?* 1988)、《三种对立的道德探究观》(*Three Rival Versions of Moral Enquiry*, 1990)以及《依赖性的理性动物》(*Dependent Rational Animals*, 1999)。为了回答在没有上帝的世界该如何生活的问题,他主张从思想体系上回到古希腊,回到亚里士多德,回到大一神教演化出来之前。他认为当前处境非常可怕,因为在这

---

[1] 迈克尔·科尔,等:《何为新时代?》,伦敦:霍德出版社,1990年,第10页。

个公司自由主义①的世界中,不仅缺乏对上帝的统一认识,甚至也无法同意某种支持上帝或反对上帝的合理主张。现在我们生活所依据的个人伦理意味着提倡"不论人们所想的东西是什么,它们都会把控制权递交给人们",或者将会取得他们所偏好的结果(另一种后现代观点主张权力曾经并且仍然具有首要性)。当今的道德原则依据其效力而被挑选出来。麦金太尔说,我们生活在一个"情感主义"的世界,这个世界的原则认为,"所有可估价的判断,尤其是所有可估价的道德判断,它们都是偏好的表达,是态度或感觉的表达"。

麦金太尔相信这是错误的,因为"我们事实上能够理性地决定人类可能的最好生活,我们通过这种方式,能够具有超越单纯偏好的道德判断"。

他曾说过,现代生活失落的东西是"实践"的概念,这里他以下棋为例。在任何一种实践中都具有两种不同的"善"。其中有外在性的"善"——金钱、权力以及名誉,源于人们对这个游戏的擅长,源于人们达到了这个游戏的顶峰。还有一种则是内在性的"善",源于对这一实践本身的参与。这提供了一种美德的教育——诚实(不作弊)、勇气(即使失败仍然前行)、对他人慷慨(他们或许比你更优秀)、宽宏大量(对那些不如你优秀的人)。你必须也依靠他人来评价你——你不能仅仅因为自诩,就真正成为一位下棋大师。

麦金太尔说,社会为了成其为社会,为了给最大多数人提供最好的机会,它需要特定美德的实践——诚实、勇气、正义,就像上面给出的例子一样。好社会应该由互相了解的人组成,他们能够践行并提升美德。他说,自由民主社会的缺陷便在于它们实际上是改头换面的寡头政治,公司自由主义(或者资本主义)从分裂中汲取力量,尤其是个人没有聚集在一起

---

① "Corporate Liberalism"又译为"企业自由主义"或"法人自由主义",对应于"Individual Rights"(个人权利)或"Individual Liberalism"(个人自由主义)。——译者

追求共同善的机会，因此他们也没有发展美德的机会。他继续论证说，自由主义声称在何者构成人类最佳前进方向的问题上保持中立，但这种中立性本身也是一种掩饰，它是为了维持公司自由主义对商品生产的控制而被设计出来的，把社会中的美德经验控制在最低程度便是这一设计的全部效果。令人们感到满足和充实的恰恰是美德。即便是曾经提供了美德框架的传统，现在也正在被侵蚀。

麦金太尔当然清楚地意识到现代社会和亚里士多德时代的雅典截然不同，并且也永远不可能相同。他把圣本笃（St Benedict）当作自己的范例，并不因为其宗教信仰，而是因为他开创了一些小社群——修道院，在其中人们相互认识，每个人都彼此依赖，每个人都能自由地实践美德。本笃会辖区的传播和持续证明，在正确的环境中它就能茁壮发展。麦金太尔想到，教学和现代大学组织在当下的氛围中可以进行调整，以便能够创造出一种小型社群，可能就会开启共同生活的一种新方式。①

约翰·罗尔斯（John Rawls）提出了另外一种理想社会。这是一种完全世俗的共同生活模型，引起了人们巨大的关注。罗伯特·诺奇克（Robert Nozick）本人的著作我们稍后一些就会讨论，他把罗尔斯的《正义论》（*A Theory of Justice*, 1971）称作是自约翰·斯图亚特·密尔（John Stuart Mill）之后最重要的政治哲学著作。罗尔斯主张一个正义的社会能保证最大多数社会成员的最大自由，这是基督教在其两千年历史中几乎没有提起过的。因此正义社会最关键的一点是人们知道正义是什么，以及如何才能获得正义。与功利主义传统相反（功利主义传统认为行动由于它们的有用性而正确），他试图用某种"更合理"的主张来取代洛克、卢梭以及康德的社会契约理论。这使他得出自己的观点，认为正义最好是被理

---

① 麦金太尔出版的著作包括《追寻美德：道德理论研究》（1981）、《谁之正义？何种合理性？》（1988）、《三种对立的道德探究观》（1990）以及《依赖性的理性动物》（1999），均由伦敦达克沃思出版社出版。这里的讨论主要涉及《追寻美德》和《依赖性的理性动物》的全文。

解为"公平"。也正是罗尔斯谋求公平的方法使他获得了如此巨大的关注。为了获得"公平",他提出"原初状态"和"无知之幕"。

个人在原初状态之中签订社会契约,也就是他们未来将遵守的那些规则,此时他们被假定为理性但却无知的。他们并不知悉自己是贫穷还是富有,年轻还是年老,健康还是羸弱;即便他们确实信仰某种神,但却并不知道虔信何种神;他们不知道自己的种族,不知道自己在智力上是聪明还是愚蠢,也不知道自己具有或者缺乏什么天赋。在原初状态中,每个人都不知道自己在社会中的位置,所以他们必然是从"无知之幕的背后"挑选出生活原则来的。对罗尔斯来说,人们通过这种方式无论挑选出什么样的社会制度,那些参与挑选的人如果是自由和平等的人,他们之间具有平等关系的话,就"可以相互说他们是在自己应当遵守的规则下合作"。[1]

罗尔斯因为假定了一个理想的原初状态而受到批评,因为在真实的世界之中不存在这样的状况;而且还存在如下事实,比方说假如某人的智商高于平均水平,他智商的提高并不会妨碍其他人获得高智商,这与罗尔斯眼中资源的安排不可同日而语。罗尔斯的批评者认为,罗尔斯的体系太过于简单了。

从时间中逃离的艺术

德国哲学家汉斯-格奥尔格·加达默尔(Hans-Georg Gadamer, 1900—2002)提出了一种非常不一样的理想。对他而言,生活的目的和意义要在艺术中才能被找到,尤其是诗歌。他认为艺术和哲学差不多完全重叠了。他的论文《哲学与诗》(Philosophy and Poetry)发表在 1986 年。

加达默尔出生在马尔堡,是一位药理学教授的儿子,后来成为海德格

---

[1] 约翰·罗尔斯:《正义论》,纽约、牛津:牛津大学出版社,全文。

尔的助手。他后来说,"我总有一种糟糕的感觉,觉得海德格尔在提防我"。他的名气并没有超出他自己的专业圈子,直到 1960 年出版的《真理与方法》(Truth and Method)。在许多人看来,这本书奠定了他作为 20 世纪最重要思想家之一的地位。

从我们的角度来看,加达默尔最重要的贡献在于他对文化的研究,特别是他在《美的意义》(The Relevance of the Beautiful)一文中所思考的"作为游戏、象征以及节日的艺术"。他觉得艺术的意义、角色以及功能,通常在现代世界中被遗失了,而游戏这种具有无私快乐的活动同样也受到了忽视。艺术对他而言发挥着一种重要的象征性功能,为我们敞开"一个空间,世界和我们自身在世界中的位置在此都被显现成一种简单却又不可穷尽的丰富整体性",我们可以在此"跳出"普通时间之外。我们在艺术中获得的无私快乐可以帮助我们从普通时间中逃离,进入"自主时间"。成功艺术作品的另一项性质,即被他称为节日的那种性质,也能帮助我们脱离普通时间,向我们敞开"通向社群的真正可能性"。[①]

最重要的是,加达默尔觉得诗歌有某种独特性,用他的话来说,诗性话语尤其是诗句,与思辨的哲学之间有一种特殊的联系,诗性的字词存在着一种特殊的完善性。诗的语言是以这样一种方式构成的,即除了"表达让某物在此存在之外",它不具有别的什么意义。[②] 他在别处曾经说过,诗性语言"总是赠予人类同世界意义的特定亲密联系"。诗总是"正在思考的语言,它处在未尽之言里面"。

加达默尔坚持认为,现代的艺术已经"明确切断"了它与希腊—基督

[①] 罗伯特·多斯托(编):《剑桥加达默尔指南》,英国剑桥:剑桥大学出版社,2002 年,第 149 页。也可参见汉斯-格奥尔格·加达默尔:《美的意义及其他论文集》,尼古拉斯·沃克尔(编译),罗伯特·贝纳斯科尼(导言),英国剑桥:剑桥大学出版社,1986 年;汉斯-格奥尔格·加达默尔:《真理与方法》,盖瑞特·巴登、约翰·卡明(编译),伦敦:希德与沃德出版社,1975 年。
[②] 罗伯特·多斯托(编):《剑桥加达默尔指南》,第 163 页。

宗教神话的传统联系,完全被抛回语言的源头之中,成为一项自足和自修正的活动。加达默尔感到,诗歌自黑格尔开始变得更加内向,这恰恰是因为它发挥了同宗教相勾连的功能,现在诗歌已经变得"更加谦虚"了。但吊诡的是,虽然诗歌现在变得更加内向,但这对它"抓紧"世界而言却更为重要。"诗歌让人在此世的栖居如同居家一般,它向我们展示出人们如何共享世界。"诗是"没有目的地的结局",因为它与思辨的话语,即哲学,共享了在证明方面具有局限性的一种存在。我们心灵中生活的宗教成分已经在"诗性话语的内在维度之中"找到了它的新家。①

这类评论都多多少少与第23章讨论诗歌的观点相一致。加达默尔的观点认为,诗歌是哲学的一种形式,尤其是在诗与语言范围相关联的地方(因此也就是与意义相关联的地方);而且也正如萨特所讲的一样,抒情诗在维度上超越了哲学。为了生活得好,我们必须能够歌唱。

意义是一种沉重的幻想

按照英国哲学家安东尼·克利福德·格雷林(A. C. Grayling)在《赫拉克勒斯的选择:21世纪的快乐、义务和好生活》(*The Choice of Hercules: Pleasure, Duty and the Good Life in the Twenty-First Century*, 2007)之中解释的一种观点,音乐或至少说和谐音,是人们生活中最主要的一种资源。格雷林是一位生气勃勃的思想家、作家。他在这本书当中提出,人们没有必要返回基础,有些基础是自证的,"人文主义者的观点具有绝对优势"。他在书中直指他所看到的这种人文主义观点。人们的平均寿命不到1000个月(当数字被罗列出来的时候,它似乎比我们想象的要短),所以我们需要最大程度地利用它。好生活必须是在恰当社会和政治环境中的生活。我

---

① 罗伯特·多斯托(编):《剑桥加达默尔指南》,第163页。

们不需要为了生活得好,为了享受好生活而依赖宗教——我们必须怀揣一个理想,努力朝它奋斗。

他提出七个音乐意义上的"音符",这些调子能产生和谐的存在。这七个音符包括:意义、亲密、努力、真理、自由、美和满足。他说满足意味着融合其他六个音符,变成人们自己选择的事业。他补充说,我们所有人都应当终生接受教育,人们不应当停止学习,应当把对意义的拷问和目标的统一看成重要问题,因为"目标的统一通常就是当人们感到不满足时,他们失去的那种事物"。

我们也必须对科学的成功保持清醒,因为"最终我们所有人都将会使用一种生物学,甚至是物理学的语言"(很类似大卫·多伊奇和弗兰克·蒂普勒的说法,参见第25章)。他觉得我们的幸福生活不能缺少以某种方式参与政治,因为没有什么能取代个体的身份认同——自由、平等以及团体都彼此依赖。政治团体的"至上美德"应当等同于个人关照自身福祉的那一种关照,因为这种关照保卫了其他人的福祉。为了获得这种美德,我们必须期待一种全球伦理,期待良善世界的观念,将其视为终极理想和意义的支柱。[1]

特里·伊格尔顿也是一位英国哲学家,他同样生气勃勃,甚至可以说有些莽撞。他用一本仅有100页的小书——《生活的意义》(*The Meaning of Life*, 2007),来讨论这样一个主题绝非易事,更绝的是他把这本书献给他的儿子,"因为他的儿子认为他的整个事业都令人尴尬"。他直接一头扎入以下问题:你准备好为什么样的理由而死?他观察到,在20世纪之中,可能由于生活变得如此廉价,灵性变成了"既僵硬又沉闷"的东西——一方面是不可动摇的各种基要主义,一方面则是大师、精神按摩师——"输送满足感的推拿师"。

---

[1] 安东尼·克利福德·格雷林:《赫拉克勒斯的选择:21世纪的快乐、义务和好生活》,伦敦:韦登菲尔德与尼科尔森出版社,2007年,第25页。

他觉得生活可能存在许多意义,这一事实可能是所有意义中最可贵的——"对话的喧嚣也和我们曾经的经历一样具有意义"。他并不认为上帝就是问题的答案——"他容易使事情变得更复杂,而不是让事情自证其身"。伊格尔顿设问,这个问题是否夸大其词了呢?"许多人走上了卓越的生活道路,但他们却并不清楚地知晓生活的意义。"欲望是永恒的,而满足则时有时无,所以满足的程度是完满生活中的重要问题。他觉得意义是一种沉重的幻想。"生活如果不再需要那种保证,那么人们就将得到解放……如果忠于我们最动物性的那个部分,我们就是在真正地生活着。"(就像詹姆斯·乔伊斯所说的那样)帮助他人是一种"小死亡";它帮助我们活得幸福,但这却不是它的真正作用。生活的意义更像实践而不是命题,它不是难解的真理,而是特定的生活形式。正如我们此前注意到的那样,幸福被伊格尔顿描述成一种"类似度假营的但死气沉沉的词语"。他和其他人一样主张,幸福是生活实践的一种副产品,而不是某种私人的内心满足。①

不可能的超验性

美国哲学家托马斯·内格尔赞同伯特兰·罗素的观点,即并不认为我们能够完全满足,因为我们的存在具有一种内在的矛盾或两面性,它不可被克服,我们需要学会如何在忍受它的情况下生活,如果我们想要获得满足的话。他说,宗教的解决方案通过至高存在的介入,赋予我们关于这个矛盾的"虚假核心地位"。

内格尔是纽约大学的哲学和法学教授,他喜欢给自己的著作取一些抓人眼球的名字,诸如《终极问题,这一切意味着什么?》(*Mortal Questions*,

---

① 特里·伊格尔顿:《生活的意义》,牛津:牛津大学出版社,2007年,全文。

What Does It All Mean?)、《本然的观点》(*The View from Nowhere*)、《理性的权威》①(*The Last Word*)等。在《本然的观点》和《终极问题》中,他着手处理了我们生活中的意义问题。他相信意义源于基本的、不可避免的困境,即我们既栖息于主观世界,又身处客观世界。他说,我们所有人都面临此困境,我们从自己的立场观察此世,同时又意识到我们不是别的什么超出此世的存在,而是此世不甚重要的一部分,但似乎又是从一个很高的高度俯瞰我们自己一样。我们想要站在自身的立场之外,但又不能实现。他说,这种"双重视角"说明了我们的迷惘,说明了我们对于超越性的期望以及实现这种超验性的失败。

他专门批评了其所谓的"科学至上主义",它"用人类理解中的一种类型来对整个宇宙负责,并让它来言说这个宇宙"。当科学至上主义假定任何事物都必然能通过科学理论来解释时,其目光是短浅的,"就好像当下的理论不是发展至今的一系列理论其中之一似的"。与此相对,哲学承担了一项困难的任务,它想要"毫无损耗地用语言来表达未定型的直观感受问题"。他说,哲学时时刻刻都把这个问题摆在我们面前,即在不会彻底丧失与现实联系的情况下,我们至多能允许当下语言在何种程度上超过其相对的安全性。② 宗教的做法则恰恰相反,它把超自然的事物置于有限事物之上,于是那些有限事物便再不会在此世得到拓展。

内格尔尽力表明,我们并没有真正掌握如何用语言来描述我们的经验。当我们被迫承认某种我们不能描述,或者不能完全了解的存在时,现实主义就最具有说服力,因为它位于语言、证明、证据或经验理解可触及的领域之外。"关于π小数点之后的诸多数字7,有些判断必然是真实的,即便我们不能确定地说出它来。"理由的世界,包括"我的"诸理由,并不依

---

① 此处采用该书简体中文版译名,参见托马斯·内格尔著、蔡仲译《理性的权威》,上海译文出版社2013年出版。——译者
② 托马斯·内格尔:《本然的观点》,牛津、纽约:牛津大学出版社,1986年,第8—11页。

赖于我自己的观点而存在。① 主体性和客体性之间有个更进一步的问题,即我们有庞大的心灵能力,它不能由自然选择来讲清楚。很重要的一点是,自然选择并不能解释每一种事物。

在《心灵与宇宙:对唯物论的新达尔文主义自然观的诘问》(*Mind & Cosmos: Why the Materialist Neo-Darwinian Conception of Nature Is Almost Certainly False*, 2012)中,内格尔将此论点大胆地推到更极端的状态。当然有些人可能会说这不是大胆,而是鲁莽。他一方面坚定地宣布自己是一位无神论者,一方面又主张,进化论的还原性说明,即认为生命偶然地由纯粹物理、化学以及生物原理进化而来的这一说明与常识相悖。不仅如此,他还主张"我们世俗文化中的几乎每一个人"都因为被"吓住了",所以觉得还原的研究计划是"神圣不可侵犯"的。基于此,任何还原研究以外的研究"都不算做科学"。② 从一个"化学偶然"开始的进化是否有足够时间来产生我们周围的丰富生命,这是一个"开放的问题"。虽然他同"理智设计"说拉开了距离,但仍然坚持认为这些人并不应当被轻视,因为他们对经典进化理论提出了一些精彩的反驳。

他小心翼翼地避免借助任何"先验的存在",不过他感到有理由设想一种还原物理学的替代理论,使它能成为一切理论的基础。按照他的说法,"自然秩序的内在本性"相反可能会存在更多问题。他这种说法的意思在于,"心灵"并不仅仅是某种事后添附的东西,也不是进化的偶然,或单纯的补充。这也是他指导性的判断和他对还原物理学主要的不满。心灵是"自然的一个根本性方面"。

他特别否认心灵的三个方面——意识、理性和价值——能通过自然选择产生出来,因为它们并不明显地具有选择性的好处。比如说,进化自

---

① 托马斯·内格尔:《本然的观点》,第108页。
② 托马斯·内格尔:《心灵与宇宙:对唯物论的新达尔文主义自然观的诘问》,牛津、纽约:牛津大学出版社,2012年,第7页。

然主义在道德(价值)方面是中性的,高等数学(理性,逻辑)同样也是如此。进化为什么会偏好对道德真理的知觉,而不是偏好恰好对复制再生具有直接好处的任何其他事物呢？就此而言,人们了解进化理论本身又具有什么样的进化论意义上的好处呢？在内格尔看来这些都只不过是常识性的东西,但他说,正是这些常识性的东西吓住了我们。

他明显地觉察到,我们将了解自己不可能放弃对自己所处宇宙的一种超验观点的探索。即便不断拒绝任何超验的存在的概念,但他又认为这进一步强化了如下事实,即把宇宙理解成单纯"物理过程"的任何解释都不能得到证明,也就是说宇宙必须包含目的论的元素。① 目的论就是《心灵与宇宙：对唯物论的新达尔文主义自然观的诘问》中的要点。

他思考"是否可能存在一种随时间变化而倾向于产生不同结果的原则",借此处理我们理解中的这一空白,或者用他的话来说,借此处理我们物理学和进化论的不足。他主张这种原则是一个连贯的观点,暗示我们熟悉的物理法则并不具有完全的确定性。不仅如此,意识被意向性填满了,意向建立在人们在过去不可想象的能力上。他重申,诸多心灵能力并不都源自适应性的需求,而且人们也不容易看到这些能力如何具有从自然选择中幸存下来的价值。

然而他也继续论证到,如果我们相信自然秩序(一种我们承认的秩序),"那么世界当中最终产生出理性存在的那个部分,就必然能解释产生理性存在的可能性"。自然目的论就是问题的答案,他说,自然目的论不同于其他备选解释,包括偶因说、神创说以及中立的物理法则。用目的论的词汇来审视世界意味着我们不得不在熟悉的物理法则之外,接纳另一些"偏向于神迹的自然法则"。易言之,"存在着一种宇宙性的禀赋,倾向于形成生命和意识,倾向于形成与生命和意识不可分割的价值"。"这个

---

① 托马斯·内格尔:《心灵与宇宙：对唯物论的新达尔文主义自然观的诘问》,第50页。

过程似乎是宇宙逐渐苏醒中的一步。"他发现这些观点同他的无神论完全契合,不过"我断定达尔文主义中缺少了某些内容"。①

内格尔给出了这种观点,即物理法则之外之上存在着一种缺乏"积极确信"的"宇宙禀赋"。他只是简单地试着扩大"不可想象的事物"的边界,并且补充说,他愿意打赌"我们其后的一两代人将会认为当下思想健全的人们达成的一致意见是可笑的"。

《心灵与宇宙:对唯物论的新达尔文主义自然观的诘问》是一部短小精悍,但令人惊讶并野心勃勃的著作。虽然他公开宣称自己的无神论立场,但内格尔的著作受到了神创论者和理智设计论信仰者的热烈接受。为理智设计说辩护的发现研究所认可他假定的"对达尔文主义的翻转"。正统的科学家则不那么喜欢他的观点,认为他混淆了进化论是不完善的这个事实,与进化论是错误的判断。还有一些人则指出,"认知的谦虚",即承认自己可能是错误的,这是科学的一个特点;没有人"被逼"接受任何神圣观点——就目前来看,接受达尔文主义的原因仅仅在于它是一种更好的主张。

还有一些人承认自己在一些问题上对内格尔的自然目的论概念感到迷茫,比方说地球上存在如此多不同的生命形式,也存在大量灭绝的例子。而且无意识的生物在数量上远超有感知能力的生物。有些物种进化出眼睛,但又因为他们适应了阴暗环境所以丢掉了视力;有些寄生虫以复杂机体组织的形式开始了它们的进化之路,但在采纳寄生作为生活方式之后,变成一种更加简单的组织。这些科学家就要问了,目的论的说明如何能解释这些问题呢?

哈佛大学实验心理学家,《白板:当代对人类本性的拒绝》一书的作者史蒂芬·平克,把内格尔的书形容成"曾经的杰出思想家写出的一部拙

---

① 托马斯·内格尔:《心灵与宇宙:对唯物论的新达尔文主义自然观的诘问》,第115页。

劣推理作品"。另一些人则认为内格尔并没有试图从经验上寻找证据,因为他的观点事实上就是直觉,从这个意义上看,他违背了基本的科学原则(更不用说常识性原则)。他们谈到,内格尔可能并不熟悉近来一些研究所指向的"RNA 的世界",即简单的核糖核酸的世界,在此可能出现了自我复制的分子——它仍然是充满偶然性的世界,但远不如此前预想那样偶然。哲学家们提出,像伦理和道德这样的价值都是行为的指引,而不是对行为的解释。我们应当放弃(像有些哲学家一样)此类观念,它认为道德真理客观存在,并适应于任何地方和任何情况。

评估内格尔《心灵与宇宙:对唯物论的新达尔文主义自然观的诘问》的影响还为时过早,但即便如此这本书也值得注意。同样值得注意的还有保罗·达维斯的《金凤花之谜》(*The Goldilocks Enigma*),主张一种宇宙的"生命原则",这是我们所说的"近代哲学失去了什么?"之问的又一个例子。

生活的不可满足性

然而在我们看来,处理像《心灵与宇宙:对唯物论的新达尔文主义自然观的诘问》这样具有想象力和挑衅性的著作,或许要先返回他之前的《本然的观点》,才能更有启发性。内格尔在这本书中说,我们不得不身处语言的边界,不得不活在存在的困境之中,而且我们还不得不意识到自然选择并不能解释所有事情。

有三种办法可能走出他指出的死胡同。更确切地讲,他的真正意思是,虽然没有出路,但我们能做出"调整",能"与冲突矛盾相伴生活"。第一种办法曾被尝试过,它主张人们尽可能地从人类生活的特性中撤出,"最大程度地减少人们局部地与世界相联系的那些领域,将注意力集中到普遍性的领域"。即对沉思、冥想,世界性野心予以放弃,以便得到"自我的枯萎"。他指出这一途径将为精神的和谐付出高昂的成本。"斩断自我如此大的一部分,从而获得对于自我剩余部分不甚明确的担保,这似乎是对意识的一种浪费。"

第二种调整办法是第一种办法的反面:它"拒斥我们的生活在客观上的无足重轻这一事实,从而使我们的客观立场得到全面的正当化"。这一途径从很多角度上看都类似自恋者的观点;这类观点暗示自恋者有时对他们自己的能力具有一种不现实的评估,我们之前已经讨论过在此情况下这类观点可以失败到何种程度。不论我们自己的好恶,客观世界就在那里,而且将永远在那里。

内格尔的第三种调整办法在于,接受二元视角,即接受主观和客观世界的共存,这既是我们人性的一部分,又表示接受我们不可逃脱人类的困境。此困境就是人之所是的意义,是人们具有意识和语言的意义。客观性超越了我们,它拥有自身的生活,它总处在嬗变中,暗示着我们主观的同一,包含着主体身份的局限。

内格尔说,如果人们不想彻底摆脱这种困境,而只是想减轻这一困境,那么办法之一就在于过一种道德的生活。在道德生活中,我们谋求的那种生活方式能让我们成为一个和别人具有同等价值的人。"客观性立场最普遍的影响应当是产生了谦虚的一种形式;承认你所认为的自己不比真实的自己更为重要,以及如下一些事实仅具有单纯的局部性意义,即某些事物对你而言具有重要性,或你所做和所担的某事可能为好也可为坏的事实。"我们并不需要对这种谦虚保持虔诚,他说,因为谦虚介于虚无主义的冷漠和盲目的自大之间。我们必须试着避开熟悉的过度嫉妒、虚荣、自负、好胜,以及骄傲。"过一种完满生活是有可能的,但不该绝望地高估这种生活。"

他在此基础上增添了其称为"对个别事物的一种非自我中心的尊重"。他在此暗示的并不只是那种审美反馈(虽然的确也包含这种反馈):

"个别事物能具有一种非竞争性的完善性,它对自我的各个方面都保持着透明。这也有助于我们解释,为何对宏大之美的经验倾向于形成统一的自我——对象立即与我们完全地结合在一起,使观点之间的差异变得无关紧要……很难知道人们是否能在日常生活的各个要素面前,前后一致地维持这种态度。"

他总结说,对生活困境任意一方面的抑制,不论是主观性方面还是客观性方面,都将让生活变得贫瘠。"更好的办法是同时保持结合和疏离,以及由此产生的荒诞,因为这就是自我否定的对立面,也是充分意识的结果。"①

对社会的信任

在第 24 章中赞誉"老派"诗歌优点的理查德·罗蒂同意内格尔的观点,认为生活的目标在于充分的意识。但他认为只有凭借我们与他人的关系,充分的意识才能被获得。他说,"或许人类最值得称赞的能力就是信任他人、与他人合作的那种能力"。这预示着萨姆·哈里斯和马特·里德利后来的观点。我们必须放弃探索某种外在于我们的稳定事物(比方说神,或者普遍的人类本质),放弃探索我们认为提供了独立判断标准的那些事物。相反,不变的非历史人类本性中并不存在无条件的、跨文化的道德义务。他说,身为一个达尔文主义者便意味着接受这样的世界,即生活在这个世界上的目的在于设计发明出各种工具,以便帮助我们趋利避害。根据这种说法,宇宙航行和当代天文学带来的好处"比基督教基要主义带来的好处更加重要"。②

不论教会或世俗学术说了些什么,真理都不是研究的目的。"研究的

---

① 托马斯·内格尔:《本然的观点》,第 223 页。
② 理查德·罗蒂:《哲学和社会希望》,第 xxv 页。

目的是为了使人们就做什么事情达成合意。文化的所有构成部分都是为了使生活变得更容易而做出的努力。"当启蒙运动用被称为"理性"的那种"准神性"能力观念,取代超自然向导的观念时,它犯了一个错误。理性同选择有关,而选择不可避免是互相竞争的善之间的妥协,而不是在绝对善和绝对错之间的妥协;这也适用于道德冲突。类似地,也适用于存在的冲突——不存在不可见的理性审判所,正如不存在上帝一样。这样我们必然希望人类逐渐形成一个社群,这将会是一种能产生诸多影响的进化成果。我们喜欢谈论自己对真理或理性具有的责任,但此责任现在必须被我们对人类后代的责任所取代。

罗蒂认为,从形而上学到他所谓"柔弱之思"(weak thought)的转变曾经存在过,或者说这种转变正在发生,应当会发生。有一种形而上学的传统曾占主导地位,它认为存在人类应当试着遵从的某种非人事物,存在某种宏大且包罗万象的事物,能为话语提供可能的最大基础。但"柔弱之思"却知晓其本身的局限性,它"仅仅想要提出有限的改变",局部零星的重组,而不想要智识的革命。它并不主张自己的观念来自某种意义深远的事物,"柔弱之思"的辩护者"把自己提出的观点当成是一些建议,认为它们可能会对某些特定目标有用"。

人们对待宗教的方式类似"行为习惯",这导致我们的主要关切必然在于,宗教信仰者的行为在何种程度上不能满足他人的需求——这是问题的要紧之处,而不是宗教在何种程度上认清了某件事的真相。"我们有责任考虑他人的疑虑,考虑对信仰的反对意见,而这些考虑耗尽了我们保持理性的责任。"真相并不是某种绝对的事物,而是"更能令我们相信的事物"。宗教信仰者有权坚持他或她的信仰,但前提是此信仰不与他或她的理智责任相冲突。只有当信仰者的行为习惯干涉到他人需求的实现时,他才会有必要证成其信仰。这意味着宗教将不可避免地私人化。如果与上帝的私人关系不要求对神圣意志的知识,那么宗教和功利伦理学之间或许就不会存在冲突。不过人们有责任不在缺乏证据的情况下产生信仰:"没有证据的信仰就是偷来的快乐。"①

即便如此,宗教人士也不可能主张自己具有的宗教权利是其整个隐私权的组成部分,因为信仰本质上是一个社会性项目,"所有语言的使用者都一并参与这个项目"。罗蒂说,我们都有责任不去信仰所有不能被我们中的其他人证实的事物。"做一个理智的人意味着要使单一个体的信仰——所有单一个体的信仰——服从于他自己的同胞。"其他非认知性的状态,譬如欲望和希望,都能在没有证据的情况下坚持,但信仰却不能。

科学给予我们预测和控制的能力,宗教则在我们面前擎起更大的希望——某种生活的目标(罗蒂的原话)。"要问对宇宙的两种说明哪种是真实的,这可能同以下问题一样没有意义:对桌子的两种说明哪种才是真实的,是木工的说明还是粒子物理学家的说明?如果上述两个问题中的两种说明都能各安其位,那么这两个问题都没有必要去回答。"而且人们也有信仰的权利,就像是他们有权去爱,有权闪婚,有权在无止境的悲伤和失望中坚持去爱一样。

罗蒂声称,科学现实主义和宗教基要主义都是相同"冲动"的不同产物,它试图说服人们相信自己有义务发展伯纳德·威廉姆斯所说的那种"现实的绝对概念"。但罗蒂认为,科学现实主义和宗教基要主义都是"已经失去控制的私人计划",已经变成强制让人们为自己的生活赋予一般社会性意义的尝试。

因此,当代实用主义宗教哲学必然在信念和信仰之间做出严格区分。罗蒂主张,蒂利希主义者并不力争某种详细制定的纲领和原则,并不形成任何特殊的行为习惯,他们宁可"凭借爱的在场与否,来区分人类的生活"。(在此呼应了罗伯特·穆齐尔的"其他状况"。)他把蒂利希的宗教与

---

① 理查德·罗蒂:《哲学和社会希望》,第150页。

爱某个不被他人所爱的人做了一番比较。"我们不会嘲笑母亲爱自己患有精神病的孩子。威廉·詹姆斯说,基于同样的道理我们也不应该嘲笑那些人,即便他们说'最好的事物是更永恒的事物'。"①

罗蒂在结尾处讨论了未来道德人可能具有的"信念"。"我将把信念、希望与爱的模糊交叉重叠称作'浪漫'。"我们坚持认为普通人都能或多或少超越他们现在的状态,这恰恰是关键所在。重要的是坚持本身,是那种浪漫性,是那种"体验不可抗拒之希望、信念,或爱的能力"。这种"不可抗拒"状态的特点在于,它"使我们超越了争论,因为它超越了当下使用的语言。因此它使我们超越了当下世界的想象"。他说,具有宗教性和幻想性在我们历史上曾一度是一回事。不过现在不一样了,因为人类成功地(尽管有时候很缓慢)把自己的生活以及他们的世界变得不那么不幸。非宗教的灵感形式把我们带到这一境地。

最后罗蒂感觉到,民主比科学更能推动宗教的死亡(虽然科学运转的过程当然本身也是一种民主)。"民主包容那些对生活的要点和意义持完全不同意见的人,包容那些对通向个人完美的进路持完全不同意见的人。"此刻他便回到自己的英雄——约翰·杜威那里。"杜威思想的核心在于坚持如下观点,即没有任何东西——无论是上帝的意志、现实的内在本质,还是道德律——能优先于民主社会成员自由达成的合意。"

他认为哈贝马斯的交往理性观念(人们在交往的过程中出现的那种理性,类似对话,而不是从"外在的某处"逻辑划定的理性)降低了我们的视线,从"无条件的高高在上"转移到我们周遭的社会。这个过程一旦发生,那么其他现象也会呈现在我们面前,比如说进步。按照罗蒂的定义,进步其实就是在一代人看来荒谬的观念,在下代人看来变成了常识。在任何情况下我们都不会是"纯化的"、完美的,因为我们所做的事情无外乎

---

① 理查德·罗蒂:《哲学和社会希望》,第158页。

对自己的修修补补。而这会相应地破坏救赎和救赎性真理,破坏那种把任何事物都恰好安排进单一背景中的需求,破坏超越表象的真理王国。因为正如哈罗德·布鲁姆所言,真理王国并不存在,大量阅读的意义在于意识到存在无数观点,它们多多少少都具有同等的有效性。①

罗蒂注意到,"它是真的吗?"这一问题正在被"什么是新的?"的问题取代。这个问题对他来说是有效的,因为"不紧贴这些局限性的生活是不值得过的"。生活的目的是自我的拓展;通过我们的共同努力,越来越多人性的生活方式成为可能。"理智和道德的进步不再意味着靠拢祖先的目标,而是超越过去。提升知识并不是通向真实的一种更好方式,而是提升做事能力,使生活变得更丰满更充分的更好方式……我们永远也找不到完美到能让任何想象性的重述都丧失意义的那种描述……人们应当像下一个时代的预言家一样生活,而不是活在对上帝的恐惧之中,或根据理性而活。"②

为什么要做正确的事情?

在2002年逝世的哈佛大学哲学家罗伯特·诺奇克认为,哲学需要考虑到新近的科学发展。在其最自豪的三部著作——《无政府、国家和乌托邦》(*Anarchy, State and Utopia*, 1974),《被检验的人生》(*The Examined Life*, 1989),以及《恒定性》(*Invariances*, 2001)之中,他利用相对论、量子力学、进化论以及博弈论来建立自己的伦理体系。他认为伦理是由进化生成的,伦理信仰的"核心"在于为相互利益而达成的协调行动。然而不同于其他进化论伦理学家——如果我们可以这样称呼他们的话,他认为伦理有四

---

① 理查德·罗蒂:《哲学和社会希望》,第86页。
② 理查德·罗蒂:《哲学作为文化政治学》,英国剑桥:剑桥大学出版社,2007年,第108页。

个层次。

第一层是尊重,即作出规则和原则,尊重他人的生活和自主,限定不与别人的选择领域产生干涉。第二层是反应的伦理,它"命令人们按照一种反映人的价值,提高并支持这种价值,使之繁荣活跃的方式来产生反应"。第三层是关怀的伦理,它命令人们"要无害,不杀生,爱所有人,甚至可能是爱所有生灵"。最后一个层面被他命名为光的伦理,它包含真、美、善,以及神圣的维度:"苏格拉底、释迦牟尼、耶稣,以及其他不那么有名的圣人、贤者、圣徒,以及智者指明了这条道路。"他提出只有第一个层面的伦理才是强制性的,是社会应当强制实施的唯一一种伦理,而其他层面上的伦理则是选择和个人发展的事情。①

他还考察了使科学家和其他人伤脑筋的另一个问题,即,为什么心理学家难以确切地阐发一种精确预言人类行动的理论?为什么心理学家无法说明50%以上的人类行为变化?

他的回答立足于以下事实,即人类脑容量激增的主要原因之一,"是我们的祖先需要在利益冲突的情况下,揣测和回答具有合理智力水平个体如何行动的问题,而此时别的个体也在揣测和回答这个问题……最能适应此环境的幸存者就是那些头脑最清醒的人"。在此环境下有时也需要暴力,不过不可预测性甚至非理性在其他情况下也令人惊讶地有所裨益。我们可能要学会掩饰自己的行动,学会以一种非线性的方式运动,以便掩饰我们的动机。照此说法,不可预测性本该具有一个生物学的功能,本该导致更为复杂的行为。打破规则有时恰恰就是人们需要的。自我意识对伦理行为而言是必要的,但非伦理的行为有时也是一个成功的适应性策略。

我们之所以对这个问题具有特别的兴趣,原因是这种不可预估且复

---

① 罗伯特·诺奇克:《恒定性》,麻省剑桥:贝尔纳普、哈佛大学出版社,2001年,第280页。

杂的行为,很可能是我们高等数学和抽象宇宙学能力的来源。像爱德华·威尔逊这样的生物学家和托马斯·内格尔这样的哲学家,他们都认为这类行为不可能演进,因为它并不能提供进化论的好处。他们的观点可以由诺奇克的观点来处理。[①] 如我们所见,内格尔认为我们如何看待自己在宇宙中的位置,这个问题是我们困境的根基。

诺奇克在《被检验的人生》中部分地返回到了苏格拉底。根据柏拉图的记述,公元前399年,苏格拉底因为不敬神和腐化青年而在雅典受到审判,此时他讲过著名的一句话"未经检验的生活是不值得过的"。诺奇克的想法很有意思,他思考在1989年当时,经过检验的生活会是什么样的。他像一个哲学家那样写作,不过使用的却是日常非技术性的语言,形式上则采用了"沉思"的方式,着手处理他认为每个读者都可能会问到的问题:不朽会是什么样子,其意义是什么?为什么幸福不是唯一重要的事?东方的启蒙原则有效吗?当一个人主要只关心自己的财富和权力时,到底出了什么问题?虔信宗教的人能解释上帝何以允许邪恶存在吗?用浪漫的爱改变一个人,这种方法为什么有特别的价值?[②]

作为一名哲学家,也作为一名个体,他挑选的重要问题也许同他的回答一样有趣,此外他还认为值得沉思的生活包含着诸多方面:死亡、亲子、创造、上帝和信念的本质、日常生活的神圣性、两性、相爱、幸福、专注、我们会在何时感到最为真实、你在何时感到最是你自己、我们对待生活的态度、重要性是什么以及什么又是重要的、神学的各种解释。

他指出,过经过检验的生活就是为自己画一幅自画像,指出生活中的种种活动被"灌注"了自己的检验,而不仅仅是受到检验的影响。当这些行动被集中反思的结果所贯穿的时候,它们的特点也变得不一样了。幸福有三种:喜悦于某种事物或别种事物的恰如其分;感到自己现下的生

---

① 罗伯特·诺奇克:《恒定性》,第300页。
② 罗伯特·诺奇克:《被检验的人生》,纽约:西蒙与舒斯特出版公司,1989年,第12页。

活很好;对自己的整个生命感到满意。但幸福仅仅是有趣故事的一小部分,而且也不存在外在的参照标准——我们就不得不为自己设立一个参照标准。

他同意内格尔的观点,认为我们所有人都有双重视角,我们自己的视角以及"宇宙的视角",但这两个视角没有哪个比另一个更加真实。"现实的王国并不等同于存在。一个特点具有越多的现实性,那么它在我们的身份认同中就占有越多的权重。"他提出,过得恰当的生活关乎把所有事物摆放到其恰当的位置。他邀请我们把现实想成分值,其最大分值为1。"诗人和艺术家带给我们的恰恰是微小事物之中浩瀚而无可怀疑的现实性。所有事物都有'自身包含的实体性'。"我们应当相互配合地生活,并把每件事物都放在它应当所在的位置。[①]

他说过,试着为生活赋予意义意味着尝试超越个人生活的局限,获得一种扩大的身份。"如果我们超越自己的界限,就会产生一种倒退。宗教曾经通过探讨无限存在,一个完全不被视为有限的存在,来终止这种倒退,终止对意义的质疑。"对我们也好,对上帝也好,有限性的问题都非常重要。诺奇克认为核心问题在于恶的存在,以及上帝是否能全知全能全善。按照他的说法,上帝不能"一路欢快地"往前走,他必须回答这些问题,而且现在更为急迫,因为大屠杀是这个宇宙中的"裂缝"。在大屠杀中,人性去神圣化了。他说,上帝无法与人分离开来,无论犹太哲学家怎么说,我们与上帝都必然存在两种关联。在他看来,大屠杀"关上了基督打开的那扇门。从这个意义上讲,基督教的纪元结束了"。

最后结尾他说:"我们必须成为实现真、美、善和神圣的工具,将我们自己少量的特殊部分添加到现实的永恒进程。对别的事物无欲无求,再加上由此而产生的情绪,这就是构成幸福和快乐的东西。"[②]

[①] 罗伯特·诺奇克:《被检验的人生》,第264页。
[②] 同上,第302页。

负责任生活的义务

　　许多哲学家同意哲学家罗纳德·德沃金的观点,他的观点被其他哲学家提到的频率最高,也有许多哲学家把他的观点当作自己讨论的起始点。德沃金是纽约大学法学哲学教授,伦敦大学学院法理学杰里米·边沁讲席教授。德沃金曾经是美国历史上被引用量最高的法官勒尼德·汉德(Learned Hand)的书记员。所以他有很好的理由,为汉德和大量演进中的人权法著作正名。他在 2011 年的《刺猬的正义》(*Justice for Hedgehogs*)中,把关于我们现在如何生活的权威性说明作为结尾。他在 2013 年《没有上帝的宗教》(*Religion without God*)中提出一个观点,认为"宗教无神论者"(religious atheist)的提法并不矛盾。

　　他在《刺猬的正义》中的基本假设是伦理价值和道德价值的相互依赖。他把这个假设当成基本原则,它支撑了一种融贯的生活方式。但这个假设必须首先建立在两个要素的基础上:我们必须珍惜我们的高尚和尊严。"我们生活在死亡的边缘,能发现的唯一价值是一种副词性价值(adverbialvalue)[①]。我们必然在活得好的状况下,发现生活的价值,生活的意义,正如我们在爱得好、画得好、写得好、唱得好,或者开车开得好当中发现价值一样……我们的生活中不存在其他什么持久的价值和意义,但有此价值和意义也就足够了。高尚和尊严是活得好的必备条件。"[②]

　　他接受了古代人命令我们去寻找"幸福"的教诲,但这里的幸福并非偶尔迸发的快乐,而是被视为整体的成功生活的实现。"我们的存在先于本质(和存在主义者的说法一样),因为我们要对后者负责";而且他把尼

[①] "adverbialvalue"副词性价值或状语性价值,指伴随行动、修饰行动的那种价值,这种价值与行动和行动主体有关。与其相对的是名词性和形容词性价值,这种价值是客观对象。——译者

[②] 罗纳德·德沃金:《刺猬的正义》,麻省剑桥:贝尔纳普、哈佛大学出版社,2011 年,第 13 页。

采奉为这一传统中最具影响力的人物,他曾说,"生活唯一真实的命令是活着——创立和确认人类生活是一种简单精彩的创造性活动"。

德沃金认为科学带来的便利之一在于,对一些现象的广泛同意让我们有理由相信人们有可能获得真理。科学的线性在某种意义上也是一种安慰,它能让新观念建立在坚实的基础上。不过一旦我们接受伦理和道德之间的关键性差异,法律的真理也同科学的真理拥有相同的可能性了。道德标准规定我们应当如何对待他人;伦理标准则规定我们应当如何过自己的生活。我们必须把活得好和拥有好的生活区分开来。"活得好表示努力创造好的生活,它只会服从与人类尊严紧密相关的特定限定……活得好意味着,创造这一挑剔视野下的一种不但快乐而且善的生活。"

对谁负责?他问到。回答是:我们是一种自觉的物种,过着自己的生活,这个简单的事实要求我们要好好活着。"重要的是我们活得好;不是因为这对我们或其他任何人来说是重要的,而是因为它本身就重要。"可以用一个例子来说明:一个人过着相当简单普通乏味的生活,没有友谊,没有挑战,也没有收获,他在走向自己的坟墓之前只是在"原地踏步",那这个人就没有过好的生活,"即便他自己认为自己过着好的生活",即便他完全享受这样的生活。对德沃金来说,"他没有履行其对于生活的责任"。

我们永远也不应当忘记,生活与生活的践行有关,它可能变得更好,也可能更差。我们珍视伟大的艺术,不仅是因为其最终产物提升了我们的生活,还因为这项事业包含了一种对艺术的践行,让它"上升到艺术性挑战"的高度。过得好的人类生活同样包含一种践行,让它"上升到生活的挑战"。我们生活的最终价值是副词性的,而不是形容词性的。它是践行生活,而不是当践行生活的过程被排除之后所遗留下的任何东西。它是当记忆褪色,事件泛起的涟漪也消失之后,那一次出色的舞蹈或潜水所蕴含的价值。"践行的价值就是生活的价值。"[①]

---

① 罗纳德·德沃金:《刺猬的正义》,第197—198页。

价值并不完全与结果有关。按照德沃金的说法,"哲学家习惯思考他们所谓的生活意义。而这现在是神秘主义者和喜剧演员的工作"。如果我们的确靠生活的结果来衡量其价值,"那么几乎所有的生活都没有价值,而其他少数有价值的生活所具有的那种巨大价值也只不过是偶然的价值(比如参与莎士比亚环形剧场工程的木匠)"。

活得好的根本要求受两条原则的控制。第一原则是自尊。"每个人都必须严肃地对待自己的生活;他必须认可一点,即重要的事情是他的生活是成功地践行,而不是浪费生活机会。"收集火柴盒封面不仅错而且蠢,选择做某些琐碎的事,这在伦理上是不合理的。第二原则是机会原则。有些机会通过"它自己认可的一种连贯叙事或风格",在个人生活中扮演了和成功一样重要的角色,每个人都有责任指出这些机会。这两条原则一起提供了一种关于人类高尚的概念,即高尚需要人的自尊和真诚。如果行为侮辱到他人的高尚性,那么这些行为就是错误的。

过得好意味着对生活的设计不仅要做其他任何设计都必须做的工作,而且"对生活的设计要回应伦理价值判断"。[①] 在大多数情况下,当我们相信自己正在过着应然生活的时候,我们就会得到快乐这种附带的产品。

这些观点在神权社会造成了诸多问题,以强迫的方式对他们本身封闭的伦理王国产生了影响,而这会损害他们主观的真诚性。另一方面,在自由的政治社会,那些服从教会伦理权威的人则自愿地做上述观点要求的那些事,除非他们的宗教忠诚是机械的,并在他们生活的其他领域不产生作用。

宇宙安放了某种"比我们自身更为宏伟"的力量,我们所有人都怀有这一观念,包括内格尔在内。德沃金承认,即便无神论者也可能主张某种宇宙概念。但他说"比我们更宏伟的力量"观念在世俗世界中具有的主要伦理意义,并不在于提供一种独特的(宗教的)生活方式,而在于"提供一

---

① 罗纳德·德沃金:《刺猬的正义》,第 206 页。

种辩护,抵御那令人胆寒的想法,即我们所有的生活方式都是专断的"。这当然就是让存在主义者和其他一些人感到沉重的整个"荒谬"概念的基础。他质问到,如果宇宙有意义,则遵守宇宙的意义便具有价值,为什么当宇宙没有意义的时候,遵守永恒的无意义性就变得不那么有价值了呢? 因为即使不存在永恒的设计者,则"我们就是设计者——凡人设计者鲜活地感觉到我们自己的高尚,感觉到我们能够创造、容忍的好生活和坏生活。我们为何不能在自己创造的事物之中去寻找价值呢? 价值为何必须依赖于物质呢"?①

古代哲学家提醒我们,完全未经检验的生活也同样是坏的生活。某些有效的伦理信念,"或者至少偶尔有人使用的伦理信念",它们对负责任的生活来说必不可少。如果你并不充分地努力使自己的生活成为好的生活,那么你就会活得很糟糕。正义的政府来自高尚,并以高尚为目标。我们把自己的生活变成宇宙这片沙漠中的碎钻石。生活的意义就是高尚。

神秘中的美与美的神秘性

德沃金在《没有上帝的宗教》(Religion without God)②一文中提出,人们熟悉宗教人士和非宗教人士之间的区分,但这一生硬区分却显然过于粗糙了。他说,这种区分忽视了许多人,但比方说那些不相信人格上帝,或者拒绝用《圣经》"空洞"地解释创世的人们,却也仍然相信宇宙中存在着"比我们自身更伟大"的力量。他谈到,正是这些信念将他们引向过好

---

① 罗纳德·德沃金:《刺猬的正义》,第 217 页。
② 在《虚无时代》送交出版社的时候,德沃金这部著作还没有成书,但其中几篇长文已经问世。此处的讨论正是基于那些已经问世的部分。罗纳德·德沃金:《没有上帝的宗教》,载《纽约书评》,2013 年 4 月 4 日。也可参见德沃金 2011 年 12 月 12—14 日在瑞士伯尔尼大学爱因斯坦讲座上的三次演讲。地址:http://www.law.nyu.edu/news; Ronald Dworkin。

自己生活,并尊重他人生活的"不可逃避的责任";如果他们感到自己的生命被浪费了,那么他们就会受困于极度的悔恨。宗教无神论并不是自相矛盾的词,因为即便无神论者也会感受到一种"根本性",用威廉·詹姆斯的话来说,即宇宙中存在着许多离根本性只有"一步之遥"的事物。

德沃金说,生活的内在意义以及自然的内在美是宗教态度的主要组成部分,同人们是否相信人格化的上帝无关。当科学家面对宇宙不可想象的浩渺,面对原子微粒令人震惊的复杂性时,他们发现宇宙是令人敬畏的,值得"人们产生一种情感的反馈,至少产生一种近乎战栗的情感"。这呼应了内格尔的观点,他认为"存在是某种宏伟的事物"。再有,德沃金补充说,人们无法把这些信念同生活的其他部分割裂开来。

他认为我们经验到的一些混乱产生于如下事实,即亚伯拉罕式的宗教尤其具有一种"科学性"的部分(创世、来世、祈祷者和裁判者之间的对话)和"价值性"的部分,然而宗教性的态度则建立在价值的完全独立性之上——价值的世界是自足和自证的,它与传统一神论的"科学"部分大不相同。他指出我们发现自己无法不相信数学的基本真理,并且当我们理解这些真理的时候,也就不需要任何独立的进一步证明,哪怕它是一个复杂的方程。我们具有这种能力,但是我们并不清楚自己是如何获得这种能力的,而宗教的态度坚持认为,我们以类似的方式获得人类价值。"我的意思并不是指价值判断最终只是主观性的东西。我们感到残忍暴虐是错误的,这种信念相信残忍暴虐真正是一种错误——如果我们不思考残忍暴虐的错误性是一种客观的真理,那么我们就无法获得这种信念。"神正论没有对邪恶给出任何回答,哪怕是"远不能让人满意"的回答也没有。这一事实或许是反对人格上帝存在的最强论证(在这一点上他同意罗伯特·诺奇克的观点)。

而且德沃金相信,即使所谓有神论宗教的"科学性"部分,包括这些宗教所主张的历史事件,因果关系(比方说奇迹),人应当如何通过仪式化的

虚无时代:上帝死后我们如何生活

崇拜、祈祷,以及朝圣等义务来生活,这一部分可能会被非信徒抛弃,但又不会有损决定伦理和道德的宗教的价值部分。不论在传统上是否具有宗教性,人们"认可本质不是在很长的历史期间被丢弃到一起的一团物质粒子,而且是某种在本质上神奇和美的事物"。

他坚持认为,传统一神教的"科学性"部分不能为价值部分奠基,因为这个部分在概念上就不是独立的。"人类的生活并不仅仅因为存在爱世人的上帝,就具有任何类型的意义或价值。宇宙也并不仅仅因为它被创立为美,因而在本质上就是美的。从关于天空、天堂和大地的创造故事,关于海洋和陆地生物的创造故事,关于天堂之乐和地狱之火的故事,关于海洋的分离以及死者复生的任何故事,再到友谊家庭的持久价值,仁慈的重要性,落日的庄严,面对宇宙时的惊异,甚至敬畏创世神灵的义务,这中间并不存在直接的桥梁。"

这里的原则在于,人们不能仅通过确立这个世界过去、现在和未来的某种"科学性"事实,从而支撑一种价值判断,一种伦理、道德或者审美的主张。他说,将有神和无神宗教区分开来的是有神宗教的"科学性",但它并不像把两种宗教联系起来的信仰那样重要。

德沃金说,最终造成宗教态度的事物是审美性的,即我们发现宇宙之美。但我们如何发现宇宙之美仍然是一个谜题(因为我们并不具有用以比较的那种超宇宙性标准);他同意爱因斯坦的观点(或者也可以说他同意华莱士·史蒂文斯的观点),认为神秘性本身就是最美的事物。

我们觉察到,(关于美是什么的)解释应当在某个更根本的地方止步,在一连串愈加深层的原因之处止步,但情况真的是这样吗?在数学的必然性之中存在着一种美,但数学的解决方案本身就是终点,它不需要走向别的任何地方,也没有什么其他地方比它更为根本。这个例子能告诉我们什么呢?与此类似,生活中的任意行动,任意审美的、道德的、伦理的、科学的行动,其本身都可以成为目的地,不需要再对它们多说些什么。自由就是一个人定义他自己的生活及其目的的权利。他并不需要一个更进一步、更根本的回答。

德沃金的这一观点,加上他在《刺猬的正义》中提出的那些看法,都表达了一种生活的审美意义。生活的意义应当具有道德上和伦理上的美,最重要的是它不应当平凡琐碎。他关注价值的核心,在此问题上同托马斯·内格尔的观点产生了重叠,不过他们之间的重叠也仅限于这个领域。就像我们所展示的那样,在这个问题上德沃金和诺奇克的共同点会更多一些。

综合性统一体阻碍了我们

尤尔根·哈贝马斯是另一种思想类型的代表人物。他和罗蒂、德沃金,以及希拉里·普特南(Hilary Putnam)一样,主张我们现在栖身于一个"主体相互可接受"的世界,或者普特南所谓的"有保证的可断言性",就我们所知,它来自科学。哈贝马斯说,并不是因为现代生活的多重角色提升了我们的自主性,而单纯是因为我们获得了更多的社会纽带性角色。如果我们准备过充实的生活,那么我们就需要一种个人观念,它"抓取失落的自主之维,以及成为某个人自身的那种能力"。他指出卢梭而非尼采带来了关键的变化。卢梭说我们不应向上帝诉求真理,而应当向"不受约束的普罗大众"诉求真理。他承认,先验的视角并不存在,但复数性的视角却存在。进步来自"对话当中不受强迫的合意",也就是杜威所说的"不受强迫的生活之花"。[①]

但是哈贝马斯还谈到两个问题。首先,我们应当把自己想成一个宾格的"我"(me),而不是一个主格的"我"(I)。这一点在他看来抓住了个体性的社会和反身本性:不论我们是否知道,也不论是否喜欢,我们都被诸

---

① 尤尔根·哈贝马斯:《后形而上学思想:哲学论文集》,英国剑桥:政治出版社,1992年,第 xv 页。

多规范环绕。唯有意识到规范,我们才能摆脱它们从而获得自主。

第二,他提出科学的可错性同科学的技术性成功及其理论突破一样重要。关键是科学的"有序推理",这一过程通过试错的方式得以让人产生理解。这种思维与前提性(宗教性)的生活态度恰恰相反,后者是"人们将其自身沉浸于对宇宙的直觉,并将由此产生的假设态度具体化"。同样的问题被一次次地提出来:一与多,无限与有限,如何彼此联系到一起?回答是:"宇宙性的观念扮演了完整性的方法论原则;它指向所有知识系统性统一的目标。"①对哈贝马斯来说,一对多的胜利是形而上学思维最重要的方面,同样也为许多宗教打下了基础。

他谈到,即便观念论也把所有事物都回溯到那个"唯一",其结果是形而上学的心灵把"单纯的现象"视为次要性的东西。"先验的不同单数形式把综合性统一体引入历史、文化和语言的复数性",他感到正是这种现象阻碍了我们。后形而上学的思维是我们前进的重要一步。②

宗教的合理性:一种后世俗社会?

哈贝马斯在《在自然主义与宗教之间》(Between Naturalism and Religion)一书中着手处理了他称为"后世俗世界"的问题。在他看来,古代宗教原则已经被取代,然而随着人们越来越多地为了政治目的而使用宗教,意识形态上的对立在全球范围内产生了破坏公民凝聚力的威胁。他留意到,在柏林墙倒塌以及1989年至1990年随柏林墙倒塌而产生的各种变化后,宗教的传统和信仰的社群已经变得越来越重要,此间的问题尤其集中在宗教家庭规则上。因此他觉得有必要坦率直白地讨论现代国家

---

① 尤尔根·哈贝马斯:《在自然主义与宗教之间》,英国剑桥:政治出版社,2008年,第29页。
② 尤尔根·哈贝马斯:《哲学论文集》,夏兰·克罗宁译,英国剑桥:政治出版社,2008年;以及《后形而上学思想:哲学论文集》。

中宗教和世俗领域之间的关系。

一方面,理性应当去先验化,宪政国家的自我理解必须依赖公共的自然理性,所有人都能平等地接收到各种观点主张。教会和国家必须分离开来,宗教传统必须接受国家关于宗教问题和宗教实践的中立态度;我们必须认可自己具有以礼待人的职责。更有争议的是,他说"应当禁止人们用一种宗教性的语言来表达或证成自己的信念(即便是在人们无法找到这些语言的'世俗用语'的情况下)";同样具有争议的是,他说信仰和理性是"教条主义的两种形式"。①

哈贝马斯进行了一番思考后提出了被人们认为是他最具原创性的主张,即,虽然世俗主义者和宗教信仰者之间的分歧"永远不能在认知的水平上解决",但宗教的合理性远超出无神论者的想象,而世俗主义者也有责任接受这个事实(他强调)。"各种宗教传统在当今发挥的功能在于,它们表达了人们对我们生活中所缺失事物的意识。它们对失败和痛苦保持着活跃的敏感度。它们拯救了我们在文化和社会合理化进程中被彻底毁灭的社会关系和个人关系,以免这些维度被淹没吞噬。"

他随之进行了详细的说明,提出像自主、个性、解放、团结,以及灵感这样的概念都是在宗教体系下发展出来的;先知和圣徒的行动和语言被理解为有教益的叙事,能够帮助我们克服人类本性上的弱点;天启可以被单纯地理解为一种观念,它可以"缩短合理真理的传播所走的道路";虔诚具有一种保持信仰者之行动的理性功能。不仅如此,他还相信超验性这种方法在功能上把神圣立场转化成内省的等价物;宗教以原则的形式,把真理变成人类可以获得、应当获得,且可以被理解的东西;现代性和科学应当被理解成理性史的产物,而"宗教乃是这个理性世界的必要组成部分"。②

---

① 尤尔根·哈贝马斯:《对于缺失的意识:后世俗时代的信念与理性》,英国剑桥:政治出版社,2010年,第211页。
② 同上,第142页。

他认为得出这些观点的理由有两个。第一,如果认为不同宗教具有相同的来源,那么容忍就会变得比较容易。第二,由于宗教人士不得不针对世俗国家而做出各种调整,他们承受了世俗居民未曾体会到的"认识的负担"。可以这样说,他建议为了平衡这种负担上的不均,如果世俗主义者认可自己处于后世俗社会,那么他们也必须接受某些认识上的负担:"为了符合一种启蒙标准,一种对自身局限性具有批判意识的启蒙标准,世俗居民必须开始把他们与宗教观念的龃龉理解成一种能被合理期待的分歧。"宗教和世俗居民必须参与互补的学习。

哈贝马斯并非不谙世事到会认为他提出的方案能轻易地为人们所执行。他和德沃金一样注意到弗洛伊德花了一辈子考虑的问题,即"感官刺激的来源在人的理解之外",他们注意到世俗的想法总认为居于中立地位是件比较容易的事情。"对宗教人士来说,生活的其他方式并不仅仅是有差异的另一种生活方式,而且还是错误的生活方式。他们认为要让他们去理解这些生活方式则是过分的要求。"因此,在信仰者和非信仰者看来,他们彼此承受的负担总是不对称的。不对称不可能被完全消除,我们只能试着在知识中将其最小化。①

---

① 尤尔根·哈贝马斯:《对于缺失的意识:后世俗时代的信念与理性》,第139—140页。2012年,英国作家阿兰·德波顿(Alain de Botton)出版《写给无神论者》(Religion for Atheists),书中谈到有关此问题的一个著名主张。他在这本书中接受宗教实践建立在理性基础上的命题,并且思考这些实践如何能得到"提升"。比如说,他认为我们可以建立一座"博爱餐馆",客人们在此不能和他们的朋友坐在一起,而只能与新朋友结识。他们坐在自己的位置上,将会发现面前摆放这一本指引手册,"上面列明餐会上应当遵守的行为准则"。"'博爱餐馆'指南将指引参加晚宴的人在指定的时间内和另一个人谈论预先确定的话题……感谢'博爱餐馆',我们对陌生人的恐惧将会消退。"另一个提议是每个季度举办一次"赎罪日"活动,这一天可以被制度化,让人们对自己前几周犯下的错误道歉,人们的得分将被记录下来,并且不允许分数下降。第三个主意是每年选一天离开自己的伴侣,在这一天每个人都可以"参加派对,随意跟陌生人欢快地做爱,然后在次日早上回到自己伴侣的身边。当然,伴侣自己也出去同样地放松过了,双方都知道,这不是什么个人的行为"。正如一位评论家所言,德波顿的提议显然不是"蠢"就是逞英雄,或者二者都有。参见阿兰·德波顿:《写给无神论者》,伦敦:哈米什·汉密尔顿出版社,2012年,第44页,以及全文各处。

最后回到我们本书开头讨论的问题,回到哈贝马斯的《对于缺失的意识:后世俗时代的信念与理性》。这本书是哈贝马斯和德国各个大学耶稣会会士们合写的作品,他们从书的命名开始就一直在给出反馈意见。在这本书当中,哈贝马斯重复了他的许多观点,他比以前更强硬地得出结论说,我们现在缺失的东西就是"团结"。他坚持认为,我们尚未掌握现代性的动力学,我们中的大多数人感觉到现代性"失去控制"了。宗教并不能被简单地描述为非理性的东西;理性具有其局限;不仅如此,相信科学将给我们提供一种全新自我理解的"科学"信仰则是一种坏哲学。现代世界鼓励人们撤回私人领域,但这个领域也大多"尴尬而棘手"。世俗道德并没有植根于公共实践,而且我们也缺乏"团结在一起的任何冲动"。[①]

在此结论中有什么让人失望的地方吗?世俗道德真的并没有植根于公共实践吗?诚然,像罗蒂、希拉里·普特南、诺奇克以及德沃金这样的当代思想家比以往任何时候都要更强调包括万象的共同体。法律作为一种实践,它近来的发展反映了这种冲动。哈贝马斯和德沃金可能会说,世俗人士和宗教人士在认知上的分裂在此将得到抑制,人们也都认为这些分裂根深蒂固。这些差异就目前而言也并没有导致我们通常在世界范围内看到的宗教团体之间的那种冲突。

而且可能人们在此也得到了教训,一条哈贝马斯并没有提及的教训。他说世俗人士相较于宗教人士,他们在现代生活中承受了较少的认知负担。这种说法可能是对的。而这也体现为他们的容忍性。在现代社会中,做一个世俗的人比做一个有信仰的人要容易得多。

本书没有别的内容,只是介绍了许多人物以及他们共同取得的成就。那么他们的集体成就告诉我们什么内容呢?

[①] 尤尔根·哈贝马斯:《对于缺失的意识:后世俗时代的信念与理性》,第 37 页。

结论　核心的理智活动

1996年圣诞节前的几天，作家萨尔曼·拉什迪仍然处于躲躲藏藏的状态。他和自己的女友、儿子从悉尼一路驱车向南，与小说家罗德尼·霍尔(Rodney Hall)一道度假。拉什迪得到澳大利亚的庇护，得以宣传他的著作，因此决定在这里停留。警方保护小组曾说过，停留在澳大利亚是安全的，因为没有人知道。所以他们撤回了对拉什迪的监护。虽说那时杀手集团没有找到拉什迪，但找到了他的意大利文译者以及他挪威的出版商。他们遭到攻击，而且还受了伤，而拉什迪的日文译者则遭到杀害。

当他们的旅程大约走到一半时，拉什迪和他的同伴经过米尔顿小镇。他们正在听的磁带（荷马的《伊利亚特》）放完了，拉什迪坐在租来的车上，其视线短暂地从公路移开，以便摁下弹出键。就在这时，一辆巨大的铰链式卡车从路边横冲出来，产生巨大的撕撞声响。这是"可怖的死亡金属撞击声"，因为卡车的驾驶室撞击到司机侧车门，将其撞瘪。小车很有可能被拖拽到卡车下面，好在这并没有发生，它被弹掉了一个轮子，并被狠狠地撞到路对面的树上。挡风玻璃碎了，司机侧车门被紧紧卡死，幸而三个乘客基本上没有受伤——拉什迪本人受伤最为严重，他的胳膊折断了。

米尔顿镇有一些医疗资源，救护车也很快赶到。当救护人员到来的时候，他们停下来盯着拉什迪看。其中一个人问："对不起，老兄，不过你是萨尔曼·拉什迪吗？"那个时候他也不愿意自己是萨尔曼·拉什迪，他更愿意成为一个默默无名的人,接受医疗救助。但他承认自己就是萨尔曼·拉什迪。"哦,好的,兄弟,那么现在可能不是一个好时机,但我能要一张签名吗?"

马路对面被吓呆的卡车司机也没获得什么更好的待遇。警察来到现场,他们也认出拉什迪,所以他们想搞清楚卡车司机的宗教信仰。对此卡车司机完全不知所措。"我的宗教和现在发生的这些事有什么关系?"警察问他是否在尝试兑现追杀令,司机根本就不知道追杀令是何物。

他被允许离开,但这还并不是事情的全部。经查明,卡车装载的是肥料。"拉什迪已经躲避职业杀手长达7年时间,他和他爱的人们差点因为一堆庞大排泄物的崩塌而走到人生的尽头。"①

这是一则好故事,但它提醒我们追杀令这个绝对丑陋的怪物一直存在着。以宗教的名义而加诸拉什迪的那种恐怖,可能在致死人数上不比2001年9月11日曼哈顿世贸中心遭受的攻击,然而拉什迪躲藏了20多年的时间,在感到足够安全之后方才出版了自己的回忆录,正是这样一个事实传达出他个人内心的恐惧程度。

本书一开始就表明,以宗教为名的无限恐怖如何让许多人脱离了对上帝的信仰,并让他们在别处探索生命中的满足、充实和意义。现在我们的旅程即将抵达终点,我们看到这种探索构成了现代性的一个主要纲领,而且这也是在尼采笔下的疯子提出关键宣告之后的130年间,许多严谨且有创造力的思想家全身心思考的问题。

我们需要最后一次提醒自己,许多人(也许也包括我们中拥有恬静灵魂的那些人)并不把上帝已死看成一个问题。他们认为上帝之死并不值得焦虑或困惑。这些个体可能会质疑罗伯特·穆齐尔的主张,他认为即

---

① 萨尔曼·拉什迪:《约瑟夫·安东》,2012年,第476页。

便嘲笑形而上学的那些人也会感觉到一种奇怪的宇宙性的在场。他们也会质疑托马斯·内格尔的意见，即我们所有人都拥有一种似乎从高处俯瞰自己的感觉。这些个体并不属于"形而上学类型"，他们也并不想追寻存在中的"深层"意义。他们只是继续过自己的生活，维持生计，日复一日年复一年地活着，在有能力的时候及时行乐，不让那些在邻人看来非常混乱复杂的问题来困扰他们。他们并不期待"大"问题终将被解决，所以他们也不用花时间来理解。从某些角度上讲，他们是所有人中最世俗的人，或许也是满足感最强的人。

不计其数的人生活在贫瘠、匮乏、忧心忡忡的状况下，他们面对的是日常生活产品的短缺，根本没有时间进行反思；在此状况下，反思性活动超出了他们的能力。按照这些人的标准，人们思考意义问题，执着于"何为好生活"与"何为活得好"之间的差异，这是一种奢侈，这本身就是一种特定文明取得的成就。据此说法，我们就必须认可对意义的探索本来就是一种特权。

这是一段丰富多彩的旅程，但却不能说穷尽了我们所讨论的主题。虽然我们有很好的理由从尼采开始进行讨论（不只因为19世纪晚期是多数杰出科学家不再相信上帝的时代），但我们本可以把讨论的时代往前再推一推，从克尔恺郭尔或亚瑟·叔本华开始进行讨论。在晚近一些的人物中，我们或许可以考察哈罗德·布鲁姆的观点，他提出一种文学的生活方式，崇拜莎士比亚和惠特曼（"在我看来，莎士比亚就是上帝"）；他认为有见地的赞赏是一种快乐，虽然诗歌是"神圣的载体"，但甚至诗本身也是一种达尔文式的潜在竞争实践；他提议说，伟大作家的目标是创造一种"异质性的宇宙"，向我们所有人开放的另一种可理解的世界。

我们或许也可以考察社会学家罗伯特·贝拉（Robert Bellah）对笛卡儿"公民宗教"概念的呼应：无论公民的信条是什么，他们都以一种世俗的方式尊重国歌、国旗、战争遇难者、建国神话、落成礼、加冕礼以及伟大政治人物的葬礼这些存在体,以美国为例,他们就拥护宪法(及其修正案)以及他所谓的"美国扩张信条"这些统一的观点。或者我们也可以考察从音乐天才华丽转身成为社会学家的理查德·桑内特(Richard Sennett)。他通过审视大多数时候外在于传统社会范畴的世俗世界的一些方面,从而在他的学科领域中引入了一种诗性,包括尊重、技艺、仪式,以及合作的快乐,最重要的是我们与那些"相异"的其他公民相处的方式。他从世俗细节的角度来思考我们如何面对卡尔·巴特的抽象"他者"概念,在此基础上把他者概念厘定为我们时代的主要窘境,并尝试用实践的方式来处理它。

又或者说,我们也可以审视美国律师艾伦·德肖维茨(Alan Dershowitz)讨论权利起源的世俗理论。他认为权利并不源自上帝、自然,或者逻辑,而是源自我们对不公正的零星经验。权利来自错误。我们总更倾向于同意什么东西是错误的,而不是同意完美的正义体系会是什么样子。① 再或者我们可以讨论米哈里·奇克森特米哈伊(Mihaly Csikszentmihalyi)的"心流"观念,他在《最佳体验的心理学》(*The Psychology of Optimal Experience*)中把生活的目的看成是焦虑和无聊之间的斗争,认为生活的目的在于走出以自身为目的,本身就令人感到愉快的那些行动,但其原因并不是存在更宏伟的目的,世界上没有这种目的。根据这种说法,能产生快乐的行动有四种,分别是:斗争(agon),以竞赛为其主要维度;赌博(alea),它是关于机会的活动;幻觉(ilix),是改变通常知觉的行动;模仿

---

① 哈罗德·布鲁姆:《影响的剖析:文学作为生活方式》,纽黑文、伦敦,2011年。罗伯特·贝拉等:《心灵的习性:美国人生活中的个人主义和公共责任》,伯克利、洛杉矶、伦敦:加利福尼亚大学出版社,1985年。理查德·桑内特:《公共人的衰落》(2002)、《尊重》(2003)、《匠人》(2008)、《共同性:仪式、快乐与合作政治》(2012),伦敦、纽约:艾伦·莱恩出版社、企鹅出版社。艾伦·德肖维茨:《来自错误的权利:权利起源的世俗理论》,纽约:基础读物出版社,2004年。

(mimicry)和戏院,这是艺术的总体。然而当你贴近"心流"的时候,它呈现为幸福之实现的同义词(虽然这种说法也许比其他说法更准确)。这呼应了多种进路,尤其是现象学的进路。事实上,该书的作者也确实回溯到了海德格尔、萨特以及梅洛-庞蒂。柏格森、里尔克以及怀特海都把生活理解为一种"流变"。

以上这些内容,以及更多未曾谈到的内容,都可以添加到本书的大杂烩里。然而如果这值得去做,其理由之一就在于此做法揭示出这些人物探讨内容中的诸多观念重叠。某些重叠比其他重叠更明显,但它们具有重叠性这一事实显然会给我们带来一些启示,显然会在我们自己试图给出某种回答的时候,向我们提供一个讨论的起点。

起点之一是詹姆斯·伍德对托马斯·曼的改述:"专横真理的观念已经被耗尽了。"曼和伍德是在特定的情况下说这句话的,但他们同样也在追求这一论断的更广泛应用。漫长的20世纪总体的智识轨迹,包括现代主义和后现代主义的轨迹,都强化了这样一种主张,即不存在也不可能存在任何具有特权的视角,可以让我们从外部审视这个世界。此主张在宗教上会产生严肃后果,而且它并未就此止步。在过去的130年间,许多占支配地位的政治观念(殖民主义,帝国主义,法西斯主义),著名的心理学观念(无意识、个性),出色的哲学观念(黑格尔主义,实证主义)都已经破灭,他们不是被另一些宏大的主义所取代,而是被不那么庞大,不那么野心勃勃,但却更具有实用性的观点所取代。

我们集中精力讨论宗教,因为上帝已经成为有史以来最宏大,最专横的观念。许多人认为这个观念现在依旧如此。但事实上,我们本书的主题——上帝之死,其中的上帝观念只是众多死去观念中的一个。从这个意义上讲,我们没有单独挑选上帝之死来讨论。

很难夸大这一变化造成的影响。我们已经看到,弗吉尼亚·伍尔夫

虚无时代:上帝死后我们如何生活　　615

过于在意发生在 20 世纪 20 年代的那些变化,所以她觉得人类本性本身正在被改变。我们并不需要走那么远。在过去的 30 或者 40 年里,我们已经习惯遗传学者所说的,人类本性的特定方面非常牢固,以至于总会存在一种"顽固的生物学核心",我们所能改善的东西存在限度,除非我们乐意开始对我们的遗传密码进行根本性的干预。

如我们所见,宗教无法避免地受这种广泛演进的智识氛围影响。这一氛围已经发生在某些暴行之中——某些人类有史以来,由一些人强加给另一些人的,强加给许多别种生活方式的,最恶劣的暴行。结果是,上帝的观念即便在虔信者看来也发生了改变,他们认为上帝可能不再全知全能,尽善尽美;上帝有时候会掩上面纱,不让人们看到他(或者转过身,背朝我们);而最深刻也最古怪的变化在于——这取决于你的视角,上帝彻底成了"他者",一种完全不同的现象(从定义上说,在此情况下只有现象这个词才是适用的);上帝被上帝以外的事物所定义,上帝的存在恰好在不可能给出任何证据的基础上得到维护——这里提出的证据恰恰是,如果上帝确实存在,那么我们就不会理解他。

这似乎是特定推理类型的终点——以一个缺乏任何属性的专断观念为终点,也正由于缺乏(能被认知的)属性,所以它可能是"专断的"。这是在不断回溯上帝可能是什么的过程中到达的一个让人惊异的漫不经心的终点。① 再加上我们在导言中提到过的奥利弗·罗伊的分析,他认为全球化、非属地化的宗教现在面临着衰退的风险,由此也面临着"纯化"的风险,它正在从根本上和意识形态上变得更"薄"。宗教远不是"非历史的",它仍然处于演化之中。

和以上描述的情况相反,如果能返回那些基于观察和证据的易变观念,返回那些我们承认的可控、适中、合理观念,这当然是一种解脱。一旦

---

① 虽然许多人认为"他者"是一个新观念,但在 1600 多年前,圣奥古斯丁把上帝定义为不可能被认识的现象。

我们接受专断观念的时代已经结束,那么我们就能继续前行,就能检视自尼采在 1889 年昏厥在都灵街道之上后,那个被认为有用的"次要"观念。

意义并不是一张安全毯

除科学和精神分析以外,思想领域在后尼采时代最重要的发展在我们看来就是看待世界的现象学进路。我们已经看到,马拉美寻找"没有褶皱的语言",波德莱尔看重他"销魂的时刻",在瓦莱里则偏好"秩序的小世界"。契诃夫专注"具体的个人",倾向于"小规模的实践性解答",纪德认为"系统化本身正在变质,扭曲,变得贫乏"。奥利弗·温德尔·霍姆斯觉得,"生活中的所有快乐一般来说都是观念,而生活的所有使用方式具体而言都是解决方案"。华莱士·史蒂文斯考虑到,"个别事物能够更好地满足"我们。托马斯·内格尔的说法是:"个别事物能具有一种非竞争的完善性,它以透明的形式向自我的各个方面呈现。这也有助于解释对宏伟之美的体验为何会利于自我的统一,因为对象在种种不相干的观点中做出区分,从而立即完全地引起我们注意。"或者就像罗伯特·诺奇克那样,劝说我们让自己成为美的"载体",他说:"诗人和艺术家带给我们的是微小事物所具有的浩瀚而无可怀疑的现实性。所有事物都具有'其包容的实体性'。"乔治·莱文则呼吁"对这个世界的细节保持一种深切的关注"。[1](第 24 章完全是在讨论诗人对细节的信念和确证。)

相应地,与生活的片断观念一致观点的还有普鲁斯特的"极乐瞬间"、易卜生"灵性价值的闪光"、萧伯纳的"增量无穷小"以及"无限后果的瞬间"、康定斯基的"小快乐"、马尔罗的"临时庇护所"、叶芝的"狂喜肯定的短暂瞬间"、乔伊斯的"顿悟"、亚伯拉罕·马斯洛所说的类似性高潮的"巅

---

[1] 乔治·莱文(编):《世俗主义的快乐:有关我们现在如何生活的 11 篇论文》,普林斯顿、伦敦:普林斯顿大学出版社,2011 年,第 4 页。

峰体验",以及弗洛伊德认为幸福始终就是片断的想法。印象派艺术实际上并不那么主观,它煞费苦心地捕获经验的无常本性——在此,莫奈的鲁昂大教堂,他的干草堆和睡莲都是典型的例子。仍然是在第24章当中,我们研讨了谢默斯·希尼的"现实微光"和"对混乱的片刻抑制",曼德尔施塔姆的"和谐片断",洛威尔的"澄明的闪电",对生活"同时豁然开朗"的体验,西尔维娅·普拉斯诗中"令人意外的登场",以及乌杰尼奥·蒙塔莱的诗:

> 我只是
> 指路的微光。

弗吉尼亚·伍尔夫、罗伯特·穆齐尔、尤金·奥尼尔、萨缪尔·贝克特同样注意到"存在"的瞬间只可以是一些瞬间。我们至多能期望程度加强的短暂体验。似乎有两个存在的王国(不仅伍尔夫和穆齐尔,里尔克和维特根斯坦也这样讲过);我们要过丰满充盈的生活就必须对这两个王国都保持敏感,但是却不能指望得到超出这两个王国的东西。正如伍尔夫所说,超自然王国并不存在,只存在着让我们暂时从"琐碎日子"里摆脱出来度假的地方。乔治·桑塔亚纳和菲利普·罗斯也主张此观点。桑塔亚纳考虑到,好生活发生在"至高喜悦的反思性片断中,至高的喜悦在此赋予事物以意义";我们需要"度假生活",在度假的这段时间和度假的那个地点里,我们能摆脱枯燥乏味的世界,游戏玩耍;生活目的应当是对可亲可爱事物的"自发确认"。菲利普·罗斯的"米奇"·萨巴斯就喜欢从合理性中解脱出来的"假期"。芝加哥大学哲学教授乔纳森·里尔(Jonathan Lear)说,缺乏非理性观念的生活"是不完整的"。

这个观念的核心就在于生命的体量,生活的范围。就像乔伊斯所说的那样,"向事实而活"。这个观念恰恰与激发起众多宗教感情,并被我们称为"宇宙意识"的那种观念相对立。它被乔治·摩尔、弗吉尼亚·伍尔夫、戴维·斯隆·威尔逊这样的人物所强化。这些人提议我们与周遭亲近的人"在本地活动",亲密互动。摩尔觉得我们最生动的经验来自亲近的亲友;在伍尔夫看来,亲密性让我们尽可能地贴近了灵性的感受;另一边,威尔逊则觉得我们最有可能在地方性活动中遭遇狂喜。他们在这里同样强调的是生命的体量。

经验具有片断式的本性,其原因之一是与此本性相关的观念,它认为人格并非固定不变,没有谁纯粹就是单一的人。理查德·罗蒂提醒我们,有些哲学家已然下结论说"人类的存在没有结构"。对桑塔亚纳而言,人类没有核心本质,"人类本质仅仅是特定动物群落偶然发现的一组性质的名称,人类本质是我们人为强调的东西"。纪德的想法是,他每天都会拥有一个新的自我。切斯瓦夫·米沃什笔下讨论了"一直保持单一个人身份"是一件多么困难的事情。叶芝认为"人格是不断更新的选择",而庞德和艾略特也说过差不多的话。戈隆维·里斯(Goronwy Rees)写道:"我在生活中的任何时候都不曾获得建构连续人格的那种让人羡慕的感觉。"英国哲学家约翰·格雷(John Gray)认为,"我们无法甩脱自己是不变自我的那种感觉,虽然我们知道自己并不是不变的自我"。(他评价里斯的生活,认为这不是一部小说,而是一系列短故事。)[1]布兰迪斯大学的尤金·古德哈特(Eugene Goodheart)对此类观点进行了总结:"连贯的人不是连续无缝的统一体,而是自我掌控的意志表象。"

相应地,统一性也已经开始受到审查,不仅个人,连宇宙也缺乏统一性,因为从形而上学、超验性以及对上帝之所是的想象来看,影响统一性崩溃的事物已经存在于我们思维之中了。

能够坚守的一种统一形式是叙事性的统一。对生活的叙说由不连续

---

[1] 约翰·格雷:《刍狗:对人类和其他动物的思考》,伦敦:格兰塔图书,2002年,第74页。

片断构成。阿拉斯代尔·麦金太尔主张行动和行为只有在叙事中才能被理解。就像是戈登·格雷厄姆所说的那样,"过一种与单纯存在相反的生活,其钥匙……在于一种后天培养的、逐渐复杂的能力,一种按照叙事的可理解条件来观察和行动的能力"。他还说:"我们在某种程度上通过模仿学会这种能力,但同样我们也能凭借理解虚构故事所含内容的机会,制造出叙事性的关联。"按照这种说法,生活就是由"对叙事整体的期待"指引的"一种持续不断的解释运动"。哥伦比亚大学人文学院教授布鲁斯·罗宾斯(Bruce Robbins)说,世俗主义本身就是进步的叙事;在此进步的叙事中,世俗主义是对宗教信仰的一种改进。

这种观点让我们回到了专断观念诞生之前。也许20世纪的成就之一便在于从"整体性"和"合一性"观念中撤出,在于对一个包罗万象的意义的追寻。就像奥登所提示的那样,我们的成就或许就在于如下理念,即意义是一项重要的事,一张安全毯。这也把我们带回到维特根斯坦,他相信语言或绘画不能描述经验和世界的某些特定方面;认为语言为我们提供了世界的整体感,但这却是一种有限定的整体;对此限定的感受,对某些"超越"此限定的事物的感受,构成了主张人类遗失了某些东西的神话和观念。此观点与保罗·瓦莱里产生了重叠,他认为诗人"慢慢地"贴近世界,我们在永远接触不到世界的情况下,越来越接近意义。乔治·斯坦纳说,对语言而言或许并不存在界限,不过我们还是不要对此期望过多。剑桥大学哲学家西蒙·布莱克本(Simon Blackburn)在他写以下这句话的时候,抓到了某种类似的意义:"似乎总有更好的语言悄然而至,只要我们能找到它。"他继续呼应阿拉斯代尔·麦金太尔说:"我认为理解生命问题的过程,这本身就是一种善。"[①]

于是,世俗化远远地超越了无信仰,走上了一条崭新的、多少具有一

---

① 戈登·格雷厄姆:《世界的复魅:艺术与宗教的对比》,第82—85页。西蒙·布莱克本:《思考:哲学入门》,牛津、纽约:牛津大学出版社,1999年,第298页。

致性的、接近生命的道路。它教会我们如何俯瞰我们的世界，在每一个细节上欣赏它。不可能所有人都是艺术家，但我们可以使用艺术的进路。就像桑塔亚纳所说的那样，艺术向我们展示出和神灵无关的"有限完美"。亦如华莱士·史蒂文斯所总结的那样："我们从未在理智上抵达完美、但在情感上我们不断地抵达完美（比如在诗歌中的幸福、高山，以及展望）。"世界的意义非常丰富，它不仅仅是一张安全毯。

还剩一个主题有待考察。我们这里遵循的进路已经厘清了世俗化有力的另一面。在斯特凡·格奥尔格看来，科学未能改善这个世界，而是让它变得贫瘠。尤金·奥尼尔认为科学受到资本主义的笼络，所以科学同那些更仁慈宽厚的目标分道扬镳了。弗吉尼亚·伍尔夫虽然对心理学感兴趣，但也觉得其他科学在我们的道德或审美生活中不发挥任何作用。戴维·赫伯特·劳伦斯则认为，科学常常回避与非理性发生联系，科学正在把自身同"生活"隔绝开来。乔治·斯坦纳认为科学曾经遭到玷污，并且现在仍然在遭受玷污，因为正如此前海德格尔曾讲过的那样，它的目标在于控制。戈登·格雷厄姆曾经讲过，"科学并不生产人们赖以借以生活的那种真理。科学能做的事，并且显然已经完成的事，就是为了满足欲望而生产技术"。托马斯·内格尔在他最新的一本书中认为，还原论的进化叙事"几乎肯定"是错误的。

以上主张中的一些观点无法成立。它们的好处在于证明以下事实，即斯蒂芬·杰·古尔德（Stephen Jay Gould）所形容的科学世界观对宗教"教权"提出巨大挑战，但这种世界观并没有达到其诸多拥护者所期望的那种普遍接受。如我们所见，不少人认为科学是宗教的完美替代方案，他们显然看到在自然的细节和过程中存在大量可以持续一生的惊异、美、狂喜和升华。而且他们也发现科学可以帮助我们理解道德生活，理解我们如何能为了全部人的最大利益而一起生活。

然而也不能否认，许多人并不那么热烈地赞同这些观点。需要指出，其他那类人并不必然是"反科学的"，而且他们通常都是些博学人士。然而他们就是不为科学所动，与道金斯、丹尼特和莱文那些显然被科学所影响的人截然不同。在他们看来，科学并不充分。对此弗洛伊德有一种说法叫做"智力活动"。早年间，弗洛伊德认为一旦他的病人具有关于他们处境的"恰当信息"，那么他们就会被治愈；后来他意识到病人必须自己去"领悟"它，与"具有影响力"的各种要素达成妥协。

在对科学的一般反应中是否有某种类似事物在发挥作用呢？①

"让生命绚丽夺目的希求"

至少存在两种可能性。其一，整个科学进路的目标不仅仅是对自然更精确的描述，还是对自然更抽象的理论，用更少公式来解释更多的内容。这一进路离日常生活太远了。它过于抽象，过于收缩。抽象虽让很多人感到激动，但如果你不是一个直接参与者，那么它作为经验可能太过干瘪，过于无涉。（科学家一直告诉我们，应当说服更多孩子学习科学，告诉我们科学提供了一种令人激动的，能带来诸多好处的生活。他们一直在宣扬这些观点，而这一事实似乎暗示他们的推荐几乎没有发挥作用。）

沃尔特·惠特曼曾说，进化论背叛了"让生命绚丽夺目，含情脉脉，具有温度的希求"。这就是尼采一语成谶之后，现象学的生活进路在这个时代如此成功的原因吗？埃德蒙德·胡塞尔差不多在尼采提出声明的时候确立了自己的观点，这会不会不仅仅是巧合？现象学的进路把生活理解成无穷个别经验，它欣赏对象、事件以及经验所具有的个体性、具体性以及给人带来的惬意。此进路仍然有力而持久。让-保罗·萨特的"抒情现

---

① 布尔什维克在苏俄犯了相同的错误，他们认为一旦向人们解释清楚宗教的错误，那么信仰就会被消除。

象学"歌颂经验的纯粹多样性是活着的享受,从而把握住这种进路。

丹尼特、道金斯、莱文以及其他进化论生物学家会反对看待事物的这一方式,从某种程度上讲他们也是对的。达尔文本人是细节的杰出观察者,进化理论依赖适应和变化两个方面,这是展现细节如何深刻影响我们长期历史的特殊方式。道金斯曾说,我们现在有两种欣赏彩虹的方式,一种是诗性的方式,一种是科学的方式。

想一想马拉美确认鲜花"不在任何花束之中"的那种欲望,想一想描绘斯特凡·格奥尔格的那些诗句:

痛苦来自某种旧时的暴行。
刻在他的脸上。

这两句诗所讲的可能只是诗歌不同于科学,虽然它们都可能有助于解释为何诗歌在多种意义上都具有吸引力。相比同科学的约会,同诗歌的约会更加直接,诗人与人们共享的事物不同于科学家所共享的事物。在读一首诗的过程中,我们更加深入到诗人的生活;而在读科学家的报告时,我们不会那么深入到科学家的生活。我们可以跟随达尔文登上小猎犬号,跟随他想象出自然选择的那种推理过程——我们很易于承认这是一项伟大的成就。生物学家说这一理论改变了他们。(道金斯说,达尔文使一种理智上满足的无神论者成为可能。)我们也可以同意,当尼尔斯·玻尔意识到原子当中电子的外层轨道可用于解释化学现象,并由此把物理和化学联系起来的时候,他和我们心中的某种东西突然豁然开朗了,就像谢默斯·希尼笔下美妙的诗篇一样。

在诗歌之中,证明变成了读者的乐事,没有必要引入第三方;而这就是关键的一项区别——诗人给读者留下了某物,以便读者为了他或她自己,去发现关乎自身的内容。现象学提供了一种海德格尔所谓的在世存在、在世栖居的方式,而科学尽管具有诸多建树,但它不能给人提供一种存在的方式。

科学的影响没有达到其信徒的预期,这里的第二个原因在于,虽然进化和自然选择的过程与有性生殖相关,但当进化生物学面对欲望这个主题的时候,实际上会显得非常干瘪,或者有人会说它非常没有生气。尤金·奥尼尔就此问题着墨很多,包括报复错误行为的欲望、社会承认的欲望、对涓滴财富和权利的贪婪、对他人身体的强烈占有欲等。但对大多数人而言,欲望涉及最后一种欲望,即性欲,一种最具魅力、具有吸引力、最美好的欲望形式。安娜·克拉克(Anna Clark)《欲望》(*Desire*)一书的副标题就是"一部欧洲性史"(A History of European Sexuality)。亨利·詹姆斯、空想家们、舍伍德·安德森的《欲望之上》、田纳西·威廉斯(Tennessee Williams)的《欲望号街车》(*A Streetcar Named Desire*),都把欲望想成是满足的最大源泉,因此也都认为欲望是生活最具破坏性的要素。斯特凡·格奥尔格、詹姆斯·乔伊斯以及菲利普·罗斯也这样看。亨利·詹姆斯认为,欲望是罪恶的根源。克里斯托夫·希钦斯提醒我们,人们把性与恐惧,与宗教专横分离开来,这是 20 世纪最大的事件之一。威廉·赖希(Wilhelm Reich)相信,"从分析的角度来看,那种狂喜的态度是更可取的"。①

瓦伦蒂娜·德·圣·普恩特在 1913 年发表了"欲望宣言",莱杰(Leger)曾说起"欲望的盲目能量转换成身体的节奏"。米兰·昆德拉(Milan Kundera)写过欲望的"暴虐",米歇尔·福柯(Michel Foucault)谈到过权力与欲望。雅克·拉康(Jacques Lacan)曾相当精确地说过,"欲望不断自我重申,直到它被承认",让-弗朗索瓦·利奥塔(Jean-François Lyotard)则说,"西方人想要的是征服,而不是爱",而他们恋爱的时候感觉

---

① 克里斯托夫·希钦斯:《上帝并不伟大:宗教如何戕害万物》,纽约:十二图书,2007 年。

到"烦乱"。有位评论家曾讲过,小说"是对性动机的重复发现"。所有宗教的核心都是欲望的控制,而教会多半把欲望看成罪恶的明显基础。

但罗斯笔下的内森·祖克曼做得对,就像那些或许可以被我们概括为乌托邦一类的作家,他们(威尔斯、扎米亚京、豪普特曼、赫胥黎)认为欲望对一个男人来讲首先是对生活的破坏,是任性和破坏的源泉(祖克曼在不受约束的欲望面前放弃了自己)。就像我们这个时代因其精炼的格言式风格而类似于尼采的约翰·格雷所说,以上二者皆为正确的原因在于,"性激情让物种得以复制;它并不关心个人的幸福或自主"。[①] 欲望毫无疑问是生命最重要的非理性的一面;尤金·古德哈特在《欲望及其不满》(*Desire and Its Discontents*)中说,欲望是一种破坏稳定的力量,正在造成碎片性的影响;它导致意志的冗余和浪费。所有的欲望都有权获得满足,然而乔纳森·里尔则说,经验欲望意味着生活中的某种匮乏。他还说,理想形塑了欲望,虽然与此同时"快乐原则与整个世界产生分歧"。[②] 当然此前我们提到过,欲望也同亲密性有关。

我们在此看到了时间上的一个巧合,但如果再发生一次,那么它就不能算作真正的巧合。当宗教力量下降,尼采宣布上帝之死时,几乎在同一时刻,弗洛伊德的理论和实践也问世了。他的精神分析大部分基于对欲望蕴含的破坏之火的承认,这种欲望以力比多的形式存在,是一种具有巨大威力的性力,它具有无限的可塑性,但却不可根除。弗洛伊德在 20 世纪的影响无人能出其右。

如果这些时间上的巧合是真的,那么这些事件在何种程度上具有关联? 这些事件能在何种程度上说明如下事实,即科学尽管在智识和道德上都取得了无可置疑的成功,但被科学所吸引的人数却没有达到科学的

[①] 约翰·格雷:《刍狗:对人类和其他动物的思考》,第 43 页。
[②] 乔纳森·里尔:《幸福、死亡与生活的残余》,麻省剑桥、伦敦:哈佛大学出版社,2000年,第 138 页。

期望呢？其实细节和欲望上的冲击是同时产生的，它们都向着即时性敞开，而科学的抽象则不然。哈贝马斯的理论也与此有关，他认为宇宙观念自带统一概念，这个概念在宗教、形而上学和其他哲学形式中都被证明具有很强的影响力。但如果我们接受大卫·多伊奇的观点，认为事实上在多重宇宙（这个比蒂普勒的欧米伽点更容易被人接受）中存在着许多宇宙、平行空间，那么宇宙统一的观点也仍然会出现。我们仍然可以把多重宇宙的整体视为一个单一实体，但相比单一宇宙的观点会显得不那么专断。在现代世界和现代科学中，把统一体观念作为基础概念的做法受到了挑战，其处境同唯一的专断真理观念一样。在物理学家那里广受欢迎的万物理论，它意图或者希望在物理世界的四种主要力量，即在电磁力、强核力、弱核力以及引力之间找到共同的线索。即便这种理论真的被发现了，也不会影响到平行宇宙的观念。统一体观念要花大力气去证明自身的重要性，这一事实说明它可能不会重新获得它曾经拥有的那种压倒一切的力量。

所以我们又被抛回到现象学的进路，从宇宙（众多宇宙）的"宏伟"中去寻找安慰和意义，忠诚于我们个人当下所知道的事物。就像是奥特加·伊·加塞特所说的那样，我们不能等到科学家说准备就绪了才开始生活。

体量大小的问题也许是最为重要的。宗教，特别是大一神教向我们提供了关于生命体量的何种错误意义呢？一神教通常讨论的拯救、救赎、超验性、永恒和无限，这些概念在此意义上同科学一样，都邀请我们留心抽象概念的宏伟。抽象概念的宏伟再一次完美地契合了辛西娅·奥齐克（Cynthia Ozick）所谓的，我们"对人类完善性挥之不去的欲望"，即欲望本身。[1] 完善、整体、完美性、合一性观念具有误导性，甚至娱乐性吗？对完善的渴望暗示着一种事实上并不可能的完善性吗？这就是我们的困境吗？

---

[1] 辛西娅·奥齐克：《我们脑海中的喧嚣》，波士顿：霍顿·米夫林出版社，2006年，第14章。

这反过来又引导我们去询问,由于宗教的"整体"维度已经被戳破了,那么宗教的其他概念也同样是错误的吗?比如说,生活真的因为马克斯·韦伯的话而变得不那么迷人了吗?韦伯告诉我们后宗教世界不再令人着迷,这种说法是否有可能犯了严重错误?

让我们审视他说这番话的时间。韦伯这番话是在1918年讲的,当时第一次世界大战带来的毁灭仍然历历在目,上百万死者的鲜血仍未干透,此时的世界没有一丝迷人之处。更重要的是,这场战争在许多人眼里同尼采虚无主义的著述有很大关系。但在1919年5月,亚瑟·爱丁顿(Arthur Eddington)确认了相对性的存在,一种实验性的观察不久之后也被其他人效仿,导致量子力学以及波粒二象性、不相容原理这样不同寻常的理论的诞生。像树木年代学、碳价、宇宙大爆炸以及综合进化论等理论也纷至沓来。

说这些观念并不令人着迷,那不过是对迷人这个词意思的歪曲。对很多人来讲,这些观念当然很古怪(特别是"量子的怪异"),无异于宗教在早年间依仗的魔法。但这种新的迷人魅力曾经能够并且现在仍然能够得到清楚说明,这显然是一种进步。韦伯于1920年6月去世,就在发表他的宣言之后不久。如果经历了20世纪20年代,他极有可能会改变自己的想法。达尔文主义的各种变种在20世纪的早些年间因为基因这一新领域研究的迅速发展,而变得前所未有的清晰,如果他与这些理论充分接触,如果他完全接受带有治疗性质的精神分析原则,一种总在个人基础上做出解释的分析,如果他遭遇到尼尔斯·玻尔在原子结构层面上把物理学和化学联系起来的理论,或者见识到莱纳斯·鲍林(Linus Pauling)对为何一些物质是黄色液体而另一些物质则是黑色固体的解释,那么他一定会断定,这个世界已经比任何时候都更令人全身心着迷。同样地,如果他能够活着见证电影的兴起,见证有声电影取代无声电影,那么他一定会把电影看成是迷人魅力的另一种可获得来源——毫无疑问,对大多数人而

虚无时代:上帝死后我们如何生活

言,电影要比量子的怪异特性更迷人。

就像是布鲁斯·罗宾斯所说的那样,祛魅叙事忽略了关于前现代世界的林林总总,这些事物远没有达到令人着迷的程度[在最近的德国电影《白丝带》(White Ribbon)中表现得十分清楚]。需要重申的是,这个世界现在远比上帝死前更加迷人。

以此类推,救赎仍然是一个有用的概念吗?理查德·罗蒂对此并不苟同,因为用他的话来说,我们并没有被降格。罗杰·斯克鲁顿(Roger Scruton)虽然是宗教虔诚人士,但他也部分同意这个观点,他提出现代艺术是"对平凡的一种救赎"(我们或许可以把他的提法说成是一种形式上的"小"救赎)。现代哲学家(比如伯纳德·威廉斯、托马斯·内格尔、罗纳德·德沃金、尤尔根·哈贝马斯等人)已经无数次地驳斥过,超验性不是现象。对罗蒂而言,"神圣"这个词以及这个概念都不再有用,因为"所有东西都可向人开放"。我们之前也提到过了,如果我们同意奥利弗·罗伊对宗教全球化、去文化性以及去领土化的说法,那么正在改变形态,变得"更薄"的恰恰就是信仰,而不是世俗生活。特里·伊格尔顿曾充满恶趣味地说,幸福是一个类似"度假营"的词。而由于对幸福(或自我的现实化)似乎存在着普遍的同意,认为人们无法直接去找寻它,它只能是其他行动,更有价值的行动的副产品,所以这或许回答了人们为何常常在追忆中遇见幸福。

每个人似乎都同意与我们本书主题有关的两个宏大观念,分别是希望以及对更具包容性的社群的需求。后者是我们寻找意义的地方。乔治·桑塔亚纳、斯科特·菲茨杰拉德、爱德华·威尔逊、理查德·罗蒂、切斯瓦夫·米沃什、查尔斯·泰勒、本笃十六世(Pope Benedict XVI),都在自己的著作中引入了希望。(当然,尼采把希望看成是捉弄人类的把戏,让我们对进步的真正价值保持更乐观的态度,尤其是在启蒙运动"虚假的曙光"之后。)

解放的元叙事

在很多人看来,希望由道德社群的扩张而引发,尽管如果条件合适希望总是会产生。贾尼·瓦蒂莫(Gianni Vattimo)和理查德·罗蒂坚持认为,"如果不去参与社群,那么对真理的体验是不可能存在的"。少数民族群落、妇女、同性恋、残疾人、各宗教派别以及其他团体,现在都得到了更多的平等和尊重。我们对某些问题的态度则不再那么宽容,比如战争中的"间接伤害"。而与此同时我们又在很多方面变得更宽容——此过程被认为是"社会希望"之所在(而约翰·格雷则驳斥这种看法的肤浅)。变得更具容忍性这本身似乎并非意义所在,但对于在新的容忍之下被接受的人们来说,这会让他们过上更充实的生活。

对以上所有少数派来讲,毫无疑问少数社群是政治上最重要的事物。通常由于数量和宗教身份的缘故,对少数社群的重视意味着在可预见的未来,他们将成为世界主要关注的对象,并一直处于争议之中最为痛苦的一边。另一方面,从心理学和哲学的转变上看,未来最重要的发展或许是一些人所谓的女性价值转向。尼采把真理唤作女人;詹姆斯·乔伊斯带着愉悦和乐观的态度预见到一个把希望寄托于男性之女性面的世界。安德丽娅·德沃金(Andrea Dworkin)强调我们现在身处一个"男人制造"的世界,她的这种说法没有包含一点恭维的成分。华莱士·史蒂文斯告诫我们"像女性那样去接受一个理念"。在政治上,这是高度相关的论题。

琐碎与融贯

这些论题不可谓不重要,也是更宏大论题中的一部分。但从某种意义上讲,这些论题也绕开了本书主要关注的问题。

我们如何在没有上帝的情况下生活？对于这个问题，我们似乎看到症结在于道德生活。不同种类不同派别的所有哲学家（除托马斯·内格尔以外，尤其是要除开他的晚近主张）都同意进化论生物学家，认为道德顺着良好的达尔文主义原则而演进。（戴维·斯隆·威尔逊近来研究了教义问答和宽恕的演进，这是非常撩人的一次进步。）不仅不需要使用上帝来解释道德演进，而且进化本身就是有关道德演进的更好的权威。这实际上确认了进化可以理性地表明道德何以能被证成，可以理性地列明好处，指出当规则不被遵守的时候人们丧失了什么东西。也许最重要的一点是，研究表明对"自私基因"的需要如何导致了对合作的需要和对合作的证成。生物学将伦理与道德联系起来了。

罗纳德·德沃金最清楚地区分了伦理和道德的差异。伦理涉及我们过自己生活的方式，反映出我们对自身的责任。我们不以一种自我陶醉的方式，而是通过把生活理解为可以好也可以不那么好的一场表演，从而反映出这种责任。他令人信服地沿着罗伯特·诺奇克在《被检验》中所列的各种线索，邀请我们对自己的生活进行反思，构成一种融贯、具有道德性，且不琐碎的叙事。存在一种有关生活叙事，这一观念对很多人来说非常有力。德沃金觉得我们的目标应当就是这样一种叙事，它允许我们对宇宙感到惊叹，并向我们提供一种高贵和自尊。在他看来，这就是没有上帝的宗教性。没有什么比之更深邃，或更广袤的事物。

如果构成这种叙事是我们的第一项义务，那么我们第二项义务的对象是他人，是使他人符合自己的尊严，以便保留他们的高贵。我们应当向范围不断扩大的社群表达自己的尊重，而最终我们的对象就会拓展到所有人。这是生活的一个目标，是布鲁斯·罗宾斯所谓的"解放的元叙事"。

成为"重要"的人，这种需求更具争议，因为不是所有人都具有同等的重要性，而如果我们单单凭生活的结果来评价生活，那么大多数人都会发现自己过着无足轻重的生活，或者说过着偶然具有重要性的生活。德沃金认为生活是一场可以好也可以不那么好的表演,这个观点当然也是结果的另一方面:我们构建了个人生活的表演,让它具有一种融贯性,一种在某种意义上不琐碎而且真实的融贯性——可以说正是这两项特征让我们具有自尊和高贵性,并让我们能像诺奇克所说的那样,成为美和真的载体,而融贯性本身也是美的一种形式。

世俗的天启:我们内心之中并不自知的事物

在此我们可以再谈谈谢默斯·希尼的一个观点。希尼是一座取之不竭的宝库:诗歌增加了世界之中善的规模;新的韵律就是赋予世界的一种新生活;诗歌制造出这个世界中的某种居家感和信任感;诗歌是一个自然过程,它既由世界的现象所提供,也由语言的嬉戏所引起;它是直觉知识的传递;诗歌不断地进入更丰满的生活,它是对拓展本身的经验;诗篇像荒野中的教堂一样耸立,它们奉献出不可亵渎的高贵性,无可慰藉的明晰性,无防备的存在性,它们是内在光辉的外在标志;它们是自我克制的范例;它们表明世界的现实不应当被贬低;它们给出了某种充分性,是从内心源头迸发出的丰富性。

我们最后关心的就是这个问题。在希尼的一篇文章中,援引了切斯瓦夫·米沃什的《诗的遗产》:

诗的本质中有某种粗鄙:
我们并不得知它存在于内心之中[①]

第二句话难道不正是天启的世俗等价物吗?不正是生活的深刻向导

---

① 谢默斯·希尼:《舌头的统治》,第189页。

虚无时代:上帝死后我们如何生活　　631

吗？为了不断充实生活，为了不折损世界的现实性，为了探索无防备的存在性，难道不需要提出某种"我们并不得知存在于自己内心"的事物吗？我们如何做到这一点？我们可以使用怎样的标准，通过这种标准以达到那个目标，避免像德沃金笔下的火柴盒封面收集者那样，过一种琐碎而无价值的生活？

几乎肯定不会存在一个让所有人都满意的标准，但有一位诗人影响了众多哲学家和作家，原因恰恰是他对此做出了一番确定且具有想象力的尝试。他的生活显然是一番完全不同的叙事。

为世界命名

莱内·马利亚·里尔克认为，赋予生活意义的其实是一种"言说"行为，是把我们匆匆向前过程中有可能遗失的事物转化成语言的行为。他尤其感觉到自然的细节和壮丽处在危险之中，而基督教对来世的强调妨碍了我们尽可能充分地经历此世。后基督时代这种经验得到了复兴，向我们提供了"生活的意义"，使人们纯然地想要去探索"核心的理智活动"。

> 幸福的大地啊，假期中的此世，
> 和你的孩子嬉戏吧！让我们试着
> 抓住你……

在一首短诗中他谈到"没有边际的内在天空"，这种措辞偶然地与谢默斯·希尼的说法相近。里尔克在其诗中追求的东西，与塞尚在其绘画中追求的东西没什么两样。他们都想通过一种没有中介的方式接近自然，接近土地，都试着摒弃过去积累下来的实践，尤其是基督教积累下的那些实践。基督教的实践妨碍人们真正地欣赏土地，欣赏存在的纯粹快乐。里尔克还认为,土地最好是通过歌唱来享受,歌唱对人类来说是特别的,因为音乐编织了一条贯穿当下的线索,"歌词重新唤起语言中基于时间的事件,通过其音响的重复,让它们一个个在当下呈现,从而把它们整合起来"。在他看来,言说和歌唱是相互交叉的。

而这就是关键。查尔斯·泰勒在《自我的根源：现代认同的形成》(Sources of the Self: The Making of the Modern Identity)中说,我们已经丧失了为事物命名的力量。在这里,泰勒显然同此前的韦伯一样,同事实相去甚远。因为随着科学的出现,我们为事物命名的能力成倍地增长。而这也正是关键所在,或者说大部分触及到了问题的关键,因为命名、言说、歌唱世界恰恰建构了一种标准。在此可以认为,这种标准可以用来判断,我们所展现出自己内心保有的事物能否被认为是成功的事物,甚至是重要的事物。当然,倘若按照这种理解来看,那么歌唱这个世界差不多等同于迷醉狂喜。

电子、DNA 双螺旋结构、自然选择过程或宇宙背景辐射,这些发现都是在为世界命名。识别病毒,厘定冰川时代、石器时代、青铜时代同样也是命名。提出 $E=mc^2$ 方程、飞行原理,或者海床扩张构造板块,依然是命名。美国诗人伊丽莎白·毕肖普(Elizabeth Bishop)以下几行诗也不例外：

> 五个渔房有着尖峭的屋顶
> 逼仄,布满铆钉的跳板倾斜着
> 伸向角落的储藏室
> 方便独轮车推上推下。
> 满目银色：大海厚重的表面
> 缓慢地隆起,仿佛在思忖着涌出

虚无时代：上帝死后我们如何生活　　633

毕肖普形容自己的童年"充斥着圣歌",但她是达尔文的忠实拥趸。她认为达尔文基于"英雄式的观察"提出一套"扎实的例证"。她在 20 世纪 60 年代游历英国时,乘坐绿线巴士参观了达尔文故居。她曾反复翻阅达尔文"美妙的著作",因为她自己相信,也了解到达尔文同样相信——"崇高通过平凡","通过事实的缓慢堆积"而达到。达尔文在笔记本中吐露过这一观点。按盖伊·罗泰拉(Guy Rotella)的观点,这一立场使她成为"一名没有宗教信仰的宗教诗人"。

瑞贝卡·斯托特(Rebecca Stott)着重指出毕肖普描写自己沿新斯科舍海岸线巴士漫游的几句诗:

> 一头麋鹿走出
> 无法穿行的树林
> 它矗立,耸现,
> 在马路的中间。

斯托特形容这一片段是巴士旅客们的集体顿悟,他们"被禁锢在对'如同教会般高大'的麋鹿的彼岸凝视之中"。这是一种达尔文式的崇高,一种世俗的迷醉,但却不是一种神圣化——"巴士离开了,只留下身后的汽油味"。斯托特说,崇高瞬间在毕肖普的作品当中是"令人眩晕的",但此眩晕中没有超验性的东西,没有指示某种更高的事物;相反它其实是坠落,坠入汽油的味道,或者是对这种气味的回忆,一种在此世的沉浸(immersion,斯托特喜欢用这个词)。[①]

我们也可以思考《芬尼根守灵夜》中的"美离""参差不齐"以及"美吼"——它们似乎都是些不重要的双关语俏皮话,在情境中可能显得聪

---

① 瑞贝卡·斯托特:"长着蹼足的矮木:达尔文式的沉浸",载莱文(编):《世俗主义的快乐:有关我们现在如何生活的 11 篇论文》,第 216—221 页。

明，也可能令人气恼，或者幼稚——它们鼓励我们以新的方式看待世界，并为此提供可能。它们也使我们几乎获得的想法，希望获得的想法，或可能将会获得的想法得以澄清和具象化，让我们慢下来，更多地锤炼我们自己的观察。同时具有讽刺和荒诞意味的是，它们让我们回想起乔治·斯坦纳的话。斯坦纳曾说，审美的真理加快了我们的生活，用一种在别处无法企及的方式，把瞬间和永恒联系起来。它们还让我们回想起德沃金的话，认为表演本身具有价值，它本身就是关键问题的一部分。在这本书当中，重要的不仅仅是人们说了些什么，人们说话时的方式和力度也同样重要。

伊丽莎白·毕肖普曾用"思忖着涌出"来形容大海，那是一种我们几乎马上就能触碰到的念头，因为她的提法我们便能悄然惬意地立即把握它——银色的语言延伸到我们的世界，凸显着我们与大海及其深邃行动之间不确定且未完成的关联。此前我们引用过兹比格涅夫·赫伯特描写鹅卵石的诗，它可以同布兰库西的蛋雕放在一起。按照罗伯特·休斯的说法，它们都从"逼真的物质性呈现"中获得大部分表现力。它们都拒斥分析，因为"它们似乎并不是被拼凑到一起的"。它们具有一种显而易见的实体性。

这些语言可能没办法像量子、电子或者基因那样改变世界（有谁曾说过没有哪首诗能挡下一辆坦克？）。但如果这些语言扩大了其他人的经验，使我们感到沉醉，那么它们就没有必要改变世界，没有必要成为对世界有重大影响的东西。如果说本书中讨论的思想家们一致同意某种观点，那么这种观点会主张不存在某种用以判断世界的专断基准，所以我们欣赏品味此真理，而不是不断地试图拒斥它。观察世界可能是一种英雄式的行为。这就是本书中提到的思想家教会我们的东西。感谢他们让我们懂得，观察可能是解放，也可能是拓展。

"我们不该悲伤,相反,
更应该从仍遗留的事物中找到力量"

现象学将我们再次带回 20 世纪最受忽视的观念,它认为生活由快乐的诸多瞬间构成。世界不再由上帝或理性照亮,上帝和理性总是试图将世界的无限变化(宇宙和经验)还原为概念、观念或本质——既可能是宗教性的,也可能是科学性的;既可能牵扯到"灵魂""本性""粒子""来世"——它们消解现实性的真实多样性,而这种多样性可能是其意义的一个部分,也可以说是其中最重要的部分,甚至就是全部意义。

宗教人士可以像现象学家那样接近这个世界,世俗界人士也同样如此。然而确切地讲,他们如何校准自己对此的回应呢?我们在导言中提到过伊本·亚历山大,他在《天堂的证据:一位神经外科医生的来世之旅》中提到自己在昏迷时见到天堂,还把天堂形容成满是蝴蝶和鲜花的地方。那么这个地方比尘世上满是蝴蝶和鲜花的地方更漂亮吗?如果答案是肯定的,那么我们如何看待在此世中的类似场景呢?把它们看成劣等场景?如果天堂中的鲜花和蝴蝶并不比尘世更美,那尘世岂不是对天堂这一目的地造成了分流?亚历山大也说天堂中"住着"天使和灵魂,而且天堂的整体体验非常快乐。类似的,这是否意味着我们居住在尘世的人在某种意义上讲是劣等的、不完美的?如果回答是肯定的,那么我们如何能在明知某种更好事物将会到来的情况下,还能在尘世中充分地享受?无怪乎约翰·格雷会嗤之以鼻:"有什么比人类的完美更令人感到沮丧的呢?"[1]

命名是一种创造,但命名和创造却并不同一。创造可以是琐碎的,并

---

[1] 约翰·格雷:《刍狗:对人类和其他动物的思考》,第 198 页。

不需要同命名有关，它可以在一种无关轻重的意义上成为娱乐性的。命名也不是虚张声势，它在最好的意义上的确具有严肃性。

只需要一点点努力，仅仅需要具有想象力，我们中的大多数人就的确可以用某种方式来为世界命名，或者试着为世界命名。里尔克、桑塔亚纳、史蒂文斯、劳伦斯、斯坦纳、罗蒂以及斯克鲁顿等许多人，他们赞美想象力具有无可比拟的重要性。命名之美体现在如下事实中，即我们不需要依靠巨大的事业——比如战争、由欧洲核子研究组织在瑞士建造的大型强子对撞机、建造新城镇或核潜艇的政治社会项目——来企及某种重要性，因为在某种意义上，为世界命名拓展了世界，也使我们自身充实，并且还有助于我们去形成意义更丰富的社群。易言之，它既是伦理上的成功，也是道德上的成功。

这也许就是当代道德哲学家最大的成就了。或许每个具有世俗倾向的人都会在自己的内心深处知道，使更平等、更自由、更公平、更广阔、更包罗万象的社群成为现实，这一目标是我们前进的最佳方案，事实上也是唯一方案。但这一目标的实现需要我们对自己负责，需要保持高贵性，把生活视为表演，避免生活的琐碎和浅薄，需要我们的个人叙事和必要的自我澄清。托马斯·内格尔劝诫我们不能通过帮助他人来找到意义，我们把以上目标放到他的语境当中就变成了，我们不能仅仅通过帮助他人来找到生活的意义。

伦理和道德的核心作用引导着我们把生活区分为三个领域。其一是科学领域，我们中的绝大多数人都不能脱离这一领域，而这一领域也给我们带来了众多好处，体现在技术、智慧以及得到拓展的理解上。其二是现象学的世界，萨特小幸福的世界，那个艺术与诗的世界，那个由微小的、有耐心的、非排他性的实体性构成的世界，它本身就是对其理解的一种形式。这个世界以这种方式补充了科学世界。其三就是欲望的世界。

在昭告天下上帝已死之后，尼采对欲望的讨论或许还不充分，虽然他本人对狄奥尼索斯主义与阿波罗主义之间的差别非常敏感。这个领域在拓宽欲望可接受的范畴方面也已经取得很多进展,比如,同性恋群体、女性群体都已经拥有了相应的生活空间,即便不是变革性的,但至少容易多了。

然而缺失、倒退和困局仍然存在,其中之一就是女性割礼的问题,世界上几个地区仍然在野蛮地执行这一习俗。

倒回20世纪20到30年代,詹姆斯·乔伊斯就曾经在《芬尼根守灵夜》之中指明我们的缺失。乔伊斯看到周遭发生的诸多变化,尤其是在欧洲。变化体现在家庭、生活环境、教育、避孕、更强的流动性以及大众媒体,而生活中的最大损失则是恒久的爱。他看到这种每个人都能获得的私人形式的满足,可能更难以获得。

最新的离婚数据可能会显示,多数人并没有获得恒久的爱,不仅如此,这些人甚至都不再奢望获得恒久的爱。许多人或许觉得爱不再值得获取,即便他们意识到爱其实是可以获取的。最近那部法国电影《爱》(*L'Amour*)讲述了一对老夫妻的故事,他们在音乐中经历了一场恒久的爱,享受了丰满的一生。但随着年龄的增长,妻子罹患中风,不久之后又再一次中风,最后瘫痪在床完全无法自理,至于爱这件事情则更是奢望。在她的丈夫看来,这种状态下的妻子也没有什么值得爱的地方了。音乐并不能提供什么安慰。出于那份永恒的爱,丈夫用枕头捂死妻子而后自杀。

从这种意义上讲,现代生活已经处于枯竭的状态,对我们而言,更难以在生活中找到意义。宗教人士可能会说,他们经历了对教会或者对其上帝的永恒的爱,然而教会或上帝能够像妻子、丈夫或伴侣那样回报永恒的爱吗?难道永恒之爱的本质,欲求之快乐,其可欲性的核心,不正是在于爱的对等性吗?有什么东西比被欲求,比不断地被欲求,更让人感到慰藉,感到满意和充实呢?很多涉及牧师的虐童丑闻似乎暗示,即便教会生活也无法提供成年人相互给予的那种欲望满足。

当宗教生活遇到命名的问题时，它同样还会遭受到由比较带来的痛苦。宗教，至少是大一神教，从定义上看是面向过去的。哈贝马斯正确地指出，宗教原则和仪式的许多方面都是理性的，被设计用来使人类处境更加轻松；而这也是阿兰·德波顿对无神论者提出的一种新仪式的目标。但自尼采之后，宗教取得的最大成就（如果我们可以这样讲的话）在于如下理念，它认为上帝纯然是一个"他者"，上帝由……不可被命名的事物所定义。从某种意义上讲，上帝由虚无来定义。

但这种理论将会把我们带向何处呢？理查德·卡尼在他最近的著作《复归的有神论》（意思是"上帝的复归"）中说，在20世纪的灾难之后，传统的上帝观念不再令人感兴趣了。他讨论了像保罗·利科、伊曼纽尔·列维纳斯、雅克·德里达、朱丽娅·克里斯蒂娃（Julia Kristeva）这样的作者，讨论他们提倡宗教在当下应当采用何种形式的各种观点。然而他自己的观点以及上述作者在语言上的晦涩性、句法的复杂性以及他们试图命名卡尼认为不可被命名的事物时所经历的困难，都使他的著作走向了诗的对立面——不是与混乱相对的某种澄明，他的语言时常反映了这种混乱。[1] 他似乎说过，有些人很像处于一种"信仰状态"，他们倾向于秉持信仰而非相反，所以他们总是留意某种可以当成内心信仰的事物。这是否证明无论什么事物都可以成为他们的信仰呢？恰恰不是，不过这样一来，信仰便不再需要证据，而我们也就返回到原点。

那么照此说法，宗教最近的发展也不能通过定义的方式来向我们提供意义，或者说提供有意义的目的，因为他们把上帝定义成不可命名的事物；他们并未参与命名世界这项正在拓展、向前看的进程。本节的题目来自华兹华斯笔下的优雅诗句，那里保有其不会犯错的伟大特征。但如果

---

[1] 理查德·卡尼：《复归的有神论：在上帝时代过去之后返回上帝》，第73、第80、第180页。

说批评要公允,那么它就暗示当世界以多种方式向前发展的时候,被遗留下来的事物则静止不动。正如法国哲学家和神学家尼古拉·马勒伯朗士(Nicolas Malebranche)在 300 年前曾说过的那样,"世界并未完成"。

所以让我们复述"老派"诗歌的忠实拥趸、哲学家理查德·罗蒂的明智之语作为结束语。他提到那些为世界提供更多命名的人:"带有更丰富词汇的文化相比于词汇匮乏的文化具有更充分的人性,更远离野兽状态。"

致谢

我感谢在《虚无时代》完成过程中,那些提出建议,给出有益批评,改正错误,热情友好,慷慨借书(有些时候是赠送),部分或全文阅读本书的同事和朋友。

尤其感谢登费尔德和尼科尔森出版社的艾伦·萨姆逊。最初的灵感来自他,他也为本书的形态和结构提出了有益的指导,并且自始至终帮助支持我。我同样也感谢以下人士:大卫·安布罗斯,罗伯特·阿诺德,理查德·埃利斯,伊恩·古登,大卫·亨,查尔斯·希尔,尼克拉·霍奇金森,詹姆斯·乔尔,威廉·基斯特勒,托马斯·莱比恩,杰拉德·勒鲁,乔治·劳登,康士坦茨·洛温塔尔,萨拉·麦卡尔平,布莱恩·麦克阿瑟,莱顿·麦卡锡,卡洛琳·马夫罗利,吉斯莱恩·文森特·莫兰,布莱恩·莫伊纳汉,安德鲁·努恩伯格,凯瑟琳·帕尔默,尼古拉斯·皮尔森,吕迪格尔·萨弗兰斯基,艾伦·斯科特,迈克尔·斯杜姆,马克·汤普金斯,多纳·沃德,安东尼·威格拉姆,大卫·威尔金森。

讨论这一主题的著作一直保持着几何数量的增长,超过了任何一个个体所能掌握的量级:我几乎每周都在翻阅相对较新的出版物。当然,我是本书唯一的责任人,我也知道有多少相关材料被遗漏了。

Peter Watson
The Age of Nothing
How We Have Sought to Live Since the Death of God
Copyright © 2016 by Peter Watson
First published by Weidenfeld & Nicolson
This edition arranged with Andrew Nurnberg Associates Limited

图字：09 - 2015 - 466 号

图书在版编目(CIP)数据

虚无时代 / (英) 彼得·沃森(Peter Watson)著；高礼杰译. — 上海：上海译文出版社, 2021.4
(译文纪实)
书名原文：The Age of Nothing: How We Have Sought to Live Since the Death of God
ISBN 978 - 7 - 5327 - 8704 - 3

Ⅰ. ①虚⋯ Ⅱ. ①彼⋯ ②高⋯ Ⅲ. ①思想史-研究-世界 Ⅳ. ①B1

中国版本图书馆 CIP 数据核字(2021)第 033984 号

虚无时代：上帝死后我们如何生活
〔英〕彼得·沃森/著　高礼杰/译
责任编辑/张吉人　薛倩　装帧设计/邵旻　观止堂_未氓

上海译文出版社有限公司出版、发行
网址：www.yiwen.com.cn
200001　上海福建中路 193 号
启东市人民印刷有限公司印刷

开本 890×1240　1/32　印张 20.5　插页 2　字数 466,000
2021 年 5 月第 1 版　2021 年 5 月第 1 次印刷
印数：00,001 - 13,000 册

ISBN 978 - 7 - 5327 - 8704 - 3/K・287
定价：88.00 元

本书中文简体字专有出版权归本社独家所有,非经本社同意不得连载、摘编或复制
如有质量问题,请与承印厂质量科联系. T: 0513 - 83349365